FORUM JUNGE ROMANISTIK 17

Herausgegeben von
Marina Ortrud Hertrampf
und Carolin Weinmann

Ceci n'est pas une pomme

Judith Kittler, Annika Nickenig,
Eva Siebenborn,
Victoria del Valle (Hg.)

Repräsentationsformen von Wissen

Beiträge zum XXVI. Forum Junge Romanistik
in Bochum (26.–29. Mai 2010)

Martin Meidenbauer »

Die Herausgeberinnen lehren und forschen am Romanischen Seminar der Ruhr-Universität Bochum:
Judith Kittler ist Mitarbeiterin in der romanistischen Sprachwissenschaft und Stipendiatin der Ruhr-University Research School.
Annika Nickenig und Eva Siebenborn sind wissenschaftliche Mitarbeiterinnen in der romanistischen Literaturwissenschaft.
Victoria del Valle ist Lehrkraft für besondere Aufgaben im Bereich der romanistischen Fachdidaktik.

Gedruckt mit freundlicher Unterstützung von ProSpanien

Bibliografische Information der Deutschen Nationalbibliothek
Die Deutsche Nationalbibliothek verzeichnet diese Publikation in der Deutschen Nationalbibliografie; detaillierte bibliografische Daten sind im Internet über http://dnb.d-nb.de abrufbar.

Printed in Germany

Gedruckt auf chlorfrei gebleichtem, säurefreiem und alterungsbeständigem Papier (ISO 9706)

ISBN 978-3-89975-244-1
Verlagsverzeichnis schickt gern:
Martin Meidenbauer Verlagsbuchhandlung
Schwanthalerstr. 81
D-80336 München
www.m-verlag.net

Inhaltsverzeichnis

Danksagung

Die Organisation und Durchführung des XXVI. Forum Junge Romanistik an der Ruhr-Universität Bochum und die Publikation der Tagungsakten im Martin Meidenbauer Verlag wären ohne die großzügige und tatkräftige Unterstützung zahlreicher Förderer und Sponsoren nicht möglich gewesen. Unser besonderer Dank gilt zunächst den folgenden Institutionen, Förderern und Stiftern:

- Balkanromanistenverband
- Bundesministerium für Bildung und Forschung und dem Projektträger Zentrum für Luft- und Raumfahrt
- Dekanat für Philologie der Ruhr-Universität Bochum
- Deutscher Hispanistenverband
- Deutscher Italianistenverband
- Deutscher Katalanistenverband
- Deutscher Lusitanistenverband
- Deutscher Romanistenverband
- Enotria Vini (Hagen)
- Frankoromanistenverband
- Gesellschaft der Freunde der Ruhr-Universität Bochum e.V.
- Ministerio de Cultura, Embajada de España (Programm ProSpanien)
- Rektorat der Ruhr-Universität Bochum
- Robert-Schuman-Institut Bonn / Hochschulbüro der französischen Botschaft NRW-Hessen
- Romanisches Seminar der Ruhr-Univerisität Bochum
- Ruhr-University Research School
- Stiftung Westfalen-Initiative

Unser herzlichster Dank gebührt darüber hinaus der Geschäftsführung des Romanischen Seminars der Ruhr-Universität Bochum und all den Kolleginnen und Kollegen, die uns über die gesamte Wegstrecke hinweg tatkräftig gefördert und unterstützt haben. Ihre Erfahrungen und Ermutigungen haben ein universitäres Umfeld geschaffen, das die Organisation einer romanistischen Nachwuchstagung sehr erleichtert hat: Genannt seien an dieser Stelle Rudolf Behrens, Gerald Bernhard und Lieselotte Steinbrügge, sowie Jürgen Niemeyer, Annette Gerstenberg, Elmar Eggert, Susanne Goumegou, Sabine Cremer-Duda, Gabriele Ackermann und Inge Theilen. Darüber hinaus danken wir den Sachbearbeiterinnen von Drittmittelprojekten des Dezernats 3 der Ruhr-Universität Bochum für stets kompetente Unterstützung und Lösung bei verwaltungstechnischen Fragen.

Ganz besonders danken wir unserem Tagungs-Team, den vielen helfenden Händen von Johanna Bürkner, Felicia Falsone, Marc-Andre Kruppa und Leonie Schliesing für das unermüdliche Engagement bei der Vorbereitung und Durchführung der Tagung. Des Weiteren möchten wir uns herzlich bei den Sektionsleiterinnen und Sektionsleitern für ihre Unterstützung bei der Moderation bedanken, und vor allem dafür, dass sie mit ihrer Kollegialität und ihren Ideen und Vorschlägen das Bochumer Forum Junge Romanistik bereichert haben: Uta Brus, Katja Hettich, Agnieszka Komorowska, Carolin Patzelt, Hendrik Schlieper, Anne Seitz und Inga Weitzig.

Für die kompetente Zusammenarbeit danken wir außerdem den Mitgliedern des diesjährigen wissenschaftlichen Beirates: Andreas Dufter, Elmar Eggert, Ute Fendler, Annette Gerstenberg, Kirsten von Hagen, Sabine Heinemann, Christoph Oliver Mayer, Isabelle Mordellet-Roggenbruck, Andrea Rössler, Ulrike Schneider, Dietrich Scholler, Victor Sevillano Canicio, Katharina Städtler, Natascha Ueckmann, Jutta Weiser. Ferner danken wir den Herausgeberinnen der Schriftenreihe „Forum Junge Romanistik", Marina O. Hertrampf und Carolin Weinmann, für ein sorgfältiges Schlusslektorat und dem Martin Meidenbauer Verlag für die einwandfreie Publikationsbetreuung. Nathalie Piquet, Narno Pinotti und Udo Kittler haben bei den Korrekturen des Manuskripts wertvolle Unterstützung geleistet, ihnen sei deshalb herzlich gedankt, ebenso wie Michael Fichert, der die Gestaltung des Tagungsplakats übernommen hat. Bei ProSpanien bedanken wir uns für die freundliche Gewährung eines Druckkostenzuschusses. Ein ganz herzlicher Dank gebührt zu guter Letzt Johanna Bürkner, für ihre sorgfältige Hilfe bei der Manuskripterstellung und ihr gewissenhaftes Engagement bei der Publikationsvorbereitung dieses Bandes.

Bochum, 4. April 2011

Judith Kittler, Annika Nickenig, Eva Siebenborn, Victoria del Valle

Einleitung

Judith Kittler, Annika Nickenig, Eva Siebenborn, Victoria del Valle

1. Repräsentationsformen von Wissen

Das Gemälde „La trahison des images" (1929) von René Magritte konfrontiert den Betrachter mit einem Paradox. Unter dem Bild einer Pfeife ist in geschwungenen Lettern der Satz zu lesen: „Ceci n'est pas une pipe" – Dies ist keine Pfeife. Das Bild und die Worte – oder zumindest ihre Aussage – scheinen einander zu widersprechen. Schon auf den zweiten Blick enthüllt sich jedoch eine andere Bedeutungsdimension: Tatsächlich haben wir es nicht mit einer Pfeife, sondern allenfalls mit ihrem Abbild zu tun. Michel Foucault, der über Magrittes Werk einen kurzen Essay verfasst hat, führt die entstehende Verwirrung darauf zurück, dass man als Betrachter unwillkürlich die Unterscheidung von Sein und Repräsentieren aus den Augen verliert: „Et voilà que je me surprends à confondre *être* et *représenter* comme s'ils étaient équivalents" (Foucault 2001, 664). Bildet die Repräsentation den konkreten Gegenstand von Magrittes Gemälde, so stößt sie gleichermaßen eine vielschichtige Reflexion über den Vorgang der Repräsentation an. Der Text und das Bild werden vom Betrachter unwillkürlich in Relation gesetzt, nur um sich dann gegenseitig zu widersprechen. Denn die Zeichnung der Pfeife entspricht weder dem Wort ‚pipe' noch dem Gegenstand einer Pfeife, und ebenso wenig lässt sich das von Magritte geschaffene Ensemble aus Wort und Bild zu einem Gegenstand zusammensetzen. Foucault zufolge wird mit Magrittes Werk die uralte Prämisse der abendländischen Kunst, wonach ein Repräsentationsverhältnis auf Ähnlichkeit beruht, ins Wanken gebracht. Der Künstler zeigt die Distanz – und gleichzeitig die gemeinläufige Ununterscheidbarkeit – zwischen Repräsentation und Repräsentiertem auf, indem er ein Element der Ungleichheit in das Prinzip der Äquivalenz von Ähnlichkeit und Repräsentation einfügt.

Dass Magrittes Anordnung von Schrift- und Bildelementen zugleich als die Vergegenwärtigung eines Erkenntnisprozesses aufgefasst werden kann, als Darstellung eines Kognitionsvorgangs, bei dem das eine Element zur Veranschaulichung des anderen genutzt wird, wird umso deutlicher, wenn man Magrittes ‚Weiterbearbeitung' dieses gemalten Paradoxes verfolgt. Das Bild „Ceci n'est pas une pomme" (1964) greift, indem es anstelle der Pfeife einen Apfel in den Mittelpunkt stellt, ein dezidiertes Symbol für Wissen, Erkenntnis und Neugier auf. Neben dem Prozess der Repräsentation wird hier also derjenige der Erkenntnisgewinnung in den Fokus gerückt – und zugleich in Frage gestellt. Mit den Begrifflichkeiten der Abbildung, der Repräsentation auf der einen Seite, und der Erkenntnis und des Wissens auf der anderen, sind zugleich die Grundgedanken skizziert, denen in dem vorliegenden Band nachgegangen werden soll, und die wiederum in der erneuten Transformation des Apfel-Bildes auf dem Einband des Buches gespiegelt werden.

Der Begriff der ‚Repräsentation' bzw. die romanisch-sprachigen Äquivalente (*représentation*, *rappresentazione*, *representación*) umfassen ein Wort- und Bedeutungsfeld, dessen vielschichtige Denotationen und Konnotationen von der „Re-Präsentation", der Vergegenwärtigung und erinnernden Vorstellung, über die Abbildung bzw. Nachahmung zur Darstellung und damit zur produktiven Hervorbringung im Akt des elokutionellen Vor-Augen-Stellens und der performativen Darbietung (etwa auch auf der Bühne) reichen. ‚Repräsentation' meint nicht zuletzt auch Stellvertreterschaft, sowohl im juristischen und politischen als auch im semiotischen Sinne.

Wir gehen dabei von der Überlegung aus, dass Repräsentationen immer unhintergehbar an bestimmte Formen gebunden sind, in denen sie erst Gestalt annehmen. Unter Repräsentations*formen* seien alle Verfahren, Techniken, Instrumente, Medien und Praktiken gemeint, in denen die Repräsentation Materialität gewinnt. Die romanistischen Begriffe der *représentation*, *rappresentazione*, *representación* unterscheiden dabei nicht zwischen dem Akt der Nach- und Neubildung und dem Resultat dieses Vorganges. So umfasst Repräsentation in gleicher Weise Mimesis und Poiesis, abbildende Nachahmung und produktive Hervorbringung (vgl. Schlenstedt 2001, 834).

2. *Représentation*, *rappresentazione*, *representación* – Anschlussmöglichkeiten innerhalb der Romanistik

Die Wahl der ‚Repräsentation' als Leitbegriff vor anderen Konkurrenz- und Substitutbegriffen – etwa Mimesis, *imitatio*, Nachahmung, Abbildung, Darstellung (vgl. Werber 2003, 267) etc. – ist aber nicht nur der romanistischen Ausrichtung unserer Fragestellung geschuldet, sondern auch seiner semantischen Offenheit. Im Gegensatz zu den Begriffen der

Mimesis oder der Darstellung kann der Repräsentationsbegriff auf keine poetologische Theoriebildung und keine literatur- und kulturwissenschaftliche Tradition blicken, sondern ist eher unscharf geblieben und bedarf zusätzlicher definitorischer Konturierung oder kontextueller Situierung (vgl. ebd.; Schlenstedt 2001, 846). Positiv gewendet bedeutet diese Unschärfe eine breite thematische, historische und theoretische Anschließbarkeit, die uns einen übergreifenden Rahmen bietet, sowohl literatur- und kulturwissenschaftliche, als auch linguistische und didaktische Fragestellungen und Ansätze auf einer gesamtromanistisch konzipierten Tagung, die das Forum Junge Romanistik darstellt, zu vereinen.

Auch die Frage nach dem Wissen und seiner historischen Verankerung hat im Anschluss an Foucaults Diskurstheorien (Foucault 1966, 1969) eine Hochkonjunktur erlebt. Im Zentrum steht dabei die Überlegung, dass jedes Wissen seine Form und Materialität immer erst innerhalb eines konkreten epochenspezifischen Kontextes erhält, in dem es sich konstituiert. Nicht zuletzt die Abhängigkeit des Wissens von seiner rhetorischen, narrativen, fiktiven Vermittlung wird dabei diskutiert.

In der Literaturwissenschaft, insbesondere in der Germanistik, wurde in den letzten Jahren das Verhältnis von Literatur und Wissen in zahlreichen Monographien und Sammelbänden – etwa zur Rolle der literarischen Darstellung bei der Archivierung, Modellierung und Produktion von Wissen – beleuchtet, so beispielsweise bei Pethes 2003, Hempfer / Traninger 2007, Klausnitzer 2008 oder Klinkert / Neuhofer 2008. Dabei steht zum einen die Einflussnahme der Wissenschaften auf die Literatur zur Debatte – etwa in Form bestimmter Themen und Wissensgebiete, aber auch in Form von Techniken und Verfahren – zum anderen der Einsatz klassischer literarischer Darstellungsformen, wie beispielsweise Narrativierung, Metaphorizität, Plausibilisierung u.ä. Die geführten Kontroversen um die sogenannten Poetologien des Wissens (vgl. Vogl 2007, Borgards 2007 vs. Köppe 2007) machen deutlich, dass die Frage nach dem Verhältnis von Literatur und Wissen zugleich den generellen Status von Literatur, Literarizität und Fiktionalität berührt. Darüber hinaus konturiert sich in der Art und Weise der Auseinandersetzung mit diesem Thema fast zwangsläufig immer auch der jeweilige methodische Ansatz.[1]

[1] Die Bibliographie, die dieser Einleitung angehängt ist, enthält deshalb zusätzlich zu den hier zitierten Werken einige weitere Lektürehinweise zum Begriff der Repräsentation in den Literatur- und Kulturwissenschaften.

Im Bereich der Sprachwissenschaft, genauer gesagt im Bereich der jüngsten Soziolinguistik, hat die fast schon inflationäre Verwendung des Begriffs ‚Repräsentation', die mitunter mehr Unsicherheiten bezüglich der Begriffsbestimmung hervorbringt, als den jeweils angewendeten Begriff genau abzugrenzen, zu verschiedenen Kategorisierungs- und Definitionsversuchen geführt. So „kursieren v.a. die Begriffe der ‚kognitiven Repräsentation' [...], der ‚mentalen Repräsentation' [...], der ‚Wissensrepräsentation' [...], der ‚sozialen Repräsentation' [...] und der ‚kulturellen Repräsentation' [...]" (Anders 2010, 69).[2] An diesem nur kursorischen Einblick in die Begriffsvielfalt lässt sich einerseits erkennen, welch große Bedeutung der Repräsentation vor allem in den kognitionswissenschaftlichen Disziplinen für aktuelle Untersuchungen beigemessen wird, andererseits verdeutlicht dies aber auch die Notwendigkeit, den Begriff innerhalb seines umfangreichen semantischen Feldes jeweils genau zu bestimmen und abzugrenzen. Interessant in Bezug auf das Rahmenthema der in diesem Band versammelten sprachwissenschaftlichen Beiträge sind so vor allem die Begriffe der kognitiven Repräsentation und der Wissensrepräsentation, insofern hier davon ausgegangen wird, dass der Symbolcharakter des sprachlichen Zeichens, dessen Inhalt, das *signifié*, und dessen sprachliche Realisierung, der *signifiant*, immer schon *per se* für etwas anderes, nämlich den außersprachlichen Referenten (vgl. Saussure 1995, 97-99), stehen, die Grundlage sprachwissenschaftlicher Überlegungen bildet.[3] Sprachwissenschaft beschäftigt sich daher immer auch mit kognitiven Repräsentationen und Wissensrepräsentationen oder Darstellungsformen von Sprache wie zum Beispiel der Schrift (vgl. Saussure 1995, 44f.), aber auch in Form intersubjektiver Wissensbestände der Sprecher in Bezug auf die eigene Sprache und die Sprache anderer. Diese Wissensbestände können auf unterschiedlichste Art und Weise, implizit

---

[2] Für eine ausführliche Auseinandersetzung mit den verschiedenen Begriffen, Definitionen und Abgrenzungen vgl. Anders 2010.

[3] Es ließen sich unzählige weitere Beispiele aus dem *Cours de linguistique générale* (*CLG*) nennen, anhand derer deutlich wird, welch große Bedeutung dem Begriff der Repräsentation auch und gerade im Bereich der strukturalistischen Linguistik beigemessen wurde und wird; jedoch soll hier lediglich auf die Auseinandersetzung Saussures mit dem „Désaccord entre la graphie et la prononciation" in Kapitel VI des *CLG*, das den ‚sprechenden' Titel *Représentation de la langue par l'écriture* trägt, verwiesen werden (vgl. Saussure 1995, 48-54).

in Form von innovativen Realisierungen von Sprache oder explizit in Form von Meinungsäußerungen und Stigmatisierungen, zu Tage treten.

Die Fachdidaktik – jeglicher Disziplin zugehörig – macht sich die Vermittlung, Darstellung, Repräsentation von Wissen sowie die Überlegungen zu Praktiken, Techniken, Medien und Formen dieser Vermittlung zur impliziten oder expliziten Aufgabe. Didaktik umfasst die Erkundung, Herstellung und Anwendung von Repräsentation von Wissen *per se.* Repräsentationsformen von Wissen bedeuten hierbei nicht bloß mimetische Abbildungen oder Stellvertreterschaften, sie entstehen aus integrierenden Prozessen bestimmter Bezugsdisziplinen heraus und sind letztendlich Methoden der Wissensvermittlung. Dabei ist die Frage der Repräsentation an die Frage der Vermittlung bzw. Generierung von Wissen gekoppelt, die wiederum die Frage der Art und Weise von Wissen impliziert: Welche Gegenstände können welches Wissen auf welche Weise darstellen? Wie kann welches Wissen überhaupt durch welche Gegenstände im Fremdsprachenunterricht vermittelt werden? Welches Wissen wird überhaupt kanonisiert? Die Wissensvermittlung ist folglich in der Didaktik immer an ihrem Gegenstand aus Kultur-, Literatur-, oder Sprachwissenschaft ausgerichtet.

3. Sektionen

Vor dem hier konturierten Hintergrund beleuchten die in diesem Band versammelten Tagungsbeiträge verschiedene Repräsentationsformen von Wissen aus ganz unterschiedlichen Perspektiven. Dabei wird nicht nur die Vielseitigkeit der Gegenstände ersichtlich, sondern auch die Pluralität der Forschungszugänge und -methoden. Die Aspekte der Konstitution, der ‚Wiedergabe' und der Ein- und Anordnung von Wissen stellen dabei einen zentralen Aspekt in allen Einzeldisziplinen dar.

Den Auftakt bildet die Sektion „Figuren und Figurationen des Wissens", deren Beiträge sich mit spezifisch literarischen Verfahren beschäftigen, ‚externes' Wissen wiederzugeben oder auch einen Wissensbestand zu ‚simulieren' oder zu erfinden. Dabei geht es nicht nur um die Frage danach, wie Wissen ästhetisch vermittelt werden kann, sondern auch darum, auf welche Weise in den Texten epistemologische und genuin ästhetische Kategorien ineinander greifen.

Der Beitrag von Felix Schmelzer (Münster) über „Die Idee des Schönen im Heliozentrismus" hebt dabei den erkenntnisgenerierenden Anteil der Ästhetik in wissenschaftlichem Denken hervor und beschreibt die Transformation von Weltbildern und Wissensordnungen als unmittelbare Folge der Veränderung ästhetischer Prämissen. Anhand der umwälzenden kosmologischen Erkenntnisse von Galileo Galilei, der sich seinerseits an den Forschungen von Kepler und Kopernikus orientiert, gelingt es ihm zu zeigen, dass gerade die Faktoren von Ästhetik und Rhetorik den wissenschaftlichen Fortschritt maßgeblich mitbestimmen, was etwa in den sich wandelnden Vorstellungen über geometrische Harmonie sichtbar wird.

Lena Seauve (Berlin) stellt mit ihrem Beitrag über das „Wissen als Erzählornament in Jean Potockis *Manuscrit trouvé à Saragosse*“ einen *roman à tiroirs* vor, bei dem die abenteuerliche Lebensgeschichte des Protagonisten Alphonse von Worden mit einer Vielzahl weiterer, mehrfach verschachtelter Erzählungen verknüpft wird, in denen ein sehr heterogenes Wissen über Menschen, Sitten und Wissenschaften des ausgehenden 18. Jahrhunderts enthalten ist. Mit dem Begriff des Ornaments bezeichnet Seauve das poetische Verfahren Potockis, die aufgeführten Wissensdiskurse nicht nur zu rhythmisieren, sondern zugleich als selbstreflexive Versatzstücke zu nutzen. Die Gewebeform, die dem Text auf diese Weise unterliegt, dient als Ordnungsprinzip der mitgeführten Wissensinhalte und zugleich als selbstreferentielle Komponente des Romans.

Johanna Koehn (Jena) schließlich beschäftigt sich unter dem Stichwort „Literarische Wissenschaftsgeschichte“ mit dem historischen Roman als fiktionaler Gattung. Die Romane *Le Château des songes* (1992) von Michel Jouvet und *La Sècte des égoistes* (1994) von Eric-Emmanuel Schmitt werden auf drei verschiedenen Ebenen (materiell, formal, diskursiv) im Hinblick auf die Verschränkung von Literatur und Wissen untersucht. In allen drei Beiträgen wird die im literarischen Text vollzogene thematische Auseinandersetzung mit wissenschaftlichen Inhalten an eine poetologische Reflexion über wissenschaftliche Schreibweisen, Formen und Figurationen geknüpft.

Die Sektion „Wissensvermittlung und ihre Repräsentationsformen“ spiegelt die große Vielfalt um die Vernetzung von Wissensvermittlung und Repräsentation von Wissen in der philologischen Fachdidaktik wieder. Es geht konkret um (außer)sprachliches, kulturelles sowie literarisches Wissen: von der linguistischen Sprachdidaktik bis hin zur sprachlichen Wissensrepräsentation in literarischen Werken. Die Beiträge beschäftigen sich auf vielfältige Weise mit dem Thema der Repräsentation von Wissen: Sei es im alltäglichen Sprachgebrauch, wie bei der Verwendung von Kollokationen, emotionaler phraseologischer Einheiten oder Metaphern, angesiedelt in Lexikografie, Semantik und Idiomatik – gleichsam jedoch Phänomene, denen kulturspezifische Relevanzen inhärent sind –, sei es in der Darstellung und der daraus resultierenden Herstellung von Wissen durch den expliziten Umgang mit solchen sprachlichen Phänomenen im fremdsprachlichen Spanisch-, Italienisch- und Französischunterricht.

Corinna Koch (Bochum) diskutiert in ihrem Beitrag „Das fremdsprachendidaktische Potenzial der Metapher als Repräsentationsform menschlichen Denkens". Metaphern repräsentieren auf fast diegetische Weise subjektives Wissen, was zur Herstellung und Vermittlung neuen (Kultur- oder Sprach-)Wissens beiträgt. Aus fremdsprachendidaktischer Sicht ist dieser Beitrag ein Plädoyer für die explizite Behandlung von Metaphern im Französisch- und Spanischunterricht, unter Benennung konkreter Möglichkeiten zur Verbesserung der fremdsprachlichen Sprachrezeption und -produktion anhand von konkreten Beispielen.

In dem Beitrag von Concepción Rico Albert (Mainz-Germersheim) „Integración en la clase de ELE de la fraseología emocional como elemento de adquisición de competencia comunicativa intercultural: reflexiones e implicaciones fraseodidácticas" werden idiomatische Repräsentationsformen von Wissen in phraseologischen Einheiten, die bestimmte Emotionen ausdrücken, aus spanisch-deutscher Perspektive kontrastiv aufgezeigt und besprochen. Dabei wird hervorgehoben, dass der Umgang mit emotional-idiomatischen Redewendungen ein hohes fremdsprachendidaktisches Potenzial birgt, speziell für die Vermittlung interkultureller Inhalte.

Christine Konecny (Innsbruck) beschäftigt sich in ihrem Beitrag „Von ‚eingepflanzten' Nägeln zu ‚hinuntergeschluckten' Tränen und ‚jungfräulichen' DVDs damit, wie außersprachliches Wissen bei ausgewählten Kollokationen des Italienischen hergestellt und dargestellt wird. Dabei liegt das besondere fachdidaktische Interesse darin, dass Kollokationen sehr spezielle syntagmatische Wortverbindungen sind, die von italienischen Muttersprachlern intuitiv korrekt als feste Einheit gebraucht werden, von Fremdsprachenschüler/innen hingegen erst gelernt werden müssen, da sie von den bekannten Kollokationen der eigenen Sprache abweichen können. Es wird ein sprachwissenschaftliches Forschungsprojekt vorgestellt, das sich die Erstellung eines Kollokationen-Wörterbuches für das Italienische zum Ziel gemacht hat.

Der Beitrag von Marina Ortrud M. Hertrampf (Regensburg) „Romaneske Inszenierungen von Wissen bei Érik Orsenna" beschäftigt sich mit einer anderen Form der Repräsentation von Wissen in Bezug auf die sprachliche Wissensvermittlung in literarischen Texten. Anhand einer genauen Lektüre von vier im Modus des Phantastischen gehaltenen Kinderbüchern des französischen Autors Orsenna wird untersucht, mit welchen narrativen Verfahren konkrete Wissensinhalte – die französische Grammatik und Orthographie – auf eine unterhaltsame Weise dem (nicht nur) kindlichen Leser vermittelt werden.

Die Sektion „Darstellung des Fremden" befasst sich mit der Frage, mit welchen rhetorischen und narrativen Strukturen, Perspektivierungen, emotionalen Strategien und mit welchen Kulturmustern, Stereotypen und Diskurstraditionen in unterschiedlichen Epochen, geographischen Räumen und kulturellen Kontexten ein Wissen über den Fremden bzw. das Fremde hergestellt und vermittelt wird. Dabei zeigt sich, dass über die Fremddarstellung im Umkehrschluss auch ein Wissen über die eigene Kultur geschaffen wird, mit dem sich einerseits eine Kultur ihrer selbst versichert, andererseits aber auch Bestände des vertrauten Wissens und Handelns kritisiert und in Frage stellt.

Teresa Staudacher (Wien) untersucht in ihrem Beitrag die „Normensysteme und Wissenstraditionen in Torquato Tassos früher Epik und Poetik". Tassos *Gerusalemme Liberata* wird darauf hin befragt, wie vor dem Hintergrund eines wachsenden Misstrauens gegenüber dichterischer Fiktion einerseits die kollektive Identität der dargestellten Christen über die Ausgrenzung des ‚heidnischen' Fremden konstituiert wird, wie aber andererseits die Prozesse der Fremddarstellung immer hinreichend ambivalent sind und sich nicht zu einer Idealisierung eignen.

Beatrice Nickel (Stuttgart) beschreibt in ihrem Artikel „Der Mondflug und die Popularisierung astronomischen, kosmologischen und anthropologischen Wissens", wie in Cyrano de Bergeracs *Histoire comique des états et empires de la lune* ein neues astronomisches und kosmologisches Wissen und damit ein heliozentrisches Weltbild popularisiert wird und zugleich durch die Perspektivierung eines Mondreisenden vertrautes, theologisch abgesichertes Wissen verfremdet wird. Dabei werden die auf den Index gesetzten Positionen Johannes Keplers, Pierre Gassendis, Galileo Galileis und Giordano Brunos im Modus des Fiktionalen verbreitet und ästhetisch ausgespielt.

Von ‚anderen Räumen' handelt der Beitrag von Simone Adam (Essen) über „Die Repräsentation des geographischen Raumes Kanada in der *Encyclopédie*". Hier wird aufgezeigt, wie in dem herrschenden Wissensapparat der *Lumières* der geographische Raum Kanadas und seine Bewohner dargestellt werden. In den hierfür maßgeblichen, miteinander durch Verweisungen vernetzten Einträgen wird ein offizielles Wissen hergestellt, das auf schon bestehende klimatheoretische, physiologische und kolonialpolitische Diskurse sowie auf den Diskurs des *bon sauvage* zurückgreift.

Die Sektion „Norm(-bewusstsein), Sprachstereotype und ihre Darstellungsformen" vereint Beiträge, die sich auf jeweils unterschiedliche Weise und aus gänzlich unterschiedlichen Blickwinkeln mit der Frage beschäftigen, auf welche Weise Wissen, insbesondere sprachliches und mitunter implizites Wissen, im Bewusstsein der Sprachgemeinschaft repräsentiert bzw. dargestellt wird.

Corina Leithner (Erlangen) beschäftigt sich in ihrem Beitrag „Normen repräsentieren: Darstellungsformen in der italienischen Grammatikographie" mit der Repräsentation sprachlicher Normen aus diachroner Perspektive, indem sie das sich wandelnde Normverständnis der italienischen Grammatikographie vom 16. bis zum 19. Jahrhundert untersucht. Dabei vergleicht sie präskriptive und deskriptive Grammatiken sowie deren Darstellungsmuster im Bereich der Verbalmorphologie. Anhand der sich wandelnden Einstellungen der Grammatikographen hinsichtlich ihrer Bedeutung für die italienische Sprachgeschichte stellt sie so den kontrovers diskutierten Prozess der sprachlichen Normierung Italiens dar und schlägt für die weitere Diskussion und Bearbeitung dieser Vorgänge den Begriff der normrelativen Grammatik vor.

Julia Richter (Essen) beschäftigt sich in ihrem Aufsatz „Dimensionen der Beschreibung sprachbezogener Stereotypisierungen" mit impliziten und expliziten Stereotypisierungen auf sprachlicher Ebene und fragt danach, in welcher Form diese einerseits in literarischen Werken realisiert und andererseits als sprachwissenschaftlich relevant erkannt und analysiert bzw. kategorisert werden können. In Anlehnung an die jüngere Diskurstheorie und die gesprächsanalytische Forschung sowie unter Einbeziehung ausgewählter Beispiele schlägt Richter Dimensionen der

Beschreibung solcher stereotypen Äußerungen vor, um diese für die weitere Erforschung fruchtbar zu machen.

Der Beitrag „Halbkollaborative Wörterbücher – Zur Darstellung von Perzeptionsdaten in bilingualen Wörterbüchern" von Luca Melchior (Graz) und Fabio D'Agostini (München) stellt schließlich ein neues Modell für die lexikographische Praxis vor, das die Autoren aufgrund ihrer Mitarbeit am italienisch-deutschen Online-Wörterbuch LEO entwickelt haben. In Form des halbkollaborativen lexikographischen Modells, das sich gerade durch die Möglichkeit der Mitarbeit der Sprecher von unidirektionalen und präskriptiven Modellen der Lexikographie unterscheidet, plädieren sie für eine Richtungsänderung hin zu einer stärkeren Einbindung der Sprecher, die so nicht mehr nur als Rezipienten lexikographischer Werke fungieren, sondern mit ihrem Sprachwissen auch als Informanten im Sinne einer sprecherbezogenen, perzeptiven Linguistik in den lexikographischen Prozess eingreifen können.

Die Sektion „Erinnerungs- und Lebenswissen" versammelt Beiträge, die sich mit der Archivierung und Vergegenwärtigung von Wissensinhalten befassen. Dabei wird der literarische Text mitunter zu einer Art Gegen-Gedächtnis, der eindimensionale Formen der Erinnerung in Frage stellt, alternative Erinnerungskonzepte entwirft oder ein zusätzliches Wissen über verschiedene Formen des Erinnerns und Memorierens präsentiert.

Stephanie Müller (Kassel) befasst sich mit Jacques Roubauds Romanprojekt *Le Grand incendie de Londres* (1989) und nimmt dabei die Aspekte „Erinnerungswissen und Erinnerungsschreiben" in den Blick. Roubauds Roman, der sich als mnemotechnischer Selbstversuch auffassen lässt, wird in seiner Dialektik von Einbettung und Ausbettung, d.h. in seiner Teilhabe an bestehenden Wissensdiskursen untersucht, die der literarische Text zwar aufgreift, in seiner Eigenschaft als *contre-discours* jedoch anders organisiert.

Einen anderen Blick auf die literarische Modellierung von Erinnerungsorten wirft Benjamin Inal (Gießen) mit seiner Untersuchung des Romans *El otro árbol de Guernica* von Luis de Castresana (1967). Anhand dieses Textes wird Gernika als kosmopolitischer Erinnerungsort vorgestellt, an dem sich eine Entwicklung von partikularer Symbolik hin zu universaler Vereinnahmung nachzeichnen lässt. Gernika lässt sich auf diese Weise als transnationaler *lieu de mémoire* begreifen, der sowohl für Opfer als auch für Täter zum Anknüpfungspunkt werden kann.

Andrea Gremels (Frankfurt) untersucht in ihrem Beitrag „Der Herbst als Motiv kubanischer Dichtung in Paris" lyrische Texte kubanischer Exil-Autorinnen in Paris hinsichtlich des in deren Gedichten enthaltenen Text- oder Lebenswissens. Am Beispiel der Ausgestaltung des Herbst-Motivs stellt sie die Frage, warum in der Darstellung der eigenen Exil-Situation in Frankreich immer wieder auf eine spezifische europäische Lyrik-Tradition zurückgegriffen wird, die Melancholie und Vergänglichkeit zum Ausdruck bringt, und mit welchen (intertextuellen) Verfahren dies geschieht.

Indra Runge (Bremen) schließlich beschäftigt sich in „Wer weiß was? Über das Wissen und Nichtwissen in sogenannten ‚Mindfuck'-Filmen" mit der Frage von Erinnerung und Wissen aus einer medienwissenschaftlichen Perspektive anhand einer Analyse von Amenábars Film *Abre los ojos*. Sowohl die Erinnerung der Figuren als auch die des Zuschauers werden dabei auf die Probe gestellt und mit diversen filmnarratologischen Verfahren geleitet und unterlaufen. Mit dem charakteristischen *plot twist* und anderen Verfahren des unzuverlässigen Erzählens beschreibt Runge Merkmale des ‚Mindfuck Movie', der dem Zuschauer Rätsel aufgibt und ihn zwingt, die eigenen Sehgewohnheiten in Frage zu stellen.

Die Sektion „Sprache und sprachliches Wissen im Web 2.0" vereint Beiträge, die sich mit Fragen der Darstellung von Sprachwissen und dem Kontinuum zwischen Nähe- und Distanzsprache in neuen Medien, vor allem in computervermittelter Kommunikation sowie mit der sich wandelnden Rolle des Internetusers als Laienlinguist und als sprachnormative Instanz beschäftigen, und schließt somit inhaltlich an die vorhergehende sprachwissenschaftliche Sektion und an den Beitrag von Melchior / D'Agostini an.

Sabrina Braukmeier (Leipzig) stellt in ihrem Aufsatz „Darstellung von Sprachwissen: Deutsch-italienisches *code-switching* im Weblog" Überlegungen dazu an, welche verschiedenen Funktionen des *code-switchings* in einem italienisch-deutschsprachigen als Tagebuch konzipierten Weblog, einer relativ jungen Kommunikationsform also, festgestellt werden können und welchen Beitrag dies zur aktuellen *code-switching*-Diskussion im Bereich der Mehrsprachigkeitsforschung leisten kann. Braukmeier geht es vor allem um die Anordnung und Darstellung, d.h. schriftliche Realisierung des sprachlichen Wissens in einem nähesprachlichen Kontext.

Auch Daniel Kallweit (Bochum) beschäftigt sich in seinem Beitrag „Neografie als gruppenspezifische Repräsentationsform“ mit sprachlichen Entwicklungen im Internet. Sein Hauptaugenmerk liegt auf der Untersuchung innovativer und kreativer Schreibweisen in spanischer Chatkommunikation sowie deren Herkunft und gruppenspezifischer Funktion. In diesem wie in Braukmeiers Untersuchung wird der Frage nachgegangen, inwiefern das Medium der computervermittelten Kommunikation Auslöser und Förderer innovativer sprachlicher Tendenzen sein kann.

Die kultur-, literatur- und sprachwissenschaftlich übergreifende Sektion zum Thema „Körperwissen“ untersucht schließlich, wie in unterschiedlichen Epochen und (medizinischen) Kontexten ein Wissen über den Körper hergestellt, vermittelt und verbreitet wird und wie dabei Übersetzungsprozesse nicht nur von einer geographischen Kultur und Sprache in eine benachbarte, sondern auch von einem medizinischen Kontext in den nächsten geleistet werden. Darüber hinaus wird in dieser Sektion auch die Möglichkeit nicht nur eines Wissens *über*, sondern auch *mit* dem Körper betrachtet.

Der Beitrag von Julia Zwink (Berlin) beschäftigt sich mit der Übersetzung und Edition des aus dem 13 Jh. stammenden *Zad al-musafir wa-qut al-hadir*, eines Medizintraktats, das zunächst aus dem Arabischen ins Hebräische übersetzt wurde, in dieser Fassung aber zahlreiche romanische, genauer altokzitanische medizinische Fachtermini enthält, deren Übersetzung und graphische Darstellung in der kritischen Edition den Fokus des Aufsatzes bilden. Das Auftreten dieser Termini und ihre orthographische Realisierung in hebräischer Schrift verdeutlichen die Vernetztheit der Wissenssysteme schon in spätmittelalterlicher Zeit. Das Wissen über den Körper und dessen sprachliche Realisierung in einem medizinischen Handbuch fungieren hier als Bindeglied zwischen Orient und Okzident. Nicht nur die Sprachen Arabisch, Hebräisch und Romanisch, sondern auch die verschiedenen Kulturen treten dabei in Austausch.

Aus medienwissenschaftlicher Perspektive verfolgt Axel Volmar (Siegen) in seinem Beitrag „Körperklänge, Körperbilder.“ die Frage nach den Formen auditiver Erkenntnisproduktion, die in der Wissenschafts- und Technikgeschichte gegenüber der Erforschung bildlicher, evidenzgenerierender Modelle einen blinden Fleck darstellen. Das erkenntnisfördernde Potential des Klanges wird dabei am Beispiel der Erfindung des Stethoskops durch Laënnec veranschaulicht, dessen epistemologische Leistung auch im Zeitalter der Röntgentechnik nicht verblasst, sondern eine Übersetzung von Klängen in Bildern erfordert. Dem wissenschaftshistorischen Wechsel zwischen Körperklängen und Körperbildern wird anschließend in Thomas Manns Roman *Der Zauberberg* (1924) nachgespürt.

Der Band schließt mit den Überlegungen von Esther Schomacher (Bochum) und Jan Söffner (Berlin) zu der Frage: „Warum es mit Repräsentationsformen nicht getan sein kann: Sieben Thesen zum *Enactive Criticism*". Ausgehend von rezenten Studien zum *non-representational knowledge* gehen sie der Frage nach, wie weit der allen Kulturwissenschaften bisher zugrundeliegende Begriff der Repräsentation reichen kann. Als Alternative zu den Annahmen, dass Texte die Welt repräsentieren oder dass diese Repräsentation ‚differantiell' aufgeschobenen bleibt und Texte sich deshalb im unabschließbaren Prozess des Verweisens erschöpfen, stellen sie das abseits der Repräsentationalität funktionierende, enaktive körperliche Verstehen von Texten ins Zentrum ihrer Überlegungen. Damit stellen sie nicht allein die bisherige Perspektive der Kulturwissenschaften auf den Körper als einen Ort der Einschreibung von Praktiken oder Schnittpunkt von Diskursen in Frage – denn soll dieses enaktive Verstehen als Körper in seinem epistemischen Status ernst genommen werden, muss es auch auf der methodischen Ebene in die kulturwissenschaftliche Forschung integriert werden. Die Autoren entwickeln dazu in sieben Thesen einen *Enactive Criticism*, einen Forschungs-ansatz also, der dies zu leisten vermag, indem er Methoden entwickelt, dieses Wissen zu trainieren.

Den in diesem Band versammelten vielfältigen Zugriffsmöglichkeiten und Diskussionsansätzen zu Repräsentationsformen von Wissen ist trotz ihrer thematischen Pluralität gemeinsam, dass sie die komplexe und vielfältig anschlussfähige Mehrdeutigkeit des Repräsentationsbegriffs reflektieren. Indem in den Beiträgen den unterschiedlichen sprachlichen und literarischen Formen und Verfahren der Darstellung, Herstellung und Vermittlung von Wissen nachgegangen wird, wird zugleich die Kontextgebundenheit und Relationalität von Wissen veranschaulicht. Auf diese Weise ist dem Band selbst eine philologisch-selbstreflexive Ebene eingewoben, die zu weiterführenden Fragestellungen über unsere eigenen Wissenspraktiken einlädt. In diesem Sinne wäre nicht zuletzt auch nach den philologischen Formen der Herstellung von Wissen – etwa im Zuge einer Tagung, eines FJR, eines Sammelbands, eines Aufsatzes, einer Dissertation – zu fragen. Wir sind also stets auch mit den Formen unserer eigenen Darstellungen von Wissen beschäftigt.

Wenn der Band die grundlegende und vielschichtige Leistung von Repräsentationsformen beleuchtet, werden doch auch die Grenzen des Repräsentationsbegriffs und der rein diskursiven Herstellung von Wissen angedeutet. Dies ist letztlich auch der Grund dafür, dass das gewählte Thema zwar für die Romanistik essentiell ist, aber eben doch nicht ‚rein' romanistisch-philologisch behandelt werden kann. Erst durch den Einbezug von komparatistischen, kulturwissenschaftlichen und medienwissenschaftlichen Perspektiven lässt sich das komplexe Feld der Repräsentationsformen von Wissen beleuchten.

Bibliographie

Anders, Christina Ada (2010): *Wahrnehmungsdialektologie – Das Obersächsische im Alltagsverständnis von Laien*, Berlin: De Gruyter.

Borgards, Roland (2007): „Wissen und Literatur. Eine Replik auf Tilmann Köppe", in: *Zeitschrift für Germanistik* 17.2, 425-428.

Brandstetter, Gabriele / Neumann, Gerd (Hgg.) (2004): *Romantische Wissenspoetik. Die Künste und die Wissenschaften um 1800*, Würzburg: Königshausen & Neumann.

Danneberg, Lutz / Vollhardt, Friedrich (Hgg.) (2002): *Wissen in Literatur im 19. Jahrhundert*, Tübingen: Niemeyer.

Flusser, Vilém (1994): „Abbild – Vorbild", in: Nibbrig, Christiaan L. Hart (Hg.): *Was heißt „Darstellen"?*, Frankfurt a.M.: Suhrkamp.

Foucault, Michel (1966): *Les mots et les choses*, Paris: Gallimard.

Foucault, Michel (1969): *L'archéologie du savoir*, Paris: Gallimard.

Foucault, Michel (2001): „Ceci n'est pas une pipe", in: ders.: *Dits et Écrits 1954-1988*, Bd. 1: *1954-1975*, hg. v. Defert, Daniel / Ewald, François, Paris: Gallimard.

Harth, Helene / Kleinert, Susanne / Wagner, Birgit (Hgg.) (1991): *Konflikt der Diskurse. Zum Verhältnis von Literatur und Wissenschaft im modernen Italien*, Tübingen: Stauffenburg Verlag 1991.

Hempfer, Klaus W. / Traninger, Anita (Hgg.) (2007): *Dynamiken des Wissens*, Freiburg: Rombach.

Hörisch, Jochen (2007): *Das Wissen der Literatur*, München: Fink.

Hülk, Walburga / Renner, Ursula (Hgg.): *Biologie, Psychologie, Poetologie. Verhandlungen zwischen den Wissenschaften*, Würzburg 2005.

Klausnitzer, Ralf (2008): *Literatur und Wissen. Zugänge – Modelle – Analysen*, Berlin: Walter De Gruyter.

Klinkert, Thomas (2010): *Epistemologische Fiktionen. Zur Interferenz von Literatur und Wissenschaft seit der Aufklärung*, Berlin: Walter de Gruyter.

Klinkert, Thomas / Neuhofer, Monika (Hgg.) (2008): *Literatur, Wissenschaft und Wissen seit der Epochenschwelle um 1800. Theorie – Epistemologie – komparatistische Fallstudien*, Berlin: Walter De Gruyter.

Köppe, Tilmann (2007): „Vom Wissen in der Literatur", in: *Zeitschrift für Germanistik* 17.2, 398-410.

Lachmann, Renate / Rieger, Stefan (Hgg.) (2003): *Text und Wissen. Technologische und anthropologische Aspekte*, Tübingen: Narr.

Maillard, Christine / Titzmann, Michael (2002) (Hgg.): *Literatur und Wissen(schaften) 1890-1935*, Stuttgart / Weimar: Metzler.

Nibbrig, Christiaan L. Hart (Hg.) (1994): *Was heißt „Darstellen"?*, Frankfurt a. M.: Suhrkamp.

Pethes, Nicolas (2003): „Literatur- und Wissenschaftsgeschichte. Ein Forschungsbericht", in: *Internationales Archiv für Sozialgeschichte der Literatur* 28.1, 181-231.

Pethes, Nicolas / Krause, Marcus (Hgg.) (2005): *Literarische Experimentalkulturen. Poetologien des Experiments im 19. Jahrhundert*, Würzburg: Königshausen & Neumann.

Renneke, Petra (2008): *Poesie und Wissen. Poetologie des Wissens der Moderne*, Heidelberg: Winter.

Saussure, Ferdinand de ([4]1995 [1916]): *Cours de linguistique générale*, publié par Charles Bailly et Albert Séchehaye avec la collaboration de Albert Riedlinger, Paris: Éditions Payot & Rivages.

Schlenstedt, Dieter (2001): „Darstellung", in: Barck, Karlheinz e.al. (Hgg.): *Ästhetische Grundbegriffe*, Bd.1 (Absenz-Darstellung), Stuttgart / Weimar: Metzler, 831-875.

Stiening, Gideon (2007): „Am ‚Ungrund' oder: Was sind und zu welchem Ende studiert man ‚Poetologien des Wissen'?", in: *KulturPoetik* 7.2, 234-248.

Vogl, Joseph (1997): „Für eine Poetologie des Wissens", in: Karl Richter / Jörg Schönert / Michael Titzmann (Hgg.): *Die Literatur und die Wissenschaften 1770-1930*, Stuttgart: Metzler, 107-127.

Vogl, Joseph (2007): „Robuste und idiosynkratische Theorie", in: *KulturPoetik* 7.2, 249-258.

Vogl, Joseph (2010): *Poetologien des Wissens um 1800*, München: Fink.

Wanning, Frank (1999): *Gedankenexperimente. Wissenschaft und Roman im Frankreich des 19. Jahrhunderts*. Tübingen.

Warning (1999), Rainer: *Die Phantasie der Realisten*, München.

Werber, Niels: „Repräsentation/repräsentativ", in: Barck, Karlheinz et al. (Hgg.): Ästhetische Grundbegriffe, Bd.5 (Postmoderne-Synästhesie), Stuttgart / Weimar: Metzler 2003, S. 264-290.

I. Figuren und Figurationen des Wissens

„In medio omnium residet sol": Die Idee des Schönen im Heliozentrismus

Felix Schmelzer (Münster)

L'articolo seguente tratta delle forme di rappresentazione del sapere astronomico nei tre trattati di Nicolò Copernico, Johannes Kepler e Galileo Galilei. Si mostrerà che la rappresentazione della cognizione scientifica è dominata da un discorso che da un punto di vista contemporaneo può essere qualificato come estetico. Di conseguenza la genesi della nostra concezione fisica del mondo – i tre autori segnano l'inizio dell'astrofisica moderna – è condizionata da certe idee sulla bellezza e la perfezione. Queste idee hanno le loro radici nella filosofia platonica e si basano sul presupposto di una struttura matematica della realtà, che si manifesta nelle semplici leggi geometriche. L'autore spera di dare stimolo a una ricerca più complessiva sulla dimensione estetica dell'eliocentrismo.

In *The Copernican Revolution*, einem wissenschaftshistorischen Standardwerk, welches die Entstehungsgeschichte des heliozentrischen Weltbildes nachzeichnet, verweist der Autor Thomas S. Kuhn darauf, dass es vor allem die ästhetischen Merkmale der kopernikanischen Astronomie waren, die ihr letztlich zum Durchbruch verhalfen, und bezeichnet die Entscheidung für oder gegen die Sonne als Mittelpunkt des Universums als Geschmacksfrage:

> Judged on purely practical grounds, Copernicus' new planetary system was a failure; it was neither more accurate nor significantly simpler than its Ptolemaic predecessors. [...] as Copernicus himself recognized, the real appeal of sun-centered astronomy was aesthetic rather than pragmatic. To astronomers the initial choice between Copernicus' system and Ptolemy's could only be a matter of taste, and matters of taste are the most difficult of all to define or debate. Yet, as the Copernican Revolution itself indicates, matters of taste are not negligible. The eye equipped to discern geometric harmony could detect a new neatness and coherence in the sun-centered astronomy of Copernicus, and if that neatness and coherence had not been recognized, there might have been no Revolution. (Kuhn 1985, 171f.)

Diese von Kuhn eher am Rande erwähnte ästhetische[1] Dimension des

[1] Der Begriff ‚Ästhetik' ist für das 16. und 17. Jahrhundert nur bedingt anwendbar: Erst seit Alexander Gottlieb Baumgartens *Meditaciones philosophicae de nonnullis ad poema pertinentibus* (1735) kann von ‚Ästhetik' im Sinne einer eigenständigen Disziplin gesprochen werden (vgl. Kristeller 1976, S. 165ff.). Dennoch bietet sich aus

Heliozentrismus soll im Folgenden anhand dreier Traktate von Nikolaus Kopernikus (*De revolutionibus orbium coelestium*), Johannes Kepler (*Mysterium cosmographicum*) und Galileo Galilei (*Dialogo sopra i Due Massimi Sistemi del Mondo, Tolemaico e Copernicano*) näher untersucht werden, wobei sich der Aufsatz als Skizzierung einer noch ausstehenden, ausführlicheren Arbeit versteht. Es wird aufgezeigt, dass unser physikalisches Weltbild in seinem Entstehen – die drei Autoren markieren den Beginn der modernen Astrophysik – einem Paradigma bestimmter Vorstellungen von Schönheit und Vollkommenheit unterworfen ist. Diese Vorstellungen wurzeln im Platonismus und kreisen um die Annahme einer mathematischen Struktur der Wirklichkeit, die sich in einfachen geometrischen Gesetzen offenbart.

1. Nikolaus Kopernikus: Die wahre Weltgestalt und der Vergleichsmaßstab *eines* Körpers

In der Vorrede zu seinem 1543 erstmals erschienenen Hauptwerk *De revulotionibus orbium coelestium*, das den Heliozentrismus begründen sollte, bringt Nikolaus Kopernikus seinen Unmut über den Stand der Astronomie zum Ausdruck: Es gebe verschiedene mathematische Ansätze, die mehr schlecht als recht funktionierten, doch fehle es an einer einheitlichen Theorie der Planetenbewegung, welche den beobachtbaren Phänomenen gerecht wird. In diesem Zusammenhang wirft Kopernikus seinen Kollegen und Vorgängern vor, das wahre Wesen der Welt nicht erkannt zu haben:

> Rem quoque praecipuam, hoc est mundi formam ac partium eius certam symmetriam, non poterunt inuenire vel ex illis colligere, sed accidit eis perinde ac si quis e diuersis locis manus, pedes, caput aliaque membra optime quidem, sed non vnius corporis comparatione depicta sumeret, nullatenus inuicem sibi respondentibus, vt monstrum potius quam homo ex illis componeretur. (Kopernikus 1990, 70-73)[2]

heutiger Perspektive eine Verwendung des Begriffes im Sinne einer ‚Lehre vom Schönen' für das Werk der drei Autoren an.

[2] „Auch haben sie die Hauptsache, nämlich die Weltgestalt und das feste Ebenmaß ihrer Teile, nicht finden können oder aus ihren Voraussetzungen erschließen, sondern es ergeht ihnen so, wie wenn einer von verschiedenen Stellen aus Hände, Füße, Haupt und andere Glieder, zwar in schönster Ausführung, aber nicht nach

Das Malen bzw. Zeichnen („vnius corporis comparatione depicta") taucht in allen drei hier untersuchten Texten als Motiv auf. Der Astronom ist gleichsam ein *Kosmo-Graph*,[3] der die Weltordnung aufzeichnet. Der Textabschnitt impliziert eine bisher nicht erkannte Gestalt des Kosmos, die für Kopernikus dessen wahres Wesen bedeutet. Dieses Wesen abzubilden ist sein oberstes Ziel. Die ästhetischen Leitlinien werden skizziert durch die Forderung nach „Symmetrie" sowie dem „Vergleichsmaßstab eines Körpers".[4] Um dies zu untermauern, führt Kopernikus die Opposition Mensch-Ungeheuer an: Auf der einen Seite das harmonische Gesamtbild des wohlproportionierten menschlichen Körpers, auf der anderen ein disharmonisches Monstrum, dessen einzelne Glieder nicht zusammenpassen.

Kopernikus' „Monstrum" bezieht sich auf die mathematische Beschreibung der Planetenbahnen in der ptolemäischen Astronomie, die im 16. Jahrhundert noch immer maßgeblich ist. Sie beschreibt die Positionen und Umläufe der Planeten relativ exakt, wobei ihr ein kompliziertes System aus Exzentern (mittelpunktverschiedenen Kreisen) und Epizykeln (zusätzlichen Kreisbahnen auf der eigentlichen Kreisbahn des Planeten, dem sog. Deferenten) zu Grunde liegt (vgl. Carrier 2001, 41-62). Diese irregulären Kreisbahnen waren von Ptolemäus als geometrische Hilfskonstruktionen eingeführt worden, um die Gleichförmigkeit der Planetenumläufe aufrecht erhalten zu können.[5] Um neuen Beobachtungsdaten gerecht zu werden, wurde das ptolemäische System durch arabische Astronomen im Laufe der Zeit immer stärker ausdifferenziert.

---

dem Vergleichsmaßstab eines Körpers gemalt, hernähme, die wechselseitig überhaupt nicht sich entsprächen, so dass ein Ungeheuer eher als ein Mensch sich daraus zusammensetzte" (Übersetzung nach Hans Günter Zerkl, in: Kopernikus 1990, 70-73).

[3] Die Kosmographie ist im 16. Jahrhundert sowohl eigenständige Disziplin als auch Teilgebiet der Astronomie. Da sie sich vor allem mit der Lage der Sterne und Planeten sowie deren Kartographie befasst, ist sie im Zeitalter der großen Seefahrten von entscheidender Bedeutung.

[4] Die Forderung nach *einem* Maß ist darüber hinaus ein biblisches Motiv und verweist an dieser Stelle auf den der Renaissance-Astronomie inhärenten theologischen Diskurs. Eine entsprechende Bibelstelle lautet: „Ein Greuel ist dem Herrn zweierlei Gewicht, eine falsche Waage ist nicht recht" (Spr 20,23).

[5] Andernfalls müsste man im geozentrischen System einräumen, dass bestimmte Planeten ihre Bahnrichtung und Umlaufgeschwindigkeit ändern.

So hat die Astronomie zur Zeit des Kopernikus einen hohen Grad an Komplexität erreicht. Die daraus resultierende Himmelsgeometrie ist alles andere als einfach. Die angenommenen Planetenumläufe beschreiben ein komplexes Netz unterschiedlichster Kreisbewegungen, die keine Einheitlichkeit erkennen lassen. Dabei kann die ptolemäische Astronomie keine eindeutigen Aussagen über die wahre Gestalt des Kosmos machen: Der Umlauf der Sonne um die Erde beispielsweise ist sowohl durch einen Exzenter als auch durch Deferent und Epizykel darstellbar, und es hat grundsätzlich keinerlei Auswirkung auf das Gesamtsystem, ob man eine bestimmte Planetenbahn nun der einen oder der anderen Geometrie entsprechend beschreibt. Dergestalt zeichnet die ptolemäische Astronomie für Kopernikus ein disharmonisches Gesamtbild des Kosmos, dessen einzelne Glieder, die Planeten mit ihren Umlaufbahnen, zusammenhanglos und ohne wechselseitige Entsprechung das harmonische Band vermissen lassen, das dem menschlichen Körper zu Eigen ist.

Das wahre Wesen des Kosmos ist für Kopernikus ein völlig anderes. Für ihn stellt der Himmel, den er auch als „sichtbaren Gott“ (Kopernikus 1990, 80) bezeichnet, den Inbegriff der Schönheit dar, weshalb sich die Astronomie seines Erachtens auf göttliches, nicht-menschliches Wissen bezieht und somit die höchste aller Wissenschaften ist. Wenn er in diesem Zusammenhang die „Weltmaschine, die um unseretwillen vom besten und genausten aller Baumeister gebaut ist“ (ebd., 72) anführt, so ist dies als intertextueller Verweis auf den platonischen Demiurgen zu verstehen, so wie er im *Timaios* (um 360 v. Chr.) geschildert wird. Platon wirft in diesem zur Zeit der Renaissance stark rezipierten Werk die Frage auf, ob der Kosmos nach dem Muster des Ewigen oder nach dem Muster des Gewordenen angefertigt sei, und beantwortet sie wie folgt:[6]

> Wenn der Kosmos schön ist und der Meister gut, dann ist es offenkundig, dass er auf das Ewige geblickt hat, wenn aber jenes gilt – was man nicht einmal aussprechen darf –, auf Gewordenes. Jedem ist doch nun klar, dass er auf das Ewige geblickt hat; denn der eine ist das Schönste des Gewordenen, der andere die Beste der Ursachen (29a).

Der *Timaois* ist durchdrungen vom pythagoreischen Glauben an eine dem Kosmos zu Grunde liegende mathematische Harmonie. Diese äußert sich in einer streng geometrischen Struktur, wobei die Kugel als

[6] Platon wird im Folgenden nach der Klassiker-Ausgabe zitiert.

vollkommenste aller Formen angesehen wird, und die reguläre Kreisbahn – Exzenter und Epizykel tauchen bei Platon nicht auf – entsprechend als vollkommenste aller Bewegungen. Der Ideenlehre entsprechend sind die Himmelskörper für Platon „Formen der Zeit, die die Ewigkeit nachbildet und sich nach bestimmten Zahlenverhältnissen kreisförmig bewegt“ (38a). Die Proportion gilt Platon als „Band“ (31c), welches die vier Elemente – die sich ihrerseits aus geometrischen Urformen zusammensetzen – als Baustoffe des Kosmos untrennbar miteinander verknüpft und in Einklang bringt. Wenngleich nicht im Zentrum des Kosmos gelegen, so hat die Sonne doch eine zentrale Stellung, denn sie wurde laut Platon erschaffen, um den gesamten Himmel zu erleuchten und somit das Erkennen des Schönen in Anordnung und Bewegung der Himmelskörper zu ermöglichen – ein Erkennen, das von Platon „Teilhabe an der Zahl“ (39b) genannt wird.[7]

Der ‚Baumeister‘ des Kopernikus folgt im Wesentlichen Platons ästhetischen Postulaten. Es ist Kopernikus’ Ziel, eine einheitliche Himmelsgeometrie zu finden, aus der sich mit Notwendigkeit die Gestalt des Kosmos ergibt, und sämtliche Planetenumläufe durch reguläre Kreisbahnen zu beschreiben. Um diesem Ziel gerecht zu werden, nimmt er einen elementaren Umbau des Kosmos in Kauf. Seinen Erkenntnisweg erläuternd führt er an, er habe sich nach bereits vorhandenen astronomischen Alternativen zum ptolemäischen Modell umgesehen und sei bei dem Pythagoreer Philolaos fündig geworden, der behauptet, die Erde bewege sich um ein Zentralfeuer (vgl. Kopernikus 1990, 72-74).[8] Derart auf die Möglichkeit einer bewegten Erde gestoßen, habe er festgestellt, dass sich bei einer angenommenen Kreisbahn der Erde ein Bild des Himmelsgeschehens ergibt, in dem alles „so verknüpft“ sei, „dass in keinem Teil von ihm etwas umgestellt werden kann, ohne bei den übrigen Teilen und überhaupt im ganzen All Verwirrung anzurichten“ (ebd., 74).

---

7 Die kontemplative Betrachtung der Himmelskörper ermöglicht Platon eine mathematisch-mystische Erkenntnis, die Vorbedingung eines tugendhaften Lebens ist; vgl. auch Brisson 1996.

8 Damit ist bei Philolaos nicht die Sonne gemeint. Eine entsprechende Überlieferung des Aetius lautet: „Die andern Philosophen lehren, dass die Erde in ihrer Ruhelage verharre; der Pythagoreer Philolaos aber behauptet, dass sie sich im Kreise um das Feuer bewege, und zwar in einem schiefliegenden Kreise, in ähnlicher Weise wie Sonne und Mond“ (zitiert nach Capelle 1968, 482).

Der Heliozentrismus ermöglicht es also, das Weltganze nach dem „Vergleichsmaßstab eines Körpers" (ebd.) zu malen. Die neue Ordnung des Kosmos, welche sich aus der Kreisbahn der Erde[9] ergibt, beschreibt Kopernikus im 10. Kapitel des ersten Buches wie folgt:

> In medio vero omnium residet sol. Quis enim in hoc pulcerrimo templo lampadem hunc in alio vel meliori loco poneret, quam vnde totum simul possit illuminare? Siquidem non inepte quidam lucernam mundi, alij mentem, alij rectorem vocant. Trismegistos visibilem deum, Sophoclis Electra intuentem omnia. Ita profecto tamquam in solio regali Sol residens circumagentem gubernat astrorum familiam. [...] Inuenimus igitur sub hac ordinatione admirandam mundi symmetriam ac certum harmoniae nexum motus et magnitudinis orbium, qualis alio modo reperiri non podest.[10] (Ebd., 136)

Die ästhetische Dimension des Heliozentrismus ist an dieser Stelle augenfällig: Das All wird zum „wunderschönen Tempel", die Sonne wird metaphorisch umschrieben als „Lampe der Welt", „Sinn", „Lenker", als „sichtbarer Gott" und „Alles-Schauende". Von ihrem Thron aus „regiert" sie die „Sternenfamilie". Diese Metaphorik impliziert, dass der Kosmos als eine geordnete Einheit begriffen wird, die aus theologischer[11] und mathematischer Notwendigkeit heraus besteht: Die Sonne

---

[9] Im kopernikanischen System rotiert die Erde innerhalb von 24 Stunden einmal um die eigene Achse und umläuft innerhalb eines Jahres die Sonne.

[10] „Inmitten alles dessen aber thront die Sonne. Wer denn wollte in diesem wunderschönen Heiligtum diese Leuchte an einen anderen, besseren Ort setzen als den, von wo aus sie das Ganze gleichzeitig erhellen kann? Zumal doch bestimmte Leute sie durchaus zutreffend ‚Lampe der Welt', andere ihren ‚Sinn', andere ihren ‚Lenker' nennen. Trismegistos (nennt sie) ‚sichtbaren Gott', die Elektra des Sophokles die ‚Alles-Schauende'. So wirklich, wie auf königlichem Thron sitzend, lenkt die Sonne die um sie herum tätige Sternenfamilie. [...] Wir finden also unter dieser Reihung bewundernswertes Ebenmaß der Welt und festes Band der Eintracht zwischen Bewegung und Größe der Kreise, so wie es auf andere Weise gefunden werden nicht kann" (Übersetzung nach Hans Günter Zerkl, in: Kopernikus 1990, 137).

[11] Die Nähe zu alttestamentarischen Gottesvisionen ist offenkundig. Ein Beispiel aus dem Buch Jesaja: „Im Todesjahr des Königs Usaja sah ich den Herrn. Er saß auf einem hohen und erhabenen Thron. Der Saum seines Gewandes füllte den Tempel aus" (Jes 6,1). Ein weiteres Beispiel aus dem Buch Ezechiel: „Auf dem, was einem Thron glich, saß eine Gestalt, die wie ein Mensch aussah. Oberhalb von dem, was wie seine Hüften aussah, sah ich etwas wie glänzendes Gold in einem Feuerkranz. Unterhalb von dem, was wie seine Hüften aussah, sah ich etwas

wird mit Attributen des göttlichen Herrschers versehen, ihr Licht, das alles gleichzeitig erhellt und durchdringt, wird zum Sinnbild der göttlichen Vernunft, die den Kosmos in seiner geometrischen Ordnung zusammenhält. Die neue Anordnung der Planeten offenbart für Kopernikus also eine Architektur, die gekennzeichnet ist durch „bewundernswerte Symmetrie“ sowie durch ein „festes Band der Harmonie zwischen Bewegung und Größe der Kreise“ (ebd.). Es ist dies ein Gesamtbild, welches der Baukunst des platonischen Demiurgen entspricht.

2. Johannes Kepler: Das Universum als Baukasten geometrischer Urformen

Johannes Kepler ist gegen Ende des 16. Jahrhunderts einer von nur wenigen Astronomen, die sich öffentlich zur Lehre des Kopernikus bekennen. Sein Erstlingswerk *Mysterium cosmographicum* (1596) ist in noch stärkerem Maße als *De revolutionibus* durch den Glauben an einfache geometrische Gesetze geprägt und offenbart ein renaissancetypisches Denken in Analogien.[12] Kepler versucht, die heliozentrische Planetenordnung zu begründen, indem er die Abstände der Planeten durch die fünf geometrischen Körper erklärt, auf die Platon im *Timaios* die Struktur der Materie zurückführt.[13] Dabei folgt er einer Kopernikus sehr ähnlichen Argumentationslinie, um seine wissenschaftliche Motivation zu erklären: Er sei mit den bisherigen Ansichten über den Bau der Welt unzufrieden, schreibt er, und beruft sich auf den „vollkommensten Baumeister“, der „notwendig ein Werk von höchster Schönheit bilden musste“ (Kepler 1937, 23).

wie Feuer und ringsum einen hellen Schein. Wie der Anblick des Regenbogens, der sich an einem Regentag in den Wolken zeigt, so war der helle Schein ringsum“ (Ez 1,26-28).

[12] Kepler entspricht darin der Kategorie der *ressemblance*, die laut Foucault bis zum Ende des 16. Jahrhunderts europäische Wissensordnungen sowie deren Darstellungsformen prägte (vgl. Foucault 1966, 32).

[13] An die Elementenlehre des Empedokles anknüpfend, ordnet Platon diese aus rechtwinkligen Dreiecken zusammengesetzten Körper den vier Elementen zu, dem Feuer den dreiflächigen Tetraeder, dem Wasser den zwanzigflächigen Ikosaeder, der Luft den achtflächigen Oktaeder und der Erde den sechsflächigen Würfel. Die fünfte Form, der Dodekaeder, wird von Platon in ominöser Formulierung mit der „Ausschmückung des Alls“ (54a-55c) in Verbindung gebracht.

Auch Kepler ist im bereits angeführten Sinne ein *Kosmo-Graph*, und bei ihm bestimmt das Zeichnen (genauer: das geometrische Zeichnen) sogar den methodischen Weg, wie die Skizzierung seiner Beweisführung deutlich macht. Zunächst versucht er, das gesamte Universum einem Quadrat und einem Quadranten (einem Viertelkreis) einzuschreiben und daraus die Abstände der Planeten abzuleiten (vgl. ebd., 11). Wenngleich er die Unmöglichkeit dieses Ansatzes selbst einräumt, tritt hier eine theologische Symbolhaftigkeit geometrischer Urformen zum Vorschein, die für sein Denken wesentlich ist: Das Krumme und Kreishafte wird Gott zugeordnet, das Gerade und Eckige der dinglichen Welt. Diese Grundopposition verbindet sich im *Mysterium cosmographicum* mit dem platonischen Gedanken, die Himmelserscheinungen seien zeitliche Abbilder des Ewig-Göttlichen. Kepler ist also auf der Suche nach einer Himmelsgeometrie, die beide geometrischen Formen vereint. Mit den fünf platonischen Körpern ist dies zu erreichen, denn sie können exakt von den sechs Bahnen der Planeten[14] umschrieben werden.[15] In mystischer Tradition beschreibt Kepler, wie eine innere Stimme ihm die richtige Zuordnung zwischen Körper und Planetenbahn eingab:

> Terra est Circulus mensor omnium: Illi circumscribe Dodecaedron: Circulus hoc comprehendens erit Mars. Marti circumscribe Tetraedon: Circulus hoc comprehendens erit Iupiter. Ioui circumscribe Cubum: Circulus hunc comprehendens erit Saturnus. Iam terrae inscribe Icosaedron: Illi inscriptus Circulus erit Venus. Veneri inscribe Octaedron: Illi inscriptus Circulus erit Mercurius.[16] (Ebd., 13)

Dem platonischen Glauben an eine mathematische Struktur der Wirklichkeit entsprechend wird die Astronomie an dieser Stelle vollends zu einer die ‚wahre' Weltgestalt abbildenden Kunst: Kepler zeichnet bzw. baut den Kosmos den Prinzipien der Geometrie entsprechend nach.

---

[14] Im heliozentrischen Weltbild sind dies von der Sonne an Merkur, Venus, Erde, Mars, Jupiter und Saturn.

[15] Eine genaue Beschreibung des Keplerschen Systems findet sich in Field 1988, 35-44.

[16] „Die Erde ist das Maß für alle anderen Bahnen. Ihr umschreibe ein Dodekaeder; die dieses umspannende Sphäre ist der Mars. Der Marsbahn umschreibe ein Tetraeder; die dieses umspannende Sphäre ist der Jupiter. Der Jupiterbahn umschreibe einen Würfel; die diesen umspannende Sphäre ist der Saturn. Nun lege in die Erdbahn ein Ikosaeder; die diesem einbeschriebene Sphäre ist die Venus. In die Venusbahn lege ein Oktaeder, die diesem einbeschriebene Sphäre ist der Merkur" (Übersetzung nach Max Caspar, in: Kepler 1923, 24).

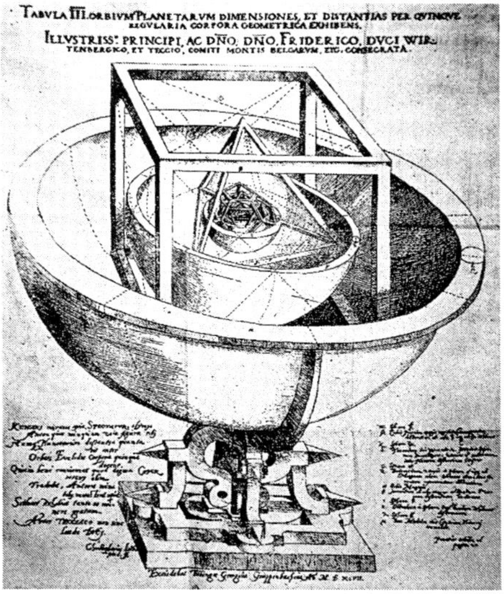

Abb. 1: Der geometrische Kosmos des *Mysterium cosmographicum*

Was sich im Werk des Kopernikus bereits andeutet, ist hier offensichtlich: Die Erkenntnis der Himmelsgeometrie ist göttliches Wissen und im platonischen Sinne „Teilhabe an der Zahl". Gott selbst ist für Kepler, der sich in diesem Kontext direkt auf Platon beruft, ein Geometer:

> [...] quid restat ampliùs, quin dicamus cum Platone, θεὸν ἀεὶ γεωμετρεῖν, atque in hac mobilium fabrica corpora orbibus, et orbes corporibus inscripsisse tantisper, dum nullum ampliùs corpus restaret, quod non intrà et extrà mobilibus orbibus vestitum esset. (Kepler 1937, 26)[17]

Das Werk des ‚vollkommensten Baumeisters' glaubt Kepler also in seinem *Mysterium cosmographicum* entschlüsselt zu haben. Die Schönheit des Kosmos offenbart sich dadurch, dass Krummes und Gerades in einer nicht aufzulösenden Einheit verwoben sind; die Göttlichkeit des Schöp-

[17] „Was bleibt uns übrig, als mit Plato zu sagen, Gott treibe immer Geometrie, und er habe beim Bau der Wandelsterne Körper den Kreisen und Kreise den Körpern so lange einbeschrieben, bis kein Körper mehr da war, der nicht innerhalb und außerhalb mit beweglichen Kreisen ausgestattet war" (Übersetzung nach Max Caspar, in: ebd., 48).

fers ist der Welt eingeschrieben. In noch konkreterer Form als bei Kopernikus gehen theologische und mathematische Notwendigkeit Hand in Hand: Für den studierten Theologen Kepler ist die Versinnbildlichung Gottes Sinn und Zweck der Schöpfung, und dafür braucht das Göttlich-Kreishafte den Gegensatz des Geraden und Eckigen. Dadurch, dass Kepler an anderer Stelle bemerkt, Gott habe die Quantitäten – die geometrischen Körper – im Anfang, noch vor der Welt, geschaffen, liefert er zudem eine apriorische Begründung für die heliozentrische Planetenordnung (vgl. Bialas 2004, 51-53). Das Apriorische, die Erklärung des Kosmos aus den Ursachen der Schöpfung heraus,[18] ist, wie Kepler im 2. Kapitel anmerkt, die eigentliche Aufgabe der Astronomie (Kepler 1937, 26). Seine Beweisführung rundet er dementsprechend durch die Behauptung ab, es könne nicht mehr als sechs Planeten geben, weil es eben genau fünf reguläre Körper in der Mathematik gebe.

3. Galileo Galilei: Geometrische Schönheit und göttliche Wahrheit

Galileo Galilei ist ungleich moderner als sein Zeitgenosse Kepler und als sein Vorgänger Kopernikus. In seinem *Dialogo sopra i Due Massimi Sistemi del Mondo, Tolemaico e Copernicano*, erstmals erschienen im Jahre 1632, versucht er, den Heliozentrismus physikalisch zu begründen, wobei er in polemisierender Art das aristotelisch-ptolemäische dem kopernikanischen Weltbild gegenüberstellt. Der Wissenschaftstradition der italienischen Renaissance entsprechend wählte Galilei für diese Gegenüberstellung die Form des platonischen Dialogs, die darüber hinaus der im Indexdekret von 1616 vorgeschriebenen hypostatischen Sprache für Erörterungen der kopernikanischen Lehre Zugeständnisse macht. Sein Werk kann als Voranschreiten einer ‚Säkularisierung' des Himmels angesehen werden – die aristotelische Weltordnung zwischen sub- und superlunarer Region wird aufgelöst zu Gunsten einer mechanistischen Weltanschauung, die den gesamten Kosmos durch mathematisch formulierbare Naturgesetze eint und die keinen *unbewegten Beweger* mehr braucht. Inner-

[18] Gottes Ordnungskriterien für die Schöpfung werden in einer alttestamentarischen Sentenz zum Ausdruck gebracht, die in zahlreichen Wissenschaftstraktaten der frühen Neuzeit angeführt wird: „Du aber hast alles nach Maß, Zahl und Gewicht geordnet" (Weish 11,20).

halb des physikalischen Diskurses offenbart sich eine geometrische Ästhetik, die im Kern Kopernikus und Kepler folgt und die darüber hinaus um eine epistemologische Dimension erweitert wird.

Hauptredner des Werkes ist die Figur Salviati, dem Simplicio, ein eifrig-naiver Verfechter der aristotelischen Philosophie, gegenübersteht. Dritter im Bunde ist Sagredo, der wiederum die Erläuterungen Salviatis stützt. Gleich zu Anfang wird Salviatis Zielsetzung, den Bau der Welt nach „besser erwogenen Bauregeln" (Galilei 1936, 41) als den aristotelisch-ptolemäischen zu beschreiben, deutlich. Auch er zweifelt nicht an der „Vollkommenheit des Weltbaus", dessen Teile nach „höchsten und vollkommenen Gesetzen" (ebd., 41) angeordnet sein müssen. Ein Leitgedanke dabei ist, dass die Natur in ihrer Gesetzlichkeit stets nach Einfachheit und Klarheit strebe – dem entsprechend muss der Architektur des Alls eine einfache und klare Geometrie zu Grunde liegen.

In einer zentralen Passage erkennt der dem Heliozentrismus gegenüber zunächst äußerst skeptisch eingestellte Simplicio *zeichnend* dessen zwingende Notwendigkeit, nachdem er von Salviati dazu aufgefordert worden war: „Pigliate dunque un foglio e le seste: e sia questa carta bianca l'immensa espansione dell'universo, nella quale voi avete a distribuire ed ordinar le sue parti conforme a che la ragione vi detterá" (ebd., 428f.). Das Zitat impliziert, dass die heliozentrische Weltordnung für Salviati ein Sichtbarmachen von Ordnung und Vernunft bedeutet, die ptolemäische Astronomie wird im Gegensatz dazu an anderer Stelle als „völlige Verwirrung" bezeichnet. Die Polemik der Gegenüberstellung von kopernikanischer und ptolemäischer Astronomie verschärft sich in einem längeren Abschnitt am Ende des Werkes:

> Sono in Tolomeo le infermitá, e nel Copernico i medicamenti loro. E prima, non chiameranno tutte le sette de i filosofi grande sconvenevolezza che un corpo naturalmente mobile in giro si muova irregolarmente sopra il proprio centro, e regolarmente sopra un altro punto? e pur di tali movimenti difformi sono nella fabrica di Tolomeo; ma nel Copernico tutti sono equabili interno al propio centro. In Tolomeo bisogna assegnare a i corpi celesti movimenti contrarii, e far che tutti si muovano da levante a ponente ed insieme insieme da ponente verso levante; che nel Copernico son tutte le revoluzion celesti per un sol verso, da occidente in oriente. Ma che diremo noi dell'apparente movimento de i pianeti, tanto difforme che non solamente ora vanno veloci ed ora piú tardi, ma talvolta del tutto si fermano, ed anco dopo per molto spazio ritornano in dietro? per la quale apparenza salvare introdusse Tolomeo grandissimi epicicli, adattandone un per uno a ciaschedun pianeta, con alcune regole di moti incongruenti, li quali tutti con un semplicissimo moto della Terra si tolgono via. E non chiamereste voi, Sig. Sim-

plicio, grandissimo assurdo se nella costruzion di Tolomeo, dove a ciascun pianeta sono assegnati proprii orbi, l'uno superior all'altro, bisognasse bene spesso dire che Marte, costituito sopra la sfera del Sole, calasse tanto che, rompendo l'orbe solare, sotto a quello scendesse, ed alla Terra piú che il corpo solare si avvicinasse, e poco appresso sopra il medesimo smisuratamente si alzasse? e pur questa ed altre esorbitanze dal solo e semplicissimo movimento annuo della Terra vengono medicate. (Ebd., 452f.)

Im Kern wiederholt Galilei an dieser Stelle, um einige astronomische Details erweitert und in sprachlich ausgeschmückter Form, die bereits angeführte Argumentation des Kopernikus: Im ptolemäischen System sind, um die Regelmäßigkeit der Kreisbewegungen zu wahren, komplizierte und jedem einzelnen Planeten anzupassende Hilfskonstruktionen wie Exzenter und Epizykel nötig, die Planeten bewegen sich darüber hinaus in unterschiedliche Himmelsrichtungen und im Falle des Mars geschieht es gar, dass ein Planet die ihm zugewiesene Sphäre durchbricht. Im kopernikanischen System hingegen kreisen die Planeten gleichförmig und in einfacher Kreisbahn um ihren eigenen Mittelpunkt, ohne dass Exzenter oder Epizykel zu ihrer Beschreibung nötig wären, sie bewegen sich sämtlich in eine Richtung und bleiben in der ihnen zugehörigen Sphäre.

Die angeführte Textpassage offenbart einen semantischen Gegensatz, der uns die ästhetischen Leitlinien Galileis verdeutlicht: auf der einen Seite „Krankheit", „Unschicklichkeit", „missgestaltete Bewegung", „Absurdität" und „Maßlosigkeit", auf der anderen „Heilung", „Gleichförmigkeit" und „Einfachheit". Nimmt man das kurz vorher eingeführte Motiv des Zeichnens hinzu, so zeigt sich, dass Galilei an dieser Stelle das ptolemäische System mit Attributen des Manierismus in Verbindung bringt, denen er eine geometrische Ästhetik der Klarheit und ausgewogenen Komposition entgegenstellt, wie sie in der italienischen Hochrenaissance zu finden ist.[19] Zur wertenden Polemik, welche die Kuhnsche These der

[19] Auf diesen Zusammenhang verweist bereits Panofsky, der sich allerdings vor allem auf die *Considerazioni al Tasso* stützt: „Galilei, geboren 1564, am Todestag Michelangelos, war Augenzeuge der Bewegung gegen den Manierismus, und auf welcher Seite er dabei stand, lässt sich erraten. Sein *fidus Achates*, Cigoli, spielte in Florenz die gleiche Rolle wie Domenichino und die Carraci in Rom. Mit einem guten Freund der letzteren, Giovanni Battista Agucchi, hatte sich Galilei selbst angefreundet, und eben jener war der Schöpfer einer kunsthistorischen Theorie [...]. Ihr zufolge hatte Annibale Caracci, zurückgreifend auf die großen Meister der Hochrenaissance, die Malerei vom plumpem Naturalismus ebenso wie vom

„Geschmacksfrage" stützt (s.o.), passt, dass Galilei in einem handschriftlichen Zusatz von „zwei Systemen" spricht, von denen „eines weiß, das andere schwarz" sei (Galilei 1980, 230).

Wie bereits angedeutet, hat die geometrische Harmonie des Universums im Werk Galileis eine epistemologische Dimension. In euphorischem Ton führt Salviati an anderer Stelle einen „höheren, über die natürlichen Sinne erhabenen Sinn" (Galilei 1936, 435) an, welcher das Lichten der verborgenen, mathematischen Schönheit des Kosmos erst ermöglicht. Gerade in dieser Überwindung der natürlichen Sinneseindrücke scheint für Galilei der ästhetische Reiz des kopernikanischen Systems zu bestehen, und die Erkenntnis des Schönen fällt in platonischer Tradition mit der Erkenntnis des Wahren zusammen. Der Gegensatz hell-dunkel verweist im *Dialogo* auf die Grundidee, das Aufdecken mathematischer Gesetzmäßigkeit ermögliche dem Menschen, dessen Erkenntnisvermögen durch einen „tiefen dichten Nebelschleier verdunkelt" (ebd., 150) ist, die Teilhabe an göttlicher Wahrheit. Dieser bei Kopernikus und Kepler bereits angelegte Gedanke wird von Salviati gegen Ende des ersten Kapitels in einer ausführlichen Erörterung menschlicher und göttlicher Weisheit nunmehr auch philosophisch untermauert:

> [...] dico che l'intelletto umano ne intende alcune cosí perfettamente, e ne ha cosí assoluta certezza, quanto se n'abbia l'istessa natura; e tali sono le scienze matematiche pure, cioè la geometria e l'aritmetica, della quali l'intelletto divino ne sa bene infinite proposizioni di piú, perché le sa tutte, ma di quelle poche intese dall'intelletto umano credo che la cognizione agguagli la divina nella certeza obiettiva, poiché arriva a comprenderne la necessitá, sopra la quale non par che possa esser sicurezza maggiore. (Ebd., 149f.)

Der absolutistische Anspruch einer mathematisch-wissenschaftlichen Weltanschauung wird in diesen Zeilen deutlich. Es ist der hier geschilderte Glaube an die unbedingte Objektivität des mathematischen Beweises, welcher die Autorität der Schrift – im theologischen wie philosophischen Sinne – im Laufe des 17. Jahrhunderts abzulösen beginnt.[20] Im

trügerischen Manierismus errettet und es vollbracht, Idee und Wirklichkeit zu einem *beau idéal* zu verschmelzen" (zitiert nach Koyré 1998, 136f.).

20 Bezeichnend ist in diesem Zusammenhang das Paradoxon, dass Galileis berühmter Ausspruch vom „Buch der Welt", das „in der Sprache der Mathematik verfasst" sei (*Il Saggiatore*), sich der Buchmetapher bedient, gleichzeitig aber zum Ausdruck bringt, dass die mathematischen Wissenschaften das Buch (vor allem

Kontext des gesamten Werkes ist die rein mathematische Erkenntnis für Galilei – ebenso wie für Kopernikus und Kepler – zwangsläufig die Erkenntnis einer *einfachen* und *klaren* geometrischen Struktur, und diese ästhetische Präferenz stülpt sich scheinbar unmerklich über den wissenschaftlichen Objektivitätsanspruch.

4. Ausblick

Das Werk dieser drei großen Astronomen der Frühen Neuzeit wurde hier nur ausschnitthaft und in groben Zügen dargestellt. Es muss betont werden, dass man ihr Schaffen nicht auf die Ästhetik reduzieren kann und darf – es handelt sich hierbei um *eine* Diskursebene, die von den komplexen mathematischen und wissenschaftstheoretischen Zusammenhängen weitestgehend gelöst dargestellt werden sollte. Dennoch überrascht diese Diskursebene in ihrer Dominanz und Offensichtlichkeit: Es kann nicht geleugnet werden, dass ästhetische Prämissen entscheidenden Anteil an der Herausbildung des heliozentrischen Weltbildes haben.

Die platonisch-pythagoreischen Wurzeln im ästhetischen Denken von Kopernikus, Kepler und Galilei sind evident. Dieses Denken speist sich darüber hinaus aus weiteren Quellen, auf die hier nur begrenzt eingegangen wurde. Wie angedeutet sind biblische Einflüsse besonders hervorzuheben – das Werk des Kopernikus ist mit expliziten und impliziten Bibelverweisen durchtränkt –, damit einhergehend und ebenso bedeutsam sind der Theologie entlehnte Denkschemata – im Werk von Kepler prägt die Theologie die wissenschaftliche Methode in entscheidendem Maße. Ein weiterer bisher nicht genannter Einflussfaktor ist der Renaissance-Platonismus der Florentiner Akademie. So erinnert Kopernikus' poetische Beschreibung der Sonne stark an die Ästhetik Marsilio Ficinos, für den Gottes Schönheit in Form eines Licht-Zentrums alles Seiende nach außen hin bestrahlt. Eine bezeichnende Metapher Ficinos für das Licht als ordnende Kraft des Universums lautet „Fessel des Alls" (*vinculum universi*) (Kristeller 1972, 99).

Hinsichtlich der Generierung von Wissen lässt sich feststellen, dass im Werk der drei Autoren die Visualisierung eine große Rolle spielt. Alle

das eine Buch) als Autoritätskriterium der Welterklärung allmählich ablösen (vgl. Blumenberg 1986, 11).

drei berufen sich auf das Malen bzw. Zeichnen, und bei Galilei erkennt man anhand seiner zahlreichen und äußerst kunstvollen Mondzeichnungen darüber hinaus im Besonderen, dass künstlerische Verfahren ein entscheidendes Mittel wissenschaftlicher Erkenntnis sind.[21] Gerade in diesem Zusammenhang offenbaren sich Parallelen zu Kunst und Kunsttheorie der Renaissance. Ein offenkundiges Beispiel ist der „Mensch des Vitruv" Leonardo da Vincis (vgl. Abb. 2). Genau wie Kepler schreibt Leonardo seinen Gegenstand geometrischen Grundformen – Kreis und Quadrat – ein. Vitruv wiederum, der aufgrund seiner Rezeption durch Alberti, Bramante, Mantegna oder Brunelleschi auf die Kunsttheorie der Renaissance großen Einfluss ausübt, erklärt in seiner Architekturästhetik – dem Eingangszitat des Kopernikus entsprechend – die Proportionen des menschlichen Körpers zum idealen Maßstab für Bauwerke (*De architectura* III.1, vgl. Schummer 2006, 59-60) und sieht die perfekte Proportionierung der menschlichen Körperteile darin, dass der Mensch sich bei ausgestreckten Armen und Beinen exakt von einem Quadrat und einem Kreis, mit dem Bauchnabel als Kreismittelpunkt, umschreiben lässt (vgl. ebd., 61). Die Korrespondenzen zwischen Astronomie und Kunst(theorie) sind vielschichtig.[22]

Folgt man der Annahme einer geometrischen Ästhetik in den Wissenschaften, so ist die Frage zu stellen, inwieweit diese auch in anderen Epochen erkenn- und deutbar ist. Die Fraktalgeometrie oder das vierdimensional gekrümmte Raum-Zeit-Kontinuum der allgemeinen Relativitätstheorie etwa lassen aufschlussreiche Korrespondenzen zwischen Astronomie und Kunst(theorie) auch im 20. Jahrhundert vermuten. Derartige Korrespondenzen deuten im Übrigen auf einen gemeinsamen Nährboden: Es ist naheliegend, von einem ‚ästhetischen Substrat' zu sprechen, welches Wissenschaft und Kunst im Sinne einer epochalen Welt*wahrnehmung* eint.

[21] Zur Rolle künstlerischer Verfahren in den Wissenschaften vgl. Feyerabend 1984.

[22] Der Einfluss der Astronomie auf die Kunst(theorie) scheint weit ausführlicher untersucht als der Einfluss der Kunst auf die Astronomie. Einen interessanten Ansatz bietet Cirilo Flórez, der die Perspektive Albertis nicht nur kunst- sondern auch wissenschaftstheoretisch interpretiert und ihre Ausdehnung auf verschiedene Disziplinen aufzeigt (vgl. Flórez 2001, 14-20). Vgl. in diesem Kontext auch Forster 1999.

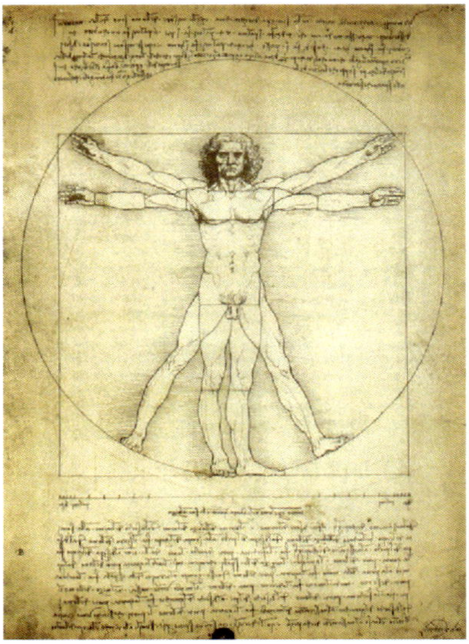

Abb. 2: Leonardo da Vincis „L'uomo vitruviano" (um 1500)

Bibliographie

Primärliteratur

Galilei, Galileo (1936): *Opere I*, hg. v. Seb. Timpanaro, Mailand: Rizzoli.

Galilei, Galileo (1980): *Sidereus Nuncius. Nachricht von neuen Sternen: Dialoge über die Weltsysteme (Auswahl). Vermessung der Hölle Dantes. Marginalien zu Tasso*, hg. v. Hans Blumenberg, Frankfurt a.M.: Suhrkamp.

Kepler, Johannes (1923): *Mysterium cosmographicum*, übers. und eingel. v. Max Caspar, Augsburg: Filser.

Kepler, Johannes (1937): *Mysterium cosmographicum*, hg. v. Max Caspar, München: Beck.

Kopernikus, Nikolaus (1990): *Das neue Weltbild. Commentariolus, Brief gegen Werner, De revolutionibus I*, Lateinisch-Deutsch, übers. u. hg. v. Hans Günter Zerkl, Hamburg: Meiner.

Platon (2003): *Timaios*, übers. u. hg. v. Thomas Paulsen und Rudolf Rehn, Stuttgart: Reclam.

Sekundärliteratur

Bialas, Volker (2004): *Johannes Kepler*, München: Beck.
Blumenberg, Hans (1986): *Die Lesbarkeit der Welt*, Frankfurt a.M.: Suhrkamp.
Brisson, Luc (1996): „Den Kosmos betrachten, um richtig zu leben: *Timaios*", in: Kobusch, Theo u.a. (Hgg.): *Platon. Seine Dialoge in der Sicht neuer Forschungen*, Darmstadt: Wissenschaftliche Buchgesellschaft, 229-248.
Capelle, Wilhelm (1968): *Die Vorsokratiker*, übers. v. Wilhelm Capelle, Stuttgart: Kröner.
Carrier, Martin (2001): *Nikolaus Kopernikus*, München: Beck.
Feyerabend, Paul (1984): *Wissenschaft als Kunst*, Frankfurt a.M.: Suhrkamp.
Field, Judith V. (1988): *Kepler's Geometrical Cosmology*, Chicago: The University of Chicago Press.
Flórez, Cirilo (2001): „Otra cara del humanismo", in: Mancho Duque, María Jesús (Hg.): *Pórtico a la ciencia y a la técnica del renacimiento*, Salamanca: Junta de Castilla y León, 11-43.
Forster, Kurt W. u.a. (Hg.) (1999): *Theorie der Praxis: Leon Battista Alberti (1404-1472) als Humanist und Theoretiker der bildenden Künste*, Berlin: Akademie-Verlag.
Foucault, Michel (1966): *Les mots et les choses*, Paris: Gallimard.
Koyré, Alexandre (1998): *Leonardo, Galilei, Pascal*, Frankfurt a.M.: Fischer.
Kristeller, Paul Oskar (1972): *Die Philosophie des Marsilio Ficino*, Frankfurt a.M.: Klostermann.
Kristeller, Paul Oskar (1976): „Das moderne System der Künste", in: ders.: *Humanismus und Renaissance II. Philosophie, Bildung und Kunst*, München: Fink, 165-206.
Kuhn, Thomas S. ([3]1985): *The Copernican Revolution*, Cambridge, MA: Harvard University Press.
Schummer, Joachim (2006): „Symmetrie und Schönheit in Kunst und Wissenschaft", in: Krohn, Wolfgang (Hg.): *Ästhetik in der Wissenschaft. Interdisziplinärer Diskurs über das Gestalten und Darstellen von Wissen*, Hamburg: Meiner, 59-78.

Wissen als Erzählornament in Jean Potockis *Manuscrit trouvé à Saragosse* (1804 und 1810)

Lena Seauve (Berlin)

Le Manuscrit trouvé à Saragosse, *roman à tiroirs de Jean Potocki, est rempli de références aux discours scientifiques des XVIIe et XVIIIe siècles, qu'il cite et discute inlassablement. Il s'agit ici d'étudier l'influence de ces discours sur la forme du roman de Potocki et leur fonction dans la construction narrative du sens. La représentation des savoirs y étant marquée par une distance ironique constante, on peut supposer que l'évocation des discussions scientifiques sert moins à la diffusion du savoir dans le sens de la philosophie des Lumières que comme un ornement de la narration, c'est-à-dire comme un supplément formel qui permet au texte de faire référence à lui-même.*

Alphonse von Worden, Protagonist in Jean Potockis *roman à tiroirs Manuscrit trouvé à Saragosse*, berichtet über eine Reise durch das spanische Gebirge Sierra Morena. Im Frühjahr des Jahres 1739 befindet sich der junge Wallonenoffizier auf dem Weg nach Madrid, wo er seinen Dienst antreten soll. Unterwegs widerfährt ihm Abenteuerliches und ihm wird Abenteuerliches berichtet – scheinbar zufällig begegnet er einer Reihe höchst unterschiedlicher Menschen, die ihm kompliziert ineinander verschachtelte Geschichten erzählen. In Potockis Roman wird permanent erzählt, zugehört und kommentiert, auf diese Weise wird – in einem durchaus belehrend anmutenden Gestus – Wissen weitergegeben. Die komplexen Zusammenhänge zwischen den Strukturen dieses vielstimmigen Erzählens und der in ihm aufgerufenen Wissensbestände sollen Gegenstand des vorliegenden Beitrags sein.

Erzählungen können bekanntlich als Medium der Generierung, Speicherung und Weitergabe von Wissen beschrieben werden:

> Erzählungen (Narrative) erscheinen [...] als prinzipielle Organisationsmuster für das Erzeugen und Vermitteln von Wissen, für Orientierungen in Gegenwart und Vergangenheit, für den Entwurf fiktiver Welten. (Schönert 2004, 131-143)

Die Weitergabe von Wissen durch Narration erfolgt im *Manuscrit* in der Regel über das permanente Erzählen von Lebensgeschichten: Eine Figur teilt ihren Zuhörern mittels einer autodiegetischen Erzählung – einem Bericht, dem durch die Anwesenheit der Figur, die das Berichtete selbst erlebt hat, Authentizität verliehen wird – etwas mit, was diese noch nicht wussten. Dabei geht die Mitteilung über biographische Details weit hinaus. In die Lebensnarrationen der Erzähler wird Wissen unterschiedlichster Art eingewoben: Beschreibungen von Städten und Landschaften, religiösen Riten und mathematischen oder philosophischen Systemen; die Erzähler berichten über regionale Bräuche, Mythen, ökonomische Systeme und technisches Wissen. Die Lebensgeschichte tritt häufig hinter dieses Wissen zurück, ist lediglich Anlass für dessen Aufrufung. Die versammelten Zuhörer, die in der Regel selbst zu einem anderen Zeitpunkt als Erzähler auftreten, kommentieren gemeinsam das Gehörte. Nicht nur der Inhalt des Erzählten – in erster Linie das vermittelte (Fach)Wissen – sondern auch die Art der Darstellung werden diskutiert und bewertet. Anhand dieses Romans lässt sich demzufolge neben der Bedeutung spezifischer Wissensinhalte für den literarischen Text auch die Frage nach den (literarischen) Repräsentationsformen von Wissen thematisieren. Betrachtet man im *Manuscrit* die extreme Heterogenität der Inhalte im Verhältnis zur Homogenität ihrer Darstellungsformen, so stellt sich v.a. die Frage nach der Bedeutung des Wissens für die Sinnkonstitution des Romans: In welcher epistemologischen Absicht wird Wissen erzählt und was sagt sein Darstellungsmodus über seinen Inhalt aus? Umgekehrt: Wie beeinflusst der Inhalt des Vermittelten, also der Erzählung, die Form der Narration? Wissen wird im *Manuscrit*, so die Ausgangsthese dieses Beitrages, mit Hilfe spezifischer Formen dargestellt, die sich, wie zu zeigen sein wird, aus unterschiedlichen Gründen als Ornamente beschreiben lassen.

Der Leser des potockischen Romans hat die Niederschrift einer mündlichen Übersetzung des schriftlich abgefassten Reiseberichts des Protagonisten Alphonse, eben jenes in Saragossa gefundenen Manuskriptes, aus dem Spanischen vor sich (vgl. Potocki 1804, 57f.), er befindet sich dementsprechend am Ende einer – je nach Grad der Verschachtelung – unterschiedlich langen narrativen Vermittlungskette. Die Verschachtelung entsteht dadurch, dass häufig innerhalb einer Narration ein weiterer Erzähler eingeführt wird, der seinerseits seine Lebensgeschichte erzählt, in der wiederum ein Erzähler auftritt, und so fort. Der Text hat dementsprechend keinen Charakter von Unmittelbarkeit, das Wissen durchläuft vielmehr mannigfaltige Überlieferungs- und damit Transformationsprozesse. Die auftretenden Figuren sind eindeutig über ihre Lebensgeschichte definiert – die Abfolge der Ereignisse steht im Vordergrund, nicht die Psychologie der einzelnen Figur. Diese Art der Figurengestaltung hat Todorov u.a. am Beispiel des *Manuscrit* unter dem Stichwort des *homme-récit* beschrieben:

> [...] il est difficile d'ignorer l'existence de toute une tradition littéraire où les actions ne sont pas là pour servir d',illustration' au personnage mais où, au contraire, les personnages sont soumis à l'action; où, d'autre part, le mot ,personnage' signifie tout autre chose qu'une cohérence psychologique ou description de caractère. [...] le personnage, c'est une histoire virtuelle qui est l'histoire de sa vie. (Todorov 1971, 33-37)

Erzähltes Wissen dient also in diesem Text nicht einer Charakterisierung des jeweiligen Binnenerzählers – an psychologischer Genauigkeit ist der Roman nicht interessiert, seine Protagonisten sind allenfalls Typen, jedoch keine modernen Romanfiguren mit individueller, narrativ konstruierter Psychologie.

1. Wissen im *Manuscrit trouvé à Saragosse*

Wie lässt sich nun der bisher verwendete Wissens-Begriff deutlicher bestimmen? Wissen ist zunächst einmal etwas, das jemand weiß – explizit wahrnehmbar und damit relevant wird es in dem Moment, in dem es kommuniziert wird. Demgemäß beinhaltet jede Erzählung, jede Geschichte, in der von einer Handlung, einer Tatsache oder einem Phänomen berichtet wird, Wissen. Man kann Wissen aber auch erheblich enger fassen, schränkt man den Begriff auf ein streng wissenschaftliches Wissenskonzept ein – Wissen besteht in diesem Fall aus Erkenntnisinhalten wissenschaftlicher Disziplinen, immer eingedenk ihrer Einbettung in einen historischen Kontext. Jede Art von Wissen ist, so könnte man behaupten, maßgeblich von der Art ihrer Darstellung abhängig, sie wird durch diese verändert oder gar erst generiert. Dies gilt insbesondere bis zum 18. Jahrhundert, solange die Grenzen zwischen Literatur und Wissenschaft fließend sind und eine Ausdifferenzierung der Disziplinen erst im Entstehen begriffen. Die im Zeitalter der Aufklärung entstandenen Vulgarisierungstexte[1] sind einerseits Symptom dieser noch nicht vollzogenen Trennung zwischen Wissenschaft und schönen Künsten, andererseits zeugen sie auch von der Fruchtbarkeit des Zusammenspiels von Wissen und Literatur – freilich stets in einer genuin aufklärerischen Perspektive. So wird in der für die *Lumières* zentralen *Encyclopédie ou Dictionnaire raisonné des sciences, des arts et des métiers* die Interaktion zwischen *sciences* und *belles-lettres* keineswegs als problematisch, sondern im Gegenteil

[1] Zum Begriff der Vulgarisierung ausführlich: Gipper 2002.

als selbstverständlich, produktiv und sogar notwendig erachtet. Dieser Hintergrund ist für die Betrachtung des Romans bedeutend, orientiert sich der 1761 im damaligen Polen geborene, Französisch schreibende Potocki doch eindeutig an den Werten der europäischen und insbesondere französischen Aufklärung. Der Chevalier de Jaucourt schreibt in seinem Artikel *Lettres*: „[...] les lettres et les sciences proprement dites, ont entr'elles l'enchaînement, les liaisons, et les rapports les plus étroits; c'est dans l'Encyclopédie qu'il importe de le démontrer [...]" (Chevalier de Jaucourt 1765a, 409).

Die unmittelbare Wechselbeziehung zwischen Wissenschaft und Literatur erscheint als Grundlage und Gegenstand des *Encyclopédie*-Projekts und damit im übertragenen Sinne der Aufklärung insgesamt. Unter dem Stichwort „Sciences" bewertet der Chevalier die gegenseitige Beeinflussung von Literatur und Wissenschaften nochmals explizit positiv:

> D'ailleurs les principes des sciences seroient rebutans, si les belles lettres ne leur prêtoient des charmes. Les vérités deviennent plus sensibles par la netteté du style, par les images riantes, et par les tours ingénieux sous lesquels on les présente à l'esprit. Mais si les belles-lettres prêtent de l'agrément aux sciences, les sciences de leur côté sont nécessaires pour la perfection des belles-lettres. (Chevalier de Jaucourt 1765b, 788)

Literatur und Wissenschaft besitzen spezifische Eigenschaften, die die jeweils andere Disziplin zu ihrer Perfektion benötigt, nach der Darstellung des Chevalier de Jaucourt ergänzen sie sich gegenseitig. In seinem *Encyclopédie*-Eintrag präzisiert schließlich Diderot:

> Les auteurs ne s'apperçoivent pas quelquefois eux-mêmes de l'impression des choses qui se passent autour d'eux; mais cette impression n'en est pas moins réelle. Les Musiciens, les Peintres, les Architectes, les Philosophes, *etc.* ne peuvent avoir des contestations, sans que l'homme de lettres n'en soit instruit: et réciproquement, il ne s'agitera dans la littérature aucune question, qu'il n'en paroisse des vestiges dans ceux qui écriront ou de la Musique, ou de la Peinture, ou de l'Architecture, ou de la Philosophie. Ce sont comme les reflets d'une lumière générale qui tombe sur les Artistes et les Lettrés, et dont ils conservent une lueur. (Diderot 1755, 638)

In der Literatur, so Diderot, werden die von anderen Disziplinen aufgeworfenen Fragen ebenso reflektiert, wie Malerei, Architektur und Philosophie Debatten aus dem Bereich der Literatur aufnehmen. Aus dieser wechselseitigen Aufmerksamkeit entsteht, so das Bild Diderots, letztlich das Licht der Aufklärung. Auch die Zeitgenossen Potockis messen der engen Verschränkung zwischen Wissen und Literatur die zentrale Bedeutung zu, die diese Verbindung auch in seinem Roman einnimmt.

Eine exemplarische Darstellung der unterschiedlichen Wissens-Arten, die im *Manuscrit* aufgerufen werden, mag unsere Definition des Begriffs veranschaulichen und die Heterogenität der im Roman angesprochenen Wissensbestände verdeutlichen. Der Vater eines der Erzähler beschäftigt sich, so sein Sohn in seinem Lebensbericht, mit der Herstellung von Tinte, einem Verfahren, das er aus einem Buch lernt:

> Il prit le livre, trouva tout de suite la composition de l'encre et fut très surpris de comprendre si bien une chose que les plus beaux esprits de l'Espagne regardaient comme très difficile. En effet il ne s'agissait que de mêler de la teinture de noix de galle avec de la solution de vitriol, et d'y ajouter de la gomme. L'auteur avertissait cependant que l'on n'aurait jamais de bonne encre qu'autant que l'on en ferait une grande quantité à la fois, que l'on tiendrait le mélange chaud et qu'on le remuerait souvent parce que la gomme, n'ayant aucune affinité avec les substances métalliques, tendait toujours à s'en séparer; que de plus, la gomme elle-même tendait à une dissolution putride qu'on ne pouvait prévenir qu'en y ajoutant un petite dose d'alcool. (Potocki 1804, 234)

Während die Zuhörer im Roman die ausführlichen chemischen Erläuterungen unkommentiert lassen, fragt sich der Leser, was der Zweck eines solch beeindruckend informierten Exkurses in die Kunst der Tintenherstellung sein mag. Im Laufe der Erzählung über den Vater spielt dessen Vorliebe für die Tintenherstellung eine durchaus zentrale Rolle, sie bildet ein spezifisches Attribut des Vaters – zudem fällt sein Sohn, der Erzähler, aus jugendlichem Übermut in das Tintenfass des Vaters und zieht damit dessen lebenslangen Groll auf sich, was wiederum für die Lebensgeschichte des Sohnes entscheidend sein wird. Dennoch lässt sich über die Bedeutung des detaillierten Wissens für die Erzählung nur spekulieren: Verweist Tinte als eine für das Schreiben notwendige Substanz bereits auf die schriftstellerische Tätigkeit und damit auf den Roman und dessen Produktion selbst? Um was für eine Art von Wissen handelt es sich hier? Mit Alfred Schütz und Thomas Luckmann, die sich in *Strukturen der Lebenswelt* (1979) eingehend mit verschiedenen Formen von Wissen in modernen Gesellschaften auseinandersetzen, könnte man an dieser Stelle eine Form von *Gewohnheitswissen*, eine Unterart des *Gebrauchswissens*,[2] nämlich das *Rezeptwissen* identifizieren:

> Rezeptwissen ist zwar mit den Grundelementen des Wissensvorrats nicht mehr unmittelbar über Fertigkeiten verbunden, aber dennoch ‚automatisiert' und ‚standardisiert'. Dies bedeutet, dass es als selbstverständliche Implikation im Horizont gerade noch in Situationen mit vorhanden sein kann, ohne thematisiert zu werden: Spuren lesen für einen Jäger, sich auf Wetterveränderungen einstellen für einen Seemann oder Bergsteiger, ‚automatisierte' Übersetzungsphrasen für einen Dolmetscher usw. (Schütz / Luckmann 1979, 141)

Dieses spezifische Wissen unterscheidet sich demzufolge ausdrücklich von einem explizit wissenschaftlichen Wissen, ebenso wie das im folgenden Beispiel aufgerufene: Der Comte de Penna Velez beginnt seine Lebensgeschichte mit einer Beschreibung der Sitten in seiner Heimatstadt Grenada:

> Lorsque chez nous un jeune homme entre dans le monde, son premier soin est de chercher une dame de ses pensées, et si elle accepte son hommage, il se déclare son embecevido, c'est-à-dire forcené de ses appas. La dame, en le recevant pour tel, prend un engagement tacite de ne confier qu'à lui ses gants et son éventail. Elle lui donne aussi la préférence lorsqu'il s'agit de lui apporter un verre d'eau, [...]. Tel était le ton de la galanterie grenadine lorsque je parus dans le monde [...]. (Potocki 1804, 321)

Auch über die in Madrid und Segovia herrschenden Regeln für den Umgang von unverheirateten Mädchen mit Männern berichtet der Erzähler – nicht ohne sie zu kommentieren. An dieser Stelle dient das aufgerufene Wissen einer näheren Beschreibung des Erzählers: Anhand einer Diskussion der Sitten kann er seine eigenen Vorstellungen über Ehe und Galanterie zum Ausdruck bringen. Dieses Wissen über regionale Bräuche im Spanien des 18. Jahrhunderts dient dem Zweck, das spätere Verhalten des Erzählers und den weiteren Verlauf seiner Lebensgeschichte für die Zuhörer nachvollziehbar zu machen.

[2] „Es gibt im täglichen Leben, noch genauer in der Wirkzone der Alltagswelt, bestimmte Handlungsziele *und* dazugehörige ‚Mittel zum Zweck', die nicht mehr die geringste Problematik aufweisen. Sie waren ursprünglich ‚problematisch', sind aber ‚endgültig' gelöst worden. [...] Führen wir zunächst Beispiele des Gebrauchswissens [...] an: Rauchen, Holzhacken, Rasieren, Schreiben etc." (Schütz / Luckmann 1979, 140-141).

Im folgenden Beispiel wird eine weitere Art von Wissen aufgerufen, die sich von den bisher zitierten wiederum deutlich unterscheidet. Der Geometer Velasquez entwickelt über viele Seiten hinweg seine Philosophie, seine „manière de voir les choses" (ebd., S. 612), in der er sich beispielsweise kritisch mit Descartes auseinandersetzt:

> Mais de nos jours, il est venu des philosophes qui se sont crus plus profonds et qui ont dit: ‚Nous convenons que l'âme n'aurait pu développer ses facultés sans l'entremise des sens, mais les facultés une fois développées, l'âme conçoit les choses qui n'ont jamais été dans les sens, telles que l'espace, l'éternité, les vérités mathématiques.' Je vous l'avoue, je ne goûte point cette nouvelle doctrine. (Ebd., 620f.)

Hier werden zum einen wissenschaftliche Positionen der Zeit kontrastiv aufgerufen, Velasquez positioniert sich, ohne dessen Namen zu nennen, kritisch zum Konzept der eingeborenen Ideen Descartes'. Potocki zeigt sich an dieser Stelle als Autor, der sich auf der Höhe aktueller philosophischer Debatten befindet. Zum anderen lässt sich diese Passage in ihren wissenschaftlichen Aussagen über Rationalismus und Sensualismus auch als Selbstkommentar des Romans, insbesondere zur Frage der Verlässlichkeit der Sinneswahrnehmungen Alphonses lesen.

Der Roman ruft also – auch systematisch unterschiedliche – Wissensbestände auf, bindet sie in seine Narrationen ein und macht sie sich damit zu Eigen. Man kann, so soll gezeigt werden, in diesem Zusammenhang von einem Einverleibungsprozess sprechen, in dessen Verlauf die Wissensdiskurse aus ihrem jeweiligen Kontext herausgelöst und für den Selbstkommentar des Romans instrumentalisiert werden. Hierbei bedient sich der Roman bestimmter Schreibweisen, die man als ornamental bezeichnen kann.

2. Das Ornamentale im *Manuscrit trouvé à Saragosse*

Die breit gefächerte Literatur über das Ornament weist in der Regel auf die ‚Doppelorientierung' des Begriffs hin, der einerseits den Redeschmuck der antiken Rhetorik, andererseits materiellen Schmuck in Architektur und Kunst bezeichnet (vgl. u.a. Graevenitz 1994, 242). Die konkrete äußere Ausprägung des Ornaments als ästhetische Form findet in der Literatur allerdings selten Erwähnung, dies soll hier kurz nachgeholt werden. Die Form des Ornaments ist definiert durch sich wiederholende, häufig abstrakte Muster oder geometrische Formen, die in der Regel Parallelitäten, Spiegelungen u.ä. aufweisen. Diese Präzisierung erweist sich als notwendig, um die Anwendung des Begriffs auf Potockis Roman rechtfertigen zu können.

Das *Manuscrit* ist ein Text, der auf unterschiedlichen Ebenen von Strukturen der Parallelität und Symmetrie bestimmt ist. Durch die Verschachtelung der einzelnen Erzählungen und die Aufteilung in *Décamerons*[3] werden solche Formen begünstigt. Allein das sich fortwährend wiederholende Ritual des Erzählens und die damit einhergehende Formelhaftigkeit der einleitenden und abschließenden Sätze sind hier augenfällig. Jede Erzählung beginnt beinahe identisch mit den einleitenden Worten „[…] commença en ces termes: […]“ (Potocki 1804, 90), während die Unterbrechungen in der Regel durch folgenden Wortlaut eingeleitet werden: „Comme […] en était à cet endroit de son récit […]“ (ebd., 292). Auch auf der inhaltlichen Ebene der Narrationen finden sich permanent Parallelisierungen – Figuren aus unterschiedlichen Erzählsträngen widerfahren ähnliche Schicksale. So erwachen verschiedene Protagonisten nach rätselhaften nächtlichen Ereignissen wiederholt unter dem Galgen von *Los Hermanos*. Alphonse selbst findet sich im Moment des Erwachens zweimal unter dem Galgen der Brüder Zotos wieder: „J'étais couché sous le gibet de los Hermanos“ (ebd., 86) und „Tout ce que j'en sais, c'est que je me suis réveillé sous le gibet de los Hermanos […]“ (ebd., 173). Im weiteren Verlauf berichten der dämonische Krüppel Paschecco „Enfin je m'endormis et je m'éveillai le lendemain sous le gibet des frères de Zoto […]“ (ebd., 95) und der Kabbalist Uzéda „Mais vous le dirai-je, le lendemain je me réveillai sous le gibet de los Hermanos […]“ (ebd., 192) über ähnliche Erlebnisse.

Es finden sich über die Grenzen unterschiedlicher Geschichten hinweg Doppelgänger-Figuren, die sich in ihrer äußerlichen und charakterlichen Beschreibung zum Verwechseln ähnlich sind. Dies gilt beispielsweise für Alphonses Cousinen, die unter den Namen Émina und Zibéddé als muslimische Schwestern von königlichem Geblüt auftreten – „Nous sommes filles de Gasir Gomelez, oncle maternel du dey de Tunis actuellement régnant“ (ebd., 74) – und kurze Zeit später vermeintlich in Gestalt von Zigeunerinnen erscheinen: „Mais quelle ne fut ma surprise en

[3] Der Text besteht in der Version von 1804 aus 45 *Journées*, die zu vier *Décamérons* zusammengefasst sind. Die Version von 1810 besteht aus sechs *Décamérons* und umfasst insgesamt 61 *Journées*.

voyant le pavillon s'ouvrir et mes deux cousines en sortir dans cet élégant costume que l'on appelle en Espagne *à la gitana maja*" (ebd., 199). Dies entpuppt sich zunächst jedoch als eine Wahrnehmungstäuschung Alphonses: „Mais ce n'étaient point mes cousines" (ebd., 199). Immer wieder zweifelt Alphonse, ob es sich bei den beiden Zigeunerinnen um seine Cousinen handelt, oder ob er Opfer einer Täuschung ist. Durch die Uneindeutigkeit der Wahrnehmung und das mit ihr einhergehende Zögern, wird der Topos des Doppelgängers in seiner Verwirrung stiftenden Eigenschaft besonders betont. Insgesamt treten im Roman zahlreiche Figuren paarweise auf, seien es die rätselhaften Cousinen, die untoten Brüder Zotos oder die von der Jüdin Rebecca heraufbeschworenen himmlischen Zwillinge, die zu ihren Ehemännern bestimmt sind (vgl. ebd., 187). Als eine weitere Verdoppelungsstruktur lässt sich die Genealogie ausmachen, die Prinzipien von Vererbung und Weitergabe spielen im Roman eine zentrale Rolle. Insbesondere Väter und Söhne haben häufig ähnliche Lebensgeschichten, der Sohn fungiert gewissermaßen als Doppelgänger des Vaters und umgekehrt.

Das herrschende Prinzip der Verschachtelung der Geschichten führt – vergleichbar einem visuell erfahrbaren Ornament – zu einer Illusion der unendlichen Perpetuierbarkeit. Dieses Phänomen gilt insbesondere für die *Version de 1804,* die unvollendet blieb.[4] Es ist für das Funktionieren des Romans unerheblich, wie er endet, oder ob er überhaupt endet – in seinem Zentrum steht das ornamentale Prinzip, nach dem sich Geschichte an Geschichte reiht, ohne dass dabei ein sichtbares Ziel angestrebt wird. So verliert Alphonse auch sofort nach seiner ersten ereignisreichen Nacht in der *Sierra Morena* sein räumliches Ziel gänzlich aus den Augen und gibt sich dem ornamental verschlungenen Bewegungs- und Erzählrhythmus seiner geheimnisvollen Reisegruppe vollkommen hin. Es ist offensichtlich, dass sich die Struktur des Romans als ornamental beschreiben lässt – im Folgenden soll diese Verbindung im Kontext der

[4] Diese Version bricht abrupt mit dem 45. Tag ab, ohne dass der erzählerische Rahmen geschlossen würde. Die Version von 1810 dagegen endet mit einer „Conclusion de tout l'ouvrage", die mit der Erwähnung des Manuskripts selbst schließt: „C'était le journal des soixante premières journées de mon séjour en Espagne. J'en ai fait une copie de ma main et je l'ai déposée dans une cassette de fer que mes héritiers trouveront un jour" (Potocki 1810, 831).

Anwendung des Ornamentbegriffs in der Literaturtheorie deutlicher herausgearbeitet werden.

3. Der Ornament-Begriff in der Literatur

Seit der Antike ranken sich die Debatten um das Ornament stets um die Frage nach seiner Nützlichkeit – während bei Quintilian das Schöne und das Zweckmäßige noch untrennbar miteinander verbunden sind (vgl. Raulet 2002, 657), polemisiert der Architekt Adolf Loos in seinem 1908 erstmals erschienenen programmatischen Aufsatz „Ornament und Verbrechen" gegen das Ornament.[5] Den entscheidenden Wendepunkt in der Geschichte des Ornament-Begriffs bildet – so Raulet in seinem Artikel zum Ornament in Barcks *Wörterbuch der Ästhetischen Grundbegriffe* – die Trennung von Rhetorik und Ästhetik im 18. Jahrhundert: „Die Entstehung einer von der Rhetorik befreiten philosophischen Ästhetik verändert grundsätzlich den Status des Ornaments" (Raulet 2002, 667). Ist das Ornament in der antiken Rhetorik als fester Bestandteil der *elocutio* aufgrund seiner reinen Zweckorientierung (Überzeugung des Publikums) noch vollkommen losgelöst von moralischen Bedenken, beispielsweise im Sinne eines christlichen Wahrheitsbegriffs, so steht es in den klassizistischen Regelpoetiken unter dem Einfluss der alles bestimmenden Regeln der *bienséance*, also der gesellschaftlich-moralischen Normierung. Im Laufe des 18. Jahrhunderts beginnt das Kunstwerk einen Status von Autonomie zu erlangen, der auch dem Ornament eine vollkommen neue Bedeutung beimisst. Einerseits wird es seiner religiösen und gesellschaftlich-politischen Bindungen enthoben, andererseits ist ihm nun auch kein eindeutiger Sinn mehr zugeordnet, sodass es dem Vorwurf der Oberflächlichkeit ausgesetzt wird: „Die Loslösung des Ornaments vom feudalen Repräsentationssystem macht aus ihm ein beliebiges Versatzstück, das seines Sinns entleert ist […]" (ebd., 668).

Eines der Probleme des Ornamentbegriffs besteht folglich darin, dass er für rhetorische wie ästhetische Phänomene gleichermaßen Anwendung findet. Wie jedoch geht die Literaturtheorie mit dem Ornament

---

[5] Loos führt u.a. die ökonomische Zwecklosigkeit des Ornaments an: „Ornament ist vergeudete arbeitskraft und dadurch vergeudete gesundheit. So war es immer. Heute bedeutet es aber auch vergeudetes material, und beides bedeutet vergeudetes kapital" (Loos 1982, 80).

um? Es besteht grundsätzlich ein Ungleichgewicht, da das Ornament in den bildenden Künsten eine weit prominentere – einfacher zu definierende – Rolle spielt als in der Literatur. Einen der Hauptgründe für dieses Ungleichgewicht formuliert Rudolf Helmstetter:

> Ornamente gelten als Zugaben zu einer vorgegeben Struktur, als Supplemente zu einer Zweckfunktion. In Architektur, Malerei oder Plastik kann die Hierarchie von Funktion und Dekoration, Zentrum und Akzidenz, Figur und Verzierung augenfällig sein; weniger evident ist sie bei sprachlichen Strukturen, und gar bei literarischen, die nicht einem von vornherein erkennbaren Zweck zuzuordnen sind. (Helmstetter 1995, 390)

Insbesondere der allgegenwärtige explorative Drang des *Siècle des Lumières* und die mit ihm verbundene Instrumentalisierung der Literatur verleiht der Frage nach der Zweckgebundenheit des literarischen Textes und damit des Ornaments eine spezifische Virulenz. Angesichts der Vulgarisierungsbemühungen der aufklärerischen Wissens-Literatur scheint die Idee des autonomen Kunstwerks noch in weiter Ferne – ist Literatur insbesondere im 18. Jahrhundert doch häufig an ganz konkrete (Aufklärungs-) Zwecke gebunden.

Helmstetter sieht das Ornament als Gewebeform, wobei Gewebe für ihn synonym zu Text zu verstehen ist. Die Nähe der Gewebemetaphorik zu erzählenden Texten hat eine lange Tradition[6] – Barthes postuliert in *Le plaisir du texte*:

> Texte veut dire tissu. Mais alors que jusqu'ici on a toujours pris ce tissu pour un produit, derrière lequel se tient, plus ou moins caché, le sens (la vérité), nous accentuons maintenant, dans le tissu, l'idée que le texte se fait, se travaille, à travers un entrelacs perpétuel; perdu dans ce tissu – cette texture – le sujet s'y défait, telle une araignée qui se dissoudrait elle-même dans les sécrétions constructives de sa toile. (Barthes 1973, 126)

Bemerkenswert ist hier die Weiterführung einer Metaphorik, die das Schaffen von Texten in einen Kontext von Spinnen und v.a. Verweben stellt. Verschiedene Ebenen des Textes sind miteinander verwoben – in dieser Metapher bleibt das Ornament in der ihm eigenen Struktur präsent. Gleichzeitig betont Barthes die Prozesshaftigkeit der Entstehung

---

[6] So formuliert Jacques Derrida in einem frühen Aufsatz über Husserl: „L'*entrelacement* (Verwebung) du langage, de ce qui dans le langage est purement langage, et des autres fils de l'expérience, constitue un tissu. [...] car tissu veut dire texte. *Verweben* ici veut dire *texere*" (Derrida 1967, 282).

von Texten. Auch an Potockis Roman wird fortwährend, um in der Metapher zu verbleiben, weitergesponnen – wie ein großes Gewebe breitet sich der Text mit jeder hinzukommenden Narration weiter aus.

Helmstetter beschreibt das Ornament auch als ein übergreifendes kompositorisches, geometrisches Ordnungsprinzip, bestimmt von Symmetrien und Parallelen (vgl. Helmstetter 1995, 399). Als ein solches Ordnungsprinzip funktioniert das Wissens-Ornament bei Potocki als Selbstreflexion des Textes. Über die allgemeinere Beobachtung hinaus, dass der Text als Ganzes Gewebeformen annimmt, lässt sich die These aufstellen, dass er mittels ornamentaler Formen Aussagen über sich selbst trifft.

4. Das Wissens-Ornament im Roman

Das Wissens-Ornament bildet innerhalb des Textes ein selbstreferenzielles Gewebe, das ihm zu einer Geschlossenheit verhilft, die man angesichts der Heterogenität seiner Wissensinhalte zunächst nicht vermuten würde. Diese These lässt sich konkret an der Thematisierung des mathematischen Wissens des Geometers Velasquez exemplifizieren. Aufgrund der strukturellen Nähe des Ornaments zur Mathematik besitzt dieses Beispiel besondere Aussagekraft.

Velasquez' Familiengeschichte ist maßgeblich bestimmt durch die Nähe zur Wissenschaft – sein Vater Don Henrique ist ein erfolgreicher Mathematiker, steht jedoch in Konkurrenz zu seinem Bruder, dessen höfische Talente und Galanterien Don Henrique um die ihm versprochene Ehefrau und damit um seine verdiente Stellung am Hofe bringen. In Folge dieser Erfahrung schwört er, seinen eigenen Sohn niemals Mathematik zu lehren, sondern ihn in Tanz und anderen gesellschaftlich relevanten Fähigkeiten zu unterrichten. Gleichwohl, der Erziehungsplan schlägt auf fundamentale Weise fehl: Der junge Velasquez erweist sich als vollkommen unbegabt für die weltlichen Anforderungen der vom Vater verordneten Tanzstunden und wird daraufhin zur Strafe eingesperrt, die Gefangenschaft jedoch nutzt er, um sich – scheinbar zufällig – den Grundprinzipien der Mathematik zu nähern:

> Tout en pleurant, je tournai les yeux vers une grande fenêtre carré, la seule qu'il y eut dans cette salle basse, et je me mis à en compter les vitres. Il y en avait vingt-six dans la hauteur et autant dans la largeur. Je me rappelai des leçons d'arithmétique du père Anselme dont la science n'allait pas au-delà de la multiplication.

> Je multipliai les carreaux de la hauteur par ceux de la base et je vis avec surprise que j'avais précisément le nombre général de mes vitres. Mes sanglots furent moins fréquents, ma douleur moins vive. Je répétai mon calcul en retranchant tantôt une bande, tantôt deux, soit de la hauteur, soit de la base. Je compris alors que la multiplication n'était qu'une addition répétée et que les surfaces pouvaient se mesurer aussi bien que les longueurs. Je répétai mon expérience sur les carreaux de pierre dont ma salle était pavée; elle me réussit également bien. Je ne pleurai plus, mon cœur au contraire palpitait de joie; aujourd'hui même, je n'en parle point sans ressentir quelque émotion. (Potocki 1804, 401f.)

Hier wird demonstriert, wie ein mathematisches Rechenprinzip aus einer alltagsweltlichen Erfahrung hergeleitet werden kann. Aus einem simplen Prinzip der Arithmetik – der Multiplikation – schließt Velasquez durch genaue Beobachtung und Experimentieren auf das geometrische Prinzip zur Berechnung von Flächeninhalten. Doch geht es um etwas anderes: Bei der Betrachtung der Struktur des Romans selbst werden die Parallelen augenfällig. Die Struktur des Romans, der sich seiner textilen Beschaffenheit gemäß eben nicht nur in der Länge („longueur"), sondern auch in der Fläche („surface") ausbreitet, der nicht aus einer linearen Aneinanderreihung von Narrationen besteht, sondern vielmehr aus einem flächigen Gewebe, das sich in alle Richtungen ausdehnt, das Querverbindungen aufweist, spiegelt sich in dem von Velasquez beschriebenen Rechenprinzip, das den Inhalt einer Fläche beschreibt. An einer anderen Stelle kommentiert Velasquez die Erzählung des Zigeunerhäuptlings:

> En vérité, je redoute extrêmement cette histoire; toutes celles du Bohémien commencent d'un air fort simple et l'on espère en voir bientôt la fin: point du tout, une histoire en referme une autre qui en contient une troisième. A peu près, comme ces restes de divisions qu'on peut développer en suites qui dans certains cas deviennent infinies. Mais on a des méthodes pour sommer presque toutes les suites. Au lieu que si je veux prendre la somme de tout ce que dit le Bohémien, je n'y trouve rien qu'une extrême confusion. (Ebd., 499)

Ganz offensichtlich entsteht die Konfusion bei Velasquez aus der Tatsache, dass sich die Verschachtelung der Erzählungen eben nicht mit einem einfachen linearen Rechenprinzip wie Addition oder Subtraktion erklären lässt, sondern dass er hier auf eine komplexere Struktur trifft, die eines weit anspruchsvolleren mathematischen Erklärungsprinzips bedürfte. Es gelingt ihm nicht, die einfache ‚Summe' des Erzählten herzustellen. Eine zusätzliche Textstelle mag diese Argumentation stützen; zu einem etwas späteren Zeitpunkt unterbricht der Zigeunerhäuptling seine Geschichte abermals:

> Comme le Bohémien en était à cet endroit de son histoire, Velasquez tira ses tablettes et y fit quelques notes. Alors le narrateur s'adressait à lui et lui dit:
>
> – Monsieur le Duc a peut-être l'intention de faire quelque intéressant calcul et mon récit pourrait l'en distraire.
>
> – Point du tout, répondit Velasquez, c'est au contraire votre histoire qui m'occupe. Ce monsieur Inigo Soarez aura peut-être rencontré en Amérique quelqu'un qui lui racontera l'histoire de quelqu'un qui aura aussi une histoire à raconter. Pour m'en tirer, j'ai imaginé une échelle de relation assez semblable à celle dont on se sert pour les suites récurrentes, appelées ainsi parce qu'on y recourt aux premiers termes. Continuez donc s'il vous plaît. (Ebd., 531f.)

Bei einer *suite récurrente* handelt es sich um eine rekursive Folge, eine Folge, deren Elemente durch die vorhergehenden definiert sind, die sich demzufolge aus ihrem eigenen Ursprung heraus definiert. Das prominenteste Beispiel für eine solche Folge ist die nach dem italienischen Mathematiker Leonardo Fibonacci (ca. 1170-1240) benannte Fibonacci-Folge, bei der sich die jeweils folgende Zahl durch Addition der beiden vorherigen Zahlen ergibt. Potocki selbst erwähnt Fibonacci nicht – ob ihm dessen Werk, das im 18. Jahrhundert kaum rezipiert wurde, überhaupt bekannt ist, bleibt ungewiss.[7] An dieser Stelle scheint es Velasquez zunächst zu gelingen, die Erzählstruktur in ein lineares mathematisches Raster zu übersetzen.

Der Geometer ist durch die zitierten Textstellen als Träger eines spezifischen, mathematisch-geometrischen Wissens, gekennzeichnet. Mathematik fungiert für ihn allgemein als Welterklärungsmodell, die ihm begegnende Realität – die ihn überfordert – sucht er sich mittels mathematischer Prinzipien – deren Handhabung für ihn selbstverständlich ist – zu erklären. Ihm wird eine diffizil strukturierte Geschichte erzählt, um deren Komplexität zu erfassen, wendet er Mathematik an, sein Wissen dient also im vorliegenden Beispiel der Veranschaulichung eines narrato-

[7] Zwischen der Fibonacci-Folge und dem Goldenen Schnitt besteht ein enger Zusammenhang, so kann man beispielsweise die Fibonacci-Zahlen direkt und exakt aus dem Goldenen Schnitt berechnen. Der Goldene Schnitt als ästhetisches Ideal und Proportionalitätskonzept besitzt im 18. Jahrhundert wenig Popularität, erst im Laufe des 19. Jahrhunderts werden Goldener Schnitt und Fibonacci-Folge erstmals als solche bezeichnet und gewinnen allgemein an Bedeutung (vgl. Walser 2004). Dennoch scheint nicht ausgeschlossen, dass Potocki, sich über die ästhetischen Konventionen seiner Zeit hinwegsetzend, seine versteckten Hinweise auf den Goldenen Schnitt bewusst streut.

logischen Prinzips. Die vorliegenden Textauszüge machen deutlich, dass der Geometer zwischen zwei Erklärungsmustern für die narratologische Struktur der Geschichten des Zigeunerhäuptlings schwankt: Zunächst führt er mit dem Prinzip zur Berechnung des Flächeninhaltes ein Modell an, das die Ausbreitung des Textes in Länge und Breite beschreibt, im Anschluss bemüht er sich jedoch zweimal, ein lineares System zu verwenden. Indem er die Konkurrenz zwischen den Modellen nicht auflöst, kommentiert sich der Text hier möglicherweise auch in der Uneindeutigkeit seines strukturellen Aufbaus selbst.

Die Rede vom mathematischen Wissen wirkt im angeführten Beispiel als erzählerisches Ornament in mehrfachem Sinne: Als charakteristisches Wissen der Figur des Geometers, zur Beschreibung seiner Person, aber auch seiner Herkunft; das Wissen funktioniert möglicherweise auch als Ornament im Sinne eines Wiedererkennungsmerkmals, seine wiederholte Aufrufung dient als Bindeglied zwischen den im Textgewebe verstreuten Teilen der Geschichte des Geometers. Äquivalenz und Parallelisierung, die sich im Kontext des Romans zudem auch als dezidiert ästhetische Prinzipien beschreiben lassen, sind hier zusätzlich in einem genealogischen Sinne augenfällig: Vater und Sohn verfügen über ein ähnliches Wissen, was eine Verbindung zwischen den beiden Figuren herstellt. Das Prinzip der Genealogie wiederum verweist ganz konkret auf die von Velasquez ins Spiel gebrachte rekursive Folge, bei der man, wie der Geometer sagt, „recourt aux premiers termes“ (ebd., 532), also – wie in der Ahnenforschung – zu den Ursprüngen zurückkehrt. Gleichzeitig wird durch das mathematische Prinzip in rezeptionsästhetischer Hinsicht die Perspektive auf ein mögliches Strukturmodell des Textes eröffnet: Der Aufbau des Romans selbst kann wie eine rekursive Folge und damit wie eine Form des Ornaments beschrieben werden. Indem Velasquez danach trachtet, die verwirrende Struktur der Erzählungen mithilfe eines mathematischen Modells aufzulösen, wird deutlich, dass das von ihm formulierte mathematische Wissen keine Bedeutung konstruiert, die außerhalb des Textes liegt, sondern im Gegenteil auf der Ebene des Textes selbst seine Funktion als Erklärungsmodell zu erfüllen versucht.

Im Sinne einer ornamentalen Verschlungenheit der verschiedenen Gewebeschichten des Textes bleibt das außerliterarische Wissen stets relevant für den Verweis des Textes auf sich selbst und damit Teil eines weitgehend hermetischen Textsystems, innerhalb dessen das Wissen eben kaum eine epistemologische Funktion in der Art einer aufklärerischen Vulgarisierungsbemühung haben kann. Das Wissens-Ornament bleibt als eigene Gewebeform dem Text-Gewebe unterlegt und fungiert als ein Element, das den wuchernden, ausufernden Roman Potockis zusammenhält und ihm als Text über das Erzählen und dessen Funktionsweisen – oder zumindest über die Problematisierung des Erzählens – einen Sinn verleiht.

Im Zuge eines komplexen Einverleibungsprozesses macht sich der literarische Text verschiedene Wissensformen und ihre Funktionsweisen für seine Binnenzwecke zunutze. Nicht-literarische Diskurse werden durch diesen Vorgang in den literarischen Diskurs aufgenommen, dadurch erfahren ihre Funktionen eine Erweiterung. Ohne dass dabei eine endgültige oder gar allgemeingültige Aussage über die Strukturen des Erzählens getroffen werden könnte, dient das Wissen im *Manuscrit* der Sinnkonstitution des Textes, aber eben nur zu seinen eigenen Bedingungen, als kritische Verhandlung über die ihm eigenen Funktionsweisen. Das Ornament in seiner Widersprüchlichkeit, verschlungen und rätselhaft, jedoch gleichzeitig von beobachtbaren Strukturen der Wiederholung und Parallelität durchzogen, ist eine der Formen, die das Wissen in Potockis Roman annimmt. Es ist zugleich schmückendes Beiwerk und integraler Bestandteil des Romans, fördert die prozesshafte Ausbreitung der Narration in die Fläche und unterstützt Versuche zur Selbsterklärung der hochkomplexen Erzählstruktur des Romans oder dient doch zumindest der Thematisierung dieser Struktur und der mit ihr verbundenen Problematik.

Bibliographie

Barthes, Roland (1973): *Le plaisir du texte*, Paris: Seuil.

Chevalier de Jaucourt, Louis (1765a): „Lettres", in: *Encyclopédie ou Dictionnaire raisonné des sciences, des arts et des métiers*, Paris 1751-1780, Tome 9, 409-410.

Chevalier de Jaucourt, Louis (1765b): „Sciences", in: *Encyclopédie ou Dictionnaire raisonné des sciences, des arts et des métiers,* Paris 1751-1780, Tome 14, 788-789.

Derrida, Jacques (1967): „La forme et le vouloir dire. Note sur la phénoménologie du langage", in: *Revue internationale de philosophie* 81, 277-299.

Diderot, Denis (1755): „Encyclopédie", in: *Encyclopédie ou Dictionnaire raisonné des sciences, des arts et des métiers*, Paris 1751-1780, Tome 5, 635-648.

Gipper, Andreas (2002): *Wunderbare Wissenschaft. Literarische Strategien naturwissenschaftlicher Vulgarisierung in Frankreich; von Cyrano de Bergerac bis zur Encyclopédie*, München: Fink.

Graevenitz, Gerhard von (1994): „Locke, Schlange, Schrift. Poetologische Ornamente der Lyrik (Zesen, Klopstock, Goethe, Handke)“, in: Kotzinger, Susi / Rippl, Gabriele (Hgg.): *Zeichen zwischen Klartext und Arabeske: Konferenz des Konstanzer Graduiertenkollegs „Theorie der Literatur“, veranstaltet im Oktober 1992,* Amsterdam u.a.: Rodopi, 241-262.

Helmstetter, Rudolf (1995): *Das Ornament der Grammatik in der Eskalation der Zitate, „Die Strudlhofstiege“, Doderers moderne Poetik des Romans und die Rezeptionsgeschichte*, München: Fink.

Loos, Adolf (1982): „Ornament und Verbrechen“, in: ders.: *Trotzdem*, Wien: Prachner, 78-88.

Potocki, Jean (2008 [1804]): *Manuscrit trouvé à Saragosse (version de 1804),* Paris: Flammarion.

Potocki, Jean (2008 [1810]): *Manuscrit trouvé à Saragosse (version de 1810)*, Paris: Flammarion.

Raulet, Gérard (2002): „Ornament“, in: Barck, Karlheinz (Hg.): *Wörterbuch der ästhetischen Grundbegriffe*, Bd. 4, Stuttgart / Weimar: Verlag J. B. Metzler, 656-683.

Schönert, Jörg (2004): „Zum Status und zur disziplinären Reichweite von Narratologie“, in: Borsó, Vittoria / Kann, Christoph (Hgg.): *Geschichtsdarstellung. Medien – Methoden – Strategien*, Köln: Böhlau, 131-143.

Schütz, Alfred / Luckmann, Thomas (1979): *Strukturen der Lebenswelt*, Bd. I, Frankfurt a.M.: Suhrkamp.

Todorov, Tzvetan (1971): *Poétique de la prose (choix). Suivi de Nouvelles recherches sur le récit,* Paris: Éditions du Seuil.

Walser, Hans (2004): *Der Goldene Schnitt*, Leipzig: Edition am Gutenbergplatz Leipzig.

Literarische Wissenschaftsgeschichte – Fiktive Denker der *Lumières* im französischen Gegenwartsroman

Johanna Koehn (Jena)

L'article présent se consacre à la représentation littéraire du savoir historique. Il aborde à cette fin deux romans historiques contemporains de la littérature française. Il s'agit du roman Le Château des songes *(1992) de Michel Jouvet et de* La Secte des égoïstes *(1994) d'Éric-Emmanuel Schmitt. Tous deux se révèlent particulièrement significatifs pour le contexte, car, se déroulant au 18ème siècle, à l'époque des Lumières, leurs protagonistes issus du domaine de la science, entrent en dialogue avec la science et le savoir à plusieurs égards. Les relations entre la littérature et le savoir peuvent être analysées sur quatre niveaux du texte: le niveau du matériel, le niveau thématique, le niveau formel et le niveau réflexif. Il sera démontré comment les deux fictions historiques parviennent à créer une représentation de l'époque des Lumières en discutant en même temps les relations littérature – sciences tout en se servant de moyens spécifiquement littéraires.*

1. Historische Romane als Repräsentationsformen von Wissen

In seiner Studie zum Verhältnis von Literatur und Wissen weist Ralf Klausnitzer auf die grundsätzliche Gebundenheit von Wissen an seine kulturell und historisch kontingenten Darstellungsweisen hin: „Wissen wird stets in konkreten Bezugssystemen gewonnen und weitergegeben und ist also an Repräsentationsformen gebunden, in denen es erzeugt, vermittelt, diskutiert, modifiziert wird" (Klausnitzer 2008, 30). Fiktionale literarische Gattungen können solche Repräsentationsformen von Wissen darstellen, indem sie nicht nur auf nicht-fiktionale Repräsentationsformen zurückgreifen und deren Inhalte und Formen einbinden, sondern diese in ihrem spezifisch fiktionalen Modus neu kontextualisieren, reflektieren und deuten. Eine fiktionale Gattung, die durch ein besonders enges Verhältnis zu Wissen und Wissenschaft charakterisiert ist und an der sich folglich die Verschränkungen von Literatur und Wissen besonders deutlich herausarbeiten lassen, ist die des historischen Romans. Der historische Roman nämlich hat mit der Historiographie eine nicht-fiktionale Verwandte im Bereich der Wissenschaft. Er teilt mit ihr die Themen, teilweise auch Strukturen und Darstellungsverfahren. Beide erzählen, (re)konstruieren und interpretieren historische Diskurse, Figuren,

Ereignisse und Erfahrungen. Über ihr Verhältnis zueinander, über ihre Ähnlichkeiten und Abgrenzungsmöglichkeiten, ist v.a. seit den 1970er Jahren, als der Historiker Hayden White auf die narrative Konstruiertheit jeglicher Geschichtsdarstellung hinwies[1] (vgl. White 1975), viel diskutiert worden. Mit Ansgar Nünning soll hier davon ausgegangen werden, dass historische Romane zwar in vielfältigen Beziehungen mit der Historiographie verbunden sind, sich jedoch grundsätzlich durch die „gesellschaftlichen Handlungsbereiche [...], in denen sie produziert und rezipiert werden“ (Nünning 1995a, 145), unterscheiden. Nünning sieht der Literatur durch ihren fiktionalen Status weitgehendere „Inszenierungsfreiräume“ (Deines / Jaeger / Nünning 2003, 13) gegeben, die es ihr etwa erlauben, die Erzählung frei zu perspektivieren oder verschiedene Erzählebenen gegeneinanderzustellen. Sie kann Elemente imaginieren, die nicht durch Quellen belegbar sind, fiktive und historische Figuren aufeinandertreffen lassen, Innenwelten der Figuren frei darstellen oder metafiktionale Rückbezüglichkeiten herstellen, die den fiktionalen Charakter des Textes offenlegen (vgl. hierzu auch Fulda / Matuschek 2009, 212).[2] Es ist ein Anliegen dieses Aufsatzes zu zeigen, wie diese Inszenierungsfreiräume in Romanen genutzt werden können, um sich als spezifisch fiktionale Repräsentationsformen von Wissen zu gestalten.

Im Folgenden soll exemplarisch an zwei historischen Romanen der französischen Gegenwartsliteratur nach dem Einflussverhältnis zwischen Literatur und Wissen einerseits und den spezifischen Leistungen und Möglichkeiten der Literatur in Abgrenzung zu anderen Wissensformationen andererseits gefragt werden. Nach einer knappen inhaltlichen Vorstellung der Romane werden die unterschiedlichen Ebenen bestimmt und differenziert, auf denen Literatur und Wissen in Dialog treten kön-

---

1 Nach Hayden White folgen historiographische Erzählungen den narrativen Schemata von Tragödie, Komödie, Romanze und Satire. Seine Arbeiten sind bis heute stets genannte Referenztexte, auf die sich aktuelle Diskussionsbeiträge meist abgrenzend oder relativierend beziehen.

2 Hier wird die Auffassung vertreten, dass man Geschichtsschreibung von literarischem Erzählen nicht kategorial unterscheiden könne, die Unterscheidung jedoch pragmatisch sinnvoll sei: „Obgleich die meisten textinternen Kriterien nicht ganz sicher sind, weil sich Gegenbeispiele finden lassen, haben sie ihre praktische Relevanz, also für den tatsächlichen Umgang mit literarischen oder historiographischen Texten“ (Fulda / Matuschek 2009, 213).

nen. Die Handlung beider Werke ist im *Siècle des Lumières* angesiedelt, das sich selbst als Zeitalter des Wissens und der Wissenschaften begreift und in den Romanen auch dementsprechend inszeniert wird. Es soll untersucht werden, inwiefern dieses Bild der Aufklärung aus der Perspektive des Gegenwartsromans aktualisiert und bestätigt oder ironisiert und gebrochen wird.

2. Zwei historische Aufklärungsromane der Gegenwart: Michel Jouvet und Éric-Emmanuel Schmitt

Bei den im Folgenden untersuchten Romanen handelt es sich zum Einen um *Le Château des songes* des Neurobiologen Michel Jouvet[3] aus dem Jahre 1992, zum Anderen um *La Secte des égoïstes* von Éric-Emmanuel Schmitt, der in Philosophie mit einer Arbeit über Diderot (Schmitt 1997) promoviert wurde. Sein Roman erschien 1994. Beide Werke waren Verkaufserfolge und wurden in zahlreiche Sprachen übersetzt.[4]

Die Erzählungen von Jouvet und Schmitt erweisen sich für den Kontext Literatur und Wissen als besonders aufschlussreich, da sie über die grundsätzliche Nähe des historischen Romans zur Historiographie hinaus Wissen und Wissenschaft auch thematisch behandeln. Die Protagonisten beider Bücher sind Wissenschaftler, die jeweils ein bestimmtes Verständnis von Wissenschaft ihrer Epoche repräsentieren. Die Wirksamkeit ihrer Vorstellungen und Studien bis in die Gegenwart wird in den Romanen narrativ dargestellt und reflektiert. In Michel Jouvets *Le Château des songes* berichtet die fiktive Hauptfigur, der *naturaliste* Hugues La Scève, von seinen Forschungen zur Natur der Träume. Dem Leser liegt ein chronologisch aufgebautes Forschungstagebuch aus den Jahren 1773 bis 1785 vor. Gerahmt wird dieses Tagebuch von einer Herausgeberfiktion, in der ein Traumforscher von 1987 die Aufzeichnungen La Scèves als deren angeblicher Entdecker präsentiert und erläutert.

3 Jouvet ist emeritierter Professor der Universität Lyon und seit 1977 Mitglied der *Académie des Sciences (section biologie humaine et sciences médicales)*. Er hat zahlreiche Aufsätze und Arbeiten zur Schlaf- und Traumforschung veröffentlicht.

4 Auch ins Deutsche sind die Werke übersetzt worden: Schmitts Roman erschien 2004 unter dem Titel *Die Schule der Egoisten* im Amman Verlag (Schmitt 2004), Jouvets *Das Schloß der Träume* wurde 1993 im Byblos Verlag veröffentlicht (Jouvet 1993).

Auch in Schmitts *La Secte des égoistes* treffen mehrere Zeitebenen aufeinander, wobei die Gegenwartsebene hier mehr Raum einnimmt, nicht nur den Rahmen bildet, sondern die dominierende Perspektive darstellt. Ein seiner Arbeit überdrüssiger Geisteswissenschaftler der späten 1980er Jahre entdeckt zufällig in der *Bibliothèque Nationale* die Spuren eines unbekannten *philosophe* der ersten Hälfte des 18. Jahrhunderts mit dem Namen Gaspard Languenhaert. Dieser negiert die Existenz einer Außenwelt und ist überzeugt davon, dass alle Dinge und Menschen nur in seiner Vorstellung existieren. Er gründet in Paris eine *Ecole des égoïstes*, deren Anhänger zunächst einmal darüber in Konflikt geraten, wer nun imaginierender Schöpfer und wer imaginiertes Geschöpf ist. Der berichtende Forscher des 20. Jahrhunderts ist von dieser Haltung derart fasziniert, dass er seine laufenden linguistischen Studien zum Mittelalter abbricht und sich ganz der Erforschung des von ihm entdeckten Denkers widmet. Die Spurensuche wird aus seiner Perspektive – als Ich-Erzählung – geschildert, wobei immer wieder durch eingestreute (und meist fiktive) historische Dokumente andere Stimmen zu Wort kommen.

3. Ebenen der Verschränkung

Befragt man nun die beiden Romane auf Verschränkungen von Literatur und Wissen, lassen sich drei Ebenen unterscheiden, auf denen diese manifest werden. Dabei kann mit den ersten zwei Ebenen das Einfließen inhaltlicher und formaler Aspekte nichtfiktionaler Wissensrepräsentationen in die Texte genauer beschrieben werden, während auf der dritten Ebene die Kontextualisierungen, Deutungen und Reflexionen beschrieben werden sollen, die der Text vollzieht. Auf dieser dritten Ebene sollen dann auch die spezifisch literarischen Möglichkeiten der Repräsentationsform Roman im Umgang mit Geschichte deutlich gemacht werden. Werden auf den ersten zwei Ebenen zunächst im Textmaterial vorhandene Wissens-Elemente nachgewiesen, soll schließlich, bei der Auslotung der dritten Ebene, die Frage gestellt werden, welche Geschichte der *Lumières* und ihrer Wissenschaften die Romane in dem ihnen eigenen fiktionalen Modus erzählen, wie sie Aufklärung und Gegenwart ins Verhältnis setzen und wie sie sich so als eigenständige Repräsentationsformen von Wissen generieren. Vorauszuschicken ist, dass es sich in der folgenden Darstellung um eine idealtypische Trennung der Ebenen handelt, während diese eigentlich stets ineinandergreifen und sich gegenseitig bedingen.

3.1 Materialebene

Die erste Ebene soll als *Materialebene* gefasst werden. Hier fließen zunächst einmal, wie in jedem historischen Roman, Wissenselemente aus anderen Repräsentationsformen wie historischen Textdokumenten oder historiographischen Werken in die Romane ein. Dies können historische Figuren sein – bei Jouvet etwa spielt der Naturwissenschaftler Charles Bonnet eine zentrale Rolle – oder explizite Verweise auf historische Werke. Der Gegenwarts-Erzähler der *Secte des égoïstes* verweist zur Kontextualisierung des fiktiven Philosophen Languenhaerts[5] etwa auf Arbeiten Diderots, Condillacs und Berkeleys. Wissen über den historischen Kontext des 18. Jahrhunderts wird eingespielt, um die Bedingungen der Zeit und charakteristische Milieus zu evozieren. So wird beispielsweise die Salon- und Briefkultur der Aufklärungsepoche rekonstruiert, die Bedeutung von Akademien inszeniert, Gesellschaftsstrukturen werden nachgezeichnet. Genauso werden auf der Gegenwartsebene realitätsreferentielle Orte, Werke und Gegebenheiten und damit Wissen aufgerufen – so bei Schmitt die Strukturen und Funktionsweise der *Bibliothèque Nationale*, ihre Lesesäle und Leihsysteme.

Indem die Romane von Wissen und Wissenschaft erzählen, findet bei ihnen auf der Materialebene eine noch spezifischere Verschränkung mit diesen Bereichen statt. Die Protagonisten der Romane – die des 18. ebenso wie die der Rahmenhandlungen im 20. Jahrhundert – sind Wissenschaftler. Dadurch werden wissenschaftliche Themen verschiedener Epochen im Roman zur Sprache gebracht und diskutiert, darüber hinaus wird Wissenschaft selbst zum Thema gemacht. Es geht um Gewinnung von und den Umgang mit Wissen und seinen Repräsentationsformen im Wandel der Zeiten. Jouvets Protagonist Hugues La Scève ist zwar fiktiv, jedoch basieren die wissenschaftlichen Diskurse, in die der Roman ihn stellt, durchgehend auf historisch belegten Debatten. Aus der Perspektive seines Protagonisten gibt Jouvet einen Einblick in die Überlegungen

5 In seiner Dissertation behauptet Schmitt die Historizität des Gaspard Languenhaert, über den man jedoch so gut wie nichts wisse (Schmitt 1997, 133). Da über ihn nichts bekannt ist, wird er hier trotzdem als fiktive Figur behandelt.

und Forschungen zu Traum, Schlaf, Gehirn und Bewusstsein, die im 18. Jahrhundert angestoßen oder weitergeführt wurden. In seine Reflexionen lässt er wörtliche Zitate u.a. aus Diderots *Eléments de physiologie* (Jouvet 1992a, 171), Hallers *Schriften zur Physiologie* (ebd., 275) und Bonnets *Traité de psychologie* (ebd., 173) einfließen. Viele weitere Autoren und deren Werke[6] werden erwähnt, deren Inhalt angedeutet. In die Dialogpassagen der literarischen Figur Charles Bonnet flicht Jouvet zahlreiche Zitate aus den Werken des historischen Wissenschaftlers Bonnet ein.[7]

Auch Schmitt greift mit dem Thema des Egoismus zwar eine Randerscheinung, aber doch ein im 18. Jahrhundert wahrgenommenes philosophisches Phänomen auf.[8] Um dieses einzuführen, zitiert er wörtlich aus Diderots frühem Werk *La Promenade du sceptique ou les allées* (1749), in dem dieser in spöttischer Weise von einer seltsamen Art von Denkern berichtet, die nur an ihre eigene Existenz glauben.[9] Die von Diderot zitierte Passage lautet: „Ils admettent l'existence d'un seul être, mais cet être pensant, c'est eux-mêmes: comme tout ce qui se passe en nous n'est qu'impressions, ils nient qu'il y ait autre chose qu'eux et ces impressions" (Schmitt 1994, 20).

Auch wissenschaftliche Gegenwartsdiskurse spielen in beiden Werken eine Rolle. Bei Schmitt werden zwar kaum wissenschaftliche Ansichten oder Strömungen des 20. Jahrhunderts eingespielt, jedoch zeichnet sich

---

6 Um einen Eindruck der Fülle zu vermitteln, seien an dieser Stelle beispielhaft genannt: La Mettrie, Marat, Boerhaave, Hunter, Lichtenberg, Wolff, Lavoisier, Vaucanson, Kant, Franklin, Guericke, Leibniz, Platner, Bacon.

7 So ist z.B. der Satz „L'homme s'égare parce qu'il est un animal raisonnable. L'animal ne s'égare pas parce qu'il est un animal" (Jouvet 1992a, 73) nahezu wortwörtlich den *Principes philosophiques* entnommen (vgl. Bonnet 1783, 201).

8 Der Begriff ‚Egoismus' bezeichnet im 18. Jahrhundert die Denkrichtung des Solipsismus. Nach Dietmar Hermann Heidemann vertritt der Egoismus die „solipsistische Position, wonach nicht nur die Außenwelt nicht existiert, sondern wonach es überhaupt nur ein vorstellendes Subjekt gebe" (Heidemann 1998, 17).

9 Der *Encyclopédie*-Beitrag D'Alemberts zum Stichwort *Egoïstes* hat eine ähnliche Stoßrichtung. Dieser wird von Schmitt zwar nicht explizit zitiert, er beschreibt aber genau die philosophische Strömung, der Languenhaert zugerechnet wird: „On appelle ainsi cette classe de philosophes qui ne reconnoissent d'autre vérité que celle de leur propre existence; qui croyent qu'il n'y a hors de nous rien de réel, ni de semblable à nos sensations; que les corps n'existent point, &c. L'Égoïsme est le Pyrrhonisme poussé aussi loin qu'il peut aller" (D'Alembert 2010, 431).

hier ein kritischer Blick auf das Wissenschaftssystem ab, in dem der Erzähler der Gegenwartsebene arbeitet. Es wird als verstaubt, überkommen und rein konkurrenzorientiert beschrieben. Jouvet hingegen lässt in einem ausführlichen Anmerkungsapparat Forschungsergebnisse aus seiner Gegenwart einfließen und legt den Wissensstand der Traumforschung der 1990er Jahre dar. So erläutert er das Traumverhalten geistig behinderter Kinder (vgl. Jouvet 1992a, 341) und Blindgeborener (vgl. ebd., 341) unter Berücksichtigung neuerer Forschungsergebnisse oder skizziert den Untersuchungsgang des REM-Schlafes seit der zweiten Hälfte des 20. Jahrhunderts (vgl. ebd., 343).

3.2 Formale Ebene

Der von Jouvet angefügte Anmerkungsapparat kann auch als Beispiel für die zweite, die *formale Ebene* dienen: Wissenschaftliche Darstellungsstrategien – Repräsentationsformen von Wissen – werden in beiden Romanen nicht nur thematisiert, sondern ausgiebig eingesetzt. Der Anmerkungsapparat auf der Gegenwartsebene scheint mit seinen Literaturhinweisen und verifizierbaren wissenschaftlichen Angaben sogar fast aus der fiktionalen Welt herauszufallen und eher dem Autor und Neurobiologen Michel Jouvet als dem fiktiven Erzähler zuzuordnen zu sein. In sachlichem Stil werden hier La Scèves fiktive Entdeckungen aus der Gegenwart des Erzählers heraus kommentiert, so zum Beispiel das Phänomen des Schlafwandelns:

> On sait maintenant que le somnambulisme n'appartient pas au royaume des songes comme supposait logiquement Charles Bonnet. Il a fallu attendre 1965 pour que des enregistrements polygraphiques démontrent que l'accès de somnambulisme survient toujours au cours des stades de sommeil profond […]. Il n'y a pas encore d'explication satisfaisante à ce phénomène. (Ebd., 353)

Jedoch bleibt die fiktionale Annahme von Hugues La Scève (bezeichnet mit dem Kürzel HLS) und seiner Lebensgefährtin Béatrix als historische Referenzfiguren bestehen: „L'hypothèse d'HLS pourrait être expliquée de la façon suivante, en 1992 […]" (ebd., 342).

Auch in der Binnenerzählung sind wissenschaftliche Formen und Argumentationsmuster allgegenwärtig. Hugues La Scèves Aufzeichnungen dokumentieren sein aufklärerisches Bestreben, den Traum zu erfassen und zu erklären. So bestehen seine Aufzeichnungen aus Protokollen eigener Träume, Beobachtungsprotokollen zum Schlaf von Tieren, Säuglingen und Erwachsenen. Diese Protokolle werden vom Erzähltext abgesetzt eingefügt und durch Überschriften wie „3 août 1772. Observation n° 1" (ebd., 82) markiert. Die Beobachtungen werden rückblickend geschildert und sind, der Form des Protokolls entsprechend, detailgenau gehalten. Der Stil jedoch bleibt narrativ und versetzt den Text mit bildlichen Vergleichen, die nicht immer dem streng wissenschaftlichen Gestus einhalten. So vergleicht la Scève etwa die Bewegung einer sich putzenden Katze mit dem Spiel einer Viola: „D'abord, il lécha son épaule gauche, puis la droite, puis la cuisse gauche, en levant celle-ci comme s'il jouait de la viole" (ebd., 82). La Scève fährt fort, indem er die Beobachtungen klassifiziert, Hypothesen aufstellt und schließlich Experimente zu deren Überprüfung durchführt und diese beschreibt. Die Klassifizierungen werden zum Teil als grafische Übersichten dem Text hinzugefügt, die Experimentbeschreibungen hingegen in den Erzähltext eingeflochten. Als der Zusammenhang zwischen Zirbeldrüse und Traumaktivität an Experimenten mit Hasen nachgewiesen werden soll, wird langwierig von der Experimententwicklung berichtet, die sich aus den dialogischen Diskussionen zwischen La Scève und seinem Assistenten ergibt (vgl. ebd., 280-283). Die Reaktionen der Hasen auf die Experimente werden auflistend-sachlich aufgeführt, es herrscht ein emotionsloser, deskriptiver Stil vor: „Le premier lapin mourut quelques minutes après l'électrisation [...]. Le deuxième lapin présenta une hémorragie nasale [...]. Il mourut dans la soirée" (ebd., 285). Auch das Ziel, welches La Scève mit seinen Arbeiten verfolgt – und welches im Übrigen unerreicht bleibt – besteht im Verfassen eines großen wissenschaftlichen Formates. Mit der Herausgabe der „linéaments d'une histoire naturelle des songes" (ebd., 34) möchte La Scève eine bahnbrechende Studie vorlegen, die ihm den Ruf eines bedeutenden *naturaliste* einbringen soll.

Der ganze Roman Jouvets ist also geprägt von wissenschaftlichen Repräsentationsformen, die den tatsächlichen wissenschaftlichen Gehalt der Erzählung unterstreichen sollen. Es soll plausibel gemacht werden, dass ein Wissenschaftler des 18. Jahrhunderts tatsächlich so hätte vorgehen können wie La Scève es tut, um das Phänomen des Träumens zu verstehen.

Der Wissenschaftler der Gegenwartsebene in *La Secte des égoïstes* zieht bei seinen Forschungen zu Languenhaert zahlreiche, als Zitate markierte Quellen heran, die jedoch bis auf die Diderotsche Passage und ein wörtliches Zitat Condillacs alle fiktiv sind. Sie werden verschiedenen Gattungen und Epochen zugeordnet und ahmen in Stil und Form Texte der Zeit nach, aus der sie stammen sollen: Es handelt sich etwa um einen Lexikonartikel aus dem fiktiven *Dictionnaire patriotique,* in welchem der Erzähler den ersten Hinweis auf das Phänomen des *égoïsme* erhält: „ÉGOÏSME (terme de philosophie): On appelle égoïste l'homme qui croit que lui seul existe au monde, le reste n'étant que songe" (Schmitt 1994, 10). Vom Aufbau über den Stil bis zur typographischen Gestaltung wird hier die Form eines Lexikoneintrages nachgeahmt. Im weiteren Verlauf des Romans findet man außerdem einen philosophischen Dialog in Diderotscher Manier[10] (vgl. ebd., 27-39) und die *Mémoires d'un honnête homme* (vgl. ebd., 42)*,* die von der Gründung der Egoistenschule berichten. Dazu kommt der in kurzen Paragraphen verfasste *Essai d'une métaphysique nouvelle* (vgl. ebd., 89)*,* das philosophische Vermächtnis Gaspard Languenhaerts, das in seiner aphoristischen Form an Diderots *Pensées philosophiques* (1746) erinnert. Letzteres ist das einzige Dokument im Roman, in welchem Languenhaert selbst als Erzähler zu Wort kommt.

In Schmitts Roman werden wissenschaftliche Formen mit (meist) fiktiven Inhalten gefüllt, die stets verschiedenen Verfassern aus unterschiedlichen Epochen zugeschrieben werden. So wird die Frage nach der Erzählhoheit aufgeworfen: Wessen Erzählung von der Person Languenhaerts ist die richtige? Kann der recherchierende Historiker dies entscheiden oder muss er aus dem vorgefundenen nicht zwangsläufig eine neue, eigene Version erschaffen?

3.3 Diskursive Ebene

Die dritte, *diskursive Ebene* betrifft die Einbettung der zuvor aufgezeigten Wissenselemente in die fiktionale Welt, ihre Perspektivierung und Kontextualisierung in der Erzählung. Während es in den vorherigen zwei Ebenen um das Einfließen von extratextuellem Wissen in die Romane ging, wird hier die Frage nach der spezifisch literarischen Sichtweise auf die *Lumières* aufgegriffen. Wie werden die historischen Elemente, wissenschaftlichen Diskurse und Formen literarisch kommentiert und reflek-

[10] Im Buch selbst wird auf Berkeleys *Three Dialogues between Hylas and Philonous* (1713) als formales und inhaltliches Vorbild verwiesen (vgl. Schmitt 1994, 30).

tiert? Wie werden die eingangs erwähnten, durch die Fiktionalität gegebenen, Inszenierungsfreiräume bespielt?

Diese Fragen der dritten Ebene lassen sich wiederum in Hinblick auf drei Dimensionen der Erzählung stellen. Denn die Romane erzählen 1) eine bestimmte Sicht der Epochen, die sie schildern – Aufklärung und Gegenwart werden in einer bestimmten Weise dargestellt, gedeutet und miteinander verknüpft. Weil dies in den Romanen thematisch so angelegt ist, wird dies insbesondere 2) am Beispiel der Wissenschaft unternommen, die mit ihren Methoden und Inhalten zum Emblem des jeweiligen Zeitalters wird. Da beide Dimensionen praktisch kaum voneinander zu trennen sind, werden sie in der folgenden Beispielanalyse der Texte zusammen behandelt. Darüber hinaus findet 3) eine Metareflexion über das Erzählen von Geschichte selbst statt.[11] Damit soll nicht behauptet werden, dass die Romane in diesen drei Aspekten jeweils eine kohärente und einheitliche Aussage erzeugen müssen. Brechungen und Unstimmigkeiten in der Fabel sind Teil der Repräsentation.

Beide Romane nutzen die Inszenierungsfreiräume, indem sie fiktive Protagonisten wählen, aus deren Perspektive sie erzählen und über die sie verschiedene Zeitebenen aufeinandertreffen lassen. Wie nun zu zeigen ist, füllen sie die Freiräume jedoch in sehr unterschiedlicher Weise, um ein jeweils anderes Bild der *Lumières* und ihrer Geschichtsschreibung aus Perspektive der Gegenwart zu erzeugen.

Jouvet lässt in den Forschungen, Lektüren und Begegnungen seines fiktiven Protagonisten Hugues La Scève die historischen Wissenschaftslinien des 18. Jahrhunderts zusammenlaufen, die auf eine beginnende Traumforschung und die Beschäftigung mit den nicht bewusst gesteuerten Vorgängen im menschlichen Gehirn in dieser Zeit hindeuten. Hierzu dienen die schon angeführten intertextuellen Einspielungen der Diskurse des Handlungszeitraums. La Scève bündelt dieses Wissen und beschließt, mit dem aufklärerischen Anspruch der Überprüfbarkeit, den Traum als Naturphänomen auf empirische Weise zu erfassen und zu erklären: „La nature, qui règne sur toutes choses, doit aussi régir le monde des songes et il serait bien présomptueux de n'y voir que le hasard sans avoir tenté

[11] Nünning spricht bei historischen Romanen, die ein hohes Maß eines solchen metafiktionalen Rückbezugs aufweisen von „metahistorischen Romanen" und sieht in ihnen ein Schlüsselgenre der Postmoderne (vgl. Nünning 1995a und Nünning 1995b).

d'y déceler quelques lois" (Jouvet 1992a, 13). Dabei durchläuft das Wissenschaftsverständnis des La Scève einen Wandlungsprozess. Im Laufe seiner Untersuchungen stellt er fest, dass der Vorgang des Träumens sowohl das Selbstverständnis des Menschen als auch sein Selbstverständnis als Wissenschaftler betrifft. Er beginnt, die Frage nach der Steuerungsinstanz der Träume zu stellen: „Qui tient les rênes de mon cerveau à ce moment-là? Y a-t-il un autre dans le Je que je crois être?" (ebd., 90). Jouvet lässt seinen Protagonisten über diese Überlegungen anachronistisch zum Begriff des Unbewussten, des *inconcient* (ebd., 206) gelangen und inszeniert ihn so als Vorläufer Freuds. Die Pointe ist aber schließlich für La Scève, dass gerade die inneren Vorprägungen durch die Träume die totale Formbarkeit des Menschen durch äußere Faktoren verhindern und somit die Ich-Konstitution unterstützen: „Le rêve est le gardien de la différence psychologique entre les individus" (ebd., 316). So wird La Scève zum Vor- und Querdenker im Verhältnis zu den etablierten *naturalistes* seiner Zeit, deren Haltung bei Jouvet vornehmlich durch den historischen Charles Bonnet verkörpert wird. Die meisten anerkannten Naturwissenschaftler – so auch Bonnet – nehmen die Träume als Forschungsgegenstand nicht ernst und sehen die Selbstbestimmtheit des Menschen durch die Annahme einer Sphäre des Unbewussten in Frage gestellt. Bonnet besteht auf der Annahme einer sich selbst transparenten Seele, die das Ich ausmache: „Elle est le Je. Indivisible, impérissable et immortelle" (ebd., 183). Indem La Scève aber den Traum zum Garanten für die individuelle Autonomie erklärt, wird er in Jouvets Darstellung zum besseren Aufklärer.

Eine ähnliche These wie sein Protagonist vertritt der Autor Michel Jouvet selbst in der wissenschaftlichen Studie *Le Sommeil et le rêve*,[12] die im gleichen Jahr bei Odile Jacob veröffentlicht wurde wie *Le Château des songes*. Somit kreiert Jouvet mit La Scève seinen eigenen fiktiven historischen Vordenker. Der fiktionale Status des Romans erlaubt es ihm, die Verwurzelung seiner Forschungen im 18. Jahrhundert an einer zentralen Figur festzumachen. Zwar gelingt es La Scève im Roman nicht, die phy-

[12] Jouvet vertritt hier die „hypothèse d'une programmation itérative de l'individuation au cours du rêve" und behauptet, dass „[...] les gens [...] dont le rêve est supprimé ou diminué, deviennent plus conditionnables à l'environnement idéologique" (Jouvet 1992b, 25). Das Buch, jedoch nicht explizit diese These, wird im erwähnten Anmerkungsapparat von *Le Château des songes* mehrfach zitiert.

siologischen Grundlagen der Träume zu klären, Jouvets Erzählung der *Lumières* zeichnet jedoch das Bild einer Epoche, in der eine moderne, unvoreingenommene, kritische und selbstkritische Wissenschaft vom Menschen möglich wird, die die Sphäre des Traums und des Unbewussten mitzudenken in der Lage ist. Durch die Weiterführung der Überlegungen La Scèves in die Gegenwartsebene, die in der Herausgeberfiktion sowie im Anmerkungsapparat vollzogen wird, wird deutlich, dass sich auch der Forscher des 20. Jahrhunderts diesen Prinzipien noch verpflichtet fühlt. So beendet der Herausgeber, der im 20. Jahrhundert zu den selben Themen forscht, die La Scève im 18. umgetrieben hatten, seinen rahmenden Bericht mit dem pathetischen Ausruf: „Doso, la Scève San, il continue à chercher avec nous!" (Ebd., 337)[13]

Dabei darf nicht vergessen werden, dass La Scèves Arbeiten zwar durch den Esprit der *Lumières* möglich werden, er aber dennoch als Außenseiter und Querdenker im Wissenschaftssystem seiner Zeit um Anerkennung kämpft. Als problematisch wird dabei eine ebenfalls in der Aufklärung angelegte Tendenz dargestellt: die zunehmende Ausdifferenzierung und Spezialisierung der Wissenschaften. La Scève beklagt mit einem Seitenhieb auf die Philosophie: „Un curieux des choses de la nature ne peut plus, de nos jours, pensais-je, posséder une connaissance universelle. Celle-ci est réservée aux philosophes qui masquent leur ignorance par des écrits obscurs" (ebd., 305). La Scève hofft daher auf interdisziplinäre Zusammenarbeit in der Erforschung der Träume, trifft aber auf fachliche Borniertheit und Konkurrenzgehabe zwischen den Wissenschaftlern unterschiedlicher Disziplinen. Diese Kritik kann, angesichts der ständig zunehmenden Aufsplitterung von Fachgebieten, als Kommentar zum Zustand der Wissenschaften der Gegenwart gelesen werden.

Die Reflexion über das Erzählen selbst spielt bei Jouvet eine untergeordnete Rolle. Lediglich dadurch, dass der fiktive Herausgeber des Forschungstagebuchs in seiner Einleitung auf einige Auslassungen und Unvollständigkeiten hinweist, wird auf den Konstruktionscharakter der Darstellung verwiesen (vgl. ebd., 10). Dies verhält sich bei Schmitts Roman, wie sich im Folgenden zeigen wird, ganz anders.

[13] Der Herausgeber befindet sich zum Zeitpunkt dieser Aussage auf einer Forschungsreise in Japan – so sind die japanischen Anklänge in seinem Ausruf zu erklären.

Im Gegensatz zu Jouvet steht bei Éric-Emmanuel Schmitt auf der dritten Ebene die metafiktionale und metahistorische Reflexion im Vordergrund. Sowohl der fiktive Protagonist als auch die ineinander verwobenen Zeitebenen werden für diese Auseinandersetzung genutzt. Wie Jouvet stellt Schmitt eine Außenseiterfigur in den Mittelpunkt, ohne sie jedoch als Vordenker zu inszenieren. Vielmehr sieht er das Phänomen des *égoïsme* von seiner Grundanlage her dazu prädestiniert, die Unterscheidbarkeit von Realität und Fiktion zu hinterfragen. Der fiktive Philosoph Languenhaert gerät in Konflikt mit seiner Umgebung, weil diese für ihn ihren Ursprung in seinem Bewusstsein hat, sie ihn aber nicht ernst nimmt und seine eigene Theorie zu widerlegen trachtet. Aus Languenhaerts Sicht wendet sich so die Schöpfung gegen den Schöpfer. Im Verlauf des Buches erweist sich jedoch vielmehr Languenhaert selbst als Schöpfung des Spurensuchers aus dem 20. Jahrhunderts, der wiederum mit seiner Figur, eben Languenhaert, zu verschmelzen beginnt. Die Erzählebene der Gegenwart und ihr Gegenstand, die Rekonstruktion des Lebens Gaspard Languenhaerts, gehen mehr und mehr metaleptisch ineinander über, Erzählen kann nicht mehr von Erinnern unterschieden werden. Als der Erzähler des 20. Jahrhunderts Languenhaerts *Essai d'une métaphysique nouvelle* liest, sind ihm dessen Gedanken so nah, dass er sich selbst darin wiedererkennt: „J'étais si pénétré de la scène que je vins à douter qu'il y eut une différence entre imaginer et se souvenir" (Schmitt 1994, 93). Er beginnt, den Teil des Lebens Languenhaerts, der ihm in seinen Recherchen verschlossen geblieben ist, aus sich selbst zu schöpfen. Er stellt sich die Frage: „Désormais, était-ce moi Gaspard Languenhaert?" (Ebd., 122)[14]

Mit der Gestalt des Languenhaert wird die Figur eines Philosophen gezeigt, die dem rationalen und weltgewandten Selbstbild der Aufklärer nicht entspricht. Er wird als Sonderling unter den *philosophes* inszeniert, der als Attraktion in Salons eine Weile gefragt ist, aber von niemandem ernst genommen wird. Der Roman nutzt seine Inszenierungsfreiräume,

[14] Am Schluss wird die Verwirrungs-Spirale sogar noch einmal weitergedreht, wenn sich der Ich-Erzähler der Gegenwartsebene als ein schon lange Zeit kranker, bettlägeriger Patient eines Krankenhauses erweist, und sich damit als höchst unzuverlässiger Erzähler herausstellt, da er das, was er zuvor berichtet hat, unmöglich erlebt haben kann (vgl. Schmitt 1994, 123-125). Der Leser erfährt also am Schluss des Romans, dass er es mit einer Fiktion in der Fiktion zu tun hatte.

um die Spuren zu imaginieren, die dieser Außenseiter in der Geschichte hinterlassen hat. So wie Languenhaert sich selbst als Schöpfer der Welt begriff, wird der Gegenwartserzähler zum Schöpfer Languenhaerts, um schließlich mit ihm zu verschmelzen. Ein historisches Randphänomen der *Lumières*, der *égoïsme*, wird bei Schmitt zum Ausgangspunkt, um in postmoderner Manier das Verwischen der Grenzen zwischen Realität und Imagination, Fiktion und Historie, Gegenwart und Vergangenheit, Wissen und Literatur bis zur letzten Konsequenz durchzuspielen.

La Secte des égoïstes entpuppt sich so als eine Erzählung über das Erzählen, wobei das historische Erzählen jedoch von besonderem Interesse ist. Neben den vielen (fiktiven) historischen Quellen, auf die der Erzähler bei seinen Recherchen stößt, findet er außerdem eine fiktionalisierte Darstellung von Languenhaerts Leben aus dem Jahre 1886 mit dem Titel *L'Étoffe dont sont faits les rêves* (vgl. ebd., 55-72). Als der Erzähler den fiktionalen Charakter des Erzählten bemerkt, verstimmt ihn dies zutiefst, da er keinen wissenschaftlichen Wert darin erkennen kann: „Il n'y avait là ni recherche historique sérieuse, ni réflexion philosophique conséquente. Une sale fiction!" (ebd., 73). Später räumt er jedoch ein, dass die Fiktion etwas zu fassen vermag, das er in den anderen Quellen nicht hatte finden können: „[L]a nouvelle a du moins le mérite d'esquisser une objection à la philosophie égoïste: il montre bien que dans l'amour [...], il y a un dépassement de soi, [...] qui contredit la théorie de la solitude radicale" (ebd., 83). Das Verhältnis von Literatur und Wissenschaft wird hier zum Gegenstand gemacht, wobei der Literatur die Fähigkeit zugesprochen wird, eine eigene Form von Wissen zu repräsentieren: Sie kann der solipsistischen Überzeugung die Liebe entgegenstellen – nicht, indem sie philosophisch argumentiert, sondern indem sie narrativ vorführt, wie eine Liebesbeziehung den *égoïsme* auszuhebeln in der Lage ist.

An den beiden besprochenen Romanen lässt sich, wie gezeigt werden konnte, ein breites Spektrum von Möglichkeiten nachweisen, wie Literatur mit Wissen und Wissenschaft in Wechselbeziehung stehen kann. Während Jouvet mit seinem Roman die Literatur der Wissenschaft zum Teil sehr weit annähert, verliert sich bei Schmitt die Wissenschaft zunehmend im Imaginären. Beide jedoch machen das Verhältnis von Literatur und Wissenschaft explizit (Schmitt) oder zumindest implizit (Jouvet) zum Thema und stellen somit unter Beweis, dass die Frage nach Literatur als Repräsentationsform von Wissen nicht allein wissenschaftlichen Abhandlungen vorbehalten ist.

Bibliographie

Primärliteratur

Jouvet, Michel (1992a): *Le Château des songes*, Paris: Odile Jacob.

Jouvet, Michel (1993): *Das Schloß der Träume*, Deutsch von Christian Landgrebe, Berlin: Byblos.

Schmitt, Éric-Emmanuel (1994): *La Secte des égoïstes*, Paris: Albin Michel.

Schmitt, Éric-Emmanuel (2004): *Die Schule der Egoisten*, Deutsch von Inés Koebel, Zürich: Ammann.

Sekundärliteratur

D'Alembert, Jean Le Rond (2010): „Egoïstes", in: Diderot, Denis / D'Alembert, Jean Le Rond (Hgg.): *Encyclopédie ou Dictionnaire raisonné des sciences, des arts et des métiers*, vol. 5, 431, http://encyclopedie.uchicago.edu/ [Stand: 19.12.2010].

Bonnet, Charles (1783): *Œuvres d'histoire naturelle et de philosophie De Charles Bonnet*, vol. 8, Neuchatel: Fauche.

Deines, Stefan / Jaeger, Stephan / Nünning, Ansgar (2003): „Subjektivierung von Geschichte(n) – Historisierung von Subjekten. Ein Spannungsverhältnis im gegenwärtigen Theoriediskurs", in: dies. (Hgg.): *Historisierte Subjekte – Subjektivierte Historie. Zur Verfügbarkeit und Unverfügbarkeit von Geschichte*, Berlin: De Gruyter, 1-22.

Fulda, Daniel / Matuschek, Stefan (2009): „Literarische Formen in anderen Diskursformationen: Philosophie und Geschichtsschreibung", in: Winko, Simone / Jannidis, Fotis / Lauer, Gerhard (Hgg.): *Grenzen der Literatur. Zu Begriff und Phänomen des Literarischen*, Berlin: De Gruyter, 188-222.

Heidemann, Dietmar Hermann (1998): *Kant und das Problem des metaphysischen Idealismus*, Berlin: De Gruyter.

Jouvet, Michel (1992b): *Le Sommeil et le Rêve*, Paris: Odile Jacob.

Klausnitzer, Ralf (2008): *Literatur und Wissen. Zugänge – Modelle – Analysen*, Berlin: De Gruyter.

Nünning, Ansgar (1995a): *Von historischer Fiktion zu historiographischer Metafiktion. Theorie, Typologie und Poetik des historischen Romans*, Bd. 1, Trier: Wissenschaftlicher Verlag Trier.

Nünning, Ansgar (1995b): *Von historischer Fiktion zu historiographischer Metafiktion. Erscheinungsformen und Entwicklungstendenzen des historischen Romans in England seit 1950*, Bd. 2, Trier: Wissenschaftlicher Verlag Trier.

Schmitt, Éric-Emmanuel (1997): *Diderot ou la philosophie de la séduction*, Paris: Albin Michel.

White, Hayden (1975): *Metahistory. The Historical Imagination in Nineteenth-Century Europe*, Baltimore / London: The John Hopkins University Press.

II. Wissensvermittlung und ihre Repräsentationsformen

Das fremdsprachendidaktische Potenzial der Metapher als Repräsentationsform menschlichen Denkens

Corinna Koch (Bochum)

Contrairement à ce qui a été longuement admis, la métaphore n'est pas (exclusivement) un phénomène linguistique, mais représente tout d'abord la pensée humaine. La métaphore conceptuelle et la métaphore linguistique doivent toutes deux être traitées en classe de français langue étrangère afin de permettre aux étudiants de générer des connaissances approfondies sur la culture cible, ainsi que de maîtriser les expressions lexicalisées exactes. Les connaissances représentées par la métaphore ne figurent point de reproduction mimétique de la réalité, mais sont au contraire marquées par les traditions, perspectives et circonstances de vie de la culture cible. En classe il est question de découvrir ces éléments. La métaphore offre donc la possibilité de transmettre des connaissances culturelles et de créer des relations qui rendent la langue étrangère plus compréhensible.

1. Einleitung

Werden angehende Französischlehrer[1] aufgefordert, den Satz „Eine Metapher ist…" zu vervollständigen, geben sie Antworten wie „bildhafte Sprache", „eine bildliche Umschreibung", „ein bildlicher Ausdruck", „ein sprachliches Bild (das für etwas anderes steht)", „eine sprachliche Verbildlichung", „eine in einem Sinnbild übertragene Bedeutung", „eine Bedeutungsübertragung" oder „ein Stilmittel".[2] Fünf Grundbausteine lassen sich aus diesen Antworten extrahieren: „Bild", „Sprache", „(Bedeutungs-)Übertragung", „Stehen für" und „Stilmittel". Alle fünf Elemente gehen auf die antiken Metapherntheorien von Aristoteles, Cicero und Quintilian zurück und spiegeln damit sehr treffend wider, als was die Metapher im aktuellen Fremdsprachenunterricht nach wie vor vermittelt wird: ein rhetorisches, also sprachliches, Stilmittel, bei dem eine Sache bildlich für eine andere steht (Substitutionstheorie).

[1] Aus Gründen der Lesbarkeit wird „Lernender", „Lehrender", „Muttersprachler", „Sprecher" etc. im Folgenden als geschlechtsneutrales *nomen generale* verwendet.

[2] Diese Antworten gehen auf eine nicht-repräsentative schriftliche Befragung von zwölf Lehramtsstudierenden vor Beginn des literaturdidaktischen Seminars „Metaphern im Französischunterricht" an der Ruhr-Universität Bochum im Sommersemester 2010 zurück.

Erste Ergebnisse einer Analyse aktueller Lehrwerke für den Fremdsprachenunterricht der Sekundarstufe I[3] bestätigen, dass der Fremdsprachenunterricht die moderne Metaphernforschung, die seit dem 20. Jahrhundert eine regelrechte „Renaissance" (Katthage 2004, 4) erlebt, weitgehend ignoriert. Metaphern werden – wenn überhaupt – nur in ihrer schmückenden Funktion als rhetorische Figur behandelt. Ein möglicher Grund dafür sind die zahlreichen, zum Teil stark divergierenden Metapherntheorien der letzten Jahrzehnte, deren Unterschiedlichkeit die Komplexität der Metapher erkennbar macht: „Die Vielfalt der Metapherntheorien gründet darin, dass die Metapher ein Phänomen ist, das sich zwischen Kognition und artikulierter Sprache bewegt und kontinuierlich Denken in Sprache, Sprache in Denken umsetzt" (Kohl 2007, 22).

Trotz aller Unterschiedlichkeit ergibt sich eine wichtige, weitestgehend konsensfähige Erkenntnis aus der neueren Metaphernforschung: Die Metapher ist *kein* (reines) Sprachphänomen. Vielmehr zeigt sich, dass sprachliche Metaphern menschliches metaphorisches Denken repräsentieren: „Metaphor has been changed from a figure of speech to a figure of thought" (Steen 2008, 219). Diese Erkenntnis ist für den Fremdsprachenunterricht von großer Bedeutung, so dass auch in der Fachdidaktik ein Umdenken notwendig ist.

Die Metapher ist somit ein Phänomen, das für das Thema dieses Sammelbandes wie geschaffen ist, denn die Metapher Wissen und Erkenntnisse *repräsentiert* (und *produziert*!). Im Folgenden wird herausgearbeitet, wie die Metapher als Denkphänomen funktioniert und welche Art von *Wissen* sie repräsentiert. Immer im Zentrum steht dabei die Frage, welche Konsequenzen und welches Potenzial diese Erkenntnisse für den modernen Fremdsprachenunterricht haben.

2. Die Metapher als Denkphänomen

Den Ausgangspunkt für das Umdenken in der Metaphernforschung seit Beginn der 1980er Jahre stellt die holistische kognitive Semantik von

[3] Im Rahmen meines laufenden Dissertationsprojektes, das fremdsprachenübergreifend das Potenzial der Metapher herausarbeitet und dessen Ausschöpfung in den aktuellen Lehrwerken überprüft, werden alle für die Sekundarstufe I nordrhein-westfälischer Gymnasien zugelassenen Lehrwerke für Englisch, Französisch und Spanisch auf ihren Umgang mit Metaphern hin analysiert.

George Lakoff und Mark Johnson dar, deren Ziel es ist, „allgemeine kognitive Fähigkeiten des Menschen, d.h. die Gesamtheit der Denk- und Wissensstrukturen, zu sprachlichen Erscheinungen in Beziehung zu setzen" (Baldauf 2000, 120). Über Sprache soll ein Zugang zum menschlichen Denken gefunden werden, denn da Sprache das mentale Konzeptsystem repräsentiert, „ist Sprache eine wichtige Erkenntnisquelle dafür, wie dieses System beschaffen ist" (Lakoff / Johnson 2008, 11-12). In dieser Sichtweise ist das menschliche Denken primär und die daraus abgeleitete Sprache sekundär (vgl. ebd., 177). Sprache repräsentiert, was vorher gedacht oder wahrgenommen wurde. Da ein großer Teil des menschlichen Denkens und der menschlichen Wahrnehmung metaphorisch ist, ist Sprache somit ein „sichtbarer Niederschlag metaphorischer Konzeptbildung" (Baldauf 2000, 117). Nutzt jemand, bezogen auf eine große Anzahl von Ameisen an einem Ort, an dem sie seiner Meinung nach nicht sein sollten, die Metapher „Les fourmis *attaquent*!" (À4[4], 76; Hervorhebung CK), hat der Sprecher die Situation zuvor als einen Angriff wahrgenommen.[5]

Ein „Konzept" ist in dieser Theorie eine „dynamische Bewusstseinseinheit" (Biebuyck 1998, 123), in der sich „netzwerkartig hierarchisierte Informationen" (Katthage 2006, 47) befinden, die „gezielt und selektiv auf die jeweilige Situation angewendet" (ebd.) werden. Jeanette Littlemore und Graham Low sehen Konzepte als Schemata: „[S]chemata are the representations of the world that speakers already have in their minds, and which they use to understand and interpret incoming information" (Littlemore / Low 2006b, 92). Eine erste Form der Repräsentation findet demnach mental statt: Die Wirklichkeit wird konzeptuell repräsentiert und ist dabei zu einem großen Teil metaphorisch: „[T]he schemata that cultures have for abstract phenomena are thought to consist largely of conceptual metaphors or metonymies, as we tend to encode abstract concepts figuratively" (ebd., 93). Muss im französischen Sprachraum beispielsweise jemand, der nicht viel Geld hat, eine große

4 Die im Folgenden zitierten Lehrwerke für Französisch als zweite Fremdsprache (Sek. I) an nordrhein-westfälischen Gymnasien *Découvertes* von Klett und *À plus* von Cornelsen werden jeweils mit den Anfangsbuchstaben D bzw. À abgekürzt. Die angeschlossene Zahl bezeichnet den Band innerhalb der Lehrwerkreihe.

5 Selbst im Falle einer ironischen Aussage hat der Sprecher die Verbindung zwischen der Aktivität der Ameisen und einem Angriff wahrgenommen!

Summe an Steuern zahlen, kann die Höhe der Summe und die Belastung für den Zahlenden durch die Metapher „les paysans paient de très *lourds* impôts“ (À4, 130; Hervorhebung CK) anschaulich ausgedrückt werden und ist durch die Verbindung zur bekannten körperlichen Erfahrung, Last zu tragen, für den Zuhörenden unmittelbar nachvollziehbar.

Wie an der sprachlichen Metapher so häufig kritisiert (vgl. Bertau 1996, 81), beruht auch die konzeptuelle Metapher auf einer partiellen Übertragung und stellt somit immer nur *einen* möglichen Blickwinkel auf einen bestimmten Sachverhalt dar, „indem eine für ein bestimmtes Gebiet der Erfahrung angemessene *Perspektive* auf ein anderes Gebiet übertragen wird“ (ebd., 180; Hervorhebung CK). Wenn etwas metaphorisch wahrgenommen wird, rückt folglich ein bestimmter Aspekt des Bildempfängers in den Vordergrund, während andere Aspekte in den Hintergrund treten. Aus diesem Grund können auch problemlos zahlreiche Metaphern zu einem einzigen Bildempfänger entstehen, die diesen völlig konträr darstellen. Es wird darüber hinaus deutlich, dass die Wirklichkeit nicht mimetisch abgebildet wird, sondern immer nur partiell und subjektiv selektiert repräsentiert wird. So hebt der Liedtitel *La vie est un combat* (wörtlich: ‚Das Leben ist ein Kampf‘) von Azad einen ganz anderen Aspekt des Lebens hervor als das Sprichwort *La vie est un long fleuve tranquille* (wörtlich: ‚Das Leben ist ein langer, ruhiger Fluss‘). Beide Aussagen haben, bezogen auf den jeweiligen Aspekt, ihre Berechtigung und entsprachen bei ihrer Entstehung der subjektiven Wahrnehmung des Sprechers.

Die mentalen metaphorischen Konzepte entstehen folglich zu einem großen Teil durch die menschliche Wahrnehmung, bei der alle fünf Sinne zum Einsatz kommen. Ein Grund für einen Katzenbesitzer, seine Tiere *Mirabelle* und *Pruneau* (vgl. À1, 38) zu nennen, könnten beispielsweise die positiven Assoziationen mit dem Geschmack dieser Obstsorten sein.[6] Der metaphorischen Wahrnehmung kommt im Rahmen dieses Prozesses somit eine „kognitive Funktion“ (Biebuyck 1998, 27) zu, weil sie gerade „bisher unentdeckte“ (ebd.) Beziehungen zwischen Gegenständen, die keine reale Beziehung zueinander haben – im genannten Beispiel Katzen und Obstsorten –, offenlegt: „Die Fähigkeit, etwas in die Form eines Bildes zu geben, das, was gesehen, gefühlt, gedacht wurde,

[6] Alternativ könnten die Namen z.B. auch aufgrund einer phonetischen Ähnlichkeit (*Belle – Mirabelle*) gewählt worden sein.

für andere sichtbar werden zu lassen, ist eine Leistung des Menschen. Im Bildermachen erforscht der Mensch sich selbst in seinem Verhältnis zur Welt" (Bütow 2002, 4). Somit sind Metaphern unvermeidbar, „eine Fähigkeit der Lebensbewältigung" (Richards 1996, 35), eine „elementare Denkform" (Schug 1976, 42), die einen bedeutenden Teil der alltäglichen Verarbeitung von Eindrücken darstellt. Konzeptuelle Metaphern entstehen nicht nur aus der Wahrnehmung, sie strukturieren diese auch und helfen dadurch, abstrakte Dinge begreifbar und verständlich zu machen.[7] Gerade wenn in einer Fremdsprache mit begrenzten sprachlichen Mitteln ein abstrakter Sachverhalt dargestellt werden soll, können Metaphern helfen, lexikalische Lücken zu überbrücken und schwierige Dinge anschaulich zu erläutern. Möchte ein Lernender beispielsweise sein Unbehagen gegenüber dem Nachbarshund zum Ausdruck bringen, kann sich ein Zuhörer durch die Metapher „Nos voisins ont un chien qui est un *monstre*" (À1, 118; Hervorhebung CK) ein gutes Bild von der Beziehung des Sprechers zu diesem Tier machen.

Es überrascht nicht, dass vor allem konkrete und bekannte Dinge genutzt werden, um abstrakte, schwer fassbare Sachverhalte zu strukturieren. Letztere werden durch die metaphorische Übertragung „erfahrbar", denn sie lassen sich „kaum ohne Bezug auf konkrete Strukturen vorstellen oder kommunizieren" (Kohl 2007, 16). Die bekannten Erfahrungen, die genutzt werden, sind häufig körperlich, da der menschliche Körper im alltäglichen Leben allzeit präsent und äußerst konkret ist (vgl. Koch 2010b, 44f.). Fremdsprachenlernende müssen folglich für die metaphorische Verwendung des Bildspenderbereiches *Körper* besonders sensibilisiert werden, indem sie systematisch mit entsprechenden Metaphern konfrontiert werden und sich Gedanken über die Gründe machen, warum gerade (diese) Körperteile in Ausdrücken wie „Le couteau à poisson n'a pas de *dents*" (D2, 76; Hervorhebung CK) oder „Quelle *barbe*, cette

[7] Dass Metaphern, sowohl konzeptuelle als auch sprachliche, dazu genutzt werden, Dinge verständlicher und anschaulicher zu machen, zeigt sich auch an den verschiedenen Begrifflichkeiten, die zur Beschreibung der Metapher genutzt werden und die allesamt Metaphern sind: „tenor" und „vehicle" (Richards 1996, 43), „Quell- und Zielbereich" (Katthage 2006, 42), „source domain" und „target domain" (z.B. Lakoff / Turner 1989, 63-64), „Bildspender" und „Bildempfänger" (Weinrich 1963, 337) etc.

musique!" (D2, 79; Hervorhebung CK) als Bildspender genutzt worden sind.

Ähnlichkeit ist, der kognitiven Funktion der Metapher entsprechend, nicht *Ursache* der metaphorischen Übertragung, sondern entsteht als *Ergebnis* des mentalen metaphorischen Prozesses der Wahrnehmung und Strukturierung der Wirklichkeit, der als ein „Sehen-als" (Katthage 2006, 34) verstanden werden kann. „Sehen-als" beinhaltet dabei in der holistischen kognitiven Metapherntheorie auch ein „Erleben-als", denn wenn etwas durch etwas anderes verstanden wird, wird es auch durch etwas anderes erlebt (vgl. Lakoff / Johnson 2008, 21). An dieser Stelle kann kaum zwischen Realität und Wahrnehmung unterschieden werden, denn für die betreffende Person entsprechen ihre metaphorische Wahrnehmung und deren Repräsentation der Wirklichkeit. Betont ein Jugendlicher, der sich gegen das Tragen von Markenkleidung ausspricht, „Je ne suis pas une affiche de pub" (D4, 10), bringen diese Worte seine Empfindung zum Ausdruck. Wirklichkeit ist in diesem Verständnis somit immer konstruiert. Diese Erkenntnis ist für Fremdsprachenlernende, aber auch für Muttersprachler von großer Bedeutung, um sich vor manipulativem Sprachgebrauch zu schützen (vgl. Koch 2010a, 50).

Einerseits entstehen metaphorische Konzepte folglich durch Wahrnehmung, andererseits beeinflussen sie diese ihrerseits. Wenn eine Metapher durch die Sprache aufgenommen wird, suggeriert sie eine bestimmte Sichtweise und stellt diese als natürlich und naheliegend dar, denn Metaphern „gründen nicht nur in unserer physischen und kulturellen Erfahrung; sie wirken auch auf unsere Erfahrung und unsere Handlungen zurück" (Lakoff / Johnson 2008, 83). Die Wahrnehmung verläuft somit häufig in vorgegebenen Bahnen: „Metaphors [...] guide our perceptions and interpretations of reality" (Cornelissen 2008, 8). Wenn jemand eine Erfahrung macht, ist diese immer schon durch bereits bestehende Konzepte bedingt, ohne dass der Einzelne sich dieser bewusst sein muss, denn man denkt und handelt „automatisch nach bestimmten Leitlinien" (Lakoff / Johnson 2008, 11). Diese Leitlinien beruhen auf einer internalisierten Repräsentation der Welt und wirken so auf das menschliche Verhalten zurück: „[W]ir handeln gemäß der Weise, wie wir uns Dinge vorstellen" (ebd., 14). So verstärkt die konzeptuelle Metapher *Zeit ist Geld* durch ihre Allgegenwart in menschlichen Handlungsweisen und sprachlichen Ausdrücken wie „Sie *vergeuden* meine Zeit", „Dieses Gerät wird Ihnen viel Zeit *ersparen*" und „Ich *habe* keine Zeit zu *verschenken*" (ebd., 16), auf welche Art und Weise in der modernen, westlichen Welt mit Zeit umgegangen wird. Eine *Investition* in diesem Bereich sollte stets gut überlegt sein und der (eigene) *Profit* ist ein leitender Gedanke bei dieser Entscheidung.

Bei der Tradierung metaphorischer Konzepte innerhalb einer Gemeinschaft spielt demnach die Sprache eine entscheidende Rolle, vor allem die kontinuierlich genutzte Alltagssprache, die von Grund auf metaphorisch ist, denn sie repräsentiert ihrerseits die mentale metaphorische Repräsentation der Wirklichkeit. Von Muttersprachlern werden alltägliche lexikalisierte Metaphern wie „Oh, là, là! Cet *embouteillage*! Tout est bloqué" (À2, 18; Hervorhebung CK) nicht (mehr) als Metaphern wahrgenommen. Sie gelten als normaler Sprachgebrauch und werden als lexikalisierte Sprachelemente zumeist unreflektiert übernommen.

Hier zeigt sich der besondere Anspruch an den Fremdsprachenunterricht, der seinem Namen nach „fremde *Sprachen* unterrichtet", ein Unterfangen, das sich, wie sich gezeigt hat, zwangsweise auch mit dem (metaphorischen) *Denken* fremder Sprachgemeinschaften auseinandersetzen muss:

> It has become increasingly clear from research in both Linguistics and Psychology over the last ten years or so that metaphor plays a central role in human linguistic (and indeed non-linguistic) behaviour. As such, it is a topic of considerable relevance to virtually all foreign or second language learners". (Low 1988, 125)

Die Notwendigkeit, sich mit dem metaphorischem Denken der Zielsprachgemeinschaft auseinanderzusetzen, wird dadurch verstärkt, dass Fremdsprachenlernende die Sprache und ihre metaphorischen Konzepte nicht wie Muttersprachler unbewusst aufnehmen, sondern alle Metaphern, die sie nicht aus ihrer eigenen Sprache kennen, bewusst, d.h. als innovative Metaphern, verarbeiten müssen. Folglich durchlaufen Fremdsprachenlernende einen großen Teil des metaphorischen Prozesses der einzelnen, in der Sprache eigentlich lexikalisierten Sprachelemente erneut, denn für die Lernenden sind diese Metaphern so lange „subjektiv-innovativ" (Koch 2010a, 39), bis sie sie als feste Sprachbausteine der Fremdsprache in ihr eigenes fremdsprachliches Lexikon integriert haben. Bezogen auf *embouteillage* müssen Französischlernende erst das Bild der Flasche, in der sich etwas vor dem Flaschenhals staut, mit dem Autostau in Verbindung bringen. Optimalerweise lernen sie in diesem Kontext auch gleich das Wort *bouchon* (vgl. D1, 55), das synonym gebraucht wird und den Korken in der Flasche, in der sich alles zurückstaut, bezeichnet.

Zusätzlich zu der daraus resultierenden Notwendigkeit, über bestimmte Bildspender zu sprechen, wenn die Lernenden die metaphorischen Ausdrücke nicht verstehen, hat sich gezeigt, dass die Thematisierung der ursprünglichen Bedeutung eines metaphorischen Ausdruckes zu positiven Lerneffekten führt (vgl. Littlemore / Low 2006a, 272). Die Lernenden verfügen im Anschluss über ein tieferes Wissen, da sie nicht nur den sprachlichen Ausdruck, sondern auch die dahinterliegende Denkstruktur verinnerlicht haben (vgl. ebd.). Dieser Aspekt macht es den Lernenden leichter, den Ausdruck auch längere Zeit gut zu memorisieren, da sie sich aktiv mit ihm auseinander gesetzt haben und seinen Ursprung nachvollziehen können. Vor allem in Verbindung mit einem (selbst erstellten) materiellen Bild einer Flasche mit Korken, in der sich Autos auf dem Weg nach draußen stauen, können sich die Lernenden gut an die Vokabeln *embouteillage* und *bouchon* erinnern.

Obwohl alle Sprachen Metaphern nutzen und somit das Prinzip der Metaphernbildung übertragbar ist, bleibt die besondere Herausforderung für den Fremdsprachenunterricht, die Lernenden an die spezifischen metaphorischen Traditionen der jeweiligen Sprachgemeinschaft heranzuführen. Um diese Traditionen näher zu bestimmen, wird im Folgenden den Fragen nachgegangen, wie das Wissen beschaffen ist, das Metaphern repräsentiert, und woher die repräsentierten Erkenntnisse kommen.

3. Das gedanklich und sprachlich repräsentierte Wissen

Wie bereits angedeutet, beruht das in Metaphern repräsentierte Wissen zu einem großen Teil auf überindividuellen Erfahrungen. Vor allem die in der Alltagssprache allgegenwärtigen lexikalisierten Metaphern gehen auf Traditionen und Sichtweisen der jeweiligen Sprachgemeinschaft zurück, die die Wirklichkeit immer nur selektiv und abhängig von der jeweiligen Kultur repräsentieren. Im Fremdsprachenunterricht geht es darum, einige dieser kulturell geprägten Auswahlmechanismen aufzudecken, um erfolgreich in der jeweiligen Fremdsprache kommunizieren zu können. So müssen einem deutschen Fremdsprachenlernenden beispielsweise verschiedene Sichtweisen auf das Konzept ‚Wissen' vermittelt werden. Im Englischen und Französischen wird nicht unbedingt mit dem Kopf auswendig gelernt, sondern ‚mit dem Herzen': *to learn / know by heart*, *apprendre / savoir par cœur*.

Ebenso wenig wie von einer mimetischen Abbildung der Wirklichkeit gesprochen werden kann, werden bei einem metaphorischen Wahrnehmungsprozess oder bei der Verarbeitung eines eingehenden metaphorischen Ausdruckes Fakten von Empfindungen getrennt: „Metaphor and metonymy often involve shared cultural perceptions that are not necessarily factual, and that can be unpredictable, not widely known, or even obsolete“ (Littlemore / Low 2006b, 72). Alle Assoziationen, die zu einem bestimmten Begriff vorliegen, können in die Bedeutungsfindung eingehen. Ein Teil dieser Assoziationen beruht auf individuellen Erfahrungen, ein bedeutend größerer Teil ist jedoch durch die Sprachgemeinschaft bedingt, in der der Sprecher aufgewachsen ist. Für die Wirkung der Metapher ist es irrelevant, dass das repräsentierte Wissen „Halbwahrheiten“ und „regelrechte Fehler“ (Black 1996, 71) beinhaltet. Für ein gelungenes Metaphernverständnis müssen die Assoziationen lediglich „zwanglos und ohne Umstände“ (ebd.) aktivierbar sein. Nennt ein Franzose sein Kind oder seinen Partner liebevoll „mon petit lapin“, hat dies nichts mit langen Ohren oder seidigem Fell zu tun, sondern beruht auf einer mit dem Kaninchen assoziierten Niedlichkeit, die folglich keine *objektive* Eigenschaft des Tieres darstellt.

Die besondere Schwierigkeit für Fremdsprachenlernende im Umgang mit sprachlich repräsentiertem Wissen ist, dass viele der Metaphern auf Situationen zurückgehen, die nicht mehr Teil des aktuellen Lebens der Zielkultur sind. So wird es z.B. schwierig, im heutigen Spanien eine Situation zu finden, die einem Fremdsprachenlernenden eine Erklärung der Redensart *quedarse para vestir santos* (wörtlich: ‚verbleiben, um Heilige einzukleiden‘) liefert, die auf unverheiratet bleibende Frauen bezogen wird. Eine intensive Beschäftigung mit der aktuellen Lebensweise reicht demnach nicht aus, um diesen oder ähnliche Ausdrücke zu verstehen. Vor allem metaphorische Sprichwörter und Redensarten existieren teilweise schon seit Jahrhunderten in einer Sprache und stellen Lernende vor eine große Herausforderung: „[M]etaphor allows the past to be relieved in the present, for example, through the medium of proverbs which are ‚metaphors of the past‘“ (Alexander 1983, 16f.). Wie ein Text, der sich auf einen einzigen Satz beschränkt, zeigen sie bestimmte, teilweise nicht mehr zeitgemäße Sichtweisen einer Kulturgemeinschaft auf, die durch ihren lexikalisierten Status ihren Bildspender überdauert haben: „A further barrier to complete autonomy in the area of metaphor and metonymy interpretation is that the connotations and semantic prosodies of words change over time, and may become unrelated, or even run counter to their original, literal meanings“ (Littlemore / Low 2006b, 73).

Littlemore und Low warnen davor, im Fremdsprachenunterricht eine Art „'postcard‘ view“ (ebd., 97) der fremden Kultur zu vermitteln, die sich auf Stereotypen und längst vergangene Zeiten bezieht: „This would […] go very much against the modern trend of linking foreign language teaching to communication in the contemporary world“ (ebd.). Auch wenn der moderne Fremdsprachenunterricht ebenso dem modernen Leben gerecht werden soll, ist eine Thematisierung dieser traditionell mit einem bestimmten Zielland verbundenen Elemente dennoch wichtig, denn diese teilweise historischen kulturellen Erfahrungen spiegeln sich nach wie vor in verschiedenen Bereichen der Alltagssprache wider und sind somit auch nach wie vor Teil des Alltagslebens der jeweiligen Sprachgemeinschaft. Aus diesem Grund sollte beispielsweise, ausgehend von den zahlreichen Stierkampfmetaphern der spanischen Alltagssprache, diese immer noch praktizierte und in der Sprache widergespiegelte kulturelle Tradition unbedingt sowohl inhaltlich als auch sprachlich behandelt werden: *echar un capote* (wörtlich: ‚einen Umhang werfen‘; übertragen: ‚jemandem zur Hilfe kommen‘), *tirarse al ruedo* (wörtlich: ‚sich in die Arena werfen‘; übertragen: ‚in eine Diskussion miteinsteigen‘), *poner un par de banderillas* (wörtlich: ‚ein Paar *banderillas* [geschmückte Speere] stecken‘; übertragen: ‚jemanden absichtlich ärgern‘) (vgl. Deignan 2003, 261).

Ebenso wie die Muttersprachler der jeweiligen Kultur verfügen die Lernenden über ein bestimmtes kulturell geprägtes Wissen über die Welt und das alltägliche Leben. Da diese Erfahrungen jedoch häufig ausschließlich auf diese Lebensgemeinschaft zutreffen, entsteht eine Differenz zum Wissen der Zielkultur, die das Verständnis bestimmter metaphorischer Ausdrücke ohne jegliche Hilfestellung unmöglich macht: „[F]or a variety of cultural reasons, learners may bring partial or inaccurate domain knowledge to their understanding of metaphor“ (Littlemore / Low 2006b, 72). Für deutsche Muttersprachler macht die Redensart *donner sa langue au chat* (wörtlich: ‚seine Zunge der Katze geben‘; übertragen: ‚das Raten aufgeben‘) beispielsweise zunächst wenig Sinn. An dieser Stelle ist der Fremdsprachenunterricht gefragt. Einerseits muss gezielt Wissen über die Zielkultur vermittelt werden, andererseits müssen den Lernenden Strategien vermittelt werden, wie sie zunehmend selbstständig mit unbekannten, zunächst unverständlichen Metaphern umgehen können und wie sie sich fehlendes Wissen aneignen oder erschließen können. Denkbar wäre dabei die Arbeit mit gedruckten Medien wie allgemeinen Wörterbüchern oder solchen, die sich gezielt mit den Ursprüngen von Sprichwörtern und Redensarten auseinandersetzen, z.B. Sylvie Brunets *Comme disait ma grand-mère: petit dictionnaire des expressions d'autrefois* (2009). Ebenso sollten die Lernenden in die Arbeit mit digitalen Medien wie Internetenzyklopädien in der jeweiligen Zielsprache, z.B. die Enzyklopädie von *L'internaute Magazine*,[8] eingeführt werden. Ist kein Hilfsmittel zur Hand, müssen Lernende in der Lage sein, ihr vorhandenes Wissen zu aktivieren und selbstständig nach Bedeutungsmöglichkeiten zu suchen, z.B. indem sie sich bereits bekannte Ausdrücke des Bildspenders ins Gedächtnis zurückrufen und systematisch ableiten, auf Grund welcher Eigenschaften der Bildspender in der Regel metaphorisch verwendet wird (vgl. Koch 2010b, 45). Dieses Vorgehen sollte im Unterricht an verschiedenen Beispielen eingeübt und somit automatisiert werden.

Die Universalität des metaphorischen Prozesses ist folglich begrenzt. In Bezug auf die modernen europäischen Schulsprachen, mit denen ein Lernender im Laufe seiner Sprachkarriere in Berührung kommen kann, existieren zwar bestimmte Grundkonzepte, die allen Sprachen gemein sind, z.B. *oben ist gut* und *unten ist schlecht* (vgl. Littlemore / Low 2006b, 72), in ihrer sprachlichen Ausdifferenzierung unterscheiden sich die Sprachen jedoch teilweise stark. So kann man im Französischen beispielsweise sprachlich gesehen weder ein ‚*Hoch*gefühl' erleben noch ‚*am Boden* zerstört sein'. Diese Tatsache macht es notwendig, jede einzelne Sprache, vor allem für die Sprachproduktion, individuell und eingehend zu betrachten: „Unfortunately for second language learners, despite some significant areas of overlap, metaphoric extensions of word meaning [...] often vary significantly from language to language" (Littlemore / Low 2006a, 271). Jede Sprache verfügt beispielsweise über ganz eigene Vorlieben, mit welchen Bildspendern Metaphern gebildet werden. Während das Deutsche sein Nationalgetränk in ‚Das ist nicht dein Bier' als Bildspender nutzt, findet man im Französischen – wie in dieser Sprache so häufig – einen kulinarischen Bildspender *Ce ne sont pas tes oignons* (wörtlich: ‚Das sind nicht deine Zwiebeln'). Ebenso hängt es von den Elemen-

[8] Vgl. www.linternaute.com/encyclopedie/.

ten des Alltagslebens ab, für welche Bildempfänger bevorzugt Metaphern benötigt werden. Im Französischen findet man beispielweise die meisten Bezeichnungen für verschiedene Sorten länglichen Weißbrotes, die zu einem großen Prozentsatz metaphorisch sind, z.B. *baguette* (wörtlich: ‚Stab'), *ficelle* (wörtlich: ‚Faden'; länger und dünner als ein normales Baguette) und *flûte* (wörtlich: ‚Flöte'; halb so lang, aber doppelt so dick wie ein normales Baguette).

Durch die Beschäftigung mit einer oder mehreren fremden Sprachen ergibt sich automatisch ein Sprachvergleich, denn Ausgangspunkt allen Fremdsprachenlernens ist und bleibt die Muttersprache, deren Strukturen so automatisiert beherrscht werden, dass die in ihr suggerierten Sichtweisen häufig erst im Kontakt mit anderen Sprachen und ihren Sichtweisen hinterfragt werden. Das Wissen über die eigene und die fremde Kultur bewegt sich damit im Spannungsfeld von Transkulturalität, bezogen auf übertragbare, scheinbar universelle Elemente wie *oben ist gut*, und Interkulturalität, bezogen auf teilweise kleine, aber bedeutende lexikalisierte Unterschiede zwischen den Sprachen und Sprachgemeinschaften, z.B. ‚*Wir sitzen* alle im selben Boot' vs. ‚*On est* tous dans le même bateau'. Durch das Erlernen einer Fremdsprache entdecken die Lernenden somit neue Blickwinkel auf bereits bestehende und auf völlig neue Sachverhalte, denn die Arbeit mit Metaphern hilft, „to discover new, foreign connections between words and concepts, and therefore help[s] them to internalise conceptualisations belonging to the foreign language" (Niemeier 2004, 112). Ein Ausblenden der Muttersprache ist dabei, vor allem zu Beginn einer Sprachkarriere, ebenso unmöglich wie das Ausblenden von Metaphern aus einer Sprache: „[I]diomatic and cultural aspects of the L1 are often the last things to be abandoned" (Littlemore / Low 2006b, 188).

Neben den Schwierigkeiten, die sich aus dem kulturell geprägten Wissen, das Metaphern repräsentieren, ergeben, bietet die Arbeit mit Metaphern demnach auch die Möglichkeit, kulturelle Unterschiede zwischen Sprachgemeinschaften aufzudecken und zu thematisieren (vgl. Koch 2010a, 47). Metaphern können somit zum Ausgangspunkt interkulturellen Lernens werden: „The whole language is a continuous process of metaphor, and the history of semantics is an aspect of the history of culture; language is at the same time a living thing and a museum of fossils of life and civilization" (Gramsci 1971, 450). Metaphern zeigen folglich, dass es für den Sprachlernprozess wichtig sein kann, geschichtliche

Themen zu behandeln. Dies kann sich positiv auf die Motivation der Lernenden auswirken. Metaphern zu verstehen, bedeutet immer auch, kulturelles, teilweise historisches Wissen zu verarbeiten und sich dabei der selektiven Abbildung der Wirklichkeit bewusst zu sein.

4. Fazit und Konsequenzen für den Fremdsprachenunterricht

Eine wichtige Erkenntnis der neueren Metaphernforschung für den Fremdsprachenunterricht ist, dass eine Sprache nicht ohne das dahinterliegende mentale konzeptuelle System verstanden werden kann und dass dieses zu einem großen Teil aus Metaphern besteht. Metaphern sind folglich primär ein Denkphänomen, das sich erst sekundär in der Sprache niederschlägt. Darüber hinaus kann Sprache nicht losgelöst von ihrer jeweiligen Kultur gelernt werden, da Sprache kulturelles Wissen repräsentiert und damit auch tradiert. Die Kenntnis dieser kulturellen Konventionen ist demnach für Fremdsprachenlernende von großer Bedeutung, um sich mit den Wahrnehmungsmustern der Zielkultur vertraut zu machen und die fremde Sprache idiomatisch korrekt nutzen zu können.

Bei der Auswahl geeigneter Gegenstände mit fremdsprachendidaktischem Potenzial sollte die Metapher als Repräsentationsform menschlichen Denkens und Handelns somit unbedingt in Betracht gezogen werden. Sie bietet eine Möglichkeit zur Diskussion und besticht durch Einfachheit bei gleichzeitiger Komplexität. Zudem ist sie allgegenwärtig und somit unumgänglich für den Fremdsprachenlernenden, für den sie ohne explizite Thematisierung Stolpersteine darstellt, die jedoch durch einige Hilfestellungen in Sprungbretter umgewandelt werden können.

Trotz der genannten Argumente für eine Arbeit mit Metaphern im Fremdsprachenunterricht sollte nicht vergessen werden, dass die Metapher nur *eine* Repräsentationsform menschlichen Denkens darstellt. Ebenfalls genutzt, um abstrakte Dinge greifbarer, anschaulicher und übersichtlicher darzustellen, wird beispielsweise die Metonymie. In vielen Fällen bietet es sich an, Metapher und Metonymie gleichzeitig im Fremdsprachenunterricht zu behandeln, da eine Trennung künstlich wäre und nicht den Bedürfnissen der Lernenden entspräche (vgl. Koch 2010b, 44f.).

Des Weiteren ist es wichtig zu betonen, dass im Fremdsprachenunterricht eine Thematisierung beider Metaphernarten, konzeptueller und sprachlicher, von großer Bedeutung ist. Einerseits müssen die Lernenden versuchen, zumindest in Ansätzen wie ein Muttersprachler der fremden Sprachgemeinschaft zu denken, andererseits müssen sie den einzelnen sprachlichen Ausdruck beherrschen. In einem Kommunikationskontext ist es nicht ausreichend, ein metaphorisches Konzept als Denkgerüst zu kennen, sondern die Lernenden müssen in der Lage sein, dieses Konzept, den Konventionen der Sprachgemeinschaft entsprechend, zu verbalisieren: „The linguistic approach to metaphor is equally important, particularly to language learners, as it focuses on the words that are actually used, and stresses the importance of phraseology and collocation" (Littlemore / Low 2006a, 271). Andersherum stellt es die Lernenden vor große Schwierigkeiten, einen Ausdruck zu nutzen, den sie konzeptuell nicht verstehen, denn nur ein umfassendes Verständnis der mentalen Implikationen einer sprachlichen Struktur kann zu einer angemessenen Verwendung führen und erlaubt, auch *über* diesen Ausdruck zu kommunizieren und zu reflektieren.

Hier ist ein häufiges Problem des aktuellen Fremdsprachenunterrichtes anzusiedeln. Die Lernenden haben zeitweise den Eindruck, das Sprache etwas Diffuses, teilweise Arbiträres sei und dadurch schwer zu behalten (vgl. Littlemore / Low 2006b, 95). Metaphern können dazu beitragen, Licht ins Dunkel zu bringen, indem sie Verbindungen herstellen, die die Sprache für Lernende konkreter und nachvollziehbarer machen. Die Kenntnis der wichtigsten konzeptuellen Metaphern ermöglicht es Lernenden, sich eigentlich unbekannte sprachliche Einzelmetaphern selbstständig zu erschließen: „There is some evidence to suggest that once students have been introduced to a conceptual metaphor, they can then go on to use that metaphor to help them understand idioms that are completely new to them" (ebd., 31). Die Metapher als Denkphänomen kann im Fremdsprachenunterricht demnach ihre ursprüngliche Funktion erfüllen: Sie kann Gedanken und Sprache strukturieren und greifbarer machen.

Bibliographie

[À 1]: Bächele, Hans / Gregor, Gertraud / Héloury, Michèle / Schenk, Silvie (2009): *À plus 1: Französisch für Gymnasien*, Berlin: Cornelsen.

[À 2]: Bächele, Hans / Gregor, Gertraud / Jorißen, Catherine / Schenk, Silvie (2009): *À plus 2: Französisch für Gymnasien*, Berlin: Cornelsen.

[À 4]: Gregor, Gertraud / Jorißen, Catherine / Schenk, Silvie (2009): *À plus 4: cycle court: Französisch für Gymnasien*, Berlin: Cornelsen.

Alexander, Richard J. (1983): „Metaphors, connotations, allusions. Some thoughts on the language-culture connexion in learning English as a foreign language", in: *L.A.U.T. Series B*, Paper 91, Trier: Linguistic Agency University of Trier.

Baldauf, Christa (2000): „Sprachliche Evidenz metaphorischer Konzeptualisierung. Probleme und Perspektiven der kognitivistischen Metapherntheorie im Anschluss an George Lakoff und Mark Johnson", in: Zimmermann, Ruben (Hg.): *Bildersprache verstehen. Zur Hermeneutik der Metapher und anderer bildlicher Sprachformen*, München: Wilhelm Fink, 117-132.

Bertau, Marie-Cécile (1996): *Sprachspiel Metapher: Denkweisen und kommunikative Funktion einer rhetorischen Figur*, Opladen: Westdeutscher Verlag.

Biebuyck, Benjamin (1998): *Die poietische Metapher. Ein Beitrag zur Theorie der Figürlichkeit*, Würzburg: Königshausen und Neumann.

Black, Max (1996 [1954]): „Die Metapher", in: Haverkamp, Anselm (Hg.): *Theorie der Metapher*, Darmstadt: Wissenschaftliche Buchgesellschaft, 55-79.

Bütow, Wilfried (2002): „Bilder lesen: Lesen in der Bilderflut – eine pädagogische Herausforderung", in: *Der Deutschunterricht* 2, 4-9.

Brunet, Sylvie (2009): *Comme disait ma grand-mère: petit dictionnaire des expressions d'autrefois*, Grainville: City Editions.

Cornelissen, Joep P. (2008): „Metaphor in Organizational Research: Context, Modalities and Implications for Research – Introduction", in: *Organization Studies* 29.1, 7-22.

[D 1]: Bruckmayer, Birgit / Darras, Isabelle / Koesten, Léo / Mühlmann, Inge / Nieweler, Andreas / Prudent, Sabine (2004): *Découvertes 1: für den schulischen Französischunterricht*, Stuttgart: Ernst Klett.

[D 4]: Alamargot, Gérard / Bruckmayer, Birgit / Darras, Isabelle / Koesten, Léo / Kunert, Dieter / Mühlmann, Inge / Nieweler, Andreas / Prudent, Sabine (2007): *Découvertes 4: für den schulischen Französischunterricht*, Stuttgart: Ernst Klett.

Deignan, Alice (2003): „Metaphorical Expressions and Culture: An Indirect Link", in: *Metaphor and Symbol* 18.4, 255-271.

Gramsci, Antonio (1971): *Selections from the Prison Notebooks*, London: Lawrence & Wishart.

Katthage, Gerd (2004): *Didaktik der Metapher. Perspektiven für den Deutschunterricht*, Baltmannsweiler: Schneider Verlag Hohengehren.

Katthage, Gerd (2006): *Mit Metaphern lernen. Gedichte lesen – Sprache reflektieren – Vorstellungen bilden*, Baltmannsweiler: Schneider Verlag Hohengehren.

Koch, Corinna (2010a): „Lexikalisierte Metaphern als Herausforderung im Fremdsprachenunterricht", in: *metaphorik.de* 18, 33-55, http://www.metaphorik.de/18/koch.pdf [Stand: 19.01.2011].

Koch, Corinna (2010b): „‚Il a la tête dans les nuages!' Mit Metaphern den Wortschatz erweitern und Sprachbewusstsein aufbauen", in: *Der fremdsprachliche Unterricht Französisch* 106, 44-45.

Kohl, Katrin (2007): *Metapher*, Stuttgart: Metzler'sche und Carl Ernst Poeschel.

Lakoff, George / Johnson, Mark / Hildenbrand, Astrid (Übersetzerin) (2008 [1980]): *Leben in Metaphern. Konstruktion und Gebrauch von Sprachbildern*, Heidelberg: Carl-Auer.

Lakoff, George / Turner, Mark (1989): *More than Cool Reason – A Field Guide to Poetic Metaphor*, Chicago: University of Chicago.

Littlemore, Jeannette / Low, Graham (2006a): „Metaphoric Competence, Second Language Learning, and Communicative Language Ability“, in: *Applied Linguistics* 27.2, 268-294.

Littlemore, Jeannette / Low, Graham (2006b): *Figurative Thinking and Foreign Language Learning*, Houndmills u.a.: Palgrave MacMillan.

Low, Graham D. (1988): „On Teaching Metaphor“, in: *Applied Linguistics* 9.2, 124-147.

Niemeier, Susanne (2004): „Linguistic and Cultural Relativity – Reconsidered for the Language Classroom“, in: Achard, Michel / Niemeier, Susanne (Hgg.): *Cognitive Linguistics and Foreign Language Teaching*, Berlin / New York: Mouton de Gruyter, 95-118.

Richards, Ivor A. (1996 [1936]): „Die Metapher“, in: Haverkamp, Anselm (Hg.): *Theorie der Metapher*, Darmstadt: Wissenschaftliche Buchgesellschaft, 31-52.

Schug, Ewald (1976): „Metaphern: Redensarten – Sportsprache – Umgangssprache“, in: *Praxis Deutsch* 16, 42-44.

Steen, Gerard (2008): „The Paradox of Metaphor: Why We Need a Three-Dimensional Model of Metaphor“, in: *Metaphor and Symbol* 23.4, 213-241.

Weinrich, Harald (1963): „Semantik der kühnen Metapher“ in: *Deutsche Vierteljahrsschrift für Literaturwissenschaft und Geistesgeschichte* 37, 325-344.

Integración en la clase de ELE de la fraseología emocional como elemento de adquisición de competencia comunicativa intercultural: reflexiones e implicaciones fraseodidácticas

Concepción Rico Albert (Mainz-Germersheim)

Anhand zweier sprachlicher Repräsentationsformen von Wissen (Metaphorik und Idiomatik) versucht der vorliegende Beitrag aus der fachdidaktischen kontrastiven Perspektive (Spanisch-Deutsch) aufzuzeigen, wie phraseologische Einheiten (PE) aus dem Bereich der menschlichen Emotionen aktiv zur Wortschatzerweiterung in den fortgeschrittenen Spanischunterricht für deutsche Muttersprachler eingebunden werden können. Gleichzeitig wird in diesem Aufsatz die These vertreten, dass diese speziellen PE ein hohes fremdsprachendidaktisches Potenzial bergen, insbesondere bei der Vermittlung von interkulturellen Inhalten: Der affektiv-emotionale Bereich scheint wie kein zweiter dafür geeignet zu sein, die interkulturelle Kompetenz der Lerner zu aktivieren. Einige didaktische Überlegungen werden vorgeschlagen.

1. Introducción[1]

En el presente artículo queremos reflexionar sobre el modo de integrar la ‚fraseología emocional' en los niveles superiores de ELE con el objetivo de, por un lado, enriquecer la competencia léxica del estudiante y, por otro, activar su conciencia comunicativa intercultural. Debido a la interdisciplinariedad inherente a la fraseología emocional,[2] el profesor hará bien adoptando un enfoque interdisciplinar a la hora de presentar en clase esta pequeña parcela del universo fraseológico. Esta necesidad, unida a las difusas fronteras del ámbito emocional, hace imprescindible contar con unas bases teóricas rigurosas para poder aprehender los fenómenos emocionales. Uno de los acercamientos más extendidos en el estudio de

1 Quiero agradecer a Manuel Martí Sánchez los valiosos comentarios y sugerencias que me hizo en la fase inicial de este trabajo. Huelga decir, sin embargo, que yo soy la única responsable de cuantos errores e imprecisiones hayan persistido.

2 El ámbito emocional, esa importantísima faceta humana, se ha venido estudiando en los últimos años desde los más diversos puntos de vista: el neurofisiológico, el psicológico, el social, el antropológico, el lingüístico, etc. A esto nos referimos al hablar del carácter interdisciplinar del estudio de las emociones (cf. al respecto Damasio 1994 y Martín Morillas / Pérez Rull 1998).

las emociones es el adoptado por la Lingüística Cognitiva. A grandes rasgos, ésta postula que las emociones humanas se pueden estudiar a partir de sus manifestaciones corporales, sobre todo en el nivel neurológico-fisiológico y en el motor-expresivo, ya que a partir de estas manifestaciones, aparecen a nivel lingüístico determinadas metáforas y metonimias que permiten un acercamiento concreto al fenómeno emocional. Staffeldt / Ziem afirman al respecto:

> So wird in der Kognitiven Linguistik etwa unter Einbezug von psychologischen, neurowissenschaftlichen und linguistischen Erkenntnissen seit geraumer Zeit die Frage diskutiert, inwiefern körperliche Erfahrungen und Sprache miteinander zusammenhängen. Dass körperliche Erfahrungen unterschiedlichster Art sprachliche Konzeptualisierungen motivieren können, wurde beispielsweise an Phänomenen wie Metaphern und Metonymien plausibel gemacht. (Staffeldt / Ziem 2008, 456)

También, el fenómeno fraseológico presenta grandes dificultades de deslinde en el conjunto de las combinaciones lingüísticas. Por esta razón y por lo anteriormente apuntado, el profesor debe aproximarse a él de manera paulatina, paso a paso, para que el estudiante no se sienta intimidado ante la gran heterogeneidad fraseológica. El esfuerzo merece la pena, pues la enseñanza de la Fraseología en la clase de ELE es un terreno muy fértil, que, por desgracia, no ha sido explotado hasta la fecha en la medida que le corresponde.

En nuestro artículo, por motivos de espacio, nos ocuparemos solamente de la expresión fraseológica de la emoción de la alegría.[3] Así, nuestro trabajo se ocupa concretamente de locuciones verbales, esto es, uni-

[3] En nuestra tesis doctoral llevamos a cabo un estudio pormenorizado de la fraseología emocional referente a seis emociones humanas: cinco emociones primarias: una de valencia positiva (alegría), tres de valencia negativa (tristeza, ira y miedo), una de valencia neutra (sorpresa), así como una emoción secundaria negativa: la vergüenza. Por motivos de espacio no podemos explicar con detalle a qué criterios obedece la distinción bipartita „emociones primarias“ / „emociones secundarias“ (cf. al respecto Damasio 1994, 131-139), baste ahora con que las emociones primarias se denominan también ‚innatas‘, ‚básicas‘, ‚biológicas‘ o ‚tempranas‘, pues se encuentran en el ser humano ya desde su nacimiento y se empiezan a desarrollar desde la más tierna infancia; mientras que las emociones secundarias reciben denominaciones de ‚aprendidas‘, ‚sociales‘ o ‚adultas‘, ya que se van adquiriendo y configurando durante todo el proceso de socialización por el que pasan los seres humanos.

dades fraseológicas que equivalen a un verbo (‚crispar los nervios' o ‚llegar a las manos'). Por motivos de relevancia, no es este el lugar para entrar en disquisiciones acerca de sus límites con colocaciones, construcciones con verbos de apoyo, paremias o fórmulas rutinarias (cf. al respecto Corpas 1996, 89-93).

A pesar de que no todos los fraseólogos reconocen la existencia de esta clase, sí se encuentra representada en la mayoría de autores hispanos y germanos. Esta clase es la más numerosa dentro de las locuciones, debido en gran parte a su heterogeneidad estructural y morfosintáctica. Existen distintos tipos que se adscriben a esta clase de locuciones, aunque pertenencia a ella no está siempre justificada. Para ello remitimos a García-Page (2008, 134p.; 194p.).

Corpas afirma que estas locuciones „expresan procesos, formando los predicados, procesos, formando los predicados, con o sin complementos" y que „[p]resentan una gran diversidad morfosintáctica" (Corpas 1996, 102). Para la lengua alemana, Fleischer sostiene:

> Die verbalen Phraseologismen sind am reichsten entwickelt und weisen die mannigfachste [*sic*] Strukturen auf. Die ausgeprägte Entfaltung verbaler Phraseologismen im Deutschen hängt sicherlich mit den im Vergleich zum Substantiv stärker eingeschränkten Möglichkeiten der Wortbildung zusammen. (Fleischer 1997, 154)

Basándonos en determinadas unidades fraseológicas (UFS) de base verbal, presentaremos algunos mecanismos de conceptualización de esta emoción en el par lingüístico español-alemán, que nos servirán de base para establecer similitudes y diferencias entre ambas lenguas y sistematizar unas tendencias generales, cuyos resultados pueden tener interesantes repercusiones fraseodidácticas y traductológicas como respuesta, p.ej, a estas cuestiones:

¿En qué nivel de aprendizaje del MCER (A, B y / o C) es adecuado introducir este tipo de fraseologismos en la clase de español?

¿De qué mecanismos y técnicas puede servirse el profesor de español para ayudar a los aprendices a la hora de entender, memorizar y utilizar los fraseologismos emocionales (Fr.Ems.) tales como (A) ‚dar u.p. saltos de alegría', (B) ,partirse u.p. de risa', (C) ,ponerse u.p. como unas castañuelas' y (D) ,estar u.p. en el séptimo cielo'?[4]

¿Influye el hecho de que el Fr.Em. tenga una base corpórea [(A) y (B)] o cultural [(C) y (D)] para una mejor asimilación por parte del aprendiz?

Intentaremos dar respuesta a estas y otras cuestiones de semejante interés y esperamos con nuestra modesta contribución ayudar a desbrozar algo la maraña fraseológica y allanar el camino al aprendiz de español para que se pueda mover con cierta soltura en el movedizo terreno fraseológico-emocional.

2. Niveles de aprendizaje

La enseñanza de la fraseología representa una serie de retos para profesores y estudiantes de ELE. Una de las cuestiones primordiales es en qué nivel se considera adecuado introducir su estudio.

Algunos investigadores (Forment Fernández 1998 y Penadés Martínez 1999 y 2002, entre otros) afirman que no es del todo adecuado introducir el estudio de las locuciones verbales en las primeras fases del aprendizaje de ELE (nivel inicial), sino que es mejor hacerlo a partir de un nivel de usuario independiente. En efecto, los Fr.Ems. que nos ocupan, debido a las peculiaridades morfológicas y sintácticas que presentan (véase *infra* 3), pueden causar dificultades al aprendiente de ELE del nivel básico, que no controla aún los aspectos paradigmáticos ni las reglas combinatorias del sistema lingüístico. Por otra parte, el significado idiomático, no composicional y, por regla general, figurado, que poseen los Fr.Ems. debe también ser detectado por el alumno para que pueda interpretar estas expresiones. Por ello, consideramos adecuado introducir su estudio cuando ya se dominen las reglas combinatorias básicas de la lengua espa-

[4] En la codificación fraseográfica utilizada hemos optado por presentar los Fr.Ems. con los constituyentes externos obligatorios que se actualizan en el discurso, por lo general en función de sujeto, que representamos como „u.p." (una persona) o „u.c." (una cosa) y objeto directo / objeto indirecto de persona y de objeto, que codificamos como „a alguien" y „a algo" respectivamente. Creemos que este es un tema crucial en fraseografía, sobre todo en los Fr.Ems., cuyo alcance no podemos presentar aquí.

ñola y estas locuciones se puedan ya percibir como tales. En los niveles de usuario independiente (sobre todo a partir de B2: Avanzado) el aprendiz ya es capaz de reconocer y asimilar estas expresiones.

De hecho, consideramos ineludible su estudio, pues en esta etapa del aprendizaje, las producciones lingüísticas del alumno deberían empezar a adquirir una precisión y exactitud léxicas de manera que se puedan parecer cada vez más a las de un hablante nativo. Ello exigirá un estudio diferenciado del léxico, que pasará a englobar temas de carácter abstracto, como en nuestro caso, las emociones humanas.

Será, sin embargo, tarea del profesor guiar al aprendiz en el estudio de estas expresiones fraseológicas, no sólo en lo referente a su conocimiento, sino también al reconocimiento de las situaciones comunicativas en las que resulte apropiado su uso (cf. al respecto Forment Fernández 1998 y Penadés Martínez 1999). Retomaremos estos aspectos en nuestras consideraciones finales.

3. Fases del aprendizaje de las UFS en los niveles avanzados de ELE

Antes de pasar a ocuparnos del léxico emocional valiéndonos de Fr.-Ems., consideramos necesario enfrentar a los estudiantes de ELE, en nuestro caso, de L1 alemán, con algunas de las propiedades básicas del fenómeno fraseológico, que, por su carácter universal lingüístico (cf. al respecto Dobrovol'skij 1988 y Fleischer 1997, 242p.), son aplicables a las dos lenguas.

Repasemos brevemente las características definitorias (principales) de las UFS. Estas serían, a nivel formal-estructural, la *pluriverbalidad* (una locución verbal consta, como mínimo, de dos palabras, siendo una de ellas una palabra autosemántica, en nuestro caso, un verbo), a nivel morfosintáctico, la *fijación*[5] o estabilidad de forma (las UFS permiten muy pocos

[5] García-Page define la fijación como „el resultado de un proceso histórico-diacrónico, evolutivo, de la conversión paulatina de una construcción libre y variable en un [*sic*] construcción fija (estable), invariable, sólida, gracias a la insistente repetición literal; una forma analítica libre llega a adquirir, en un punto de la historia, un significado traslaticio o específico hasta concebirse como un todo, un estereotipo, una fórmula memorizable, estando así disponible para su empleo (para su repetición), cuando, en el proceso discursivo, quiera expresarse

cambios en el discurso) y, a nivel léxico-semántico, la *idiomaticidad* o sentido figurado (el significado global de la UF es no composicional, es decir, no equivale al significado de la suma de los componentes que conforman la UF).

Creemos conveniente explicar al alumno, a partir de su L1 (alemán, en nuestro caso), estas propiedades fraseológicas. Aunque en principio pueda parecer una empresa inabarcable que sobrepasa los límites de una clase de ELE, contamos con varios factores a nuestro favor.

Uno de ellos es la curiosidad innata y el interés de los aprendientes por este tipo de expresiones. Este hecho lo hemos podido constatar en los estudiantes de niveles avanzados a lo largo de nuestra larga experiencia docente.

Otro factor sería, como Penadés Martínez afirma, que el alumno ya está familiarizado, de manera más o menos consciente, con las UFS, pues las utiliza también en su lengua materna. De este modo, tendríamos ya en parte allanado el terreno para la presentación de las UFS:

> [S]e ha demostrado que la L1 juega un papel importante en la adquisición y uso de las unidades fraseológicas en la L2 y, en este sentido, se ha afirmado que los aprendices de una L2 no pueden ser vistos como "un territorio fraseológicamente virgen", ya que tienen almacenadas un conjunto de ellas, propias de su lengua materna, las cuales, inevitablemente, juegan un papel, tanto positivo como negativo, en la adquisición de las de la L2. De ello se desprende que contrastar las de la lengua materna con las de la L2 puede ser de gran utilidad en el proceso de aprendizaje de la lengua española en este caso. (Penadés Martínez 1999, 37)

Dado que la mayoría de los libros y materiales de ELE toca la fraseología de manera más bien tangencial y asistemática, nuestra labor de profesores consistirá en ayudar a suplir ese déficit, acercando al alumno a las UFS del español a partir de la base de L1 alemana. Consideramos ideal una mezcla equilibrada entre aprendizaje inductivo y el deductivo. La presentación de las UFS debería realizarse de la manera más sencilla e

---

un contenido que ya está condensado en ella. En este sentido, una locución es, ante todo, una combianción de palabras *fija* o *estable*" (García-Page 2008, 25; cursiva en el original). Burger habla de distintos tipos de fijación: la estructural, la psicolingüística y la pragmática, que a su vez, se ven relacionadas con otros criterios definitorios de las UFS: la institucionalización, la reproducibilidad, la frecuencia de uso, la variación, etc. (cf. al respecto Burger 2010, 15-29 y Corpas Pastor 1996, 19-32).

intuitiva posible y es aquí donde, a nuestro parecer, pueden resultarnos muy útiles algunos de los preceptos de la Semántica Cognitiva.

La Semántica Cognitiva analiza las relaciones entre la experiencia sensorial, el sistema conceptual y la estructura semántica codificada por el lenguaje. Uno de sus fundamentos es la *Teoría de la Metáfora Conceptual*, presentada por primera vez por Lakoff y Johnson en 1980.[6] Quizá el aspecto más novedoso de esta teoría radique en que, a partir de ella, los estudiosos cognitivos dejan de contemplar la metáfora y la metonimia como meros recursos retóricos, como tradicionalmente se había venido haciendo, para pasar a considerarlas fenómenos del pensamiento y del lenguaje cotidiano que impregnan toda nuestra existencia: „The basic premise of Conceptual Metaphor Theory ist that metaphor is not simply a stylistic feature of language, but that thought itself is fundamentally metaphorical in nature" (Evans / Green 2006, 286).

La función de las metáforas conceptuales consiste en tender un puente entre dos conceptos: el primero de ellos (dominio fuente), de naturaleza concreta y tangible, nos permite, mediante nuestro conocimiento prototípico, aprehender el segundo concepto (dominio meta), por lo general de carácter más abstracto e intangible (cf. Lakoff / Johnson 1980, 59; 85). Mediante la metáfora conceptual, se establece una conexión entre el conocimiento de la realidad extralingüística representado por el significado literal y la representación mental del significado fraseológico. Para Lakoff / Johnson, „[*the*] *essence of metaphor is understanding and experiencing one kind of thing in terms of another*" (Lakoff / Johnson 1980, 5; cursiva en el original). En palabras de Kövecses y Szabó:

> Conceptual metaphors bring into correspondence two domains of knowledge. One is typically a well-delineated, familiar physical domain and the other a less well-delineated, less familiar, abstract domain. The first is called a source domain, the second a target domain. [...] The source domain is typically applied to provide understanding about the target. [...] [For example], the domain of fire is

[6] La teoría de la metáfora conceptual (*Conceptual Metaphor Theory*) fue uno de los primeros aparatos teóricos de la Semántica cognitiva, en los cuales se basó gran parte de la investigación posterior llevada a cabo por esta disciplina: „Conceptual Metaphor Theory was one of the earliest theoretical frameworks identified as part of the cognitive semantics enterprise and provided much of the early theoretical impetus for the cognitive approach" (Evans / Green 2006, 286). Ha ido siendo modificada y ampliada hasta la fecha por Lakoff y Johnson, así como por otros autores, sobre todo, por Raymond W. Gibbs y sus colaboradores.

> used to understand a varied set of abstract concepts, many of which are concepts denoting an emotion. (Kövecses / Szabó 1996, 331)

Veamos ahora algunas aplicaciones concretas de este enfoque a la fraseología referente a la emoción de alegría.

4. La emoción *alegría* y las UFS referidas a ella

El estudio de las emociones positivas en general y de la emoción ‚alegría' en particular se caracteriza por la existencia de dos limitaciones fundamentales: por una parte, la escasa importancia que sistemáticamente se ha concedido a las emociones positivas, y, por otra parte, la pluralidad conceptual[7] vinculada al término de ‚alegría' (cf. Palmero et al. 2002, 339). En efecto, frente al interés general por las emociones negativas,[8] el estudio de las emociones positivas ha estado con frecuencia en un segundo plano. Estos autores apuntan que quizá el motivo por el cual estas emociones han sido relegadas de las investigaciones psicológicas puede deberse a que presentan un impacto menos pronunciado en los procesos de adaptación y bienestar psicológico:

> La psicología ha estado siempre más vinculada a la explicación de alteraciones, desórdenes y conflictos del comportamiento que a la explicación de la normalidad del mismo. No obstante, a nuestro juicio, tan relevantes son las emociones positivas como las negativas, ya que, al final, el objetivo que persigue el organi-

---

[7] Existe un gran número de términos para referirse a esta emoción. No se trata de términos sinónimos, obviamente, pero todos pertenecen a la misma esfera conceptual. Se diferencian, sin embargo, en la relación en que manifiestan las dos dimensiones básicas que suelen definir al evento emotivo: intensidad y duración. Ambas variables se encuentran en relación inversamente proporcional. Sin intención de ser exhaustivos, sirvan los siguientes términos como botón de muestra: *alborozo, bienestar, contento, dicha, entusiasmo, euforia, éxtasis, exultación, felicidad, gozo, júbilo, regocijo, satisfacción.* En el presente trabajo nos referiremos a la manifestación prototípica de esta emoción, el término de nivel básico, que suele denominarse *alegría.*

[8] Este fenómeno también lo hemos observado repetidamente en estudios fraseológicos cuyo objeto de estudio eran las emociones. Las que más interés han tenido hasta la fecha entre los fraseólogos han sido la ira y el miedo. A título de ejemplo cf. al respecto la obra de Dobrovol'skij, esp. Dobrovol'skij 1995 e Iñesta Mena / Pamies Bertrán 2001 y 2002.

> smo siempre es el mismo: mantener o recuperar el equilibrio. (Palmero et al. 2002, 339)[9]

La alegría, al igual que el resto de las emociones, tiene una respuesta multidimensional. En la lengua se encuentran UFS referidas a cada uno de sus niveles de expresión: el nivel motor-expresivo-conductual, el nivel neurológico-fisiológico, el nivel subjetivo-cognitivo-experiencial. Veamos p.ej. qué manifestaciones tiene a nivel motor-expresivo. Cuando la experiencia y expresión de la alegría ocurre de una forma relativamente calmada, generalmente por motivos subjetivos personales, sólo se aprecia en el individuo tranquilidad, serenidad. Este aspecto queda patente en los siguientes Fr.Ems. de estructura comparativa, cuyo significado equivale a ‚estar / sentirse muy bien, muy a gusto', que tiene que ver más con la satisfacción y el bienestar en tanto que estado afectivo de mayor duración y menor intensidad que la alegría prototípica:

1.a) *estar / sentirse u.p. como pez en el agua*

1.b) *estar / sentirse u.p. como abeja en flor*

2.a) *sich (wohl) fühlen wie ein Fisch im Wasser*

2.b) *sich (wohl) fühlen wie die Made im Speck*[10]

Existe equivalencia total de imagen sólo entre 1.a) y 2.a). En cambio, 1.b) no tiene una correspondencia directa imagística en alemán. El Fr.Em. 2.b) contiene una imagen algo repugnante – si se analiza en su sentido recto[11] – para indicar la satisfacción. A este respecto, el concepto de motivación fraseológica nos puede ser de gran ayuda para poder explicar a los alumnos el significado de estos Fr.Ems. La motivación es en fraseología el rasgo opuesto a la idiomaticidad. Ambos rasgos se retroalimentan, pero siempre se dan de manera inversamente proporcional: a mayor idiomaticidad, menor motivación y viceversa. Estas dos características se suelen manifestar de manera gradual, al igual que la mayoría de rasgos que caracterizan al fenómeno fraseológico.

Cuanto más transparente sea la imagen subyacente al fraseologismo, mayor será la motivación. En muchas UFS de base metafórica y meto-

9 Los autores se refieren al concepto de ‚homeostasis' (Palmero et al., 339).

10 Estos cuatro Fr.Ems. contienen denominaciones de animales entre sus constituyentes. En Fraseología a este tipo de UFS se les suele denominar ‚zoomorfismos'.

11 Literalmente ‚sentirse u.p. como una larva de gusano en el tocino'.

nímica, cuando la motivación-transparencia se pierde, estas se vuelven opacas y, en consecuencia, más idiomáticas.

Al activar las redes semántico-simbólicas de los referentes extralingüísticos de los constituyentes, el estudiante verá cómo están motivados, lo cual contribuirá sin duda a una mejor comprensión y procesamiento. La motivación fraseológica también nos puede ayudar a explicar el sentido figurado o idiomático de los Fr.Ems., ya que el simple conocimiento del lenguaje referencial en ocasiones no basta en fraseología. Tal y como Gómez Molina afirma:

> [...] en el lenguaje figurado hay bastantes conceptualizaciones que son completamente convencionales. Al igual que se dan transferencias negativas y positivas de la lengua materna en el aprendizaje de la LE, también esas transferencias se dan a nivel cultural; por ello es importante trabajar en el aula el aspecto semántico-pragmático de las UFS cuyo significado, por lo general, es opaco. (Gómez Molina 2008, 507)

Sin embargo, como apunta Darwin, la emoción de alegría (entendida esta en su sentido prototípico), puede ir acompañada por grandes manifestaciones de exaltación, júbilo y excitación, con fuertes carcajadas y una actividad motriz incrementada:

> Joy, when intense, leads to various purposeless movements – to dancing about, clapping the hands, stamping, etc., and to loud laughter. Laughter seems to be the expression of mere joy or happiness. We clearly see this in children at play, who are almost incessantly laughing. With young persons past childhood, when they are in high spirits, there is always much meaningless laughter. (Darwin 1998, 195)

Algunos Fr.Ems. que hacen referencia a estas manifestaciones en ambas lenguas serían:

3.a) *dar u.p. botes / brincos / saltos de alegría*

3.b) *bailar u.p. en una pata*

4.a) *an die Decke springen vor Freude*

4.b) *Freudentänze aufführen*

El grado de cognitivización de las emociones a nivel intercultural contribuye sin duda alguna al carácter convencional de la conceptualización, como ya apuntaba *supra* Gómez Molina. La especificidad cultural es relevante a este respecto: la emoción, a pesar de tener objetivamente los mismos patrones fisiológicos y motor-conductual-expresivos, se conceptualiza lingüísticamente de distinta manera: así, a los Fr.Ems. que hacen re-ferencia directa a estas manifestaciones fisiológicas, suele subyacer la misma imagen conceptual, aunque en muchas ocasiones no se pueda hablar de una equivalencia imagística total, sino solo parcial: cf. 3.a) con 4.a) y 3.b) con 4.b).

La expresión facial ocupa un lugar primordial en la comunicación emocionológica. Los signos faciales son, según Serrano,

> [...] los indicios más precisos del estado emocional de una persona. Interpretamos la alegría, la tristeza, el miedo, la rabia, la sorpresa, el asco o el afecto por la simple observación de los movimientos del rostro de nuestro interlocutor. (Serrano 1984, 83p.)

Ya hemos mencionado anteriormente que muchos Fr.Ems. se caracterizan por una fuerte base metafórica y, sobre todo, metonímica, que identifica dicha emoción, pues, como Lakoff ya postuló, „The physiological effects of an emotion stand for the emotion" (Lakoff 1987, 382). Según Kövecses, la metáfora ‚la alegría es luz' – con diversas submetáforas – es una de las metáforas conceptuales más productivas para la emoción de la alegría (cf. Kövecses 1991, 30).

Tomemos, por ejemplo, el Fr.Em. ‚hacerle a u.p. los ojos chiribitas', que puede significar, bien „alegrarse, ilusionarse" (Buitrago 2007, 350), bien „expresar en la mirada la ilusión de que algo deseado va a suceder pronto" (DRAE 2001, *chiribitas*).[12] Las chiribitas, que según Buitrago, son „el término con el que se intenta traducir el brillo de los ojos de quien se muestra contento e ilusionado, no son otra cosa que *chispas*" (Buitrago 2007, 350).[13]

En la metáfora ‚la alegría es luz', se utiliza el simbolismo positivo de la luz, asociado al calor moderado y a las sensaciones agradables para el ser humano, en contraposición a cómo se percibe este simbolismo en los Fr.Ems. asociados a la ira ‚estar u.p. que echa chiribitas' o ‚echar u.p. chiribitas'. Aquí, la luz y el calor son demasiado fuertes y, en consecuencia, desagradables para el que experimenta estas emociones (y probablemente también para su entorno). Kövecses especula sobre algunas razones

[12] No confundir este Fr.Em. con ‚estar u.p. que echa chiribitas': „Estar u.p. colérica" (DUE 2008, *chiribitas*) o „echar u.p. chiribitas": „Dar muestras de enojo y furor, prorrumpir en amenazas" (DRAE 2001, s.v.).

[13] La palabra *chispa* de origen onomatopéyico, significa „Partícula incandescente que salta de una cosa que se está quemando" (DUE 2008, *chispa*) o „Partícula encendida que salta de la lumbre, del hierro herido por el pedernal, etc." (DRAE 2001, *chispa*).

acerca de las bases experienciales que podrían motivar la existencia de esta metáfora. Una de ellas sería que los ojos de quien siente alegría están más brillantes que cuando no se experimenta esta emoción: „Because brightness of the eyes is an assumed [...] expressive response observed in happiness, it may serve as a basis for comprehending the concept of happiness in general in terms of light" (Kövecses 1991, 31).

Veamos a continuación los siguientes ejemplos:

5.a) *poner u.p. cara de aleluya / de pascua / de jota*

5.b) *estar u.p. más contenta que unas castañuelas*

6.a) *grinsen / strahlen wie ein Honigkuchenpferd*

Los ejemplos 5.a) y 5.b), aunque se refieren igualmente a la manifestación a nivel facial y corporal de la alegría, resultan mucho más difíciles de entender que los Fr.Ems. presentados con anterioridad. ¿A qué puede deberse? Estos Fr.Ems. no hacen referencia ‚directa' – en tanto que ‚lingüística' – a procesos fisiológicos (biológicos), sino que presentan componentes culturales entre sus constituyentes, que se refieren concretamente a la religión (*aleluya*, *pascua*) y al folclore español (*jota*, *castañuelas*). En el Fr.Em. alemán que aducimos, la palabra *Honigkuchenpferd*[14] no existe ya en la lengua alemana como lexema libre, sino que sólo aparece como componente de esta UF.[15] Este tipo de UFS y, por extensión, de Fr.Ems., es el que representa un mayor desafío para el profesor de ELE, pues tendrá que recurrir a explicaciones de símbolos, ritos, creencias religiosas, mitos, etc., los cuales, a su vez, ayudarán a transmitir contenidos socioculturales, que cada vez cobran una mayor preponderancia en la enseñanza de ELE debido a la importancia de la cultura en el mundo pluricultural globalizado del siglo XXI.

[14] Literalmente: ‚caballo de pastel de miel'. Se refiere a pastelito en forma de caballo pequeño hecho con masa de harina y miel. Antes de meterlo en el horno, se pinta con clara de huevo y por eso ‚brilla'.

[15] *Honigkuchenpferd* sería lo que en fraseología se conoce como ‚palabra diacrítica' o ‚componente único' („unikale Komponente") (cf. Zuluaga Ospina 1980 y Fleischer 1997, entre otros).

5. Consideraciones finales

En las líneas precedentes hemos pretendido mostrar algunas reflexiones acerca de cómo se podría integrar la fraseología emocional en la clase de ELE. No es este el lugar para presentar una propuesta didáctica concreta, pues cualquier batería de ejercicios que se proponga debería, en nuestra opinión, tener unas bases teóricas subyacentes de las que nosotros aún no disponemos, aunque esperamos que esto cambie en un futuro cercano.

Sin embargo, creemos conveniente tener en cuenta algunas reglas básicas para la enseñanza de la UFS, independientemente de qué clase de ellas se trate (cf. al respecto Penadés Martinez / Olimpio de Oliveira 2009, 17).

- Las UFS siempre han de presentarse contextualizadas para que el alumno pueda comprenderlas y retenerlas mejor.
- Conviene presentarlas en grupos para que el alumno pueda crear sus propias asociaciones entre ellas.
- Se deberían presentar en textos auténticos y que sea el aprendiente el que las identifique.
- Deberíamos de intentar que los estudiantes dilucidaran el origen de las UFS, en parte porque esto les ayudaría a retener mejor el significado y de esta manera podrían aprenderlas espoleados por la curiosidad.
- También somos partidarios, al igual que las autoras mencionadas, de utilizar la lengua materna del estudiante como elemento de explicación, de búsqueda de una locución UF similar o equivalente, como instrumento de control del aprendizaje fraseológico, etc. En nuestro caso concreto, consideramos el alemán como la lengua vehicular más adecuada. Somos conscientes del valioso incremento léxico que supondría el aducto en la L2, en este caso español, en los niveles superiores. Sin embargo, consideramos que en la enseñanza de la fraseología es más adecuado hacer uso de la lengua materna del estudiante, especialmente en un contexto de aprendizaje de instrucción formal como es el nuestro. Así se evitan malentendidos en las cuestiones contrastivas (equivalencias fraseológicas totales, parciales o nulas, equivalencias funcionales, etc.). Este aspecto entronca directamente con el siguiente punto.
- Es importante, sobre todo en los niveles avanzados, tratar los aspectos pragmáticos de las UFS, sobre todo los referentes al registro de uso

(registro estándar, coloquial, vulgar etc.). Existen numerosos Fr.Ems., sobre todo los pertenecientes a las emociones de la ira y la sorpresa que contienen elementos disfémicos y tabú. Para la utilización de estas expresiones se requiere de una gran cautela y sensibilidad lingüística. A este respecto es donde el papel del profesor vuelve a ser fundamental para guiar a los alumnos, ya que el uso de este tipo de expresiones en contextos inapropiados o con interlocutores no adecuados puede tener consecuencias nefastas en el intercambio lingüístico.

Existen diversos tipos de ejercicios diseñados para la enseñanza de las UFS en la clase de ELE. Sin embargo, como afirma Penadés Martínez, algunos de estos ejercicios presentan el defecto de que las UFS contenidas en el ejercicio „se agrupan bajo una palabra compartida a pesar de que su significado no guarde relación con el significado de la palabra que las encabeza y aunque las UFS no presenten entre sí ningún tipo de relación semántica" (Penadés Martínez 1999, 27). Creemos, sin embargo, que para la enseñanza de la fraseología emocional en la clase de ELE tendría más sentido trabajar tomando como base el significado, esto es, teniendo en cuenta las relaciones semánticas existentes entre los Fr.Ems. Sólo así será posible, ayudándonos de la fraseología emocional, fomentar un aprendizaje significativo, un aprendizaje autónomo, en el que el alumno relacione lo que ya tiene y conoce de su L1 u otras lenguas que ya conozca con lo que va a aprender en español como L2.

Hemos presentado el caso de las emociones, concretamente la alegría, porque pensamos que el ámbito emocional posee un gran potencial de aprendizaje, no solo para la fraseología relacionada con él, sino también para adquirir, activar y afianzar conocimientos de otras disciplinas concomitantes. No en vano la fraseología y la emocionología son ciencias interdisciplinares por excelencia. Sin duda alguna, una de las ramas más importantes actualmente en la clase de E / LE son los contenidos culturales y / o interculturales. Hemos de ser conscientes en todo momento de que lengua y cultura son dos conceptos muy imbricados, dos realidades que van muy ligadas y que no se conciben la una sin la otra. La comunicación es posible sólo gracias a una serie de conocimientos compartidos, muchos de los cuales son culturales.

Bibliografía

Buitrago, Alberto (2007): *Diccionario de dichos y frases hechas. 5.000 dichos y frases hechas diferentes y 3.000 variantes de los mismos*, Madrid: Espasa Calpe.

Burger, Harald (2010): *Phraseologie. Eine Einführung am Beispiel des Deutschen*, Berlin: Erich Schmidt Verlag.

Corpas Pastor, Gloria (1996): *Manual de fraseología española*, Madrid: Editorial Gredos.

Damasio, Antonio R. (1994): *Descartes' Error. Emotion, reason and the human brain*, New York: Penguin Books.

Darwin, Charles (1998 [1872]): *The expression of the emotions in man and animals*, London: Harper Collins Publishers.

Dobrovol'skij, Dmitrij O. (1988): *Phraseologie als Objekt der Universalienlinguistik*, Leipzig: Verlag Enzyklopädie.

Dobrovol'skij, Dmitrij O. (1995): „Schiss und Espenlaub: Idiome der Angst", in: *Folia Linguistica* 29.3-4, 317-346.

[DRAE] *Diccionario de la Real Academia Española* (2001), Real Academia Española (Ed.), vigésimo segunda edición, Madrid: Espasa Calpe.

[DUE] *Diccionario del Uso del Español* (2008 [2007]): María Moliner (ed.), tercera edición electrónica, Madrid: Editorial Gredos.

Evans, Vyvyan / Green, Melanie (2006): *Cognitive Linguistics. An Introduction*, Edimburgo: Edinburgh University Press.

Fernández Forment, María del Mar (1998): *La didáctica de la fraseología ayer y hoy: del aprendizaje memorístico al agrupamiento en los repertorios de funciones comunicativas*, http://www.ucm.es/info/especulo/numero10/did_fras.html [Stand: 03.05.2010].

Fleischer, Wolfgang (1997): *Phraseologie der deutschen Gegenwartssprache*, Tübingen: Max Niemeyer Verlag.

García-Page Sánchez, Mario (2008): *Introducción a la fraseología española. Estudio de las locuciones*, Barcelona: Anthropos Editorial.

Gómez Molina, José Ramón (2008): „La subcompetencia léxico-semántica", in: *Vademécum para la formación de profesores. Enseñar español como segunda lengua (L2) / lengua extranjera (LE)*, Madrid: Editorial SGEL, 491-510.

Iñesta Mena, Eva Mª / Pamies Bertrán, Antonio (2001): „La conceptualización de la ira a través de las unidades fraseológicas", in: Wotjak, Gerd (ed.): *Studien zum romanisch-deutschen und innerromanischen Sprachvergleich. Akten der IV. Internationalen Tagung zum romanisch-deutschen und inneromanischen Sprachvergleich (Leipzig, 7.10-9.10.1999)*, Frankfurt a.M.: Peter Lang Verlag, 123-144.

Iñesta Mena, Eva Mª / Pamies Bertrán, Antonio (2002): *Fraseología y metáfora: aspectos tipológicos y cognitivos*, Granada: Método Ediciones.

Kövecses, Zoltán (1991): „Happiness: a definitional effort", in: *Metaphor and symbolic activity* 6, 29-46.

Kövecses, Zoltán / Szabó, Peter (1996): „Idioms: A view from cognitive semantics", in: *Applied Linguistics* 17, 326-355.

Lakoff, George (1987): *Women, Fire and Dangerous Things*, Chicago / London: The University of Chicago Press.

Lakoff, George / Johnson, Mark (1980): *Metaphors we live by*, Chicago: The University of Chicago Press.
Martín Morillas, José Manuel / Pérez Rull, Juan Carmelo (1998): *Semántica cognitiva intercultural*, Granada: Método Ediciones.
Palmero, Francesc / Fernández-Abascal, Enrique G. / Martínez, Francisco / Chóliz, Mariano (eds.) (2002): *Psicología de la motivación y la emoción*, Madrid: McGraw Hill.
Penadés Martínez, Inmaculada (1999): *La enseñanza de las unidades fraseológicas*, Madrid: Arco / Libros.
[Penadés Martínez], Inmaculada (2002): *Diccionario de locuciones verbales para la enseñanza del español*, Madrid: Editorial Arco / Libros.
Penadés Martínez, Inmaculada / Olímpio de Oliveiro Silva, María Eugenia (2009): *La enseñanza de la Fraseología*, Material de Máster Online de E / LE, Universidad de Alcalá y Liceus.
Serrano, Sebastián (1984): *La Semiótica. Una introducción a la teoría de los signos*, Barcelona: Montesinos Editor.
Staffeldt, Sven / Alexander Ziem (2008): „Körper-Sprache: Zur Motiviertheit von Körperteilbezeichnungen in Phraseologismen“, in: *Sprachwissenschaft* 33, 455-499.
Zuluaga Ospina, Alberto (1980): *Introducción al estudio de las expresiones fijas*, Frankfurt a.M.: Peter Lang Verlag.

Von ‚eingepflanzten' Nägeln zu ‚hinuntergeschluckten' Tränen und ‚jungfräulichen' DVDs. Die Konzeptualisierung von Wissen in denotativ äquivalenten italienischen und deutschen Kollokationen und deren lexikographische Repräsentation

Christine Konecny (Innsbruck)

Secondo una definizione rigorosa, le collocazioni rappresentano un particolare tipo di combinazioni sintagmatiche che dai parlanti di madrelingua sono memorizzate come strutture del tutto normali *e vengono attivate intuitivamente in modo* corretto*, mentre da apprendenti L2 devono essere apprese consapevolmente, perché spesso divergono dalle rispettive combinazioni della lingua madre. Nel nostro contributo analizzeremo dapprima le strategie messe in atto dalle due lingue nella concettualizzazione delle realtà da esse espresse. In un secondo momento esamineremo, presentando un progetto lessicografico in elaborazione al Dipartimento di Romanistica dell'Università di Innsbruck, in che modo le collocazioni italiane e le particolarità delle loro concettualizzazioni possano essere* rappresentate *in veste lessicografica per apprendenti tedescofoni.*

1. Einleitende Bemerkungen

Wer schon einmal als L2-Lerner eine Fremdsprache erlernt hat, weiß, dass neben dem zweifellos wichtigen Wissen um grammatikalische und syntaktische Strukturen der betreffenden Sprache vor allem das Wissen um deren lexikalische Strukturen und somit um deren Wortschatz von größter Bedeutung ist. Eine häufige Fehlerquelle diesbezüglich ist in den verschiedenen Lexem*kombinationen* zu orten, denn gerade in diesem Bereich ist einem Fremdsprachler für ein bestimmtes Lexem das dazu passende, d.h. das von der „Norm" (im Sinne von Coseriu 1970, 40) der entsprechenden L2-Sprache dafür vorgesehene Kombinationslexem oftmals nicht bekannt bzw. kommt es häufig zu Interferenzfehlern, bei denen ein bestimmtes Versprachlichungsmuster der Muttersprache fälschlicherweise auf die betreffende Fremdsprache übertragen wird. Als besonders prominenter ‚Stolperstein' für L2-Lerner erweisen sich dabei die so genannten *Kollokationen*, welche von Muttersprachlern meist als völlig ‚normal' angesehen und auf Grund ihrer Sprachkompetenz rein intuitiv korrekt angewendet werden, für Fremdsprachenlerner jedoch sehr tückisch sein können. Lernt man Italienisch, sollte man z.B. wissen, dass ein Nagel in dieser Sprache nicht eingeschlagen, sondern ‚(ein)gepflanzt' wird (*piantare un chiodo*), dass man einen Zug oder Bus nicht verpasst, sondern ‚verliert' (*perdere il treno / l'autobus*), dass ein wackelnder Stuhl ‚hinkt' (*la sedia zoppica*), ein wackelnder Zahn hingegen ‚tanzt' (*il dente balla*), oder dass eine unbespielte CD oder DVD als ‚jungfräulich' bezeichnet wird (*un CD / un DVD vergine*).

Im vorliegenden Beitrag soll zunächst unter semantisch-kognitivem Aspekt analysiert werden, wie außersprachliches Wissen in einigen ausgewählten Kollokationen des Italienischen – im Vergleich mit den entsprechenden deutschen Äquivalenten – über eine bestimmte Konzeptualisierung, d.h. einen spezifischen, (oftmals nur) der betreffenden Sprache eigentümlichen kognitiven Zugriff auf eine bestimmte Realität, sprachlich ‚repräsentiert', d.h. erfasst bzw. dargestellt wird.[1] Es wird davon ausgegangen, dass die Konzeptualisierung die „Voraussetzung für die Bezeichnungsleistung" (Blumenthal 2006, 79) lexikalischer Einheiten darstellt und als solche „an der Schnittstelle zwischen dem sprachlichen Zeichen und dem Konzept anzusiedeln [ist], wo sie dazu dient, die Übersetzung von Konzepten in Sprache zu ermöglichen" (Siller-Runggaldier, o.P.), was schematisch anhand des von Siller-Runggaldier (ebd.) um die Konzeptualisierung erweiterten semiotischen Modells von Blank (2001, 9) veranschaulicht werden kann:

[1] Von seiner theoretischen Fundierung her stützt sich dieser Beitrag auf einige bereits geleistete Vorarbeiten der Verfasserin zum Thema *Kollokationen* (vgl. Konecny 2010a; b; c); die umfangreichste Arbeit stellt dabei die Monographie *Kollokationen* (Konecny 2010a) dar, in welcher u.a. der Versuch unternommen wurde, die Kategorie der Kollokationen gegenüber anderen Arten von festen Wortverbindungen abzugrenzen sowie eine auf semantisch-begrifflichen Kriterien basierende Klassifizierung der Kollokationen vorzunehmen (zu letzterem Aspekt vgl. auch Konecny 2010c).

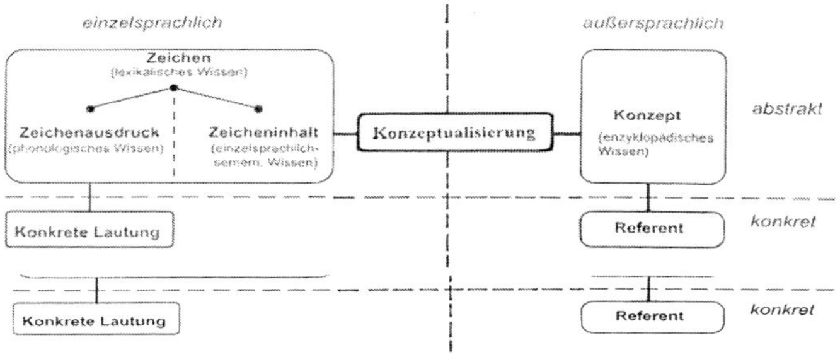

Abb. 1: Konzeptualisierung an der Schnittstelle zwischen sprachlichem Zeichen und Konzept

Das *tertium comparationis* bei der Untersuchung italienisch-deutscher Kollokationspaare in Abschnitt 3 stellt die Denotatsäquivalenz dar, d.h. die Äquivalenz des jeweils bezeichneten außersprachlichen Sachverhalts bzw. Referenten, wobei die Konzeptualisierungen derselben Realität im Allgemeinen entweder divergieren oder aber gänzlich oder partiell konvergieren können.[2] Angesichts der großen Bedeutung der Kollokationen für die Fachdidaktik und die (Lerner-)Lexikographie wird im Anschluss an diese sprachvergleichenden Beobachtungen anhand der Präsentation eines an der Universität Innsbruck in Arbeit befindlichen Forschungsprojektes ein Modell für eine mögliche lexikographische ‚Repräsentation' von italienischen Kollokationen für L2-Lerner vorgestellt, welche zu deren leichterem Erlernen und Memorisieren beitragen soll.

2. Theoretische Prämissen zum Kollokationsbegriff

Bevor die Kollokationen im Folgenden (vgl. 3. und 4.) einer näheren Betrachtung unterzogen werden, muss zunächst die Frage beantwortet werden, was überhaupt unter einer *Kollokation* zu verstehen ist. Seit der

[2] Was die Auswahl der Beispiele betrifft, so wurden diese dem in Konecny 2010a (206-247) gesammelten Beispielmaterial italienischer Kollokationen entnommen, welches seinerseits auf Grund einer systematischen Durchforstung verschiedener italienischer Lernwortschätze, Redensartensammlungen und Wörterbücher zustande kam (vgl. Konecny 2010a, 3); für den vorliegenden Beitrag wurden primär solche Beispiele ausgewählt, anhand derer zugleich mehrere unterschiedliche Phänomene bezüglich der Divergenzen und Konvergenzen im Italienischen und Deutschen veranschaulicht werden können.

Einführung des Terminus ‚Kollokation' durch Firth (vgl. 1957a; b) wurden dafür nämlich zahlreiche unterschiedliche Definitionen vorgeschlagen. Mein Beitrag basiert auf einem engen Kollokationsbegriff, welcher sich zu einem Großteil an jenem von Hausmann (vgl. 1979; 1985; 1989; 1990; 2004) orientiert. Diesem zufolge sind Kollokationen auf dem Kontinuum zwischen den *freien Wortverbindungen* auf der einen und den *Idiomen* bzw. *idiomatischen Verbindungen* auf der anderen Seite zu situieren. Beispielhaft für das Italienische ist als freie Wortverbindung etwa *mangiare una mela* ‚einen Apfel essen' anzusehen, als idiomatische Verbindung dagegen z.B. *portare nottole ad Atene* (‚Eulen nach Athen tragen'). Mit Idiomen hätten L2-Lerner, wie Hausmann (2004, 313) bemerkt, in erster Linie eine „Verstehensnot" bzw. ein „Rezeptionsproblem", allerdings in der Regel keine „Ausdrucksnot", weil die jeweils zum Ausdruck gebrachte Bedeutung meist auch mit einer entsprechenden freien Wortverbindung wiedergegeben werden könne (im Falle von dt. ‚Eulen nach Athen tragen' z.B. mit ‚etwas Überflüssiges tun'); im Falle der Idiome genüge es daher, wenn sie passiv gelernt werden. Mit Kollokationen hätten L2-Lerner hingegen primär eine „Ausdrucksnot" bzw. ein „Textproduktionsproblem" (ebd.), d.h. L2-Lerner bräuchten Kollokationen notwendigerweise, um sich in der jeweiligen Fremdsprache adäquat ausdrücken zu können (vgl. Hausmann 1989, 9); aus diesem Grunde müssten sie von L2-Lernern nicht nur passiv beherrscht, sondern auch und insbesondere aktiv gelernt werden.

Dem Ansatz von Hausmann (1979, 191) folgend werden Kollokationen als hierarchisch organisierte, binäre Konstruktionen aufgefasst, welche aus einem kognitiv übergeordneten Element, der *Basis*, und einem kognitiv untergeordneten Element, dem *Kollokator*, bestehen: In *il latte caglia* (‚die Milch gerinnt') ist *latte* die Basis und *caglia* der Kollokator, in *abbracciare una professione* (‚einen Beruf ergreifen') ist *professione* die Basis und *abbracciare* der Kollokator, in *prezzi salati* (‚gesalzene Preise') ist *prezzi* die Basis und *salati* der Kollokator. Laut Hausmann (1985, 119) läuft die Enkodierung von Äußerungen im Allgemeinen über die Basis zum Kollokator und nicht umgekehrt. Wenn jemand z.B. über *Haar* schreibt oder spricht, setze er das passende Adjektiv *schütter* hinzu. Es könne auch vorkommen, dass er nach dem Adjektiv sucht, weil es ihm im Moment gerade nicht einfällt. Es sei hingegen nicht vorstellbar, dass die betreffende Person bereits a priori den Kollokator *schütter* im Kopf hat und nach der Basis *Haar* sucht. Ein wesentlicher Unterschied zwischen Basis und Kollokator bestehe weiter darin, dass die Basis meist in ihrer wörtlichen Bedeutung verwendet ist, während die Bedeutung des Kollokators innerhalb der Kollokation von seiner Ausgangsbedeutung auch abweichen kann (vgl. Hausmann 2004, 314-316), wie etwa im Falle von *accendere la radio* (dt. ‚das Radio einschalten [*anzünden]'), wo *accendere* nicht in seiner Ausgangsbedeutung *mettere, appiccare il fuoco*, sondern in der auf einer metaphorischen Weiterentwicklung basierenden Bedeutung *mettere in funzione un dispositivo elettrico mediante somministrazione di corrente* (Zingarelli 1990, s.v.) gebraucht ist.

Die in den Abschnitten 3 und 4 zu untersuchenden Kollokationen beschränken sich auf solche der syntaktisch-morphologischen Typen ‚Substantiv (Subjekt) + Verb', ‚Verb + Substantiv (direktes Objekt)' sowie ‚Substantiv + Adjektiv'. Was verschiedene Typen von Kollokationen unter semantisch-begrifflichem Aspekt betrifft, so wird in Anlehnung an Aisenstadt (1979, 73; 1981, 57f.) und Corpas Pastor (1996, 83; 2003, 132) angenommen, dass sich diesbezüglich drei Haupttypen unterscheiden lassen (vgl. Konecny 2010a, 189f. und 597f.; 2010b, 1209; 2010c, 125):

1. Kollokationen, deren Kollokator eine sehr spezifische Bedeutung aufweist, wie im Falle von *digrignare i denti* (‚die Zähne fletschen').
2. Kollokationen, deren Kollokator innerhalb der Kollokation im Vergleich zu seiner Ausgangsbedeutung eine semantische Weiterentwicklung bzw. Bedeutungsmodifikation (meist in Form einer metaphorischen Übertragung) erfahren hat, wie im Falle von *piantare un chiodo* (‚einen Nagel einschlagen'), wörtl.: ‚(ein)pflanzen'.
3. Kollokationen, deren Kollokator eine derart kleine Intension aufweist, dass er als semantisch ‚entleert' bzw. ‚vage' angesehen werden kann, wie im Falle von *prendere una decisione* (‚eine Entscheidung treffen').[3] Dieser dritte Typ wird bei den in Abschnitt 3 folgenden Beispielanalysen allerdings gänzlich ausgeklammert.

[3] Dieser Typ dürfte vor allem bei Verb-Substantiv-Kollokationen (im Besonderen im Rahmen von so genannten ‚Funktionsverbgefügen') zu finden sein, weil das Phänomen der semantischen Vagheit in erster Linie die Kategorie der Verben betrifft.

3. Divergenzen und Konvergenzen in ausgewählten denotativ äquivalenten italienischen und deutschen Kollokationen

3.1 Divergenzen

Als erstes Beispiel für divergierende Konzeptualisierungen im Italienischen und Deutschen soll das Kollokationspaar *un parente / uno zio* ecc. *acquisito* vs. *ein angeheirateter Verwandter / Onkel* usw. näher beleuchtet werden. Der Unterschied in der Konzeptualisierung hängt in diesem Fall mit der Tatsache zusammen, dass der dt. Kollokator ‚angeheiratet' im Hinblick auf die Menge der mit ihm kollokierenden Lexikoneinheiten lediglich mit einer bestimmten, äußerst begrenzten Klasse von Substantiven verbunden werden kann und folglich einen stark restringierten „Kollokationsgrad" (Lengert 2001, 819) bzw. einen nur sehr engen „Kombinationsradius" (Konecny 2010a, 295) aufweist,[4] während das Italienische für die lexikalische Realisierung des Kollokators auf das bereits außerhalb der betreffenden Kollokation existierende Lexem *acquisire*, *erwerben* zurückgreift und dieses in metaphorischem Sinne verwendet. Das Italienische gebraucht hier folglich eine Kollokation des oben definierten semantischen Typs (2), das Deutsche hingegen eine solche des Typs (1).[5] *Angeheiratet* bedeutet laut Duden (2003, s.v.) „durch Heirat Mitglied einer Familie geworden", bringt also schon *per se* zum Ausdruck, dass eine bestimmte Person gerade deswegen Teil der Verwandtschaft ist, weil sie eine(n) Familienangehörige(n) geheiratet hat. *Acquisito* spiegelt indes eine andere Konzeptualisierung des entsprechenden Konzepts wider, nämlich insofern, als es den betreffenden Verwandten mit einer ‚Ware' bzw. einem ‚Produkt' vergleicht, welches man käuflich erwirbt und für welches man demnach auch bezahlen muss.

Im Unterschied zum vorhergehenden Beispiel zeichnen sich die Kollokationen *sguainare la spada* vs. *das Schwert zücken* durch eine divergierende

[4] Vgl. auch Irsula Peña (1992, 163) und Kohn (1992, 383), welche diesbezüglich vom „radio colocacional" bzw. vom „Kollokationsbereich" der betreffenden Lexikoneinheit sprechen.

[5] Es ist jedoch auch der umgekehrte Fall denkbar, d.h. dass das Deutsche eine Kollokation des semantischen Typs (2) und das Italienische eine solche des Typs (1) verwendet, wie es etwa auf das Beispiel *den Tisch decken* vs. *apparecchiare la tavola* zutrifft.

Konzeptualisierung aus, obwohl hier beide Sprachen auf eine Kollokation des semantischen Typs (1), d.h. auf eine solche mit spezifischem Kollokator zurückgreifen. Eine Divergenz besteht in diesem Fall insofern, als *zücken* gemäß Duden (2003, s.v.) die Bedeutung „zum Kämpfen rasch hervorziehen" aufweist, während *sguainare* soviel wie „estrarre dalla guaina" (Zingarelli 1990, s.v.), also ‚aus der Scheide herausziehen', bedeutet. *Zücken* impliziert von seiner Bedeutung her demzufolge das Sem [rasch], welches in der Bedeutung von *sguainare* nicht enthalten ist. Mit *sguainare* wird demgegenüber die Tatsache fokussiert, dass die betreffende Waffe aus der sie umgebenden Hülse bzw. Scheide herausgezogen wird.

Beim dritten Beispiel, *il malcontento serpeggia* [z.B. *nella popolazione*] vs. *Unmut macht sich breit [z.B. in der Bevölkerung]*, greifen beide Sprachen auf einen metaphorisch gebrauchten Kollokator zurück. Die Divergenz in der Konzeptualisierung manifestiert sich hier vor allem in der Tatsache, dass ein Unterschied hinsichtlich der Art und Weise sowie der Richtung der vom Verb ausgedrückten Bewegung besteht: *Serpeggiare* referiert auf die Bewegung einer Schlange, und enthält innerhalb der Kollokation *il malcontento serpeggia* das semantische Merkmal [occultamente] bzw. [versteckt] / [geheim].[6] Dieses Sem ist in der Bedeutung des dt. Kollokators *sich breit machen* nicht vorhanden, denn dieser hat nichts mit der Bewegung einer Schlange zu tun; er enthält hingegen das Adjektiv *breit* und bezieht sich somit auf eine Bewegung, die sich in erster Linie horizontal in zwei entgegengesetzte Richtungen in Bezug auf das Zentrum, von welchem die Bewegung ausgeht, vollzieht. Dieser Unterschied in der Konzeptualisierung zwischen den beiden Kollokationen kann schematisch folgendermaßen verdeutlicht werden:

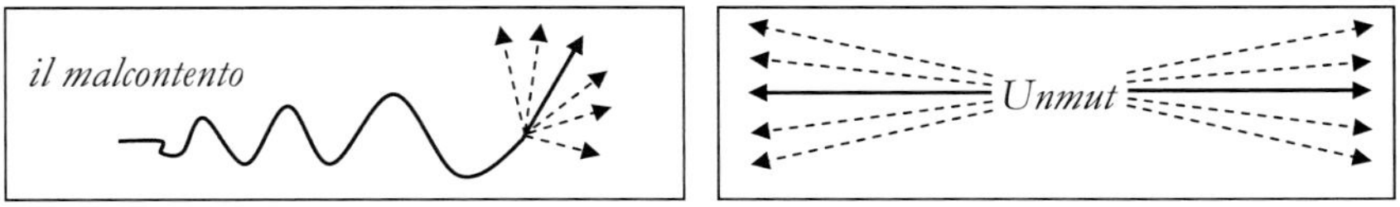

Abb. 2: Divergenz in der Konzeptualisierung: *il malcontento serpeggia* vs. *Unmut macht sich breit*

[6] Vgl. dazu folgende in Zingarelli 1990, s.v., angeführte Definition: „1 Procedere con movimento tortuoso, simile a quello dei serpenti: *la strada serpeggiando arriva fino in cima.* 2 (*fig.*) Circolare occultamente, prima di manifestarsi in forma più ampia [...]."

Es gibt schließlich auch Beispiele, in denen das Deutsche eine semi-idiomatische Kollokation verwendet (d.h. eine solche, deren Kollokator einer metaphorischen Bedeutungsmodifikation unterlegen ist, die heute nicht mehr transparent ist), während die entsprechende italienische Konstruktion vielmehr als freie Wortverbindung zu klassifizieren ist, wie im Falle des Beispiels *ein blinder Passagier* vs. *un passeggero clandestino*. Das Adjektiv *blind*, welches die Ausgangsbedeutung „keine Sehkraft [...] besitzend" (Duden 2003, s.v.) aufweist, hat innerhalb der Kollokation *ein blinder Passagier* die Bedeutung „sich heimlich bes. [= besonders, CK] an Bord eines Schiffes, Flugzeuges versteckt [...] [halten] und ohne Fahrkarte, ohne Erlaubnis mitreis[en]" (Duden 2003, *Passagier*). Laut Duden / Herkunftswörterbuch (2007, s.v.) bedeutete *blind* jedoch „früher auch »versteckt, nicht zu sehen«", wobei sich „an diese Bedeutung [...] die Fügung ›blinder Passagier‹ an[schließe]"; bei der Fügung ‚blinder Passagier' dürfte es sich folglich um einen Überrest einer früher offenbar breiteren Verwendung des Adjektivs handeln. Die darauf zurückzuführende ursprüngliche Motivation von *blind* innerhalb der Kollokation *ein blinder Passagier* ist heute allerdings bereits verblasst und die Bedeutung des Kollokators somit nicht mehr transparent, weswegen in diesem Fall von einer idiomatischen Bedeutung des Kollokators und demnach von einer semi-idiomatischen Kollokation gesprochen werden kann. Mit dieser Tatsache hängt auch zusammen, dass sich *blind* in der genannten Bedeutung durch einen unikalen Kombinationsradius auszeichnet, d.h. einzig und allein mit *Passagier* verbunden werden kann und keine Ausdehnung auf weitere Basen erfahren hat.[7] Die entsprechende italienische Konstruktion (*passeggero clandestino*) ist m.E. hingegen als freie Wortverbindung anzusehen, weil *clandestino* hier in seiner Ausgangsbedeutung „chi vive o si trova temporaneamente in clandestinità" (De Mauro 2000, s.v.) verwendet ist, in welcher es mit verschiedenen Substantiven kombiniert werden kann, die das semantische Merkmal [umano] aufweisen und somit auf eine oder mehrere Personen referieren.[8]

---

[7] Dieser Umstand ist u.a. daran erkennbar, dass die Verbindung im Duden (2003) nicht unter *blind*, sondern unter dem Lemma *Passagier* als feststehender Ausdruck angeführt ist.

[8] Auch hier ist wiederum die umgekehrte Situation möglich, nämlich, dass das Italienische eine semi-idiomatische Kollokation und das Deutsche dagegen eine freie

Einen Sonderfall stellt das Beispiel *il rubinetto perde* vs. *der Wasserhahn tropft* dar (vgl. Konecny 2010a, 565-580; 2010c, 132). Bei *il rubinetto perde* scheinen der Kollokationsstatus dieser Verbindung sowie die starke Kohäsion zwischen Basis und Kollokator nämlich auf Grund einer Ellipse des in der semantischen Rolle des Objektivs auftretenden direkten Objekts (*acqua*) und einer sich daraus ergebenden intransitiven bzw. absoluten Verwendung des ansonsten transitiven verbalen Kollokators (*perdere*) zu resultieren; die Bedeutung des direkten Objekts wird somit vom Verb *perdere* lexikalisch „absorbiert" (vgl. Blank 2001, 89f.). Im Deutschen dagegen wäre eine vergleichbare Konstruktion von der Norm her nicht zugelassen. Der dt. Kollokator *tropfen* referiert auf die Tatsache, dass der Wasserhahn Wasser in Form von Tropfen verliert, was u.a. auch aus der entsprechenden Definition im Duden (2003, s.v.) hervorgeht: „1. (von einer Flüssigkeit) in einzelnen Tropfen herabfallen [...] 2. einzelne Tropfen von sich geben, an sich herunterrollen lassen [...]." Die Besonderheit bei diesem Beispiel besteht darin, dass *il rubinetto perde* offenbar keinem der drei in Abschnitt 2 identifizierten semantischen Kollokationstypen zugeordnet werden kann. Der Kollokator *perdere* hat im Vergleich zu seiner Ausgangsbedeutung zwar eine geringfügige Modifikation erfahren (die den Verlust erleidende Größe zeichnet sich nicht mehr durch das Klassem [animato] aus, sondern ist unbelebt), diese Modifikation ist aber nicht so stark, dass von einem Verlust bestimmter Seme oder gar von einer metaphorischen Weiterentwicklung gesprochen werden kann; vielmehr steht die betreffende Bedeutung der Ausgangsbedeutung noch sehr nahe, denn es geht immer noch um ein konkretes Objekt, das ‚verloren' geht (Wasser). Auf Grund der angestellten Beobachtungen scheint es gerechtfertigt, die besagte Kollokation in semantischer Hinsicht als eigenen Typus aufzufassen, der als *elliptische* Kollokation bezeichnet werden kann (vgl. Konecny 2010a, 580; 599).

3.2. Konvergenzen

Fälle totaler Konvergenz zwischen dem Italienischen und dem Deutschen scheinen bei Kollokationen nur äußerst selten aufzutreten. Insge-

---

Wortverbindung gebraucht, wie etwa im Falle von *un numero verde* vs. *eine kostenlose Rufnummer*.

samt konnten von mir bis jetzt nur wenige Beispiele ausfindig gemacht werden, bei denen die Konzeptualisierungen als mehr oder weniger identisch angesehen werden können; allerdings lässt sich sogar in diesen wenigen Fällen meist ein geringfügiger Unterschied zwischen den beiden Sprachen erkennen, etwa weil eine von diesen über einen weiteren, quasisynonymen Kollokator verfügt, oder aber weil die Kollokatoren der beiden Sprachen sich nicht durch denselben Kombinationssradius auszeichnen. Im Falle von *rivestire una carica – ein Amt bekleiden* z.B. könnte man im Italienischen auch einen alternativen Kollokator verwenden, nämlich *ricoprire*, für welchen im Deutschen kein entsprechendes Äquivalent existiert. Auch beim Beispiel *concludere un contratto – einen Vertrag (ab)schließen* gibt es im Italienischen einen zweiten möglichen Kollokator (*stipulare*), welcher die sehr spezifische Bedeutung „concludere in modo formale [...] un contratto [...] o un altro accordo legalmente vincolante" (Battaglia 1961-2002, s.v.) aufweist. Im Falle des Beispiels *prezzi salati – gesalzene Preise* kann hingegen im Deutschen ein alternativer Kollokator gebraucht werden (*gepfeffert*). Bezüglich des Beispiels *inghiottire le lacrime / la rabbia – die Tränen / seinen Ärger hinunterschlucken* beachte man, dass *inghiottire* und ‚hinunterschlucken' in ihrer metaphorischen Bedeutung nicht exakt denselben Kombinationsradius aufweisen, denn *inghiottire* kann u.a. auch in Bezug auf *ingiurie* ‚Ungerechtigkeiten' verwendet werden, während das Deutsche in diesem Fall auf das Verb *ertragen* zurückgreifen muss (**Ungerechtigkeiten hinunterschlucken*). Es kann daher die Hypothese aufgestellt werden, dass bei konvergenter Konzeptualisierung im Allgemeinen die Fälle partieller Konvergenz überwiegen, in welchen die Konzeptualisierungen der jeweiligen Realität zwar ähnlich, aber nicht identisch sind. Dies trifft etwa auch auf die Kollokationen *ammazzare il tempo* und *die Zeit totschlagen* zu: Im Unterschied zu *ammazzare*, welches verschiedene Arten des Tötens bezeichnen kann und somit *a priori* mit keiner ganz bestimmten Bildlichkeit verbunden ist, weist *totschlagen* eine klare Konzeptualisierung auf, denn es geht darum, einen Menschen oder ein Tier durch einen Schlag bzw. Schläge zu töten, was auch entsprechend bildlich vorstellbar ist.

Eine ähnliche, aber nicht identische Konzeptualisierung liegt auch bei den Kollokationen *scodellare bugie / fandonie* ecc. *[a qcn.]* und *[jmdm.] Lügen / Märchen usw. auftischen* vor, in welcher die Kollokatoren *scodellare* und *auftischen* die Bedeutung „etw. erzählen, berichten [was nicht der Wahrheit entspricht]" (Duden 2003, *auftischen*) zum Ausdruck bringen. Die beiden Kollokationen sind insofern zum Teil konvergent, als *scodellare* und *auftischen* in ihrer Ausgangsbedeutung mehr oder weniger denselben Kombinationsradius aufweisen, weil sie sich beide mit Substantiven verbinden, welche verschiedene Typen von Nahrungsmitteln bezeichnen. Ihre Konzeptualisierung ist aber nicht gänzlich identisch, weil *scodellare* wörtlich soviel wie „versare minestra o altri cibi [...] nella scodella" (Zingarelli 1990, s.v.) bedeutet, also ‚eine Gemüsesuppe oder andere Nahrungsmittel in der Pfanne servieren', während „auftischen" gemäß Duden (2003, s.v.) die Bedeutung „zum Essen auf den Tisch bringen; zum Verzehr anbieten" aufweist.

4. Vorstellung eines möglichen Modells für die (zweisprachige) lexikographische Repräsentation von denotativ äquivalenten italienischen und deutschen Kollokationen

Im Folgenden soll das am Institut für Romanistik der Universität Innsbruck in Arbeit befindliche Forschungsprojekt *Von ‚hinkenden' Stühlen, ‚tanzenden' Zähnen und ‚verlorenen' Verkehrsmitteln* vorgestellt werden, dessen Ziel in der Erfassung und Beschreibung von (aus Lexemen aus dem Basiswortschatz zusammengesetzten) italienischen Kollokationen und deren deutschen Äquivalenten sowie schließlich in einer entsprechenden Buchpublikation besteht. Das vom Tiroler Wissenschaftsfonds (TWF) geförderte, im Juni 2010 gestartete Projekt wird von der Autorin in Zusammenarbeit mit Martina Albrich durchgeführt. Die Auswahl der Kollokationsglieder erfolgt dabei auf der Grundlage des *Dizionario di base della lingua italiana* (*DIB* 1998), weil sich die darin erfassten Lemmata durch beigefügte graphische Symbole in vier verschiedene Gruppen einteilen lassen und auf diese Weise eine klare Begrenzung auf bestimmte Kollokationen möglich ist (vgl. Konecny 2010b, 1211f.): Die erste Gruppe umfasst Wörter, die dem *vocabolario fondamentale* (Grundwortschatz) angehören; diese sind im *DIB* mit einem Vollmond-Symbol (O) gekennzeichnet (ca. 2000 Wörter). Zur zweiten Gruppe gehören Wörter, die sich durch einen *alto uso*, d.h. eine besondere Frequenz auszeichnen; diese sind im *DIB* mit einem Halbmond (☾) gekennzeichnet (ca. 3000 Wörter). Die dritte Gruppe besteht aus Wörtern, die zwar nicht so häufig gebraucht werden, sich aber durch eine *alta disponibilità*, d.h. eine besondere Verfügbarkeit auszeichnen und wichtig für das tägliches Leben sind; diese sind im *DIB* mit einer Mondsichel (☾) gekennzeichnet (ca. 2000 Wörter). Zusätzlich zu diesen ca. 7000 Wörtern, die das *vocabolario di base* (Basiswortschatz) ausmachen, sind im *DIB* weitere 8000 Wörter angeführt, welche wichtig für das Verständnis verschiedener Texte sind (z.B. journalistischer, Erzählungs- und historischer Texte, zeitgenössischer literarischer Werke, usw.); diese sind im *DIB* mit keinem Symbol versehen. Die aus dem laufenden Forschungsprojekt stammenden Abbildungen 3-5 sollen eine Vorschau auf die lexikographische Repräsentation in der geplanten Kollokationssammlung bieten:

○ **COLTELLO** (Messer)

■ **brandire** (auch: sguainare) **un coltello** – ein Messer zücken (wörtl.: „schwenken"; sguainare = wörtl.: „aus der Scheide ziehen")
Ieri sera verso le 8 un giovane è entrato nel ristorante „Da Piero", brandendo un coltello a serramanico e insultando gli ospiti del locale. Gestern Abend gegen 8 Uhr hat ein Jugendlicher das Restaurant „Da Piero" betreten, ein Klappmesser gezogen und die Gäste des Lokals beschimpft.

■ **piantare** (auch: affondare) **un coltello** (una spada, un pugnale, una lancia ecc.) (z.B. nella schiena a / di qcn.) = (jmdm.) ein Messer (ein Schwert, einen Dolch, eine Lanze usw.) (z.B. in den Rücken) stoßen (wörtl.: „[ein]pflanzen") ⇔ **CHIODO** (vgl. piantare un chiodo)
Ieri un giovane rapinatore con un complice ha tentato di piantare un coltello di 20 centimetri nel petto di uno dei carabinieri che lo stava arrestando. Gestern hat ein junger Räuber mit einem Komplizen versucht, einem der Gendarme, der ihn verhaftete, ein 20 Zentimeter langes Messer in die Brust zu stoßen.

■ **un coltello affilato** (auch: aguzzo) – ein scharfes (wörtl.: „geschliffenes") Messer (von: **affilare un coltello** = ein Messer schleifen, schärfen) VS. **un coltello smussato** (auch: ottuso) – ein stumpfes Messer
È opinione comune che un coltello affilato sia più pericoloso di uno smussato. Es ist allgemeine Ansicht, dass ein scharfes Messer gefährlicher ist als ein stumpfes.

Abb. 3: Kollokationen der Basis *coltello*

Besonderes Augenmerk soll bei den Einträgen auf die Bewusstmachung von Unterschieden zwischen den italienischen und deutschen Kollokationen und dadurch auf einen größtmöglichen Nutzen bzw. Lerngewinn für den L2-Lerner gelegt werden: Die Benutzer können bei der Konsultation der Kollokationssammlung nicht nur die Kollokatoren einer bestimmten Basis, sondern durch Verweise auch die mit einem Kollokator verbundenen weiteren Basen in Erfahrung bringen, wie im Falle von *piantare un coltello* [z.B. *nella schiena a / di qcn.*], ‚[jmdm.] ein Messer [z.B. in den Rücken] stoßen', wo auf den Eintrag *chiodo* verwiesen wird, unter dem sich die Kollokation *piantare un chiodo*, ‚einen Nagel einschlagen' findet. Stellt das betreffende Basissubstantiv ein Hyperonym oder Kohyponym zu anderen Lexemen dar, werden in Klammern einige Hypo- bzw. Kohyponyme exemplarisch aufgelistet, um den Benutzer auf verschiedene Gebrauchsmöglichkeiten der Kollokation aufmerksam zu machen (z.B. *piantare un coltello* [*una spada*, ‚Schwert', *un pugnale*, ‚Dolch' usw.] [z.B. *nella schiena a / di qcn.*]). Zum besseren Nachvollzug der Bildungsweise einer italienischen Kollokation soll zwischen runden Klammern – sofern vorhanden – auch deren *wörtliche* Übersetzung ins Deutsche angegeben werden (z.B. *piantare un chiodo*, ‚einen Nagel einschlagen', wörtl.: ‚[ein]pflanzen').

ℂ **CHIODO** (Nagel)

- **piantare** (auch: cacciare) **un chiodo** (z.B. nel muro) = einen Nagel (z.B. in die Mauer) (ein)schlagen (wörtl.: „[ein]pflanzen"; cacciare = wörtl.: „[hinein]jagen")
  Abbiamo piantato un chiodo nella parete per appendere un quadro. Wir haben einen Nagel in die Wand (ein)geschlagen, um ein Bild aufzuhängen.
  auch: **piantare un palo / un'asta** (z.B. nel terreno) = einen Pfahl / eine Stange (z.B. in den Boden) (ein)rammen
  piantare una siringa / un'ago (z.B. nel braccio a / di qcn.) = (jmdm.) eine Spritze (z.B. in den Arm) geben / verabreichen
  piantare un coltello (una spada, un pugnale ecc.) (z.B. nella schiena a / di qcn.) = (jmdm.) ein Messer (ein Schwert, einen Dolch usw.) (z.B. in den Rücken) stoßen ⇔ **COLTELLO**
  piantare una pallottola / un proiettile (z.B. in testa a / nella testa di qcn.) = (jmdm.) eine Kugel (z.B. in den Kopf) schießen
  piantare i denti / le unghie (nella mano a / di qcn.) = (jmdm.) mit den Zähnen (z.B. in die Hand) beißen / (jmdm.) die Fingernägel in die Hand eindrücken ⇔ **DENTI**
- **piegare un chiodo** – einen Nagel krumm schlagen / verbiegen
  A volte è difficile piantare un chiodo nel muro senza piegare il chiodo o distruggere il muro. Manchmal ist es schwierig, einen Nagel in die Wand einzuschlagen, ohne den Nagel krumm zu schlagen oder die Wand zu beschädigen.
- **togliere un chiodo** (z.B. dal muro) – einen Nagel (z.B. aus der Wand) herausziehen
  Ho cercato di togliere il chiodo dal muro, ma non ci sono riuscito. Ich habe versucht, den Nagel aus der Wand herauszuziehen, aber es ist mir nicht gelungen.

Abb. 4: Kollokationen der Basis *chiodo*

Damit kann gezeigt werden, wie fehleranfällig die wörtliche Übertragung vom Italienischen ins Deutsche (bzw. umgekehrt) sein kann. Des Weiteren soll für jede Kollokation ein Beispielsatz (inklusive Übersetzung) angeführt werden. Wenn es mehrere mögliche quasi-synonyme Kollokatoren zur Bezeichnung desselben Konzeptes gibt, werden diese in Klammern angeführt, sodass der Benutzer auf einen Blick sieht, welche alternativen Ausdrucksvarianten existieren (z.B. *levare un dente*, ‚einen Zahn ziehen', aber auch: *cavare / estrarre / strappare un dente*). Tritt eine Kollokation zugleich in mehreren Strukturtypen auf (z.B. *piombare un den-*

te – un dente piombato, ‚einen Zahn plombieren' – ‚ein plombierter Zahn'), so werden diese unter einem einzigen Eintrag zusammengefasst.

○ **DENTE** (Zahn)

- **il dente balla** (auch: dondola, traballa) = der Zahn wackelt (wörtl.: „tanzt")
  Mi balla un dente. Mir wackelt ein Zahn.
- **battere i denti** – mit den Zähnen klappern (wörtl.: „schlagen") ⇔ **MANO** (vgl. battere le mani)
  Quando abbiamo freddo o proviamo paura battiamo i denti. Wenn uns kalt ist oder wir Angst verspüren, klappern wir mit den Zähnen.
- **digrignare i denti** – die Zähne fletschen, auch: mit den Zähnen knirschen
  È sempre meglio non avvicinarsi a un cane che digrigna i denti. Es ist immer besser, sich keinem Hund zu nähern, der die Zähne fletscht.
  Il fenomeno del digrignare i denti nel sonno è piuttosto frequente ai nostri giorni ed è senz'altro in relazione con lo stress quotidiano cui siamo sottoposti. Das Phänomen des Zähneknirschens im Schlaf ist heutzutage relativ weit verbreitet und hängt ohne Zweifel mit dem täglichen Stress zusammen, dem wir ausgesetzt sind.
- **lavare** (auch: lavarsi, pulirsi) **i denti** – (sich) die Zähne putzen (wörtl.: „waschen")
  Una delle regole più preziose per avere denti splendenti è lavare i denti dopo ogni pasto. Eine der wertvollsten Regeln, um glänzende Zähne zu haben, besteht darin, die Zähne nach jeder Mahlzeit zu putzen.
- **levare** (auch: estrarre / cavare / strappare) **un dente** = einen Zahn ziehen (wörtl.: „[hoch]heben")
  Oggi il dentista mi ha levato un dente. Heute hat mir der Zahnarzt einen Zahn gezogen.
- **piantare i denti** (nella mano a / di qcn.) = (jmdm.) [*mit den Zähnen*] (z.B. in die Hand) beißen (wörtl.: die Zähne in die Hand „[ein]pflanzen") ⇔ **CHIODO** (vgl. piantare un chiodo)
  Ho voglia di piantare i denti in un bombolone. Ich habe Lust, [*mit den Zähnen*] in einen Krapfen zu beißen.
- **piombare un dente** – einen Zahn plombieren / **un dente piombato** – ein plombierter Zahn
  Mi fa male un dente piombato. Ein plombierter Zahn tut mir weh.
- **stringere** (auch: serrare) **i denti** – die Zähne zusammenbeißen (wörtl.: „schließen", „[zu]drücken") (sowohl konkret, als auch übertragen im Sinne von ‚ein Höchstmaß an Selbstbeherrschung aufbieten, um etw. Unangenehmes / Schmerzhaftes ertragen zu können') ⇔ **PUGNO** (vgl. stringere il pugno / i pugni)
  Ricordo mia nonna, che stringeva i denti dal dolore per la sua artrosi. Ich erinnere mich an meine Großmutter, die wegen ihrer Arthrose immer die Zähne vor Schmerz zusammenbiss.

Abb. 5: Kollokationen der Basis *dente*

Zur besseren Anschaulichkeit sowie zur Erleichterung des Memorisierens bestimmter Kollokationen ist beabsichtigt, einige Beispiele anhand entsprechender Illustrationen zusätzlich bildlich zu verdeutlichen. Zu diesem Zweck sollen vorrangig Bilder verwendet werden, welche bei den Veranstaltungen *Aktionstag Junge Uni* und *Lange Nacht der Forschung* im November 2009 an der Universität Innsbruck im Rahmen eines Zeichenwettbewerbs für Kinder und Jugendliche zum Thema „Italienische

Kollokationen“ angefertigt wurden.[9] Besonders beliebt war bei den Kindern dabei die Kollokation *il dente balla*, deren wörtliche dt. Übersetzung ‚der Zahn *tanzt‘ lauten müsste.[10] Diese für deutsche Muttersprachler seltsam anmutende Konzeptualisierung haben drei Tiroler Schülerinnen auf folgende Weise bildlich ‚repräsentiert‘:

Abb. 6-8: Illustrationen zur Konzeptualisierung der Kollokation *il dente balla*

Der didaktische Wert derartiger Illustrationen ist m.E. keineswegs zu unterschätzen, ganz besonders dann, wenn sie sehr nah an die prototypische Konzeptualisierung der jeweiligen Kollokation heranreichen bzw.

[9] Die Kinder hatten beim Wettbewerb die Vorgabe, die Konzeptualisierung einer italienischen Kollokation ihrer Wahl zeichnerisch darzustellen; zuvor war ihnen von jeweils einer der insgesamt 5 Betreuerinnen möglichst kindgerecht erklärt worden, worum es sich bei Kollokationen handelt und dass Sprachen bei der Verwendung von Wortverbindungen oft auf andere Bildlichkeiten zurückgreifen. Zur Auswahl standen insgesamt 18 italienische Kollokationen, und zwar hauptsächlich solche (insgesamt 14), deren Konzeptualisierung von jener des Deutschen abweicht (z.B. *abbracciare una professione* ‘einen Beruf ergreifen’ [wörtl.: ‘umarmen’] und *accendere la radio* ‘das Radio einschalten’ [wörtl.: ‘anzünden’]), zum Teil aber auch solche (insgesamt 4), deren Konzeptualisierung mit jener des Deutschen gänzlich oder partiell konvergiert (z.B. die in 3.2 erwähnten Kollokationen *ammazzare il tempo* und *prezzi salati*). Bei den am Wettbewerb teilnehmenden Kindern handelte es sich um SchülerInnen aus Nord-, Ost- und Südtirol im Alter von 9 bis 16 Jahren (vierte Klasse Volksschule bis dritte Klasse Oberstufe). Aus persönlichen Gesprächen ergab sich, dass einige von ihnen bilingual aufgewachsen waren, also neben dem Deutschen noch eine weitere Sprache auf muttersprachlichem Niveau beherrschten (meist Türkisch oder eine slawische Sprache, in seltenen Fällen Italienisch). Wie viele bilinguale Kinder exakt am Wettbewerb teilnahmen und welche die jeweils zweite von ihnen beherrschte Sprache war, wurde zahlenmäßig nicht erhoben.

[10] Die Konzeptualisierung dieser Kollokation wurde in 97 der insgesamt 228 eingereichten Zeichnungen dargestellt.

zugleich mehrere der vom *frame* der Ausgangsbedeutung des Kollokators evozierte Assoziationen in bildlicher Form umgesetzt enthalten (im Falle von *ballare* z.B. ‚Musik', ‚Musiknoten', ‚Freude' bzw. ‚Vergnügen', ‚Lächeln' usw.), wie es in Abb. 6-8 vor allem auf das mittlere Bild zutrifft.

5. Schlussfolgerungen

Aus den verschiedenen im vorliegenden Beitrag erfolgten Ausführungen und Überlegungen können resümierend folgende Schlussfolgerungen gezogen werden:

- Beim Erlernen von Kollokationen einer Fremdsprache geht es nicht nur um ‚reines' Vokabellernen, sondern meist auch um ein ‚Sich-Hineindenken' in sowie ein Erwerben von Wissen um eine andere Konzeptualisierung bzw. sprachliche Umsetzung von außersprachlichem Wissen, also um andere ‚Repräsentationsformen von Wissen ', ja gleichsam um eine andere ‚Repräsentations*welt*' von Wissen, die oftmals metaphorisch und damit stark bildhaft motiviert ist. Wie Siller-Runggaldier bemerkt, erfasst dabei die jeweilige Konzeptualisierung das Konzept in der Regel „nicht 1:1 wie eine Kopie, sondern nur partiell bzw. reduktiv" und

  > verrät [folglich] das, was in der Repräsentation perspektivisch prominent ist, was fokussiert werden soll und somit als Figur in den Vordergrund zu treten hat, umgekehrt aber auch, was ausgeblendet bzw. wovon abstrahiert wird, was peripher und hiermit im Hintergrund verbleiben kann. (Siller-Runggaldier, o.P.)

- Bezüglich der Divergenzen zwischen denotativ äquivalenten italienischen und deutschen Kollokationen ergab die Analyse, dass es unterschiedliche Möglichkeiten gibt, wie die beiden Sprachen in der Konzeptualisierung und Lexikalisierung bestimmter Konzepte differieren können, wobei die Unterschiede oft damit zusammenhängen, dass die beiden Sprachen auf verschiedene semantisch-begriffliche Kollokationstypen zurückgreifen.
- Im Italienischen lässt sich neben den drei semantisch-begrifflichen Haupttypen von Kollokationen zumindest noch ein vierter, vermutlich jedoch wenig frequenter Kollokationstyp identifizieren: die so genannte *elliptische* Kollokation. Den Beleg für deren Existenz stellt die Kollokation *il rubinetto perde* dar.

- Hinsichtlich der Konvergenzen konnte gezeigt werden, dass sich Beispiele mit totaler Konvergenz kaum finden lassen und stattdessen die Fälle partieller Konvergenz zu überwiegen scheinen, d.h. solche mit ähnlicher und demnach nicht identischer Konzeptualisierung des denotierten Sachverhalts bzw. Referenten.
- Wie anhand des Projekts *Von ‚hinkenden' Stühlen, ‚tanzenden' Zähnen und ‚verlorenen' Verkehrsmitteln* demonstriert werden konnte, stellt die lexikographische Repräsentation von Kollokationen für L2-Lerner eine große Herausforderung dar. Ein mögliches Modell für eine geeignete Repräsentation, mit der ein höchstmöglicher Lerngewinn für den Benutzer erzielt werden soll, wurde anhand von Beispieleinträgen für die drei Basen *coltello*, *chiodo* und *dente* vorgestellt. Als besonders hilfreich könnte sich dabei für den Lerner u.a. die konkrete bildliche Illustration von bestimmten Konzeptualisierungen mittels einer entsprechenden Zeichnung erweisen, welche auf der Ausgangsbedeutung des Kollokators basiert und so zu einem besseren Memorisieren der betreffenden Kollokation beitragen würde. Eine solche Verbildlichung könnte dem L2-Lerner beim Vokabellernen in einem Lernwortschatz einerseits *rezeptiv* vorgesetzt werden, könnte von ihm andererseits aber auch *produktiv*, somit selbst erstellt werden (in der Schule etwa im Rahmen eines fächerübergreifenden Unterrichts mit dem Fach Bildnerische Erziehung).
- Abschließend kann festgestellt werden, dass die Erforschung von Kollokationen nicht nur in linguistisch-theoretischer, semantischer und sprachkontrastiver, sondern vor allem auch in fachdidaktischer und (lerner-)lexikographischer Hinsicht von größter Bedeutung ist. Beim Erlernen der Vokabeln einer Fremdsprache sollten daher auf keinen Fall nur (mehr) Einzelwörter, sondern auch für die Alltagskommunikation wichtig erscheinende Kollokationen und andere Arten von Wortverbindungen (z.B. Routineformeln, Komposita usw.) gelernt werden. Denn wie Firth schon in den 50er Jahren bemerkte, sollte ganz allgemein gelten: „You shall know a word by the company it keeps!" (Firth 1957b, 11). Es wird Zeit, dass das anderweitig vielfach bereits vorhandene Bewusstsein für die Bedeutsamkeit dieses Postulats auch im Bereich des Italienischunterrichts sowie der italienisch-deutschen (Lerner-) Lexikographie Fuß fasst und dadurch neue Perspektiven für den Erwerb des Italienischen als L2-Sprache eröffnet.

Bibliographie

Wörterbücher

[Battaglia] *Grande dizionario della lingua italiana* (1961-2002), Battaglia, Salvatore / Barberi Squarotti, Giorgio (Hgg.), 21 Bde., Torino: UTET.

[De Mauro] *Grande dizionario italiano dell'uso* (2000), De Mauro, Tullio, Torino: UTET.

[DIB] *DIB – Dizionario di base della lingua italiana* (^{2}1998), De Mauro, Tullio / Moroni, Gian Giuseppe (Hgg.), Torino: Paravia.

[Duden] *Duden – Deutsches Universalwörterbuch* (^{5}2003), Mannheim / Leipzig / Wien / Zürich: Dudenverlag.

[Duden / Herkunftswörterbuch] *Duden – Das Herkunftswörterbuch (= Duden Band 7). Etymologie der deutschen Sprache* (^{4}2007), Mannheim: Bibliographisches Institut & F.A. Brockhaus AG.

[Zingarelli] *Il nuovo Zingarelli minore. Vocabolario della lingua italiana* (^{11}1990), Bologna: Zanichelli.

Sekundärliteratur

Aisenstadt, Ester (1979): „Collocability Restrictions in Dictionaries", in: *ITL Review of Applied Linguistics* 45 / 46, 71-74.

Aisenstadt, Ester (1981): „Restricted Collocations in English Lexicology and Lexicography", in: *ITL Journal of Applied Linguistics* 53, 53-61.

Blank, Andreas (2001): *Einführung in die lexikalische Semantik für Romanisten*, Tübingen: Niemeyer.

Blumenthal, Peter (2006): *Wortprofil im Französischen*, Tübingen: Niemeyer.

Corpas Pastor, Gloria (1996): *Manual de fraseología española*, Madrid: Gredos.

Corpas Pastor, Gloria (2003): „Criterios generales de clasificación del universo fraseológico de las lenguas, con ejemplos tomados del español y del inglés", in: Corpas Pastor, Gloria (Hg.): *Diez años de investigación en fraseología: análisis sintáctico-semánticos, contrastivos y traductológicos*, Madrid: Iberoamericana u.a., 125-154.

Coseriu, Eugenio (1970): *Einführung in die strukturelle Betrachtung des Wortschatzes*, Tübingen: Narr.

Firth, John Rupert (1957a): „Modes of Meaning. Essays and Studies (The English Association)", in: Firth, John Rupert (Hg.): *Papers in Linguistics 1934-1951*, London: Oxford University Press, 190-215.

Firth, John Rupert (1957b): „A Synopsis of Linguistic Theory, 1930-1955", in: Firth, John Rupert u.a. (Hgg.): *Studies in Linguistic Analysis*, Special Volume of the Philological Society, Oxford: Blackwell, 1-32.

Hausmann, Franz Josef (1979): „Un dictionnaire des collocations est-il possible?", in: *TraLiLi* 17.1, 187-195.

Hausmann, Franz Josef (1985): „Kollokationen im deutschen Wörterbuch. Ein Beitrag zur Theorie des lexikographischen Beispiels“, in: Bergenholtz, Henning / Mugdan, Joachim (Hgg.): *Lexikographie und Grammatik. Akten des Essener Kolloquiums zur Grammatik im Wörterbuch, 28.-30.6.1984*, Tübingen: Niemeyer, 118-129.

Hausmann, Franz Josef (1989): „Was ist und was soll ein Kontextwörterbuch?“, in: Ilgenfritz, Peter / Stephan-Gabinel, Nicole / Schneider, Gertraud: *Langenscheidts Kontextwörterbuch Französisch-Deutsch. Ein neues Wörterbuch zum Schreiben, Lernen, Formulieren*, Berlin u.a.: Langenscheidt, 5-9.

Hausmann, Franz Josef (1990): „Praktische Einführung in den Gebrauch des *Student's Dictionary of Collocations*“, in: Benson, Morton / Benson, Evelyn / Ilson, Robert: *Student's Dictionary of Collocations*, Berlin: Cornelsen, iv-xviii.

Hausmann, Franz Josef (2004): „Was sind eigentlich Kollokationen?“, in: Steyer, Kathrin (Hg.): *Wortverbindungen – mehr oder weniger fest*, Berlin / New York: de Gruyter, 309-334.

Irsula Peña, Jesús Ismael (1992): „Colocaciones sustantivo-verbo“, in: Wotjak, Gerd (Hg.): *Estudios de lexicología y metalexicografía del español actual*, Tübingen: Niemeyer, 159-167.

Kohn, Kurt (1992): „Bemerkungen zur Kollokationsproblematik“, in: Anschütz, Susanne R. (Hg.): *Texte, Sätze, Wörter und Moneme. Festschrift für Klaus Heger zum 65. Geburtstag*, Heidelberg: Orient-Verlag, 369-387.

Konecny, Christine (2010a): *Kollokationen. Versuch einer semantisch-begrifflichen Annäherung und Klassifizierung anhand italienischer Beispiele*, München: Martin Meidenbauer.

Konecny, Christine (2010b): „Von ‚hinkenden‘ Stühlen, ‚tanzenden‘ Zähnen und ‚verlorenen‘ Verkehrsmitteln. Erfassung und Darstellung italienischer lexikalischer Kollokationen für deutschsprachige L2-Lerner (auf der Grundlage des *Dizionario di base della lingua italiana – DIB*)“, in: Dykstra, Anne / Schoonheim, Tanneke (Hgg.): *Proceedings of the XIV Euralex International Congress, Leeuwarden, 06.-10.07.2010*, Leeuwarden: Fryske Akademy / A.F.U.K, 1207-1221 [CD-ROM].

Konecny, Christine (2010c): „Le collocazioni lessicali – proposta per una classificazione semantica“, in: Danler, Paul / Iliescu, Maria / Siller-Runggaldier, Heidi (Hgg.): *XXVe Congrès International de Linguistique et Philologie Romanes (CILPR 2007), Innsbruck, 02.-08.09.2007*, Bd. III, Berlin / New York: de Gruyter, 125-134.

Lengert, Joachim (2001): „Phraseologie“, in: Holtus, Günter / Metzeltin, Michael / Schmitt, Christian (Hgg.): *Lexikon der Romanistischen Linguistik*, Bd. I.1: *Geschichte des Faches Romanistik. Methodologie (Das Sprachsystem)*, Tübingen: Niemeyer, 802-853.

Siller-Runggaldier, Heidi (im Druck): „Syntagmatik und Ontologie: Zweigliedrige Lexemverbindungen im interlingualen Vergleich (Deutsch, Italienisch, Französisch, Ladinisch)“, in: Lavric, Eva / Pöckl, Wolfgang / Schallhart, Florian (Hgg.): *Comparatio delectat. Akten der VI. Internationalen Arbeitstagung zum romanisch-deutschen und innerromanischen Sprachvergleich, Innsbruck, 03.-05.09.2008*, Frankfurt a.M. [u.a.]: Lang, o.P.

Romaneske Inszenierungen von Wissen bei Érik Orsenna

Marina Ortrud M. Hertrampf (Regensburg)

La discussion autour du rapport de la littérature et du savoir est un sujet qui est presque aussi ancien que la littérature elle-même. Dans notre société de la connaissance, la question de savoir jusqu'à quel point les ouvrages littéraires peuvent ou doivent procurer des connaissances a regagné en importance. Dans ce contexte, les œuvres de l'auteur français Érik Orsenna, de son vrai nom Érik Arnoult, sont d'un grand intérêt: car l'une de ses objectifs principaux est d'enthousiasmer les jeunes de même que les adultes pour l'acquisition de connaissance et l'apprentissage perpétuel. A cette fin, il mélange des éléments du discours scientifique avec des techniques narratives. Grâce à l'analyse d'exemples précis la contribution suivante suit les différents procédés esthétiques que l'écrivain utilise dans ses livres tant fictionnels que factuels pour transmettre des contenus de connaissance d'une manière légère et amusante.

Die Diskussion um das Verhältnis von Literatur und Wissenschaft ist ein Thema, das fast so alt ist wie die Literatur selbst. Die Frage, inwieweit literarische Werke Wissen vermitteln können bzw. sollen, wurde immer wieder gestellt, hat jedoch in der Wissensgesellschaft von heute neu an Bedeutung gewonnen. Vor diesem Hintergrund spürt der folgende Beitrag anhand exemplarischer Textanalysen den unterschiedlichen ästhetischen Verfahren nach, die der französische Gegenwartsautor Érik Orsenna einsetzt, um einer breiten Leserschaft Wissensinhalte unterhaltsam und nachhaltig zu vermitteln. Dabei wird es um die Auslotung von Elementen des Wissenschaftsdiskurses in explizit narrativen Fiktionen und narrativen Verfahren in explizit faktualen Texten gehen.

1. Wissen und / in Literatur

„Vergesst die Experten! Romane machen schlauer", so der Titel eines 2008 in der *Süddeutschen Zeitung* erschienenen Artikels von Thomas Steinfeld. Was etwas ‚flapsig' daher kommt, ist das Ergebnis einer seriös geführten, wissenschaftlichen Untersuchung aus England, der zufolge die Lektüre literarischer Werke bei einer weitaus breiteren Leserschaft größere Lernerfolge erzielen kann als das Studium wissenschaftlicher Texte (vgl. Lewis / Rodgers / Woolcock 2008). Was nun wissenschaftlich belegt ist, erkannten Autoren schon lange vorher, schließlich ist die Idee der Funktionalisierung von Literatur so alt wie sie selbst: Das Horazische

Motto des *prodesse et delectare* erhielt insbesondere in der Zeit der französischen Aufklärung einen völlig neuen Stellenwert; dabei ging es nicht mehr allein um die Legitimierung der Poesie, sondern um die Szientifizierung der Literatur an sich. Der Jahrhundertumbruch vom 18. ins 19. Jahrhundert stellt den Beginn der Naturwissenschaften im heutigen Sinne dar. Gerade im Bereich der utopischen und phantastischen Literatur finden die Erkenntnisse der Naturwissenschaften ihren Niederschlag. Im zweiten Drittel des 19. Jahrhunderts erobern die Wissenschaften die Literatur vor allem in der Gattung Roman: Autoren wie Balzac und Zola konzipieren (ver)wissenschaftlich(t)e Poetiken des Romans, die in Balzacs programmatischen „Avant-propos" (1842) zu seiner *Comédie humaine* und Zolas Konzept des *Roman expérimental* ihren Höhepunkt erreichen. Im 20. Jahrhundert schwächt sich das Interesse der Literaten an den Wissenschaften insofern ab, als sich zunächst fast gar keine klare Zielausrichtung literarischer Werke im Sinne des *prodesse* mehr findet. Dafür stellt die Didaxe das wesentliche Element eines Genres dar, das sich erst im Laufe des 20. Jahrhunderts vor dem Hintergrund der Bedeutungszunahme der Pädagogik herausbildet: das der Kinder- und Jugendliteratur. Im Gegensatz zur Belletristik geht es hier primär darum, einem jungen und noch wenig erfahrenem Lesepublikum Wissensinhalte auf lebhafte Art und Weise leicht verständlich zu machen.[1]

Interessanterweise gewinnt das informationsvermittelnde Element gegen Ende des 20. Jahrhunderts generell wieder an Bedeutung: Die Literatur entdeckt allgemeine Wissensinhalte als literarisches Potential für sich neu und stellt sich somit gleichsam in den Dienst der Wissensgesellschaft, die nach immer neuen Formen des Wissenstransfers drängt. Das Wechselverhältnis von Literatur und Wissen(schaft) ist gegenwärtig vielfältiger denn je: Vor dem Hintergrund immer neuer Kommunikations- und Wissensstrukturen ist Literatur häufig selbst bereits das Produkt von Wissensordnungen. Ebenso kann literarische Kommunikation als Bestandteil von Wissenskulturen figurieren.[2] Die neue Hochkonjunktur lite-

1 Dabei rücken appellative und pragmatische Sprachfunktion in den Vordergrund und stellen die eigentliche literarische Komponente, die poetische Sprachfunktion, in den Hintergrund.

2 Das Verhältnis von Literatur und Wissen(schaft) wurde in den letzten Jahren kontrovers diskutiert. Aus der Fülle an Forschungsarbeiten zu diesem Themenfeld

rarischer Repräsentation und Produktion von Wissen lässt sich an der Proliferation von Texten ablesen, deren Ziel es ist, Wissensinhalte unterschiedlichster Disziplinen literarisch zu verarbeiten und zu verbreiten. Kennzeichnend für die Ästhetik dieser wissensvermittelnden Werke ist ihr beständiges Oszillieren zwischen Fakten und Fiktionen, zwischen nüchtern-sachlichem und poetischem Stil, zwischen Sachbuch und Belletristik.

Ein französischer Autor, der sich explizit der Aufgabe der Wissensvermittlung und Wissenspopularisierung stellt, ist Érik Arnoult (*1947), besser bekannt unter seinem Pseudonym Érik Orsenna.

2. Érik Orsenna: Wissenschaftler und literarischer Wissensvermittler

Érik Orsenna studierte Politik und Philosophie und ist promovierter Wirtschaftswissenschaftler. Er forschte und lehrte lange Jahre in den Bereichen internationale Wirtschaftsbeziehungen und wirtschaftliche Entwicklung. Seit den 1980er Jahren ist er Mitglied zahlreicher (europa-) politischer Kommissionen und Gremien und wurde 1998 in die *Académie Française* aufgenommen. Neben seiner Karriere als Wissenschaftler ist Érik Orsenna jedoch auch ein äußerst produktiver französischer Autor. Seine schriftstellerische Karriere begann er 1973 mit dem Roman *Loyola blues*. 1988 wurde er für seinen autobiographischen Roman *L'exposition coloniale* (1988) mit dem *Prix Goncourt* geehrt.[3] Trotz dieses Erfolgs blieb er allerdings auch weiterhin als wissenschaftlicher Regierungsberater tätig – eine Tatsache, die sich in seinem wissenschaftsästhetischen Literaturverständnis widerspiegelt. So besteht das Hauptanliegen seines Schreibens darin, den Wissenshorizont seiner Leser ohne aufdringlichen oder spröden Didaktizismus zu erweitern und Jugendlichen und Erwachsenen gleichermaßen Lust auf den Erwerb von Wissen zu machen. Mit seinem Verständnis von Wissen als einer Grundkategorie des menschlichen Seins, das nicht Statussymbol oder Prestige bestimmter sozialer Schichten bedeutet, sondern die Lebenspraxis aller Menschen durchziehen und

seien an dieser Stelle nur drei exemplarisch genannt: Hempfer / Traninger 2007, Klausnitzer 2008 und Klinkert / Neuhofer 2008.

[3] Es überrascht, dass sich die Forschung trotz des Erfolgs und der Produktivität des Autors bisher kaum seinem literarischen Werk gewidmet hat.

bereichern soll, nähert sich Orsenna dem Humboldt'schen Wissenskonzept an: einem transdisziplinär, dynamisch, dialogisch und relational gedachten Konzept, bei dem der wechselseitige Austausch zwischen den Disziplinen sowie die unablässige Bewegung von zentraler Bedeutung sind, um das Netzwerk des Wissens kontinuierlich zu verdichten und nach allen Seiten zu erweitern. Wissen versteht Orsenna dabei wie Humboldt als ein Wissen, das immer eng auf das Leben bezogen ist, künstlerische und literarische Wissens-, Ausdrucks- und Speicherformen mit einbezieht und für den gesellschaftlichen Lebensprozess relevant ist.[4]

Um seinem Ziel der literarischen Wissensvermittlung nachzukommen, nutzt Orsenna neben dem eher konventionellen Weg des gedruckten Buches als wissensvermittelndes Medium auch das Internet als zeitgemäße Form der Wissensverbreitung: Seine umfassende Homepage präsentiert nicht nur Wissenswertes über Autor und Werk, sondern auch weitere Hintergrundinformationen und aktuelle Ergänzungen zu seinen Texten.[5] Im Falle von *L'avenir de l'eau. Petit précis de mondialisation II* (2008) liefert Orsenna zusätzliche Kapitel, die keinen Eingang in die Printversion fanden.[6]

Die Themen seiner Bücher sind breit gestreut, wobei der Großteil seiner literarischen Arbeit unmittelbar aus seiner wissenschaftlichen Beschäftigung als Mitglied der *Académie Française* einerseits und als Sachverständiger in Globalisierungsfragen und Entwicklungsarbeit andererseits hervorgeht. So stehen in den vier Erzählungen *La grammaire est une chanson douce* (2001), *Les chevaliers du subjonctif* (2004), *La révolte des accents* (2007) und *Et si on dansait?* (2009) die französische Sprache und Literatur im Mittelpunkt. *Voyage aux pays du coton. Petit précis de mondialisation* (2006) und *L'avenir de l'eau. Petit précis de mondialisation II* (2008) beleuchten hin-

---

[4] Orsennas Verständnis von Literatur als Form des Lebenswissens kommt den Thesen Ottmar Ettes sehr nahe. In seiner programmatischen Schrift *ÜberLebenswissen. Die Aufgabe der Philologie* (2004) vertritt Ette die Position, dass Literatur als ästhetisches Speichermedium das erlebte und erfahrene Wissen über das kulturelle und soziale Leben des Menschen enthalte. Zur Diskussion um die Aufgabe der Literaturwissenschaft als Lebenswissenschaft in Opposition zu den naturwissenschaftlichen *life sciences* vgl. Asholt / Ette 2010.

[5] Vgl. www.erik-orsenna.com.

[6] Orsenna weist in der Einleitung zu *L'avenir de l'eau. Petit précis de mondialisation II* explizit auf diese Ergänzung hin.

gegen wirtschaftliche und (umwelt-)politische Probleme vor dem Hintergrund der Globalisierung.[7] Daneben bearbeitet Orsenna aber auch historische Themen, so präsentiert er z.B. in *Portrait d'un homme heureux. André Le Nôtre 1613-1700* (2000) die Biographie des Gartenarchitekten von Ludwig XIV.[8]

3. Orsennas romaneske Inszenierungen der französischen Grammatik

Die Romane Orsennas sind Lesegenuss und Wissensvermittlung in einem und sind als Plädoyer für das lebenslange Lernen zu verstehen. Am deutlichsten zeigt sich dies sicher an seiner Tetralogie *La grammaire est une chanson douce* (2001),[9] *Les chevaliers du subjonctif* (2004), *La révolte des accents* (2007) und *Et si on dansait?* (2009).[10] Die appellative Grundaussage der Werke ist dabei nicht zu überlesen: „Le français est votre pays. Apprenez-le, inventez-le. Ce sera, toute votre vie, votre ami le plus intime" (*La grammaire*, 13).

Auf den ersten Blick scheint es sich bei den vier Erzählungen um Kinderbücher zu handeln:[11] Erzählt wird die Geschichte des französischen Geschwisterpaars Jeanne und Thomas, die auf der Reise zu ihrem

[7] In seinen Werken thematisiert Orsenna in mehr oder weniger ausgeprägter Weise auch Probleme des Postkolonialismus und die Ausbeutung von Menschen in diktatorischen Systemen.

[8] Dass sich Orsenna mit dem Leben des großen Gartenkünstlers beschäftigt, ist nicht von ungefähr: Das 17. Jahrhundert ist das Jahrhundert, in dem unzählige Wissenschaftsgesellschaften ins Leben gerufen werden und Wissensvermittlung noch ganzheitlich erfolgt – nach Orsenna eine ideale Form des Wissenstransfers, auf die sich die gegenwärtige Wissensgesellschaft wieder besinnen sollte.

[9] Der Titel wird im Folgenden abgekürzt mit *La grammaire*.

[10] In diesen Reigen fügt sich auch der kurze poetische Essay *Plaisirs secrets de la grammaire* (2009) ein, in dem Orsenna die Entwicklungsgeschichte der französischen Grammatik skizziert. Sehr viel deutlicher als in den Romanen zeigt sich hier, dass sich Orsenna vor allem an erwachsene Leser richtet: Mit einer nahezu therapeutischen Behutsamkeit, appelliert Orsenna an den Leser, die schlechten und mitunter traumatischen Erinnerungen an den eigenen (frontalen und autoritären) Unterricht zu überwinden und sich darauf einzulassen, die Freude an der Schönheit von Sprache, Literatur, Musik und Mathematik neu zu entdecken.

[11] Der Eindruck, die Bücher richteten sich ausschließlich an ein junges Publikum wird zusätzlich durch die vielen farbigen Illustrationen unterstützt.

in Amerika lebenden Vater Schiffbruch erleiden, ihre Sprache verlieren und auf einer wundersamen Insel Rettung finden. Mit Hilfe eines älteren Herren, dem Musiker Monsieur Henri, gelingt es ihnen, ihre Muttersprache wieder und deren Musikalität und Schönheit neu zu entdecken. Dabei haben sie – wie in Märchen und Kinderbüchern üblich – in der imaginären Phantasiewelt viele Abenteuer zu bestehen und gegen böse Kräfte, hier verkörpert durch den totalitären Diktator Nécrole und die autoritäre und strenge Schulinspektorin Madame Jargonos, anzukämpfen.

Wie die Einzeltitel bereits andeuten, steht dabei jeweils ein anderer Aspekt (vor allem)[12] der französischen Sprache im Mittelpunkt des Interesses: In den ersten beiden Bänden geht es um die Schwierigkeiten der französischen Grammatik, der dritte Band verdeutlicht die Notwendigkeit der Akzentsetzung, während sich der letzte Band der Zeichensetzung widmet.[13]

Mit dem Ziel, die Notwendigkeit der Regelzwänge der Sprache auf nachvollziehbare Weise verstehbar und die Poesie der Sprache wahrnehmbar zu machen, lässt Orsenna Buchstaben und Wörter zu anthropomorphisierten Wesen werden.[14] Monsieur Henri fungiert dabei als eine Art Tutor, der die beiden Kinder in die magische Zauberwelt der Sprache einführt, indem er ihnen die Protagonisten vorstellt:

> Tu vois le groupe, là-bas, assis sur les bancs près du réverbère: „je", „tu", „ce", „celle-ci", „leur". Tu les vois? C'est facile de les reconnaître. Ils ne se mêlent pas aux autres. Ils restent toujours ensemble. C'est la tribu des *pronoms*. (*La grammaire*, 81f.)

[12] In *Les chevaliers du subjonctif* und *La révolte des accents* werden auch andere Sprachen berücksichtigt.

[13] Überdies weisen die Erzählungen zahlreiche intertextuelle Anspielungen auf Autoren und Werke der französischen Literatur auf. So begegnet Jeanne in der ‚Satzfabrik' Saint-Exupéry, Proust und La Fontaine (*La grammaire*, 123-131). Insbesondere in *Et si on dansait?* spielen intertextuelle Anspielungen und Verweise eine wichtige Rolle, zudem tritt der Hauptvertreter der *négritude*, Léopold Sédar Senghor, als Handlungsfigur auf.

[14] In *La révolte des accents* und in *Et si on dansait?* lässt Orsenna den Leser den Nutzen und Sinn der Akzente und Satzzeichen mitunter dadurch erfahren, dass passagenweise auf diese verzichtet wird, was den Dekodierungsprozess erheblich erschwert.

Auf kurzweilige und sehr einfach nachvollziehbare Weise wird hier die *per se* abstrakte grammatikalische Terminologie der Wortklassen anschaulich gemacht und quasi unbemerkt vermittelt. Ein ganz ähnliches Verfahren wendet Orsenna im folgenden Beispiel an, wo die Ich-Erzählerin Jeanne in der ‚Satzfabrik' die einzelnen Arten von Sätzen, ihre Konstituenten und Konnektoren spielerisch erfasst:

> J'ai joué toute la journée. J'avais l'impression de retrouver les cubes de mon enfance. Je combinais, j'accumulais, je développais. J'avais découvert, en fouinant dans l'usine, d'autres distributeurs. Celui des *interjections* (Ah! Bon! Hélas!), celui des *conjonctions* (mais, ou, et, donc, or, ni, car…), petits mots bien utiles pour relier les morceaux de phrase. (*La grammaire*, 116)

Werden grammatikalische Phänomene nicht wie hier anhand von Beispielen erklärt, so erfolgt die Vermittlung sprachlicher Regeln dadurch, dass sie – wie im Falle der unregelmäßigen Pluralbildung – in Geschichten ‚verpackt' werden: So erfährt der Leser, dass die Substantive auf der wundersamen Insel ihre Pluralendungen in Läden kaufen, wobei manche Nomen dafür das *Bureau des exceptions* aufsuchen:

> Ce matin-là, ils étaient trois, un pou, un hibou et un genou. Ils se moquaient d'une marchande qui leur proposait des „s":
>
> – Mes „s" sont adhésifs. Vous n'aurez qu'à vous les coller sur le cul pour devenir des pluriels. Un pluriel a quand même plus de classe qu'un singulier.
>
> Les trois amis ricanèrent.
>
> – Des „s", comme tout le monde? Pas question. Nous préférons le „x". Oui, „x", comme les films érotiques interdits aux moins de dix-huit ans. (*La grammaire*, 79f.)

Was zunächst als reine Kinderliteratur erscheint, richtet sich bei genauerem Hinsehen gleichermaßen an erwachsene Leser. Denn die ungewöhnliche Präsentation sprachlicher Regeln eröffnet dem wissenden Leser eine neue Sichtweise: „Orsenna's talent for analogy will give [the reader] a surprising new perspective on grammar" (Halling 2004, 628). Damit lädt Orsenna seine Leser dazu ein, sich ganz neu auf die Geheimnisse von Sprache und Welt, von Wissen und Leben einzulassen:

> J'espère seulement vous avoir convaincu que l'étude de la grammaire française apporte, à ceux qui s'y adonnent, une gamme inégalée de plaisirs. À commencer par ce mouvement perpétuel qui est celui de la vie même: on s'apaise dans la règle, on s'aiguillonne dans l'exception. (*Plaisirs secrets de la grammaire*, 31)

Letztlich geht es Orsenna also darum, die Welt verständlicher zu machen. Seine Romane lesen sich als Plädoyer für die Bereitschaft, mit offenen und wissbegierigen Augen durch die Welt zu gehen: Um mehr von dieser Welt zu verstehen, benötigt man Wissen, denn je mehr man weiß, desto mehr sieht, erkennt und versteht man. Und genau hier setzt Orsennas Satire auf die starren Vorgaben der *Éducation Nationale* und den Schulbetrieb als wichtigste wissensvermittelnde Instanz an. Denn dieses Ziel wird gerade nicht durch die bloße Aneignung und Reproduktion von (Fakten-)Wissen und das Auswendiglernen starrer Regeln erreicht:

> Aucun charme ni poésie, rien pour inoculer au lecteur la passion d'une langue, pas la moindre preuve concrète du génie propre à notre cher français. Résultat, vous apprenez puisqu'il le faut, mais sans gourmandise aucune. Et l'apprentissage de la grammaire vous reste comme l'un des plus mauvais souvenirs de l'enfance. Une médecine amère et rugueuse, avalée de force. À croire que l'Éducation nationale fait tout pour nous dégoûter de notre langue. (*Plaisirs secrets de la grammaire*, 27f.)

Dass diese Form der Wissensvermittlung frustrierend ist und unzufrieden macht, verdeutlicht sich an der tyrannischen und freudlosen Lehrerin Madame Jargonos, der rechten Hand von Nécrole, dem totalitären Herrscher des Inselarchipels, der stets darum bemüht ist, die Wörter für seine Machtzwecke zu instrumentalisieren. In der Darstellung ihres steifen Frontalunterrichts manifestiert sich Orsennas Kritik an der schulischen Praxis in Bezug auf die Literaturvermittlung besonders prägnant: Bei der Behandlung von La Fontaines Fabel „Le loup et l'agneau" geht es nämlich gerade nicht um das Erspüren der Schönheit der poetischen Gestaltung:

> Et Madame Jargonos reprit sa leçon. Sa chanson incompréhensible:
>
> – Par le „on me l'a dit" du vers 26, l'édifice dialectique achève de s'effonder pour que l'emporte la seule sophistique du loup. Passons maintenant à la fin de la fable:
>
> *Là-dessus au fond des forêts* (27)
>
> *Le loup l'emporte et puis le mange,* (28)
>
> *Sans autre forme de procès.* (29)
>
> Les vers 27 à 29 sont constitués par deux propositions narratives qui ont pour agent S2 (le loup) et pour patient S1 (l'agneau), les prédicats emporter / manger étant complétés par une localisation spatiale (forêts). Dans cette phrase narrative finale, le manque (faim de S2), introduit dès le début comme déclencheur-complication, se trouve elliptiquement résolu. Vous avez des questions?
>
> [...]
>
> Notre travail avance comme il faut. Demain, nous disséquerons Racine et après-demain Molière... (*La grammaire*, 95-97)

Gesteigert wird der ironisierende Ton schließlich noch dadurch, dass es gerade die kindliche Erzählerin Jeanne ist, die hier Kritik übt: „Pauvre langue française! Comment la faire évader de ce traquenard?“ (*La grammaire*, 95-97). Damit plädiert Orsenna in *La grammaire est une chanson douce* zugleich für eine weniger wissenschaftliche Herangehensweise an die Sprache der Literatur: „[…] Orsenna's criticism of current pedagogy and his thinly veiled attack on modern linguistics will pique the interest of the more critical reader“ (Halling 2004, 628). Besonders deutlich wird die Kritik an den Methoden der Lehrerausbildung und der Lehrmethoden an sich, wenn Orsenna aus den Lehrerhandreichungen der *Éducation Nationale* zitiert und diese kommentiert:

> Et les pauvres profs!
>
> Le contrôle approchait. L'épreuve qu'ils redoutaient le plus était le „glossaire“, une liste des mots imposée par le ministère, avec des définitions terribles. Pour l'apprendre, ils travaillaient tout le jour et même la nuit, après l'extinction des feux. […]
>
> Ils [les professeurs] juraient, ils pestaient. Ils pleuraient presque en lisant le charabia: „Une approche cohérente des genres veille donc à comparer leurs manifestations dans le quotidien et leurs réalisations littéraires, dans une perspective de poétique générale…“ (*La grammaire*, 98)

Orsenna agiert hier letztlich als Lehrer der neuen Generation, der sich mit seiner literarischen Wissensvermittlung für eine alternative Form des Wissenstransfers stark macht, die auf mehreren Ebenen lesbar ist und bei der jeder Leser, gleich welchen Alters und Wissenstandes, auf seine Kosten kommt:

> Orsenna's tale[s] may be read on many levels and enjoyed by all ages. Children will appreciate the adventure and will be enthralled by the images of words marrying, changing partners, vying for attention or suffering from overuse. (Halling 2004, 627f.)

Dass Orsenna mit seiner poetischen Repräsentation der französischen Grammatik den Nerv der Zeit trifft, zeigt der enorme und unerwartet große Erfolg, den vor allem der erste Band bei jungen Lesern, aber auch bei der Literaturkritik erzielte:

> Tout haut, il fait ce rêve: que les enfants réapprivoisent leur langue, retrouvent le goût de la découverte et aperçoivent, à travers les mots, le vertige de la liberté. Rien que pour cela, ce roman grammatical mériterait qu'on l'étudiât dans toutes les écoles. (Le Naire 2004)

4. Orsennas narrative Sachbücher

Anders als die oben betrachteten Romane sind Orsennas Bücher *Voyage aux pays du coton. Petit précis de mondialisation*, *L'avenir de l'eau. Petit précis de mondialisation II* und *Portrait d'un homme heureux. André Le Nôtre (1613-1700)* der Kategorie Sachbuch zuzuordnen.[15] Allerdings handelt es sich hierbei nicht – wie man erwarten könnte – um rein essayistische Abhandlungen in nüchtern-sachlicher Tonlage. Zwar ist hier der Referentialitätsbezug klar gegeben und wird im Gegensatz zu seiner Tetralogie zur französischen Grammatik nicht durch phantastische, rein fiktive Elemente unterbrochen, allerdings wird der Schreibduktus durch diverse narrative Verfahren aufgelockert, sodass die – im Falle der beiden Werke zur Globalisierung geradezu enzyklopädischen – Werke sehr viel lesbarer sind als reine Sachliteratur und damit ein breiteres Lesepublikum ansprechen:

> Orsennas Buch ist ein Sachbuch. Aber es kommt ohne Grafiken und ohne Tabellen aus. Orsenna erzählt von der Begegnung mit Mamoudou Dème, dem Chef der Behörde zur Nutzung des Flusses Senegal, ebenso begeisternd wie von der zwischen Wasserstoff und Sauerstoff. Alles verwandelt sich in Geschichten. Die schwemmen die sonst so sperrigen harten Fakten ins Gehirn. Dort verbinden sie sich mit anderen von anderen Geschichten angeschwemmten Fakten, und Seite für Seite, Kapitel für Kapitel entsteht ein neues Bild unserer Welt. (Widmann 2010)[16]

Schließlich ist es gerade die narrative Repräsentationsweise von Wissen, durch die dem Leser dieser poetischen Sachbücher nachhaltig Weltwissen vermittelt wird und die ihm so die Augen für neue Sichtweisen auf die Welt und ihre Gefährdung durch das politische und ökonomische Machtstreben der globalisierten Welt zu öffnen vermag (vgl. hierzu auch Person 2006, 67).

Werfen wir zunächst einen Blick auf die umfangreichen Bücher zur Kulturgeschichte der Baumwolle und des Wassers. Beide Werke sind als Reiseberichte des Ich-Erzählers Orsenna konzipiert. Allein durch die

[15] Im Weiteren werden die Titel wie folgt abgekürzt: *Voyage aux pays du coton. Petit précis de mondialisation* = *Voyage*; *L'avenir de l'eau. Petit précis de mondialisation II* = *L'avenir*; *Portrait d'un homme heureux. André Le Nôtre (1613-1700)* = *Portrait*.

[16] Die Aussage, dass Orsenna ohne Graphiken und Tabellen auskäme, stimmt nicht. *L'avenir de l'eau* enthält neben den zahlreichen Kartenmaterialen auch zwei Statistiken zum Wasserbedarf verschiedener Nutzpflanzen (*L'avenir*, 379; 394).

Wahl dieser Gattung oszillieren die Werke zwischen Reiseerzählung, poetischer Narration und Tatsachenbericht: So stehen nüchterne Abhandlungen über wissenschaftlich fundierte Fakten, bei denen Orsenna sich an die Regeln des wissenschaftlichen Arbeitens hält, er seine Ausführungen mit einschlägigen Quellen belegt und Referenzwerke in Fußnoten und in einer Bibliographie angibt,[17] neben erzählenden Passagen, in denen der Erzähler, wie im folgenden Beispiel, sehr subjektive Eindrücke und individuelle Erlebnisse schildert:

> Le plus gros producteur de la région me tend une carte de visite, une très belle carte à fond vert:
>
> BOBBY G. NEAL
> P.O. BOX 357
> WHITEFACE TX 79379
>
> Le coin en haut à gauche est agrémenté d'une photo. On y voit Bobby assis sur son tracteur. Il brandit la bannière étoilée. En dessous, une phrase enfonce le clou: *Proud to be an American farmer* („Fier d'être un fermier américain").
>
> – Je peux vous parler.
>
> – De quoi?
>
> – Du coton.
>
> Aucune réponse. Beignet. Coca. Beignet. Coca. Inutile d'insister. (*Voyage*, 90)

Orsenna gibt sehr häufig Gesprächssituationen in direkter Rede wieder. Das Interessante dabei ist, dass es sich nicht immer um wirklich aufschlussreiche Szenen handelt, sondern um solche, die wie hier in erster Linie eine komische und unterhaltsame Wirkung erzielen wollen. Zugleich schwingt im vorliegenden Beispiel freilich ein gehöriges Maß an Ironie mit: Der kritische Unterton an der Stumpfsinnigkeit eines der mächtigsten Baumwollproduzenten Amerikas ist angesichts der Beschreibung seiner Reaktion nicht zu überlesen. Weiterhin zeigt der Textauszug ein von Orsenna gern eingesetztes, ja man möchte sagen, ludisches Verfahren; gemeint ist an dieser Stelle die Integration einer stilisierten Visitenkarte, d.h. einer Illustration, die – im Gegensatz etwa

[17] Wie Platthaus in seiner Rezension zu der 2010 erschienen, deutschen Ausgabe von *L'avenir de l'eau* feststellt, unterlaufen Orsenna allerdings einige sachliche Fehler (vgl. Platthaus 2010).

zu einer photographischen Reproduktion – weder Sachverhalte erhellt noch Authentifizierungsfunktion trägt und damit im Grunde überflüssig ist. Auch hier liegt die Funktion vor allem in der spielerischen Auflockerung des Textes.

Obwohl der Referenzialitätsbezug in Orsennas Kompendien zur Kulturgeschichte der Baumwolle und des Wassers stets gewahrt bleibt, fällt doch seine mitunter sehr poetische Sprache auf, die sich mit seiner Freude am Fabulieren verbindet. Eine besondere Vorliebe hegt Orsenna für Anthropomorphisierungen und Personifizierungen. Dies zeigt sich etwa, wenn er die chemische Zusammensetzung des Wassers erklärt:

> Le couple oxygène-hydrogène n'est pas si uni qu'il paraît. [...] Or chacun sait qu'un couple qui bat de l'aile représente un danger pour les autres couples. Quand on ne se satisfait pas tout à fait l'un l'autre, on ne résiste pas toujours à la tentation d'aller voir ailleurs. [...] Il faut alors assister aux manœuvres de cette chère amie l'eau, soi-disant si douce, l'innocence même. [...] L'eau sépare, pousse au divorce. Mais c'est pour mieux remarier: changez de partenaire, dit-elle, essayez donc une autre cavalière, et vous verrez, votre vie s'en trouvera relancée. (*L'avenir*, 20f.)

Sein Verknüpfungsgeschick von Fakt und Fiktion lässt sich in dem folgenden Textauszug, in dem er von der historischen Persönlichkeit Pascal Moreira berichtet, sehr schön illustrieren:

> Un beau jour de 1719, Dieu, béni soit-il, décide de récompenser notre Pascal pour sa curiosité et son obstination. Un caillou se présente à lui, reconnaissable entre tous: c'est de l'or. Portée par on ne sait quels oiseaux, sans doute un couple de perroquets bleus (ils volent toujours par deux et s'appellent, en langue scientifique, *Anodorhynchus hyacinthinus*), la nouvelle traverse le pays. (*Voyage*, 101)

In plauderhaftem Ton und mit der für das Märchen typischen Anfangsfloskel („un beau jour") einsetzend, nimmt Orsenna die Pose des traditionellen allwissenden Erzählers ein („notre héros"), vernachlässigt dabei allerdings nicht sein Anliegen, Wissensinhalte zu vermitteln und so schaltet sich der ‚Lehrer' Orsenna in der Parenthese durch die Angabe der Fachbezeichnung der Hyazinth-Aras ein.

Entsprechend des Genres des historischen Sachbuches ist *Portrait d'un homme heureux. André Le Nôtre (1613-1700)* zwar reich an historischen Daten und Hintergrundinformationen zur politischen Situation des 17.

Jahrhunderts in Frankreich,[18] allerdings verlässt Orsenna auch hier immer wieder das Terrain des sachlichen Erzählens und betritt den Bereich der Fiktion. Wie auch in seinen Globalisierungsbüchern nimmt der Erzähler wiederholt die Pose des allwissenden Erzählers ein (vgl. z.B. *Portrait*, 119; 130). Besonders deutlich wird der Fiktionalitätsgehalt indes in den zahlreichen metafiktionalen Kommentaren, in denen der Erzähler als schreibendes Ich zutage tritt und explizit darauf hinweist, dass es sich bei dem Geschilderten um Ergebnisse seiner Imagination handelt (vgl. auch *Portrait*, 16; 22):

> A Versailles, souvent, je tends l'oreille, rêvant de retrouver cette conversation longue d'un tiers de siècle. Entre le monarque et le plus puissant, le Soleil incarné, à qui tout doit céder, même le temps, et l'homme de la terre, le saisonnier, celui qui reste du côté de la nature, même s'il la force, comme personne avant lui. Ils parlent. De tout, de rien. Chemin faisant: „Ce bosquet m'enchante, j'ai peur pour mon enfant, comment vont mes fontaines? La guerre de Hollande, vous sentez des tilleuls? Ce Louvois m'ennuie, vous avez de ces aigreurs du ventre après le gibier? On n'en finira jamais avec les taupes…" (*Portrait*, 133f.)

Es handelt sich folglich um eine semi-fiktionale Biographie; Orsenna selbst kommentiert seine Absicht wie folgt: „Je ne voulais pas faire un travail de spécialiste, mais de romancier" (Orsenna zit. nach Frey 2000). Gleichzeitig geht es Orsenna allerdings – wie in seiner Grammatik-Tetralogie – darum, seinen Lesern Lust auf zumeist wenig beliebte Wissensinhalte zu machen, etwa wenn er die Schönheit und das beglückende Potential des Satzes des Pythagoras und des Goldenen Schnitts zu vermitteln sucht. Orsenna beginnt seine Erläuterungen, indem er auf die erwartbaren Einwände des impliziten Lesers eingeht:

> Où trouver, me direz-vous, la moindre joie dans ces exercices mathématiques élémentaires? Et pourtant, bien des bonheurs humains sont nés de ces trois petits chiffres séparés par une virgule, car il s'agit du nombre d'or.
>
> Notre œil est plutôt conservateur. Il aime les identités. A défaut, les échos, les ressemblances. Pour cette raison, il chérit le carré: cette figure parfaite l'apaise. Et parmi toutes les formes, c'est encore le carré qu'il cherche. Ou des proportions qui le lui rappellent. Le nombre d'or a cette fonction: prolonger l'harmonie, celle qu'il suffit de percevoir un jour pour en avoir toujours le regret. (*Portrait*, 90f.)

---

[18] Diese werden durch die vielen in Fußnoten bibliographisch angegebenen Referenzwerke und in der mitgelieferten, recht ausführlichen Bibliographie auch belegt.

Einem behutsamen Lehrer gleich, spricht Orsenna den Leser auch an anderen Stellen direkt an und fordert ihn dazu auf, stets offen für die (Neu-)Entdeckung des Bekannten zu sein; so nimmt der Erzähler den Leser quasi an die Hand und führt ihn in einer Art Lehr-Gang durch den Park von Versailles und erklärt ihm dabei die verborgene mathematische Logik der Gartenanlage:

> Commençons la promenade et cédons aux apparences: elles vont toutes nous tromper. Dos au château, marchons vers la ligne de grottes, au fond, peuplées de statues. L'allée centrale vous paraît rectiligne? Première erreur: elle s'élargit peu à peu pour corriger l'effet de fuite et sa tendance à rabougrir l'horizon. [...] La promenade n'a pas duré la demi-heure et, déjà, vous n'êtes plus certain de rien. (*Portrait*, 47f.)

Auch wenn Romane nicht *per se* schlauer machen als wissenschaftliche Texte, so konnte anhand der Untersuchungen der Texte Érik Orsennas dargelegt werden, dass seine Formen der literarischen Wissensvermittlung dazu beitragen können, diverse Dimensionen des Lebenswissens mit narrativen Mitteln darzustellen, miteinander zu verknüpfen, nach unterschiedlichen Seiten hin anschlussfähig zu machen und so den Aufbau und die Erweiterung individueller Wissensnetzwerke zu fördern. Mit seinem ästhetischen Verfahren der Durchmischung von poetischem und wissenschaftlichem Diskurs gelingt es Orsenna, Wissensinhalte unterschiedlichster Disziplinen ohne erhobenen Zeigefinger und ohne plumpes Didaktisieren auf sehr unterhaltsame und doch zugleich äußerst belehrende Weise im Sinne des Humboldt'schen Gedankens der Vergesellschaftung des Wissens einem breiten Lesepublikum nahe zu bringen.

Bibliographie

Primärliteratur

Orsenna, Érik (2000): *Portrait d'un homme heureux. André Le Nôtre 1613-1700*, Paris: Gallimard.
Orsenna, Érik (2001): *La grammaire est une chanson douce*, Paris: Stock.
Orsenna, Érik (2004): *Les Chevaliers du Subjonctif*, Paris: Stock.
Orsenna, Érik (2006): *Voyage aux pays du coton. Petit précis de mondialisation*, Paris: Fayard.
Orsenna, Érik (2007): *La Révolte des accents*, Paris: Stock.
Orsenna, Érik (2008): *L'avenir de l'eau. Petit précis de mondialisation II*, Paris: Fayard.
Orsenna, Érik (2009): *Et si on dansait?*, Paris: Stock.

Orsenna, Érik (2009): *Plaisirs secrets de la grammaire*, Paris: Stock.

Sekundärliteratur

Asholt, Wolfgang / Ette, Ottmar (Hgg.) (2010): *Literaturwissenschaft als Lebenswissenschaft. Programm – Projekte – Perspektiven*, Tübingen: Narr Francke Attempto.

Ette, Ottmar (2004): *ÜberLebenswissen. Die Aufgabe der Philologie*, Berlin: Kulturverlag Kadmos.

Frey, Pascale (2000): „Erik Orsenna est un actif polyvalent", in: *Lire*, 01.05.2000, http://www.lexpress.fr/culture/livre/erik-orsenna-est-un-actif-polyvalent_805643.html [Stand: 01.11.2010].

Halling, Kirsten (2004), „Orsenna, Erik. La Grammaire est une chanson douce. Paris: Stock, 2001", in: *French Review* 77.3, 627-628.

Hempfer, Klaus W. / Traninger, Anita (Hgg.) (2007): *Dynamiken des Wissens*, Freiburg: Rombach.

Klausnitzer, Ralf (2008): *Literatur und Wissen. Zugänge – Modelle – Analysen*, Berlin: Walter De Gruyter.

Klinkert, Thomas / Neuhofer, Monika (Hgg.) (2008): *Literatur, Wissenschaft und Wissen seit der Epochenschwelle um 1800. Theorie – Epistemologie – komparatistische Fallstudien*, Berlin: Walter De Gruyter.

Le Naire, Olivier (2004): „Au-delà des modes", in: *L'Express*, 01.11.2004, http://www.lexpress.fr/culture/livre/les-chevaliers-du-subjonctif_820047.html [Stand: 01.11.2010].

Lewis, David / Rodgers, Dennis / Woolcock, Michael (2008): „The Fiction of Development: Literary Representation as a Source of Authoritative Knowledge", in: *Journal of Development Studies* 44.2, 198-216.

Person, Jutta (2006): „Zwanzigtausend Meilen unter dem Meer", in: *Literaturen* 9, 66-68.

Platthaus, Andreas (2010): „Aus vielen Quellen schöpfend", in: *FAZ*, 17.03.2010, http://www.faz.net/s/RubC17179D529AB4E2BBEDB095D7C41F468/Doc~EA3D98BF62E744955B1FD6FE8BBE8A3FE~ATpl~Ecommon~Scontent.html [Stand: 01.11.2010].

Steinfeld, Thomas (2008): „Literatur vs. Wissenschaft. Vergesst die Experten!", in: Süddeutsche Zeitung, 12.11.2008, http://www.sueddeutsche.de/kultur/literatur-vs-wissenschaft-vergesst-die-experten-1.608232 [Stand: 15.03.2011].

Widmann, Arno (2010): „Vom alles durchströmenden Stoff", in: *Frankfurter Rundschau*, 02.03.2010, http://www.fr-online.de/kultur/literatur/vom-alles-durchstroe menden-stoff/-/1472266/2973354/-/index.html [Stand: 01.11.2010].

III. Darstellung des Fremden

Normensysteme und Wissenstraditionen in Torquato Tassos früher Epik und Poetik. Prozesse der Überlagerung und Ambiguisierung

Teresa Staudacher (Wien)

L'articolo mette la teoria e la pratica poetica del Tasso (fino alla revisione della Gerusalemme Liberata, *1581) in relazione con la configurazione del sapere e gli orizzonti storico-culturali della sua epoca. Si esaminano da un lato le conseguenze della collisione sia di vari sistemi normativi sia di differenti tradizioni di sapere e di rappresentazione, dall'altro la reazione del Tasso all'imposizione di certe norme (poetologiche) e alle costrizioni ideologiche del suo tempo. Ci si concentra su due ambiti: 1. il ruolo del sapere storico, ossia la relazione fra verità (storica) e poesia nel pensiero poetologico del primo Tasso; 2. la rappresentazione dei personaggi pagani nella* Gerusalemme Liberata. *Le peculiarità e contraddizioni che qui s'incontrano sono spiegate considerando la poetica del diletto e degli affetti che si profila nel lavoro del Tasso.*

1. Einleitung und Synopsis

Der vorliegende Beitrag beschäftigt sich mit Wissen und Repräsentationsformen von Wissen unter folgenden Aspekten: Tassos poetische Theorie und Praxis der Zeit bis zur Revision der *Gerusalemme Liberata*[1] werden daraufhin befragt, was sie uns über zeitgenössische Vorstellungen bzw. Erfahrungen von Wirklichkeit und über zeitgenössische Wissensbestände sagen können.[2] Wissen wird also im Sinne einer soziologischen Definition als ein System von Überzeugungen verstanden, das von einer bestimmten sozialen Gruppe zu einem bestimmten Zeitpunkt als gültig anerkannt wird. Wie gezeigt werden soll, zeugen Tassos Texte

[1] Tasso stellt 1575 nach jahrelanger Arbeit eine erste Fassung des Epos fertig und legt sie einer Gruppe von Revisoren vor (der Revisionsprozess dauert von März 1575 bis Juli 1576). Publiziert wird die *Gerusalemme Liberata* erstmals 1581, wobei Tasso weder diese noch folgende Ausgaben autorisiert; er überarbeitet sein Epos immer weiter und veröffentlicht es erst 1593 in der teils erheblich veränderten Version der *Gerusalemme Conquistata.* Im Folgenden verwende ich zur Bezeichnung der *Gerusalemme Liberata* den Kurztitel *Liberata.*

[2] Prinzipiell sind Dichtung und Wissen in der Renaissance in der Vorstellung der moralischen Belehrung durch Dichtung bzw. des *poeta eruditus* (in der die Idee des Dichters als Wissensvermittler angelegt ist) aufeinander bezogen.

selbst von einem Bewusstsein für die historische, soziale und lokale Abhängigkeit von Überzeugungen und Praktiken[3] und von der Erkenntniskrise des *Secondo Cinquecento* – konkret wird im Folgenden den Auswirkungen des Zusammenstoßes und der Überlagerung unterschiedlicher Normensysteme bzw. Repräsentations- und Wissenstraditionen[4] und Tassos Umgang mit der Durchsetzung bestimmter Normen oder Diskurse nachgegangen. Hierbei stehen zwei Bereiche im Fokus: erstens die Rolle historischen Wissens (bzw. das Verhältnis von Dichtung und Wahrheit) in Tassos frühen dichtungstheoretischen Überlegungen und zweitens die Repräsentation der Heiden und Heidinnen[5] in der *Liberata*. Am Beispiel der Repräsentation der Heiden und Heidinnen lässt sich zeigen, wie unterschiedliche Wissensbestände und Erfahrungen in Dichtung integriert werden und wie verschiedene Normensysteme, die miteinander in Konflikt geraten bzw. sich überlagern, Ambiguitäten und Widersprüche generieren. Diese Widersprüche und weitere Auffälligkeiten der Repräsentation der Heiden und Heidinnen werden mit Blick auf Tassos auf Affektbewegung zielende Poetik, die auch seinen Umgang mit historischem Wissen maßgeblich beeinflusst, erläutert.

2. Tassos frühe poetische Theorie und Praxis (bis 1576) und die Verfasstheit zeitgenössischen Wissens

Die Frage nach der epistemologischen Konfiguration der Renaissance hat Klaus W. Hempfer in Hinblick auf die strukturelle Heterogenität, die verschiedene Diskurstypen und soziokulturelle Teilsysteme als verbindendes Merkmal prägt, mit seiner These einer Pluralisierung bzw. Relati-

---

[3] Laut Tasso gilt es, sich in den „cose […], che dall'usanza dependono", dem Geschmack der eigenen Zeitgenossen anzupassen; welche „costumi" er als veränderlich betrachtet – „vestire", „parlare", „usanze" bzw. genauer: „la maniera dell'armeggiare, i modi dell'aventure, il rito de' sacrifici e de' conviti, le cerimonie, il decoro e la maestà delle persone" (*Discorsi dell'arte poetica,* Tasso 1964, 31f.) –, kann als Hinweis darauf verstanden werden, in welchen Bereichen er sich bewusst bemüht, die zeitgenössische Welt in seine Dichtung einfließen zu lassen.

[4] Hier ist an die Wiederbelebung antiken Wissens in der Renaissance wie auch an neu entstandenes Wissen und neue Normen zu denken.

[5] Ich verwende die Bezeichnung ‚Heide' im Folgenden wie Tasso in seinen epischen Texten als Bezeichnung für alle Nichtchristen, seien diese auch Andersgläubige, wie im vorliegenden Fall vorwiegend Muslime.

vierung des Wahrheitskonzepts beantwortet (vgl. Hempfer 1993, 28-37). Tassos Dialog *Il Malpiglio secondo overo del fuggir la moltitudine*[6] weist in eine ähnliche Richtung:[7] Er illustriert die Vielfalt und Widersprüchlichkeit der Meinungen in verschiedenen Wissensbereichen und beinhaltet die entscheidende wie auch schmerzliche Erfahrung, dass die enorme Menge an Wissen keine sicheren Erkenntnisse mit sich bringt, nicht „dazu ver[hilft] […], *die* Wahrheit zu erkennen" (Lozar 2007, 252). Hier lässt sich, wie auch in anderen Schriften Tassos, beobachten, dass die Kategorien ‚Meinen' und ‚Wissen' nicht klar voneinander geschieden werden und ineinander übergehen. Die Zusammenführung unterschiedlicher, einander teils widersprechender Wissenstraditionen bedingt aber nicht nur eine Pluralisierung der Autoritäten, sondern auch eine Ambiguisierung der Begriffe, die besonders in der zweiten Hälfte des 16. Jahrhunderts virulent wird, in der sich poetologische wie auch ideologische Zwänge verschärfen. Die im Zuge des Renaissance-Humanismus etablierten rhetorischen Verfahren und Kategorien gewinnen zunehmend an gesellschaftlicher und kultureller Bedeutung (vgl. etwa Kapp 1990, 40 und 44-47) und es setzt sich nun, wie besonders Sergio Zatti schon mit Bezug auf die *Liberata* betont, die *dissimulazione* als soziale Praxis in Reaktion auf repressive Verhältnisse und autoritäre Institutionen – man denke etwa an die gegenreformatorische Kirche und den Kontext des Hofs – durch (vgl. Zatti 1996 und besonders 2006).[8]

[6] Über die genaue Entstehungszeit des Dialogs besteht in der Forschung keine Einigkeit, am wahrscheinlichsten erscheint das Jahr 1585; erstmals publiziert wurde der Text 1666.

[7] Während andere zeitgenössische Dialoge diese Pluralisierung bzw. die potentielle Wahrheit unterschiedlicher *opiniones* performativ inszenieren (vgl. Hempfer 1993, 28-31 zum Dialog als exemplarische Gattung der epistemologischen Konfiguration der Renaissance), ‚dokumentiert' der *Il Malpiglio secondo overo del fuggir la moltitudine* diese vielmehr.

[8] Die *dissimulazione*, also die Verstellung / das Verbergen, dient verfolgten politischen und religiösen Minderheiten als Überlebenstechnik, wird aber auch zur Ausübung von Macht genutzt (vgl. Zatti 2006, 195f.). Für ihre Bedeutung im höfischen Kontext vgl. auch Benzoni 1978, 109-115 oder Kapp 1990, 54, der auf ihre Rolle in Anstandsbüchern und Hoftraktaten – im Sinne des Verbergens und der Zügelung innerer Regungen – hinweist (Tasso selbst benennt in seinen Briefen seine geringe Fähigkeit zur *dissimulazione* als eine Ursache für sein Unglück). – An Zattis Interpretation der *Liberata*, die deren Konzeption im Zeichen der *dissi-*

Die genannten Entwicklungen und Gegebenheiten schlagen sich in der *Liberata* nieder: Tassos Epos verhandelt die Erkenntniskrise des *Secondo Cinquecento*, in der sich die Welt als Ort des *opinabile* und einer die Wahrheit verbergenden Vielfältigkeit erweist, und es inszeniert die Vieldeutigkeit und Unzuverlässigkeit von Zeichen auf verschiedenen Ebenen (vgl. Erspamer 1989, Scianatico 1990 und 1998[9]). Auf der Handlungsebene etwa besetzen die Figuren Signifikante ihrer jeweiligen Perspektive entsprechend divergent, was ein Versagen der Kommunikation, aber auch Interferenzen zwischen verschiedenen Diskursen nach sich ziehen kann; oder sie eignen sich bestimmte Diskurse (oder Kleider) in täuschender Absicht an und stimmen ihre Äußerungen in Hinblick auf den Adressaten und die argumentative Zielsetzung ab. Insgesamt bleibt für die Figuren der Wahrheitsgehalt von Aussagen und Erscheinungen oft unentscheidbar und sie unterliegen, gefangen in ihrer subjektiv-begrenzten Perspektive, der Gefahr der Täuschung.[10]

Auch wenn Tasso seinem Leser / seiner Leserin zumeist einen privilegierten Blick auf die dargestellte Welt einräumt, dieser / diese also häufig mehr als die Figuren weiß, prägen die erwähnten Phänomene der Vieldeutigkeit die Sprache des Epos insgesamt[11] und machen somit allgemein die sich einer Eindeutigkeit des Sinns entziehende Polyvalenz des Signifikanten bewusst: Unterschiedliche Diskurse überlappen sich und verschwimmen miteinander und man stößt auf Prozesse der Aushöhlung,[12] die es jedoch auch erlauben, unter dem Deckmantel dominanter Diskurse alternative Positionen zu artikulieren – anstelle einer Pluralisierung des

mulazione und die zentrale Rolle von Täuschung und Verkleidung als Handlungselemente hervorhebt, schließt folgende Argumentation teils an.

9 Scianatico bezeichnet die *Liberata* als „[p]oema della crisi, dell'età del dubbio e della mutazione" (Scianatico 1998, 11).

10 Im Gegensatz zur Perspektive der Figuren steht die allumfassende, die Wahrheit und das Innere der Figuren (er)kennende Perspektive des Erzählers bzw. Gottes.

11 Güntert hat sich mit Tassos Spiel mit Homonymien, Paranomasien, Mehrdeutigkeiten und Konnotationen auseinandergesetzt (vgl. Güntert 1989, 65-77); dabei spricht er von einer „unità di significante e pluralità di significati" (ebd., 65).

12 Interessant ist, welche Diskurse sich überlappen (z.B. der religiöse und der amouröse Diskurs) bzw. gegenseitig aushöhlen (Liebe und Krieg) oder verschwimmen (z.B. der rationale und der heidnisch-hedonistische Diskurs) – hierauf kann ich allerdings im Folgenden nur ansatzweise eingehen.

Sinns und der erzählten Welt tritt deren Ambiguisierung.[13] Mehrere Briefe aus der Zeit der Revision der *Liberata* weisen darauf hin, dass Tasso sie absichtlich mehrdeutig konzipiert, um sich poetologischen und ideologischen Zwängen und autoritären Kontrollinstanzen zu entziehen; so schreibt er etwa am 17. September 1575 an Scipione Gonzaga: „[N]è fu mai biasmata in poeta l'allegoria, nè può esser biasmata cosa che può esser intesa in molti modi" (Tasso 1997, Brief 46 der *Edizione Guasti*[14]). Wie im Folgenden gezeigt werden soll, versucht Tasso also repressiven Tendenzen zwar äußerlich zu genügen und so die Publikation seines Werkes zu sichern, gleichzeitig aber auch seine Vorstellung von Dichtung umzusetzen und einem möglichst breiten Publikum (Gelehrten wie auch ‚Mittleren') zu gefallen.

Der Hinweis auf einen verborgenen eigentlichen Sinn unter der kriegerisch-imperialistischen Oberfläche ist der *Liberata* selbst anhand der Kommunikation zwischen den heidnischen Figuren Erminia und Aladin eingeschrieben, die sich auf die Kommunikation zwischen Text und Leser / in beziehen lässt:[15] Erminias doppeldeutige Rede, die „sotto il manto de l'odio altro desio" versteckt (Tasso 1983 III, 19, 1f.[16]), inszeniert die Dissimulationsverfahren, derer sich Tasso selbst in der Abfassung der *Liberata* bedient (was auch Georges Güntert, allerdings mit verengtem Fokus auf das Verhältnis von *romanzo* und *epos*, thematisiert; vgl. Güntert 1989, 124), und weist darauf hin, dass verschiedenen Rezipienten abhängig von ihrer jeweiligen Perspektive verschiedene Bedeutungsebenen einer Äußerung zugänglich sind (vgl. GL III, 19f.). Erminia formuliert gegenüber Aladin, dem König von Jerusalem, ihre Liebe zum christlichen Ritter Tancredi (also einem offiziellen Feind) in der Metaphorik des Krieges und des Kampfes, und Aladin ist, gefangen in seiner

[13] In der *Liberata* ist m.E. nicht die Wahrheit selbst pluralisiert, sondern vielmehr die von der jeweiligen Perspektive abhängige Wahrnehmung von Welt.

[14] Im Folgenden zitiere ich die Briefe der *Edizione Guasti* (= Tasso 1997) mit dem Kürzel G und der ihnen dort zugewiesenen Nummerierung, also beispielsweise im vorliegenden Fall G 46.

[15] Der Text vermittelt m.E. anhand bestimmter Modellsituationen bzw. -figuren also Wissen über sich selbst, wobei ich in meiner Interpretation der *Liberata* besonders Erminia als Figuration bestimmter Erzähl- bzw. Rezeptionsmodi begreife; hierauf kann ich im Rahmen dieses Beitrags nur am Rande eingehen.

[16] Im Folgenden zitiere ich die *Gerusalemme Liberata* (= Tasso 1983) mit dem Kürzel GL unter Angabe des Canto, der Stanze und gegebenenfalls der Verszeile.

Perspektive – im Gegensatz zum Leser / zur Leserin –, nicht in der Lage, die versteckte Botschaft zu entschlüsseln (vgl. GL III, 20, 5f.: „Così parlava, e de' suoi detti il vero / da chi l'udiva in altro senso è torto"). Die sich hier abzeichnende Aushöhlung der *armi* durch die *amori* lässt sich auf die *Liberata* selbst als Äußerung beziehen, und tatsächlich bildet der Kampf zwischen christlicher und heidnischer Fraktion im Rahmen des ersten Kreuzzugs zwar die Haupthandlung der *Liberata*, wird allerdings nicht zum bestimmenden Element in ihrer Rezeption: Das Interesse gilt vor allem den (unglücklichen) Liebesgeschichten, den affektgeladenen (erotischen, sentimental-pathetischen und tragischen) Episoden, deren Protagonisten abweichende christliche Helden und heidnische Heldinnen (Individuen, nicht Kollektive) sind und die losgelöst von der Haupthandlung betrachtet werden (wie beispielsweise Giovanni Careri in seiner Studie zur produktiven Rezeption der *Liberata* besonders in der Malerei gezeigt hat; vgl. Careri 2005). Im Folgenden geht es auch darum, die mehrfach in der Forschung thematisierten Widersprüche zwischen Affekt und Ideologie (vgl. etwa Zatti 1983, 11 und 36f.) mit Blick auf Tassos poetologische Überlegungen – besonders seine *diletto*-Poetik – und Vorstellungen von Affektivität zu untersuchen.[17]

Aber wenden wir uns zuerst der Rolle des historischen Wissens zu. Wie schon erwähnt, verschärfen sich in der zweiten Hälfte des 16. Jahrhunderts poetologische Zwänge und es setzt sich die Aristotelische *Poetik* als dominantes Bezugsmodell durch; allerdings koexistieren, interagieren und überlagern sich in den prinzipiell synkretistisch angelegten Poetiken der Spätrenaissance weiterhin verschiedene Traditionsstränge. Neben dem Zug zur Reglementierung lässt sich so auch eine Tendenz zu der Aushöhlung und Ambiguisierung der verwendeten Begriffe (vgl. Kappl 2006, 315 und ähnlich Hempfer 1993, 33f.) sowie zu der Instrumentalisierung von Konzepten und Autoritäten feststellen. Diesen Phänomenen, wie dem (Spannungs-)Verhältnis von ‚Wahrheit / Wissen', ‚Mei-

[17] Das Gewicht der Affekte in der *Liberata* betonen neben Careri 2005, etwa Raimondi 1994 und Stierle 1986. Stierle spricht von einer „Mimesis der Affekte" und der speziellen „Emotivität des Diskurses"; er weist auf eine „neue Rezeptionsdisposition" der gesteigerten „emotive[n] Partizipation" des Lesers / der Leserin hin, die ich im Folgenden in breitere Zusammenhänge einbette (Stierle 1986, 412).

nung' (oder auch ,Glauben') und ,Wahrscheinlichkeit', spüre ich nun in Tassos frühen poetologischen Überlegungen nach.[18]

Im *Secondo Cinquecento* entsteht ein zunehmendes Misstrauen gegenüber der dichterischen Fiktion. Die Frage nach dem Verhältnis von Dichtung und Wahrheit, von historiografischem und poetisch-fiktionalem Diskurs, die unter anderem in eine zunehmende Forderung nach der Historizität des Stoffes und der Figuren einmündet, bildet einen Angelpunkt der poetologischen Diskussionen. Tasso selbst argumentiert in den *Discorsi dell'arte poetica* (1587)[19] für die Wahl eines historischen Stoffes, da diese Voraussetzung für die Glaubwürdigkeit des Epos sei:

> I successi grandi non possono esser incogniti; e ove non siano ricevuti in iscrittura, da questo solo argomentano gli uomini la loro falsità; e falsi stimandoli, non consentono così facilmente d'essere or mossi ad ira, or a terrore, or a pietà, d'esser or allegrati, or contristati, or sospesi, or rapiti, e in somma non attendono con quella espettazione e con quel diletto i successi delle cose, come farebbono se que' medesimi successi, o in tutto o in parte, veri stimassero. Per questo, dovendo il poeta con la sembianza della verità ingannare i lettori, e non solo persuader loro che le cose da lui trattate sian vere, ma sottoporle in guisa a i lor sensi che credano non di leggerle, ma di esser presenti e di vederle e di udirle, è necessitato di guadagnarsi nell'animo loro questa opinion di verità; il che facilmente con l'auttorità della istoria li verrà fatto. (*Ddap*, 4f.)

Es geht ihm also nicht darum, eine angenommene historische Wahrheit abzubilden, sondern mithilfe ihrer Autorität seinen Fiktionen den „Anschein der Wahrheit" zu verleihen, eine „opinion di verità" zu erzeugen,[20] die für ihn Voraussetzung für die Affektbewegung (also die Wir-

[18] In der Betrachtung der dichtungstheoretischen Schriften Tassos ist zu beachten, dass seine poetische Praxis häufig über die offiziell formulierte Poetik hinausgeht bzw. diese auch unterminiert. Nichtsdestoweniger weisen Tassos poetologische Entwürfe teils selbst auf den instrumentellen Gebrauch von Konzepten hin und können, gerade kombiniert mit entsprechenden Überlegungen aus den Briefen, Anhaltspunkte für die Interpretation seiner Texte bieten.

[19] Die *Discorsi dell'arte poetica* erscheinen erst 1587, Tasso verfasst sie aber bereits in den 1560er Jahren. Dieses Werk wird im Folgenden mit der Sigel *Ddap* zitiert; die Angabe der Seitenzahlen bezieht sich auf Tasso 1964.

[20] Vgl. hierzu auch Benfell 1999, besonders 179-181 und 194. Der Dichter ist also grundsätzlich ein großer (Dis)Simulator, der sein Publikum mit überzeugenden Repräsentationen täuscht. – Auf die Differenz zur Thematisierung des Verhältnisses zwischen Dichtung und Wahrheit im Proömium der *Liberata* kann ich hier leider nur hinweisen. Das Verhältnis zwischen *vero* und *falso* und verschiedene Arten

kung des Textes) ist; der Affektbewegung kommt im Rahmen der Rhetorisierung der Dichtung höchste Bedeutung zu (vgl. Kappl 2006, 13f.) und sie erlangt allgemein in der Kunst und Kultur Italiens gegen Ende des 16. Jahrhunderts spezifisches Gewicht (vgl. Imorde 2004, 85-113[21]).

Insgesamt orientiert Tasso sich am Prinzip der Wahrscheinlichkeit, das sich als Drittes zwischen historischer Wahrheit und Lüge positioniert, und macht es maßgeblich von der Meinung des Publikums bzw. der Mehrheit abhängig.[22] Soll die moderate Quantität des gewählten historischen Stoffes genügend Raum für die „licenza del fingere" schaffen (vgl. *Ddap*, 14), tritt er überdies für die Veränderung des Wahren (er spricht auch von der „verità de' particulari", *Ddap*, 17) im Zeichen des „maggior diletto" des Publikums im Zusammenhang des dichterisch Wahrscheinlichen („verisimile") ein:

> [P]rima d'ogn'altra cosa deve il poeta avvertire se nella materia, ch'egli prende a trattare, v'è avvenimento alcuno il quale, altrimente essendo successo, avesse o più del verisimile o più del mirabile, o per qual si voglia altra cagione portasse maggior diletto; e tutti i successi che sì fatti trovarà, cioè che meglio in un altro modo potessero essere avvenuti, senza rispetto alcuno di vero o di istoria a sua

---

von Lügen (hochherzige, unschuldige, taktisch-berechnende) werden in ihr immer wieder thematisiert.

21 Imorde betont in diesem Zusammenhang insbesondere die Rührung des Gegenübers zu Tränen und spricht von einer „weinerliche[n] Empfindungskultur" (Imorde 2004, 141).

22 Zur Vieldeutigkeit des *verosimiglianza*-Begriffs in der Renaissance zwischen handlungslogischer Verknüpfung, Definition über die Relation zu Wahrheit und Entsprechung mit der *opinione* vgl. Kablitz 1989. Vgl. hierzu Tassos Entwurf des gleichzeitig wunderbaren und wahrscheinlichen christlich Wunderbaren, der sich auch hinsichtlich des Verhältnisses von Glauben und Meinen als interessant erweist, *Ddap*, 7f.: „[P]erché, avendo gli uomini nostri bevuta nelle fasce insieme co'l latte questa opinione, ed essendo poi in loro confermata da i maestri della nostra santa fede (cioè che Dio e i suoi ministri e i demoni e i maghi, permettendolo Lui, possino far cose sovra le forze della natura meravigliose) [...] basta al poeta in questo, com'in molte altre cose, la opinion della moltitudine, alla quale molte volte, lassando l'esatta verità delle cose, e suole e deve attenersi." Oder auch, was er in Hinblick auf die Macht der natürlichen und der dämonischen Zauberkunst schreibt: Es reiche zu wissen „sin a quanto sia ricevuto dall'opinione de' popolari (a' quali scrive il poeta, et al loro modo parla sovente) ch'ella si possa stendere" (G 46).

> voglia muti e rimuti, e riduca gli accidenti delle cose a quel modo ch'egli giudica migliore, co 'l vero alterato il tutto finto accompagnando. (*Ddap*, 17)

Poetische und ideologische Anliegen, deren Ziel die Erzeugung von *diletto* bzw. Schönheit ist – wie etwa die Einflechtung der Liebschaften und des Wunderbaren oder die Idealisierung des Helden –, gebieten es, von der geschichtlichen (oder auch geografischen; vgl. die späteren *Discorsi del poema eroico* [1594]) Wahrheit abzuweichen, was Tasso am Beispiel Vergils illustriert (vgl. *Ddap*, 17f.). In der Veränderung des historischen Materials darf der Dichter nach Tasso allerdings nicht gegen das verstoßen, was allgemein für wahr gehalten wird, um die Autorität der Geschichte nicht zu untergraben, die ja seiner Dichtung Autorität verleiht.[23]

Insgesamt erweist sich Tassos Verhältnis zum geschichtlichen Wissen als ambivalent: Bedient er sich einerseits der Autorität der Geschichte zur Beglaubigung seiner Fiktion, strebt er auch tatsächlich nach einer größeren Exaktheit[24] und entwickelt aus historischen Details genuin eigene poetische Inhalte, so wird andererseits die Forderung nach Historizität zur Einschränkung und gerät seine Konzeption von Dichtung (die die Bedeutung der dichterischen Freiheit betont und das Wunderbare[25] und die *amori* als genuine Bestandteile des Epos markiert) zunehmend unter Druck (vgl. etwa G 47 und 57). Nun kommt es zu einer Polarisierung von Dichtung und Geschichte und Tasso entwirft *post festum*, in Reaktion auf die Beschränkung der dichterischen Freiheit und um sein Werk in bestehender Form zu retten, eine allegorische Deutung der *Liberata* (vgl. auch Tassos bereits zitierte Bemerkung zur Allegorie):

---

[23] Zur Einarbeitung (und Veränderung) historischen Materials aus verschiedenen Kreuzzugschroniken in die *Liberata* vgl. G 25. Hauptquelle Tassos ist die *Historia rerum in partibus transmarinis gestarum* (1549) von Wilhelm von Tyrus; Tasso thematisiert auch die Unverlässlichkeit und Widersprüchlichkeit der historischen Quellen.

[24] Vgl. G 25 vom 15. April 1575: „Nel nono io ho aggiunto alcune cose che mi parevano necessarie e conformi ad una mia intenzione che ho d'accompagnar la poesia, quanto sia possibile, con passi dell'istoria e con descrittioni de' paesi." Zum Streben nach Exaktheit im geo- und topografischen Bereich (Beschreibung der Reisewege und Überlegungen zu ihrer Dauer, Arbeit mit möglichst exakten Karten) vgl. ebenso G 28 und 32.

[25] Insgesamt gestaltet sich das Wunderbare bei Tasso vielgestaltiger als im Entwurf des christlich Wunderbaren.

> E cominciando da l'allegoria, dico che dubitando io che quelle parti mirabili non paressero poco convenevoli a l'azion intrapresa, ne la quale forse alcun buon padre del collegio germanico avria potuto desiderare più istoria e men poesia; giudicai c'allora il maraviglioso sarebbe tenuto più comportabile, che fosse giudicato c'ascondesse sotto alcuna buona e santa allegoria. (G 48)[26]

Darüber hinaus beginnt er geschichtliche Daten immer mehr zur Rechtfertigung seiner Fiktionen zu nutzen und sucht nach geeigneten Passagen in den Chroniken, um seine poetischen Anliegen und Erfindungen zu verteidigen (häufig fällt in diesem Zusammenhang der Begriff der *occasione*), wobei deren tatsächlicher Wahrheitsgehalt nebensächlich ist – es genügt, wie Tasso festhält, dass das von ihm aufgegriffene Element irgendwo als wahr behauptet wird.[27] Wie aus Briefen hervorgeht (vgl. besonders den langen Verteidigungsbrief an Silvio Antoniano, G 60), dienen ihm die historischen Quellen ebenso dazu, Abweichungen vom Konzept des idealen Helden oder vom in den Poetiken als epenwürdig definierten Gegenstandsbereich zu begründen und das poetische Anliegen der „varietà di costumi" umzusetzen, die „amori" zu erhalten und das Wunderbare zu verteidigen (G 60)[28]. Mit anderen Worten: Er nützt das Zusammentreffen verschiedener dichtungstheoretischer Forderungen und verwirklicht unter dem Deckmantel geschichtlicher (und literarischer) Autoritäten seine eigenen künstlerischen Anliegen.

Wie verschiedene Forschungsarbeiten zeigen, zeichnet sich die dichterische Praxis Tassos, um die es im folgenden Abschnitt vor allem gehen wird, durch eine Verschmelzung ausgewählter, teils bewusst veränderter

---

[26] Zum Bewusstsein für den apologetischen Einsatz von Allegorisierungen in Hinblick auf unverständliche oder moralisch fragwürdige Textpassagen im 16. Jahrhundert vgl. Hempfer 1983, 54.

[27] „Ed io ho letto ne l'istorie gotice, novamente, *cosa che a questa mia invenzion s'assomiglia*: dico cosa naturale, non fatta per arte diabolica. Il castello d'Armida è forza che sia guardato; ma sarà guardato da serpi solo, de' quali è gran copia in una de le Fortunate, che si chiama perciò Lacertaria. E la verga che gli fa fuggire sarà di frassino o d'alcun altro di quelli arbori che, se crediamo a coloro c'hanno scritto de' secreti de la natura, impauriscono e fanno fuggire i serpenti. *Se questo effetto sia vero o no, non importa; basta che alcuno lo scriva per vero*" (G 80; Hervorhebung TS).

[28] Die Darstellung der hier beschriebenen „imperfezioni" der Fürsten bringt ihm allerdings auch Kritik ein.

historischer und geografischer Informationen mit literarischen Quellen und Passagen aus.[29]

3. Die Repräsentation der Heiden und Heidinnen in der *Liberata* und die *narrazione patetica*

Die *Liberata* thematisiert, wie es häufig in epischen Texten geschieht, die Etablierung einer kollektiven Identität im Kampf gegen eine andere. Allerdings erlangt der Kampf gegen die Abweichler in den eigenen Reihen mindestens ebenso viel Gewicht wie der gegen die externen Feinde, erscheint die Grenze zwischen Christen und Heiden vielfältig als verwischt oder relativiert (vgl. Zatti 1983, 37-44 und Godard 1990, 361-372) und erweist sich die zuletzt erreichte Einigkeit der Christen trotz der deutlichen Idealisierung der historischen Vergangenheit als brüchig und temporär.

Bewusste Veränderungen im Zeichen poetologischer und ideologischer Anliegen betreffen die Darstellung des christlichen Heeres ebenso wie die des heidnischen; dass sich die Quellen bezüglich der Heiden als besonders unklar und widersprüchlich erweisen – Tasso schreibt: „[I] nomi de' saracini sono per la maggior parte finti, ma ne l'istorie non si leggono i veri; le quali, in quel che appartiene a i saracini, sono varie ed incerte, e piene di tenebre" (G 82a) –, gibt Tasso in ihrer Gestaltung aber mehr Freiheit.[30] Zielt die Darstellung teils in Richtung einer Aufwertung

---

[29] Vgl. zum Umgang mit historischen Daten etwa Murrin 1994, Kap. 5 und zur Geografie bei Tasso Gori 1990.

[30] Er ist laut eigenen Angaben, vor allem was Goffredo und das christliche Heer als gesamtes betrifft, an bestimmte Vorgaben gebunden (wie er in G 32 und 49 ausführt, ist ihre jeweilige „fama" für ihre Darstellung ausschlaggebend), während er die anderen christlichen Helden teils frei aus einem historischen Kern entwickelt oder sie gänzlich erfindet. Die Gründe für die Betonung der Führungsrolle Goffredos (die sich in den Chroniken nicht in dieser Weise kristallisiert) liegen wohl darin, zeitgenössische Tendenzen zum Alleinherrschertum abbilden zu wollen und der zeitgenössischen Mythisierung Gottfrieds von Bouillon gerecht zu werden (vgl. weiter unten). In den späteren *Discorsi del poema eroico* thematisiert er, unter erneutem Hinweis auf die Autorität, die durch die Zunahme des Wissens bedingte Einschränkung der *licenza del fingere* auf unbekannte, ferne Gebiete: „Dee dunque il poeta schivar gli argomenti finti, massimamente si finge esser avvenuta alcuna cosa in paese vicino e conosciuto, e fra nazione amica, perché fra' popoli

des christlichen und einer Abwertung des heidnischen Lagers, so erschöpft sie sich hierin nicht. Allerdings ist die Repräsentation der Heiden und Heidinnen in Tassos Kreuzzugsepen in Hinblick auf die *romanzo*-Tradition von einer deutlicheren Ablehnung und Abgrenzung geprägt[31] und charakterisiert diese teils sehr negativ, was mit dem strengeren ideologischen Klima und mit der Wahl des Stoffes zusammenhängt. Nun werden etwa die religiöse Zugehörigkeit und auf das christliche Kollektiv ausgerichtete Werte explizit den zuvor dominanten (und über religiöse Grenzen hinweg verbindenden) ritterlichen Werten übergeordnet und wir stoßen auf die Assoziation des gattungskonventionell riesenhaften Sarazenen mit dem biblischen Riesen Goliath. Tasso rekurriert teils auf erstarrte Wissens- bzw. Repräsentationsformen wie Stereotype und orientalistische Topoi (etwa die *superbia* der Heiden),[32] die einzelnen Figuren lassen sich jedoch nicht auf diese reduzieren. Sie entziehen sich in ihrer Komplexität und Widersprüchlichkeit häufig einer eindeutigen Kategorisierung und insgesamt werden in ihrer Darstellung eine Reihe verschiedener Diskurse verknüpft und für poetologische und ideologische Anliegen funktionalisiert: Neben klassischen Quellen, klimatheoretischen[33] sowie charaktertypologischen Vorstellungen und zeitgenössischen Wirklichkeitsauffassungen, die auch die Darstellung der Christen prägen, fließen in die Repräsentation der Heiden und Heidinnen Elemente der Tradition der Sarazenendarstellung und Wissen über vergangene und

lontani e ne' paesi incogniti possiamo finger molte cose di leggieri senza toglier autorità a la favola. Però di Gotia e di Norveggia e di Suevia e d'Islanda e dell'Indie Orientali o di paesi di nuovo ritrovati nel vastissimo Oceano oltre le Colonne d'Ercole si dee prender la materia de sì fatti poemi" (Tasso 1964, 109).

31 Man vergleiche allein die häufige Assoziation von heidnischen und höllischen Kräften, worauf ich hier nicht näher eingehen kann. Zur Repräsentation der Sarazenen im *romanzo* vgl. Fuchs / Pagliardini 2006.

32 Zum Einsatz orientalistischer Stereotype vgl. Quint 1993, 23-31. Auf sie stoßen wir vor allem in generischen Zuschreibungen an größere Gruppen. Imagologische Topoi, die heidnischen und christlichen Ländern / Völkern zugewiesen werden, differenzieren die jeweiligen Fraktionen intern; vgl. etwa die Heeresschauen.

33 Somit erlangt die geografische Verortung einzelner Völker und Figuren spezifische Bedeutung für deren Beurteilung; vgl. Godard 1990, 320-323.

zeitgenössische Heiden (und deren Religion) ein, das Tasso etwa aus den Kreuzzugschroniken, aber auch modernen Reiseberichten bezieht.[34]

Was die Einbindung dieses Wissens betrifft, lassen sich explizite und implizite Bezüge unterscheiden: Explizite Bezüge auf die Türken (aber auch ‚andere Heiden') finden sich etwa in den auf Tassos Gegenwart bezogenen Kreuzzugs- bzw. Türkenzugsaufrufen und Prophezeiungen – prinzipiell werden die Türken in der Nachfolge der damaligen Heiden gesehen und die Berufung auf das Modell des ersten Kreuzzugs mit Gottfried von Bouillon als idealer Führungsgestalt spielt in der Türkenkriegspropaganda der Renaissance eine zentrale Rolle (vgl. Helmrath 2000, 90).[35] In der *Liberata* werden die jüngsten Erfolge der Türken und nicht der Sieg der Heiligen Liga bei Lepanto (1571) thematisiert: Eine Prophezeiung aus heidnischer Perspektive spielt auf die Rückeroberung der durch die Kreuzritter eroberten Gebiete an: „ma insin dal fondo suo imperio ingiusto / svelto sarà ne l'ultime contese, / e le afflitte reliquie entro uno angusto / giro sospinte e sol dal mar difese" (GL X, 23, 1-4). Dies entspricht der tatsächlichen Zurückdrängung der Christen aus dem östlichen Mittelmeer zur Zeit Tassos, verlor doch Venedig 1571 mit Zypern die letzte bedeutsame christliche Besitzung in der Levante an die Türken (danach blieb nur noch Kreta).

---

[34] Tassos Wissen über den ‚Orient' und seine Bewohner stammt vor allem aus Büchern, was die Türken betrifft, auch aus aktuellen Meldungen, insbesondere aus seiner Zeit in Venedig; vgl. spezifisch zu Tasso und Venedig (und den Türken) Da Pozzo 1995 und Borsetto / Da Rif 1997 (hier besonders Preto). Im Laufe des 15. und 16. Jahrhunderts entsteht ein ethnografisches Wissenskorpus über die Türken, in dem empirisch gewonnenes Wissen und tradiertes Buchwissen verschmilzt (vgl. Höfert 2003).

[35] Der Diskurs der ‚Türkengefahr' knüpfte selbst an die Motivik der Kreuzzugspropaganda an und auch das mittelalterliche Islambild schlug sich in der Wahrnehmung der Türken nieder (vgl. Höfert 2003, 63; 180). M.E. differenziert Tasso allerdings teils zwischen ‚gegenwärtigen' und ‚damaligen' Türken und die sich in den Türkenzugsaufrufen und Prophezeiungen andeutenden Differenzierungen zwischen muslimischen und ‚anderen' Heiden (Töten vs. Bekehren) kann auf konkrete historische Umstände zurückgeführt werden: Während die Muslime eine ernst zu nehmende religiöse und machtpolitische Konkurrenz darstellen, werden die Heiden der neuentdeckten Gebiete Afrikas und Amerikas als leicht besieg- und bekehrbar empfunden.

Die Schwierigkeit der Durchsetzung des Einheitsideals in der *Liberata* und seine Brüche scheinen darüber hinaus implizit auf das Auseinanderklaffen zwischen Kreuzzugsrhetorik (ideologischem Aktivismus) und Realpolitik (diplomatischem Kalkül, Handelsbeziehungen) im Umgang mit den Türken im 15. und 16. Jahrhundert hinzuweisen;[36] ebenso kann Aladins Aussage, er würde Goffredo aus seiner Zeit als Botschafter („messaggier") am französischen Hof kennen (vgl. GL III, 60), als Anspielung auf die Bündnispolitik zwischen Franzosen und Türken in der Mitte des 16. Jahrhunderts aufgefasst werden.

Insgesamt prägen die Repräsentation der Heiden und Heidinnen allgemeine Muster der Fremddarstellung, die ihre spezifische historische Ausformung erhalten; als solche Muster sind die Projektion eigener Konflikte und Verhältnisse oder unerwünschter Züge auf den Anderen und die Assoziation zwischen ‚inneren' und ‚äußeren' Anderen zu verstehen.[37] Erscheint es auf den ersten Blick so, dass die *Liberata* negative Züge des Herrschertums, wie (barbarische) Tyrannei, ausschließlich auf orientalische Herrscher projiziert, zeigen sich bei genauerer Betrachtung beunruhigende Ähnlichkeiten zwischen heidnischer und christlicher Herrschaft, wie etwa die Zuweisung negativer Epitheta und Eigenschaften, die sonst der heidnischen Seite vorbehalten bleiben, an Goffredo und die *franchi* im Rahmen der teuflischen Beeinflussung des Christen Argillanos bewusst macht.[38] Lassen sich die anfänglich beschriebenen Repressionen

[36] Die Partikularinteressen konkurrierender christlicher Machthaber verhindern, schon vor dem Hinzukommen konfessioneller Differenzen, einen gemeinsamen Kampf gegen die Türken (vgl. Helmrath 2000, 130-134).

[37] Diese können als gemeinsame Matrix unterschiedlichen Interpretationen zugrunde gelegt werden, die jeweils verschiedene Assoziationen zwischen den heidnischen Figuren und zeitgenössischen ‚inneren Anderen' – den Reformierten (vgl. Benedetti 1995, 470f), den Neuen Christen (vgl. Bonfil 1999, 1313f) und der humanistischen Kultur (vgl. Zatti 1983, 12f) – registrieren. Die Türken wurden in den Polemiken der konfessionellen Auseinandersetzungen des 16. Jahrhunderts häufig mit den jeweiligen innerchristlichen Gegnern verknüpft (vgl. Höfert 2003, 103). Bemerkenswert ist, dass Tasso die Verstrickung von ‚inneren' und ‚äußeren' Anderen, sei es auf der Ebene des individuellen oder des kollektiven Subjekts, in der *Liberata* mehrfach offenlegt.

[38] Goffredo wird z.B. als „empio duce" (GL VIII, 60,8), „fero Goffredo" (GL VIII, 61,1), „il fellon" (GL VIII, 61,3) und „il tiranno" (GL VIII, 61,8) bzw. die *franchi* insgesamt als „popol barbaro e tiranno" (GL VIII, 63,5) bzw. „il popol franco

Aladins gegen die Jerusalemer Christen teils aus historischen Quellen herleiten, verweisen die Vertreibung der Andersgläubigen und der Scheiterhaufen, auf dem zwei von ihnen verbrannt werden sollen, gleichzeitig auf innereuropäische Verhältnisse des 16. Jahrhunderts. Ähnlich verweist die Figur des konvertierten heidnischen Heerführers Emireno, die prinzipiell durch Wilhelm von Tyrus' *Historia* inspiriert ist, ebenso darauf, dass sogenannte Renegaten (also Konvertiten vom Christentum zum Islam) höchste militärische und politische Ämter im osmanischen Reich bekleiden (vgl. Godard 1990, 317). Durch die komplexe Verknüpfung verschiedener Züge und Assoziationen entstehen also häufig polyvalente Bilder, die auf verschiedene Kontexte hin schlüssig auslegbar sind.

Werden die heidnischen Helden gerade bei ihren ersten Auftritten sehr negativ gezeichnet, erhalten sie im Verlauf der Handlung auch ganz andere Züge, sie erscheinen etwa als edelmütig und mitleiderregend und es wird auch ihrer Sicht der Ereignisse Raum gegeben. Dies hängt m.E. vor allem damit zusammen, dass Tasso sein poetologisches Konzept einer *narrazione patetica* umsetzt, demzufolge nur die Perspektive der Besiegten und Leidenden dazu geeignet ist, die Siege zu „erhöhen" (vgl. folgendes Zitat) und den Text zu emotionalisieren und somit eines der Hauptanliegen der zeitgenössischen Poetik zu erfüllen. Tasso schreibt in einem Brief vom 3. April 1576 an Scipione Gonzaga hinsichtlich der Einfügung einer Erzählung über die Eroberung Antiochias:

> [E] quando sia pur concluso che si faccia questo racconto, non so da chi meglio possa esser fatto che da Erminia; perchè narrando Goffredo, o alcun de' vincitori, la narrazione non potrebbe riuscire patetica, e la presa d'Antiochia, narrata senza l'affetto doloroso, avrebbe de l'insipido. Qui metto in considerazione, che Ulisse ed Enea non narrano le vittorie loro, ma le sciagure, e più tosto quel c'han patito che quel c'han fatto: le vittorie ricercano d'esser magnificate; nè da la bocca de' vincitori possono magnificarsi. (G 61)

Wie sich verdeutlicht, meint *narrazione patetica* eine durch Affekt bewegte und somit beim Leser / bei der Leserin Affekte (und somit *diletto*)[39] erzeugende Erzählform eines persönlich involvierten Erzählers. Und die

empio e tiranno" (GL VIII, 73,6) bezeichnet. Im Übrigen wenden die Heiden und Heidinnen die Zuschreibung *barbar** auch auf die Christen an, was Tassos Bewusstsein für Gegenseitigkeit von Fremd- und Selbstzuschreibungen belegt.

[39] Wie Aristoteles setzt Tasso auch schmerzliche Affekte mit ästhetischen Vergnügen gleich.

übergeordnete Erzählinstanz delegiert tatsächlich in pathosträchtigen und schmerzhaften Zusammenhängen die Erzählung häufig an betroffene (oder mit den Betroffenen in enger Verbindung stehende) intradiegetische Erzähler (egal, ob diese nun Christen oder Heiden sind) bzw. privilegiert deren Wahrnehmung des Geschehens (vgl. auch Raimondi 1994, 336-341).[40] Das bedeutet, dass die Heiden und Heidinnen in individuellen Leidenserlebnissen mitleiderregende Züge erhalten und letztlich, dass umso mehr emotionale Anteilnahme an ihrem Schicksal erzeugt wird, je näher die Eroberung Jerusalems rückt. Dies kann nun einerseits die häufig konstatierte Ambivalenz der Schlusssequenz der *Liberata* erklären. Andererseits eröffnet die Berücksichtigung von Tassos Wirkabsichten eine Alternative zu psychoanalytisch argumentierenden Thesen, die den Konflikt von offizieller Ideologie des Textes und der dem Leser angebotenen emotionalen Identifikation mit den heidnischen oder abweichenden Figuren in der *Liberata* auf Tassos eigene (unbewusste) Identifikation mit eben jenen Figuren und einer Art ‚Wiederkehr des Verdrängten' in Verbindung bringen (vgl. Zatti 1983, 11 und 32).[41] Ein Blick auf spätere theoretische Schriften (*Del Giudizio sovra la Gerusalemme di Torquato Tasso*, Buch 2)[42] stützt die These, dass die von Tasso verfolgten Wirkabsichten der an der Oberfläche propagierten Ablehnung verbindlicher Werte abseits der religiösen Zugehörigkeit und Orthodoxie entgegenarbeiten – dort verknüpft er seine Absicht den Text zu emotionalisieren explizit mit der Mitleiderregung für Heiden und Heidinnen und betont: „quella pietà, che si niega alla legge, si può concedere alla

40 Neben den Figuren kommt ein anteilnehmender, das Handlungsgeschehen bewegt kommentierender Erzähler zum Einsatz (vgl. Raimondi 1994, 344-347).

41 Spricht Zatti hier von einer bewussten, aber auf ideologischer Ebene zurückgewiesener Identifikation mit den „forze del male" (Zatti 1983, 37) und der „solidarietà profonda del poeta Tasso con quel codice di pagano che il cristiano Tasso rifiuta come negativo e deviante" (ebd., 44), bezeichnet er dagegen in einer späteren Publikation die *Liberata* als „il primo grande esempio, nella letteratura italiana, di complicità con l'Altro, di solidarietà inconscia con le forze del male, con il ‚nemico pagano'" (Zatti 2000, 71).

42 Tasso verfasst dieses Werk an seinem Lebensende (zwischen 1593 und 1595), nachdem er seine teils radikal reformierte Neuversion der *Liberata*, die *Gerusalemme Conquistata*, abgeschlossen hat. Es erscheint erstmals 1666.

natura ed all'umanità" (Tasso 1823, 340).[43] Diese Überlegungen Tassos legen nahe, dass ein streng orthodoxes, durch religiöse Zugehörigkeit bestimmtes und ein an der „umanità" orientiertes Normensystem koexistieren bzw. miteinander in Konflikt geraten, was auch bestimmte Inkonsistenzen und Widersprüchlichkeiten innerhalb der Erzählerperspektive erklärt. Gleichzeitig zeichnet sich hier, neben der poetologischen Funktionalisierung des Mitleids, ein Votum für das Menschliche abseits der religiösen Zugehörigkeit und Orthodoxie im Sinne eines universalistisch ausgerichteten Mitleidsbegriffs[44] ab. Werden innerhalb der *Liberata* auch die Gefahren von Mitleid thematisiert, scheint es letztlich der echte affektauslösende Sachverhalt zu sein, der eine empathische Reaktion des Gegenübers rechtfertigt. Dass Tasso der Erzählung eines selbst anteilnehmenden bzw. leidenden Erzählers die höchste affektive Wirkkraft zuschreibt, steht in Einklang mit aus der antiken Rhetorik gespeisten Überzeugung, dass der Redner, um zu bewegen, auch selbst wirklich bewegt sein bzw. bewegt erscheinen müsse (hierzu und zur Bedeutung der „Si vis me flere"-Formel des Horaz gegen Ende des 16. Jahrhunderts vgl. Imorde 2004, 77-82).[45] Neben poetologischen Entwicklungen und gattungsgeschichtlichen Zusammenhängen[46] bestärken zeitgenössische Vor-

[43] *Legge* ist hier mit ‚Religion' bzw. ‚religiöse Zugehörigkeit' zu übersetzen. Er unterscheidet ferner zwischen „virtù teologiche" und „virtù naturali" (Tasso 1823, 348).

[44] Dieser zielt in Richtung einer Anteilnahme an allgemeinmenschlichem Leid (vgl. auch GL XX, 73, 6: „l'aspra tragedia de lo stato umano"); dass Tasso in Zeiten der Gegenreformation offen Mitleid für Andersgläubige einfordert (er schreibt im *Giudizio*; Tasso 1823, 349: „[V]olendo io far la favola affettuosa, ho cercato di muover la compassione ancora da' nemici, stimando che a' cavalieri cristiani si convenga la pietà usata ancora ne'Barbari e negl'Infedeli"), ist bemerkenswert. Auf die Vieldeutigkeit des Mitleidsbegriffs kann ich nicht näher eingehen.

[45] Dieses Prinzip verkörpert in gewisser Weise wieder Erminia: Das mit dem Pathos verbundene *movere* wird für sie, wie für den Dichter selbst im Rahmen der Rhetorisierung der Dichtkunst, zu einem Mittel, um beim Gegenüber ein bestimmtes Ziel zu erreichen: Der durch die Aufnahme des bewegenden Textes bewegte Empfänger soll den Textproduzenten wohlwollend aufnehmen und ihm / ihr somit existenzielle Sicherheit garantieren. Die anteilnehmende Erzählung (der Figuren, des Erzählers) ist eines der in der *Liberata* zur Bewegung der Affekte kalkuliert eingesetzten Verfahren.

[46] Als Modelle für die Mitleiderregung für Verlierer dienen ihm Homer und besonders Vergil (vgl. *Giudizio*).

stellungen von Affektivität die Annahme eines Kommunikationsmodells, das auf dem Prinzip der Affektübertragung beruht und in dem dem Mitleid ein besonderer Stellenwert zukommt. Im bereits eingangs erwähnten Dialog *Il Malpiglio secondo overo del fuggir la moltitudine* thematisiert Tasso, dass Literatur eine Vielzahl von Affekten und Imaginationen auslöst: Er beschreibt den Lektüreprozess als Übertragung der Affekte des Dichters auf den Rezipienten bzw. konzipiert den Lektüreakt als Anteilnahme am Schicksal der Figuren – es kristallisiert sich eine Vorstellung des eben in seiner Menschlichkeit und Sinnlichkeit bewegbaren / bewegten Menschen,[47] die dem in der *Liberata* eingeforderten Ideal der Affektkontrolle und Unerschütterlichkeit bzw. der Unterordnung des individuellen Gefühls unter die kollektive religiöse Pflicht bzw. Mission entgegensteht.

Obwohl sich Tasso der Macht und der ‚Gefahren' der Imagination bewusst ist, trifft er keine Maßnahmen, um deren eindeutigen ethischen Wert zu garantieren – stört schon die perspektivische Erzählweise die klare Etablierung der offiziellen Norm, weisen darüber hinaus die offiziell propagierten und die durch Darstellungsverfahren oder durch das Handlungsgeschehen vermittelten Werte teils in verschiedene Richtungen –, sondern nutzt vielmehr den Zusammenstoß verschiedener Normensysteme bzw. hieraus resultierende Mehrdeutigkeiten und Unklarheiten, um sich Zwängen zu entziehen und eine differenzierte, aber größtenteils affektiv bewegbare und mit-leidende Leserschaft auch abseits der orthodoxen Moral anzusprechen.[48] Die Akzentuierung des ästhetischen Vergnügens (in dessen Sinne er historisches Wissen und das Mitleid für Andersgläubige funktionalisiert) lässt die Komponente orthodox-moralischer Belehrung ins Hintertreffen geraten und kann eben jene Affekte erzeugen, die die offizielle Norm verbietet, ein Durchleben verschiedener Gefühlszustände und Meinungen bedingen, das nicht

---

[47] Bedenkt man das Postulat der Ähnlichkeit als Voraussetzung für die Identifikation (vgl. Aristoteles' *Rhetorik*, Buch 2), ist Tasso wohl bewusst, dass es – entgegen anderslautender Aussagen in poetologischen Texten – eher die nicht-perfekten Figuren sind, die zu Identifikationsfiguren werden und Mitleid auslösen.

[48] Geht Tasso prinzipiell von der affektiven Bewegbarkeit eines Großteils seiner Leserschaft aus, nimmt er, wie oben bemerkt, auch an, dass verschiedenen Lesern / Leserinnen verschiedene Textebenen zugänglich sind und scheint zu hoffen, dass den ‚Strengen' aufgrund ihrer Disposition der affektive Gehalt quasi entgehen würde (vgl. G 73).

(mehr) im Zeichen der orthodoxen Moral steht. Dies zeigt sich etwa im Dialog des Zeitgenossen Niccolò degli Oddi: Ist es eines der Ziele des Olivetaner-Mönchs, die Christlichkeit und moralische Überlegenheit der *Liberata* gegenüber dem *Orlando Furioso* nachzuweisen, bricht sich gegen Ende eine Art hedonistisches Lektüreverständnis die Bahn: Er beschreibt, unabhängig von der religiösen Zugehörigkeit oder Orthodoxie der jeweils im Zentrum stehenden Figur, Mitleid und Tränen als dominante Reaktionen auf den Text und betont daneben die Überzeugungs- und Verführungskraft geschickter Rhetorik allgemein, der er sich verschiedene Gefühle und Meinungen auskostend hingibt (Oddi 1828, 54).[49]

Bibliographie

Benedetti, Laura (1995): „La *vis abdita* della ‚Liberata' e i suoi esiti nella ‚Conquistata'", in: *Lingua e Stile* XXX, 465-477.

Benfell, V. Stanley (1999): „Tasso's God: Narrative Authority in the ‚Gerusalemme Liberata'", in: *Modern Philology* 97, 173-194.

Benzoni, Gino (1978): *Gli affanni della cultura. Intellettuali e potere nell'Italia della Controriforma e barocca*, Milano: Feltrinelli.

Bonfil, Roberto (1999): „Cristiani, ebrei e cristiani nuovi a Ferrara nell'epoca del Tasso", in: Venturi, Gianni (Hg.): *Torquato Tasso e la cultura estense. Atti del Convegno internazionale (Ferrara, 10-13 dicembre 1995)*, Bd. 3, Firenze: Olschki, 1307-1317.

Borsetto, Luciana / Da Rif, Bianca Maria (Hgg.) (1997): *Formazione e fortuna del Tasso nella cultura della Serenissima: Atti del Convegno di studi nel 4. centenario della morte di Torquato Tasso (1595-1995) (Padova-Venezia, 10-11 novembre 1995)*, Venezia: Istituto veneto di scienze, lettere ed arti.

Careri, Giovanni (2005): *Gestes d'amour et de guerre. La Jérusalem délivrée, images et affects (XVIe-XVIIIe siècle)*, Paris: Éditions de l'École des hautes études en sciences sociales.

Da Pozzo, Giovanni (Hg.) (1995): *La ragione e l'arte. Torquato Tasso e la Repubblica Veneta. Catologo della mostra*, Venezia: Il Cardo.

Erspamer, Francesco (1989): „Il ‚pensiero debole' di Torquato Tasso", in: Cardini, Franco (Hg.): *La Menzogna*, Firenze: Ponte alle Grazie, 120-136.

Fuchs, Gerhild / Pagliardini, Angelo (2006): „Grenz- bzw. Raumkonzepte und Fremdbilder im Zusammenspiel. Zur Darstellungsweise des ‚Sarazenen' in Texten der italienischen Renaissance-Ritterepik", in: Burtscher-Bechter, Beate u.a.

[49] Seine Lektüre steht also in gewisser Weise im Zeichen der bereits erwähnten „weinerliche[n] Empfindungskultur" (Imorde 2004, 141) und bezeugt die generelle Bedeutung der Rhetorik und der Affektbewegung in der Kunst der zweiten Hälfte des 16. Jahrhunderts.

(Hgg.): *Grenzen und Entgrenzungen. Historische und kulturwissenschaftliche Überlegungen am Beispiel des Mittelmeerraums*, Königshausen & Neumann: Würzburg, 173-209.

Godard, Alain (1990): „Le camp paiën et ses héros dans la *Jérusalem Délivrée*", in: Marietti, Marina u.a. (Hgg.): *Quêtes d'une identité collective chez les italiens de la Renaissance*, Paris: Université de la Sorbonne Nouvelle [Centre interuniversitaire de recherche sur la Renaissance italienne 18], 309-429.

Gori, Maura (1990): „La geografia dell'epica tassiana", in: *Giornale storico della letteratura italiana* CLXVII, 161-204.

Güntert, Georges (1989): *L'epos dell'ideologia regnante e il romanzo delle passioni. Saggi sulla „Gerusalemme Liberata"*, Pisa: Pacini.

Helmrath, Johannes (2000): „Pius II. und die Türken", in: Guthmüller, Bodo / Kühlmann, Wilhelm (Hgg.): *Europa und die Türken in der Renaissance*, Tübingen: Niemeyer, 79-137.

Hempfer, Klaus W. (1983): „Allegorie als interpretatives Verfahren in der Renaissance: Dichterallegorese im 16. Jahrhundert und die allegorischen Rezeptionen von Ariosts ‚Orlando Furioso'", in: ders. / Enrico Straub (Hgg.): *Italien und die Romania in Humanismus und Renaissance. Festschrift für Erich Loos zum 70. Geburtstag*, Wiesbaden: Steiner, 51-75.

Hempfer, Klaus W. (1993): „Probleme traditioneller Bestimmungen des Renaissancebegriffs und die epistemologische ‚Wende'", in: ders. (Hg.): *Renaissance. Diskursstrukturen und epistemologische Voraussetzungen. Literatur – Philosophie – bildende Kunst*, Stuttgart: Steiner, 9-46.

Höfert, Almut (2003): *Den Feind beschreiben. ‚Türkengefahr' und europäisches Wissen über das Osmanische Reich 1450-1600*, Frankfurt a.M. / New York: Campus.

Imorde, Joseph (2004): *Affektübertragung*, Berlin: Gebr. Mann.

Kablitz, Andreas (1989): „Dichtung und Wahrheit – Zur Legitimität der Fiktion in der Poetologie des Cinquecento", in: Hempfer, Klaus W. (Hg.): *Ritterepik der Renaissance. Akten des deutsch-italienischen Kolloquiums, Berlin 30.3.-2.4.1987*, Stuttgart: Steiner, 79-122.

Kapp, Volker (1990): „Die Lehre von der actio als Schlüssel zum Verständnis der Kultur der frühen Neuzeit", in: ders. (Hg.): *Die Sprache der Zeichen und Bilder. Rhetorik und nonverbale Kommunikation in der frühen Neuzeit*, Marburg: Hitzeroth, 40-64.

Kappl, Brigitte (2006): *Die Poetik des Aristoteles in der Dichtungstheorie des Cinquecento*, Berlin / New York: De Gruyter.

Lozar, Angelika (2007): „Aspekte frühneuzeitlicher Sammlungspraxis in Tassos *Malpiglio secondo* und im *Colloquium heptaplomeres*", in: Hempfer, Klaus W. / Traninger, Anita (Hgg.): *Dynamiken des Wissens*, Freiburg i. Br. u.a.: Rombach, 241-252.

Murrin, Michael (1994): *History and Warfare in Renaissance Epic*, Chicago / London: The University of Chicago Press.

Oddi, Niccolò degli (1828): „Dialogo di D. Niccolò degli Oddi in difesa di Cammillo Pellegrini contra gli Accademici della Crusca", in: Rosini, Giovanni (Hg.): *Opere di Torquato Tasso colle controversie sulla Gerusalemme Liberata poste in migliore ordine, ricorrette sull'edizione fiorentina, ed illustrate dal Professore Gio. Rosini*, Bd. 20, Pisa: Niccolò Capurro, 3-59.

Quint, David (1993): *Epic and Empire. Politics and generic form from Virgil to Milton*, Princeton: Princeton University Press.

Raimondi, Ezio ([2]1994): „Il poeta passionato", in: ders.: *Rinascimento Inquieto*, Torino: Einaudi, 331-348.

Scianatico, Giovanna (1990): *„L'arme pietose". Studio sulla ‚Gerusalemme Liberata'*, Venezia: Marsilio.

Scianatico, Giovanna (1998): *„L'idea del perfetto principe". Utopia e storia nella scrittura del Torquato Tasso*, Napoli: Edizioni Scientifiche Italiane.

Stierle, Karlheinz (1986): „Erschütterte und bewahrte Identität – Zur Neubegründung der epischen Form in Tassos ‚Gerusalemme liberata'", in: Knaller, Susanne / Mara, Edith (Hgg.): *Das Epos in der Romania. Festschrift für Dieter Kremers zum 65. Geburtstag*, Tübingen: Narr, 383-414.

Tasso, Torquato (1823): „Del Giudizio sovra la Gerusalemme di Torquato Tasso", in: Rosini, Giovanni (Hg.): *Opere di Torquato Tasso colle controversie sulla Gerusalemme Liberata poste in migliore ordine, ricorrette sull'edizione fiorentina, ed illustrate dal Professore Gio. Rosini*, Bd. 11, Pisa: Niccolò Capurro, 251-350.

Tasso, Torquato (1964): *Discorsi dell'arte poetica e del poema eroico*, hg. von Luigi Poma, Bari: Laterza.

Tasso, Torquato (1983): *Gerusalemme liberata*, hg. von Claudio Varese und Guido Arbizzoni, Milano: Mursia.

Tasso, Torquato (1997): „Lettere (Edizione Guasti)", in: *Torquato Tasso. Tutte le Opere*. Hg. von Amedeo Quondam, Roma: LEXIS Progetti Editoriali s.r.l. [CD-ROM].

Zatti, Sergio (1983): *L'uniforme cristiano e il multiforme pagano. Saggio sulla ‚Gerusalemme Liberata'*, Milano: il Saggiatore.

Zatti, Sergio (1996): „Il linguaggio della dissimulazione nella ‚Liberata'", in: ders.: *L'ombra del Tasso. Epica e romanzo nel Cinquecento*, Milano: Mondadori, 111-145.

Zatti, Sergio (2000): *Il modo epico*, Roma / Bari: Laterza.

Zatti, Sergio (2006): „Torquato Tasso: Epic in the Age of Dissimulation", in: ders.: *The Quest for Epic. From Ariosto to Tasso*, Toronto et al.: Toronto University Press, 195-215.

Der Mondflug und die Popularisierung astronomischen, kosmologischen und anthropologischen Wissens: Cyrano de Bergeracs *Histoire comique des états et empires de la lune*

Beatrice Nickel (Stuttgart)

L'histoire comique des états et empires de la lune *(1657) de Savinien Cyrano de Bergerac se présente comme un compendium du savoir contemporain qui a pris la forme du roman. Il s'agit d'une utopie dont le but principal est de populariser et de vulgariser surtout les théories astronomiques et cosmologiques de ce temps-là, p.ex. celles de Johannes Kepler et de Kopernikus. Pour cela, on trouve beaucoup de discussions sur l'astronomie nouvelle et sur des sujets semblables dans ce roman. En outre,* L'histoire comique des états et empires de la lune *se présente comme un commentaire sur l'anthropologie contemporaine, à savoir la prétention humaine de surpasser tous les autres êtres animés. Cyrano de Bergerac a créé un monde lunaire en transformant le monde terrestre jusqu'à la caricature. Par conséquent, le style du roman est extrêmement satirique. Quant à la conception d'Horace de 'delectare aut prodesse', il faut noter que le style du roman est amusant mais que l'intention de l'auteur est sincère:* L'histoire comique des états et empires de la lune *vise à la vulgarisation du savoir qui est opposé à l'orthodoxie dépassée du catholicisme.*

1. Vorbemerkung

Cyrano de Bergerac hat seine *Histoire comique des états et empires de la lune et du soleil* in den 1640er Jahren verfasst, erschienen ist sie allerdings erst posthum, und das aus gutem Grund,[1] denn dieser Roman stellt ein Kompendium neuerer wissenschaftlicher Erkenntnisse dar, von denen viele im Konflikt mit der kirchlichen Lehrmeinung der damaligen Zeit standen. Mit einigem Recht lässt sich der Roman als Enzyklopädie des zeitgenössischen Wissens beschreiben, das überholten wissenschaftlichen Lehren, vor allem denjenigen des Aristoteles, und der kirchlichen Orthodoxie im 17. Jahrhundert konträr gegenüberstand. Eine Publikation

[1] Zur Publikationsgeschichte ist zu sagen, dass der erste Teil des Romans *L'Autre Monde* etwa um 1649 abgeschlossen wurde. Posthum ist der Roman im Jahre 1657 unter dem Titel *Histoire comique, par M. de Cyrano de Bergerac, contenant les Estats et Empires de la Lune* in einer Fassung veröffentlicht worden, die zahlreiche Eingriffe des Herausgebers Lebret enthält. Im Ergebnis ist eine wesentlich ‚entschärfte' Fassung entstanden (vgl. Kuhnle 2003, 44f.).

zu Lebzeiten hätte für den Autor daher verheerende Folgen haben können bzw. müssen. Selbst bei der posthumen Veröffentlichung hat der Herausgeber Lebret einige Eingriffe vorgenommen, um all jene Stellen zu ‚entschärfen', die aufgrund ihres extrem freidenkerischen Tones in Konflikt mit der Kirche getreten wären. Beispielsweise trägt der Protagonist in der hier zugrunde gelegten Fassung des Romans nicht mehr einen Namen, der als Anagramm des Namens des Autors gelesen werden kann wie noch in den Manuskriptfassungen und dem Erstdruck. Hier heißt der Mondreisende noch Dyrcona, dieser Name lässt sich leicht in Cyrano transformieren.

Wenn auch offensichtlich ist, dass der Roman zeitgenössisches Wissen transportiert, so stellen sich vornehmlich zwei Fragen: Wie geschieht dies und zu welchem Zweck werden wissenschaftliche Erkenntnisse und Lehren der damaligen Zeit fiktionalisiert?

Die wissenschaftsfeindliche Haltung der Kirche hat Cyrano de Bergerac in seinem Roman zweimal explizit vorgeführt: Erstens in der Figur des Spaniers Domingo Gonsales – wir haben es hier mit einer Anspielung auf den gleichnamigen Protagonisten in Godwins *The Man in the Moone* (1638) zu tun –, der Cyrano de Bergeracs Protagonisten von seiner eigenen negativen Erfahrung mit kirchlichen Praktiken berichtet: „On m'a voulu mettre, en mon pays, à l'Inquisition, parce qu'à la barbe des pédans j'avois soutenu qu'il y avoit du vide, et que je ne connoissois point de matière au monde plus pesante l'une que l'autre" (Cyrano de Bergerac 2005, 67f.). Zweitens enthält der Roman eine deutliche Anspielung auf den Prozess des Galileo Galilei (1564-1642) im Jahre 1633, der zum wohl berühmtesten Widerruf der Geschichte geführt hat (vgl. ebd., 85-87). Der Mondreisende wird nämlich von den machthabenden Priestern dazu gezwungen, folgende Erklärung lauthals in der gesamten Lunarstadt zu verkünden: „Peuple, je vous déclare que cette Lune-ci n'est pas une Lune, mais un Monde; et que ce Monde là-bas n'est pas un Monde, mais une Lune. Tel est ce que le Conseil trouve bon que vous croyiez" (Cyrano de Bergerac 2005, 86). Der parodistische Charakter dieser Erklärung macht Cyrano de Bergeracs ablehnende negative Haltung gegenüber dem Prozess gegen Galilei und seiner anschließenden Verurteilung überdeutlich und muss als Kritik an den damaligen Möglichkeiten der Kirche, Macht außerhalb ihres eigentlichen Zuständigkeitsbereiches auszuüben, gelesen werden. Der Roman „attackiert heftig die dogmatische, wissenschaftsfeindliche Haltung der Kirche und ihre Zensur-

Praxis, die Meinungsfreiheit und wissenschaftliche Forschung behindert" (Gnüg 1999, 89). Der Roman liest sich als Kampf der neuen Wissenschaft gegen die religiöse Orthodoxie, der im Medium der Utopie bzw. einer der „voyages imaginaires fabuleux aux frontières de l'utopie: mondes souterrains et fantaisies interplanétaires" (Racault 1991, 257) ausgetragen wird. Die Verlegung des Geschehens an einen Nicht-Ort bzw. an einen Ort, der mehr oder weniger stark verfremdet erscheint, erfüllt dabei natürlich primär eine Schutzfunktion. Der hauptsächliche Handlungsort von Cyranos Roman ist der Mond. Diese Wahl des Autors mag darin begründet liegen, dass es sich beim Mond einerseits um einen real existierenden Himmelskörper handelt, der zudem – vor allem wegen seiner relativen Nähe zur Erde – auch das Interesse von Cyranos Zeitgenossen auf sich gezogen hat. Andererseits war der Mond zur Zeit der Abfassung des Romans noch so wenig erforscht, dass auf ihm prinzipiell alle Vorgänge und auch Daseinsformen denkbar sein mussten. Gerade über die Daseinsformen auf dem Mond herrschte zur damaligen Zeit große Uneinigkeit.

Vor allem aber vermittelt Cyranos Roman zeitgenössisches kosmologisches Wissen. Wie später Bernard le Bovier de Fontenelle in seinen *Entretiens sur la pluralité des mondes* (1686) hat Cyrano de Bergerac in seinem Roman „das astronomische Weltbild seiner Epoche popularisiert" (Krauss 1964, 21). Zunächst und vor allem ist im Roman die Erkenntnis Johannes Keplers (1571-1630) ästhetisch umgesetzt, dass mehrere Welten möglich seien und diese auch bewohnt sein könnten (vgl. Gipper 2002, 90). Cyrano de Bergeracs Roman ist zwar zu einer Zeit entstanden, als die „kopernikanische Wende *rhetorisch* bereits vollzogen" (Kuhnle 2003, 54) worden war, da die Kirche diese aber weiterhin mit aller Macht bekämpfte, war sie im damaligen kollektiven Gedächtnis noch nicht als wissenschaftliche Gewissheit verankert. Ebenso waren die Erkenntnisse von Galilei und Giordano Bruno noch nicht als unumstößliches Wissen anerkannt. Nichtsdestoweniger war schon damals die Annahme einer Vielzahl von Welten im Universum als Möglichkeit mehr oder weniger präsent. Aus diesem Grund musste auch die Existenz von menschenähnlichem Leben auf dem Mond, wie sie Cyrano de Bergerac in seinem Roman imaginiert hat, durchaus plausibel erscheinen. Zur Zeit der Abfassung des Romans wurde in wissenschaftlichen Kreisen darüber diskutiert, ob es auf anderen Planeten Leben geben könne, zum Beispiel auch in den Vorlesungen Pierre Gassendis (1592-1655), die Cyrano de

Bergerac zu Beginn der 1640er Jahre vermutlich selbst besucht hat.[2] Die Frage nach Lebensformen jenseits der irdischen Grenzen ist jedoch nicht erst im 17. Jahrhundert diskutiert worden, sondern hat eine lange Tradition, die bis in die Antike zurückreicht. Beispielsweise heißt es in Lukrez' naturphilosophischem Gedicht *De rerum natura* über ‚außerirdisches' Leben: „andere [Samen der Dinge] gibt es in anderen Teilen / Erden und bunte Stämme der Menschen und Rassen von Tieren" (Lucretius 2005, 162). Im Hinblick auf die Frage nach Leben jenseits der Erdbegrenzungen nahm dabei seit jeher der Mond eine herausragende Rolle ein: „In ganz Europa war die Bewohnbarkeit des Mondes ein Lieblingsthema" (Jordan 1910, 69). Im 17. Jahrhundert waren die Meinungen über die Möglichkeit von Leben auf dem Mond geteilt: „Auf Galileis Mondkarten gibt es keine Hinweise auf Lebewesen, Kepler dagegen bevölkerte seinen Mond" (Schenkel 2009, o.P.).[3] Und auch Gassendi nahm Leben auf dem Mond an (vgl. Montgomery 1999, 148).

2. Einflussquellen

Cyranos Mondutopie ist nicht das erste Werk seiner Art, sondern steht in einer langen Tradition literarischer Mondfahrten, die hier nur kurz skizziert werden soll. Der Autor wurde zweifelsohne von einer kleinen, relativ wenig beachteten Schrift Keplers beeinflusst, nämlich *Somnium, seu opus posthumus de astronomia lunari*[4] (Druck 1634, verfasst um 1609).[5] Mit

[2] Pierre Gassendi erscheint zweimal namentlich im Roman. Der Dämon des Sokrates berichtet davon, dass er Gassendi getroffen und (wie vermutlich auch Cyrano de Bergerac) seine Vorlesungen gehört hat: „J'ai fréquenté pareillement en France La Mothe Le Vayer et Gassendi. Ce second est un homme qui écrit autant en Philosophe que ce premier y vit" (Cyrano de Bergerac 2005, 54). Außerdem erzählt der Vizekönig von La Nouvelle-France, dass er in Büchern von Gassendi über die Erdrotation gelesen habe: „aussi bien, ai-je-lu, sur ce sujet, quelques Livres de Gassendi" (ebd., 36).

[3] Zu den Mondkarten Gassendis vgl. Whitaker 1999, 20f.

[4] Der Titel wird im Folgenden abgekürzt mit *Somnium*.

[5] Im Rahmen einer Kepler-Ringvorlesung im WS 2009 / 2010 an der Universität Stuttgart ist Prof. Dr. Elmar Schenkel der Frage nachgegangen, welche Wechselwirkungen in diesem Fall zwischen Literatur und Naturwissenschaft bestanden haben (könnten). Sein Vortrag trug den Titel: „Keplers Traumreise zum Mond. Literarische Nachwirkungen einer wissenschaftlichen Fiktion".

diesem Werk hatte Kepler ebenfalls eine literarische Mondreise vorgelegt, die allerdings – anders als die von Cyrano de Bergerac beschriebene – als Traumerlebnis inszeniert wird: Der Protagonist namens Duracotus[6] schläft ein und träumt von seinem Flug zum Mond, bis er durch einen Regenschauer plötzlich aus diesem Traum gerissen wird. Viel wichtiger als die ‚Vorsichtsmaßnahme' der Traumfiktion, die Cyrano für seinen Roman übrigens nicht gewählt hat, ist jedoch, dass Kepler seine Schrift mit vielen wissenschaftlichen Anmerkungen versehen hat, die astrologisches und geologisches Wissen vom Mond vermitteln: „The moon which Kepler describes in *Somnium* [...] is not the imaginary land of Lucian, but the astronomical body he has seen through his telescope" (Crouch 1982, 12).[7] Unter anderem werden im *Somnium* das heliozentrische Weltbild, die Gravitation (vgl. Nicolson 1960, 41) und andere Hindernisse, die bei einem Mondflug entstehen können und denen auch Cyrano de Bergeracs Mondreisender ausgesetzt ist, wie zum Beispiel die Schwerelosigkeit, thematisiert. Vor allem hatte Kepler mit dem *Somnium* das kopernikanische Weltbild populär machen und die Menschen seiner Zeit davon überzeugen wollen, dass das geozentrische Weltbild nicht haltbar sei. Thematisiert wird im *Somnium* auch die Frage nach den auf dem Mond existierenden Lebensformen. Im Gegensatz zu Galilei geht Kepler im *Somnium* von Leben auf dem Mond aus: Seine Mondbewohner sind allerdings keine Menschen, sondern ähneln am ehesten überdimensionierten Tieren.

Alle diese Themen werden auch in Cyrano de Bergeracs Mondutopie behandelt. Über die Vermittlung durch Kepler erschließt sich eine weitere Einflussquelle, nämlich Plutarchs Schrift *De facie in orbe lunae* (um 100 n. Chr.), die Kepler ins Lateinische übersetzt und seinem *Somnium* vorangestellt hatte (vgl. Augspurger 1973, 214). In dieser Schrift werden u.a. die folgenden – mit Blick auf Cyrano de Bergeracs Roman – relevanten Themen erörtert: der Zweifel, ob die Erde der Mittelpunkt des Alls sei (Kap. 8), die Unendlichkeit des Alls (Kap. 11) und das Leben auf dem Mond, das nicht für unmöglich erklärt wird, auch wenn die auf dem

6 Zwischen diesem Namen und Dyrcona, dem Namen des Protagonisten in Cyrano de Bergeracs *L'Autre Monde*, besteht eine starke lautliche Ähnlichkeit, die schon einen Hinweis auf die Beeinflussung Cyrano de Bergeracs durch Kepler darstellt.

7 „Kepler transformed the old Lucianic literary tradition into the modern scientific moon voyage" (Nicolson 1960, 47).

Mond herrschende Hitze eine prinzipielle Schwierigkeit für die Annahme seiner Bewohnbarkeit darstelle (Kap. 24f.).

Eine weitere Quelle, aus der Cyrano de Bergerac schöpfen konnte, stellt Francis Godwins (1562-1633) bereits erwähnter Roman *The Man in the Moone, or a Discourse of a Voyage thither, by Domingo Gonsales, the Speedy Messenger* (1638) (vgl. Nicolson 1960, 41) dar, der schon zehn Jahre nach seiner Publikation von Jean Baudoin ins Französische übersetzt wurde: *L'Homme dans la lune, ou le Voyage chimérique fait au monde de la lune nouvellement découvert, par Dominique Gonzales. Mis en notre langue par J.B.D.* (1648). Primär wird hier ebenfalls die kopernikanische Lehre vertreten, und der Roman enthält auch eine Beschreibung der Schwerelosigkeit, die der Protagonist Domingo Gonsales auf seinem Flug mithilfe einer außergewöhnlichen Gänserasse zum Mond erlebt. Im Gegensatz zu Cyrano de Bergeracs Roman bleibt die Mondwelt hier jedoch „ein Phantasieraum, der kaum als Gegenbild zu einer kritisierbaren Erdwirklichkeit zu deuten ist“ (Gnüg 1999, 88).

Auch in Frankreich gab es eine – wenn auch recht kurze – Tradition der literarischen Mondreise.[8] Durch neue astronomische Erkenntnisse und die damit einhergehende Etablierung der neuen wissenschaftlichen Methode der Himmelsbeobachtung (angeregt v.a. von Galilei) wurde „in der Mitte des 17. Jahrhunderts [...] das Motiv der Mondreise immer mehr zu einer echt wissenschaftlichen Idee“ (Augspurger 1973, 231). Cyrano de Bergeracs Roman nahm hierbei eine herausragende Stellung ein.

3. Zur ästhetischen Vermittlung astronomischen und kosmologischen Wissens in Cyrano de Bergeracs Mondutopie

Gleich zu Beginn des Romans schließt der Protagonist sich explizit den Thesen des Kopernikus und Keplers an: „je crois, […] que la Lune est un monde comme celui-ci; à qui le nôtre sert de Lune“ (Cyrano de Bergerac 2005, 30). Der Protagonist unternimmt eine Mondreise – mit dem

8 1594 und in den Folgejahren erschienen anonym die *Nouvelles des régions de la lune* und 1623 Sorels Roman *Histoire de Francion*, der die Beschreibung eines Teils des Mondes enthält (vgl. Augspurger 1973, 227-229).

Ziel „de faire connoître aux hommes que la Lune est un monde" (ebd., 31).

Der erste Versuch, zum Mond zu fliegen, scheitert, denn der Reisende landet nicht dort, sondern in La Nouvelle-France (Kanada), und zwar deshalb, weil er merkt, dass sein Gewicht die Anziehungskraft der Sonne überstiegen hat. Vergeblich war der Flug aber dennoch nicht, weil er die Annahme des Kopernikus von der Erddrehung bestätigt hat: „Ce qui accrut mon étonnement, ce fut de ne point connoître le pays où j'étois, vu qu'il me sembloit qu'étant monté droit, je devois être descendu au même lieu d'où j'étois parti" (ebd., 32).

In La Nouvelle-France angekommen, trifft der Protagonist auf Jesuiten, die die Erddrehung bezweifeln, zumal die Erde dann – entgegen ihrem Glauben – nicht mehr der Mittelpunkt des Universums wäre, um den herum sich alles andere drehe. Der Vizekönig hingegen erkennt die Theorie des Reisenden von der Erddrehung bzw. die Thesen des Kopernikus und Galileis (vgl. den Galilei zugeschriebenen Ausspruch „eppur si muove") an. Der Vizekönig „ne s'étonna point, quand je lui dis qu'il falloit que la Terre eût tourné pendant mon élévation, puisque, ayant commencé de monter à deux lieues de Paris, j'étois tombé, par une ligne quasi perpendiculaire, en Canada" (ebd., 34). Die Erkenntnis der Erddrehung leitet der Protagonist – ebenso wie Galilei, der als erster die Himmelskörper mithilfe seines 1609 entwickelten Teleskops erforschte, – aus der Empirie ab. Das hat den Vorteil, dass er nur berichtet, was er selbst erlebt hat, und ihm deshalb nicht widersprochen werden kann. Das Gleiche gilt auch dann, wenn der Protagonist im Dialog mit anderen von der Kirche nicht geduldeten Meinungen konfrontiert wird. Signifikanterweise vertritt größtenteils nicht er die neuen wissenschaftlichen Erkenntnisse, sondern seine Gesprächspartner. Oft wenden diese Dialoge „den althergebrachten wissenschaftlichen Disput ins Skurrile" (Kuhnle 2003, 53). Mit der Dialogstruktur und der im Roman dargelegten Meinungspluralität geht einher, dass Cyrano de Bergeracs Mondreise keine definitiven Lösungen bietet, sondern lediglich Fragen stellt, die vor allem lang tradierte Annahmen im wissenschaftlichen und religiösen Bereich betreffen.

Eine Schutzfunktion erfüllt nicht nur die Tatsache, dass die aus Sicht der Kirche ‚gefährlichen' Ansichten vor allem den Lunariern und dem Dämon in den Mund gelegt werden und nicht dem Protagonisten, dessen ursprüngliche Namensgebung eine Identifikation mit dem Autor hätte nahe legen können, sondern auch die Wahl des Mondes als Handlungsort:

> Le voyage permet à la fois de décentrer l'objet du discours, puisque formellement c'est la réalité de l'ailleurs et non celle de notre monde qu'il sera prioritairement question, de dégager dans une certaine mesure la responsabilité de l'énonciateur, puisque le voyageur se borne à rapporter ce qu'on lui a dit ou ce qu'il a observé sans chercher à formuler des opinions propres [...]. (Racault 2003, 73)

Selbstverständlich handelt es sich bei Cyrano de Bergeracs Mondutopie um eine phantastische Erzählung, allerdings stellt diese keinen Selbstzweck dar, sondern dient dem Autor primär dazu, Wissensinhalte auf unterhaltsame Weise zu vermitteln. Dies wird zum Beispiel an der überaus wissenschaftlichen Beschreibung des ersten Fluggerätes für den Mondflug deutlich.[9] Diese entspricht weitgehend dem physikalischen Wissen der damaligen Zeit und zeugt eben nicht nur von der kreativen Phantasie des Autors. Cyrano de Bergerac spielt hier auf „anerkannte oder diskutierte Erkenntnisse der experimentellen Physik" (Kuhnle 2003, 53)[10] seiner Zeit an. Dass physikalische Erkenntnisse hier mit der Fiktion einer Mondreise verbunden wurden, macht aus dem Text statt eines naturwissenschaftlichen Traktats eine literarische Utopie. Hier nun die entsprechende Romanpassage:

> J'avois attaché autour de moi quantité de fioles pleines de rosée, sur lesquelles le Soleil dardoit ses rayons si violemment, que la chaleur, qui les attiroit, comme elle fait les plus grosses nuées, m'éleva si haut, qu'enfin je me trouvai au-dessus de la moyenne région. Mais, comme cette attraction me faisoit monter avec trop de rapidité, et qu'au lieu de m'approcher de la Lune, comme je prétendois, elle me paroissoit plus éloignée qu'à mon départ, je cassai plusieurs de mes fioles, jusques à ce que je sentis que ma pesanteur surmontoit l'attraction, et que je redescendois vers la terre. Mon opinion ne fut point fausse, car j'y retombai quelque temps après [...]. (Cyrano de Bergerac 2005, 31f.)

---

9 „Cyrano de Bergerac was not the first romancer to suggest the use of some kind of machine for cosmic voyaging, but the ‚Engines' of his predecessors were so vaguely described that they suggest little stirring of the scientific imagination" (vgl. Nicolson 1960, 158). Hierzu vgl. auch Gipper 2002, 72f.

10 „Clearly, Cyrano had not postulated a completely ridiculous method of flying, but had chosen one of the options being discussed by natural philosophers of the period. [...] it was an attempt to discuss the problem of flight within the context of the science of the day" (Crouch 1982, 12).

Diese den physikalischen Erkenntnissen der damaligen Zeit entsprechende Beschreibung des Fluggerätes diente Cyrano de Bergerac weitaus weniger dazu, auch diese zu popularisieren, als vielmehr dazu, den Roman und damit zugleich die in ihm vermittelten Wissensinhalte in einem möglichst glaubwürdigen Licht erscheinen zu lassen. Der Rückgriff auf die Physik stellt daher an dieser Stelle vor allem eine „Strategie der Plausibilisierung" (Kuhnle 2003, 53) dar: Empirisch nachweisbare Erkenntnisse verleihen dem Roman an dieser Stelle seine Legitimation.

Besonders stark im Widerspruch zur kirchlichen Lehre, die – bedingt durch die in der Bibel beschriebene Gottesebenbildlichkeit des Menschen – das geozentrische Weltbild verkündete, stand das Modell des heliozentrischen Weltbildes, das im Roman ebenfalls vertreten wird, und zwar vom Protagonisten selbst, der dieses allerdings nicht als eine persönliche Meinung, sondern als Allgemeinwissen darstellt, so als wäre das ptolemäische Weltbild schon längst Geschichte: „il est du sens commun de croire que le Soleil a pris la place au centre de l'univers [...]" (Cyrano de Bergerac 2005, 34f.). Das heliozentrische Weltbild wird an dieser Stelle damit begründet, dass alle natürlichen Körper des Urfeuers (d.h. der Sonne) bedürfen und die Natur diese Ursache aller Zeugung ins Zentrum gesetzt hat, so wie die Zeugungsorgane sich auch in der Mitte des menschlichen Körpers befinden.[11] An dieser Stelle erscheint dem Menschen bestens Vertrautes, nämlich sein eigener Körper, als Analogon für komplexe astrologische Sachverhalte. Damit steht Cyrano in der Tradition der Annahme einer Analogie zwischen Mikro- und Makrokosmos, die vor allem in der Zeit der Renaissance vertreten wurde. Diese hier vermittelte Lehre vom heliozentrischen Weltbild richtete sich explizit gegen das aristotelische Weltbild, nach dem die Erde den Mittelpunkt des Universums bilde und der sie umgebende Himmel göttlich sei. Damit stellte sie die Glaubwürdigkeit und Autorität der Kirche infrage.

Wie bereits eingangs erwähnt, ist auch Cyrano de Bergeracs Mondreisender – wie vor ihm Keplers und Godwins – der Schwerelosigkeit ausgesetzt. Sein zweiter Flugversuch mit einem raketenangetriebenen ‚Luftwagen' ist erfolgreich, und er gelangt in das Schwerefeld des Mondes, denn er hat sich mit Ochsenmark eingerieben, das der Mond anzuziehen scheint. Cyrano de Bergeracs Beschreibung antizipiert hier die Gravi-

[11] Die Idee eines Zentralfeuers geht auf die Lehre des Pythagoras zurück.

tätstheorie Isaac Newtons (1642-1727) und stützt sich ebenso wie diese auf die Erkenntnisse Johannes Keplers. Erneut ist Cyrano de Bergerac um eine physikalische Beweisführung bemüht und zeigt damit, dass er sich auf der Höhe der wissenschaftlichen Erkenntnisse der damaligen Zeit befindet. Die entsprechende Passage orientiert sich dabei stark an Godwins Beschreibung des Zustands der Schwerelosigkeit seines Mondreisenden:

> Quand j'eus percé, selon le calcul que j'ai fait depuis, beaucoup plus des trois quarts du chemin qui sépare la Terre d'avec la Lune, je me vis tout d'un coup choir les pieds en haut, sans avoir culbuté en aucune façon; encore, ne m'en fussé-je pas aperçu, si je n'eusse senti ma tête chargée du poids de mon corps. (Ebd., 44)

Auch der bereits erwähnte Spanier Domingo Gonsales vertritt Wissen, das im Widerspruch zur aristotelischen Lehre steht, zum Beispiel beweist er dem Mondreisenden die Existenz des leeren Raums und einer einzigen Materie. Cyrano de Bergerac gibt hier die prinzipielle Auseinandersetzung einer Position Gassendis (bzw. Epikurs) mit derjenigen der Aristoteliker wieder, die den leeren Raum leugnen, und – wie die ganze traditionelle Physik – die Materie aus vier Elementen (Erde, Wasser, Luft und Feuer) zusammensetzen. Die Vorstellung von der Einheit der Materie stammt aus der atomistischen Lehre von Demokrit und Epikur, die auch Gassendi vertreten hat. Der maßgebliche wissenschaftliche Kontext für die Annahme der Existenz des leeren Raums ist der von Pascal 1647 experimentell erbrachte entsprechende Beweis.[12] Auch Gassendi nahm den leeren Raum an (vgl. Meder 1940, 13). Folgender Aussage ist daher prinzipiell zuzustimmen: „Die *Mondreise* ist in vielen Teilen kaum etwas anderes als ein Kompendium der Gassendischen Philosophie […]“ (Jordan 1910, 70). So ist es wenig erstaunlich, dass Gassendi im Roman namentlich genannt wird, und zwar vom Dämon des Sokrates, der dem Mondreisenden davon berichtet, Gassendi während seines Aufenthaltes auf der Erde getroffen zu haben.

Die Einheit der Materie erklärt der Spanier dem Protagonisten des Romans folgendermaßen (vgl. Cyrano de Bergerac 2005, 68f.): Elemente sind niemals rein, sondern immer schon miteinander verbunden. Entge-

[12] Dieses Experiment ist unter dem Namen *vide dans le vide* bekannt: Blaise Pascal ist es gelungen zu zeigen, dass die Höhe des Quecksilbers in einem Druckmessgerät ausschließlich vom äußeren Luftdruck bestimmt wird.

gen der aristotelischen Lehre vertritt der Spanier diejenige des Anaxagoras („alles ist in allem enthalten"): „Il faut donc que vous sachiez, malgré le pédantisme d'Aristote, dont retentissent aujourd'hui toutes les classes de votre France, que tout est en tout [...]" (ebd., 72). Er vertritt somit die Lehre der Heterogenie, d.h. der Entstehung organischer Wesenheiten aus unterschiedlichen anorganischen Stoffen. Dass diese Annahme im 17. Jahrhundert weit verbreitet war, daran lassen die folgenden beiden Einträge in Antoine Furetières *Dictionnaire universel, Contenant generalement tous les mots françois tant vieux que modernes, & les termes de toutes les sciences et des arts* (1690) zu „feu" und „sel" keinen Zweifel:

> FEU. S. m. Element chaud & sec, qui entre en la composition de tous les corps naturels, & sur tout de ceux qui sont animez. (Furetière 1701 [1690], II, o.P.)
>
> SEL. S. m. Terme de Chymie. Substance acide qui entre en la composition de tous les corps, & qui est un de leurs principes physiques. (Furetière 1701 [1690], III, o.P.)

Zumal die Lehre der Heterogenie im 17. Jahrhundert zur *communis opinio* zählte, wie die beiden zitierten Einträge belegen, konnte Cyrano de Bergerac diese als allgemein akzeptiert voraussetzen und brauchte sie nicht von seiner spanischen Romanfigur detailliert erläutern zu lassen. Als Teil des zeitgenössischen Wissens und Forschungsstandes verleiht diese Lehre der Argumentation des Spaniers, die auf den Nachweis der Einheit der Materie zielt, große Glaubwürdigkeit. Konnten die zeitgenössischen Leser Teile ihres Wissenshorizontes innerhalb einer Argumentationskette wiederentdecken, so hatte dies den Vorteil, dass sie dazu neigen mussten, unter Umständen auch neue Erkenntnisse im Rahmen dieser Argumentation zumindest für denkbar und möglich zu halten.

Kommen wir auf die konkrete Beweisführung des Spaniers zurück: Dass es sich prinzipiell immer um dieselbe Materie handelt, diese aber unterschiedliche Wirkungen (z.B. warm, kalt etc.) zeigt, geht nach Meinung des Spaniers auf eine entsprechende Sympathie oder Antipathie[13] zurück, je nach der Disposition, in der die Materie sich zum Zeitpunkt ihrer Wirkung befinde. Unterschiedliche Wirkungen seien „bedingt durch Ausdehnung bzw. Zusammenziehung der Materie" (Meder 1940,

[13] Die Begriffe ‚Sympathie' und ‚Antipathie' als Agens zwischen den Elementen stammen aus der Alchemie und stehen im Gegensatz zum Positivismus Gassendis.

14). Vorausgesetzt, dass es nur ein einziges Element gibt, müssen sich alle Körper – wenn auch mit unterschiedlicher Geschwindigkeit – im gleichen Grad zum Erdmittelpunkt neigen. Diese These widerspricht der aristotelischen Lehre, nach der jedes Element seinem ursprünglichen Ort zustrebt, das Feuer zum Beispiel in die Höhe, um sich dem himmlischen Feuer zu nähern.

Seine Ansicht von der Existenz des leeren Raums erklärt Domingo Gonsales wenig überzeugend: Da der allgemeinen Meinung nach die Welt vom Nichts umgeben sei, könne sie ebenso das Nichts in sich haben. Diese Annahme stützt er durch seine Aussage, dass es ohne den leeren Raum keine Bewegung geben könne: „s'il n'y avoit point de vide, il n'y auroit point de mouvement [...]" (Cyrano de Bergerac 2005, 71).

Des Weiteren wird im Roman von einem Philosophen, dem der Protagonist und der Dämon des Sokrates auf dem Mond begegnen, der Beweis erbracht, dass es unendliche Welten in einer unendlichen Welt gibt. Die Diskussion um die beiden Unendlichkeiten des Mikro- und des Makrokosmos ist dabei ein Thema, das das 16. Jahrhundert (v.a. die Schrift *Del'Infinito Universo* von Giordano Bruno aus dem Jahr 1584) und die erste Hälfte des 17. Jahrhunderts (z.B. Gassendi, Hobbes, Campanella, Mersenne) stark beschäftigte. Im Roman erfüllt die Annahme von der Unendlichkeit des Universums eine kritisch-satirische Funktion:

> Die These von der Unendlichkeit des Weltraums unterminiert nicht nur Vorstellungen über astronomische Größenverhältnisse, sondern sie vermag auch fixierte zivilisatorische Überlegenheitsansprüche zu relativieren. (Gnüg 1999, 92f.)

Cyrano de Bergerac richtet sich an dieser Stelle erneut gegen die unter seinen Zeitgenossen weit verbreiteten Überlegenheitsansprüche und das daraus abgeleitete Herrschaftsbewusstsein des Menschen.

Als Beweis der Unendlichkeit des Alls schlägt der Philosoph ein Gedankenexperiment vor, das dieses komplexe und abstrakte Thema mithilfe der menschlichen Empirie zu erklären sucht. Symptomatisch für den gesamten Roman haben wir es auch hier mit einer Vulgarisierung von kosmologischen Wissensinhalten zu tun. Sein Experiment beschreibt der Philosoph wie folgt: Man solle sich das Universum als ein Tier vorstellen, in dem andere Tiere (Sterne, Welten etc.) enthalten sind. Der Mensch stelle für kleinere Tiere (z.B. Läuse, Milben etc.) schließlich auch eine Welt dar. Die Bewegung des Menschen erklärt der Philosoph im Folgenden durch Bewegungen dieser Tiere, die sich vom Willen des Menschen als einem Kutscher leiten lassen. Als Bestätigung seiner These führt der

Philosoph das Jucken an, das eine Milbe verursache, die sich von ihren Artgenossen entfernt habe, um tyrannisch zu leben (vgl. Cyrano de Bergerac 2005, 97). Dass Menschen unterschiedlich stark an Juckreiz leiden, sei darauf zurückzuführen, dass die kleinen Tierchen unterschiedlich gut mit dem Klima des jeweiligen Körpers harmonieren (vgl. Cyrano de Bergerac 2005, 98).

Kurz nach der Erörterung der Unendlichkeit kündigt derselbe Philosoph an, den Ursprung der Welt von der Ewigkeit her beweisen zu können (vgl. ebd., 99). Dazu wendet er sich zunächst explizit gegen den religiösen Glauben an die Schöpfung. Zu dieser habe der Mensch nur deshalb Zuflucht genommen, weil der menschliche Verstand die Ewigkeit nicht begreifen könne. Damit habe er sich aber wesentlich größere Schwierigkeiten eingehandelt als mit der Leugnung der Schöpfung, denn er müsse so die Ewigkeit Gottes annehmen. Außerdem müsse er dann behaupten, dass aus dem Nichts etwas entstanden sei. Es sei darum wesentlich sinnvoller, die ewige Materie anzunehmen. In diesem Moment brauche man Gott dann auch nicht mehr als unbeweisbare Hypothese. Der Philosoph vertritt die Meinung, dass sich die ewige Materie deshalb vom chaotischen Zustand aus geordnet habe, weil die in ihr enthaltenen unendlich vielen Atome – hier folgt der Philosoph Demokrit, dem „Begründer der Theorie, dass jeder Stoff aus kleinsten unteilbaren Teilchen, den ‚Atomen', besteht […]" (Sullivan 1966, 15) und der Atomlehre Epikurs und Gassendis – unterschiedliche Formen besäßen und sich deshalb auf ganz unterschiedliche Weise bewegten. Wenn verschieden geformte Atome aufeinander träfen, entstünden jeweils bestimmte Dinge, z.B. eine Eiche oder auch ein Mensch. Das Ergebnis hinge einzig von der jeweiligen Atomkonstellation ab:

> [C]e n'est pas merveille que la matière, ainsi disposée, ait formée un chène; mais que la merveille eût été plus grande, si, la matière ainsi disposée, le chène n'eût pas été produit; un peu moins de certaines figures, c'eût été un orme, un peuplier, un saule; un peu plus de certaines figures, c'eût été la plante sensitive, une huître à l'écaille, un ver, une mouche, une grenouille, un moineau, un singe, un homme […]. (Cyrano de Bergerac 2005, 103)

Diese Erörterung stimmt im Wesentlichen mit Gassendis Erklärung der Rolle der Atome bei der Schaffung der Welt überein. Ähnliches ist, die Lehre Epikurs aufgreifend, auch schon in Lukrez' Schrift *De rerum natura* formuliert, allerdings wird hier die Arbitrarität der Atomverbindungen hervorgehoben: Die irdische Welt sei dadurch entstanden, dass Atome planlos in vielerlei Art vergebens und ziellos vereinigt, / endlich wuchsen in eins, und zwar solche, die plötzlich verschmolzen, / immer wurden damit der Beginn gewaltiger Dinge, / Anfang von Himmel und Erde, von Meer, dem Geschlecht der Belebten. (Lucretius 2005, 161; V. 1064-1067)

4. Zur ästhetischen Vermittlung anthropologischen Wissens in Cyrano de Bergeracs Mondutopie

Nicht nur die im Roman dargelegten astronomischen Thesen stehen in starkem Widerspruch zur zeitgenössischen kirchlichen Orthodoxie, sondern auch die hier vermittelte Anthropologie. Diese richtet sich unmissverständlich gegen jede Form von Anthropozentrismus. Beispielsweise erlebt Cyrano de Bergeracs Mondreisender folgende Szene (Cyrano de Bergerac 2005, 93-96): Ein zum Abendessen eingeladener Philosoph erträgt weder den Geruch von Fleisch noch den von Kräutern, wenn sie nicht auf natürlichem Wege ‚gestorben' sind, weil er auch sie für fähig hält, Schmerz zu empfinden. Der Protagonist reagiert auf dieses Verhalten mit vollkommenem Unverständnis und wendet sich an seinen Vertrauten, den Dämon des Sokrates. Mit der Wahl dieser Figur bestätigt Cyrano de Bergerac einmal mehr seine kritische Haltung der kirchlichen Orthodoxie gegenüber, denn der schon von Plutarch beschriebene Dämon des Sokrates galt der Kirche als Inbegriff ketzerischen Gedankenguts. Er steht *per se* der kirchlichen Lehre konträr gegenüber. Im Roman ist es daher oftmals dieser Dämon, der den Protagonisten in „waghalsige philosophische Spekulationen [verstrickt], die auf syllogistische Weise althergebrachte Wahrheiten der Erdenbewohner widerlegen" (Kuhnle 2003, 46). An dieser Stelle im Roman hält er dem Mondreisenden eine Rede über Kohlköpfe, die hier natürlich die gesamte Flora repräsentieren: Kohl sei auch ein Geschöpf Gottes, das dieser sogar begünstigt habe, weil die menschliche Fortpflanzung von der Lust und Laune des Mannes abhänge, während Kohlköpfe einander wohl oder übel zum Sein verhelfen müssen. Außerdem habe jeder Kohlkopf viel mehr Nachkommen als ein Mensch, woraus man wohl schließen könne, dass Gott am Geschlecht des Kohles mehr liege als an demjenigen des Menschen. Abgesehen davon könne Kohl – im Gegensatz zum Menschen – weder Gott beleidigen, noch sei er immer schon mit der Erbsünde belastet. Der Dämon kommt letztendlich zu dem Schluss, dass es weniger schlimm sei, einen Menschen zu töten als einen Kohl abzuschneiden, weil der Mensch prinzipiell Hoffnung auf eine Wiedergeburt habe, der Kohl aber nicht. Außerdem könne Kohl – in Analogie zum paradiesischen Baum der Erkenntnis – eine Art Universalverstand besitzen, der dem Menschen fehle. Schließlich sei es nicht vorstellbar, dass Gott seine Wohltaten ungerecht unter den von ihm geschaffenen Lebewesen verteilt habe. Hier führt eine in sich schlüssige ‚Beweiskette' das Mittelpunktsdenken des Menschen *ad absurdum*. In noch erheblich stärkeren Maße als an vielen anderen Stellen im Roman setzt Cyrano de Bergerac das Mittel der Verkehrung ein, um eine typische Haltung seiner Zeitgenossen durch den Beweis ihres exakten Gegenteils zu widerlegen.

Gegen das von Kirche und Bibel vertretene Bild des Menschen als Krone der Schöpfung gerichtet, wird der Protagonist im Roman von den Lunariern als Tier (Affe, federloser Vogel u.ä.) behandelt. Der Autor wendet sich damit gezielt gegen das Überlegenheitsdenken vieler seiner Zeitgenossen.[14] Wie ein Zirkustier wird der Protagonist gehalten und gezwungen, die Lunarier zu unterhalten: „[L]e bateleur me porta à son logis, où il m'instruisit à faire le godenot, à passer des culbutes, à figurer des grimaces; et, les après-dinées, il faisoit prendre à la porte un certain prix, de ceux qui me vouloient voir" (Cyrano de Bergerac 2005, 51).

Kaum jemand wird annehmen, dass Cyrano de Bergerac mit dieser Episode nahe legen wollte, dass der Mensch das eigentliche ‚Tier' sei. Ebenso wie in der Rede über den Kohlkopf hat sich der Autor hier des Mittels der satirischen Verkehrung und der damit einhergehenden Überspitzung bedient, um zu zeigen, dass es mindestens ebenso viele und ebenso gute Gründe gibt, den Menschen nicht von vornherein als dem Tier übergeordnet zu betrachten, als ihn geringer zu schätzen. Der Höhepunkt dieser Satire wird erreicht, als der Protagonist, von dem man annimmt, er sei ein Weibchen, dem – nach Meinung der Lunarier – passenden Männchen, nämlich dem ebenfalls auf dem Mond gelandeten Spanier Gonsales, zugeführt wird, um Nachkommen dieser unbekannten Art zu züchten. Das Gelingen dieses Unterfangens kontrollieren die Mondmenschen durch regelmäßiges Abtasten des Bauches des Protagonisten. Selbst die Ranghöchsten unter ihnen beteiligen sich daran: „le Roi et la Reine prenoient eux-mêmes assez souvent la peine de me tâter le

[14] „Geschickt nutzt Cyrano die Fiktion der Mondreise eines Erdbewohners, um in den offenkundig verkehrten Ansichten der Mondbewohner über die Erde die bornierten Meinungen seiner Zeitgenossen [...]" (Gnüg 1999, 90).

ventre, pour connoître si je n'emplissois point, car ils brùloient d'une envie extraordinaire d'avoir de la race de ces petits animaux" (ebd., 75f.).

Ebenfalls gegen eine anthropozentrische Einstellung des Menschen richtet sich auch ein junger Gastgeber, der zum Abendessen geladen hat. Zunächst legt dieser dem Mondreisenden dar, dass Tiere unsterblich seien, weil Gott gerecht sei und den Menschen mehr Vernunft zugeteilt habe als den Tieren. Verunsichert und in seinem tiefsten Glauben erschüttert, fragt der Mondreisende daraufhin beim Dämon des Sokrates nach (vgl. ebd., 116-118), denn er vertritt in dieser Frage die traditionelle Sicht der Kirche: Der Dämon erklärt ihm, dass aus der Erde ein Baum werde, der sich in ein Schwein verwandle, aus dem schließlich ein Mensch entstehe, und zwar durch den Prozess der Verdauung.

Die überlieferten Manuskriptfassungen des Romans enthalten gegen Ende eine Erörterung über die Unsterblichkeit der Seele, die im Erstdruck fehlt. Der Herausgeber hat diese Stelle wohl eigenmächtig gestrichen. Es handelt sich dabei um eine parodistische Erörterung über einen von einem Christen verschlungenen Mohammedaner, die schließlich zur Frage nach der Unsterblichkeit der Seele führt (vgl. Jordan 1910, 215f.). Dass dieses Thema am Schluss des Romans erscheint, hebt die ihm von Cyrano de Bergerac beigemessene Bedeutsamkeit hervor. Die entsprechende Diskussion findet zwischen dem Gastgeber und dem Mondreisenden, der traditionelle Ansichten über die menschliche Seele vertritt, statt. Der Gastgeber legt diesem dar, dass die Tierseele, da sie körperlich sei, sterblich sein müsse. Zugleich drückt er sein Erstaunen darüber aus, dass die menschliche Seele, die doch geistig und somit unkörperlich sei, nach dem Tod eines Menschen den Leib, der ihr als Heim gedient hat, einfach verlassen solle. Damit ist die auch im 17. Jahrhundert viel diskutierte Frage nach der Einheit von Leib und Seele angeschnitten. Die angedeutete Sterblichkeit auch der menschlichen Seele entspricht der Lehre Epikurs, die auch Gassendi vertreten hat.

Im Gegensatz zum jungen Gastgeber glaubt der Mondreisende an die Auferstehung des Menschen. Der Gastgeber möchte ihn jedoch vom Gegenteil überzeugen und führt dazu folgenden ‚Beweis' an: Wenn ein Christ einen Mohammedaner verschlingen würde, dann ginge die Substanz dieses Mohammedaners ganz in das Fleisch, das Blut und den Samen dieses Christen über. Wenn er nun mit seiner Frau mit dem Samen, in den die Substanz des Mohammedaners eingeflossen ist, einen Christen zeugen würde, was würde dann bei der Auferstehung passieren? Egal ob das Produkt ein mohammedanischer oder ein christlicher Körper wäre, es würde doch immer ein Körper fehlen. Daraufhin beruft sich der Mondreisende hinsichtlich der Auferstehung auf das in der Bibel niedergeschriebene Wort Gottes, jedoch leugnet der Gastgeber dessen Existenz.

5. Fazit

Von Anfang ihrer Gattungsgeschichte an ist die literarische Utopie kein ahistorisches Phänomen, sondern eng an die jeweils bestehenden Verhältnisse gebunden. Sie kann sich sowohl auf zeitgeschichtliche Ereignisse als auch aktuell bestehende Wissensdiskurse beziehen, tut dies aber eben im Modus der Fiktion. Damit ermöglicht sie es dem jeweiligen Autor, Kritik am Bestehenden zu äußern, ohne dafür belangt werden zu können, denn unter dem Deckmantel der literarischen Fiktion bietet sie ihm einen geschützten Raum. Diesen Raum hat auch Cyrano de Bergerac in *L'histoire comique des états et empires de la lune* genutzt, und zwar vor allem dafür, um die zu seiner Zeit neuen wissenschaftlichen und weltanschaulichen Diskurse den alten Lehren (v.a. im Rahmen der kirchlichen Orthodoxie) als Alternativen entgegenzustellen. Anders als viele andere Utopien vor und nach Cyrano de Bergeracs Mondroman schildert dieser keine als ideal inszenierte Gegenwelt zur bestehenden zeitgenössischen Wirklichkeit. Es ging Cyrano de Bergerac vor allem auch nicht darum, eine ideale alternative Gesellschaftsform vorzuführen, wie dies in den traditionellen Utopien, die Morus' Urtypus der Gattung folgten, der Fall war. Er nutzt die Mondreise seines Protagonisten vielmehr dazu, durch das Verfahren der Spiegelung bzw. die „Struktur der Verkehrung" (Gnüg 1999, 92) bezweifelbare oder gar irrige Ansichten seiner Zeitgenossen satirisch zu kommentieren. Diese stammen aus dem Bereich der Kirche, der gesellschaftlichen Grundstrukturen und vor allem der Astronomie. Gassendi, Kepler und Galilei sind nur einige derjenigen, deren Theorien der Roman popularisieren sollte. So sehr die Wissensvulgarisierung die Absicht des Autors gewesen sein mag, so darf dennoch auch der ästhetische Aspekt seiner Mondutopie nicht außer Acht gelassen werden: Neben dem *prodesse* spielt auch das *delectare* eine bedeutsame Rolle. Der Nutzen des Textes, die Übermittlung neuerer wissenschaftlicher Erkenntnisse und die Relativierung bestehender Lehren, ergibt sich vielleicht gerade erst aus seinem Unterhaltungswert oder, anders ausgedrückt: Die

Unterhaltungsfunktion ist in den Dienst des didaktischen Nutzens gestellt. Beabsichtigt war zweifelsohne eine Belehrung des Lesers, aber – vor allem um derentwillen – auch seine Unterhaltung, und zwar primär durch Komik. Jedenfalls schien Cyrano de Bergerac eine satirische Mondutopie geeigneter als ein naturwissenschaftliches Traktat.

Bibliographie

Augspurger, Hans Jürgen (1973): *Die Anfänge der Utopie in Frankreich und ihre Grundlagen in der Antike*, Freiburg i.Br.: Albert-Ludwigs-Universität (Diss.).

Crouch, Thomas D. (1982): „'To Fly to the World in the Moon': Cosmic Voyaging in Fact and Fiction From Lucian to Sputnik", In: Emme, Eugene M. (Hg.): *Science Fiction and Space Futures. Past and Present*, San Diego: American Astronautical Society, 7-26.

Cyrano de Bergerac, Savinien (2005): *Histoire comique des états et empires de la lune et du soleil*, Faksimile der Ausgabe Paris 1858, Boston: Adamant Media Corporation.

Furetière, Antoine (1701 [1690]): *Dictionnaire universel, contenant generalement tous les mots françois tant vieux que moderne, & les termes des sciences et des arts…*, La Haye / Rotterdam: Arnoud et Reinier Leers.

Gipper, Andreas (2002): *Wunderbare Wissenschaft. Literarische Strategien naturwissenschaftlicher Vulgarisierung in Frankreich von Cyrano de Bergerac bis zur Encyclopédie*, München: Fink.

Gnüg, Hiltrud (1999): *Utopie und utopischer Roman*, Stuttgart: Reclam.

Jordan, Leo (Hg.) (1910): *Savinien de Cyrano Bergerac's ‚L'autre monde ou les états et empires de la lune'*, Halle a.S.: Max Niemeyer.

Krauss, Werner (Hg.) (1964): *Reise nach Utopia. Französische Utopien aus drei Jahrhunderten*, Berlin: Rütten & Loening.

Kuhnle, Till R. (2003): „Savinien de Cyrano de Bergerac: ‚L'Autre monde / Die Reise zu den Mondstaaten und Sonnenreichen'", in: Geppert, Hans Vilmar (Hg.): *Große Werke der Literatur*, Bd. VIII, Tübingen: Francke Verlag, 43-70.

Lucretius Carus, Titus (2005): *De rerum natura – Welt aus Atomen*, Stuttgart: Reclam.

Meder, Maria (1940): *Das Weltbild in Cyrano de Bergeracs Roman ‚L'Autre Monde'*, Mannheim: Johann Gremm.

Montgomery, Scott L. (1999): *The Moon & the Western Imagination*, Arizona: The University of Arizona Press.

Nicolson, Marjorie Hope (1960): *Voyages to the Moon*, New York: The Macmillian Company.

Racault, Jean-Michel (2003): *Nulle parts et ses environs. Voyages aux confins de l'utopie littéraire classique (1657-1802)*, Paris: Presses de l'Université de Paris-Sorbonne.

Racault, Jean-Michel (1991): *L'Utopie narrative en France et en Angleterre 1675-1761*, Oxford: The Alden Press.

Schenkel, Elmar (2009): *Keplers Traumreise zum Mond. Literarische Nachwirkungen einer wissenschaftlichen Fiktion.* Unveröffentlichtes Vortragsmanuskript.

Servier, Jean (1967): *Histoire de l'utopie*, Paris: Gallimard.
Sullivan, Walter (1966): *Signale aus dem All*, Düsseldorf: Econ Verlag.
Whitaker, Ewen A. (1999): *Mapping and naming the Moon. A History of Lunar Cartography and Nomenclature*, Cambridge: University Press.

Von ‚anderen Räumen': Die Repräsentation des geographischen Raumes Kanada in der *Encyclopédie*

Simone Adam (Duisburg-Essen)

*L'objectif de cet exposé est d'analyser la représentation de l'espace dans l'*Encyclopédie *(1751-1772). En examinant les divers articles sur le Canada, nous distinguons différents niveaux dans cette représentation: la description littérale et discursive, ainsi que la représentation topologique et topographique, qui construisent un espace dans leur ensemble. Pendant que les auteurs de l'*Encyclopédie *présentent – en décrivant le pays et les peuples autochtones – un espace de l'Autre, ils créent une représentation qui peut être considérée comme une hétérotopie foucaldienne. La conception hétérotopique permet de montrer le regard de l'autre sur soi-même, c'est-à-dire de l'espace canadien sur la culture française du 18ième Siècle. Les auteurs pouvaient ainsi introduire une critique sociale subliminale à l'égard de la France du Siècle des Lumières. Nous en déduirons que les représentations de l'espace d'autrui constituent le plus souvent une révision et une transformation de son propre système culturel.*

1. Einleitung

1.1 Gegenstandsbestimmung

Die von Diderot und d'Alembert herausgegebene *Encyclopédie ou Dictionnaire raisonné des sciences, des arts et des métiers, par une société de gens de lettres* (1751-1772) gilt aufgrund ihrer Absicht, das gesamte Weltwissen aufzunehmen, als Symbol der Aufklärung. Mit ihrem Ziel, den Vorurteilen und der Intoleranz des 18. Jahrhunderts entgegenzuwirken, integriert sie gleich zwei Darstellungsfunktionen von Wissen: Entdeckungen und Entwicklungen in den Künsten, der Philosophie, den Naturwissenschaften und der Technik werden zum Einen dargestellt und archiviert, zum Anderen soll aufklärerisches Gedankengut transportiert werden. Diderot erklärt diese Ziele in seinem selbstreferentiellen Artikel über die *Encyclopédie*: „En effet, le but d'une *Encyclopédie* est de rassembler les connaissances éparses sur la surface de la terre; d'en exposer le système général aux hommes qui viendront après nous" (Diderot 1755 (*Encyclopédie*), 635). Die alphabetisch angeordneten Artikel stellen jedoch nicht nur eine kritische Bestandsaufnahme des gesamten Wissens dar, sondern haben auch die Aufgabe, die Werte der Aufklärung zu vermitteln. Die Autoren der als *machine de guerre* funktionalisierten *Encyclopédie* schreiben im Geiste der

Aufklärung für Fortschritt, Freiheit, Gleichheit und das Glück der Menschen, sodass eine vehemente Kritik an den vorherrschenden politischen, religiösen, sozialen und moralischen Umständen Frankreichs im 18. Jahrhundert sichtbar wird. Um der Zensur und dem Verbot zu entgehen, bedienen sie sich eines geschickten Verweissystems, mithilfe dessen sie scheinbar unkritische Artikel über Politik und Religion unterschwellig widerlegen und damit ermöglichen, vorherrschende Systeme und Denkstrukturen anzugreifen. Mit dieser Verschleierungstechnik kann so zwar der oppositionelle Geist in den Hauptartikeln abgemildert werden, ermöglicht durch die Verweise aber auch, implizit Kritik zu üben.

In diesem Kontext stellt sich nun die Frage, wie unbekannte politische und soziale Systeme, die sich explizit nicht auf Frankreich beziehen, in der *Encyclopédie* repräsentiert werden. Unter Berücksichtigung raumtheoretischer Prämissen beabsichtigt dieser Beitrag, die Darstellung des geographischen Raumes Kanada und damit die Repräsentation des Wissens über diese Kultur in der *Encyclopédie* in den Blick zu nehmen.[1] Im Hinblick auf das Rahmenthema des XXVI. Forums Junge Romanistik zu *Repräsentationsformen des Wissens* soll hier herausgestellt werden, dass Räume in der *Encyclopédie* nicht nur eine darstellende Funktion von Wissen haben, sondern auch Diskursen folgen, die ihrerseits im Zeichen der Aufklärung politische Sprengkraft bieten und hervorbringen. Dabei soll die These vertreten werden, dass der Repräsentationsraum der *Encyclopédie*, kulturrepräsentierende und -konstituierende Funktionen einnimmt, da er Wissen über eine fremde Kultur repräsentiert und damit das Eigene spiegelt. Der Repräsentationsraum der *Encyclopédie* beinhaltet so zwei Raumkonstrukte – einen Raum des Fremden und einen Raum des Eigenen –, die im Folgenden hier vorgestellt werden sollen.

1.2 Methode

Ausgangspunkte für die Untersuchung der Repräsentation sind der Artikel der *Encyclopédie* über *Canada* (1752) von Claude Louis Michel de Sacy

[1] Der Begriff der Repräsentation lässt sich von dem der Darstellung dadurch abgrenzen, dass er über die mimetische Funktion hinaus auch Referenzen und Performanzen beinhaltet. Eine spezifische Begriffserklärung zu den Repräsentationsformen in der *Encyclopédie* wird weiter unten aufgeführt.

sowie der Artikel über dessen Bevölkerung, den *Canadiens*, den Jean Pestré im Jahre 1752 verfasste. Diese werden von den Einträgen ergänzt, auf die die elektronische Volltextsuche der ‚*Encylopédie* électronique' verweist. Diese Vorgehensweise bietet den Vorteil, nicht nur dem Verweissystem durch das Labyrinth der *Encyclopédie* folgen zu können, sondern darüber hinaus auf Artikel zu stoßen, die die Leerstellen der Leitartikel füllen bzw. subversiv unterlaufen.[2] Das Ergebnis dieser Recherche bildet eine Textbasis von 133 Artikeln, die nach Abzug der Einträge zu Flora und Fauna (52 Einträge), zu Rohstoffen (6 Einträge), geographischen Bezeichnungen (25 Einträge) sowie Artikeln mit geringem Umfang einen Korpus von 14 ausgewählten Artikeln ausmachen. Es handelt sich hierbei zum Großteil um die geographisch-kulturwissenschaftlichen Beiträge des Chevalier de Jaucourt über das Kanu (*Canot* 1752), den Waldläufer (*Coureur de Bois* 1754), die Hudson-Bucht (*Hudson* 1765a), die kanadische Savanne (*Savanes* 1765d) sowie über die Stämme der Eskimos (*Eskimaux* 1756), der Kilistinons (*Kilistinons* 1765b) und der Natchez (*Natchez* 1765c). Diese werden durch die naturwissenschaftlichen Abhandlungen von d'Alembert zur Kälte (*Froid* 1757) durch die anthropologischen Ausführungen von Diderot zu *Homme* (1765a) und *Humaine Espèce* (1765b) sowie dem Beitrag zur griechischen Philosophie und Tradition (*Grec* 1757) des Abbé Mallet ergänzt. Der Eintrag zur *Colonie* aus dem Jahre 1753 von Verón de Forbonnais beschreibt die sozio-politische Bedeutung des Landes und erleichtert die Einordnung in den historischen Kontext. Diese Einträge folgen Wissensdiskursen, die in Form einer räumlichen Repräsentation und ihrer Relation zueinander eine kulturrepräsentierende und -konstituierende Funktion haben, die im Folgenden auf verschiedenen Interpretationsebenen untersucht werden.

Die Repräsentation ‚diskursiver' Räume ist in der *Encyclopédie* zwischen „Narration und ‚Weltbild'" (Siegert 2005, 3) verortet. Die mit ‚diskursiv' bezeichneten Räume rekurrieren auf Michel Foucaults Diskurstheorie, bei der Macht- und Subjekteffekte sowie Materialität Ausdruck einer spezifischen Historizität sind.[3] Diskurse sind somit ein sprachlich produ-

2 Zur Bedeutung der ‚*Encyclopédie* électronique' vgl. Morrissey 2001.

3 Dieser Aufsatz legt die Diskurstheorie von Foucault zugrunde, die auf seine Essays zur Epistemologie in *Les mots et les choses* (1994a), ursprünglich von 1966, und zu seiner Diskursanalyse in *L'Archéologie du savoir* (1986), erstmalig von 1969, zurückgeht.

ziertes Verständnis der Wirklichkeit zu einem gewissen Zeitpunkt, das eine bestimmte Vorstellung verstärkt und sowohl soziale und subjektive Interessen als auch Machtstrukturen regelt und erzeugt. Darunter fallen Denk-, Rede- und Verhaltensweisen, die zeitlich determinierte und spezielle Wissensbereiche formieren und voneinander abgrenzen. In diesem Zusammenhang soll herausgestellt werden, inwieweit sich Diskurse in einer ‚räumlichen Sprache', d.h. in einer topographischen und topologischen Repräsentation, verzeichnen lassen.[4] Topographien (τόπος *tópos* ‚Ort' und γραφειν *grafeïn* ‚zeichnen, beschreiben') werden nicht mehr nur als Darstellungen von konkreten geographischen Räumen verstanden, sondern als Praxis des Be-schreibens, Ein-schreibens und Vorschreibens (vgl. Böhme 2005, XVIII-XVIX). Sie können einerseits als Narration von kulturellen Phänomenen verstanden werden, andererseits auch als Einschreibung, die Kulturräume und Weltbilder prägt und hervorbringt. Im Sinne der aktuellen Raumtheorie, die mit dem in den 1990er Jahren ausgerufenen *Spatial*[5] bzw. *Topographical Turn*[6] eine Neufo-

[4] Die unscharfe terminologische Trennung von Topologien – als Formen der räumlichen Anordnung – und Topographien haben in der literaturwissenschaftlichen Theoriebildung dazu geführt, dass klare Abgrenzungen selten geführt wurden, da sie für die literatur- und kulturwissenschaftliche Analysepraxis meist zusammen gedacht werden. Im Gegensatz zur Topographie als Einschreibung und kulturelle Praxis, kann der Begriff der Topologie als Struktur, Form und Figurativität eines Textes verstanden werden, die auf der Grundlage von räumlichen Modellen Kulturkonzepte repräsentiert. Ausgangspunkt dieser Idee – sie beruht jedoch auch auf den theoretischen Vorarbeiten von Einsteins Feldtheorie und auf Foucaults Überlegungen zur Ordnung – bildet die kultursemiotische Theorie von Jurij M. Lotman. Der russische Literaturwissenschaftler versucht, semantische, lautliche oder strukturelle Oppositionen eines literarischen Textes als eine Art Subtext zu bestimmen. Er baut somit ein „sekundäres modellierendes System" (Lotman 1972, 22) auf und setzt dies in eine räumliche Sprache. In diesem Zusammenhang nennt Lotman den Begriff der Grenze, der in dieser Untersuchung übernommen wird. Topologien repräsentieren den Raum als ein dynamisches und semiotisches Konstrukt, das individuelle und kollektive Identitäts- und Sinnbildungsprozesse äußert und die Materialität des Raumes, die verschiedenen Beziehungen zwischen Körpern sowie kulturpragmatische Theorien miteinander verbindet.

[5] Übersichtsdarstellungen zum *Spatial Turn* vgl. Bachmann-Medick 2009 und Günzel 2010.

[6] Zur terminologischen Schwierigkeit des *Spatial Turn* vgl. Weigel 2002.

kussierung des Raumes als semiotische Analysekategorie beinhaltet, lässt sich die Lesbarkeit des Raumes also nicht mehr nur auf eine mimetische Abbildung reduzieren. Sie fordert vielmehr eine aktive Auseinandersetzung mit einer repräsentie*renden* und nicht mehr repräsen*tierten* Räumlichkeit. Wer Räumlichkeit so denkt, verabschiedet sich von der Idee, eine wirklichkeitsgetreue Darstellung einer Landschaft zu leisten und eröffnet ein dynamisches System räumlicher Lagebeziehungen, die sich sprachlich strukturierend in einer topologischen und topographischen Repräsentation niederschlagen. Die repräsen*tierte* Räumlichkeit, die in den Leitartikeln zu Kanada von Claude Louis Michel de Sacy und Jean Pestré beschrieben wird, muss im Hinblick auf die Relation zu der in den Verweisartikeln entworfenen Räumlichkeit überdacht werden. Sie ist in den enzyklopädischen Artikeln nicht starr angelegt, sondern wird erst durch die Art und Weise der Relation von Räumen zueinander, des Zusammenhangs und durch Sinnordnung konstituiert, die im Text eine weitere Bedeutungsebene freilegt. Mit dieser topologischen Raumdarstellung geht ebenso die topographische Funktion einher, die Raum als soziale Praktik versteht und kulturelle Ordnungen vorzeichnet. Unter ‚kultureller Topographie' kann man also – mit den Worten von Vittoria Borsò und Reinhold Görling – „sowohl eine Beschreibung von Kultur oder kulturellen Produkten unter einem geographischen, räumlichen oder lokalen Aspekt, als auch Analysen kultureller Formen [verstehen], in denen die Herstellung von Orten und Räumen entsteht" (Borsò / Görling 2004, 8).

Die *Encyclopédie* kann dementsprechend selbst als Topographie verstanden werden, indem sie einen Repräsentationsraum bildet. Sie stellt einen eigenen Raum dar, der wiederum topographische und topologische Funktionen eines Textes erfüllt: Sie kann als kulturspezifisches und -prägendes Muster gedeutet werden, das sich zum Einen in der diskursiven Darstellung des kanadischen Raums entwirft; zum Anderen kreiert sie mittels des geschickten Verweissystems zugleich einen Raum des Anderen sowie einen Raum des Eigenen. Die beiden konstruierten Räume – der des Anderen und der des Eigenen – werden so von dem Repräsentationsraum der *Encyclopédie* in einer Topographie hervorgebracht, die die eigentlich in Opposition zueinander stehenden Räume in einer Repräsentation vereint.

2. Die diskursive Darstellung der französischen Kolonie Kanada: Der Blick auf den Anderen

Die Hauptartikel zu Kanada umfassen Darstellungen vom repräsen*tierten* Wissen: De Sacy beschreibt in seinem Artikel *Canada* die geographische Situierung, die politische Zugehörigkeit und die geologische Beschaffenheit des Landes (vgl. de Sacy 1752 (*Canada*), 581). Jean Pestré stellt hingegen in seinem Artikel zu *Canadiens* die anthropologischen Merkmale der Ureinwohner dar, indem er ihre Anatomie sowie ihre Charaktereigenschaften präsentiert (vgl. Pestré 1752 (*Canadiens*), 581).[7] Mit der Darstellung der autochthonen Bevölkerung und ihren Lebensgewohnheiten geht er desweiteren auch auf die religiösen Vorstellungen ein, die er thesenartig aufstellt.

Um die Darstellung und die Repräsentation des Wissens in diesem Zusammenhang zu analysieren, ist es unerlässlich, die unterschiedlichen Wissensdiskurse – Kolonialpolitik, Physiologie, Klimatheorie und das Ideal des *bon sauvage* – aufzuführen, die im unmittelbaren Bezug zum his-

[7] Pestré beschreibt das äußere Erscheinungsbild der Ureinwohner folgendermaßen: „Ils sont grands, d'une taille supérieure à la nôtre", „bien faits", „Les sauvages, à l'exception des cheveux & des sourcils, que plusieurs même ont soin d'arracher, n'ont aucun poil sur le corps […]", „Ils naissent blancs comme nous". Mit diesen Beschreibungen versucht Pestré das durch Vorurteile geprägte Wissen von einer fremden Kultur aufzuklären („La plûpart de ceux qui n'ont point vû ni entendu parler des sauvages, se sont imaginés que c'étoient des hommes couverts de poil, vivant dans les bois sans société, comme des bêtes, & n'ayant de l'homme qu'une figure imparfaite"). Er verweist darüber hinaus jedoch auch auf Merkmale, die dem Diskurs des *sauvage* folgen: Nacktheit („leur nudité"), die Adlernase („le nez aquilin"), die Verwendung von Schminke („les huiles dont il se graissent, & les différentes couleurs dont ils se fardent, que le soleil à la longue imprime dans leur peau, leur hâlent le teint") und ihre körperliche Überlegenheit („rare de voir parmi eux boiteux, borne, bossu, aveugle, etc."). Darüber hinaus werden positive und negative Charaktereigenschaften herausgestellt: Güte, Freundlichkeit, Gastfreundlichkeit („bon, affables & exercent envers les étrangers & les malheureux une charitable hospitalité, qui a dequoi confondre toutes les nations en l'Europe"), Ehrenhaftigkeit und Stolz („[…] raison d'honneur & par grandeur d'ame. […] Ils ont le cœur haut et fier") werden den negativen Eigenschaften wie Leichtfertigkeit, Flatterhaftigkeit, Treulosigkeit, Undankbarkeit und Zweifelhaftigkeit („ingrates avec excès, soupçonneux, traîtres, vindicatifs") entgegengesetzt (Pestré 1752 (*Canadiens*), 581).

torischen Kontext stehen. Sie beziehen sich nicht nur auf das *Siècle des Lumières*, sondern vor allem auch auf die Verwicklungen des Siebenjährigen Krieges (1756-1763). Der britisch-französische Konflikt hatte in den nordamerikanischen Kolonien schon in den Vorjahren des Krieges zu Kampfhandlungen geführt und fand seinen Endpunkt im Pariser Friedensvertrag von 1763, in dem Frankreich die nordamerikanischen Überseegebiete verlor. Insbesondere in den aufklärerischen Kreisen Frankreichs wurden die Kolonialpolitik und die Sinnlosigkeit des Konflikts häufig kritisiert, zumal die Kolonie aufgrund ihrer Bodenbeschaffenheit und ihres Klimas einen zu geringen Profit abwerfe (vgl. Wolf 1987, 6). So schreibt beispielsweise Voltaire im September 1762 in seinen *Correspondances*: „Je suis comme le public, j'aime beaucoup mieux la paix que le Canada, et je crois que la France peut être heureuse sans le Québec" (Voltaire 1980, 1043). Der kurze Artikel zur geographischen Raumdarstellung Kanadas von Michel de Sacy (*Canada*) berührt diesen Diskurs hingegen nicht. Erst die Verweise zu den Einträgen des Chevaliers de Jaucourt untermauern den Diskurs der Unwirtlichkeit Kanadas durch eine immer wiederkehrende stereotypisierende Argumentation: Québec, beschrieben als „pays fort vaste" (de Sacy 1752 (*Canada*), 581) mit angrenzenden „pays déserts et inconnus" (ebd.), mit starker Bewaldung („rempli de forêts" (ebd.), Schluchten, Tälern und Tundragebieten,[8] lässt keine landwirtschaftliche Nutzung zu (vgl. Jaucourt 1765a (*Hudson*), 317). Eine häufige Bezeichnung der Kolonie als „affreux pays" (ebd.) sowie die stetige Nennung von Kälte und Schnee (vgl. u.a. ebd.; D'Alembert 1757 (*Froid*), 315) werten Kanada als Kolonialgebiet ab und sind mit negativen Konnotationen behaftet. Mittels dieser impliziten Wertungen wird die Darstellung in den Haupt- und Verweisartikeln mit dem Subtext des 1753 publizierten Artikel *Colonie* des Aufklärers Véron de Forbonnais unterlaufen. In diesem beschreibt er die Gründe und den Nutzen der Kolonialherrschaft: Er behauptet, dass man eine Kolonie ausschließlich errichten sollte, wenn diese erstens nützlich und bebaubar sei, zweitens eine große Anzahl von Einwohnern habe und drittens einen Handel mit anderen Nationen ermögliche. Er geht sogar soweit, den Besitz einer

[8] „Les François du Canada donnent le nom de savane aux forêts composées d'arbres résineux, c'est-à-dire, aux forêts de pins, sapins, de méleses, & dont le fond est humide & couvert de mousse. Il y a des savanes qui sont fort épaisses, & d'autres qui sont claires" (Jaucourt 1756 (*Eskimaux*), 706).

Kolonie abzulehnen, wenn diese Grundsätze nicht erfüllbar sind (vgl. Forbonnais 1753 (*Colonie*), 306). An dieser Stelle fungiert die Verweistechnik der *Encyclopédie* als Schaltstelle der subversiven Kritik. Der bisherige, stereotyp wirkende Diskurs über die Kolonie Kanadas als unwirtliches, ödes Land wird mit einem zweiten Diskurs der Kritik zur Kolonialherrschaft unterlegt. Mit der Definition Forbonnais' zeigt sich so unterschwellig, dass Kanada als Kolonie nicht den Ansprüchen des Mutterlandes gerecht werden kann.[9] Mittels einer räumlichen Repräsentation – der Verweistechnik – wird so veranschaulicht, wie kulturelle Grenzziehungen genutzt werden, um aufklärerische Staats- und Gesellschaftskritik zu leisten.

In diesem Zusammenhang soll die Repräsentation weiterer Wissensdiskurse auch unter der raumtheoretischen Prämisse untersucht werden: Obwohl die Raumvorstellungen im *Siècle des Lumières* weitgehend vom absoluten und relativen Raum Newtons beeinflusst ist – nämlich den konkreten Raum als Behälter in einem absoluten Bezugsraum zu sehen (vgl. Newton 1999, 28) –, stellt die Darstellung der *Encyclopédie* eine Hinwendung zu den Lagebeziehungen im Leibniz'schen Sinne dar, die später auch von Foucault übernommen und zum Inbegriff der Raumtopologie nach dem *Spatial Turn* wurden.[10] Ein relationaler Raum umfasst alle Komponenten, die die Gestalt eines Raumes einnehmen können. Im Falle der enzyklopädischen Raumrepräsentation Kanadas gehören dazu das Land, die geographische Beschaffenheit, die Anatomie und Kulturanthro-

---

[9] Der Kanada-Diskurs wird u.a. in der *Encyclopédie méthodique* (1782-1832) von Charles-Josephe Panckoucke erneut dargestellt. Panckouckes Ziel war es, mit diesem Supplément-Band der *Encyclopédie* die Schwächen und Fehler zu korrigieren und die mittlerweile überholten Wissensbestände zu überarbeiten. Hier ergänzt de Sacy seinen Eintrag der *Encyclopédie*, indem er die Geschichte Kanadas revidiert und gleichsam auch dessen Verlust bewertet: „[...] enfin le *Canada* conquis dans la derniere guerre par nos ennemis, le brave & malheureux Mont-Calm mourant les armes à la main, & cette immense contrée cédée à l'Angleterre par le traité de paix. M. de Voltaire ne semble pas regretter cette perte. Si la dixième partie, dit-il, de l'argent englouti dans cette colonie avoit été employée à défricher nos terres incultes en France, on auroit fait un gain considérable. Cette réflexion est d'un citoyen philosophe. On ne peut nier cependant que le commerce des pelleteries, peu dispendieux en lui-même, ne fût une source de richesses" (de Sacy 1782, 168).

[10] Übersichtsdarstellungen zu den ‚Klassikern der Raumtheorie' bieten u.a. Dünne / Günzel 2006, Döring / Thielmann 2008, Günzel 2009 und Günzel 2010.

pologie der Bevölkerung sowie soziale und politische Systeme, die eine Rückbindung auf den Raum Kanadas geben. Dazu gehören ebenfalls Wissensdiskurse, die den Raum Kanada ausformen und einer Ordnung zuweisen.[11] Die Darstellung der *Encyclopédie* greift dabei sowohl in den Hauptartikeln, als auch in den Verweisartikeln auf die Klimatheorie Montesquieus zurück, welche die Temperamente den klimatischen Charakteristika des Landes zuordnet. Der durchgängige Bezug zu Kälte und Schnee sowie anatomischen Beschreibungen des Körpers stimmen mit der Aussage des 14. Buchs des Essais *De l'esprit des lois* überein: Kalte Luft bedinge eine kleinere Ausprägung der Extremitäten, sodass das Blut schneller zum Herzen gelange (vgl. Montesquieu 1951, 474-477). Dadurch werden Stärken wie Ehrlichkeit, Selbstsicherheit und Mut begünstigt, aber auch Schwächen wie z.B. Rachsucht gefördert. All jene Charakteristika werden in den Artikeln des Chevalier de Jaucourt thematisiert und bauen ein Bild des stereotypen ‚Wilden' auf, auf das sich auch Jean Pestré bezieht.

Nach der Klassifikation von Hans-Jürgen Lüsebrink kann man drei Wahrnehmungsvarianten des stereotypisierten exotischen Anderen verzeichnen: 1) Faszination, 2) Ablehnung und Exklusion sowie 3) die Kenntnis des Anderen (vgl. Lüsebrink 1996, 52-55). Obwohl die positiven Charaktermerkmale des ‚Wilden' in der *Encyclopédie* gelobt und als Faszinosum verstanden werden können, steht die Ablehnung des Fremden im Mittelpunkt der Darstellung. Allein im Leitartikel *Le Canada* werden die Ureinwohner 23 Mal mit dem Wort *sauvage* bezeichnet. Mit dieser sprachlichen Unterscheidung wird eine Grenze zwischen dem kulturellen Raum des kanadischen Ureinwohners und dem Raum des zivilisierten Franzosen gezogen. Die stereotypisierende Darstellung des fremden und barbarischen Lebensstils wird in der *Encyclopédie* dadurch geschaffen, dass die Ureinwohner beschrieben werden, wie sie frei in den Wäldern leben, jagen und fischen[12] sowie auf dem staubigen, feuchten Waldboden auf

[11] Der Begriff der Ordnung, der aus gesellschaftlichen Praktiken (Kontrolle, Organisation, Selektion) einen Diskurs produziert und so auch Räume topologisch aufbaut, steht hier im Sinne Foucaults.

[12] „[...] qui concerne les bois & les forêts, parce que les sauvages habitant ordinairement dans les forêts" (Jaucourt 1765c (*Natchez*), 374), „Ils n'ont ni villages, ni demeures fixes" (Jaucourt 1765b (*Kilistinons*), 313), „ils campent sans-cesse d'un lieu à un autre" (ebd.).

einer Art Bett schlafen (vgl. Mallet 1757 (*Grec*), 909), das mit Löchern versehen ist, um die Exkremente ablaufen zu lassen (vgl. Diderot 1765a (*Homme*), 256). Diese detaillierten Beschreibungen der alltäglichen, aber unzivilisierten Lebensweise bauen auf sprachlichen Mitteln und Tropen[13] auf und wirken kumulativ bei der Entstehung eines Raumes des Anderen. Der Raum des Fremden konstruiert sich darüber hinaus durch die Beschreibung stereotyper Praktiken, die dem ‚Wilden' zugeschrieben werden. Diese beziehen sich vornehmlich auf die Ernährungsgrundlagen, die bis hin zum Kannibalismus reichen[14] und als extremste Form der Alterität bewertet werden. Die Beschreibung der Eskimos als die ‚Wilden der Wilden' – die in den enzyklopädischen Artikeln mit den Kanadiern gleichgesetzt werden –, stützt den Raum des Wilden durch sprachliche Übertreibungen,[15] in denen Brutalität und Grausamkeit ein Feindbild des Franzosen generieren. Obgleich die enzyklopädischen Artikel auf die moralischen Fehler der *Canadiens* verweisen – u.a. mit Zuschreibungen wie Leichtfertigkeit, Treulosigkeit, Faulheit und Rachsucht (vgl. Pestré 1752 (*Canadiens*), 581) – verwischt die Grenze zwischen Fremd- und Idealbild durch die Darstellung des *bon sauvage*. Dieses Idealbild des kanadischen Ureinwohners wurde erstmalig durch den Bericht *Voyage au Canada* (1555 / 1556) Jacques Cartiers aufgestellt und ist im Laufe des *Siècle des Lumières* zur Figur erhoben worden, die als Projektionsfläche aller positiven Eigenschaften des Menschen dient. Es rekurriert u.a. auf Jean-Jacques Rousseaus Menschenbild,[16] demzufolge der Mensch nur im Ein-

[13] Unter anderem arbeiten die Autoren mit rhetorischen Mitteln wie Alliterationen, Assonanzen, Paranomasien und Hyperbeln (vgl. „les sauvages des sauvages" (Jaucourt 1756 (*Eskimaux*), 940), „incultes & incapables de culture" (Jaucourt 1765 (*Hudson*), 317)). Darüber hinaus werden sprachliche Tropen eingesetzt, um Begriffe insbesondere im Hinblick auf die Zensur gegen andere auszutauschen (vgl. das Auge für Kriegshandlungen „il lui fit arracher un oeil, & se fit arracher l'autre" (Mallet 1757 (*Grec*), 909) und der Häuptling der Natchez für den französischen König (vgl. Jaucourt 1765c (*Natchez*), 373)).

[14] „[…] féroces, & qui se nourissent de chair humaine" (Jaucourt 1765c (*Natchez*), 374).

[15] „Ce sont les sauvages des sauvages, & les seuls de l'Amérique qu'on n'a jamais pû apprivoiser" (Jaucourt 1756 (*Eskimaux*), 940).

[16] Vgl. dazu den ersten *Discours sur les sciences et les arts* (1750) und insbesondere den zweiten *Discours sur l'origine et les fondements de l'inégalité parmi les hommes* (1755), in: Rousseau 1964, 3-108 und 109-237.

klang mit der Natur die ideellen Werte erreichen kann. Merkmale wie Güte, Freundlichkeit, Gastfreundlichkeit, ein stolzes Herz sowie ein unerschrockener Mut (vgl. Pestré 1752 (*Canadiens*), 581) werden in den enzyklopädischen Artikeln deutlich herausgearbeitet und gelobt. Jean Pestré geht aber über das Rousseau'sche Ideal des edlen ‚Wilden' hinaus. In seinem Artikel über die *Canadiens* drückt er zwar seine Bewunderung für die autochthone Bevölkerung aus, stellt aber auch deutlich deren moralische Fehler dar: „Toutes ces belles qualités seroient trop dignes d'admiration, si elles ne se trouvoient malheureusement accompagnées de quantité de défauts; car ils sont legers & volages, fainéans au-delà de toute expression [...]" (ebd., 581). Im Gegensatz zu Rousseaus Menschenbild räumt er auch dem ‚Wilden' die Fähigkeit ein, seinen Verstand zu nutzen und dazuzulernen, um diese moralischen Fehler zu beheben, was anhand eines fiktiven Gesprächs zwischen Missionar und ‚Wildem' exemplarisch in Szene gesetzt wird (vgl. ebd., 581). Er greift damit auf das spätere Konzept des *bon sauvage* nach Denis Diderot in der Dialogerzählung *Supplément au voyage de Bougainville* (1772) voraus, der der idealisierten Figur die Eigenschaft abspricht, nur gut zu sein, ihr jedoch dabei die Fähigkeiten zur *raison* und zur Tugendhaftigkeit einräumt.

In der diskursiven Analyse der Artikel lässt sich demnach eine Argumentationsstrategie feststellen, die durch die kulturanthropologische Klassifizierung des Anderen mittels der Klimatheorie, durch das Rousseau'sche Menschenbild sowie durch das Ideal des *bon sauvage* dem geographischen Raum Kanadas eine Ordnung zuschreibt.

3. Der räumliche Gegenentwurf der Repräsentation: Der Blick auf das Eigene

Die raumtheoretische Verortung der enzyklopädischen Repräsentationsform von Kanada geht jedoch über diese Argumentationsstrategie hinaus und entwirft in der Raumdarstellung des Anderen auch eine Ordnung, die auf die eigene Kultur zurückweist. Diese Form des Ordnungsbegriffs geht auf Michel Foucaults Vortrag *Des espaces autres* aus dem Jahre 1967 zurück. Foucault stellt in seiner Schrift eine generell topologische soziale Wissensordnung auf, die sich auf einen Diskurs beruft (vgl. Foucault 1994b, 752-762). Er geht davon aus, dass ein Raum nicht leer sein kann, sondern dass durch die Vielzahl von Beziehungen diskursiver Elemente verschiedene Räume gebildet werden, die gegenüber oder nebeneinander stehen oder ineinander verschachtelt sind. Innerhalb eines Repräsentationsraums entsteht so eine Menge von Relationen zwischen verschiedenen räumlichen Elementen, die in stetigem Bezug zueinander stehen. Räume und Orte können derart gespiegelt und für die Reflexion zugänglich gemacht werden. Foucault unterscheidet bei diesen Orten zwischen der Utopie und der Heterotopie (vgl. Foucault 1994b, 755f.). Die Utopie stellt für ihn einen irrealen Raum dar, der das vervollkommnete Bild der Gesellschaft zeigt bzw. deren Gegenbild entwirft. Die Heterotopie hingegen ist ein realer Ort, der eine tatsächlich realisierte Utopie bezeichnet. Dieser ‚andere Raum' bietet den Gegenentwurf zu einer Gesellschaft, der die realen Verhältnisse spiegelt. Betrachtet man nun die *Encyclopédie* als Topographie, also als Praxis, die durch die diskursive Anordnung räumlicher Elemente einen relationalen Repräsentationsraum schafft, lässt sich die These aufstellen, dass auch die enzyklopädischen Beiträge eine Heterotopie bilden. Mittels einer Anordnung von Raumelementen – Beschreibungen von Geographie, Anatomie, Anthropologie, sozialem und politischem System sowie der Konstruktion von Diskursen – wird zum Einen ein Raum des Fremden entworfen, der durch stereotypisierende Darstellungen des Landes und der autochthonen Bevölkerung im hinterwäldlerischen Gewand konfiguriert wird, zum Anderen ein Raum des Eigenen, der nur implizit auf das Mutterland Frankreich verweist. Das zuvor beschriebene Ideal des *bon sauvage* wird in Opposition zur Zivilgesellschaft Frankreichs gesetzt: Der *bon sauvage* habe laut Jean Pestré den Vorteil – im Gegensatz zu der französischen Gesellschaft –, nicht durch Luxus und Ausschweifung der Zivilgesellschaft verdorben zu sein (vgl. Pestré 1752 (*Canadiens*), 581), sondern den aufklärerischen Werten folgen zu können. Mit der Argumentationsweise entwerfen die Aufklärer in der *Encyclopédie* somit ein utopisches, aber mögliches Gesellschaftsbild, das die zeitgenössische, zivilisierte Gesellschaftsform in Frankreich deutlich ablehnt.

Eine weitere Spiegelung des Raums wird durch die Beschreibung fremder Systeme hervorgerufen, welche die Funktion der Religion oder die politische Struktur reflektiert. Die Beschreibung der Religion, die hier unter dem Stichwort der *Philosophie* geführt und somit nur eine mögliche Denkrichtung beschreibt, ohne sie absolut zu setzen, äußert den zentralen Gedanken, Kritik an der Institution Kirche zu leisten. Jean Pestré legt in sieben Thesen die Grundgedanken der kanadischen Religion dar (vgl. ebd.). In der ersten These erklärt er die Existenz eines einzigen Gottes, des sogenannten „*grand esprit*" (ebd.), der Alles umfasse, in Allem erscheine, in Allem wirke und den Anstoß zu jeder Sache gebe. Die zweite These beschreibt die Unsterblichkeit der Seele. Beide Erklärungen stimmen mit den Kerngedanken der christlichen Religion überein. Trotz des Aufbaus eines exotischen Kulturraumes wird hier der Bezug zur christlichen Religion erst durch den letzten Satz verdeutlicht: „Tout cela n'est point si sauvage" (ebd.). Diese Aussage unterläuft die vorher beschriebenen exotischen Besonderheiten der Religion der kanadischen Volksgruppen subversiv und wird zur Schaltstelle der Projektion des Eigenraums in einer Repräsentation des Fremden. Mithilfe dieser Schaltstelle kann so das Eigene über das Fremde reflektiert werden. Die folgenden Thesen drei bis sieben stellen einen Gegenentwurf zum europäischen Religionsverständnis dar, welcher hier als fremdartig charakterisiert wird, jedoch als Ideal fungiert: Der *grand esprit* habe den Verstand an die Menschen gegeben, um nach den Regeln der Gerechtigkeit und Weisheit zu handeln. Er lehne die Leidenschaften ab, denn von ihnen seien nur die „hommes méchans" (ebd., 581) ergriffen. Es gebe darüber hinaus eine „intelligence des choses visibles & invisibles" (ebd., 581) sowie den Verstand, der nur aus dem gesammelten Wissen entstehen kann, das es auf der Erde gibt. Diese Kenntnisse seien nützlich und notwendig, um die unsichtbaren Dinge dieser Welt besser verstehen zu können (vgl. ebd., 581). All diese Aussagen lassen sich wie ein aufklärerisches und enzyklopädisches Manifest lesen, das den Verstand über alles setzt und somit Zweifel an der Religion formuliert. Diese Art der Verschleierungstechnik wird ebenso auf der Ebene des Staates und des Königs verwendet. Im Verweis auf den Artikel über den Stamm der *Natchez* skizziert der Chevalier de Jaucourt ein despotisches Herrschaftssystem:

> Si l'on croit les relations, le gouvernement de ces peuples sauvages est despotique. Leur chef dispose des biens de tous ses sujets, & les fait travailler à sa fantaisie; ils ne peuvent lui refuser leur tête; il est comme le grand seigneur [...]. Ainsi, quoique les peuples sauvages ne connoissent pas naturellement le despotisme, ce peuple-ci le connoît: ils adorent le soleil, & si leur chef n'avoit pas imaginé qu'il étoit le frère du soleil, ils n'auroient trouvé en lui qu'un misérable comme eux. (Jaucourt 1765c (*Natchez*), 373)

Der Häuptling des Stammes lässt sich in dieser Darstellung mit dem französischen König gleichsetzen, der als absolutistischer Herrscher über Vermögen, Güter und über eine uneingeschränkte Macht verfügt. Die Macht gründet sich nicht auf den Fähigkeiten als Herrscher, sondern vielmehr auf dessen Legitimierung als ‚Bruder der Sonne'. Auf Frankreich übertragen stellt dies eine indirekte Kritik am Geburtsadel dar. Die Herrschaft eines Königs, der despotisch und unfähig sei – wie Ludwig XV. häufig charakterisiert wurde – wird in diesem Artikel durch die Übertragung auf den exotischen Stamm infrage gestellt.

Es lässt sich daraus schließen, dass die *Encyclopédie* ein Repräsentationssystem von Wissen darstellt, das mehrere Formen von Räumlichkeit entwirft: Einerseits stellt sie selbst eine Topographie, einen Repräsentationsraum, dar, der mittels rhetorischer Schaltstellen, sprachlicher Mittel und Tropen Verweise zu anderen Artikeln und Subtexten ein System erzeugt, um Wissen und aufklärerische Kritik für die Menschen zugänglich zu machen und für die Zensur zu verschleiern. Mithilfe dessen kann andererseits erst die Form der topologischen Räumlichkeit aufgebaut werden, die auf den Ordnungsbegriff Foucaults rekurriert: Geographie, Anthropologie, Anatomie und die Lebensweisen einer fremden Kultur sowie die Konstruktion von herrschenden, aufklärerischen Diskursen entwerfen einen Raum des Fremden. Gleichzeitig hat dieser Raum die Funktion einer Heterotopie, nämlich durch den Blick auf den Anderen einen Raum des Eigenen zu produzieren.

4. Zusammenfassung

Die Untersuchung der enzyklopädischen Raumdarstellung Kanadas hat gezeigt, dass Repräsentationen eines geographischen Raumes nicht bloß eine darstellende oder mimetische Funktion haben, sondern stets einen Diskurs schaffen, der hier im Zeichen der Aufklärung eine politische Dimension, vor allem aber auch eine kulturrepräsentierende und -konstituierende Funktion einnimmt. Anhand eines Repräsentationsraums konfigurieren die Aufklärer in der *Encyclopédie* einen Raum des Fremden und einen impliziten Raum des Eigenen, der sich erst durch eine topologische und eine topographische Lesart erklären lässt: In der Terminologie Michel Foucaults entsteht innerhalb des Repräsentationsraums der *Encyclopédie* eine Heterotopie, die den Blick durch das Fremde auf das Eigene zurücklenkt. Die Darstellung einer Sinnordnung, die anhand der Relationen verschiedener Raumelemente wie Klima, Bodenbeschaffenheit und Kulturanthropologie sowie die damit zusammenhängenden Wissensdiskurse, einen Repräsentationsraum zu Kanada topolo-gisch erzeugt, projiziert in einer Spiegelung zurück auf das Eigene und wirft einen subversiven Blick auf das Frankreich des 18. Jahrhunderts. Die *Encyclopédie* vermittelt somit nicht nur ein Wissen über ein fremdes kulturelles System, sondern repräsentiert darüber hinaus auch das Wissen vom Eigenen, das im Zuge der aufklärerischen Gesellschaftskritik implizit konstruiert wird. Die Heterotopie hat folglich die Funktion, einen Gegenentwurf zum realen Raum Frankreich zu erstellen, ihn als größere Illusion zu entlarven und versucht, die kritisierte Ordnung der französischen Gesellschaft zu kompensieren. Durch rhetorische Schaltstellen, das geschickte Verweissystem sowie diskursive Subtexte präsentiert die *Encyclopédie* folglich ein vordergründig stereotypes, doch eigentlich auch ideales Fremdbild sowie ein subversives Selbstbild und demonstriert durch diese verschiedenen Ebenen der Kritik, dass die *machine de guerre* ihrem Namen gerecht wird.

Bibliographie

Bachmann-Medick, Doris ([3]2009): *Cultural turns. Neuorientierungen in den Kulturwissenschaften*, Reinbek bei Hamburg: Rowohlt-Verlag.

Böhme, Hartmut (2005): „Einleitung", in: ders. (Hg.): *Topographien der Literatur. Deutsche Literatur im transnationalen Kontext*, Stuttgart: Metzler, IX-XXIII.

Borsò, Vittoria / Görling, Reinhold (2004): „Einleitung", in: dies. (Hgg.): *Kulturelle Topografien*, Stuttgart: Metzler, 7-11.

D'Alembert, Jean (1757): „Froid", in: ders. / Diderot, Denis (Hgg.): *Encyclopédie ou Dictionnaire raisonné des sciences, des arts et des métiers*, 1751-1772, Bd. VIII, 312-332.

Diderot, Denis (1755): „Encyclopédie", in: D'Alembert, Jean / ders. (Hgg.): *Encyclopédie ou Dictionnaire raisonné des sciences, des arts et des métiers*, 1751-1772, Bd. V, 635-648.

Diderot, Denis (1765a): „Homme", in: D'Alembert, Jean / ders. (Hgg.): *Encyclopédie ou Dictionnaire raisonné des sciences, des arts et des métiers*, 1751-1772, Bd. VIII, 256-257.

Diderot, Denis (1765b): „Humaine Espèce", in: D'Alembert, Jean / ders. (Hgg.): *Encyclopédie ou Dictionnaire raisonné des sciences, des arts et des métiers*, 1751-1772, Bd. VIII, 346.

Döring, Jörg / Thielmann, Tristan (2008): „Einleitung: Was lesen wir im Raume? Der Spatial Turn und das geheime Wissen der Geographen", in: dies. (Hgg.): *Spatial Turn. Das Raumparadigma in den Kultur- und Sozialwissenschaften*, Bielefeld: Transcript, 7-45.

Dünne, Jörg / Günzel, Stephan (Hgg.) (2006): *Raumtheorie. Grundlagentexte aus Philosophie und Kulturwissenschaften*, Frankfurt a.M.: Suhrkamp.

Foucault, Michel (1986): *L'Archéologie du savoir*, Paris: Gallimard.

Foucault, Michel (1994a): *Les mots et les choses. Une archéologie des sciences humaines*, Paris: Gallimard.

Foucault, Michel (1994b): „Des espaces autres“, in: ders. / Defert, Daniel / Ewald, François (Hgg.): *Dits et Ecrits. 1954-1988*, Bd.4, Paris: Gallimard, 752-762.

Forbonnais, Véron de (1753): „Colonie“, in: D'Alembert, Jean / Diderot, Denis (Hgg.): *Encyclopédie ou Dictionnaire raisonné des sciences, des arts et des métiers*, 1751-1772, Bd. III, 308.

Günzel, Stephan (Hg.) (2009): *Raumwissenschaften*, Frankfurt a.M.: Suhrkamp.

Günzel, Stephan (Hg.) (2010): *Räume. Ein interdisziplinäres Handbuch*, Stuttgart / Weimar: Metzler.

Hunting, Claudine (1977): „Paradoxe sur les ‚Américains‘ dans l'*Encyclopédie*“, in: *L'Amérique des Lumières*, Genf: Droz, 91-101.

Jaucourt, Louis de (1752): „Canot“, in: D'Alembert, Jean / Diderot, Denis (Hgg.): *Encyclopédie ou Dictionnaire raisonné des sciences, des arts et des métiers*, 1751-1772, Bd. II, 620.

Jaucourt, Louis de (1754): „Coureur“, in: D'Alembert, Jean / Diderot, Denis (Hgg.): *Encyclopédie ou Dictionnaire raisonné des sciences, des arts et des métiers*, 1751-1772, Bd. IV, 954.

Jaucourt, Louis de (1756): „Eskimaux“, in: D'Alembert, Jean / Diderot, Denis (Hgg.): *Encyclopédie ou Dictionnaire raisonné des sciences, des arts et des métiers*, 1751-1772, Bd. V, 940.

Jaucourt, Louis de (1765a): „Hudson“, in: D'Alembert, Jean / Diderot, Denis (Hgg.): *Encyclopédie ou Dictionnaire raisonné des sciences, des arts et des métiers*, 1751-1772, Bd. VII, 317-322.

Jaucourt, Louis de (1765b): „Kilistinons“, in: D'Alembert, Jean / Diderot, Denis (Hgg.): *Encyclopédie ou Dictionnaire raisonné des sciences, des arts et des métiers*, 1751-1772, Bd. X, 313.

Jaucourt, Louis de (1765c): „Natchez“, in: D'Alembert, Jean / Diderot, Denis (Hgg.): *Encyclopédie ou Dictionnaire raisonné des sciences, des arts et des métiers*, 1751-1772, Bd. VII, 373f.

Jaucourt, Louis de (1765d): „Savanes“, in: D'Alembert, Jean / Diderot, Denis (Hgg.): *Encyclopédie ou Dictionnaire raisonné des sciences, des arts et des métiers*, 1751-1772, Bd. XIV, 706.

Lotman, Jurij M. (1972): *Die Struktur literarischer Texte*, München: Fink.

Lüsebrink, Hans-Jürgen (1996): „La perception de l'Autre. Jalons pour une critique littéraire interculturelle“, in: *Tangeance* 51, 51-66.

Mallet, l'Abbé (1757): „Grec“, in: D'Alembert, Jean / Diderot, Denis (Hgg.): *Encyclopédie ou Dictionnaire raisonné des sciences, des arts et des métiers*, 1751-1772, Bd. VII, 909.

Montesquieu, Charles Louis de Secondat de (1951): *De l'esprit des lois*, in: ders. / Caillois, Roger (Hgg.): *Œuvres complètes*, Bd. 2, Paris: Gallimard.

Morrissey, Robert (2001): „L'Encyclopédie électronique“, in: Morrissey, Robert / Roger, Philippe (Hgg.): *L'Encyclopédie: du réseau au livre et du livre au réseau*, Paris: Champion, 17-27.

Newton, Isaac (1999 / [1687]): *Die mathematischen Prinzipien der Physik*, Berlin / New York: de Gruyter.

Pestré, Jean (1752): „Canadiens“, in: D'Alembert, Jean / Diderot, Denis (Hgg.): *Encyclopédie ou Dictionnaire raisonné des sciences, des arts et des métiers*, 1751-1772, Bd. II, 581.

Rousseau, Jean-Jacques (1964): „Discours sur les sciences et les arts“, in: ders.: *Œuvres complètes. Du contrat social. Écrits politiques*, Paris: Gallimard, 3-108.

Rousseau, Jean-Jacques (1964): „Discours sur l'origine et les fondements de l'inégalité parmi les hommes“, in: ders.: *Œuvres complètes. Du contrat social. Écrits politiques*, Paris: Gallimard, 109-237.

Sacy, Claude Louis Michel de (1752): „Canada“, in: D'Alembert, Jean / Diderot, Denis (Hgg.): *Encyclopédie ou Dictionnaire raisonné des sciences, des arts et des métiers*, 1751-1772, Bd. II, 581.

Sacy, Claude Louis Michel de (1782): „Canada“, in: D'Alembert, Jean / Diderot, Denis (Hgg.): *Encyclopédie méthodique: Ou par ordre de matières; précédée d'un vocabulaire universel, servant de table pour tout l'ouvrage*, 1780-1832, Supplément II, Paris: Panckoucke / Agasse, 163-168.

Siegert, Bernhard (2005): „Repräsentationen diskursiver Räume. Einleitung“, in: Böhme, Hartmut (Hg.): *Topographien der Literatur. Deutsche Literatur im transnationalen Kontext*, Stuttgart: Metzler, 3-11.

Voltaire / Besterman, Theodore (1980 / [1762]): *Correspondance*, Paris: Gallimard.

Wagner, Hans-Peter ([4]2008): „Repräsentation“, in: Nünning, Ansgar (Hg.): *Metzler Lexikon Literatur- und Kulturtheorie. Ansätze – Personen – Grundbegriffe*, Stuttgart: Metzler, 618-619.

Weigel, Sigrid (2002): „Zum ‚topographical turn'. Kartographie, Topographie und Raumkonzepte in den Kulturwissenschaften“, in: *KulturPoetik* 2.2, 151-165.

Wolf, Lothar (1987): *Französische Sprache in Kanada*, München: Ernst Vögel.

IV. Norm(-bewusstsein), Sprachstereotype und ihre Darstellungsformen

Normen repräsentieren: Darstellungsformen in der italienischen Grammatikographie

Corina Leithner (Erlangen-Nürnberg)

La linguistica moderna distingue due tipi di grammatiche, quella prescrittiva e quella descrittiva. La storia della grammaticografia italiana ha una lunga tradizione normativa (cf. Patota 1993; Poggi Salani 1988), e un passaggio dalle grammatiche prescrittive a quelle descrittive non avviene prima dell'Ottocento (cf. Koch 1988; Fornara 2006). Un esame del livello metalinguistico delle corrispondenti grammatiche rivela che non sempre lo scopo normativo dei grammatici si riflette nei modi in cui rappresentano la norma. Per un giudizio adeguato sulla relazione fra prescrizione e descrizione, saranno analizzati i diversi modelli di rappresentazione della norma attraverso la grammaticografia, a partire da Pietro Bembo fino a Raffaello Fornaciari, facendo riferimento ai capitoli sulla morfologia del passato remoto. Il contributo mostrerà che spesso non è possibile operare una netta differenza tra prescrizione e descrizione, ragione per cui ci si propone di allargare il sistema categorico finora esistente e di precisare i diversi tipi di rappresentazione e le loro funzioni.

1. Die Grammatik als Repräsentationsform von Wissen

Grammatikographische Werke sind ein wichtiges Medium der Wissensrepräsentation: Das in ihnen – sei es zur intendierten Verbreitung der Norm oder nur zur Festhaltung – erfasste grammatische bzw. intuitive, *implizite* Wissen des einzelsprachlich kompetenten Sprechers[1] wird, rein formal gesehen, auf eine bestimmte Art und Weise dargestellt.[2] Je nach dem Anspruch der Grammatik geschieht dies in Form von explizit formulierten Regeln oder implizit, ohne direkte Vorschriften.

Ziel des vorliegenden Beitrags[3] ist es, die einzelnen Repräsentationsformen der Norm in den italienischen Grammatiken vom Beginn der Normierung im 16. Jahrhundert bis zum ausgehenden 19. Jahrhundert nachzuzeichnen.

---

1 „[M]entale Grammatik" (vgl. Jungen / Lohnstein 2006, 9).

2 Vgl. hierzu Cherubim 1980, 769, Strube 1996, *Implizites Wissen* und *Wissensrepräsentation* und Coseriu 2007, 74.

3 Für kritische Hinweise zu diesem Beitrag dankt die Verfasserin insbesondere Prof. Dr. Ludwig Fesenmeier.

2. Begrifflich-theoretische Grundlagen: (Sprach-)Norm, Präskription, Deskription

Der Begriff ‚Norm'[4] ist im Folgenden als „das sprachlich Korrekte, Richtige" (Metzler 2005, *Sprachnorm*) zu verstehen, das im Zuge der Sprachnormierung[5] durch eine Auswahl aus einer Vielzahl von Varianten als Standardform festgelegt wird. ‚Norm ' wird hier also nicht im Sinne Coserius, d.h. als „Menge normaler, üblicher, traditioneller Systemrealisierungen" (Gröschel 1982, 9) gebraucht.[6] Die moderne Linguistik unterscheidet zwischen der ‚präskriptiven Norm', die mit dem ‚richtigen' Gebrauch, dem Standard gleichzusetzen ist, und der ‚deskriptiven Norm', die die verschiedenen diasystematischen Varianten umfasst. Die Kodifizierung bzw. Erfassung der Norm erfolgt mittels präskriptiver und deskriptiver Grammatiken. Präskriptive Grammatiken wollen „vorschreiben, wie gesprochen und geschrieben werden soll" (Metzler 2005, *Normative Grammatik*). Sie enthalten Regeln und Anweisungen über die ‚richtige' Sprache zur Vermittlung und Durchsetzung sprachlicher Normen, d.h. der Hochsprache oder Standardsprache. Deskriptive Grammatiken hingegen beschreiben das Regelsystem, den „Ist-Zustand" (Volmert 2000, 12) einer Sprache, die Gesamtheit der verschiedenen Sprachvarianten sind dabei wertungsfrei und haben keinen regulativen Anspruch.[7]

Diese v.a. noch in Nachschlagewerken gängigen Definitionen von ‚präskriptiv' vs. ‚deskriptiv', trennen also rigide zwischen Präskription und Deskription, beharren auf einer Dichotomie zwischen präskriptiven und deskriptiven Grammatiken. Diese „Kluft" (Helbig 2001, 176) wurde

---

[4] Vgl. auch Gloy 1980. Zum Thema Sprachnormen in der Linguistik vgl. Demel 2007.

[5] „Planung und Festlegung [...] von Standardvarietäten" (Metzler 2005, *Sprachnormierung*). Vgl. auch die Bedeutung von Sprachnormung im weiteren Sinne: „normierende Maßnahmen im Bereich der Standardsprache" (Bußmann 2002, *Sprachnormung*). Demel (2007, 47) sieht in der Sprachnormierung die „Auswahl, Strukturierung und Kodifikation von Sprachnormen in einem frühen Entwicklungsstadium einer Sprache oder sprachlichen Varietät".

[6] Vgl. dazu auch Calaresu 2003, 74f.

[7] Vgl. Koch 1988, 329; 332, Blasco Ferrer 1994, 195, Volmert 2000, 12, Bußmann 2002, *Deskriptive Linguistik* und *Normative Grammatik* und Metzler 2005, *Normative Grammatik*; *Normierung*; *Sprachnorm*.

in der Forschung mittlerweile jedoch dementiert, da sich Theorie und Praxis dahingehend nicht ohne weiteres decken. Anlass zur Diskussion gibt schon allein die Frage, ob die Gleichsetzung von ‚präskriptiv' und ‚normativ' bzw. von ‚deskriptiv' und ‚nicht-normativ' gerechtfertigt ist:

> [D]ie vielfach anzutreffende Dichotomie von deskriptiven und normativen Grammatiken darf nicht zu der Annahme verleiten, daß deskriptive Grammatiken grundsätzl[ich] nicht-normativ seien, denn jede fakt[ische] Kodifizierung hat normative Effekte. (Metzler 2005, *Normativ*)[8]

Präskription und *Deskription* sind deshalb weniger als Gegenpole, sondern vielmehr als Extrempunkte einer breiten Skala zu sehen, innerhalb derer sich verschiedene Grammatiktypen, bedingt durch deren Gegenstand, Methode, Adressaten sowie vor allem Zielsetzung und Darstellungsform, situieren (vgl. Cherubim 1980, 772-775).

Was die Geschichte der italienischen Grammatiken angeht, wird von einer langen normativen Tradition gesprochen[9] (vgl. Poggi Salani 1988, 774; Patota 1993, 137). Erst im 19. Jahrhundert, in dem die Forschung den Wendepunkt von präskriptiven zu deskriptiven Modellen sieht (Koch 1988, 345f.; Bergenholtz 2001, 507)[10], wird mit dem Aufkommen der modernen Philologien mit dieser gebrochen:

> [F]ino al nascente interesse per la prospettiva storica nella seconda metà dell'Ottocento e fino alle più moderne realizzazioni del Novecento, la storia della grammatica è essenzialmente storia di grammatiche sincroniche e normative (o prescrittive [...]). (Fornara 2006, 19)

---

[8] Auch Bandhauer / Tanzmeister (1990, 130) zufolge sind deskriptive Normen immer mit einer präskriptiven Wirkung verbunden. Vgl. auch Wiegand (1986, 94): „Vom normativen Anspruch müssen normative Wirkungen unterschieden werden."

[9] „L'essenza della nostra grammatica sta dunque, per secoli, nell'esser normativa" (Poggi Salani 1988, 774).

[10] Trotz der historisch langen normativen Tradition gibt es bis heute in Italien keine präskriptiv verbindliche Grammatikautorität, die etwa mit der französischen *Le bon usage*-Grammatik oder der deutschen Dudengrammatik vergleichbar wäre. An deskriptiven Grammatiken dagegen mangelt es weniger. „[L]'italiano ha visto uscire, in un solo anno, tre grandi opere sistematiche dedicate alla sua descrizione" (Patota 1993, 137): die *Grammatik der italienischen Sprache* (Schwarze 1995), die *Grande grammatica italiana di consultazione* (Renzi u.a. 2001) und die *Grammatica italiana* (Serianni 1991). Genaueres zu den einzelnen Grammatiken in Radtke 1991.

Ob die besagte Normativität der italienischen Grammatiken und schließlich deren Übergang zur Deskription auch stets sprachlich-formal auf der Ebene des grammatischen Metatextes belegbar ist, inwiefern sie sich schließlich explizit in der konkreten sprachlichen Darstellung der Normen widerspiegelt und welcher Verfahren sich die Grammatiker dabei bedienten, soll im Folgenden an verschiedenen Grammatiken des 16.-19. Jahrhunderts überprüft werden. Für eine entsprechende Analyse bieten sich aufgrund konstant wiederkehrender Formulierungen vor allem die jeweiligen Kapitel zur historisch gesehen oszillierenden und aus diesem Grunde viel diskutierten Verbalmorphologie des *passato remoto* an.

3. Die Repräsentation der Norm am Beispiel des *passato remoto*[11]

3.1 Grammatiken des 16. Jahrhunderts

Pietro Bembo[12], die zentrale Figur der *Questione della lingua* des 16. Jahrhunderts und der Hauptverfechter des archaisierenden Sprachmodells (vgl. Vitale 1967, 33), greift in den *Prose della volgar lingua* (1525) auf mehrere Arten der Darstellung zurück. Sehr häufig zählt Bembo die *passato remoto*-Formen ohne Kommentar nacheinander auf. Gleichzeitig differenziert er aber auch bewusst nach literarischen Gattungen, indem er bestimmte Varianten der Lyrik zuordnet:

(1) *Caddi*, *tenni*, *seppi*, *hebbi*, *bevvi*, et quell'altri *sedetti*, *temetti*, *dovetti*; che ha etiandio *dovei* nel verso. (Bembo 2001, 175)

Es finden sich jedoch auch explizit vorschreibende Formulierungen des Typs *non si dice*:

(2) Che non *sentesti* et *odesti*; anzi *sentisti* et *udisti* si dice. (Bembo 2001, 178)

Im Vergleich dazu erinnert Giovanni Giorgio Trissinos[13] Darstellung des *passato remoto* in *La grammatichetta* (1529) eher an diejenige moderner Grammatiken. Der Verteidiger des Modells einer *lingua cortigiana* (vgl. Vitale 1967, 40) zählt beispielsweise die entsprechenden Formen von *leggere* kommentarlos auf:

[11] Aus Formatgründen wurden alle im Folgenden aufgeführten Verbalformen typographisch vereinheitlicht.

[12] Venedig *1470, Rom †1547 (vgl. Inglese 1990, *Bembo, Pietro*).

[13] Vicenza *1478, Rom †1550 (vgl. Inglese 1991, *Trissino, Giovanni Giorgio*).

(3) Nel sing. io leggei, tu leggesti, quel leggeo. Nel plur. noi leggemmo, voi leggeste, quelli leggerono. Et io lessi, tu leggesti, quel lesse. Nel plur. noi leggemmo, voi leggeste, quelli lesseno. (Trissino 1970, o.P.)

Genauso hält es Gian Francesco Fortunio[14], für den wie für Bembo die Sprache der Autoren des *Trecento* normgebend ist (vgl. Fornara 2006, 42), in den *Regole grammaticali della volgar lingua* (1541)[15]:

(4) [I]o amai, tu amasti, quello amò: noi amassimo, voi amaste, quelli amarono. (Fortunio 1541, 15)

Sehr differenziert zeigen sich die Repräsentationsformen in den *Osservationi della volgar lingua* (1550) Lodovico Dolces[16], ebenso Anhänger des *Tre Corone*-Modells und neben Bembo einer der wichtigsten Grammatiker des 16. Jahrhunderts (vgl. Fornara 2006, 50). Relativ frequent ist das Muster *das Verb x hat die Form y* (*x ha y*):

(5) Nasco ha nacque [...] veggio vide, criggio crese e credette, seggio sedeo, e sedette [...] concesso [sic!] concesse e concedette. (Dolce 1550, 37)

Bei einigen Verben, hier beispielsweise bei *credere*, *sedere* und *concedere*, beschränkt sich Dolce nicht nur auf eine Form, sondern gibt die jeweils möglichen, akzeptierten Varianten an. In einigen Fällen werden diese auch hinsichtlich der Häufigkeit ihres Gebrauchs kommentiert:

(6) *Udii*, *sentii*. *Leggo* ha *leggei*; ma più usato fine è *lessi*. (Dolce 1550, 29)

Dennoch verzichtet auch Dolce an manchen Stellen nicht darauf, explizit die ‚richtigen' Formen gegenüber den ‚falschen' zu betonen:

(7) Somigliantemente *amaste*, e non *amasti*, *leggeste*, e non *leggesti* è da dirsi sempre. (Dolce 1550, 29)

Für das 16. Jahrhundert ist festzuhalten, dass sich die Grammatikographen unterschiedlicher Darstellungsweisen bedienen – sogar innerhalb einer Grammatik: Es finden sich neben der aufzählenden, kommentarlosen, nach heutigen Definitionen deskriptiven Darstellung auch neutrale Anmerkungen zur Frequenz bestimmter Varianten, das deskrip-

[14] (Geburtsort nicht sicher belegt) *1470, Ancona †1517 (vgl. Inglese 1990, *Fortunio, Gian Francesco*).

[15] Die Originalausgabe aus dem Jahre 1516 (vgl. Fornara 2006, 41) war die erste in Druck erschienene Grammatik des Italienischen (vgl. Poggi Salani 1988, 776). Den *Regole* wird ein großer Erfolg zugeschrieben – zwischen 1517 und 1562 wurden sie ca. zwanzigmal aufgelegt (vgl. Fornara 2006, 44).

[16] Venedig *1508, †1568 (vgl. Inglese 1990, *Dolce, Lodovico*).

tive Muster *x ha y*, aber auch explizit normative Vorschriften wie *x e non y si dice*. Dennoch spiegelt sich die gerade im 16. Jahrhundert zu Beginn der Normierung aufblühende Diskussion um die ideale, als Literatursprache geeignete Varietät nicht immer eindeutig in der Metasprache der Grammatiken wider. Auflistungen des Verbalparadigmas oder Formulierungen des Typs *x ha y* wirken zwar auf den ersten Blick deskriptiv, dennoch ist eine implizite Normativität dieser Repräsentationsformen anzunehmen, kann doch allein die Nennung einer bestimmten Form sowie eine Klassifizierung im Sinne von Prosa und Poesie durch die Autorität des Grammatikers (wie beispielsweise Bembo und die Anhänger des archaischen Sprachmodells) kodifizierend sein.

3.2 Grammatiken des 17. Jahrhunderts

Im 17. Jahrhundert nehmen die Muster *x ha y* bzw. *x ha y, e non z* deutlich zu. So weist Battista Ceci[17] im *Compendio d'avvertimenti di ben parlare volgare* (1623) ausdrücklich auf die richtige Endung der 3. Ps. Pl. hin, wobei die Sprache der literarischen Autoritäten maßgebend für seine Beurteilung ist:

(8) *Amarono*, *andarono*, *parlarono* [...] e non *amorono*, *andorono*, *parlorono*, che non è servato da buoni scrittori. (Ceci 1623, 60)

Fast schon programmatisch betont er die richtigen Formen und schließt die fehlerhaften Varianten aus:

(9) [...] *creduto*, che hà *credetti*, e non *credei*. (Ceci 1623, 59)

(10) [...] *sentisti*, et *udisti* s'usano, e non *sentesti*, *odesti* che non sono voci proprie della buona lingua. (Ceci 1623, 59)

Dieser stark an die *Appendix Probi* erinnernden Art der Darstellung folgt auch Pietro Sforza Pallavicino[18], Kardinal unter Alexander VII. sowie Professor der Philosophie und Theologie am *Collegio Romano* (Treccani, *Pallavicino, Pietro Sforza*), in seinen *Avvertimenti gramaticali* (1661):

(11) *Parvi* e non *parsi*, *perdei* e non *persi*, *bevvi* e non *bebbi*, *morij* e non *morsi*; [...] *arsi* non *ardei*. [...] non dicendosi *arsimo*, mà *ardemmo*, *ardesti*, *ardeste* etc. E così non *videmo*, mà *vedemmo*, *vedesti*, *vedeste* etc. (Pallavicino 1661, 34)

[17] Urbino *1574, †1630 (vgl. Robustelli 2006, 125 , 128).
[18] Rom *1607, †1667 (vgl. Inglese 1991, *Sforza Pallavacino, Pietro*).

Dabei lässt er genau wie Ceci Bewertungen der morphologischen Varianten mit einfließen:

(12) Nella terza persona del plurale nel preterito perfetto della prima coniugazione si finisce in *arono* più elegantemente che in *orono*; dicendosi *amarono* [...] e non *amorono*. (Pallavicino 1661, 28)

In *Della lingua toscana* (1643 in zwei Bänden erschienen) führt Benedetto Buommattei[19], Mitglied der *Accademia della Crusca* und Mitarbeiter an der dritten Auflage des *Vocabolario* (Robustelli 2006, 169), die Morphologie der unregelmäßigen Verben tabellarisch auf, wobei er hin und wieder bestimmte Formen kommentiert, das Verbalparadigma von *dare* (*detti*, *desti*, *dette*, *demmo*, *deste*, *dettero*) beispielsweise hinsichtlich der Variation der 3. Ps.:

(13) [S]i dice comunemente *diedi*, *diede* e *die*, e nel plurale *diedero*, *diedono*, *diero*, *dierono denno*. (Buommattei 2007, 338)

Neben solchen Kommentaren zu allgemein verbreiteten Varianten, verweist er auch auf seltenere Formen bzw. auf solche, die zu vermeiden sind:

(14) *caddero* e *caddono* e *caderono*, ma di rado.

(15) *cadde*, non *cadè*. (Buommattei 2007, 340)

In den Grammatiken des *Seicento* ist also das Darstellungsmuster ‚richtige' vs. ‚falsche Verbalform' relativ frequent. Motiv für die Beurteilung als ‚fehlerhaft' ist dabei oftmals die Abweichung einer Form vom exemplarischen Gebrauch der ‚guten' Autoren. Zur Kodifizierung reicht augenscheinlich nicht mehr nur die simple Nennung der richtigen Formen aus. Zur Betonung ihrer Exemplarizität, so scheint es, müssen die falschen bzw. anderen möglichen Varianten kommentiert und Gründe für deren geringeres Ansehen dargelegt werden. Die Beharrung auf den Modellcharakter der *buoni scrittori* lässt einen Verlust der automatischen Autorität des Grammatikers und eine Abnahme des kollektiven Bewusstseins hinsichtlich der Bedeutung des Autorenkanons vermuten.

[19] Florenz *1581, †1648 (vgl. Buommattei 2007, XXXIII; L).

3.3 Grammatiken des 18. Jahrhunderts[20]

Auch im *Settecento* sind die Repräsentationsformen gemischt, „la soglia che separa il rilievo descrittivo dal rilievo prescrittivo non appare sempre ben distinguibile“ (Telve 2002b, 198). Die Darstellung der *perfetto*-Formen in den *Regole per la toscana favella* (1721) des Girolamo Gigli[21] beispielsweise, Herausgeber der Werke der Heiligen Katharina von Siena (Treccani, *Gigli, Girolamo*), wirkt aufgrund der wie in modernen Grammatiken gebräuchlichen tabellenartigen Anordnung auf den ersten Blick eher deskriptiv, zumal mehrere mögliche Varianten aufgeführt werden. Gleichzeitig sind zumindest zwei (*corretto*, *corrotto*) der wohl auf didaktische Gründe (vgl. Fornara 2006, 75) zurückzuführenden Spaltenbetitelungen, die Gigli selbst im Vorwort als „invenzioncella, di osservar tutto il verbo in una occhiata“ (Gigli 1721) rühmt, explizit präskriptiv ausgerichtet:

(16) (Gigli 1721, 57f.)

Corretto	Antico	Poetico	Corrotto
Io fui, e *sono stato*	*Son suto*, ed *essuto*		
Fosti, *fusti*, e *sei*, o *se' stato*	*Fostu*		
Fu, ed *è stato*		*Fue*	
Fummo, e *siamo stati*			Noi *fussimo*, o *fossimo*
Foste, o *fuste*, e *siete stati*			Voi *fosti*, o *fusti*
Furono, e *sono stati*	*Fuoro* E *son suti*, ed *essuti*	*Furo*, e *furno*	Quegli *funno*

Bei Gigli liegt demnach in der Art der Darstellung eine Mischform vor. Eine zunächst deskriptive Inventarisierung der möglichen Varianten (*x o y*, *x e y*) in Tabellenform geht einher mit einer strikten Kategorisierung der jeweiligen Verbalformen, die eben nicht nur gattungsspezifisch (*poeti*-

[20] Für detaillierte Informationen zum allgemeinen Verhältnis von Präskription und Deskription im 18. Jahrhundert vgl. die Ausführungen Stefano Telves (2002a, 2002b und 2003).

[21] Rom *1594, †1671 (vgl. Inglese 1990, *Gigli, Girolamo*).

co) bzw. nach dem zeitgemäßen Gebrauch (*antico*), sondern auch nach dem Kriterium der Richtigkeit (*corretto*), begleitet von starker Abwertung (*corrotto*), erfolgt.

Präskriptiv wertend ist Stefano Bosolinis[22] *Midolla letteraria della lingua italiana purgata, e corretta* (1724). Alle Verben werden mit Abkürzungen versehen, die diese diasystematisch klar charakterisieren und einer bestimmten sozialen Gruppe bzw. einem bestimmten Gebrauch zuordnen:

> Perchè però alcune di queste son poetiche, alcune necessarie alla rima, altre triviali del Volgo barbaro, ed altre rancide, e perciò disusate, e dismesse: per questo saranno segnate ciascuna con una di queste 4 lettere maggiori, D, che significherà voce dismessa; P poetica; R rima; V Volgo: aggiungendo a quelle, che, come troppo toscane, riuscirebbeno a Noi troppo affettate, due TT. (Bosolini 1724)

So markiert er beispielsweise einige *passato remoto*-Varianten mit dem Buchstaben „V.", bestimmt sie also als dem *volgo* zugehörig und damit, wie er es nennt, ‚barbarisch':

(17) Quegli fue V.

Fussimo V.

Quegli furno, furo V. (Bosolini 1724, 69f.)

Auch Domenico Maria Manni[23], der Toskanisch am *Seminario fiorentino* unterrichtete (vgl. Inglese 1991, 1124) schreibt in seinen *Lezioni di lingua toscana*[24] (1737) fehlerhafte, weil dem guten, vorbildlichen Gebrauch nicht entsprechende Formen einem bestimmten Sprecherkreis zu:

(18) Dirà anche la vil nostra gente *amassino*, *amorno*, ovvero *amorono*. Da noi poi, dietro la scorta de' buoni favellatori, si dica *amassero*, e *amarono*. (Manni 1737, 179)

Gewisse Verbformen werden von Salvatore Corticelli[25], Anhänger des bembo'schen Sprachmodells (vgl. Petronio 1966, s.v., 138f.) in den *Regole ed osservazioni della lingua toscana* (1745), eine der ersten und wichtigsten Schulgrammatiken des *Settecento* (vgl. Fornara 2006, 78), direkt als ‚Fehler' deklariert:

---

[22] Angaben zu Bosolinis Lebensdaten sind in gängigen Nachschlagewerken und biographischen Onlinedatenbanken nicht auffindbar.

[23] Florenz *1690, †1788 (vgl. Inglese 1991, *Manni, Domenico Maria*).

[24] 1736 von Manni am „Seminario arcivescovile di Firenze" gehalten (vgl. Fornara 2006, 76).

[25] Piacenza *1690, †Bologna 1758 (vgl. Petronio 1966, *Corticelli, Salvatore*).

(19) *Fusti*, e *fuste* per *fosti*, e *foste* sono manifesti errori. E tale è *fossimo* per *fummo*. (Corticelli 1745, 98f.)

(20) Ancora nella terza persona plurale del Preterito indeterminato dell'Indicativo si dice *amarono*, e similmente *studiarono*, *pensarono*, etc. e il dire col volgo *amorono*, *studiorono*, *pensorono* etc., è errore ben grande. (Corticelli 1745, 109)

Der Pädagoge (vgl. Inglese 1991, s.v.) Pier Domenico Soresi[26] stellt in *I rudimenti della lingua italiana* (1756) Prosa- und Poesievarianten von *amare* deskriptiv gegenüber, rät aber gleichzeitig dazu, bestimmte Formen zu vermeiden:

(21) In luogo di *amarono*, *sentirono*, e simili s'usano in Poesia *amaro*, *sentiro* etc. Ma *amarno*, e simili sono da schivarsi. (Soresi 1756, 39)

Sehr wertend schreibt ebenfalls Francesco Soave[27], Pater, Erzieher und Professor der Philosophie (vgl. Fido 1998, 547), in seiner *Gramatica ragionata della lingua italiana* (1771) – Telve (2004, 67) spricht bezüglich dessen Stils gar von „prescrizioni minute“:

(22) [M]a *amorono*, o *amorno* invece di *amarono* è maniera bassa, e viziosa. (Soave 2001, 138)

Auch in den Grammatiken des 18. Jahrhunderts halten sich die Gegenüberstellungen der richtigen und falschen Verbalformen, welche ihrerseits direkt als Fehler (*manifesti errori*, *errori ben grandi*) oder auf abwertende Art und Weise (*rancido*, *corrotto*) gekennzeichnet werden. Auffallend sind erste diasystematische Markierungen der Verbalformen. Begründung für die Verurteilung bestimmter Formen ist weniger die Abweichung von der Sprache der guten Autoren, als vielmehr die Zugehörigkeit zu einer sozialen Schicht oder Gruppe (*basso*, *volgo*, *vile*).

3.4 Grammatiken des 19. Jahrhunderts

Im 19. Jahrhundert ist zu beobachten, dass die Grammatiker bezüglich der Verbalmorphologie die auch heute gewöhnlichen Darstellungsformen, d.h. Verblisten oder Verbtabellen, immer mehr nutzen.

Soave, der knapp 40 Jahre zuvor noch sehr präskriptiv verfuhr, führt nun in seiner zu schulischen Zwecken verfassten 1818 posthum erschie-

[26] Mondovì *1711, Paris †1778 (vgl. Petronio 1968, *Soresi, Pier Domenico*).
[27] Lugano *1743, Pavia †1806 (vgl. Inglese 1991, *Soave, Francesco*).

nenen *Grammatica italiana* verschiedene Varianten des *passato remoto* auf, teils in Tabellen:

(23) *[A]pparsi o apparvi,*

(24) *[C]hiesi e chiedei* (Soave 1818, 98),

teils in Form von schlichten Aufzählungen:

(25) Pass. Rim. *Io diedi* o *detti* o *diè*, *tu desti*, *quegli diede* e *dette* o *diè*, *noi demmo*, *voi deste*, *quelli diedero* o *dierono* o *dettero*. (Soave 1818, 104)

(26) Pass. Rim. *Io bevetti* o *bevvi*, *tu bevesti* o *beesti*, *quegli bevette* o *bevve*, *noi bevemmo* o *beemmo*, *voi beveste* o *beeste*, *quelli bevettero* o *bevvero*. (Soave 1818, 109)

Nichtsdestoweniger stößt man hin und wieder noch auf das Muster *x non y*:

(27) Pass. Rim. *Io andai*, *tu andasti*, *uno andò* etc. non *andiedi* e *andiede*. (Soave 1818, 104)

Auch Tommaso Azzocchi[28], der am *Collegio* und *Seminario Romano* Italienisch unterrichtete (vgl. Trabalza 1963, 498 Anm.1), verfährt zehn Jahre später in den *Avvertimenti a chi scrive in italiano* (1828) v.a. bei den unregelmäßigen Verben noch nach diesem Muster:

(28) STARE. Ind. Perf. *Stetti*, *stesti* (non *stasti*), *stette*. *Stemmo*, *steste* (non *staste*), *stettero* e anche *sterono* e *stettono* (Azzocchi 1828, 43).

Ambrogio Dagnini[29] markiert im *Insegnamento della lingua italiana in 30 lezioni* (1857), ähnlich wie Gigli und Soresi, bestimmte Varianten mit dem Verweis „poetische" oder „archaische" Form, andere führt er aber ohne Kommentar auf:

(29) Pass. rim. *Feci* o *fei* (poet.) *facesti*, *fece* o *fe* e *feo* (poetici), *facemmo*, *faceste*, *fecero* o *fenno* (poet.) *ferono* e *feciono* (all'antica). (Dagnini 1857, 140)

Gegen Ende des 19. Jahrhunderts ist das Muster *x non y* nicht mehr vorzufinden. Raffaello Fornaciari[30], Verfasser einer der ersten historischen Grammatiken des Italienischen (vgl. Fornara 2006, 99), bedient sich etwa

---

[28] *1791, †1863 (vgl. Trabalza 1963, 498 Anm. 1).

[29] Biographische Daten zur Person Dagninis sind weder bei Treccani noch im *World Biographical Information System (WBIS) Online* verzeichnet, jedoch ist zu vermuten, dass sich die unter http://www.sometti.it/www/news/scheda.php?id=133 verzeichnete Biographie (*1807, †1872) auf Dagnini bezieht.

[30] Lucca *1837, †1917 (vgl. Inglese 1990, 808). Ebenso Autor der *Grammatica* (1879) bzw. der *Sintassi italiana dell'uso moderno* (1881) (vgl. Patota 1993, 131).

in der *Grammatica italiana dell'uso moderno* vorwiegend der Tabellendarstellung in Kombination mit der wertungsfreien Nennung möglicher Varianten:

(30) *[P]arsi* (o *parvi*)

(31) *[M]isi* (anche *messi*)

(32) *[A]pparsi apparii* (Fornaciari 1882, 124f.)

Die Repräsentationsformen des 19. Jahrhunderts zeigen eine deutliche Tendenz zur Deskriptivität. Die Verbalparadigmen werden zunehmend in Tabellen dargestellt, das Muster *x (e) non y* wird allmählich aufgegeben. Mehrere Varianten (*x o y, x e y, x o y e z*) werden zumeist kommentarlos und v.a. wertungsfrei aufgeführt. Wenn eine Kommentierung eintritt, erfolgt diese auf neutrale Art und Weise.

4. Bewertung der Analyse

Wie die verschiedenen Beispiele gezeigt haben, ist ein Wechselspiel unterschiedlicher Darstellungsmuster zu beobachten. Die Repräsentation der Norm, d.h. ihre metasprachliche Darstellung, erfolgt in Form von synchron sich oftmals unterscheidenden, diachron sich dennoch wiederholenden Mustern. Die Mischung bzw. Überschneidung verschiedener Repräsentationsformen – teils innerhalb einer einzelnen Grammatik – schließt auch in den italienischen Grammatiken eine klare Dichotomie zwischen präskriptiven und deskriptiven Grammatiken aus, es bestätigt sich ebenfalls der Bedarf an einer stärkeren Differenzierung der beiden Pole.[31] Die Kategorie ‚präskriptiv' im weiteren Sinne umfasst explizit präskriptive Formulierungen wie *non si dice*, *è da dirsi*, wertende, wenn nicht sogar abwertende Äußerungen, diese manchmal in Kombination mit mehreren Varianten (*x e y* bzw. *x o y*), oder schließlich das Muster *x (e) non y*, nach dem Ausschlussverfahren ‚richtig' gegenüber ‚falsch'. Im Zuge einer ersten ‚naiven' Lektüre und nach den modernen Definitionen eher als ‚deskriptiv' einzuordnen sind Akzentuierungen des Typs *prosa* vs. *verso*, aufzählende bzw. tabellenartige Darstellungsformen, das Muster *x ha y* oder die Aufführung mehrerer Varianten (*x e y* bzw. *x o y*), hier jedoch ohne Kommentar, ohne Wertung. Aufgrund der verschiedenen,

[31] Vgl. in diesem Zusammenhang auch die verschiedenen Typen der Präskription und Deskription bei Bergenholtz (2001, 509-511).

teils hybriden Darstellungsformen wäre es sogar in Erwägung zu ziehen, das bipolare System um eine weitere Kategorie zu erweitern, und folglich zu unterscheiden zwischen der *präskriptiven*, vorschreibenden Repräsentation mit wertenden Formulierungen, der *deskriptiven*, beschreibenden Repräsentation, sowie der *proskriptiven*, d.h. ‚ächtenden' bzw. ‚ausschließenden' Repräsentation, ohne den Anspruch zu erheben, damit alle Darstellungsvarianten abdecken zu können.[32]

Auch wenn zur Moderne hin eine Tendenz von einer Präskription zu einer Deskription nicht zu leugnen ist, trifft die ‚Zäsur', wie sie in der Forschung angesetzt wird, nicht ohne weiteres ebenso für die Repräsentationsformen zu. Mehrere Beispiele belegen bereits vor dem 19. Jahrhundert deskriptive (im Sinne von wertungsfreie, kommentarlose) Darstellungsmuster, die den normativen Anspruch des Grammatikers zumindest nicht explizit reflektieren. Eine implizite Normativität solcher Darstellungsformen allein durch die schriftliche Festhaltung der Verbalmorphologie, insbesondere durch Bembo, den Hauptvertreter des schließlich lange Zeit autoritären *Tre-Corone*-Sprachmodells, ist jedoch nicht in Frage zu stellen. Die zunehmenden Hinweise auf die Vorbildhaftigkeit des Autorenkanons und Begründungen für die Ächtung der fehlerhaften Formen im 17. Jahrhundert sind Ausdruck einer Explizierung der Präskription, die im 18. Jahrhundert mit der Abwertung der falschen Formen und deren Diskreditierung als Fehler ihre Zuspitzung erreicht, um schließlich im 19. Jahrhundert in deskriptive Darstellungsweisen überzugehen.

Bei einer Charakterisierung der ‚älteren' italienischen Grammatiken darf die beobachtete historische Divergenz zwischen eigentlichem Anspruch und konkreter Darstellungsform nicht unbeachtet bleiben. Um also sowohl der explizit normativen Absicht als auch den implizit normativen Effekten[33] gerecht zu werden und aufgrund der Tatsache, dass selbst innerhalb ein und derselben Grammatik verschiedene Repräsentationsformen auftreten, sind sie als *normrelativ* (s. folgende Tabelle) zu definieren – und zwar schlichtweg in dem Sinne, dass sie die Norm in irgendeiner Weise präsentieren: sei es als einzig gültige Standardform, sei

[32] Die Definition von *proskriptiv* unterscheidet sich hier wesentlich vom Proskriptionsbegriff, den Bergenholtz (2001, 512) im Sinne von „deskriptive[r] Unvollständigkeit" vorschlägt.

[33] Wiegand (1986, 99) bezeichnet diese Effekte als „normative Kraft".

es als Möglichkeit unter mehreren Varianten, oder als richtige Form im Vergleich zu anderen. Als Kriterium zur Unterscheidung sollten die verschiedenen Repräsentationsformen herangezogen werden, wobei gewisse Korrelationen zwischen dem Ziel und der gewählten Darstellungsform freilich nicht immer auszuschließen sind:

	Normrelative Grammatik		
Repräsentationsform	präskriptiv (positiv vorschreibend)	deskriptiv (beschreibend)	proskriptiv (negativ vorschreibend)
Metasprachliche Formulierungen	wertend	neutral, kommentarlos	abwertend, ausschließend
Funktion	normierend	norm- (bzw. varianten-) präsentierend	normbetonend (im Vergleich zur falschen Form)

Tabelle 2: Normrelative Grammatik

Bibliographie

Azzocchi, Tommaso (1828): *Avvertimenti a chi scrive in italiano con un saggio delle eleganze ed un picciol vocabolario domestico*, Roma: D. Ercole, http://www.bdcrusca.it/listaopere.asp#h1 [Stand: 19.12.2010].[34]

Bandhauer, Wolfgang / Tanzmeister, Robert (1990): „Sprachnorm und Sprachvarietäten im Spannungsfeld von Sprachgebrauch und Sprachbewusstsein", in: Settekorn, Wolfgang (Hg.): *Sprachnorm und Sprachnormierung. Deskription – Praxis – Theorie*, Wilhelmsfeld: Egert, 117-138.

Bembo, Pietro (2001): *Prose della volgar lingua. L'editio princeps del 1525 riscontrata con l'autografo Vaticano latino 3210*, hg. von Claudio Vela, Bologna: CLUEB.

Bergenholtz, Henning (2001): „Proskription, oder: So kann man dem Wörterbuchbenutzer bei Textproduktionsschwierigkeiten am ehesten helfen", in: Lehr, Andrea / Kammerer, Matthias / Wiegand, Herbert Ernst (Hgg.): *Sprache im Alltag. Beiträge zu neuen Perspektiven in der Linguistik*, Berlin: de Gruyter, 499-519.

Blasco Ferrer, Eduardo (1994): „Io e tu o io e te? Norma e sistema nell'italiano del Duemila", in: Holtus, Günter / Radtke, Edgar (Hgg.): *Sprachprognostik und das ‚italiano di domani'. Prospettive per una linguistica ‚prognostica'*, Tübingen: Narr, 195-204.

Bosolini, Stefano (1724): *Midolla letteraria della lingua italiana purgata, e corretta*, Venezia: Sebastiano Coleti, http://www.bdcrusca.it/listaopere.asp#h1 [Stand: 19.12.2010].

Buommattei, Benedetto (2007): *Della lingua toscana*, hg. von Michele Colombo, Firenze: Presso l'Accademia.

[34] Für den Online-Zugriff auf die Grammatiken bei www.bdcrusca.it ist eine Registrierung erforderlich, weshalb hier nur ein allgemeiner Link angegeben werden kann, der zu einer Übersicht über die einzelnen hier zitierten Werke führt.

[Bußmann] *Lexikon der Sprachwissenschaft* ([3]2002), Bußmann, Hadumod (Hg.), Stuttgart: Kröner.

Calaresu, Emilia (2003): „Le 'violazioni' della norma. Percorsi aperti dalle riflessioni teoriche di Eugenio Coseriu", in: Orioles, Vincenzo (Hg.): *Studi in memoria di Eugenio Coseriu*, Udine: Centro Internazionale sul Plurilinguismo, Università degli Studi di Udine, 73-93.

Ceci, Battista ([2]1623): *Compendio d'avvertimenti di ben parlare volgare*, Venezia: Ghirardo & Iseppo Imberti fratelli.

Cherubim, Dieter ([2]1980): „Grammatikographie", in: Althaus, Hans Peter / Henne, Helmut / Wiegand, Herbert Ernst (Hgg.): *Lexikon der Germanistischen Linguistik*, Tübingen: Niemeyer, 768-778.

Corticelli, Salvatore (1745): *Regole ed osservazioni della lingua toscana: ridotte a metodo per uso del Seminario di Bologna*, Bologna: Lelio dalla Volpe, http://www.bdcrusca.it/listaopere.asp#h1 [Stand: 19.12.2010].

Coseriu, Eugenio ([2]2007): *Sprachkompetenz. Grundzüge der Theorie des Sprechens*, hg. von Heinrich Weber, Tübingen: Narr.

Dagnini, Ambrogio (1857): *Insegnamento della lingua italiana in 30 lezioni ossia studi su le forme grammaticali colle quali gl'italiani esprimono o deggiono esprimere le loro idee (scritte solamente in italiano): parte II*, Liège: J. G. Carmanne, 1857, http://www.bdcrusca.it/listaopere.asp#h1 [Stand: 19.12.2010].

Demel, Daniela (2007): *Si dice o non si dice? Sprachnormen und normativer Diskurs in der italienischen Presse*, Frankfurt a.M. u.a.: Lang.

Dolce, Lodovico (1550): *Osservationi della volgar lingua di M. Lodovico Dolce divise in quattro libri*, Venezia: Gabriel Giolito de Ferrari e fratelli, http://www.bdcrusca.it/listaopere.asp#h1 [Stand: 19.12.2010].

Fido, Franco (1998): „L'Illuminismo centro-settentrionale e lombardo. Pietro e Alessandro Verri. Cesare Beccaria", in: Malato, Enrico (Hg.): *Storia della letteratura italiana*, Roma: Salerno Editrice, Bd. 6, 495-567.

Fornaciari, Raffaello (1882): *Grammatica italiana dell'uso moderno: compendiata e accomodata per le scuole*, Firenze: Sansoni, http://www.bdcrusca.it/listaopere.asp#h1 [Stand: 19.12.2010].

Fornara, Simone (2006): *Breve storia della grammatica italiana*, Roma: Carocci.

Fortunio, Gian Francesco (1541): *Regole grammaticali della volgar lingua*, Venezia: Aldus, http://www.bsb-muenchen-digital.de/~web/web1018/bsb10185859/images/index..html?digID=bsb10185859&pimage=1&v=100&nav=0&l=de [Stand: 19.12.2010].

Gigli, Girolamo (1721): *Regole per la Toscana favella*, Roma: Rossi, http://www.bdcrusca.it/listaopere.asp#h1 [Stand: 19.12.2010].

Gloy, Klaus ([2]1980): „Sprachnorm", in: Althaus, Hans Peter / Henne, Helmut / Wiegand, Herbert Ernst (Hgg.): *Lexikon der Germanistischen Linguistik*, Tübingen: Niemeyer, 363-368.

[Metzler] *Metzler Lexikon Sprache* ([3]2005), Glück, Helmut (Hg.), Stuttgart / Weimar: Metzler.

Gröschel, Bernhard (1982): *Sprachnorm, Sprachplanung und Sprachpflege. Bibliographie theoretischer Arbeiten aus Linguistik und Nachbarwissenschaften*, Münster: Institut für Allgemeine Sprachwissenschaft der Westfälischen Wilhelms-Universität.

Helbig, Gerhard (2001): „Arten und Typen von Grammatiken", in: Helbig, Gerhard / Götze, Lutz / Henrici, Gert / Krumm, Hans-Jürgen (Hgg.): *Deutsch als Fremdsprache. Ein internationales Handbuch*, Berlin / New York: de Gruyter, Bd. 1, 175-186.

[Inglese] *Letteratura italiana. Gli Autori. Dizionario bio-bibliografico e Indici* (1990-1991), Inglese, Giorgio (Hg.), Torino: Einaudi, 2 Bde.

Jungen, Oliver / Lohnstein, Horst (2006): *Einführung in die Grammatiktheorie*, München: Fink.

Koch, Peter (1988): „Norm und Sprache", in: Albrecht, Jörn / Lüdtke, Jens / Thun, Harald (Hgg.): *Energeia und Ergon. Sprachliche Variation – Sprachgeschichte – Sprachtypologie. Studia in honorem Eugenio Coseriu*, Tübingen: Narr, Bd. 2, 327-354.

Manni, Domenico Maria (1737): *Lezioni di Lingua Toscana*, Firenze: Pietro Gaetano Viviani, http://www.bdcrusca.it/listaopere.asp#h1 [Stand: 19.12.2010].

Patota, Giuseppe (1993): „I percorsi grammaticali", in: Serianni, Luca / Trifone, Pietro (Hgg.): *Storia della lingua italiana*, Torino: Einaudi, Bd. 1, 93-137.

[Petronio] *Dizionario enciclopedico della letteratura italiana* (1966-1968), Petronio, Giuseppe (Hg.), Bari / Roma: Laterza Unedi, 5 Bde.

Poggi Salani, Teresa (1988): „Italienisch: Grammatikographie. Storia delle grammatiche", in: Holtus, Günter / Metzeltin, Michele / Schmitt, Christoph (Hgg.): *Lexikon der Romanistischen Linguistik*, Tübingen: Niemeyer, Bd. 4, 774-786.

Radtke, Edgar (Hg.) (1991): *Le nuove grammatiche italiane*, Tübingen: Narr.

Renzi, Lorenzo / Salvi, Giampaolo / Cardinaletti, Anna (^{2}2001): *Grande grammatica italiana di consultazione*, Bologna: Il Mulino, Bd. 1.

Robustelli Cecilia (2006): *Grammatici italiani del Cinque e del Seicento. Vie d'accesso ai testi*, Modena: Mucchi Editore.

Schwarze, Christoph (^{2}1995): *Grammatik der italienischen Sprache*, Tübingen: Niemeyer.

Serianni, Luca (^{2}1991): *Grammatica Italiana. Italiano comune e lingua letteraria*, Torino: UTET Libreria.

Sforza Pallavicino, Pietro (1661): *Avvertimenti gramaticali per chi scrive in lingua italiana*, Roma: Il Varese, http://www.bdcrusca.it/listaopere.asp#h1 [Stand: 19.12.2010].

Soave, Francesco (1818): *Grammatica italiana: ad uso delle scuole normali*, Brescia: Bettoni, http://www.bdcrusca.it/listaopere.asp#h1 [Stand: 19.12.2010].

Soave, Francesco (2001): *Gramatica ragionata della lingua italiana*, hg. von Simone Fornara, Pescara: Libreria dell'Università Editrice.

Soresi, Pier Domenico (1756): *I rudimenti della lingua italiana*, Milano: Regio-ducal corte, http://www.bdcrusca.it/listaopere.asp#h1 [Stand: 19.12.2010].

[Strube] *Wörterbuch der Kognitionswissenschaft* (1996), Strube, Gerhard (Hg.), Stuttgart: Klett-Cotta.

Telve, Stefano (2002a): „Prescrizione e descrizione nelle grammatiche del Settecento", in: *Studi linguistici italiani* 28.1, 3-32.

Telve, Stefano (2002b): „Prescrizione e descrizione nelle grammatiche del Settecento", in: *Studi linguistici italiani* 28.2, 197-260.
Telve, Stefano (2003): „Prescrizione e descrizione nelle grammatiche del Settecento", in: *Studi linguistici italiani* 29.1, 15-48.
Telve, Stefano (2004): „Vicende editoriali e normative della Gramatica ragionata della lingua italiana di Francesco Soave", in: *Studi di grammatica italiana* 23, 61-86.
Trabalza, Ciro (1963): *Storia della grammatica italiana*, Bologna: Arnaldo Forni.
[Treccani] *L'enciplopedia italiana* (2010), Istituto dell'Enciclopedia Italiana fondato da Giovanni Treccani S.p.A. (Hg.), http://www.treccani.it [Stand: 02.12.2010].
Trissino, Giovanni Giorgio (1970): „La Grammatichetta, 1529", in: Trissino, Giovanni Giorgio (Hg.): *Epistola, 1524*, Menston: Scolar Press, o.P.
Vitale, Maurizio ([4]1967): *La questione della lingua*, Palermo: Palumbo.
Volmert, Johannes (Hg.) ([4]2000): *Grundkurs Sprachwissenschaft*, München: Fink.
Wiegand, Herbert-Ernst (1986): „Von der Normativität deskriptiver Wörterbücher. Zugleich ein Versuch zur Unterscheidung von Normen und Regeln", in: ders. (Hg.): *Sprachnormen in der Diskussion. Beiträge vorgelegt von Sprachfreunden*, Berlin / New York: de Gruyter, 72-101.
World Biographical Information System (WBIS) Online, http://db.saur.de/WBIS/login.jsf [Stand: 17.12.2010].

Dimensionen der Beschreibung sprachbezogener Stereotypisierungen

Julia Richter (Duisburg-Essen)

Les stéréotypisations qui se réfèrent aux phénomènes linguistiques peuvent se manifester dans des situations multiples et variables. Mon but est de présenter cette variabilité et de proposer une possibilité de systématiser les phénomènes concernés. Je commence par une discussion de la notion de ‚stéréotype': Tout d'abord, j'expose les processus de négociation discursive et interactive et, ensuite, les fonctions cognitives et sociales des stéréotypisations. Ces éléments sont à la base d'un modèle qui sert à décrire les formes des stéréotypisations linguistiques aux niveaux inter- et intracommunautaire.

Stereotype sind Repräsentationsformen des Wissens in zweierlei Hinsicht: einerseits als Aussagen auf inhaltlicher Ebene, andererseits als deren beobachtbare Materialisierung auf formaler Ebene. In diesen Ausprägungen können ‚sprachbezogene Stereotype' unter sehr vielfältigen Aspekten in sprachwissenschaftlichen Fragestellungen relevant werden, insbesondere in der Forschung zu Spracheinstellungen (vgl. Casper 2002, 57-64) und zum Sprachwissen bzw. -bewusstsein (vgl. Scherfer 1982, 225; 227), zur Sprachbewertung (vgl. Lerat 1991, 395) und in der perzeptiven Varietätenlinguistik (vgl. Iannàccaro 1998, 389; 393).

Ziel dieses Beitrags ist, Dimensionen vorzuschlagen, anhand derer sprachbezogene Stereotypisierungen beschrieben werden können. Als Basis fungiert ein möglichst umfangreicher Überblick über Phänomene, welche in linguistischen Arbeiten als Stereotype bezeichnet werden. Die theoretischen Überlegungen werden von ausgewählten Beispielen begleitet, die der Verdeutlichung der Gedankengänge dienen und die für sich genommen nicht das ganze Spektrum möglicher sprachbezogener Stereotypisierungen abdecken.

Zunächst wird der hier angewandte Stereotypenbegriff eingeführt. Darauf folgen Ausführungen zu den angekündigten Dimensionen der Beschreibung sprachbezogener Stereotypisierungen.

1. Begriffsverständnis

Das in diesem Beitrag gültige Verständnis von Stereotypisierung basiert hauptsächlich auf dem von Hausendorf (2000) vorgestellten konversationsanalytischen Modell zur Beschreibung der Klärung von Zugehörigkeit in der Interaktion.[1] An einigen Stellen ergänze ich Überlegungen, die Objekt einer diskursanalytischen Stereotypenforschung sind.

Die konversationsanalytische Forschung untersucht neben anderem die Klärung von Zugehörigkeit als konkrete Handlung in einer Interaktion. Äußerungen einzelner Sprecher können von ihren Interaktionspartnern abgelehnt oder akzeptiert, aufgegriffen und / oder verändert werden. Auf diese Weise werden Kommunikationsinhalte und soziale Identitäten ausgehandelt (vgl. Ziegler 2004, 100-105 und 109-114). Anhand des Interaktionsverlaufs kann nachvollzogen werden, welche Wissensbestände die Akteure als geteilt voraussetzen (vgl. ebd., 144). Hausendorf (2000, insbes. 99-113) beschreibt eine interaktive Handlung zur Klärung von Zugehörigkeit anhand der Mittel und Formen, mit denen Zuordnen, Zuschreiben und Bewerten bearbeitet werden. Diese drei kommunikativen „Aufgaben"(ebd., passim) implizieren einander: Bewertungen und Zuschreibungen können nur vorgenommen werden, wenn Zuordnungen getroffen wurden. Zuordnen ist somit bei der Klärung von Zugehörigkeit obligatorisch („Minimalanforderung", ebd. 112), Zuschreiben und Bewerten sind fakultativ. Die Formulierung von Stereotypen stellt eine Form der Hervorbringung von Zugehörigkeit dar, in der Zuschreibungen eine besondere Rolle spielen (vgl. ebd., 311-317).

[1] Es handelt sich hier um die noch letzte von fünf „Konjunkturen" (Redder 1995) der Stereotypenforschung. Einen umfangreichen und kritischen Überblick über diese „Konjunkturen" gibt Ziegler (2004). – Ein bedeutender und somit zu erwähnender sprachphilosophischer Ansatz zu Stereotypen stammt von Putnam (1975). Im Weiteren wird dieses Modell aus folgenden Gründen jedoch nicht einbezogen: Es dient der Beschreibung von Bedeutung. Stereotype sind dabei jene konventionalen Bestandteile von Bedeutungen, welche zur Identifikation der Referenz genügen, bzw. „features which in normal situations constitute ways of recognizing if a thing belongs to the kind" (ebd., 230). Ein prominentes Beispiel ist *water* („colorless", „transparent", „thirst-quenching", ebd., 269). Bewertungen brauchen nicht einbezogen zu werden. Putnam formuliert letzteres folgendermaßen: „In ordinary parlance a ‚stereotype' is a conventional (frequently malicious) idea (which may be wildly inaccurate) of what an X looks like or acts like or is. Obviously, I am trading on some features of the ordinary parlance. I am not concerned with malicious stereotypes (save where the language itself is malicious); but I am concerned with conventional ideas, which may be inaccurate" (ebd., 249). Zu „malicious stereotypes" äußert sich Putnam nicht weiter. Da Bewertungen ein zentrales Element der hier diskutierten Fälle von Stereotypisierungen sind, wurde das Modell nicht als theoretische Grundlage verwendet.

Zur Betonung des Fokus auf konkrete Interaktionsprozesse verwendet Ziegler (2004, 101f.) den Ausdruck ‚Stereotypisierung'. Im Folgenden wird dies übernommen und der Begriff ‚Stereotypisierung' auf partikulare Zuschreibungs- und Bewertungshandlungen bezogen, die der Aushandlung unterworfen sind.

Zwei weitere Aspekte spielen eine Rolle. Erstens laufen in jedem Individuum unbestreitbar kognitive Prozesse ab. Zweitens haben stereotypisierende Handlungen an einem Diskurs teil, der die einzelne Interaktion überspannt und im idealisierten Fall eine gesamte soziale Gemeinschaft zumindest in rezeptiver Hinsicht erreicht. Prozesse auf der letztgenannten Ebene werden von diskursanalytischen Ansätzen untersucht (vgl. z.B. van Dijk 1990).

Der individuell-kognitive, der konkret-interaktionale und der diskursive Aspekt greifen ineinander, so dass sie untrennbar scheinen: Sowohl individuelle Erfahrungen als auch die subjektive Kenntnis des gesellschaftlichen Diskurses beeinflussen die menschliche Wahrnehmung.

Für eine Analyse, die Gesellschaftsverhältnisse übergreifend beschreiben möchte, besteht eine zentrale Schwierigkeit deshalb insbesondere darin, dass keine Aussagen darüber getroffen werden können, mit welchen individuellen Wahrnehmungen, Einstellungen und Erfahrungen jedes einzelne Gruppenmitglied ‚kollektiv geteilten Stereotypen' begegnet. So ist wahrscheinlich, dass das individuelle Wissen zu Form und Inhalt variiert. Auch ist nicht notwendig gegeben, dass tatsächlich alle Mitglieder einen ‚Stereotypen' kennen und von ihm überzeugt sind. Voraussetzungen einer solchen Analyse sind entsprechend stichhaltige Ansatzpunkte bezüglich mindestens dieser beiden Aspekte. Beides wird wahrscheinlicher, je häufiger eine stereotypisierende Handlung wiederholt in derselben oder in variierenden Formen im Diskurs auftritt (genauer: in vielen Aushandlungsprozessen). Je größer die Gesellschaft, desto größer müsste zudem die diskursive Reichweite sein. In engen und kleinen sozialen Netzwerken sind Diskurshandlungen eher allen Gruppenmitgliedern bekannt. Kann nachgewiesen werden, dass Stereotypisierungen mit ähnlichen Zuordnungen, Zuschreibungen und Bewertungen wiederholt in verschiedenen Aushandlungssituationen eines Diskurses auftreten, der mit hoher Wahrscheinlichkeit eine große Anzahl an Gruppenmitgliedern erreicht, könnte eine abstrakte Einheit ‚Stereotyp' angesetzt werden. Diese abstrakte Einheit ist eine Re-Konstruktion des Analysierenden.

2. Dimensionen der Beschreibung von sprachbezogenen Stereotypisierungen

Die sprachbezogenen Zuschreibungsphänomene variieren entlang folgender vier Dimensionen:

a) In allen Phänomenen wird zugeordnet, zugeschrieben und bewertet.
b) Zuordnungen, Zuschreibungen und Bewertungen stehen jeweils mehr oder weniger im Zentrum der Interaktion.
c) Zuschreibungen und Bewertungen können sich auf Sprachstrukturen oder auf den Status der Sprache / Varietät beziehen.
d) Gruppengrenzen und Beziehungen zwischen (Teil-)Gruppen wer den verschieden konstruiert.

Kriterium a), welches die drei zur Klärung von Zugehörigkeit zu bearbeitenden ‚Aufgaben' von Hausendorf (2000) aufgreift, ist grundlegend kennzeichnend für Stereotypisierungen und wurde bereits unter Punkt 1 eingeführt. Es findet seine Ausprägungen in Kriterium c). Die Ausführungen beginnen also mit Kriterium b), wobei ebenfalls die Theorie Hausendorfs verwendet wird. Es folgen c) und d). Anschließend soll besprochen werden, inwiefern die Frage nach dem ‚Körnchen Wahrheit' für sprachbezogene Stereotypisierungen von Interesse sein kann.

2.1 Unterschiede nach Relevanz in der Interaktion

Eine Dimension der Unterschiede zwischen sprachbezogenen Stereotypisierungen kann mit dem folgenden Instrument von Hausendorf (2000, 127-129) recht genau erfasst werden. Hausendorf beschreibt Stereotypisierungshandlungen unter anderem danach, ob sie Zuordnen, Zuschreiben oder Bewerten eher im Vorder- oder eher im Hintergrund der Interaktion vornehmen, wie relevant bspw. das Zuschreiben im Zentrum der aktuellen Interaktion ist. So kann es sich, wie im Beispiel 1 (Ernst Moritz Arndt, *Wort von 1814*), um eine „ausdrückliche Feststellung gruppenspezifischer Eigenschaften" (Hausendorf 2000, 149) anhand von Prädikationen handeln, die im Vordergrund der Darstellung steht:

(1) Aeltern, die ihren Töchtern das Französische lehren, werden geachtet, als wollen sie sie verbuhlt und unzüchtig machen, wie die meisten Französinnen sind; denn in den meisten französischen Büchern ist das feinste und teuflischeste Gift für die Sitten ausgesäet, und in der zischelnden und flüsternden und gurgelnden Schlangensprache selbst liegt schon das Schlüpfrige,

> Gleisende, Verführische und Sündliche, wodurch teutsche Herzen auch unwillkürlich zur Eitelkeit, Lügenhaftigkeit, und Gleißnerei hingezogen werden. (Arndt 1990-1994, 25-26)

Beim folgenden Beispiel 2 aus Goscinnys und Uderzos *Astérix le Gaulois* handelt es sich nach dem Modell Hausendorfs (2000, 148) um eine „exemplifizierende Veranschaulichung gruppenspezifischer Charakteristika“:

(2) [Geschlagene *germains* verlassen das gallische Gebiet mit dem Ausruf:] Pon! Pon! On s'en fa!... – Mais addentzion! On refiendra! (Goscinny / Uderzo 1961, 5; drittes Panel)

Die Wiedergabe eines imitierten deutschen Akzents im Französischen durch die graphische Ersetzung stimmhafter Konsonanten durch stimmlose steht vergleichsweise weniger stark im Vordergrund der Leser-Autor-Interaktion, denn zentral ist hauptsächlich die Handlungsentwicklung im Comic.

2.2 Bezug auf Sprachstrukturen oder auf den Status der Sprache / Varietät

Zur Erläuterung sprachstrukturbezogener Äußerungen soll folgender Auszug aus den *Entretiens d'Ariste et d'Eugène* von Dominique Bouhours (1671) besprochen werden:

(3) Les Chinois, & et presque tous les Peuples de l'Asie chantent; les Allemands rallent, les Espagnols déclament; les Italiens soûpirent; les Anglois sifflent. Il n'y a proprement que les François qui parlent: & cela vient en partie de ce que nous ne mettons point d'accent sur les syllabes qui precedent la penultiéme: car ce sont ces sortes d'accents, qui empêchent que le discours ne soit continué d'un même ton. (Bouhours 1671, 64)

Spricht Bouhours von „röchelnden Deutschen“, so nimmt er zu der Beschreibung eines bestimmten Klangs eine negative Bewertung vor. Die sprachbezogenen Stereotypisierungen werden außerdem von Psychologisierungen begleitet, so in der Emotionalisierung der Italiener durch „les Italiens soûpirent“. Hierauf lässt sich folgende Unterscheidung von Berschin (2008) anwenden: „Sprachenstereotypen“ beziehen sich auf Sprachen als solche, während bei „verkappte[n] Völkerstereotype[n]“ die Sprache nur Vorwand ist und die Zuschreibungen und Bewertungen eigentlich auf die Sprachgemeinschaft zielen (vgl. Berschin 2008, 93). Preston (1999, 131) weist darauf hin, dass die Verbindungen zwischen dem, was Berschin als „Sprachen-" und „Völkerstereotypen" (Berschin, ebd.) bezeichnet, offenbar eng sind, denn „presumed social attributes of a group are transferred to the linguistic features associated with it".[2]

Ein vom Entstehungskontext her vollkommen andersartiges Beispiel, in dem jedoch auch sprachstrukturbezogen zugeschrieben und bewertet wird, entstammt dem fremdsprachendidaktischen Kontext. Burger und Gehrmann erhoben Spracheinstellungen von VHS-Kursteilnehmern gegenüber dem Englischen und dem Französischen. Im Ergebnis wurde das Französische häufig als ästhetisch (eher „schön", „leise", „weich", „musikalisch"), aber als schwer lernbar (eher „schwer", „kompliziert", „unverständlich") beschrieben und bewertet (vgl. Burger / Gehrmann 1982). Die Autoren weisen darauf hin, dass „sich die Einstellungen zu den beiden Sprachen als weitgehend unabhängig von der Schulbildung, dem Alter und dem Geschlecht der Vpn [erwiesen]" (Burger / Gehrmann 1982, 79).

Es stellt sich nun die Frage, welche Mechanismen dem zugrunde liegen, was in mehreren Zuschreibungen wiederkehrend formuliert wird. Im Bereich der perzeptiven Dialektologie stellt Iannàccaro beispielsweise zu Wahrnehmungen von Sprechern benachbarter Dialekte im Valle Vigezzo fest:

> [...] il commento normale degli informatori vigezzini sul dialetto di Coimo è infatti ‚loro mettono la *ø* dappertutto'. Non vengono mai menzionati, dai parlanti, gli esiti di CL e GL [...] per caratterizzare quella parlata. E questo secondo un procedimento ben conosciuto, per cui in genere è sufficiente *una sola* caratteristica deviante perché scatti il meccanismo di differenziazione. (Iannàccaro 1998, 393)

Christina Ada Anders stellte fest, dass ihre Studienteilnehmer in Tests, in welchen sie Varietäten identifizieren sollten, nicht auftretende Pseudomerkmale als Identifikationsgrund angaben. Sie schlussfolgert:

---

[2] Preston zitiert in diesem Kontext zudem die folgenden Ausführungen Judith Irvines, in welchen der geschilderte Prozess als *iconicity* bezeichnet wird: „*Iconicity* is a semiotic process that transforms the sign relationship between linguistic features and the social images to which they are linked. Linguistic differences appear to be iconic representations of the social contrasts they *index* – as if a linguistic feature somehow depicted or displayed a social group's inherent nature or essence" (Preston 1999, 130); vgl. Irvine (2001, 33; in dieser neueren Arbeit nennt Irvine das Phänomen *iconization*).

> Wenn sich ein Proband sicher war, die gehörte Variante einem Sprachraum richtig zugeordnet zu haben, dann ‚hörte' er auch die entsprechenden Dialektmerkmale, von denen er im Vorfeld weiß, dass sie charakteristisch für die vermeintliche regionale Variante sind. (Anders 2007, 182)

Als theoretischer Rahmen zur Erläuterung dieser Phänomene scheinen sich Prozesse kognitiver Kategorisierung wahrgenommener Umweltreize anzubieten. Beispielsweise sieht Anders einen

> guten Erklärungsansatz [...] in der neurolinguistischen Forschung. Ausgangspunkt dieser Überlegungen ist die Annahme, dass die naiven Dialektwahrnehmungen weniger auf einzelnen sprachlichen Merkmalen basieren, sondern prototypisch als unstrukturiertes ganzheitliches Konzept vorliegen und folglich ein analysierender Zugriff auf das Alltagswissen von Dialekten für die meisten Probanden schwierig ist. (Anders 2007, 182f.)

Von Nolcken (2002) legt ihrer Untersuchung zu sprachlichem und metasprachlichem Wissen von Sprechern der normandischen regionalen Varietät des Französischen in theoretischer Hinsicht Überlegungen von Stehl zugrunde, welcher das „Zusammenwirken von *sprachlichem und metasprachlichem Wissen* [...] als *Prototypenwissen* [...]" ansieht, das „die Sprecher befähigt, funktionelle Sprachen sowohl im vertikalen als auch im horizontalen Kontakt zu differenzieren" (Stehl, Thomas zit. nach von Nolcken 2002, 63).

Hier sollte m.E. stärker einbezogen werden, dass die betroffenen sprachlichen Kategorisierungen nicht allein Produkte individueller, psychischer Prozesse sind. Individuen tauschen ihre Ansichten untereinander aus und vergleichen ihre Wahrnehmungen mit dem, was sie aus Äußerungen anderer Individuen ziehen. Ein solcher Vorgang kann beispielsweise anhand des folgenden Zitats nachvollzogen werden: Wandruszka führt „Kennmerkmale" des Französischen, des Italienischen und Spanischen an und erwähnt dabei eine Konversation zwischen zwei Akteuren:

> Da ist einmal das so genannte *e muet*, das die vokalische Sonorität der französischen Sprache in so kennzeichnender Weise dämpft [...], und sei es nur durch die unablässigen *ce, de, je, le, me, ne, que, se, te*... [...] Die strahlende Klarheit des italienischen Vokalismus im Ohr, fand ein in Frankreich lebender Italiener, DEODATI DE TOVAZZI, das *e muet* trüb, dumpf und kraftlos. VOLTAIRE antwortete ihm, dass die Harmonie der französischen Prosa und des französischen Verses gerade auf diesem *e muet* beruhe [...] Das Französische hat nicht die einfache, ungebrochene Sonorität des Italienischen oder Spanischen. Auch seine Nasalvokale beeinträchtigen den klaren und vollen Klang. (Wandruszka 1959, 23f.)

Zunächst kommen mehrere Personen bezüglich verschiedener Zuschreibungen überein. Dem Textrezipienten macht dies glaubhafter, dass die Eindrücke auf tatsächlichen Charakteristika beruhen und es sich also lohnt, die Darstellungen zu übernehmen. Verstärkt wird dieser Effekt durch die Prominenz der zitierten Personen und des Textautors. So wird wahrscheinlicher, dass die Rezipienten zukünftig ihre eigenen Äußerungen anpassen oder weniger ablehnend auf entsprechende Zuschreibungen reagieren.

Sofern von einem Einfluss diskursiver und interaktiver Aushandlungen ausgegangen werden kann, ist es m.E. angemessen, von (abstrakten) Stereotypen zu sprechen. Ein solcher Einfluss ist insbesondere wahrscheinlich, wenn es sich um enge soziale Netzwerke handelt oder eine hohe diskursive Reichweite anzunehmen ist (vgl. Punkt 1).

Zuschreibungen und Bewertungen können sich auf den *Status von Sprachen oder Varietäten* beziehen. Beispielsweise transportiert „la notion de ‚français universel'"(Lerat 1991, 394f.) Assoziationen des politischen Prestiges und der geographischen Verbreitung. Weiterhin kann z.B. auf die Zurückdrängung einer Varietät bzw. auf ihre Einschränkung auf wenige Domänen Bezug genommen werden. Stroh fasst ihre Beobachtungen zum Sprachbewusstsein in Lothringen mit folgenden Worten zusammen: „Was die Zukunft der Regionalsprache anbelangt, waren alle Befragten durchweg pessimistisch. ‚Ça se perd', ‚es verliert sich' waren die stereotypen Äußerungen zur Zukunft der Regionalsprache" (Stroh 1993, 176).

2.3 Darstellung von Gruppengrenzen und Beziehungen zwischen (Teil-)Gruppen

Diese Dimension bezieht sich darauf, wie der aktuelle Sprecher die für die Interaktion gültigen Gruppengrenzen, bzw. Sprachgemeinschaften, definiert. Eine Sprachgemeinschaft soll in diesem Kontext eine soziale Gruppe sein, deren Mitglieder sich auf Basis einer Sprache oder Varietät als zusammengehörig wahrnehmen (vgl. Dittmar 1997, 133f.).

In jeder Stereotypisierung werden mindestens zwei Gruppengrenzen relevant gesetzt: Es wird wenigstens eine Zuschreibung getroffen. Die in ihr enthaltene Zuordnung impliziert zugleich eine Abgrenzung von einer oder mehreren anderen Gruppen. Bezüglich dieser Kategorisierungen positioniert sich der Sprecher notwendigerweise; es ist also immer ein

Selbst- sowie ein Fremdbezug vorhanden. Zur Hervorhebung des Unterschieds zwischen Selbst- und Fremdbezug steht in theoretischer Hinsicht bereits das Begriffspaar ‚Autostereotyp' und ‚Heterostereotyp' zur Verfügung.[3] Dieses Konzept ist jedoch ungenügend: Es beschreibt nur solche Fälle, in denen die in Beziehung gesetzten Gruppen auf der Ebene der Zuordnungen als nicht vereinbar gesehen werden. Stereotypisierungen können jedoch deutlich komplexer sein: Handelt es sich beispielsweise bei der Konstruktion eines *français du midi* in den Bänden der *Astérix*-Serie von Goscinny und Uderzo (bspw. in *Le Tour de Gaule*, 1965) um ein Auto- oder um ein Heterostereotyp

a) aus der Sicht eines sich nicht mit dem Süden Frankreichs identifizierenden frankophonen Comicautors

b) aus der Sicht eines Lesers, der Französisch als Fremdsprache beherrscht und die Zuordnungen und Zuschreibungen möglicherweise übernimmt, wenn er gegenüber anderen eine interne Differenzierung der französischen Sprachgemeinschaft beschreibt?

Meines Erachtens kann das Konzept folgendermaßen erweitert werden: Mit Stereotypisierungen, die *Intergruppendifferenzierungen* vornehmen, zieht der Sprecher zwischen den in Beziehung gesetzten Sprachgemeinschaften eine absolute Grenze und präsentiert die Gemeinschaften als distinkt voneinander. Keine andere Gruppe, die die stereotypisierte(n) Gruppe(n) umschließt, ist in irgendeiner Weise relevant. Setzt beispielsweise ein Sprecher S die Gruppengrenzen B und A relevant, dann verlaufen Stereotypisierungen, die sich auf die Gruppen A, B, D und F beziehen, auf der Intergruppenebene (zur Veranschaulichung siehe Darstellung auf der folgenden Seite). Mit Stereotypisierungen, die auf eine *Intragruppendifferenzierung* abzielen, ist für den Sprecher auch eine Gruppengrenze von Bedeutung, welche die stereotypisierte(n) Sprechergruppe(n) umschließt. Dies ist der Fall, wenn Sprecher S die Gruppengrenzen A, E und C relevant setzt und sich seine Stereotypisierungen auf die Gruppe C bezieht. Es handelt sich um Differenzierung innerhalb einer Sprachgemeinschaft.

[3] Der Ursprung der Begrifflichkeiten ist unklar, da sie häufig ohne Quellenangaben geführt werden, vgl. z.B. von Scholz (2004, 233). Sodhi, Bergius und Holzkamp (1957, 548f.) verweisen ausdrücklich darauf, dass sie das Konzeptpaar aus Peter Hofstätters *Einführung in die Sozialpsychologie* (1956) und *Gruppendynamik* (1957) übernehmen.

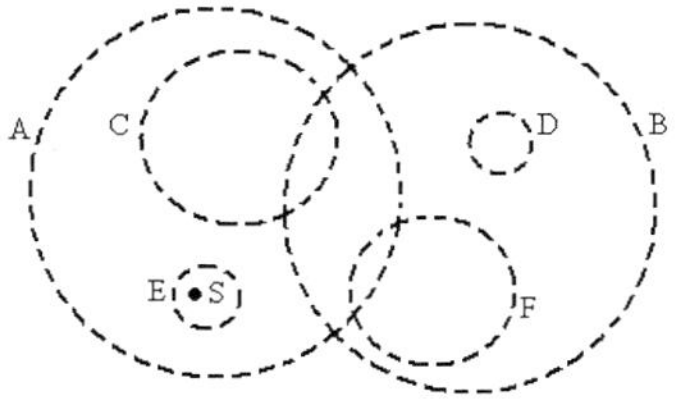

Abb.: Gruppendifferenzierungen in Abhängigkeit von der Perspektive des Sprechers[4]

Inwiefern im konkreten Fall von einer Inter- oder Intragruppenperspektive auszugehen ist, hängt von der Darstellung des Sprechers in einer bestimmten Situation ab. Derselbe Sprecher kann in verschiedenen Situationen verschiedenartige Kategorisierungen vornehmen. Es ist durchaus möglich, dass Dialekt- oder Soziolektsprecher distinkte Dialekt- / Soziolektgemeinschaften konstruieren, oder dass eine Einzelsprache oder Varietät nicht als gruppenkonstitutiv wahrgenommen wird.

Beim Vergleich mehrerer, von verschiedenen Sprechern getroffener Zuordnungshandlungen entstehen graduelle Abstufungen der Gruppengrenzen. Beispielsweise zeigt Goebl (1993), wie Sprecher des Ladinischen die Dialekte ihres Sprachgebietes nach Graden der Ähnlichkeit – welche häufig anhand von Verständlichkeitsgraden angegeben wurde – ordnen.

Das angeführte Beispiel zum *français du midi* in *Astérix* wäre

a) eine Intragruppendifferenzierung, sofern sich der frankophone Autor mit einer frankophonen Gruppe und diese mit den Comic-Galliern in Zusammenhang stellt. Trotz konstruierter Unterschiede zu den Comic-Helden *Astérix* und *Obélix* werden ‚die Gallier aus Massilia' als zu einer übergeordneten Gruppe ‚Gallier' zugehörig dargestellt. Dies äußert sich auf sprachlicher Ebene bspw. durch die gemeinsame Personennamenendung *-ix*, wie *César Labeldecadix* in *Tour de Gaule* (Goscinny und Uderzo 1965, 31; Panel 4),

b) im ersten Schritt eine Intergruppendifferenzierung, sofern der Leser seine muttersprachliche Gemeinschaft absolut gegen die frankophone

[4] Die gestrichelten Linien symbolisieren verschwommene Gruppengrenzen.

abgrenzt. Im zweiten Schritt differenziert er die Fremdgruppe intern (Intragruppenebene).

Bei Kategorisierungsprozessen können Tendenzen zur Konstruktion von Intraklassenhomogenität bei gleichzeitiger Akzentuierung von Interklassenunterschieden auftreten: Die gegenübergestellten Gruppen erscheinen in sich gleichförmig, während die Unterschiede zwischen ihnen möglichst hervorgehoben werden (Tajfel / Wilkes 1963; Brown 1996, 559-561).[5] Bei sprachbezogenen Stereotypisierungen könnte Akzentuierung beispielsweise bei behaupteter Unverständlichkeit von Dialekten eine Rolle spielen. Dies entsteht, wie Iannàccaro (1998, 396) argumentiert, aus der Konstruktion sozialer und kultureller Verschiedenheit, während die sprachlichen Unterschiede aus linguistischer Sicht nicht zwingend vollständige Unverständlichkeit oder Fremdheit rechtfertigen. Ein weiterer Fall von Akzentuierung könnte jenem Phänomen zugrunde liegen, welches Houdebine-Gravaud (1995) als *imaginaire linguistique* bezeichnet: Das Ideal einer Sprache wird unter Negation von Variation aufgefasst. Albrecht hält in seinen Ausführungen zur Sprachbewertung fest, dass Bewertungen von Einzelsprachen deren heterogene Gesamtheit außer Acht lassen und sich stattdessen auf als vorbildlich erachtete Varietäten beziehen können:

> Die Frage stellt sich vor allem in Hinblick auf das Französische. Es wurde verschiedentlich darauf hingewiesen, dass die Eigenschaften, die am Französischen gerühmt oder getadelt zu werden pflegen, keineswegs für die Gesamtsprache charakteristisch sind. (Albrecht 2001, 528-529)

2.4 Das Körnchen Wahrheit

Telus sieht in der Debatte um das ‚Körnchen Wahrheit' zwei Haupttendenzen: Zufolge der einen geben Stereotypisierungen und Stereotype mehr oder weniger verzerrt und vereinfacht tatsächliche Sachverhalte wieder. Zufolge der anderen ist die Frage irrelevant, da Stereotypisierungen aus der Perspektive und den Zielen einer historischen sozialen Gemeinschaft heraus entstehen und so eher zu deren Charakterisierung als zu jener der Stereotypisierten beitragen (vgl. Telus 2002, 82-98).

[5] Konstruktion von Intragruppenhomogenität geschieht jedoch nicht notwendigerweise (vgl. Brown, 559-561).

In konversationsanalytischen Ansätzen ist die Frage nach dem ‚Körnchen Wahrheit' nicht von Belang, da allein ausschlaggebend ist, ob die Interaktionspartner die Darstellungen akzeptieren oder ablehnen (Ziegler 2004, 104).

Doch warum könnten Interaktionsteilnehmer Stereotypisierungsvorschläge ablehnen? Zwei denkbare Faktoren unter vielen wären, dass kein nachvollziehbarer Zusammenhang mit tatsächlich wahrgenommenen Umweltreizen besteht, oder dass der Abhebungsdruck auf der Ebene sozialer Abgrenzung und Bewertung nicht hoch ist. Sofern ersteres in ausreichendem Maß als Ablehnungs- oder Zustimmungskriterium in Interaktionen einfließt, werden bestätigte Darstellungen auch nachvollzogen. So lässt sich das (bereits oben angeführte) Beispiel 2 als Wiedergabe tatsächlich wahrnehmbarer Phänomene analysieren:

(2) Pon! Pon! On s'en fa!... – Mais addentzion! On refiendra!

Im Comic *Astérix le Gaulois* wird deutscher Akzent im Französischen wiedergegeben. Dabei konzentriert sich die Stilisierung auf die Opposition Stimmhaftigkeit vs. Stimmlosigkeit. Dies beruht vermutlich auf mehreren Phänomenen: Die höhere Aspiration der Plosive, die Auslautverhärtung und die häufigere Realisierung von Junkturen im Deutschen werden zumindest im Anfangsstadium des Fremdsprachenerwerbs von deutschen Muttersprachlern häufig inferiert (vgl. Bieritz 1971). Dies wird von französischen Muttersprachlern offenbar besonders intensiv wahrgenommen, sie werden also durch das phonologische System des Französischen in ihrer Wahrnehmung gelenkt. Comtet (1998) spricht in einer ähnlichen Analyse in Bezug auf dieses Phänomen mit Trubetzkoy von *cribles*.

In anderen Fällen von Stereotypisierungen ist eine solche Analyse nicht oder kaum möglich, bspw. wenn Ernst Moritz Arndt im *Wort von 1814* das Französische als „zischelnde und flüsternde und gurgelnde Schlangensprache" bezeichnet, welche „das feinste und teufelischeste Gift für die Sitten [aussät]" (vgl. Abschnitt 2.1, Beispiel 1). Hier geht es dem Autor nahezu ausschließlich um Rechtfertigung und Selbstaufwertung. Es lässt sich vermuten, dass der Einfluss tatsächlich wahrgenommener Sachverhalte abnimmt, je stärker der Wille zur Abgrenzung und Auf- und Abwertung in den Vordergrund tritt.

Die Annahme eines ‚Körnchens Wahrheit' kann somit neben anderem ausschlaggebend für die Art der Reaktionen (z.B. Akzeptanz oder Ablehnung) sein, die auf eine bestimmte Stereotypisierung hin auftreten.

Für die Analyse ist somit von Interesse, zwischen welchen Faktoren und welchen Reaktionen Zusammenhänge bestehen, sowie, wie die Natur der Reaktionen sprachlich und nicht-sprachlich nachvollzogen werden kann.

3. Sprachbezogene Mythen

Im Kontext dieses Beitrags erwähnenswert sind Darstellungen, welche sich auf Sprache als Kommunikationsinstrument oder auf die menschliche Sprachfähigkeit beziehen. Ich möchte sie als ‚sprachbezogene Mythen' bezeichnen. Hierbei folge ich dem Begriff des ‚Mythos', wie ihn Schwerdtfeger anwendet:

> Ich brauche den Begriff *Mythos* hier einerseits in seiner Bedeutung als eine erfundene Erzählung, in der Alltagswissen über Phänomene geronnen ist. Ich verstehe diesen Begriff andererseits jedoch auch so, wie er für Sagen angewandt wird, dass durch ihre Inhalte gewünschte Ordnungen aufrechterhalten werden. (Schwerdtfeger 2000, 536)

In der folgenden Passage greift Glanemann (2003) einen solchen Mythos auf. Im Zitat wurde hervorgehoben, an welchen Stellen die Autorin signalisiert, dass der Mythos ihrer Auffassung nach bekannt bzw. ihrer Erfahrung nach im Diskurs häufig aufgetreten ist:

(4) Auf Franz Boas (1911, 25 / 26) geht das *berühmte* Schneebeispiel zurück, das veranschaulicht, dass Sprache unsere Welterfahrungen kategorisiert und sich dabei nach den jeweiligen Bedürfnissen der Gemeinschaft richtet. So versprachlichen manche Gesellschaften bestimmte für sie (lebens)wichtige Konzepte, die andere Sprachgemeinschaften hingegen unter einem Ausdruck zusammenfassen: ‚Another example of the same kind, the words for snow in Eskimo, may be given. Here we find one word, aput, expressing snow on the ground, another one, quana, falling snow, a third one, piqsirpor, drifting snow, and a forth one, quimuqusuq, a snowdrift.'[6] (Glanemann 2003, 62; Hervorhebung JR)

---

[6] Martin nimmt eine überzeugende Diskussion des Schneebeispiels vor. Die Autorin zeigt, wie es unkritisch in mehreren wissenschaftlichen Texten aufgenommen und so verbreitet wurde. Gleichzeitig relativiert sie seine Aussagekraft: Die Bezeichnung Eskimosprachen bzw. *Eskimo languages* vernachlässigt, dass es sich um mehrere Dialekte handelt (Martin 1986, 418). Zudem sollte nicht von ‚Wörtern', sondern von Wurzeln gesprochen werden, die die Basis komplexer morphologischer Bildungen sind (ebd., 419). Das Westgrönländische besitzt zwei derartige Wurzeln: *qanik*, ‚Schneeflocke' und *aput*, ‚liegender Schnee'. „Thus, Eskimo has

Das Schneebeispiel stereotypisiert durchaus „undifferentiated ‚Eskimo' languages" (Martin 1986, 418). Im Text von Glanemann dient es dabei hauptsächlich der Veranschaulichung des Prinzips sprachlicher Relativität. Martin hält fest, dass dies in vielen Texten der Fall ist:

> Through repetition in print or in lecture, the snow example has become cloaked in scholarly importance. [...] Its ‚meaning' remains vague but seems generally simple: human beings are very different from each other. (Ebd., 421)

Es geht darum, ein in einer Gruppe erwünschtes Verständnis von Sprache und Sprachfähigkeit an sich zu transportieren. Ein weiteres Beispiel wäre das unter anderem in Marina Yaguellos *Catalogue des idées reçues sur la langue* diskutierte „traduttore, traditore" (Yaguello 1988, 65). Meines Erachtens sind hier keine Abgrenzungs- und Situierungsfunktionen (Zuordnung) relevant. Es bestehen jedoch Ähnlichkeiten mit sprachbezogenen Stereotypen, da die Mythen wiederholt im Diskurs auftreten, wobei bestimmte Sachverhalte hervorgehoben werden.

4. Fazit

Zur Beschreibung sprachbezogener Stereotypisierungen wurden folgende Dimensionen genannt: die kommunikativen Aufgaben des Zuordnens, Zuschreibens und Bewertens, der Grad ihrer interaktiven Relevanz (beides in Anknüpfung an Hausendorf 2000), Sprachstruktur- oder Statusbezug und die Art des Ziehens von Gruppengrenzen.

Insbesondere die Frage nach dem Ineinandergreifen von individueller Wahrnehmung und diskursiver Aushandlungen stellt eine zentrale ungeklärte Problematik dar. Solange diese Zusammenhänge nicht ausreichend geklärt sind, muss für jede einzelne Analysesituation ein Versuch stattfinden, die Intensität des diskursiven Einflusses sowie die Art und das Ausmaß persönlicher Erfahrungen der Informanten abzuschätzen.

---

about as much differentiation as English does for ‚snow' at the monolexemic level: snow and flake" (ebd., 422).

Bibliographie

Albrecht, Jörn (2001): „Sprachbewertung", in: *Lexikon der Romanistischen Linguistik* I.2, 527-540.

Arndt, Ernst Moritz (1990-1994 [1815]): *Das Wort von 1814 und das Wort von 1815 über die Franzosen*, München: Saur.

Anders, Christina Ada (2007): „Alltagswissen und Einstellungen zum Substandard am Beispiel des Obersächsischen in seiner meißnischen und osterländischen Ausprägung", in: *Deutsche Sprache* 35, 173-188.

Berschin, Helmut (2008): „Hartes Spanisch, weiches Portugiesisch, rohes oder süßes Deutsch? Vom Reden über Sprachen", in: Blaikner-Hohenwart, Gabriele u.a. (Hgg.): *Ladinometria. Festschrift für Hans Goebl zum 65. Geburtstag*, Universität Salzburg u.a., 89-101.

Bieritz, Wulf D. (1971): *Phonologische Interferenzen und ihre programmierte Korrektur. Psycholinguistische Untersuchungen zur Erstellung eines Sprachlaborprogramms der korrektiven französischen Phonetik für Studienanfänger der Romanistik*, Dissertationsschrift, Ruhr-Universität Bochum.

Bouhours, Dominique (1671 / 1711): *Les entretiens d'Ariste et d'Eugène*, Paris: Sebastien Mabre-Cramoisy.

Burger, Günter / Gehrmann, Martin (1982): „Einstellungen von VHS-Kursteilnehmern zu den Sprachen Englisch und Französisch", in: *Zielsprache Französisch* 14.2, 78-81.

Casper, Klaudia (2002): *Spracheinstellungen. Theorie und Messung*, Dissertation, Heidelberg.

Comtet, Roger (1998): „L'accent allemand dans la littérature russe", in: *Slavica Occitania* 6, 173-212.

Dijk, Teun A. van (1990): „Social Cognition and Discourse", in: Giles, Howard / Robinson, William P. (Hgg.): *Handbook of Language and Social Psychology*, Chichester: Wiley, 163-183.

Dittmar, Norbert (1997): *Grundlagen der Soziolingustik*, Tübingen: Niemeyer.

Glanemann, Claudia (2003): *Farbe zwischen Universalismus und Relativismus. Gebrauch und Bedeutung der Farbbezeichnungen im heutigen Französischen, mit Berücksichtigung des Italienischen und Deutschen*, Dissertation, Münster (Westfalen).

Goebl, Hans (1993): „Die dialektale Gliederung Ladiniens aus Sicht der Ladiner. Eine Pilotstudie zum Problem der geolinguistischen ‚Mental Maps'", in: *Ladinia* 17, 59-95.

Goscinny, René / Uderzo, Albert (1961): *Astérix le Gaulois*, Paris: Hachette.

Goscinny, René / Uderzo, Albert (1965): *Le Tour de Gaule*, Paris: Hachette.

Hausendorf, Heiko (2000): *Zugehörigkeit durch Sprache. Eine linguistische Studie am Beispiel der deutschen Wiedervereinigung*, Tübingen: Niemeyer.

Houdebine-Gravaud, Anne-Marie (1995): „L'Unes langue", in: Eloy, Jean-Michel (Hg.): *La qualité de la langue. Le cas du français*, Paris: Champion, 95-121.

Iannàccaro, Gabriele (1998): „Confine linguistico o confini culturali?", in: *Mondo Ladino* 22, 389-403.

Irvine, Judith (2001): „‚Style' as distinctiveness: The culture and ideology of linguistic differentiation", in: Eckert, Penelope / Rickford, John R. (Hgg.): *Style and Sociolinguistic Variation*, Cambridge: Cambridge University Press, 21-43.

Lerat, Pierre (1990): „Französisch: Sprachbewertung / Évaluation de la langue", in: *Lexikon der Romanistischen Linguistik* V.1, 293-401.

Martin, Laura (1986): „‚Eskimo Words for Snow': A case study in the genesis and decay of an anthropological example", in: *American Anthropologist* 88, 418-423.

Nolcken, Alexandra von (2002): *Einsprachige Mehrsprachigkeit: Sprachwissen und Sprachvariation in der Normandie*, Dissertation, Bremen.

Preston, Dennis (1999): „A language attitude analysis of regional US speech: Is northern US english not friendly enough?", in: *Cuadernos de Filologia Inglesa* 8, 129-146.

Putnam, Hilary (1975): „The meaning of ‚meaning'", in: ders. (Hg.): *Philosophical Papers*, Bd. 2, Cambridge u.a.: Cambridge University Press, 215-290.

Redder, Angelika (1995): „‚Stereotyp' – eine sprachwissenschaftliche Kritik", in: *Jahrbuch Deutsch als Fremdsprache* 21, 311-329.

Scherfer, Peter (1982): „A propos d'une théorie de l'étude empirique de la conscience linguistique", in: Dittmar, Norbert / Schlieben-Lange, Brigitte (Hgg.): *La sociolinguistique dans les pays de langue romane*, Tübingen: Narr, 225-236.

Schwerdtfeger, Inge-Christine (2000): „Mythen, Stereotype, Vorurteile über Sprachen am Beispiel: ‚Deutsch ist eine schwere Sprache'", in: Wolff, Armin / Winters-Ohle, Elmar (Hgg.): *Wie schwer ist die deutsche Sprache wirklich?*, Regensburg: Fachverband Deutsch als Fremdsprache, 534-549.

Scholz, Christian (2004): „Der betriebswirtschaftliche Ansatz zur Kulturforschung: Kulturen instrumentalisieren und interpretieren", in: Lüsebrink, Hans-Jürgen (Hg.): *Konzepte der interkulturellen Kommunikation*, St. Ingbert: Röhrig Universitätsverlag, 221-240.

Sodhi, Kripal S. / Bergius, Rudolf / Holzkamp, Klaus (1958): „Die reziprokale Verschränkung von Urteilen über Völker", in: *Zeitschrift für experimentelle und angewandte Psychologie* 5, 547-604.

Stroh, Cornelia (1993): *Sprachkontakt und Sprachbewusstsein: eine soziolinguistische Studie am Beispiel Ost-Lothringens*, Tübingen: Narr.

Tajfel, Henri / Wilkes, A.L. (1963): „Classification and quantitative judgement", in: *British Journal of Psychology* 54.2, 101-114.

Telus, Magdalena (2002): *Gruppenspezifisches Stereotyp*, Frankfurt a.M.: Peter Lang.

Wandruszka, Mario (1959): *Der Geist der französischen Sprache*, Hamburg: Rowohlt.

Yaguello, Marina (1988): *Catalogue des idées reçues sur la langue*, Paris: Éditions du Seuil.

Ziegler, Gudrun (2004): *Kommunizieren in der Fremdsprache: Zur Funktion von Stereotypisierungen im fremdsprachlichen Unterricht. / Les stéréotypisations ou la mise en œuvre des catégorisations dans la communication en cours de langue*, Dissertation, Saarbrücken, Paris.

Halbkollaborative Wörterbücher – Zur Darstellung von Perzeptionsdaten in bilingualen Wörterbüchern

Luca Melchior (Graz) *& Fabio D'Agostini* (München)

Nel presente articolo verranno discussi alcuni problemi centrali della lessicografia bilingue, che finora sono stati poco trattati. In particolare ci concentreremo sulla rappresentazione delle cosiddette „dia-marcature", ossia dell'indicazione della marcatezza diafasica, diastratica e soprattutto diatopica di una parola o espressione. Dopo aver presentato alcuni modelli classici della lessicografia monolingue italiana e bilingue italiano-tedesca, ci si porrà il problema della norma di riferimento e dei corpora che stanno alla base dei lavori lessicografici. Proporremo un modello, basato sulla semicollaboratività e sulla circolarità, che assegna un ruolo centrale al parlante-utente di dizionari, come informante non solo per la segnalazione di neologismi, ma anche per l'indicazione (della sua percezione) delle dia-marcature e del loro eventuale cambiamento nel sistema dinamico dell'italiano neostandard.

1. Wissen, Formen, Wissensformen

Wörterbücher sind nicht einfach ‚Sammlungen von Wörtern', sondern vielmehr ein Abbild, eine Repräsentation von Sprach- und Weltwissen. Aber welches Wissen wird dargestellt und in welcher Form geschieht dies? Auf diese Frage müssen ein- und zweisprachige Wörterbücher teilweise gleiche oder ähnliche, teilweise aber auch unterschiedliche Antworten geben. In einsprachigen Wörterbüchern stellt sich vor allem die Frage, inwieweit das Weltwissen – die Enzyklopädie – Eingang in das Lexikon finden muss; in zweisprachigen Wörterbüchern dagegen spielen andere Aspekte, wie die Bedeutungs- und Polysemiedarstellung bzw. die Wiedergabe von Kollokationen[1] eine größere Rolle. Beiden Wörterbuchtypen gemeinsam ist, dass sie eine Repräsentation vornehmen – eine Repräsentation im engen Sinne von *Darstellung des* bzw. *Hinweis auf das* Wissen(s) über die Sprache, insbesondere über den Gebrauch und die eventuelle Markiertheit von sprachlichen Strukturen (Wörtern, Kollokationen, Wendungen), über ihre Stellung im Diasystem der jeweiligen Sprache und über die *Gebräuchlichkeit* derselben.[2] Aber wie kann diese

[1] Vgl. dazu auch Konecny (2010).

[2] Schon Zgusta (1971) unterstrich die Wichtigkeit solcher Informationen, die den Wörterbuchbenutzer über bestimmte Markierungen des gesuchten Lemma unter-

Repräsentation erfolgen – oder besser: Wessen Wissen wird dargestellt? Der Lexikograph hat viele Quellen zur Verfügung, die vor allem *Experten*wissen darstellen (dialektologische bzw. areallinguistische Arbeiten, soziolinguistische Untersuchungen, präskriptive Werke usw.), ihm stehen aber auch andere Möglichkeiten offen, wie der Zugriff auf *Laien*wissen, auf die metasprachlichen Urteile und den metasprachlichen Diskurs der Sprecher, auf ihre Perzeption und Wahrnehmung von Sprache, die der Lexikograph wissenschaftlich erfassen und analysieren kann. Diese können sich als wichtige Ergänzungen zu den schon genannten *Expertenquellen* erweisen: Sie spielen in einem sich neuorganisierenden System wie demjenigen des Italienischen eine große Rolle – und können in neueren, die Möglichkeiten des Internets ausschöpfenden und auf innovativen Ansätzen – insbesondere auf dem Prinzip der Halbkollaborativität – basierenden lexikographischen Projekten zur Geltung kommen. Aus diesem Grund werden wir ein neues lexikographisches Modell vorstellen, in dem die Sprecher nicht nur als Rezipienten fertig gestellter lexikographischer Produkte angesehen werden, sondern stärker im Erstellungsprozess als (aktive) Informanten mit eingebunden werden.[3]

Grundkonzepte des Web 2.0, wie die vernetzte Kollaboration der User im World Wide Web und die offene Entwicklung von Projekten, die eine Einbindung (und nicht mehr den Ausschluss) der User / Sprecher vorsehen, haben *de facto* ihren Niederschlag in der elektronischen Lexikographie online gefunden. Der vorliegende Beitrag behandelt grundsätzliche lexikologische Fragen, welche sich in diesem Zusammenhang ergeben und diese in ein schematisches Modell der lexikographischen Arbeit einbinden: Es handelt sich um einen Perspektivenwechsel, der von einer klassischen unidirektionalen Lexikographie zu einem zirkulären Modell, in dem auch das Sprecherwissen zur Geltung kommt, führen soll. Als Beispiel für eine mögliche Neuausrichtung in der Lexikographie wird das online-Wörterbuchprojekt LEO Deutsch-Italienisch vorgestellt. Die Überlegungen der Autoren, die beide an diesem Projekt aktiv mitgewirkt

richten – auch wenn er für bilinguale Wörterbücher vor allem Beispiele von diaphasischen Markierungen anführt (vgl. v.a. Zgusta 1971, 334f.).

[3] Zum Laienwissen der Sprecher, zur unterschiedlichen Ausprägung metasprachlichen Wissens und zur metasprachlichen Diskussion der Sprecher vgl. das grundlegende Werk von Kabatek (1996, insbesondere 37-44); zum Sprachbewusstsein vgl. auch Gauger (1976).

haben bzw. mitwirken, müssen sich aber nicht zur Gänze mit dem Gesamtprojekt von LEO decken – sie sind aus der theoretischen und praktischen Auseinandersetzung mit einer neuen Arbeitsweise in der Lexikographie entstanden, und spiegeln sich in der tagtäglichen Anwendung von LEO Italienisch-Deutsch. Sie beschränken sich aber nicht auf dieses Projekt, das nur Ausgangsbasis für theoretische und methodologische Überlegungen war, die unserer Meinung nach über das einzelne Projekt hinausgehen können, und die – wenn auch hier exemplarisch für das Italienische dargestellt – auch übereinzelsprachlich Anwendung finden könnten. Dabei knüpfen solche Überlegungen, wie schon oben erwähnt, zwar an die Offenheit des LEO-Projektes an, möchten aber einen neuen theoretischen und praktischen Ansatz der Halbkollaborativität (vgl. Melchior 2009) darstellen, der das Modell von LEO erweitert und teilweise auch modifiziert.

2. Dia-Markierungen, *italiano neostandard* und halbkollaborative Wörterbücher

Ein unter Laien und Experten häufig diskutiertes Thema ist, wie schnell Wörterbücher die Veränderungen in der sich ständig ändernden Sprache aufnehmen und widerspiegeln. Damit wird meist die Frage nach der Aufnahme von Neologismen, die sich fortwährend und schnell bilden, sich aber teilweise auch nicht etablieren können, gemeint. Manche Wörterbücher, die häufig neue Auflagen auf den Markt bringen, sind nicht selten ‚empfänglich' für Neologismen und regen die Benutzer an, neue Wörter zu melden,[4] während andere ‚konservativere' Wörterbücher sich weniger offen für deren Aufnahme zeigen. Deutlich weniger diskutiert und wahrgenommen ist die Frage, wie schnell und wie zuverlässig Wörterbücher die sogenannten ‚Dia-Markierungen'[5] anpassen – insbesondere

[4] So ist z.B. bei der online-Ausgabe des Wörterbuchs *Garzanti online* die Möglichkeit gegeben, neue Wörter über ein online-Formular vorzuschlagen (siehe http://www.garzantilinguistica.it/it/segnala_parole [Stand: 06.07.2010]).

[5] Im Text wird das Wort ‚Markierung' in zwei unterschiedlichen Bedeutungen verwendet: Einerseits handelt es sich um die Perzeption der Markiertheit eines Wortes bzw. eines Ausdrucks, wie sie von Laien und / oder Experten festgestellt wird. Andererseits wird damit die Kennzeichnung einer solchen Markierung im Wör-

wird wenig diskutiert, wann ein Wort solche Markierungen verliert oder neue hinzutreten, und wann es in das Wörterbuch Eingang findet oder aus dem Wörterbuch verschwindet, weil es solche Markierungen verloren oder gewonnen hat.[6] Dies scheint in einer Zeit, in der sich das Italienische und sein Diasystem im Umbruch befinden – mit Folgen, die auch die (empfundene) Markierung von einzelnen Elementen betreffen – und das sogenannte *italiano neostandard* (vgl. Berruto 1987)[7] als nicht nur gesprochene, sondern häufig auch geschriebene Varietät, seinen Einsatz in medial und konzeptionell unterschiedlichen Kommunikationssituationen findet, besonders wichtig. In unserem Beitrag möchten wir zunächst auf die Problematik der Dia-Markierungen in ein- und zweisprachigen Wörterbüchern und auf die präskriptive oder deskriptive Funktion derselben eingehen, mit besonderer Berücksichtigung des sich wandelnden Systems des Italienischen, um dann anschließend an Überlegungen zur Rolle von Korpora und Informanten in der Lexikographie ein neues Modell vorzuschlagen, das wir als Grundlage der sogenannten ‚halbkollaborativen Wörterbücher' sehen.

In Anlehnung an, aber auch Unterscheidung von dem von Abel ins Spiel gebrachten Begriff der ‚kollaborativen Wörterbuchherstellung' (Abel 2006, 44), definiert Melchior Wörterbuchprojekte wie LEO als halbkollaborativ (‚semi-collaborativo', Melchior 2009, 80). Dies bedeutet, dass anders als Lexikonprojekte wie z.B. *Wikipedia* oder *Wiktionary*, die vollständig auf freier Mitarbeit basieren, halbkollaborative Lexikon- und Wörterbuchprojekte zwar eine stärkere Einbeziehung des Nutzers in den Gestaltungsprozess vorsehen, indem die Nutzer z.B. aufgefordert werden, Vorschläge für die Aufnahme von neuen Einträgen bzw. für die

---

terbuch bezeichnet. Aus dem Kontext wird jeweils erschließbar, welche der zwei Bedeutungen gemeint ist.

6 Dazu Schafroth (2009, 76f.): „Die Qualität eines Wörterbuchs lässt sich nämlich gerade *nicht* danach beurteilen, ob bestimmte Neologismen, Anglizismen und jugendsprachliche Ausdrücke enthalten sind oder nicht, sondern danach, ob die Einträge möglichst viele sprachliche Informationen bieten und ob das Werk benutzerfreundlich ist oder nicht. Natürlich kokettieren manche Verlage damit, immer auf dem neuesten Stand zu sein […]."

7 Wir ziehen diese Bezeichnung, die sich in der Forschung auch durchgesetzt hat, der Bezeichnung ‚italiano dell'uso medio', die zuerst von Sabatini (1983) verwendet wurde, vor, da wir der Auffassung sind, dass der (empfundene) Standardcharakter dieser Varietät(en) auch terminologisch gekennzeichnet werden sollte.

Änderung und Korrektur bestehender Artikel einzureichen, sie aber keinen Zugriff auf die Datenbanken haben. Somit liegt die endgültige Entscheidung über die Umsetzung beim betreuenden Lexikographen. Dadurch wird eine Bereicherung des Expertenwissens des Lexikographen durch Anstöße und Anregungen, die aus dem *Laien*wissen der Sprecher kommen und die vom Lexikographen analysiert und systematisiert werden sollen, ermöglicht. Dieser Prozess kann zu einem fruchtbaren Austausch führen, der vor allem im Bereich der Perzeption der Sprecher von Dia-Markierungen – und demzufolge für die Darstellung derselben im Wörterbuch – Früchte trägt, und eine wichtige Grundlage für die Analyse des sich verändernden und instabilen Systems des Italienischen darstellt.[8]

2.1 Dia-Markierungen und Lexikographie: Dialekt, *italiano regionale*, *italiano neostandard*

Dass die Dia-Markierungen auch in einschlägigen einsprachigen Wörterbüchern nicht konsequent verwendet werden, haben die Beiträge von Batinti / Trenta Lucaroni (1997), D'Achille (2009) sowie Melchior (2009) exemplarisch illustriert.[9] Vor allem die diatopischen Markierungen scheinen vielfältig eingesetzt zu werden:[10] Manchmal werden sie ‚etymologisch' verwendet, um auf die Herkunft eines standardsprachlichen Wortes zu verweisen, manchmal werden sie angeführt, um rein dialektale Wörter, die aus irgendeinem Grund Eingang in das Wörterbuch gefunden haben, zu kennzeichnen, manchmal dagegen finden sich solche diatopische Markierungen bei regionalitalienischen Wörtern, bei Geosyno-

[8] Der Rückbezug auf das Sprecherwissen wurde schon von Berruto als „utile e vario lavoro sussidiario" (2002, 358) der perzeptiven Dialektologie, als Bereicherung der sprachwissenschaftlichen Arbeit, angeregt.

[9] Stein (1998) behandelt in seiner Analyse elektronischer Italienischwörterbücher die Dia-Markierung nicht – ein Zeichen, dass sie auch in der einsprachigen Lexikographie eine eher geringe Rolle spiel(t)e.

[10] Die diatopische Variation ist im Italienischen von größerer Bedeutung als andere Dimensionen der Variation, wie auch Krefeld unterstreicht: „Im Italienischen jedenfalls sind die Diatopik im allgemeinen und die Dialekte im speziellen von übergeordneter Bedeutung, das gesamte Bild der Variation ist gewissermaßen diatopisch grundiert" (Krefeld 2010, 62).

nymen oder eben bei unterschiedlichen Ausprägungen des Neostandards. Nicht immer einfach stellt es sich für den Wörterbuchbenutzer dar, zu verstehen, auf welche Dimension sich solche Markierungen beziehen, vor allem im Falle von Wörtern, die in jüngerer Zeit ihren Eingang in das *italiano neostandard* gefunden haben.[11] Noch problematischer erscheint die Dia-Markierung ‚tosc.': Das beruht auf der schwierigen Zuordnung des Toskanischen im italienischen Diasystem – zwar Dialekt, aber anders als die anderen Dialekte –, aber auch darauf, dass eine gewisse lexikographische Tradition sowohl im Sinne der ersten, aber auch der zweiten *questione della lingua* sich auf literarische Korpora toskanischer Prägung stützt.[12]

---

[11] Man denke hier an den in Melchior (2009) behandelten Fall von *frocio*, das unterschiedlich dia-markiert wird (wobei die in den Wörterbüchern ausgezeichneten Dia-Markierungen nicht immer mit der Perzeption der Sprecher übereinstimmen), aber auch an die *regionalismi* und *dialettalismi*, die im 7. Band des GRADIT „Nuove parole italiane dell'uso" Eingang gefunden haben, und die teilweise mit Markierungen wie [RE] (auch mit Zusätzen wie ‚merid.' oder sonstigen), [DI] (mit dem Zusatz, aus welchem Dialekt das Wort herkommt) oder auch ganz ohne Markierung registriert sind. Dazu liest man in der *Introduzione*: „Tra le nuove accessioni figurano oltre 40 regionalismi e dialettalismi, e cioè parole che sono ormai largamente circolanti fuori dell'area di origine, ma delle quali ancora sono trasparenti o comunque avvertite la connotazione e l'origine regionale o dialettale. [...] Sono tutte testimonianze di sempre vive sorgenti multilingui interne all'area dell'italiano" (GRADIT 7 2003, XII). Wie und von wem solche Markierungen wahrgenommen werden und mit welchen Kriterien sie dann auch im Wörterbuch dargestellt werden, ist nicht weiter erschließbar.

[12] Dazu (in Bezug auf Devoto / Oli 2000) vgl. auch Schafroth 2009, 88; Endnote 31. Dass es hier um eine Ausprägung der Lexikographie im Sinne Manzonis und seiner Epigonen, und nicht einfach nur um die erste *questione della lingua* geht, zeigt die Tatsache, dass der ‚Vorfall', der den Anstoß zu diesen Überlegungen gab, im *Vocabolario della Crusca* anders gelöst wird als in den neueren Wörterbüchern: Es handelt sich um die Aufnahme und Markierung der Variante ‚spengere' für ‚spegnere'. Die einschlägigen italienischen Wörterbücher der Gegenwart – mit Ausnahme des Sabatini / Coletti – nehmen die Variante mit auf und markieren sie als „tosc." (GRADIT 6 2000, Gabrielli online und Palazzi / Folena 1992) bzw. „tosc." und „lit.", vgl. Garzanti Linguistica, Vocabolario Treccani, Devoto / Oli 2012, Zingarelli 2004, Battaglia 19 (interessant beim letzten ist, dass die zwei Beispiele, die die Form „spenger" bzw. „spenge" belegen, den „Proverbi toscani", vgl. Battaglia 19, 798 entnommen werden), wohingegen sich diese Variante – ohne jegliche Markierung – nur in der 3. Ausgabe (1621) des *Vocabolario della Crusca*

Und doch scheint die Frage nach der Markierung der Einträge eine zentrale Problemstellung für jedes Wörterbuch zu sein, sowohl für Wörterbücher, die als Stütze in der Erweiterung der Sprachkompetenzen für Sprachlerner gedacht sind, als auch für solche, die dem Nichtmuttersprachler als Hilfsmittel „bei aktuellen Problemen im Umgang mit Texten" (Hausmann / Werner 1991, 2741) dienen. Dem Nichtmuttersprachler fehlen häufig Kenntnisse über die Architektur des Diasystems der Zielsprache, und demzufolge zum Gebrauch bestimmter Wörter und Ausdrücke im Kontext. Ein Wörterbuch sollte unserer Meinung nach ausreichende und klare Informationen darüber geben, damit der Nichtmuttersprachler leichter Einblicke in das komplexe Varietätengefüge der Zielsprache gewinnen kann.[13] Im Fall des LEO-Wörterbuchs Italienisch-Deutsch, das sich gleichermaßen an ein deutschsprachiges und an ein italienischsprachiges Publikum wendet und als Zweiwegwörterbuch die Bidirektionalität zum Ziel hat, sollen konsequente und klare Dia-Markierungen in beiden Sprachen die jeweiligen Nichtmuttersprachler zur optimalen sowohl passiven (bei der Dekodierung von Texten aus der Fremdsprache) als auch aktiven (bei der eigenständigen Produktion von Texten in der Fremdsprache) Nutzung des Wörterbuchs verhelfen.[14]

findet. In der 4. und 5. Ausgabe wird sie nicht mehr verzeichnet. Zu den italienischen lexikographischen Werken vgl. Lubello 2003, der in den neuen Wörterbüchern eine Orientierung am „italiano comune" (ebd., 217) sieht, ohne dass die klassischen Modelle vernachlässigt werden. Hier bleibt zu hinterfragen, welches Modell von „italiano comune" als Vorlage genommen wird, und welche Rolle das heutige Toskanische in der Lexikographie noch spielt.

[13] Die Dia-Markierungen können andererseits auch für den Muttersprachler von Nutzen sein, indem sie ihn dazu bringen, in der Fremdsprache die passende Übersetzung für das gesuchte Wort mit der gewünschten Dia-Markierung zu finden. So wird ein Deutschmuttersprachler durch die Stilschichtenangabe [vulg.] beim Eintrag *Schwanz* direkt zur italienischen Übersetzung *cazzo* (und nicht zu *coda*), ein Italienischmuttersprachler dagegen durch die Angabe [slang] beim Wort *fico* direkt zu *geiler Typ* (und nicht zu *Feige*) geleitet. Dazu siehe auch Werner (1991). Für die diatopischen Markierungen ist jedoch der Vorteil vor allem beim Nichtmuttersprachler zu sehen, dem sowohl bei der passiven als auch bei der aktiven Nutzung des Wörterbuchs geholfen wird.

[14] Zu passiver (rezeptiver) und aktiver (produktiver) Nutzung von Wörterbüchern in der Mutter- und Fremdsprache vgl. Engelberg / Lemnitzer 2009, 112-123. Zur Klarheit der Informationen (nicht nur der Dia-Markierungen) dient auch eine graphisch unterschiedliche Darstellung derselben. So werden in der Mikrostruktur

Wie mehrfach angedeutet scheint dies vor allem vor dem Hintergrund des sich wandelnden Diasystems des Italienischen besonders wichtig. Die erfolgte Verbreitung des Italienischen als Muttersprache und die Verdrängung der Dialekte aus dieser Funktion wird von einem Wandel des Italienischen selbst begleitet, das sich weitgehend detoskanisiert (vgl. Radtke 2003, 336)[15] und auch regionale Züge annimmt, die nicht immer in den Dialekten ihren Ursprung haben, sondern Phänomene der „sekundären Diatopik" (Radtke 2006, 1796) sind. Das *italiano neostandard* weist in der Tat (makro-)regionale Ausprägungen und Unterschiede sowohl im phonologischen als auch im morphosyntaktischen System, aber vor allem – was für die Lexikographie wichtiger ist – im lexikalischen Bereich auf. Dialektwörter finden häufig Eingang in eine regionale Ausprägung des *italiano neostandard* und können sich daraus als diatopisch markiert auch auf das gesamte italienische Sprachgebiet ausbreiten. Diese Markierungen können sich aber auch abschwächen und neue – vor allem diaphasische – hinzukommen, oder die Wörter werden als unmarkierte Elemente ins *italiano neostandard* aufgenommen (vgl. auch das Varietätenkette-Modell von Koch / Oesterreicher 1990, 14f.). Der Lexikograph sollte diese Entwicklungen beobachten und entscheiden – auch aufgrund von perzeptiven Daten, sprich: von der wissenschaftlichen Analyse des Laienwissens, das in Nutzerkommentaren und metasprachlichen Äußerungen Ausdruck findet –[16] welche Markierungen im Einzelfall geeignet sind und wie sie am besten kenntlich gemacht werden können.

---

des LEO-Wörterbuchs Erläuterungen und Glossen mit einem Bindestrich eingeleitet und kursiv geschrieben, z.B. *casa f. - appartamento*, (fachsprachliche) Anwendungsdomänen in normaler Schriftlage in eckigen Klammern, z.B. [bot.], diatopische Markierungen kursiv und in runden Klammern, z.B. *(rom.)* gesetzt. Die einzige Unstimmigkeit besteht bei den diaphasischen und diastratischen Markierungen, die auf die gleiche Art dargestellt werden wie die Frequenzmarkierungen und die Markierungen von Paläologismen, sprich von Wörtern, die als veraltet angesehen werden (vgl. Schmidt 1989) und wie die Angaben darüber, ob das Wort in figurativem bzw. übertragenem Sinne verwendet wird, z.B. [*fig.*], [*slang*], [*obs.*].

[15] Auch Renzi (2010) stellt fest: „[i]l terzo polo, meno attivo e di influenza più limitata e debole [auf das Gegenwartsitalienisch], è quello toscano" (Renzi 2010, 227).

[16] In der wissenschaftlichen Auswertung der primären (Meta-)Daten unterscheidet sich ein *halbkollaboratives* von einem *kollaborativen* Modell: In einem halbkollaborativen Modell unterliegen die Daten, die Laienwissen entstammen, der Analyse der

3. Lexikographische Quellen und Dia-Markierungen

Die Schwierigkeiten der Lexikographie, sich verändernde Dia-Markierungen schnell zu verzeichnen, betonten in anderen sprachlichen Kontexten – für die diaphasisch-diastratischen Markierungen des Französischen – schon Söll (1985) und vor allem Désirat / Hordé (1976). Letztere erkannten auch die zentrale Rolle, die der Lexikograph und sein Begriff von Norm dabei spielen, und schrieben dazu (wenn auch mit vielleicht zu starken sozialen Akzenten): „[l]a stabilité de la norme dans les dictionnaires apparaît comme le simple reflet de la commune appartenance sociale des lexicographes" (Désirat / Hordé 1976, 43). Wenn wir auf eine soziale Rückführung der lexikographischen Praxis verzichten, scheint uns jedoch, dass die Referenzstellung eines gemeinsamen als ‚normativ' empfundenen eher literarisch-schriftlichen Korpus bei der italienischen Lexikographie eine große Rolle spielt, was teilweise auch explizit gemacht wird, wie im Fall von Zingarelli (2005):

> *[L]'uso sistematico nella compilazione del* Corpus Italiano Zanichelli: *una banca dati costituita dalle principali opere classiche della letteratura italiana (le stesse opere che sono state pubblicate nel* cd-rom LIZ 4.0 *a cura di* Pasquale Stoppelli *e* Eugenio Picchi) *e da annate di periodici: si può così verificare l'uso effettivo di ogni parola nella lingua di ieri e di oggi.* (Zingarelli 2005, 3; kursiv im Original; normale Schriftlage ersetzt Fettschreibung des Originals)

Interessant erscheint, dass sich der einzige Verweis zur gesprochenen Sprache in der *presentazione* desselben Wörterbuchs auf das in der Schweiz gesprochene Italienisch bezieht: „*La registrazione di voci e accezioni dell'italiano parlato in Svizzera: ad esempio* attinenza, buralista, decania, patriziato, vignetta" (ebd.). Andere Wörterbücher geben dagegen keine Angaben zum ausgewerteten Korpus, sondern höchstens zu den Beispielen. Im Palazzi-Folena (1992) liest man:

> [I]nvece si è valorizzata al massimo quella che era una delle caratteristiche più positive del dizionario: la esemplificazione viva di locuzioni, modi di dire, costrutti attestati attraverso esempi dell'uso odierno e più raramente attraverso testimonianze letterarie dei nostri maggiori scrittori. (Folena 1992, 6)

Experten, welche sie zuerst erfassen und analysieren und erst dann in die Darstellung mit einfließen lassen.

Welche Korpora (der gesprochenen oder geschriebenen Sprache usw.) verwendet werden, wird aber nicht weiter präzisiert. Bei Devoto-Oli (2000) ist die Rede davon, dass

> tutte le voci sono state infatti riviste e contestualizzate (oltre ai neologismi, sono state inserite più di diecimila nuove accezioni e locuzioni) ponendo molta attenzione nella scelta degli esempi attinti dalla lingua d'uso. È completo in particolare l'aggiornamento della terminologia tecnico-scientifica, del linguaggio dell'economia, delle voci della realtà sociopolitica italiana e internazionale. (Devoto-Oli 2000, III)

Dies scheint ein Bezug zur geschriebenen (Fach-)Sprache und nicht zu Korpora gesprochener Sprache zu sein. Auch im GRADIT 1 (2000), in dem mehrfach betont wird, dass das Wörterbuch ein Abbild der modernen, gebrauchten Sprache sein möchte, sind die verwendeten Quellen hauptsächlich schriftlich-literarischer Herkunft, wenn nicht sogar lexikographische und fachlexikographische Werke (vgl. GRADIT 1 2000, XIII-XV). Es handelt sich um Quellen, die fast gänzlich der elaborierten Schriftlichkeit zuzuordnen sind:

> [M]a già qui una considerazione a parte va fatta per l'apporto personale di Edoardo Sanguineti. La sua collaborazione generale non si è limitata alla progettazione e alla attenta rilettura critica dei materiali redazionali. Al *Grande Dizionario Italiano dell'Uso* egli ha dato un patrimonio difficilmente estimabile: decine di migliaia di puntuali schede lessicografiche tratte dalla lettura di testi italiani di ogni secolo e di ogni genere, dalla letteratura e filosofia e politica ai cronisti, dai carteggi alle cronache e a quotidiani e alla prosa saggistica e letteraria d'oggi. (GRADIT 1 2000, XV)[17]

Dieser eher literarischen und distanzsprachlichen Orientierung der Lexikographie möchten wir einen neuen Ansatz gegenüberstellen.

4. Korpora, Sprache, Metadaten

Dass die Grundlage für die lexikographische Arbeit Sprachmaterial ist, ist eine Selbstverständlichkeit, die aber den Lexikograph vor eine schwierige Wahl – die des Korpus – stellt. Dies ist ein methodologisches und praktisches Problem, das eine ausgereifte und grundlegende Reflexion nötig macht, und dessen Lösung auch davon abhängt, welche Ziele sich der

[17] Zu den Quellen italienischer einsprachiger Wörterbücher vgl. auch Schafroth 2009.

Lexikograph für das jeweilige Wörterbuch setzt. Sowohl für einsprachige als auch für zweisprachige Wörterbücher scheint die Schriftlichkeit – und häufig die elaborierte Schriftlichkeit: Literatur, Presse, Wissenschaft – das Gros des zu bearbeitenden Korpus darzustellen. Das Wörterbuch prägt daher eine Norm, die Geltung erhält, indem sie eben im Wörterbuch dargestellt ist, und häufig autoreferentiell wird: So sah Massariello Merzagora (1983) im einsprachigen Wörterbuch das ideale Korpus für die Erstellung von bilingualen Wörterbüchern:

> [L]a fonte ideale per il lessicografo al fine di stabilire l'insieme di vocaboli da trattare (*corpus*), è un buon dizionario monolingue per ciascuna delle lingue prese in considerazione, vocabolario monolingue che servirà di [sic] base [...]. (Massariello Merzagora 1983, 97)[18]

Da aber – wie oben dargestellt – die einsprachige Lexikographie noch zu stark an einer schriftlichen wenn nicht gar literarischen Sprachverwendung orientiert ist, die eindeutig sprachnormierende Züge trägt und zu wenig sprachgebrauch- und sprecherbezogen ist (und in der viele Elemente des *italiano neostandard* nicht ausreichend zur Geltung kommen), stellt die Einbeziehung von Sprachmaterialien und (meta-)sprachlichen Diskursen von Sprechern in Sprachforen eine Möglichkeit dar, die klassischen lexikographischen Quellen zu ergänzen und eine zu starke Abhängigkeit der bilingualen Gebrauchswörterbücher von einsprachigen Wörterbüchern zu überwinden. Das bilinguale Wörterbuch soll ein Werkzeug für den Umgang mit der Sprache, für die – wie oben schon angedeutet – aktive und passive Verwendung von *aktueller und gebrauchter* Sprache, darstellen. Um dem sich ständig verändernden Stand der Sprache zu entsprechen und diesen wiedergeben zu können, ist die sprachliche und metasprachliche Diskussion mit den Sprechern von großer Bedeutung. Die Sprecher kommen als Informanten nicht nur im lexikalischen Bereich, sondern auch für die Dia-Markierung der jeweiligen Einträge in Frage.

---

[18] Vgl. hierzu auch Zgusta: „As far as the collection of material goes, the bilingual lexicographer is in an enviable situation if there is already a good, comprehensive, descriptive monolingual dictionary, preferably of the standard-descriptive type or an overall-descriptive one with a standard-descriptive nucleus at least of the non-native language of his pair of languages, but even more if there are such dictionaries of both of them" (1971, 307). Über das Verhältnis zwischen Sprachnorm, Sprachnormkontrolle, lexikographischer Arbeit und (einsprachigen) Wörterbüchern vgl. auch Schaeder 1998.

Mit ihrem *Laien*wissen und ihrer Sprachperzeption unterstützen sie die Arbeit des Lexikographen und ergänzen sein *Experten*wissen. Der Lexikograph sollte sich von einer einseitigen Perspektive, die in der Unidirektionalität seiner Arbeit zum Ausdruck kommt, lösen, und ein zirkuläres Modell anwenden, das den Austausch mit dem Sprecher ermöglicht.[19] Wir sind der Auffassung, dass dieser Ansatz es ermöglichen kann, Unklarheiten bei der Dia-Markierung von Einträgen im Wörterbuch zu vermeiden und die Markierungen selbst immer wieder neu zu überprüfen und damit näher an den Sprachgebrauch und das Sprachempfinden der Sprecher zu rücken.

[19] Inwieweit Markierungen in Wörterbüchern von der durch die Sprecher empfundenen Markiertheit eines Wortes bzw. einer Struktur abweichen können, zeigte exemplarisch die Untersuchung von Palazzolo-Nöding (1987) zu drei (diaphasisch-diastratischen) Registern des Französischen (eine Sprache, in der diatopische Markierungen im Vergleich zum Italienischen eine deutlich untergeordnetere Rolle spielen). Die Autorin zeigte nicht nur, dass die Perzeption der Sprecher – die sie nach soziologischen Kriterien wie Altersklasse, Beruf, sozialem Stand, Urbanität / Ländlichkeit usw., unterteilt – von den Markierungen im Wörterbuch abweichen und relativ heterogen sein kann, sondern schließt ihre Arbeit mit einer interessanten Bemerkung, welche die normierende Rolle des Wörterbuchs – auch in dieser Frage – gut hervorhebt: „Daß die acht (Ober-) Schüler hier am wenigsten vom *Petit Robert* abweichen, überrascht nicht, aber sie fallen als *normgebende* Gruppe aus: Sie werden im *Lycée* mit der Norm konfrontiert, die die neueren Wörterbücher setzen und kennen sie, auch wenn sie ihr ‚Schülerargot' im Kontrast dazu entwickeln. Sie sind eher die *normrezipierende* Gruppe" (Palazzolo-Nöding 1987, 218; Unterstreichung und Sperrsatz des Originals ersetzt durch Kursiv).

4.1 Online-Wörterbücher zwischen Unidirektionalität und Zirkularität[20] – Ein neues Modell in der Lexikographie?

Es ist in der einschlägigen Literatur oft beklagt worden, elektronische Wörterbücher als reine Digitalisierungen von Printwörterbüchern schöpften die Möglichkeiten der Medien Internet und Computer nicht aus, welche z.B. in der ständigen Aktualisierung und der theoretisch unbegrenzten Erweiterung des Informationsangebotes mittels Hypertextualität zu sehen seien (vgl. Tarp 2009). Die Vorteile für den Lexikographen in der Redaktion von Onlinewörterbüchern resultieren aus der Befreiung von mediumsbedingten Einschränkungen (vor allem was die zeitliche und quantitative – und demzufolge auch qualitative – Möglichkeit der Aktualisierung betrifft), welche die lexikographische Arbeit in Printmedien noch bestimmen. Die Befreiung vom Prinzip der Abgeschlossenheit erklärt sich damit, dass sich konzeptionelle Onlinewörterbücher – sprich: Werke, die nicht eine einfache Digitalisierung von traditionellen Papierwörterbüchern darstellen[21] –als offene Projekte betrachten, die, frei vom

[20] Ein(e) anonyme(r) Reviewer(in) merkt an, *Zirkularität* höre sich negativ an, und schlägt vor, diesem Begriff den Terminus *Interaktivität* vorzuziehen. Aus mehreren Gründen sind wir aber der Meinung, dass Zirkularität hier vorzuziehen ist: Interaktivität hat sich schon in der Computertechnik und allgemeinsprachlich im Sinne der Interaktion zwischen Menschen und Computer erfolgreich etabliert. In der vorliegenden Arbeit wird dagegen eine Kooperation zwischen Lexikographen und Wörterbuchuser thematisiert, die mithilfe einer computergestützen Plattform stattfindet, nämlich dem Forum von LEO in erster Instanz, aber keine automatische Änderung bzw. Anpassung der Plattform vorsieht. In unserer Lesart des Begriffes Zirkularität rücken, wie im Folgenden dargestellt werden soll, eher die Folgen der Kollaboration in den Fokus unseres Interesses, insofern sie für die Verfassung eines lexikographischen Werkes relevant sind. Mit der Zirkularität sollen also in erster Linie ein lexikographisches Arbeitsmodell und die Rollen, welche User und Lexikograph in diesem einnehmen, beschrieben werden. Ein mediales System, welches eine Kooperation zwischen Redaktion und Userschaft ermöglicht, sowie die sich daraus entwickelnde Interaktivität, gelten als Voraussetzung für Zirkularität im oben genannten Sinne, werden aber in diesem Modell nicht erfasst.

[21] Dazu Langanke: „Noch immer ist meist ein Print-Wörterbuch die Ausgangsbasis für eine computergestützte Version, die Organisationsprinzipien – weniger die makro-, umso mehr jedoch die mikrostrukturellen – sind stark beeinflusst, wenn

Zwang der Publikation auf Printmedien, stets aktualisiert werden können. Die Überholung der mediumsbedingten Beschränkungen macht sich hingegen dadurch bemerkbar, dass die assoziative und hypertextbasierte Nutzung des Wörterbuchs Gebrauch von der Multimedialität macht und den Nutzern Verlinkungen zu weiteren Inhalten unterschiedlichster Art zur Verfügung stellt. Eines der wichtigsten Unterscheidungskriterien zwischen traditionellen, elektronischen Wörterbüchern und Onlinewörterbüchern liegt unserer Meinung nach aber in der Möglichkeit – und diese wurde bisher in der Literatur nicht ausreichend hervorgehoben – der Kollaborativität zwischen Redaktion und Sprecher / Nutzer.[22] Die Möglichkeit der Kollaboration mit den Nutzern scheint uns in diesem Sinne ein innovativer und vielversprechender Aspekt der elektronischen Lexikographie zu sein, welcher zur näheren Begriffsbestimmung von *Onlinewörterbuch*, oder zur Subkategorisierung desselben, aus theoretischer Sicht dienen könnte. Dazu finden sich schon in Storrer (1998) Ansätze, die eine Liste der möglichen Anwendungsbereiche einer hypothetischen Kollaboration zwischen Nutzern eines Onlinewörterbuches und Lexikograph vorstellt. Diese ließen sich in vier Kategorien zusammenfassen: „Fehlerbehebung", „Schließung von Lemmalücken", „Beiträge von Spezialisten" oder „beliebige Beiträge" (Storrer 1998, 124f.) zu einem bestimmten Wörterbuchgegenstand.[23] Wir sind jedoch der Meinung, dass sich die Zusammenarbeit mit den Nutzern auch in einem anderen Aspekt konkretisieren lässt: In der metasprachlichen Diskussion über Dia-Markierungen. Die wissenschaftliche Betrachtung und Auswertung der Metadaten, die daraus resultieren, kann eine Stütze in dem Versuch sein,

nicht prädeterminiert durch die jahrhundertelange Anwendung und Verfeinerung erfolgreicher Muster" (2001, 243).

[22] In Storrer / Freede (1996) wurden vier typologische Kriterien zur Unterscheidung von elektronischen online- und traditionellen Wörterbücher vorgeschlagen, die – als Erweiterung der HSK-Typologie – eine vollständigere Taxonomie der lexikographischen Werke erlauben sollten. Diese sind die ‚Publikationsform', die ‚Abgeschlossenheit', die ‚Hypertextualisierung', die ‚Multimedialität' und die ‚Zugriffsangebote'. Der Kollaborativität, die am Rande dieses typologischen Versuchs erwähnt wird und im Folgenden systematisch thematisiert werden soll, wird nicht der Status eines relevanten Unterscheidungskriteriums eingeräumt.

[23] Die Autorin scheint unter „beliebige Beiträge" die Interaktion in der Redaktion der sogenannten *Ulkwörterbücher* zu meinen, bei denen das spielerische Element im Umgang mit den neuen Medien in den Vordergrund rückt.

eine begründete, an der Perzeption und dem Gebrauch orientierte Verteilung der Dia-Markierungen im Wörterbuch vorzunehmen. Wie aus unserer Erfahrung in der Redaktion des bilingualen Onlinewörterbuchs LEO Italienisch-Deutsch hervorgegangen ist, ist die Anwendung der Methoden der Varietätenlinguistik und vor allem der perzeptiven Dialektologie im Umgang mit sprachlichen Metadaten aus den Forumsbeiträgen zur Fokussierung einzelner Aspekte des Diasystems einer der involvierten Sprachen äußerst nützlich. Dies erweist sich in der italienischen Lexikographie in Hinblick auf die schon erwähnte problematische Darstellung des *italiano neostandard* und der damit verbundenen Markierung von Wörtern, Redewendungen und Sprachstrukturen, die sich in dem dynamischen Wandelprozess des Diasystems des Italienischen rasch verändern kann, als besonders fruchtbar.

Aus linguistisch-theoretischer Sicht lässt sich ein lexikographisches Modell entwerfen, welches die Dynamik des Austausches von Informationen / Rückmeldungen zwischen Lexikograph und Usern[24] systematisch in das lexikographische Geschehen mit einfließen lässt und somit die Rolle des Users neu definiert und das Arbeitsfeld des Lexikographen erweitert. Das halbkollaborative Modell zeichnet sich, im Gegensatz zum traditionellen unidirektionalen Modell, durch Zirkularität aus, wie im Folgenden dargestellt werden soll.

Unidirektionalität ist bei lexikographischen Werken vorzufinden, bei denen der Wörterbuchbenutzer / Sprecher lediglich als Endpol des lexi-

[24] Wir unterscheiden terminologisch zwischen dem Wörterbuch*benutzer* als passivem Nutznießer (klassischer und neurerer) lexikographischer Arbeit und Wörterbuch-*user* als möglichem Mitgestalter in offenen halbkollaborativen Wörterbuchprojekten. Wie ein(e) anonyme(r) Reviewer(in) zu Recht anmerkt, ist das Publikum auch bei neueren und halbkollaborativen Projekten sehr differenziert: Unter den Wörterbuchbenutzern sind in der Tat nicht nur *User*, aktive Laien (aber teilweise auch Experten), die sich engagiert an der (Mit)Gestaltung des Wörterbuchs beteiligen und ihr (meta-)sprachliches Wissen dem Lexikographen und den anderen Nutzern zur Verfügung stellen, sondern auch Nutzer, die die Angebote des Wörterbuchs in Anspruch nehmen, ohne sich bei der Gestaltung desselben zu beteiligen. Was wir hier unter *User* verstehen, ist eben der aktive Nutzer, der sein Wissen mit den anderen teilen möchte und zur Verfügung stellt und damit (direkt oder indirekt) an der Mitgestaltung des Projektes aktiv beiträgt. Die Grenzen zwischen den beiden Gruppen sind jedoch nicht scharf zu definieren, sondern Mischgruppen sind in der Tat häufig.

kographischen Geschehens angesehen wird. Der Lexikograph bzw. das lexikographische Team hat beim Verfassen des Wörterbuchs einen Adressaten im Auge, welcher nur als *Benutzer* von seiner Arbeit Gebrauch machen wird.[25] Die linguistische Auswertung und die lexikographische Aufarbeitung der (wie oben erwähnt meist schriftlichen) Korpora werden von den Lexikographen ohne Einbeziehung des Sprechers / Wörterbuchbenutzers vorgenommen. Ergebnis dieser Arbeit ist ein Wörterbuch, in dem nur das Expertenwissen des Lexikographen, das aus seiner Auseinandersetzung mit (meist) schriftlich-literarischen Korpora resultiert, abgebildet wird. Die Situation, die sich ergibt, ist folgende: Auf der einen Seite bildet das Wörterbuch, als lexikographisches Endergebnis dieses Vorgehens, eine Norm ab, die auf das erwähnte Korpus zurückgeht; auf der anderen Seite sanktioniert das Wörterbuch damit eine Norm für den Sprecher / Wörterbuchbenutzer, für den das Wörterbuch (bewusst oder unbewusst) ein präskriptives Werk darstellt.[26] In Abbil-

---

[25] Es handelt sich hierbei um eine ältere Vorstellung von Lexikographie, in der sich der Lexikograph als Autorität sieht, welche ihr Wissen aus schriftlich-literarischen Quellen schöpft – der Wörterbuchbenutzer ist dagegen eben ein *Benutzer*, der sich auf diese Autorität verlässt, und der die Auswahl an literarisch-schriftlichen Belegen als Lektüre verwenden kann: So schrieb Weinrich schon 1975 in einem Aufsatz, der 2001 neu veröffentlicht wurde „[u]nd noch im Jahre 1971 hat sich in Frankreich Paul Imbs, der seinerzeitige Herausgeber des *Trésor de la langue française*, ähnliche Vorstellungen von der Rezeption dieses großen Wörterbuches gemacht. Er wünscht sich im Vorwort für sein Wörterbuch nicht nur Benutzer, die es in Zweifelsfragen konsultieren, sondern auch Leser, die in diesem Wörterbuch mit seinem reichen Beispielmaterial wie in einer Sammlung ausgewählter Abschnitte aus Klassikertexten blättern und schmökern [...]“ (Weinrich 2001, 169). Auch wenn – wie oben schon angedeutet – neuere Wörterbücher weniger Wert auf Belege aus den Klassikern legen, scheint sich an der Grundhaltung, die eine strenge Trennung zwischen Wörterbuchmachern und Wörterbuchnutzern sieht und die – auch wenn Weinrich schon damals für eine größere Einbindung mündlicher Sprache plädierte – auf Schriftlichkeit zentriert ist, wenig geändert zu haben.

[26] Lehrreich ist in dieser Hinsicht die Konfrontation mit den Argumentationsmustern von Usern im Forum von LEO Deutsch-Italienisch. Wenn es um die Entscheidung über die Aufnahme eines Belegs ins Wörterbuch geht, gilt oft (unbewusst?) das Axiom: Norm ist, was im Wörterbuch steht, nur Norm soll ins Wörterbuch aufgenommen werden. Dazu ein Beispiel: In einer Diskussion bestreitet der User Marco P. dass *bongiorno*, das auch in anderen lexikographischen Werken als Variante von *buongiorno* aufgeführt wird, seine Berechtigung im Wör-

dung 1 („Unidirektionales Modell") stellt sich die Beziehung zwischen Sprecher / Wörterbuchbenutzer und Norm einseitig dar: Die Perzeption der

---

terbuch hat. Die Diskussion entwickelt sich über die *Schriftlichkeit der Variante*. So postet Marco P.: „‚Belege' meine ich ‚Belege': Beispiele des tatsächlichen Gebrauchs mitten in einem möglichst italienischen Text" (http://dict.leo.org/forum/viewWrongentry.php?idThread=973312&idForum=35&lp=itde&lang=de#followup3, [Stand: 08.11.2010]). Weitaus interessanter aber als das eigene Posting von Marco P. ist die Reaktion eines anderen Users, Ibnatulbadia, der zuvor aus anderen lexikographischen Werken Belege für die Korrektheit des Eintrages angeführt hatte: „Ich gehe mit dir einig, Marco, dass *bongiorno* in der geschriebenen Sprache nicht verwendet wird. Auch ich würde es nie so schreiben. In diesem Sinne hast du wahrscheinlich recht, dass man es aus dem Wörterbuch entfernen sollte" (http://dict.leo.org/forum/viewWrongentry.php?idThread=973312&idForum=35&lp=itde&lang=de#followup4, [Stand: 08.11.2010]; Fettschreibung des Originals nicht wiedergegeben). Es ist herauszulesen, dass das Wörterbuch auf einer schriftlichen Norm basieren muss, und dass es diese widerspiegeln soll (auch wenn selbiger User diese Position – anders als Marco P. und andere Diskussionsteilnehmer – relativiert: „Andererseits hört man es halt oft – und wie ich meine, nicht nur bei Dialektgesprächen – , so dass es für jemand, der danach sucht, ganz nützlich sein kann. Vielleicht sollte man beim LEO-Eintrag einfach noch ein *ugs.* hinzufügen" (http://dict.leo.org/forum/viewWrongentry.php?idThread=973312&idForum=35&lp=itde&lang=de#followup4, [Stand: 08.11.2010]). Die Norm, die das Wörterbuch erfasst, ist die Norm, die gelernt werden soll. Nochmals Marco P. „Solange es die Kategorie ‚Beliebte Fehlschreibung' nicht gibt, würde ich das entfernen, sonst lernt es jemand noch so" http://dict.leo.org/forum/viewWrongentry.php?idThread=973312&idForum=35&lp=itde&lang=de, [Stand: 08.11.2010]).
Eine Norm, die nicht durch den Sprachgebrauch entsteht, sondern über diesem steht, so im gleichen *thread* des Users Lorenzo: „Ganz allein auf den Gebrauch sollte es auch nicht ankommen: Persönlich wäre mir diese Haltung zu ‚liberal'. Wir nehmen auch nicht ‚Schland' in dem deutschen oder ‚Aserejé' in dem spanischen Wörterbuch auf, weil sie oft gebraucht werden" (http://dict.leo.org/forum/viewWrongentry.php?idThread=973312&idForum=35&lp=itde&lang=de#followup7, [Stand: 08.11.2010]). Die Ausklammerung der Variation, die sich in der exklusiven Berücksichtigung der schriftlichen Norm niederschlägt und die Wahrnehmung des Wörterbuchs als normbildende Instanz und präskriptives Werk, reflektieren sich in diesen und weiteren Postings, die einem täglich im Forum begegnen. Die autoritäre, normative und präskriptive Auffassung von Wörterbüchern, die in der frühen einsprachigen Lexikographie bis hin zum 19. und teilweise bis ins 20. Jahrhundert seinen Ursprung hat, scheint sich auch auf zweisprachige Wörterbücher übertragen zu haben und die Haltung der Wörterbuchbenutzer dem lexikographischen Produkt gegenüber stark zu prägen; dazu vgl. auch Weinrich 2001.

Sprache – und damit auch dessen, was Norm ist – durch den Sprecher wird nicht im Wörterbuch abgebildet; im Gegenteil ist das Wörterbuch für den Sprecher / Wörterbuchnutzer eine Endinstanz in Fragen der Normativität: Das Wörterbuch etabliert die Norm, die der Sprecher / Wörterbuchnutzer zu akzeptieren hat. Dieser ist nur als passiver Adressat vorhanden. Eine solche lexikographische Arbeitsweise zeichnet sich durch ihre Unidirektionalität, die den Sprecher ausschließlich als *Nutzer* und nicht als möglichen Informanten bzw. Mitgestalter des Wörterbuches sieht und auf seine Rolle als Endpol des Geschehens beschränkt, aus. Dieses entwickelt sich in linearer Weise zwischen den zwei Polen *Korpus* und *Sprecher* und erlebt beim Nachschlagen im Wörterbuch seitens des Sprechers sein Ende. In Bezug auf die von Storrer angesprochene *Abgeschlossenheit*, erreicht somit das Wörterbuch den Sprecher in seiner definitiven unveränderlichen Form.

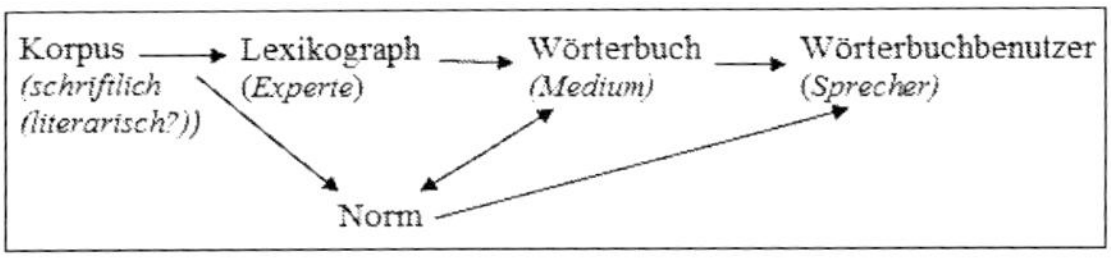

Abb. 1: Unidirektionales Modell

In dem von uns vorgeschlagenen halbkollaborativen Modell wird diese Unidirektionalität durch Zirkularität ersetzt: Der Sprecher / Wörterbuch*user* nimmt hier eine zentrale Rolle im lexikographischen Geschehen ein. Er ist nicht nur als passiver (und virtueller) Adressat in der Arbeit des Lexikographen präsent, sondern nimmt als User und Mitgestalter auch an der Produktion des Informationsangebots teil und kann somit neben der Möglichkeit, neue Einträge vorzuschlagen, seine Perzeption der Sprache als lexikographisch relevante Angabe geltend machen und damit direkt an der Entwicklung des Wörterbuchs mitwirken. Die Rückmeldung des Users erfolgt dank der neuen Technologien in Form von sprachlichen und metasprachlichen Daten, die der Lexikograph sprachwissenschaftlich auswerten muss.[27]

[27] Die Kollaboration zwischen Usern und Lexikograph erfolgt im Rahmen des Wörterbuchprojekts LEO hauptsächlich in dem Online-Forum. Dieses ist in verschiedene Rubriken unterteilt, welche in Hinblick auf die Verfassung des Informati-

Nur ein kurzes Beispiel: In einer Diskussion über die mögliche Übersetzung des Wortes *Fußbodenleger* auf Italienisch, die sich in der Rubrik „Neuer Eintrag" im November 2009 entwickelt,[28] schlägt der User Chiron, ein italienischer Muttersprachler mit akademischer Ausbildung, der seit einigen Jahren in Süddeutschland lebt, das Wort *parchettista* vor. Ein weiterer User, langnet, deutsche Muttersprachlerin, die im Piemont wohnt und über eine langjährige Erfahrung in Fachübersetzungen im Bereich Bauwesen verfügt, möchte diesen Vorschlag berichtigen, weil sie *parchettista* als diatopisch markiert empfindet: „Chiron, mit ‚parchettista' meinst Du doch bestimmt den ‚palchettista', also den ‚Parkettleger' (‚parchettista' ist meines Wissens schweizerisch, das sollte im WB ggf. angemerkt werden)?" (http://dict.leo.org/forum/viewWrongentry.php?idThread=835573&idForum=34&lp=itde&lang=de#followup4, [Stand 08.11.2010]).

onsangebots unterschiedliche Funktionen erfüllen. Alle User können durch dazu vorgesehene Rubriken mit den Lexikographen Kontakt aufnehmen, um fehlende Einträge vorzuschlagen oder schon existierende zu berichtigen bzw. zu erweitern. Die Userschaft wird explizit aufgefordert, ihre sprachlichen Metadaten direkt in die Abfassung der Wörterbücher, im Sinne der schon oben erwähnten und von Storrer (1998, 124f.) thematisierten Kollaboration, mit einfließen zu lassen. Die Möglichkeiten für den Lexikographen das Laienwissen der User zu sammeln und auszuwerten erschöpfen sich dennoch nicht in dieser Art des direkten Kontakts. Das Forum hat auch eine interne, eigene Funktion, mithilfe derer die User Übersetzungsvorschläge in beiden Richtungen zur Diskussion stellen, analysieren und beurteilen können. Die Diskussionen der User bilden somit eine Art Korpus, das der Lexikograph auswerten kann. Der Lexikograph verfügt in der Regel über verschiedene sprachbiographische Angaben bezüglich der aktiven Forumsteilnehmer, die in diesem Sinne auch die Rolle des Informanten annehmen. Jeder User kann fakultativ im Moment der Registrierung in dem Forum gewisse persönliche Daten angeben (Muttersprache, Kenntnisse fremder Sprachen, (makro-)regionale Angehörigkeit im diatopischen System der Muttersprache). Erfahrungsgemäß sind dennoch über den aktivsten Teil der Forumsteilnehmer weitere und präzisere soziolinguistische und biographische Daten zu erheben, welche freiwillig von den Usern selbst im Forum angegeben werden (dialektale Herkunft, Spracherwerbswege, Beruf, Bildungsgrad, Erfahrungen im Ausland usw.). So kann der Lexikograph anhand dieser Daten auch das Laienwissen der Forumsteilnehmer im Forum sprachwissenschaftlich auswerten, und daraus interessante und relevante Metadaten erheben, welche die Redaktion des Wörterbuchs, besonders in Hinblick auf die Vergabe der Dia-Markierungen, beeinflussen können.

[28] Die ganze Diskussion ist zu finden unter: http://dict.leo.org/forum/viewWrongentry.php?idThread=835573&idForum=34&lp=itde&lang=de [Stand: 08.11.2010].

Das von langnet vorgeschlagene Wort ist als Variante von *parchettista*, ohne weitere Dia-Markierungen, im Wörterbuch Treccani Online aufgezeichnet, während andere einsprachige Online-Wörterbücher es nicht verzeichnen. In die Diskussion im Forum schaltet sich varietologo ein, italienischer Muttersprachler mit akademischer Ausbildung aus Nordostitalien, der behauptet, das Wort *palchettista* zu kennen. Marco P., italienischer Muttersprachler aus Turin, bestätigt die Verbreitung der Variante *palchettista* auch in Piemont und unterstützt langnets Meinung: „So gesehen wäre palchettista das richtige Italienisch [...]" (http://dict.leo.org/forum/viewWrongentry.php?idThread=835573&idForum=34&lp=itde&lang=de#followup9, [Stand 08.11.2010]). Die regionale Herkunft der User, die *palchettista* kennen und als unmarkiert empfinden, lässt vermuten, dass diese Variante eine diatopische makroregionale Verteilung in Norditalien aufweist. Diese Hypothese kann durch eine weitere Recherche im Netz gestützt werden:[29] Bei einer Suche in kommerziellen Angeboten stellt sich sofort heraus, dass *palchettista* signifikant häufiger in den Anzeigen aus Norditalien als aus Süditalien, anzutreffen ist, während in letzteren die Variante *parchettista* überwiegt. Dieses Beispiel zeigt, wie auch einfache Diskussionen über mögliche Übersetzungen im Forum dem Lexikographen relevante lexikographische Hinweise liefern können, die er anhand der sprachbiographischen Profile der User und durch den Vergleich mit anderen Quellen überprüfen muss.[30]

Der Wörterbuchuser und *Sprecher* ist als Informant und Quelle für lexikographische und metasprachliche Daten involviert und beeinflusst mit seiner Rückmeldung direkt die Bildung des Korpus und indirekt die Arbeit des Lexikographen. So kann nicht nur seine sprachliche Produktion als stete Erweiterung des Korpus in die lexikographische Arbeit einfließen, sondern auch die metasprachlichen Daten, die sich aus den Diskussionen ergeben, und welche das (Laien-)Wissen dessen, was Norm – und welche Norm – und was nicht Norm ist, was markiert und was nicht markiert ist (und wie die eventuelle Markierung ist) abbilden. Der Lexi-

[29] Zu Möglichkeiten und Problemen der suchmaschinengestützten Internet-Suche für Lexikographie und Lexikologie vgl. Matt 2010.

[30] Vgl. andere Beispiele in Melchior (2009), in dem diese Art der Kollaboration zwischen Usern und Lexikographen im Rahmen der Arbeit an dem LEO Wörterbuch Deutsch-Italienisch anhand drei weiterer Fälle um die Wörterbucheinträge *frocio*, *checca* und *moroso* exemplarisch dargestellt wird.

kograph behält seine Rolle als Endinstanz in der Auswertung der gewonnenen (Meta-)Daten (die erst dann als *perzeptive* Daten mit einfließen) und in der eventuellen Änderung des Wörterbuchs bei – bereichert aber seine Methoden um Ansätze, die in der perzeptiven Dialektologie bereits Früchte getragen haben, und kann damit eine Stütze z.B. in der hier schon mehrfach erwähnten Aktualisierung der (perzipierten) Dia-Markierungen sprachlicher Strukturen finden.

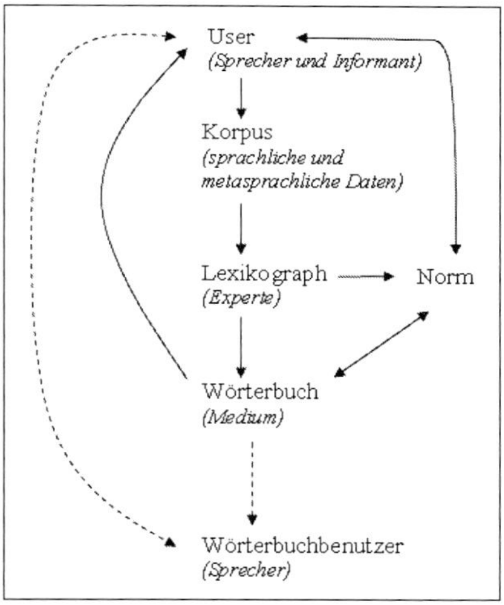

Abb. 2: Zirkuläres Modell

Es scheint uns, dass das oben umrissene und in Abbildung 2 graphisch dargestellte Modell dank der dynamischen Einbindung der (im Wörterbuch abgebildeten) Norm zwischen dem Medium Wörterbuch, dem Korpus und dem metasprachlichen Diskurs des Sprechers die Erhebung von komplexeren und wissenschaftlich äußerst relevanten Daten ermöglicht, welche das Wissen des Lexikographen (*Experten*wissen, weil auf eigenen und fremden wissenschaftlichen Kenntnissen basierend) mit dem (wissenschaftlich erfassten und analysierten) Wissen der Sprecher / Benutzer (*Laien*wissen) ergänzen, das dem konkreten Gebrauch der Sprache entstammt, und das die lexikographische Arbeit näher an die sprachliche Realität rücken lässt: Die Sprecher können in ihrem alltäglichen Sprachgebrauch mögliche Verschiebungen in den Dia-Markierungen und im

Dia-System zeitnah wahrnehmen – und auch in dem Fall, in dem ihre expliziten Metadiskurse über Sprache teilweise von Stereotypen und Vorurteilen beeinflusst werden, sind diese äußerst wichtig, da sie ja den konkreten Sprachgebrauch und demzufolge die sprachliche Realität entscheidend mitprägen – auch wenn ihnen frei steht, das Wörterbuch weiter als einfache Nutzer zu verwenden (schraffierte Linien).[31] Die Möglichkeit, stets Metadaten sammeln bzw. hinterfragen und analysieren zu können – und die konkreten Rückmeldungen der Sprecher / User zur lexikographischen Arbeit – stellen eine neue Grundlage für eine Wörterbuchkonzeption und -erstellung im Sinne einer vielversprechenden Halbkollaborativität dar.[32] Dieser liegt eine neue Konzeption der Norm zugrunde, die in einer neuen lexikographischen Arbeitsweise und Darstellung dessen, was als Norm empfunden wird, ihren Ausdruck findet.[33]

Bibliographie

Wörterbücher und Wörterbuchquellen

Battaglia, Salvatore (1961-2008): *Grande dizionario della lingua italiana*, 25 Bde., Torino: Unione tipografico-editrice torinese (insbesondere Band 19 *SIL-SQUE*, 1998 [=Battaglia 19]).

De Mauro, Tullio (2000-2003): *Grande Dizionario Italiano dell'Uso*, 7 Bde., Torino, UTET (insbesondere Bd. 1 *A-CG*, 2000 [=GRADIT 1], Bd. 6 *SF-Z*, 2000 [=GRADIT 6] und Bd. 7 *Nuove parole italiane dell'uso*, 2003 [=GRADIT 7]).

Devoto, Giacomo / Oli, Gian Carlo (2000): *Il dizionario della lingua italiana. Edizione 2000-2001 con CD-ROM*, Firenze: Le Monnier.

[31] Zur Komplexität der Zusammensetzung von Usern und Nutzern, hier notwendigerweise vereinfacht dargestellt, vgl. Fn. 26 oben.

[32] Rückmeldungen der User und Beobachtbarkeit der Wörterbuchnutzung ermöglichen es wiederum, die von Lemberg porträtierte Beziehung Lexikograph-Wörterbuchbenutzer zu überwinden: „Lexikographen und Lexikographinnen von Printwörterbüchern könnten wahrscheinlich alle denselben Aufsatz schreiben, wenn der Titel dieses Aufsatz lautet: Dein Benutzer – das unbekannte Wesen. Ein Aufklärungsbericht würde dabei allerdings nicht herauskommen, das unbekannte Wesen würde in seinem Schattendasein verharren" (1998, o.P.).

[33] Eine Neuorientierung beim Laien und beim Experten, die von der Einstellung zu Norm(-vorstellung) hin zur Adäquatheit und Angemessenheit von Sprache geht.

Gabrielli, Aldo (2008): *Grande dizionario italiano*, Milano: Hoepli (herausgegeben von Massimo Pivetti und Grazia Gabrielli), http://dizionari.hoepli.it/Dizionario_Italiano.aspx?idD=1 [Stand: 09.11.2010].
Garzanti linguistica, http://www.garzantilinguistica.it/ [Stand: 09.11.2010].
Lingua italiana – Treccani, http://www.treccani.it/Portale/sito/lingua_italiana/mainLinguaItaliana.html [Stand: 08.11.2010].
Palazzi, Fernando / Folena Gianfranco (²1992): *Dizionario della lingua italiana*, Torino: Loescher (unter Mitwirkung von Carla Marello, Diego Marconi, Michele A. Cortelazzo).
Redazioni Lessicografiche Zanichelli (2004): *lo Zingarelli 2005. Vocabolario della lingua italiana di Nicola Zingarelli*, Bologna: Zanichelli.

Sekundärliteratur

Abel, Andrea (2006): „Elektronische Wörterbücher: Neue Wege und Tendenzen", in: San Vicente, Félix (Hg.): *Lessicografia bilingue e traduzione: metodi, strumenti, approcci attuali*, Monza / Milano: Polimetrica, 35–55.
Batinti, Antonio / Trenta Lucaroni, Vanda (1997): *Osservazioni preliminari sulla connotazione diatopica nei dizionari Zingarelli (1995) e Devoto-Oli (1995)*, Perugia: Guerra Edizioni.
Berruto, Gaetano (1987): *Sociolinguistica dell'italiano contemporaneo*, Roma: Carocci.
Berruto, Gaetano (2002): „Sul significato della dialettologia percettiva per la linguistica e per la sociolinguistica", in: Cini, Monica / Regis, Riccardo (Hgg.): *‚Che cosa ne pensa oggi Chiaffredo Roux?' Percorsi della dialettologia percezionale all'alba del nuovo millennio*, Alessandria: Edizioni dell'Orso, 341–360.
Désirat, Claude / Hordé, Tristan (1976): *La langue française au XXe siècle*, Paris: Bordas.
Engelberg, Stefan / Lemnitzer, Lothar (⁴2009): *Lexikographie und Wörterbuchbenutzung*, Tübingen: Stauffenburg.
Folena, Gianfranco (1992): „Un vocabolario dell'uso vivo. Un nuovo ‚Novissimo Dizionario della Lingua Italiana'", in: Palazzi, Fernando / Folena Gianfranco (²1992): *Dizionario della lingua italiana*, Torino: Loescher, 5-6.
Gauger, Hans-Martin (1976): *Sprachbewußtsein und Sprachwissenschaft*, in: ders. (Hg.): *Sprachbewußtsein und Sprachwissenschaft*, München: Piper, 11-72.
Hausmann, Franz Josef / Werner, Reinhold Otto (1991): „Spezifische Bauteile und Strukturen zweisprachiger Wörterbücher: eine Übersicht", in: Steger, Hugo / Wiegand, Herbert Ernst (Hgg.): *Wörterbücher / Dictionaries / Dictionnaires. Handbücher zur Sprach- und Kommunikationswissenschaft 5.3*, Berlin / New York: de Gruyter, 2729-2769.
Kabatek, Johannes (1996): *Die Sprecher als Linguisten. Interferenz- und Sprachwandelphänomene dargestellt am Galicischen der Gegenwart*, Tübingen: Niemeyer.
Koch, Peter / Oesterreicher, Wulf (1990): *Gesprochene Sprache in der Romania: Französisch, Italienisch, Spanisch*, Tübingen: Niemeyer.

Konecny, Christine (2010): „Lexikalische Kollokationen und der Beitrag der Internet-Suchmaschine *Google* zu ihrer Erschließung und Beschreibung", in: Ptashnyk, Stefaniya / Halsteinsdóttir, Erla / Bubenhofer, Noah (Hgg.): *Korpora, Web und Datenbanken. Computergestützte Methoden in der modernen Phraseologie und Lexikographie / Corpora, Web and Databases. Computer-Based Methods in Modern Phraseology and Lexicography*, Baltmannsweiler: Schneider Verlag Hohengehren, 75-94.

Krefeld, Thomas (2010): „Italienische Varietätenlinguistik", in: *Italienisch* 63, 56-72.

Langanke, Ulrich (2001): „Dialogische Mikrostrukturen in hypermedialen Online-Wörterbüchern: Ein neues Verhältnis zwischen Lexikograph, Wörterbuch, Benutzer", in: *Jahrbuch der ungarischen Germanistik 2001*, 243-255.

Lemberg, Ingrid (1998): *On-line-Wörterbücher und ihre Benutzer. Neue Perspektiven für die Wörterbücher und ihre Erforschung. Manuskript des mündlichen Vortrags, gehalten am 2. Juli 1998 im Rahmen des Heidelberger Lexikographischen Kolloquiums*, http://www.rzuser.uni-heidelberg.de/~q63/wbbf.html [Stand: 09.11.2010].

Lubello, Sergio (2003): „Storia della riflessione sulle lingue romanze: italiano e sardo / Geschichte der Reflexion über die romanischen Sprachen: Italienisch und Sardisch", in: Ernst, Gerhard / Gleßgen, Martin-Dietrich / Schmitt, Christian / Schweickard, Wolfgang (Hgg.): *Romanische Sprachgeschichte / Histoire linguistique de la Romania. Handbücher zur Sprach- und Kommunikationswissenschaft 23.1*, Berlin / New York: de Gruyter, 208-225.

Massariello Merzagora, Giovanna (1983): *La lessicografia*, Bologna: Zanichelli.

Matt, Luigi (2010): „I motori di ricerca in Internet come fonte per la lessicologia e la lessicografia", in: Iliescu, Maria / Siller-Runggaldier, Heidi / Danler, Paul (Hgg.): *XXVe CILPR Congrès International de Linguistique et de Philologie Romanes*, Bd. 2, Innsbruck 3-8 settembre 2007, 799-806.

Melchior, Luca (2009): „‚Frocio', ‚checca', ‚morosa' e... un problema lessicografico", in: *Italienisch* 62, 67-88.

Palazzolo-Nölding, Brigitte (1987): *Drei Substandardregister im Französischen: familier, populaire, vulgaire. Ergebnisse einer Wörterbuchuntersuchung und einer Umfrage in Draguignan*, Frankfurt a.M.: Haag Herchen Verlag.

Radtke, Edgar (2003): „Italienisch", in: Roelcke, Thorsten (Hg.): *Variationstypologie. Ein sprachtypologisches Handbuch der europäischen Sprachen in Geschichte und Gegenwart*, Berlin / New York: de Gruyter, 359-384.

Radtke, Edgar (2006): „Italien / Italy", in: Ammon, Ulrich / Dittmar, Norbert / Mattheier, Klaus J. / Trudgill, Peter (Hgg.): *Sociolinguistics / Soziolinguistik. An International Handbook of the Science of Language and Society / Ein internationales Handbuch zur Wissenschaft von Sprache und Gesellschaft*, Bd. 3, Berlin / New York: de Gruyter, 1792-1801.

Renzi, Lorenzo (2010) „Come cambia l'italiano contemporaneo", in: Iliescu, Maria / Siller-Runggaldier, Heidi / Danler, Paul (Hgg.): *XXVe CILPR Congrès International de Linguistique et de Philologie Romanes*, Bd. 4, Innsbruck 3-8 settembre 2007, 223-231.

Sabatini, Francesco (1983): „‚L'italiano dell'uso medio': una realtà tra le varietà linguistiche italiane", in: Holtus, Günter / Radtke, Edgar (Hgg.): *Gesprochenes Italienisch in Geschichte und Gegenwart*, Tübingen: Narr, 154-184.
Schaeder, Burkhard (1998): „Wörterbucharbeit und Sprachnormkontrolle", in: *Lexicographica* 14, 41-53.
Schafroth, Elmar (2009): „Wörterbücher des Italienischen im Vergleich. Zur aktuellen Situation der italienischen Lexikographie", in: *Italienisch* 61, 72-93.
Schmidt, Günter Dietrich (1989): „Diachronische Markierungen im allgemeinen einsprachigen Wörterbuch", in: Steger, Hugo / Wiegand, Herbert Ernst (Hgg.): *Wörterbücher / Dictionaries / Dictionnaires. Handbücher zur Sprach- und Kommunikationswissenschaft 5.1*, Berlin / New York: de Gruyter, 657-661.
Söll, Ludwig ([3]1985): *Gesprochenes und geschriebenes Französisch*, Berlin: Schmidt.
Stein, Achim (1998): „Elektronische italienische Wörterbücher: Devoto / Oli, Sabatini / Coletti, Gabrielli und Zingarelli im Vergleich", in: *Horizonte. Italianistische Zeitschrift für Kulturwissenschaft und Gegenwartsliteratur* 3, 143-164, http://www.uni-stuttgart.de/lingrom/stein/pubs/pdf/stein98c.pdf [Stand: 09.11.2010].
Storrer, Angelika / Freese, Katrin (1996): „Wörterbücher im Internet", in: *Deutsche Sprache* 24, 97-153.
Storrer, Angelika (1998): „Hypermedia-Wörterbücher: Perspektiven für eine neue Generation elektronischer Wörterbücher", in: Wiegand, Herbert Ernst (Hg.): *Wörterbücher in der Diskussion III, Vorträge aus dem Heidelberger Lexikographischen Kolloquium,* Tübingen: Niemeyer, 106-130.
Tarp, Sven (2009): „Beyond Lexicography: New Visions and Challenges in the Information Age", in: Bergenholtz, Henning / Nielsen, Sandro / Tarp, Sven (Hgg.): *Lexicography at a Crossroads. Dictionaries and Encyclopedias Today, Lexicographical Tools Tomorrow*, Bern: Lang, 17-32.
Weinrich, Harald (2001): „Die Wahrheit der Wörterbücher", in: ders. (Hg.): *Sprache, das heißt Sprachen. Mit einem vollständigen Schriftenverzeichnis des Autors 1956-2001*, Tübingen: Narr, 168-189.
Werner, Reinhold (1991): „Die Markierungen im zweisprachigen Wörterbuch", in: Steger, Hugo / Wiegand, Herbert Ernst (Hgg.): *Wörterbücher / Dictionaries / Dictionnaires. Handbücher zur Sprach- und Kommunikationswissenschaft 5.3*, Berlin / New York: de Gruyter, 2796-2803.
Zgusta, Ladislav (1971): *Manual of lexicography*, The Hague / Paris: Mouton.

V. Erinnerungs- und Lebenswissen

Erinnerungswissen und Erinnerungsschreiben in Jacques Roubauds *Le Grand incendie de Londres*

Stephanie Müller (Kassel / Freiburg)

A partir de quelques idées générales proposées par R. Warning et selon lesquelles la littérature intègre les divers discours du savoir tout en constituant elle-même un contre-discours, l'article propose une analyse du rapport entre savoir et littérature dans Le Grand incendie *de Londres de Jacques Roubaud, cycle de prose qui le plus souvent est considéré comme une autobiographie. Notre analyse, par contre, envisage ce texte, conformément aux propos de son auteur, comme un „traité de mémoire" qui s'appuie moins sur les modèles divers d'une écriture de soi que sur ceux du fonctionnement de la mémoire. Si l'auteur fait proliférer ces modèles, tant au niveau historique que disciplinaire, ceux qui façonnent effectivement son propre travail constituent pour autant un paradigme commun fondé sur l'idée de l'image et de l'espace. Comme quelques souvenirs de l'auteur entrent eux-mêmes dans ce paradigme, les souvenirs individuels et le discours du savoir s'évoquent mutuellement. Est constitué ainsi un réseau complexe dans lequel s'entrecroisent une représentation littéraire de la mémoire personnelle et un savoir sur la mémoire, qui, lui-même, ne s'abstient pas de faire usage de formes littéraires.*

Die Frage nach dem Verhältnis von Literatur und Wissen bzw. Wissenschaft hat gegenwärtig Konjunktur (vgl. dazu beispielhaft Vogl 1999, Brandstetter 2004, Klinkert 2008, Klinkert 2010). Dabei ist dieses Verhältnis schon immer spannungsgeladen, gilt es doch einerseits, sich davor zu hüten, zu stark an der Exklusivität der Literatur im Verhältnis zu anderen Wissensdiskursen festzuhalten und damit zugleich ihre Exklusion aus dem Feld neuerer kulturwissenschaftlicher Forschung zu betreiben, andererseits in der radikalen Öffnung der Literatur auf diese anderen Diskurse ihre Spezifik und Autonomie aufs Spiel zu setzen.

Die Arbeiten von Rainer Warning, von denen meine Überlegungen ihren Ausgang nehmen sollen, tragen dieser komplexen Beziehung zwischen der Literatur und den sie umgebenden Wissensdiskursen Rechnung. Dabei vermeiden sie es, in die Falle eines Entweder-Oder zu geraten. Weder ist die Literatur hier das ganz Andere in Bezug auf die Wissensdiskurse, noch kann sie einfach als ein beliebiger Diskurs unter anderen gelten.

Warning betont einerseits den Gewinn, den der Diskursbegriff Michel Foucaults für die Literaturwissenschaft darstellt, erklärt aber andererseits eine diskursanalytische Literaturwissenschaft, sofern sie den Texten, die sie analysiert, lediglich zertifiziert, dass sie sich konform zur apriorischen Episteme ihrer Zeit und den sich in ihr ausbildenden Diskursen verhalten, für unzulänglich. Stattdessen plädiert er in diesem Zusammenhang für eine „Dialektik von Einbettung und Ausbettung“ (Warning 1999, 318). So richtig die Feststellung ist, dass literarische Texte an den sie umgebenden Wissensdiskursen teilhaben, so wichtig ist es, gleichzeitig darauf hinzuweisen, dass diese literarischen Texte das Wissen nicht in derselben Weise organisieren wie der entsprechende Diskurs. Auch Warning beruft sich auf die vielzitierte Passage aus *Les mots et les choses*, in der Foucault von der Literatur als einem „contre-discours“ spricht (Foucault 1966, 59). Während aber für Foucault die Literatur ihre konterdiskursive Qualität erst zu einem präzisen historischen Zeitpunkt gewinnt, nämlich mit dem Ende der klassischen Episteme der Repräsentation im 19. Jahrhundert, beabsichtigt Warning, über diese Position hinauszugehen und „Konterdiskursivität als systematische Bestimmung literarischer Texte zu begründen“ (Warning 1999, 336). Zudem manifestiert sich für Foucault die Konterdiskursivität der Literatur gerade in ihrer radikalen Intransitivität und Selbstreflexivität. Die moderne Literatur unterscheide sich von jeder anderen Sprache, indem sie sie von ihrer repräsentierenden und bedeutenden Funktion befreie und in einer gänzlich anderen Modalität erscheinen lasse: „silencieuse, précautionneuse déposition du mot sur la blancheur du papier [...] où il n'a rien d'autre à dire que soi, rien d'autre à faire que scintiller dans l'éclat de son être“ (Foucault 1966, 313). Diese Auffassung von Konterdiskursivität, für die bei Foucault beispielhaft das Werk Stephane Mallarmés einsteht, besagt aber nichts anderes als die totale Differenz der Literatur im Verhältnis zu allen anderen Diskursen. Warning hält dem entgegen, dass Literatur grundsätzlich an dem sie umgebenden Wissen teilhat, dieses Wissen aber selber nicht „diskursiv organisiert, sondern auf vorgängige Wissensdiskurse imaginativ reagiert“ (Warning 2000, 186). Die imaginativ bewerkstelligte Ausbettung der Literatur aus dem Diskurs setze dessen Ordnung insofern außer Kraft, als nun fundamentale diskursive Prinzipien wie etwa die Transparenz der Sprache hin auf das Ausgesagte, die Verknappung der Inhalte und die Linearität der Darstellung durch gegenläufige literarische Prinzipien wie Opazität, Proliferation und Wiederholung ersetzt werden (vgl. dazu Warning 2009, 24f.).

Dieses einleitend skizzierte Wechselverhältnis zwischen einem diskursiven Wissen und seiner literarischen, konterdiskursiv verfahrenden Bearbeitung wird in *Le Grand incendie de Londres*, dem Prosazyklus des zeitgenössischen Schriftstellers und Mathematikers Jacques Roubaud, in besonders markanter Weise inszeniert. Seitdem Roubaud 1985 mit der Arbeit an *Le Grand incendie de Londres* begonnen hat, sind insgesamt sieben Bände[1] erschienen, bis der Autor sein Unternehmen mit dem Erscheinen des letzten Bandes, *La Dissolution*, 2008 für (zumindest vorläufig) beendet erklärt hat. *Le Grand incendie de Londres* handelt im wesentlichen von einem sehr ambitionierten, schließlich gescheiterten Projekt, das Roubaud 1961 in unmittelbarer Reaktion auf den Selbstmord seines jüngeren Bruders als eine Strategie für das eigene Überleben konzipiert hatte. 34 Jahre wollte er nach einem akribisch zu befolgenden Kalender auf die Vorbereitung und Durchführung dieses Projekts verwenden, das Poesie, Mathematik und einen Roman umfassen sollte. Lediglich Teile konnten realisiert werden, bevor Roubaud 1978 nach immerhin 17 Jahren aus Einsicht in die Megalomanie seines Vorhabens das Projekt für gescheitert erklärte. *Le Grand incendie de Londres* evoziert das Projekt sowie die biographischen Kontexte, die zu seiner Entstehung beigetragen haben, im Modus der Erinnerung, jedoch nicht mit dem Ziel seiner Konservierung, sondern umgekehrt, in der Absicht, damit das Scheitern des Projekts zu besiegeln und sich seiner endgültig zu entledigen.[2]

Roubaud bezeichnet seinen Text wiederholt in relativ unspezifischer Weise als eine „prose de la mémoire" (Roubaud 1989, 20; 101). Sekundärliterarische Darstellungen übersetzen dies in vermeintlich korrekte literaturwissenschaftliche Terminologie, indem sie den Text kurzerhand als eine Form (unkonventionellen) autobiographischen Schreibens be-

[1] *Le grand incendie de Londres* (1989), der erste Band, dessen Titel auch für den gesamten Zyklus verwendet wird, *La Boucle* (1993), *Mathématique:* (1997), *Poésie:* (2000), *La Bibliothèque de Warburg* (2002), *Impératif catégorique* (2008) und *La Dissolution* (2008).

[2] „[...] je ne recherche pas les traces du temps pour, les rejouant devant mes propres yeux, rentrer, au moins le temps d'un récit, dans la jouissance d'une possession perdue, je les atteins pour les détruire, pour les abolir" (Roubaud 1989, 411).

handeln.[3] Daran schließt sich unmittelbar die für uns relevante Frage an, welches Wissen denn in einem autobiographischen Text für gewöhnlich zur Darstellung kommt. In erster Linie wohl kein diskursives, sondern lediglich ein individuelles, nämlich das Wissen über die eigene Person, welches bereits in der apollinischen Formel des *gnothi seauton* (Erkenne dich selbst!) gefordert wird, die damit den Anfang einer Tradition der Selbsthermeneutik bildet, welche sich bis in die moderne Autobiographie fortsetzt.

Trotz nicht zu leugnender autobiographischer Inhalte kann bei Roubaud das Verhältnis vom Subjekt zum Gegenstand seines Wissens nicht als typisch autobiographisch angesehen werden. Zunächst stellt der *Le Grand incendie de Londres* eher eine Form der Selbstpraxis im Weiteren als eine Form der Selbsthermeneutik im engeren Sinne dar. Das möglichst täglich praktizierte Schreiben trägt seinen Zweck zu einem Gutteil schon in sich. Es soll den Verfasser durch Konstanz und Regelmäßigkeit vor allem gegen die beständig wiederkehrenden Einflüsterungen seines „démon du renoncement“ immunisieren, der seit dem frühen Tod seines Bruders jedes ambitioniertere Projekt, das Roubaud verfolgt, mit der Frage nach dem „A quoi bon?“ zu beschädigen droht (vgl. Roubaud 2002, 107-110; 134-137).

Der Wunsch nach Selbsterkenntnis ist hier also nicht vordergründig. Dennoch ist dem *Grand incendie de Londres* ein deutliches Erkenntnisinteresse und ein Wissen eingeschrieben, dessen Gegenstand aber nicht die eigene Person ist. In dem seine Prosa kommentierenden Metadiskurs bezeichnet Roubaud den *Grand incendie de Londres* wiederholt und für unsere Fragestellung aufschlussreich, als ein Traktat über das Erinnerungsvermögen. „J'écris, au fond, [...] un traité de la mémoire; mais avec cette particularité que c'est un traité réduit au compte rendu d'une expérience unique, avec ses protocoles et son mode propre de restitution“ (Roubaud 1989, 100).

Diese Selbstbeschreibung überrascht insofern, als sie gänzlich auf eine Begrifflichkeit verzichtet, die herkömmlich zur Beschreibung literarischer Texte herangezogen wird. Vielmehr scheint der Text gar keinen literarischen Anspruch zu erheben, denn indem Roubaud ihn als Traktat kenn-

[3] Vgl. etwa Poucel 2006, der von „pseudo-autobiographical novel“ (220) oder „autobiographical fiction“ (239) spricht.

zeichnet, ordnet er ihn nicht einer literarischen, sondern einer Wissensgattung zu. Die „expérience“, die Gegenstand des Textes ist, ist folglich in diesem Kontext nicht mehr als autobiographische Erfahrung, sondern nur noch als Experiment zu verstehen, dem ein bestimmtes *protocole* zugrunde liegt, was im wissenschaftlichen Sinne dem *Petit Robert* zufolge eine „Description précise des conditions et du déroulement d'une expérience, d'un test“ (Petit Robert 1993, *protocole*) meint. In der Tat entsteht *Le Grand incendie de Londres* im Laufe der Jahre unter Bedingungen, die, einmal definiert, konstant befolgt werden, und gewährleisten sollen, dass die Erinnerungsleistung nicht verfälscht wird. Zunächst erfolgt die Arbeit am Text in möglichst täglicher Regelmäßigkeit. Sodann werden die einzelnen Textfragmente strikt an den je gegenwärtigen Schreib- und Erinnerungszeitpunkt gebunden, indem Roubaud es sich weder gestattet, im Voraus Pläne für künftig zu Schreibendes zu entwerfen, noch einmal Geschriebenes einer nachträglichen Überarbeitung zu unterziehen. Untersagt ist auch der Rekurs auf externe Dokumente, die zur Verifizierung oder Unterstützung der eigenen Erinnerung herangezogen werden könnten. Diese quasi-experimentelle Strenge macht aus dem Text eine Art Verlaufsprotokoll der Erinnerungen des Autors, das sich über die Jahre sukzessive in fortlaufend nummerierten Prosafragmenten fortschreibt.

Wenn Roubaud hier auch beansprucht, dem Leser ein Erinnerungs-Wissen in Traktat-Form zu präsentieren, hält er in dem eben zitierten „prologue épistémo-critique“, wie er schreibt, doch immerhin einschränkend fest, dass sich sein Gedächtnis-Traktat auf die Schilderung eines Einzelfalls beschränkt, weshalb es nicht die Allgemeingültigkeit erreicht, die gesichertes Wissen normalerweise für sich in Anspruch nimmt.

Der spezifische Unterschied zur Autobiographie gilt jedoch unverändert. Zwar beruht jeder autobiographische Text auf einer Erinnerungsleistung. Aber selbst wenn Autobiographen am eigenen Leib das Funktionieren oder Versagen dieses Vermögens, seine Zuverlässigkeit oder Unzuverlässigkeit erfahren mögen, verlangen sie in der Regel nicht nach einem Wissen über das Funktionieren von Erinnerung und Gedächtnis.

Soll Roubauds Text dagegen ein Gedächtnis-Traktat sein, dann impliziert dies, dass der Autor über eine Beschreibung seiner individuellen Erinnerungen hinausgeht und sich im Rahmen einer allgemeinen Reflexion über das Erinnerungsvermögen mit dem diskursiven Wissen über seinen Gegenstand auseinandersetzt. „S'il est vrai [...] que ‚le grand incendie de Londres‘ est quelque chose [...] comme un traité de mémoire, cela suppose une certaine réflexion sur la mémoire elle-même [...]" (Roubaud 1989, 276). Entsprechend beschreibt Roubaud seine Vorgehensweise folgendermaßen:

> Je [...] donnerais [à ce traité] comme matériaux ma mémoire, m'amusant de son fonctionnement, comparant son fonctionnement aux idées anciennes et nouvelles des philosophes, des psychologues, des biologistes, des géologues, des artistes, des poètes, des romanciers, des jardiniers, et autres, sur la faculté de mémoire. (Roubaud 2002, 57)

Das Zitat hebt den Doppelcharakter des Unternehmens hervor, in dem die individuellen Erinnerungen des Autors nicht nur verschriftlicht, sondern darüber hinaus mit diversen Theorien über das Erinnerungsvermögen konfrontiert werden sollen. Dabei fällt auf, dass Roubaud eine ganze Reihe von Disziplinen konsultieren will, deren Zuständigkeit für Fragen nach dem Erinnerungsvermögen auf den ersten Blick mehr oder weniger selbstverständlich erscheinen mag. In jedem Fall setzt er nicht allein auf das Wissen einer einzelnen Wissenschaft, der damit die Erklärungshoheit über das Gedächtnis zugesprochen würde. Das Erinnerungswissen, auf das Roubaud rekurriert, ist in disziplinärer, aber auch in historischer Hinsicht ein Vielfaches, insofern er die „idées anciennes et nouvelles" über das Erinnerungsvermögen gleichermaßen berücksichtigen will. Deutlich wird damit noch einmal, dass Roubaud sich nicht an Modellen autobiographischen Schreibens, sondern an Wissensdiskursen und Künsten orientiert, sofern sie ihm Antworten auf die Frage nach dem Erinnerungsvermögen liefern. Wenn Roubaud für seinen Prosazyklus eine Vielzahl von Erinnerungstheorien aufarbeitet, dann jedoch, ohne für deren Richtigkeit einzustehen: „[...] ce que je viens d'écrire n'aspire à aucune pertinence physiologique, neurologique, psychologique, cognitive, ou philosophique. Pourquoi? parce que ceci, offert à votre lecture, n'est rien d'autre qu'un *récit*" (Roubaud 1993a, 17f.).

Roubauds Text setzt die eigenen Erinnerungen zwar in Bezug zu einem überbordenden Erinnerungswissen, gibt sich selbst aber epistemisch bescheiden, indem er nichts anderes zu sein beansprucht als ein bloßer „*récit*", der nicht mit den Wissenschaften um sachliche Stichhaltigkeit wetteifert. Und schließlich geht der Autor noch weiter, indem er für den *Grand incendie de Londres*, den er doch selber als Traktat bezeichnet und damit einer Wissensgattung zugeordnet hat, Literarizität beansprucht.

> Même si [...] je suis assez longuement sorti d'un examen attentif mais limité de certains souvenirs, pour me renseigner, un peu au hasard, sans méthode, sur ce

> qui a été pensé depuis l'Antiquité jusqu'aux plus récentes élucubrations cognitivistes sur la faculté de mémoire, c'est encore le genre littéraire que je revendique pour ces pages [...]. (Roubaud 2000, 82)

Diesem Zitat liegt abermals der Gegensatz zugrunde zwischen einer aufmerksamen, aber beschränkten Befragung der eigenen Erinnerungen und ihrer Konfrontation mit den diversen im Laufe der Jahrhunderte angestellten Überlegungen über das Erinnerungsvermögen. Also der Gegensatz zwischen den „souvenirs", als voraussetzungsfreien Erinnerungen, die – so impliziert diese Passage – eigentlich der Literatur anheimfallen würden, und einem Wissen von der „faculté de mémoire", das entsprechend über die Literatur hinausweisen müsste. Die Herausforderung des *Grand incendie de Londres* besteht darin, diesen Gegensatz zu überwinden, soll es sich doch um einen Text handeln, der – wenn auch unsystematisch – das Erinnerungswissen von der Antike bis in die Gegenwart aufarbeitet und trotzdem Literatur zu sein beansprucht.

Anhand einer Auswahl aus dem für Roubaud relevanten Erinnerungswissen soll nun untersucht werden, inwiefern dieser Anspruch tatsächlich eingelöst wird. Mit anderen Worten und um auf die eingangs referierten Ausführungen Rainer Warnings zurückzukommen: Wie kann einem Text, der sich seiner Selbstbeschreibung zufolge so eindeutig und unvermittelt in Wissensdiskurse einbettet, noch die spezifische Ausbettung gelingen, die es erlaubt, ihn als Literatur zu betrachten? Um diese Frage zu beantworten, möchte ich in Anlehnung an Roubaud zunächst eine antike Legende, sodann ein rhetorisches Erinnerungsmodell, im Weiteren eine neurologische Fallgeschichte und schließlich ein kunsthistorisches Projekt in den Blick nehmen.

Roubauds Beschäftigung mit dem Erinnerungsvermögen nimmt ihren Ausgang von einer im Kontext kulturwissenschaftlicher Erinnerungsforschung häufig zitierten Legende, die durch Ciceros *De Oratore* überliefert ist. Demnach wurde dem Dichter Simonides, der bei einem Festmahl in seinem Gesang nicht nur den reichen Gastgeber Scopas, sondern auch die mythischen Zwillinge Castor und Pollux rühmte, von Scopas die Hälfte des vereinbarten Lohns vorenthalten. Er möge sich, so Scopas, die zweite Hälfte doch von den Zwillingsbrüdern holen. Als Simonides wenig später nach draußen gerufen wird, weil zwei junge Männer ihn zu sprechen wünschten, findet er vor dem Haus niemanden vor, aber im selben Moment stürzt das Dach des Gebäudes ein und begräbt Scopas und alle anderen Geladenen unter den Trümmern. Die Leichen sind so entstellt, dass niemand sie identifizieren kann. Nur Simonides erinnert sich an die Ordnung, in der die Gäste am Tisch gesessen haben, und kann deshalb jedem Platz eine Person zuweisen und den Angehörigen damit ein individuelles Totengedenken ermöglichen. Castor und Pollux haben Simonides für seinen Gesang also tatsächlich reich belohnt, denn ihnen verdankt er nicht nur das Überleben, sondern auch die Erkenntnis, dass die räumliche Ordnung das Gedächtnis stützt (vgl. Yates 1990, 11).

Diese Legende ist für Roubaud richtungsweisend, denn sie spricht nicht nur dem Dichter eine besondere Kompetenz in Erinnerungsangelegenheiten zu, sie verschränkt auch bereits eine konkrete Erinnerung (diejenige an die Sitzordnung der Gäste) mit einem Wissen über die Funktionsweise des Erinnerungsvermögens. Es ist die persönliche Erfahrung und die aus ihr abgeleitete Einsicht in die räumliche Verankerung des Gedächtnisses, die es Simonides ermöglicht haben, zum Erfinder einer Gedächtniskunst zu werden, die die eigene Erfahrung zu allgemeinen Prinzipien transformiert.

Gemeint ist die ursprünglich im Rahmen der antiken Rhetorik praktizierte Mnemotechnik, mit der Roubaud sich eingehend beschäftigt hat. Ausgehend von den lateinischen Quellen entsteht bis ins 16. Jahrhundert eine unüberschaubare Vielzahl von Abhandlungen über die Funktionsweise dieser Merktechnik. Roubaud bezieht sich vor allem auf eine weniger bekannte Schrift des Dominikanermönches Gesualdo mit dem Titel *Plutosofia*.[4] 1592 erschienen, steht sie bereits am Ende der mnemotechnischen Tradition und kann als eine Art Summa angesehen werden. Gesualdos Traktat baut in klassischer Weise auf den Prinzipien Ort und Bild auf. Die Erinnerungsinhalte sollen in markante visuelle Bilder übersetzt werden, die dann an einer Reihe von Orten in einem klar strukturierten mentalen Raum platziert werden. Wird der Raum dann in Gedanken wieder abgeschritten, können die dort platzierten Bilder der Reihe nach aufgelesen und in ihre ursprünglichen Inhalte rückübersetzt werden. Gesualdo formuliert anhand von Beispielen sehr konkrete Empfehlungen, die die Einprägsamkeit der Bilder, die Stabilität des Systems der Orte und die anhaltende Verknüpfung von Bild und Ort gewährleisten sollen.

Auch wenn diese Technik denjenigen, die sie praktizieren, mitunter zu beachtlichen Erfolgen verhilft, stellt sie in erster Linie kein Werkzeug für

4 Zu Gesualdo vgl. Roubaud 1993b, 13-28.

Rekordleistungen im Memorieren dar. Roubaud zufolge hat die Mnemotechnik einen festen Platz im Leben der Menschen, solange diesen keine externen Speichermedien zur Verfügung stehen. Er vertritt zudem die These, dass das künstlich geschulte Gedächtnis seine Leistungsfähigkeit nicht einem Zufall verdankt, sondern in seinem Gebrauch von Bild und Raum die Funktionsweise des natürlichen Gedächtnisses imitiere und dessen Effizienz lediglich durch einen bewussten, regelgeleiteten Umgang mit diesen Prinzipien steigere.

> Associer, de la manière la plus frappante et la plus contraignante possible ce dont on veut se souvenir, discours, arguments, vers d'un poème, à un parcours arbitrairement choisi [...], dans un lieu familier au souvenir [...], cela n'est en fait que mimer, et rendre volontaire, réglé, le fonctionnement spontané et universel des souvenirs. (Roubaud 1993a, 29)

Einen möglichen Rückhalt für seine These findet Roubaud im 20. Jahrhundert in dem Bericht des russischen Neurologen Alexander Lurija über seinen ungewöhnlichen Patienten Cherechevski.[5] Cherechevski sucht den Neurologen erstmals in den 20er Jahren auf, um sein Gedächtnis untersuchen zu lassen, dessen Aufnahmefähigkeit allem Anschein nach grenzenlos ist. Einmal gehörte oder gesehene Listen mit beliebig vielen Einträgen kann Cherechevski mühelos und fehlerfrei wiedergeben und dies auch noch nach Jahren oder gar Jahrzehnten. Es ist aber nicht allein dieses hypertrophe Gedächtnis, das Roubaud interessiert, sondern mehr noch die Auskünfte, die Cherechevski erteilt, als er von Lurija nach seiner Methode befragt wird:

> Quand Cherechevski lisait, par exemple, une séquence de mots, ils se transformaient dans son esprit, tantôt spontanément (le plus souvent), tantôt par un travail volontaire de son esprit, en une séquence correspondante d'images. [...] Le plus souvent [...] il distribuait ses images le long d'une rue qu'il se représentait visuellement dans son esprit. [...] Il se mettait à marcher mentalement dans la rue Gorki, par exemple en commençant par la place Mayakowski et il avançait lentement, ‚assignant' une à une ses images à des murs de maison, à des portes cochères, à des vitrines de magasins. (Zit. nach Roubaud 1993b, 40)

Lurijas Bericht belegt, dass Cherechevski, ganz ohne Kenntnis der rhetorischen Tradition, die Mnemotechnik für sich neu erfunden hat. Dass die Jahrhunderte alte und seinerzeit bewusst erlernte Technik mit der spontan praktizierten Methode Cherechevskis zur Deckung kommt, mag von

5 Vgl. zum Folgenden Lurija 1991.

Roubaud als Hinweis darauf gedeutet werden, dass das menschliche Gedächtnis allgemein – auch wenn es weder künstlich geschult, noch außergewöhnlich begabt ist – auf der Basis von Bildern und Orten funktioniert.

Zumindest dem ersten Anschein nach weit weg führt ein letztes – kunsthistorisches – Modell, das aber für Roubauds Beschäftigung mit dem Thema Gedächtnis eine zentrale Referenz darstellt. Gemeint ist Aby Warburgs Mnemosyne-Atlas (2000). Dieses letzte Großprojekt des Kunsthistorikers, von dem nur Photographien erhalten sind, stellt eine Art Bildgedächtnis dar, welches das Fortleben antiker Darstellungsformen in der Renaissance-Kunst anschaulich macht. Den Atlas bilden mit schwarzem Leinen überzogene Tafeln, auf denen ein umfangreiches und äußerst heterogenes Bildmaterial nach Themen angeordnet und mit Nadeln fixiert ist. Je nach thematischem Anlass, einer Ausstellung oder einem Vortrag, kann dieses Material zu immer neuen Konstellationen kombiniert werden, die dem Betrachter das Fortleben antiker Darstellungsformeln, der „Pathosformeln", im wahrsten Sinne des Wortes vor Augen führen.

Der Atlas beruht auf einer doppelten Erinnerungsleistung. Einerseits manifestiert sich in der Materialauswahl das individuelle Bildgedächtnis des Kunsthistorikers Warburg, andererseits bringt er das auf sich selbst bezogene Gedächtnis der Kunst zur Darstellung, die ihre eigenen Ausdrucksformen durch die Zeit bewahrt. Die Beschäftigung mit Roubauds *Grand incendie de Londres* erlaubt es, zu einem ähnlichen Ergebnis zu kommen, insofern als der Text die individuellen Erinnerungen seines Autors und dessen Erinnerung an ein Erinnerungswissen verbindet.

Die Zusammenschau dieser verschiedenen, in aller Kürze referierten Modelle sollte einerseits Roubauds Rekurs auf ein Erinnerungswissen illustrieren, das die unterschiedlichsten Formen annehmen kann, vor allem aber die Basis bilden, von der aus sich zeigen lässt, dass Roubaud mit diesem Wissen genau in dem Sinne konterdiskursiv verfährt, in dem Warning dies für die Literatur postuliert. Die eingangs dem Diskurs zugewiesenen Eigenschaften von Transparenz, Verknappung und Linearität werden bei Roubaud sämtlich außer Kraft gesetzt. Kein Diskurs ist vorstellbar, der es vermag, diese disziplinär und zeitlich disparaten Modelle zu bündeln. Wie an früherer Stelle bereits erläutert, stützt Roubaud sich nicht auf die zeitgenössischen Erkenntnisse einer bestimmten Einzelwissenschaft. Er lässt das Erinnerungswissen proliferieren, ohne die *eine* verbindliche Erklärung für das Phänomen zu liefern.

Dabei wäre es falsch zu meinen, es ginge Roubaud stattdessen um eine interdisziplinär angelegte Geschichte der Erinnerungsmodelle. So universal und enzyklopädisch der Autor einerseits seinen Gegenstand aufgearbeitet haben will, so selektiv verfährt er andererseits, wenn es darum geht, das Erinnerungswissen in seinen Text zu integrieren und für sein Schreiben fruchtbar zu machen. Auf ein im engeren Sinne biologisches, neurologisches oder psychologisches Erinnerungswissen bezieht Roubaud sich an keiner Stelle des *Grand incendie de Londres*. Stattdessen weisen zumindest einige der zitierten Modelle, die ein Erinnerungswissen transportieren, bereits eine deutliche Affinität zu literarischen Darstellungsformen auf. Dies gilt insbesondere für die Simonides-Legende, die nicht nur die Mnemotechnik begründet, sondern für Roubaud in einem gewissen Sinne als legendärer Ursprung sämtlicher Erinnerungsmodelle fungiert, auf die er sich bezieht. Denn die Modelle stehen für ihn keinesfalls in einem Verhältnis der linearen Abfolge zueinander, die sich teleologisch auf ein definitives Erinnerungswissen hinbewegen würde. Das dem Wissen normalerweise eignende Fortschrittsdenken ist hier insofern aufgehoben, als das jeweils frühere Modell durch das folgende nicht überholt wird. Augenfällig ist eher, dass die hier dargestellten Modelle zueinander nicht im Verhältnis einer syntagmatischen Reihung stehen, sondern gemeinsam ein Paradigma bilden, indem sie alle von einem Erinnerungsraum ausgehen, in dem Bilder an Orten fixiert werden. Das gilt für den konkreten Raum des Festmahls ebenso wie für den mentalen des Mnemonisten oder den des außerordentlichen Cherechewski, wie schließlich für die Tafeln Warburgs, auf denen die ansonsten mentalen Erinnerungsbilder als tatsächliche Bilder konkrete Existenz gewinnen. An dem dichten, vor- und zurückverweisenden Netz, das die in syntagmatischer Folge entfalteten Elemente eines Paradigmas gemeinsam ergeben, hat aber bereits Roman Jakobson die Poetizität der Sprache festgemacht (1971, 153), deren komplexes Beziehungsgeflecht im Gegensatz zu einem sich linear entwickelnden Diskurs steht. Wenn es das Paradigma allgemein auszeichnet, dass es potentiell unbeschränkt erweitert werden kann, wird es nicht mehr verwundern, wenn an dieser Stelle gezeigt werden soll, dass Jacques Roubauds *Grand incendie de Londres* ein weiteres Element in dieser paradigmatischen Reihe bildet.

Roubaud leitet die Poetik seines Erinnerungsschreibens ausdrücklich aus den Anweisungen mnemotechnischer Traktatliteratur ab. „Les méthodes, les recettes je les détourne à mes propres fins" (Roubaud 1993a, 29), schreibt er über seinen Umgang mit dem mnemotechnischen Regelwerk. Wie das vorzustellen ist, erläutert zum Einen der dem *Grand incendie de Londres* inhärente Metadiskurs, zum Anderen veranschaulicht es die Struktur des Textes selbst. Auch Roubaud versteht sein Prosaunternehmen metaphorisch als die Erkundung eines Erinnerungsraumes, dessen Wege er als „marcheur" mit seinem „pas de prose narrative" abschreitet, auf der Suche nach Erinnerungen, die er aufgrund ihres dominant visuellen Charakters als *images-souvenir* bezeichnet. Da es sich bei Roubaud aber um ein spontanes Erinnern und nicht um das erneute Abrufen eines zuvor bewusst Memorierten handelt, gestaltet sich der in seiner Prosa dargestellte Erinnerungsraum ungleich komplexer als der sorgfältig präparierte – vorgestellte – Raum des Mnemonisten. Während die Mnemotechnik auf der Vorstellung eines linearen Parcours beruht, in dessen Verlauf die Bilder sorgfältig angeordnet werden, nimmt der Parcours, dem Roubaud erinnernd und schreibend folgt, einen unvorhersehbaren Verlauf und verzweigt sich zu einem komplexen Streckennetz. „En avançant dans la prose je rencontre, presque à chaque pas, l'impossibilité de la maintenir sur une ligne unique, de la diriger dans un seul sens" (Roubaud 1989, 33). Da Roubaud entscheidet, wenn nicht alle, dann zumindest viele der Erzählwege zu gehen, die sich ihm in der Erinnerung öffnen, verzweigt sich sein *récit* immer wieder in sogenannte *incises* und *bifurcations*, also in Einschübe und Wegschleifen, die dem Text seinen linearen Verlauf nehmen und ihn stattdessen zu einem Netz aufspannen. Dabei bilden die *images-souvenir*, die der Autor auf seinem Weg findet, nicht eine chronologische Abfolge des vergangenen Erlebens, sondern treten ihrerseits infolge assoziativer Verknüpfungen in ein dichtes, räumliches Beziehungsgefüge.

Beispielhaft zeigen lässt sich dies an einer Serie von Erinnerungsbildern, die der Kindheit des Autors entstammen. Als eine seiner frühesten Erinnerungen präsentiert Roubaud diejenige an einen Wintermorgen. Draußen ist es noch dunkel. Die Kälte hat die vom Atem beschlagene Fensterscheibe gefrieren lassen und ein Netz aus Eisblumen gebildet. Der Erzähler zieht in der Erinnerung mit dem Fingernagel Spuren durch das Eis, die die filigranen Gebilde notwendig zerstören, und legt auf diese Weise vorübergehend die Fensterscheibe frei, die vor dem Hintergrund der schwarzen Nacht zu einer Spiegelfläche wird, bis der Atem sie erneut beschlägt (vgl. Roubaud 1993a, 11f.). Der volle Bedeutungsumfang dieser Erinnerung, die Roubaud mit dem Titel „Fleur inverse" versehen hat, ihr Bezug zum gleichnamigen Gedicht von Raimbaut d'Orange sowie ihr eminent selbstreflexiver Charakter und ihre programmatische Bedeutung für Roubauds Erinnerungsschreiben können an dieser Stelle nur angedeutet werden. Wichtig für unsere Fragestellung sind hingegen vor allem die Aspekte, die einen Bezug zwischen dem individuellen Erinnerungsbild und dem diskursiven Erinnerungswissen hervortreten lassen. Denn auch das Erinnerungsbild der Eisblume tritt nicht isoliert auf, sondern evoziert weitere, die zusammen einen „parcours" (ebd., 25) bilden. „Quand une image cesse, elle cesse le plus souvent en d'autres, elle change" (ebd., 19) erläutert Roubaud und beschreibt in der Folge einige der „métamorphoses de l'image du miroir gelé sur le tain de nuit que l'écriture de l'ongle révèle" (ebd., 25): etwa seine Erinnerung an die Farbreste auf den Fensterscheiben, die in Kriegszeiten als Schutzmaßnahme geschwärzt worden waren und in die er ebenfalls versucht, mit dem Fingernagel Spuren zu kratzen (vgl. ebd., 24f.); oder die Erinnerung an die früher rußgeschwärzten Fensterscheiben der Eisenbahnwagons, die ihm bei der späten Rückkehr vom Klavierunterricht in Toulouse als Schreibfläche dienten (vgl. ebd., 33).

Roubauds individuelle Erinnerungsbilder sind – mal benachbart, mal entlegen – ebenso durch Analogiebeziehungen miteinander verknüpft, wie die für sein Schreiben relevanten Erinnerungsmodelle. Die Dunkelheit sowie die Fensterscheibe, die zur Schreibfläche wird, lassen eine gewisse Familienähnlichkeit zwischen den Erinnerungen zutage treten und stiften einen auf Wiederholung gründenden Zusammenhalt.

> Je me retrouve (au passé) sans cesse écrivant sur le verre des carreaux, pas toujours à la buée, qui exige le froid, trop exceptionnel, ou la pluie extérieure (rare aussi). Mais on peut compter sur la poussière qui neige dans les greniers, les mansardes, les remises, sur les vitraux de cette étrange fleur lexicale, la ‚buanderie' [...] sur la poussière et la fumée. (Ebd., 32f.)

Die tatsächliche chronologische Reihenfolge, in der diese Schreibakte sich ereignet haben, ist für die Erinnerung und die Komposition des Textes irrelevant und entzieht sich in diesem Fall auch der Kenntnis des Autors.

Neben der Verknüpfung mit weiteren Erinnerungen auf der Basis der Analogie aktualisiert die Erinnerung an die Eisblumen am Fenster aber vor allem die Kategorien Bild und Raum, insofern die Fensterscheibe als der zweidimensionale Raum angesehen werden kann, in dem die Eisblumen Bilder innerhalb eines stark verzweigten, kristallinen Netzes darstellen.

Dadurch evoziert die Erinnerung an die Eisblumen nicht nur die Struktur des *Grand incendie de Londres*, sondern tritt gleichzeitig in Wechselwirkung zu den zuvor beschriebenen Erinnerungsdiskursen. Die Eisblume als eingefrorenes Bild der Vergangenheit, das auf der Fensterscheibe in einem „réseau végétal tout en nervures“ (ebd., 11) verwoben ist, kann geradezu als bildhafte Verdichtung der auf Raum und Bild beruhenden Erinnerungsmodelle angesehen werden, womit Roubauds individuelles Erinnerungsbild selbst zum privilegierten Erinnerungsträger für den Diskurs wird.

Le Grand incendie de Londres baut nicht nur strukturell auf der den Erinnerungsmodellen entlehnten Vorstellung eines Raumes und in ihm angeordneter Bilder auf. Die diskursive und die literarische Beschäftigung mit der Erinnerung verschränken sich außerdem, indem sich einerseits der Wissensdiskurs literarischer Formen bedient, andererseits die literarische Darstellung eines individuellen Erinnerungsbildes als bildhafte Verdichtung des Erinnerungsdiskurses angesehen werden kann. Wenn es zunächst auch den Anschein hatte, als würde der Prosazyklus sich exzessiv in ein außerliterarisches Erinnerungswissen einbetten und damit seinen Anspruch darauf aufgeben, ein Stück Literatur zu sein, stellen die Auswahl und der spezifische Umgang mit diesem Wissen sowie seine Anwendung auf den Text im höchsten Maße dessen literarische Dichte unter Beweis.

Bibliographie

Brandstetter, Gabriele (Hg.) (2004): *Romantische Wissenspoetik: die Künste und die Wissenschaften um 1800*, Würzburg: Königshausen & Neumann.

Foucault, Michel (1966): *Les mots et les choses*, Paris: Gallimard.

Jakobson, Roman (1971): „Linguistik und Poetik“, in: Ihwe, Jens (Hg.): *Literaturwissenschaft und Linguistik. Ergebnisse und Perspektiven*, Bd. II, Frankfurt a.M.: Athenäum, 142-178.

Klinkert, Thomas (Hg.) (2008): *Literatur, Wissenschaft und Wissen seit der Epochenschwelle um 1800*, Berlin / New York: Walter de Gruyter.

Klinkert, Thomas (2010): *Epistemologische Fiktionen. Zur Interferenz von Literatur und Wissenschaft seit der Aufklärung*, Berlin: Walter de Gruyter.

Lurija, Aleksandr (1991): *Der Mann, dessen Welt in Scherben ging: zwei neurologische Geschichten*, Reinbek bei Hamburg: Rowohlt.

[Petit Robert] *Le nouveau Petit Robert: dictionnaire alphabétique et analogique de la langue française* (1993). Nouvelle édition remaniée et amplifiée sous la direction de Josette Rey-Debove et Alain Rey, Paris: Dictionnaires Le Robert.

Poucel, Jean-Jacques (2006): *Jacques Roubaud and the invention of memory*, Chapel Hill: North Carolina Studies in the romance languages and literatures.

Roubaud, Jacques (1989): *Le Grand incendie de Londres*, Paris: Seuil.

Roubaud, Jacques (1993a): *La Boucle*, Paris: Seuil.

Roubaud, Jacques (1993b): *L'invention du fils de Leoprepes. Poésie et mémoire*, Saulxures: Circé.

Roubaud, Jacques (1997): *Mathématique:*, Paris: Seuil.

Roubaud, Jacques (2000): *Poésie:*, Paris: Seuil.

Roubaud, Jacques (2002): *La Bibliothèque de Warburg*, Paris: Seuil.

Roubaud, Jacques (2008): *Impératif catégorique*, Paris: Seuil.

Roubaud, Jacques (2008): *La Dissolution*, Paris: NOUS.

Vogl, Joseph (Hg.) (1999): *Poetologien des Wissens um 1800*, München: Fink.

Warburg, Aby (2000): *Der Bilderatlas Mnemosyne*, hg. v. Martin Warnke unter Mitarbeit von Claudia Brink, Berlin: Akademie-Verlag.

Warning, Rainer (2000): „Befleckter Weißdorn: Zum Imaginären der Recherche", in: ders. (Hg.): *Proust-Studien*, München: Fink, 179-211.

Warning, Rainer (2001): „Erzählen im Paradigma. Kontingenzbewältigung und Kontingenzexposition", in: *Romanistisches Jahrbuch* 52, 176-209.

Warning, Rainer (2009): „Heterotopie und Epiphanie", in: ders.: *Heterotopien als Räume ästhetischer Erfahrung*, München: Fink, 11-41.

Warning, Rainer (1999): „Poetische Konterdiskursivität. Zum literaturwissenschaftlichen Umgang mit Foucault", in: ders.: *Die Phantasie der Realisten*, München: Fink, 313-345.

Yates, Frances (1990): *Gedächtnis und Erinnern. Mnemonik von Aristoteles bis Shakespeare*, Weinheim: VCH Verlagsgesellschaft.

Kosmopolitische Bürgerkriegserinnerung in Luis de Castresanas *El otro árbol de Guernica* (1967)

Benjamin Inal (Gießen)

La Guerra Civil es uno de los temas a los que la sociedad española se acerca cada vez más, especialmente desde los últimos años. Como la memoria está estrechamente vinculada a la construcción de identidades colectivas, la cuestión de qué aspectos y cómo se recuerda este pasado, tiene una dimensión conflictiva tanto en la época franquista como en la España democrática. Analizando la obra El otro árbol de Guernica *(1967) de Luis de Castresana, este artículo procura indagar en la representación literaria de Gernika como ‚lugar de memoria'. Se basa en la hipótesis de que el texto recurre al pasado con el objetivo de fomentar una identidad española que incluye todas las identidades regionales, como por ejemplo las de Catalunya y Euskadi. Sin embargo, el texto ofrece también una forma de lectura que trasciende la perspectiva particularista predominante durante el franquismo.*

Seit der Wende zum neuen Jahrtausend findet in Spanien eine sich weiter verstärkende Auseinandersetzung mit der jüngeren Vergangenheit – insbesondere den Spanischen Bürgerkrieg betreffend – statt, was sich am Beispiel der Exhumierung von Gefallenen des Bürgerkriegs verdeutlicht.[1] Auch in literarischen Texten ist die Auseinandersetzung mit und somit die Schaffung von Erinnerungsversionen, die den Spanischen Bürgerkrieg betreffen, beobachtbar. Romane wie *Soldados de Salamina* (2001) von Javier Cercas oder Dramentexte wie *Ay, Carmela* (1989) von José Sanchis Sinisterra wären in diesem Zusammenhang als bekannte Textbeispiele zu nennen. Doch nicht erst im demokratischen Spanien, sondern bereits während des Franquismus setzte – wenn auch oft mit einer u.a. zensorisch bedingten Vorsicht – die Behandlung von Bürgerkriegsthemen in literarischen Texten ein. In dem vorliegenden Beitrag soll anhand des Romans *El otro árbol de Guernica* von Luis de Castresana aus dem Jahre 1967 veranschaulicht werden, auf welche Weise zur Zeit Francos der Erinnerungsort Gernika, der maßgeblich durch die Bombardierung am 26. April 1937 geprägt wurde, literarisch verarbeitet wird.[2]

[1] Vgl. hierzu die website der *Asociación para la Recuperación de la Memoria Histórica*, verfügbar unter http://www.memoriahistorica.org [Stand: 25.07.2010].

[2] Im Folgenden soll mit *Gernika* (baskische Schreibweise) der Erinnerungsort, der all seine ihn konstituierenden Aspekte impliziert, bezeichnet werden, während

Den folgenden Ausführungen liegt dabei die Annahme zugrunde, dass Vergangenheit in der Literatur, wie auch in anderen Medien, nicht abgebildet, sondern erst hervorgebracht, also konstruiert wird (vgl. hierzu exemplarisch Erll 2008, 391). Diese ‚Vergangenheits(re-)konstruktionen' folgen wiederum nicht objektiven Kriterien, sondern orientieren sich an gegenwärtigen Gruppenbedürfnissen, das heißt, sie sind auf das Engste gekoppelt an kollektive Identitäten.

Ein weiterer zentraler Ausgangspunkt für den vorliegenden Beitrag stellt die Deutung des Erinnerungsortes Gernika aus kosmopolitischer Perspektive dar. Das gedächtnistheoretische Konzept des ‚Erinnerungsortes' wurde terminologisch von Pierre Nora in seinem monumentalen Werk *Les lieux de mémoire* (1984-1992) geprägt und kann mit Etienne François und Hagen Schulze als „Kristallisationskern" (François / Schulze 2005, 8), also als erinnerungskulturelle Verdichtung gefasst werden.[3] Mit dem Begriff des Kosmopolitischen soll die dialektische Beziehung von Universalem und Partikularem, die für die Postmoderne charakteristisch ist, zum Ausdruck gebracht werden.[4] Anschließend an

hingegen die spanische Schreibweise *Guernica* für die Bezeichnung für Picassos Gemälde reserviert wird.

3 Diesbezüglich ist hinzuzufügen, dass darunter sowohl physische Orte, Denkmäler und dergleichen als auch primär immaterielle Erinnerungsorte wie Lieder oder historische Ereignisse verstanden werden können.

4 Vgl. zum Begriff des ‚Kosmopolitischen' Beck / Levy / Sznaider 2004, Beck / Grande 2007 sowie Levy / Sznaider 2001. Mit letztgenannten Autoren kann konstatiert werden: „In der Zweiten Moderne verbindet der Kosmopolitismus das Universale und das Partikulare" (Levy / Sznaider 2001, 16). Die Begriffe ‚universal' und ‚partikular', wie ich sie hier verwende, können auch mit dem – im weiten Sinne gefassten – Begriffspaar ‚lokal' – ‚global' übersetzt werden. Es handelt sich um relationale, nicht absolute Begriffe, die unterschiedliche Ebenen miteinander in Beziehung setzen. Eine lokale Ebene kann demgemäß partikular im Vergleich zu einer nationalen Ebene sein. Letztere jedoch kann als partikular in Bezug auf eine globale Ebene angesehen werden. Die Begriffe universal bzw. global sind dabei nicht holistisch zu fassen – im Sinne eines jeden Menschen oder jeden Staat umfassenden Ganzen –, sondern lediglich als umfassender anzusehen in Relation zu einer partikularen Ebene. Universalismus stellt eine Transzendierung im Verhältnis zu einer bestimmten, eingegrenzten Ebene dar, wie beispielsweise der nationalen Ebene, die in den Worten Robertsons (1997, 73) „paradigmatic of contemporary particularism" ist. Hinzuzufügen ist, dass Universalismus eine

Robertsons Begriff der ‚Glokalisierung' geht es darum, auch im erinnerungskulturellen Bereich Transformationsprozesse einerseits in universaler, transnationaler Hinsicht zu fassen, andererseits aber auch die jeweils spezifisch lokalen oder partikularen Ausprägungen zu berücksichtigen (vgl. exemplarisch Robertson 1998). Der Erinnerungsort Gernika stellt für diese Dialektik ein paradigmatisches Beispiel dar.

1. Entwicklung des Erinnerungsortes Gernika vom Partikularen zum Universalen

Bis 1937 evozierte der Name Gernika das Bild der ‚Heiligen Stadt der Basken', denn der baskische Ort repräsentierte seit dem Mittelalter wie kaum ein anderer die baskischen Sonderrechte, die so genannten *fueros*, die seit dem Mittelalter in Bereichen der Wirtschaft und der Politik Gültigkeit besaßen. Darüber hinaus stand Gernika für die freiheitliche, basisdemokratische Tradition des Baskenlandes. So versammelten sich bei den *Juntas Generales de Bizkaia* vor der alten Eiche von Gernika über Jahrhunderte hinweg Vertreter der verschiedenen Kommunen Biskayas zu politischen Debatten und Entscheidungsfindungen. Direkt neben der Eiche wurde 1826 die *Casa de Juntas* errichtet, ein Parlaments- und Kirchengebäude, in dem noch heute der Ministerpräsident der autonomen Region *País Vasco*, der *lehendakari*, vereidigt wird. Gernika muss demgemäß im Zeitraum vor 1937 als ein in höchstem Maße baskischer und damit partikularistischer Erinnerungsort verstanden werden.[5]

Mit der Bombardierung der Kleinstadt während des Spanischen Bürgerkrieges am 26. April 1937 durch die deutsche Legion Condor und italienische Flugzeuge, durch die ca. 70 Prozent der Stadt zerstört wurden, veränderte sich jedoch die Semantik Gernikas. Dazu trug u.a. bei, dass der Angriff zeitnah ein starkes internationales Presseecho auslöste: Bereits am darauf folgenden Tag wurde auf den Titelseiten vieler europäischer Tageszeitungen über die Bombardierung berichtet und Anklage gegen Franco, Hitler und Mussolini erhoben.[6] Es folgte ein wochenlan-

Konnotation von Homogenität, während hingegen Partikularismus eine der Alterität aufweist (vgl. auch hierzu ebd.).

5 Vgl. zur partikularen Symbolik Gernikas Luengo / Delgado 2006.

6 Hervorzuheben ist der britische *The Times*-Journalist George Steer, dessen Bericht am 28. April erschien (vgl. hierzu Oppler 1988). Steers Artikel ist online verfügbar

ger Pressekrieg mit Dementis auf deutscher und franquistischer Seite, in denen wiederum die Verteidiger der Republik beschuldigt wurden, die Stadt während ihres Rückzugs gesprengt zu haben. Für die semantische Transformation des Erinnerungsortes waren die internationalen Reporter, die noch am Abend des 26. Aprils von Bilbao nach Gernika fuhren, konstitutiv: „That Gernika is today synonymous with the indiscriminate slaughter of innocent victims is almost entirely due to the fact that international reporters were so close at hand" (van Hensbergen 2005, 41).

Auch Pablo Picasso verfolgte die Berichterstattung über die Bombardierung sowie generell den Verlauf des Bürgerkriegs in der Pariser Tageszeitung *L'Humanité*. Picasso hatte bereits einige Wochen zuvor den Auftrag der spanischen republikanischen Regierung angenommen, ein großes Wandbild für den Eingangsbereich des spanischen Pavillons auf der Weltausstellung in Paris zu malen. Von den politischen Ereignissen in Spanien motiviert fertigte der Künstler aus Málaga sein berühmtes Werk *Guernica* in weniger als sechs Wochen an. Seine Entstehungsgeschichte spiegelt dabei in besonderer Weise das Spannungsfeld zwischen partikularen Interessen und universaler Symbolik wider.[7] Denn mit großer Wahrscheinlichkeit veranlassten die Kämpfe innerhalb des linken Lagers der spanischen Volksfrontregierung Picasso dazu, die kommunistische Symbolik, die in seinem Gemälde zu Beginn noch enthalten war, z.B. die empor gestreckten Fäuste in der Fassung vom 11. Mai, wieder aus dem Bild herauszunehmen.[8] Picasso verzichtete somit auf eine kämpferische Ikonographie, die eindeutig hätte erkannt und zugeordnet werden können. Sein Gemälde zeichnet sich stattdessen durch eine Polyvalenz aus, die sich nur schwerlich im Kontext eines partikularen politischen oder territorialen Rahmens deuten und instrumentalisieren

unter http://www.timesonline.co.uk/tol/news/world/europe/article709301.ece [Stand: 05.07.2010].

7 Zur Entstehungsgeschichte des Wandbildes vgl. Capelle 1989, 76-86 sowie Chipp 1988, 110-135.

8 Entscheidende Ereignisse in diesem Kontext waren die schweren Straßenkämpfe zwischen linken Gruppen in Barcelona zwischen dem 3. und 7. Mai als auch die Zuspitzung der Krise, die zur Auflösung von Francisco Largo Caballeros Regierungskoalition, an der erstmals auch anarchistische Gruppen beteiligt gewesen waren, und zur Machtübernahme der Kommunisten unter dem Regierungspräsidenten Juan Negrín am 17. Mai führte. Zum Zusammenhang der *Guernica*-Genese und den Maiunruhen vgl. Capelle 1989 und Ullmann 1993, 136f.

lässt, weshalb es zunächst von kommunistischer wie auch von baskischer Seite stark kritisiert wurde. In den Folgejahren wurde *Guernica* in vielen europäischen Städten sowie im *Museum of Modern Art* in New York ausgestellt und transzendierte somit auf der Rezeptionsebene die Grenzen des Baskenlandes und Spaniens. Diese Aspekte wie auch die pazifistische und antifaschistische Haltung Picassos gaben dem Gemälde und folglich auch dem Erinnerungsort Gernika eine universale Dimension, die ihn zu einem Synonym der Anklage gegen Krieg und Gewalt werden ließ, wie man mit den Worten van Hensbergens sagen kann: „Every community in the world that has suffered an appalling atrocity has become synonymous with Guernica the painting and Gernika the town [...]" (van Hensbergen 2005, 5).[9]

Auch wenn heute Konsens bezüglich der vorherrschend universalen Symbolik Gernikas besteht, so sind doch Erinnerungskämpfe und Identitätskonflikte mit dem Erinnerungsort verbunden. Beispielsweise gibt der Ausstellungsort von Picassos Wandbild schon seit dem Spätfranquismus Anlass zu heftigen Diskussionen.[10] Seit der Überführung nach Madrid im Jahre 1981 beanspruchen die Basken das Bild für sich, was in dem Slogan „Guernica Gernikara" (dt.: ‚[Picassos] Guernica nach Gernika') zum Ausdruck kommt.[11]

2. Literarische Repräsentation der Bombardierung von Gernika

Auch in anderen Medien, wie beispielsweise in literarischen Texten, wird der Erinnerungsort Gernika unterschiedlich gedeutet und somit variabel rekonstruiert. Im Sinne des Themas des vorliegenden Bandes ausgedrückt, kann von divergierenden Repräsentations- und somit Konstruk-

---

9 Einen guten Überblick zur Entwicklung der Symbolik Gernikas vom „baskischen Erinnerungsort *par excellence*" (Mees 2003, 62) zur universalen ‚Stadt des Friedens' liefert Mees 2009.

10 Vgl. zu diesem Thema exemplarisch Rodríguez Fouz 2004.

11 Seit 1997 verfügt die Innenstadt Gernikas über ein Keramik-Replikat des Gemäldes in Originalgröße, das den Untertitel *Guernica Gernikara* trägt und somit Zeichen der fortdauernden Einforderung des Werkes für das Baskenland und, damit verbunden, der divergierenden Deutungen des historischen Ereignisses ist (vgl. hierzu Ansotegi 1997).

tionsformen von Wissen um die Vergangenheit gesprochen werden.[12] Als Erinnerungsmedien schreiben sich literarische Texte in kollektive Gedächtnisse, genauer in kulturelle Gedächtnisse ein, um mit Jan Assmann zu sprechen.[13] Sie tragen als solche zu einer an gegenwärtigen Interessen ausgerichteten Schaffung von Gedächtnisinhalten bei, die sich an den Bedürfnissen der jeweiligen Erinnerungsgemeinschaft orientiert und somit als Teil des Aufbaus bzw. der Affirmation kollektiver Identitäten zu betrachten ist.[14] Gleichfalls können jedoch Erinnerungskulturen im Sinne eines Gegen-Erinnerns vorherrschende Erinnerungsversionen und Gedächtnisnarrative subversiv unterlaufen und dekonstruieren.[15] Im Falle Gernikas ergibt sich dementsprechend ein Deutungsspektrum mit stellenweise stark politisch konnotierten Polen: In vielen Texten wird Gernika, oftmals unter intermedialer Bezugnahme auf Picassos *Guernica*, als universales Symbol der Anklage gegen Krieg und Gewalt dargestellt.[16] In starker Abgrenzung dazu kann Gernika auf einer partikularen Ebene auch als Beispiel der Unterdrückung des baskischen Volkes semantisiert werden, das dann in den politischen Kontext einer noch immer währenden Beschneidung baskischer Grundrechte hineinprojiziert wird, wie das Beispiel des baskischen Nationalisten Joseba Elosegi mit seinem Werk *Quiero morir por algo* aus dem Jahre 1977 zeigt.[17]

---

[12] Auf die an gegenwärtigen Bedürfnissen orientierte Konstruktivität als eines der zentralen Merkmale kollektiver Gedächtnisse hat bereits Maurice Halbwachs hingewiesen: „[D]ie Erinnerung ist in sehr weitem Maße eine Rekonstruktion der Vergangenheit mit Hilfe von der Gegenwart entliehenen Gegebenheiten und wird im übrigen durch andere, zu früheren Zeiten unternommene Rekonstruktionen vorbereitet, aus denen das Bild von ehemals schon recht verändert hervorgegangen ist“ (Halbwachs 1967, 55f.).

[13] Zur Literatur als erinnerungskulturelles Medium vgl. Neumann 2005 und Erll 2005. Zu den vielfältigen Arbeiten von Jan und Aleida Assmann zum kulturellen Gedächtnis siehe exemplarisch Assmann 1992.

[14] Bezüglich des Zusammenhangs von Erinnerung und Identität sei auf Jan Assmann 1988 verwiesen.

[15] Auf die Bedeutung von Gegen-Erinnern bzw. *counter-memory* gehen in Anschluss an Michel Foucault Jeffrey K. Olick und Joyce Robbins ein (vgl. Olick / Robbins 1998).

[16] Beispielsweise in dem Dramentext *Guernica y después* (1987) von Francisco Torres Monreal.

[17] Elosegi war als baskisch-republikanischer Kämpfer während der Bombardierung in Gernika und hielt seine Erlebnisse in seinem autobiographischen Roman *Quiero*

Im Folgenden soll auf das Werk *El otro árbol de Guernica* von Luis de Castresana eingegangen werden, das Lesarten sowohl auf einer partikular-franquistischen als auch auf einer gesamtspanischen, beide Seiten des Bürgerkrieges einschließenden Ebene zulässt.

3. Luis de Castresana: *El otro árbol de Guernica* (1967)

El otro árbol de Guernica gilt als wichtigstes Werk des Autors, der hierfür 1967 mit dem *Premio Nacional de Literatura Miguel de Cervantes* ausgezeichnet wurde. Darüber hinaus kam es zwei Jahre nach Erscheinen des Buchs zu einer Verfilmung des historischen und autobiographischen Romans durch Pedro Lazaga.[18]

Der Text erzählt die Geschichte des zehnjährigen Santi (Santiago Celaya), eines der baskischen *niños de la guerra*, die im Zuge der Bombardierungen baskischer Städte 1937 in das europäische Ausland evakuiert und somit in Sicherheit gebracht wurden. Zunächst kommt Santi nach Frankreich, wo er mit seiner jüngeren Schwester und anderen baskischen Kindern in einem Kinderheim untergebracht ist. Von dort werden sie nach einigen Monaten auf Gastfamilien in verschiedenen Ländern aufgeteilt, die sich um sie kümmern. Santi und seine Schwester bekommen eine jeweils eigene Gastfamilie in Brüssel zugewiesen. Zwischen Santi und seiner Familie, die sich Hoffnungen auf eine Adoption des Jungen macht, kommt es jedoch zum Bruch und Santi wird infolgedessen einem Kinderheim übergeben, wo er mit belgischen Kindern zusammenlebt. In der Folgezeit treffen weitere Kinder im Heim ein, zunächst baskische und später auch Kinder aus anderen Regionen Spaniens. Die Kinder von der iberischen Halbinsel entwickeln in dieser Umgebung einen starken Zusammenhalt und verteidigen sich gegen belgische Mitschüler_innen, einen belgischen Geschichtslehrer und eine Erzieherin, von denen sie sich ungerecht behandelt fühlen.

---

morir por algo fest. Darin geht er auch auf seine Protesttat ein, als er sich 1970 in San Sebastián vor den Augen Francos benzinübergossen anzündete, um auf diese Weise Franco die Bombardierung Gernikas symbolisch vor Augen zu führen.

[18] Der autobiographische Roman spiegelt die Erfahrungen des 1925 im Baskenland geborenen Autors wider, der selbst als eines der *niños de la guerra* während des Krieges ausgeschifft worden war. Zur filmischen Inszenierung des Werkes vgl. de Pablo 2002, 29-34.

Der Erfolg des Romans *El otro árbol de Guernica*, der bis zum Ende des Franquismus bereits in der 14. Auflage erschienen ist – heute ist das Werk mittlerweile in der 35. Auflage verfügbar –, kann als Beispiel der Öffnung des Regimes gegenüber dem Tabuthema Gernika angesehen werden.[19] Diese Öffnung impliziert u.a. die Lockerung der Zensurpraxis in manchen Bereichen, wenn auch nicht übersehen werden darf, dass diese in starkem Maße durch Kontingenz und Fluktuationen bestimmt war und sich nicht durch eine lineare Entwicklung nachlassender Zensurstrenge charakterisieren lässt.[20] Generell lässt sich jedoch ab Mitte der 60er Jahre, der so genannten Zeit der *apertura*, in vielen Bereichen von sich verändernden Rahmenbedingungen sprechen, die ein positives Klima auch hinsichtlich der literarischen Thematisierung von konflikthaften Bürgerkriegsthemen wie Gernika bedingten. Das neue Pressegesetz, *La ley de prensa* von 1966, oder auch die Inszenierung Francos als Friedenskonstrukteur und -bewahrer im Jahre 1964 im Zuge der *25 años de paz* können hierfür als Beispiele genannt werden.[21]

[19] Zu Gernika als Tabuthema in der franquistischen Gesellschaft vgl. Cava Mesa 1996, 265-272.

[20] Neuschäfer betont, die Zensurpraxis habe ein „Auf und Ab" dargestellt und sei gegen Ende des Franquismus eher strenger gehandhabt worden (vgl. Neuschäfer 1991, 45-47). Die kulturelle Liberalisierung habe seiner Meinung nach also nicht mit der gegen Ende der 60er Jahre einsetzenden wirtschaftlichen Liberalisierung Schritt gehalten (vgl. hierzu außerdem Neuschäfer 2005). Knetsch hingegen konstatiert die Entwicklung einer größer werdenden Toleranz in der Zensurpraxis mit dem Amtsantritt des neuen Informationsministers Fraga Iribarne 1962 und dem von ihm durchgesetzten neuen Pressegesetz von 1966. Sie hält jedoch in Bezug auf Angriffe auf das politische Dogma des Franquismus, insbesondere den Bürgerkrieg betreffend, fest: „Nach wie vor war eine kritische Auseinandersetzung mit der franquistischen Seite im Bürgerkrieg unmöglich" (Knetsch 1999, 218; vgl. zur Zensurpraxis ebd., 205-218). Bezüglich der Zensurstrenge gegenüber Pablo Picasso und seinem Werk zeichnet van Hensbergen nach, wie einerseits für den Beginn der 60er Jahre eine generelle Öffnung im Umgang mit der Person Picassos und auch seinem Werk *Guernica* beobachtbar ist, die Bücherzensur betreffend jedoch eine schwer nachvollziehbare Logik vorherrschte, die manche Bücher verbot, während andere, wesentlich kritischere Werke veröffentlicht wurden (van Hensbergen 2005, 239f.).

[21] Zur *apertura* während des Franquismus vgl. Tusell (2007, 375-383) sowie zur pazifistischen Inszenierung Francos exemplarisch den von José Luis Sáenz de Heredia produzierten Film *Franco, ese hombre* (1964).

Im Text Castresanas ist der Name Gernika bzw. Guernica zwar stets nur in Verbindung mit dem ‚Baum von Gernika' aufzufinden, so dass somit explizit ausschließlich auf die *fuero*-Symbolik des Erinnerungsortes rekurriert wird. Jedoch thematisiert der Text die Gefahr, die von den franquistischen Luftbombardements ausging, eindrücklich, indem beispielsweise Santis gefühlte Angst und Schutzlosigkeit angesichts der Fliegerangriffe mehrmals analeptisch zur Darstellung gebracht wird.[22] Somit kann in Verbindung mit der Nennung des Tabuthemas Gernika im Titel des Werkes von einem Novum in der Auseinandersetzung mit der Zerstörung der baskischen Kleinstadt gesprochen werden. Corrales Egea zufolge schreibt Castresana im Vergleich zu anderen Autoren, die den Bürgerkrieg in ihren Werken bis dahin thematisierten, „[...] de forma más directa, más frontal, incluso con un tono *denunciador*" (Corrales Egea 1977, 207).

Doch wie ist das Werk vor dem dargelegten Hintergrund zu deuten? Welche Semantik wird dem Erinnerungsort Gernika zugeschrieben und welche Erinnerungsgemeinschaft wird dadurch bedient? Auf welche Weise wird die Bombardierung der Kleinstadt thematisiert? Können kritische Lesarten bezüglich des Bürgerkriegs aus dem Text extrahiert werden oder ist die Darstellung ausschließlich regimekonformistisch, wie es ein *Premio Nacional de Literatura* aus dem Jahre 1967 erwarten ließe?

Auch wenn die rezeptionsseitige Vielfalt an Lesarten nicht einseitig auf eine unterstellte Autorintention reduziert werden soll, so finden sich doch unverkennbar Entsprechungen zwischen dem eigentlichen Text und den paratextuellen Angaben des Autors. Dieser beschreibt seinen Text im Prolog als „[...] novela de esperanza española y una declaración de amor a Vizcaya" (Castresana 1968, 5). Er sei geschrieben „[...] con la esperanza de lo que une y no con la pasión de lo que separa" (ebd., 5). Hier wird bereits deutlich, was sich im Verlauf der Textlektüre an verschiedenen Stellen aufdrängt: der Versuch, die verschiedenen Regionen Spaniens mit ihren jeweiligen Eigenheiten sowie die beiden unversöhnten Lager des Spanischen Bürgerkrieges unter dem Dach des spanischen Nationalstaates zu vereinen.[23] Wie an den folgenden Textbeispielen zu

---

[22] Vgl. folgende Textstellen, in denen auf die Bombardierungen eingegangen wird, Castresana 1968, 13; 26; 48f.; 52; 87; 107f.; 188; 195.

[23] Dieses Leitmotiv der Einigung, das Castresana seinem Text zuschreibt, muss auch in Hinblick auf die innenpolitischen Entwicklungen in Spanien, also hinsichtlich

sehen sein wird, kann der Text dahingehend gelesen werden, dass er Erinnerungsversionen schafft, die gleichermaßen Basken, Katalanen oder Spanier wie auch Verteidiger und Gegner der Zweiten Republik bedienen und somit eine kollektive nationalstaatliche Identität konstruieren, die alle genannten Parteien und Bevölkerungsgruppen mit einschließt.

Die Kinder werden im Roman „estos vizcainitos, estos españolitos de Alsemberg" (ebd., 6) genannt und, obwohl es sich zu Beginn um eine homogen baskische Gruppe handelt, als Spanier und ihre Erinnerungen an die Heimat als Erinnerungen an Spanien dargestellt. Die baskische Kultur findet durchaus ihre Repräsentation, beispielsweise in der Baskenmütze, die für den Protagonisten Santi einen hohen symbolischen Wert besitzt, jedoch wird sie nicht in Abgrenzung zur spanischen Kultur aufgefasst, sondern als Teil dieser und somit konform zur unifizierenden zentralistischen Auffassung Spaniens von Seiten des Franco-Regimes.[24] So geht auch beim Fußballspielen der Regionalpatriotismus der Kinder in der Einheit der spanischen Mannschaft auf. Die Kinder verteidigen ihre jeweiligen regionalen Fußballvereine aus Bilbao, Barcelona, Valencia, Madrid etc. Diese Teile ordnen sich dann jedoch dem Ganzen der Mannschaft unter, die unter dem Namen „España" (ebd., 180) gegen die belgischen Kinder spielt. Hier wird ein Inklusionsschema deutlich, das regionale Autonomie und Eigenheit einer übergeordneten, nationalstaatlich kohärenten Einheit unterordnet.[25]

Wie bereits erwähnt, liefert der Text auch Hinweise auf den Versuch der Einigung der beiden Bürgerkriegsparteien. Der Bürgerkrieg wird im

---

der Frage nach regionaler Autonomie bzw. separatistischen Tendenzen in den peripheren Regionen Spaniens kontextualisiert werden. Die 1959 gegründete ETA (*Euskadi Ta Askatasuna*; dt.: Baskenland und Freiheit) begann ihre ersten Anschläge 1960 bzw. 1961 und zwang das Regime im Laufe der 60er Jahre zu einer Annäherung an das Baskenland.

24 Nach der Trennung von seiner Schwester stellt die Baskenmütze für Santi die symbolische Repräsentation seiner baskischen Heimat dar: „[L]a boina le parecía como una proclamación de su identidad […]" (Castresana 1968, 155).

25 Die Inklusionslogik, die im Werk für den gesamten spanischen Nationalstaat gilt, wird hier, bezogen auf das Baskenland, deutlich: „Para Santi, Ugarte había sido siempre su aldea, Baracaldo su pueblo y Bilbao su ciudad. No admitía ninguna rivalidad entre estos amores porque eran como diversos grados de parentesco y por cada uno de ellos sentía Santi un afecto que en nada disminuía el afecto que sentía hacia los otros dos" (ebd., 50).

Roman aus nationalstaatlich-spanischer Perspektive heraus gedeutet. Seine Darstellung erfolgt unspezifisch als allgemeiner Krieg und es wird keine Dichotomie von Tätern und Opfern bzw. Aufständischen und Verteidigern der Republik herausgearbeitet.[26] Das Werk suggeriert auch nur in sehr vager Weise, welche Implikationen der Sieg Francos für die baskische Heimat der meisten Kinder hat. Stattdessen erhält der franquistische Sieg im Bürgerkrieg dadurch eine positive Konnotation, dass er den Kindern Hoffnungen auf eine baldige Rückkehr nach Spanien macht (vgl. exemplarisch ebd., 46). Die Konsolidierung des Franco-Regimes wird somit gleichgesetzt mit einem Ende des Leidens, des Blutvergießens und dem Beginn einer friedlicheren Zukunft, in der alle spanischen Familien wiedervereint sein würden:[27] „Cuando nos vayamos [...] todo será como tenía que ser: las familias unidas y no separadas, los españoles en paz con los españoles [...]" (Castresana 1968, 191).

Diese ‚unschuldige' und ‚naive' Sicht auf den Bürgerkrieg wird im Roman perspektivisch legitimiert. Durch eine konstante interne Fokalisierung wird die Geschichte zu einem großen Teil aus der Perspektive des Protagonisten Santi vermittelt, der, wie die anderen Kinder, bedingt durch sein Alter den Konflikt des Bürgerkrieges nicht versteht und sich somit in gewisser Hinsicht durch politische Neutralität auszeichnet.[28] Demgemäß entwickelt Santi eine starke Ablehnung gegen Krieg im Allgemeinen, ohne nach Verantwortlichkeiten zu fragen.[29] In Analogie zu

[26] Inwieweit von einem Nicht-zur-Sprache-Bringen des implizit Gesagten bzw. von einer totalen Unbestimmtheit bezogen auf den Bürgerkrieg gesprochen werden kann, zeigt die Antwort von Santis Vater auf die Frage, wann sein Sohn zurückkehren würde: „No sé. [...] Depende. Cuando *esto* acabe" (ebd., 11; Hervorhebung BI).

[27] Diese Darstellung entspricht dem Bemühen des Regimes ab 1964, von einer Kriegs- und Siegesrhetorik zu einer Friedens- und Entwicklungsrhetorik überzugehen und Franco als ‚*creador de la paz*' zu präsentieren (vgl. hierzu Bernecker 2010, 257-260).

[28] Vgl. hierzu: „No sabían muy bien qué se debatía en aquella guerra, ni por qué había estallado, ni por qué habían luchado. La política era como trabajar, como fumar, como mandar o como ir al café o a la taberna: cosa de hombres" (Castresana 1968, 187).

[29] Santis entschieden pazifistische Haltung klagt auch im Angesicht des drohenden Zweiten Weltkriegs nicht die faschistische Seite, sondern allgemein die männliche Erwachsenenwelt an (vgl. ebd., 114; 205).

der mangelnden expliziten Thematisierung der Verliererschicksale und der Verantwortung für den Bürgerkrieg kann die Deutung desselben als ‚Bruderkrieg', an dem beide Seiten Schuld trügen, gesehen werden. In diesem Sinne betet Santi nachts dafür,

> […] que nunca más la política enfrentase en las trincheras a hermano contra hermano, que nunca más hubiese otra guerra en España, y que si alguna vez la había que no lucharan los españoles entre sí, sino contra gentes de otras naciones. (Ebd., 133)[30]

Castresanas Thematisierung von Bürgerkriegserinnerung weist demnach Züge auf, welche auch für die durch einen ‚Pakt des Schweigens' (*pacto de silencio*) gekennzeichnete Übergangsphase zur Demokratie charakteristisch waren:[31] Es wird nicht namentlich nach spezifischer historischer Schuld und Verantwortung gefragt, da darin die Gefahr gesehen wird, die beiden Lager neuerlich zu entzweien. Diese Annahme der Kollektivschuld geht jedoch auf Kosten einer adäquaten Erinnerungskultur für die Verliererseite des Bürgerkrieges, deren erlittenes Leid in der franquistischen Siegererinnerungskultur unterdrückt worden war. Vor dem Hintergrund der jüngsten Entwicklungen in der Aufarbeitung der Bürgerkriegsvergangenheit ist evident geworden, dass diese Form des Umgangs mit der Vergangenheit die beiden Lager nur ungenügend einander anzunähern vermag.

Wenn auch die Frage nach historischer Schuld und Verantwortung ausgeblendet wird, so lässt der Roman auch eine Lesart zu, die die partikular-franquistische Konzeption der Bürgerkriegserinnerung übersteigt. Das Leid der Kinder und ihrer Familien, das beispielsweise in einigen Rückerinnerungen Santis zum Ausdruck kommt, stellt das Leid der Republikaner als Folge des militärischen Putsches der Franquisten dar. Dementsprechend wird von einem baskischen Jungen erzählt, der mit dem tragischen Tod seines Vaters, der an der Front gefallen war, umzugehen lernen muss. Darüber hinaus wird im Werk Castresanas implizit

[30] Mit der Auffassung einer Kollektivschuld beider Lager für den Bürgerkrieg, der als ‚Bruderkrieg' (*guerra fratricida*) interpretiert wird, greift Castresana bereits die Deutung, die während der Transition vorherrschend war, in einer Zeit vorweg, in der der Bürgerkrieg noch immer als ‚heiliger Krieg' (*guerra santa*) gegen Kommunismus und Liberalismus sowie für die ‚ewigen Werte Spaniens' begriffen wurde (vgl. hierzu Bernecker / Brinkmann 2006, 234-236).

[31] Vgl. zum *pacto de silencio* während der *transición* ebd., 242-246.

deutlich, dass die Kinder vor der Grausamkeit der Kriegsführung Francos in Sicherheit gebracht werden mussten, zum Beispiel wenn am Anfang des Romans der Vater Santi einen der Gründe dafür nennt, warum er das Baskenland verlassen muss: „[S]on más frecuentes los bombardeos [...]" (Castresana 1968, 26). Darüber hinaus schildert Santi seine Erinnerungen an die unheilvollen Momente im Luftschutzbunker während einer Bombardierung oder erinnert sich während eines Gewitters an die Bomben (vgl. ebd., 48; 59).

Somit schreibt sich das Werk nicht nur in eine partikulare Siegererinnerungskultur ein, sondern thematisiert auch die Opferperspektive. In anderen Worten: Die partikulare franquistische Perspektive wird insofern durch eine universalere transzendiert und erweitert, als eine Erinnerungsversion geschaffen wird, welche die beiden Lager des Bürgerkriegs berücksichtigt.[32] Damit setzt Castresana die seit Ende der 50er Jahre aufkommende Literatur fort, die auf stellenweise subtile und indirekte Weise versucht, Bürgerkriegsthemen auch aus republikanischer Sicht literarisch zu verarbeiten. Während auf allgemeiner gesellschaftlicher Ebene die franquistische Deutung und Erinnerung an den Bürgerkrieg oktroyiert und jegliche Thematisierung von Opferschicksalen auf Seiten der Verteidiger der Republik unterdrückt wurde, gelangen in literarischen Werken bereits früh Versuche, den Bürgerkrieg auch aus republikanischer Perspektive zu thematisieren und gleichzeitig die literarische Zensur zu umgehen.[33] *El Jarama* von Rafael Sánchez Ferlosio sei diesbezüglich als bekanntes Beispiel zu nennen. Der 1956 erschienene Roman, der u.a. den *Premio Nadal* erhielt, stellt einen der erfolgreichsten literarischen Texte der 50er Jahre dar und bezieht sich im Titel – gleichermaßen wie Castresanas Buch – auf ein Bürgerkriegsthema, die Schlacht am Fluss Jarama, bei der über 40000 Menschen umkamen.[34] In den Gesprächen der Jugendlichen, die von Madrid aus einen Ausflug zum Fluss Jarama unternehmen, bleibt dieses Thema zwar marginal. Jedoch wird – nicht zuletzt bedingt durch den Titel – eine leserseitige historische Kontextualisierung und somit eine Erinnerung der Bürgerkriegsvergangenheit angeregt.

---

[32] Die universale Dimension ist hier also auf den spanischen Kontext beschränkt und nicht transnational aufzufassen.

[33] Einen ausgezeichneten Überblick über die Erinnerungspolitik während des Franquismus geben Bernecker / Brinkmann 2006, 151-189.

[34] Vgl. zur Einführung in *El Jarama* Wittschier 1993, 269f.

Auch in Ana María Matutes Roman *Primera memoria* aus dem Jahre 1959, der den *Premio Nadal* erhielt, wird die Sicht der Besiegten des Bürgerkrieges zur Darstellung gebracht. Die Protagonistin Matia berichtet rückblickend von ihren Bürgerkriegserlebnissen aus den Jahren 1936 / 1937 aus ihrer damaligen Perspektive als 14-Jährige. Wie bei Santi im Roman Castresanas werden somit konflikthafte historische Themen literarisch inszeniert, indem auf die ‚unschuldige' Perspektive eines Kindes zurückgegriffen wird.[35]

El otro árbol de Guernica schreibt sich somit in eine konkrete literarische Tradition ein und kann durch die Darstellung beider Lager als ein zaghafter Versuch der Versöhnung zwischen den beiden Bürgerkriegsparteien gelesen werden. Mit Ulrich Beck ließe sich sagen, dass dem Roman implizit eine Dimension reziproker Anerkennung inhärent ist, worin er eines der Hauptmerkmale und eine der Hauptchancen kosmopolitischen Erinnerns sieht (vgl. Beck / Levy / Sznaider 2004, 464f).

Das Bestreben, zu vereinen, das de Castesana in seinem Vorwort angibt, beschränkt sich jedoch auf die Romanfiguren spanischer Herkunft. Der Versuch der Inklusion der verschiedenen Regionen Spaniens und seiner Bewohner geht einher mit einer Abgrenzung nach außen, deren Trennlinie die des spanischen Nationalstaates darstellt. An unterschiedlichen Stellen des Romans wird eine starke Differenz zwischen den belgischen und den spanischen Kindern herausgearbeitet, z.B. wenn bezüglich Santi, der als einziger spanischer Schüler auf eine belgische Schule geht, konstatiert wird: „[É]l no era como los demás estudiantes del Ateneo" (Castresana 1968, 156). Diese Differenz wird darüber hinaus durch die Verleumdungen des belgischen Geschichtslehrers betont, der, ganz im Sinne der *leyenda negra*, Spanien als ein unterentwickeltes und barbarisches Land darstellt. Santi lehnt jedoch energisch jegliches Urteil über das Wesen Spaniens von außen ab, wobei im folgenden Zitat, wie auch an anderen Stellen im Roman, auf syntaktischer Ebene eine Aufzählung verschiedener Regionen Spaniens in paralleler Struktur und durch eine

[35] Zum Roman Matutes vgl. exemplarisch Zahareas / Moix 1999, 469-473. Im Gegensatz zu den genannten Texten wurde der Bürgerkrieg von Beginn an auch in zahlreichen Romanen aus Sicht der Sieger regimekonform literarisch dargestellt (vgl. hierzu beispielsweise Schmolling 1990).

polysyndetische Reihung beobachtbar ist, die schließlich aufgeht in der semantisch übergeordneten Region Spaniens:[36]

> [P]ero que los extranjeros se convirtiesen en jueces de España le parecía a Santi que era como si invadiesen y pisoteasen las intimidades de Vizcaya y de Castilla, de Galicia y de Cataluña, de Andalucía, de Extremadura y de todas las tierras y las gentes de España. (Ebd., 158f.)

Im Sinne konstruktivistischer Nationalismustheoretiker wie Eric Hobsbawm, der von *invented traditions,* oder Benedict Anderson, der von *imagined communities* spricht, kann dem Werk hier ein Beitrag zum Konstitutionsprozess einer nationalstaatlichen Identität zugeschrieben werden.[37] Im Text Castresanas wird dies beispielsweise durch das Verfahren der Abgrenzung und Exklusion nach außen, etwa der belgischen Kinder beim Fußballspielen, und der Homogenisierung nach innen, also der einzelnen Regionen innerhalb des spanischen Staates, deutlich.[38]

Es bleibt die Frage zu klären, wie im Text der Erinnerungsort Gernika semantisiert wird. Im Titel des Werkes wie auch im eigentlichen Text wird der Name Gernika (bzw. Guernica) ausschließlich in Verbindung mit dem ‚Baum von Gernika' genannt, wie die Kinder die Eiche vor dem Heim, in dem sie in Belgien untergebracht sind, nennen. Diese repräsentiert in besonderem Maße die Sonderrechtssymbolik, d.h. die partikulare Symbolik, die vor der Bombardierung der Stadt und der Entstehung von Picassos Wandgemälde vorherrschend war. Dem weiter oben dargelegten Schema folgend, wird diese regionale Charakteristik und Besonderheit einer gesamtspanischen Kultur einverleibt. Demgemäß wird der Baum als einer der „grandes nexos de unión de todos los chicos españoles" (Castresana 1968, 141) beschrieben.[39] Explizit rekurriert der Text

---

36 Für weitere Beispiele der genannten syntaktischen Struktur, in der ‚Spanien' als Hyperonym und einzelne Regionen diesem als Hyponyme untergeordnet werden, vgl. Castresana 1968, 157; 192.

37 Die genannten Autoren fassen Nationen nicht als naturgegeben auf, sondern als Konstrukte, die intentional geschaffen werden, wobei Anderson die Bedeutung von Schriftmedien für diesen Konstruktionsprozess besonders betont (vgl. Hobsbawm / Ranger 1988 sowie Anderson 2005).

38 Aleida und Jan Assmann (1990, 27) zufolge vollzieht sich Gruppenbildung „[...] in dialektischer Verbindung von Abgrenzung nach außen und Einigung nach innen. *Erzeugung von Identität bedeutet notwendig zugleich Erzeugung von Alterität*".

39 Darüber hinaus wird der belgische Junge André unter dem Baum von Gernika umgetauft und erhält den *spanischen* Namen Andrés. Ferner beraten die Kinder un-

also nur auf die partikulare Symbolik Gernikas. Nichtsdestotrotz werden die Gefahr und die Schrecken, die von Luftbombardements ausgehen, an vielfachen Textstellen zum Ausdruck gebracht. In Verbindung mit der Nennung Gernikas im Titel[40] können somit implizit auch Anspielungen auf die Bombardierung Gernikas herausgelesen werden, deren universale, pazifistische Symbolik durchaus in Einklang mit der im Vorwort geäußerten Autorintention zu sehen wäre. Es lässt sich an dieser Stelle nur darüber mutmaßen, dass auf einen expliziteren Rekurs auf die Bombardierung der Kleinstadt wegen des Konfliktpotentials, das die Frage nach der Autorschaft der Bombardierung oder die Bewertung von Pablo Picasso und seinem Werk noch im Spätfranquismus implizierte, verzichtet wurde.

4. Fazit

El otro árbol de Guernica kann in dem Sinne als kosmopolitisch gelesen werden, als dass einerseits partikulare Positionen franquistischer Politik im Werk repräsentiert und somit geschaffen werden, andererseits diese aber unterlaufen werden durch literarische Darstellung der Verliererschicksale des Spanischen Bürgerkriegs, deren Thematisierung in den Anfangsjahren des Franquismus vollständig unterdrückt worden war. Der Roman produziert dementsprechend Vergangenheitsversionen, die der Affirmation und dem Aufbau einer je nach Lesart bestimmten kollektiven Identität dienen. Vordergründig schreibt sich der Roman einem franquistischen Verständnis einer nationalstaatlichen spanischen Identität ein, unter die sich regionale und lokale Kollektividentitäten unterordnen. Das Werk richtet sich also gegen Tendenzen regionaler Autonomie und Separatismus z.B. in Katalonien und dem Baskenland. Gleichzeitig wird

ter dem Baum, wie sie auf die Verleumdungen und Anschuldigungen gegen *Spanien* und die *Spanier* von Seiten der Belgier reagieren können (vgl. Castresana 1968, 128; 137).

40 Dem Namen Gernika kann, um ein Theorem Astrid Erlls aufzugreifen, eine *cue*-Funktion zugesprochen werden, was die Bedeutung der Nennung Gernikas im Buchtitel unterstreicht. *Cues* wecken bzw. rufen konkrete und eindeutige Erinnerungsversionen ab, im Falle Gernikas also seit 1937 mehrheitlich die Erinnerung an die Bombardierung und an Picassos *Guernica*, die die partikulare Symbolik im Laufe der Jahre überlagert hat (vgl. hierzu Erll 2005, 254-256).

eine differenzierte Darstellung der Bürgerkriegsvergangenheit vermieden, d.h. es werden Erinnerungsversionen unterdrückt, die zu einer Schuldaufrechnung und somit auch Spaltung in der spanischen Gesellschaft führen könnten. Andererseits werden jedoch auch Verliererschicksale und implizit das Grauen und das Unrecht, das von dem franquistischen Putsch ausging, thematisiert.

Grundsätzlich wird auf das Tabuthema Gernika Bezug genommen. Der Roman reaktualisiert und -semantisiert den Erinnerungsort jedoch nicht in seiner universalen pazifistischen Dimension. Einen Verweis auf die Bombardierung Gernikas oder Picasso und sein Werk sucht man vergeblich. Dementsprechend wird nur auf die partikulare Symbolik Gernikas aus der Zeit vor dem April 1937 rekurriert. Diese wird aus ihrem Kontext baskischer Autonomie und Eigenständigkeit herausgelöst und einem franquistischen Verständnis regionaler Eigenheiten innerhalb des spanischen Staates untergeordnet. Doch auch in Bezug auf die Deutung des Erinnerungsortes Gernika ist auffällig, wie häufig die Gefahr der Bombardierungen durch Flugzeuge evoziert wird und somit die Bombardierung von Gernika je nach Textrezeption zumindest unterschwellig, ohne explizit genannt zu werden, zum Thema wird. In der dargelegten Mehrdeutigkeit kann der Roman somit als Schritt der Annäherung an die Verliererseite des Bürgerkriegs verstanden werden. Was jedoch die kulturelle Liberalisierung in Bezug auf die Zensurpraxis anbelangt, so muss aufgrund der Kontingenz des zensorischen Umgangs mit literarischen Texten während des Franquismus die Frage offen bleiben, ob ein *Premio Nacional de Literatura*, der den Namen Guernica im Titel trägt, einige Jahre zuvor vorstellbar gewesen wäre.

Bibliographie

Anderson, Benedict R. (^{2}2005): *Die Erfindung der Nation: Zur Karriere eines folgenreichen Konzepts*, Frankfurt a.M. u.a.: Campus-Verlag.

Ansotegi, M. José (1997): „La villa foral recupera el lema 'Guernica' Gernikara para llevar la obra de Picasso a su localidad", in: *El Correo*, 22.06.1997, 8.

Assmann, Jan (1988): „Kollektives Gedächtnis und kulturelle Identität", in: Assmann, Jan / Hölscher, Tonio (Hgg.): *Kultur und Gedächtnis*, Frankfurt a.M.: Suhrkamp, 9-19.

Assmann, Jan (^{4}2002): *Das kulturelle Gedächtnis. Schrift, Erinnerung und politische Identität in frühen Hochkulturen*, München: Beck.

Assmann, Jan / Assmann, Aleida (1990): „Kultur und Konflikt. Aspekte einer Theorie des unkommunikativen Handels", in: Assmann, Jan / Harth, Dietrich (Hgg.): *Kultur und Konflikt*, Frankfurt a.M.: Suhrkamp, 11-48.

Beck, Ulrich / Grande, Edgar (2004): *Das kosmopolitische Europa. Gesellschaft und Politik in der Zweiten Moderne*, Frankfurt a.M.: Suhrkamp.

Beck, Ulrich / Levy, Daniel / Sznaider, Natan (2004): „Erinnerung und Vergebung in der Zweiten Moderne", in: Beck, Ulrich / Lau, Christoph (Hgg.): *Entgrenzung und Entscheidung: Was ist neu an der Theorie reflexiver Modernisierung?*, Frankfurt a.M.: Suhrkamp, 440-468.

Bernecker, Walter L. (2010): *Geschichte Spaniens im 20. Jahrhundert*, München: C.H.Beck.

Bernecker, Walther L. / Brinkmann, Sören (2006): *Kampf der Erinnerungen. Der Spanische Bürgerkrieg in Politik und Gesellschaft 1936-2006*, Nettersheim: Graswurzelrevolution.

Capelle, Ruth Marie (1989): „Die Bedeutung der Maitage in Barcelona in der ikonographischen Entwicklung von Picassos *Guernica*", in: Held, Jutta (Hg.): *Der Spanische Bürgerkrieg und die bildenden Künste*, Hamburg: Argument-Verlag, 76-94.

Castresana, Luis de (1968): *El otro árbol de Guernica*, Barcelona: Círculo de Lectores.

Cava Mesa, María Jesús (1996): *Memoria colectiva del bombardeo de Gernika*, Gernika-Lumo / Bilbao: Gernika Gogoratuz / Bakeaz.

Chipp, Herschel B. (1988): *Picasso's Guernica. History, Transformations, meanings*, Berkeley [u.a.]: University of California Press.

Corrales Egea, José (1977): „Presencia de la guerra en la novela española contemporánea", in: Hanrez, Marc (Hg.): *Los escritores y la Guerra de España*, Barcelona: Libros de Monte Avila, 197-212.

Elosegi, Joseba (1977): *Quiero morir por algo*, Barcelona: Plaza & Janes.

Erll, Astrid (2005): „Literatur als Medium des kollektiven Gedächtnisses", in: Erll, Astrid / Nünning, Ansgar (Hgg.): *Gedächtniskonzepte der Literaturwissenschaft. Theoretische Grundlegung und Anwendungsperspektiven*, Berlin / New York: Walter de Gruyter, 249-276.

Erll, Astrid (2008): „Literature, film, and the mediality of cultural memory", in: Erll, Astrid / Nünning, Ansgar (Hgg.): *Cultural memory studies. An International and Interdisciplinary Handbook*, Berlin u.a.: Walter de Gruyter, 389-398.

François, Etienne / Schulze, Hagen (Hgg.) (2005): *Deutsche Erinnerungsorte. Eine Auswahl*, Bonn: bpb.

Halbwachs, Maurice (1967): *Das kollektive Gedächtnis*, Stuttgart: Ferdinand Enke Verlag.

Hensbergen, Gijs van (2005): *Guernica. The Biography of a Twentieth-Century Icon*, London: Bloomsbury Publishing.

Hobsbawm, Eric / Ranger, Terence (Hgg.) (1988): *The invention of tradition*, Cambridge u.a.: University Press.

Knetsch, Gabriele (1999): *Die Waffen der Kreativen. Bücherzensur und Umgehungsstrategien im Franquismus (1939-1975)*, Frankfurt a.M.: Vervuert.

Levy, Daniel / Sznaider, Natan (2001): *Erinnerung im globalen Zeitalter: Der Holocaust*, Frankfurt a.M.: Suhrkamp.

Luengo, Félix / Delgado, Ander (2006): „El árbol de Gernika. Vicisitudes del símbolo foral de los vascos", in: *Historia y Política* 15, 23-44.

Mees, Ludger (2003): „Erinnerungsorte als politische Schlachtfelder. Oder: Krieg, Diktatur und Vergangenheitsbeschlagnahmung im Baskenland", in: *Comparativ* 13, 59-72.

Mees, Ludger (2009): „Guernica / Gernika como símbolo", in: *Historia Contemporánea* 35, 529-557.

Neumann, Birgit (2005): „Literatur, Erinnerung, Identität", in: Erll, Astrid / Nünning, Ansgar (Hgg.): *Gedächtniskonzepte der Literaturwissenschaft. Theoretische Grundlegung und Anwendungsperspektiven*, Berlin / New York: Walter de Gruyter, 149-178.

Neuschäfer, Hans-Jörg (1991): *Macht und Ohnmacht der Zensur. Literatur, Theater und Film in Spanien (1933-1976)*, Stuttgart: J. B. Metzler.

Neuschäfer, Hans-Jörg (2005): „Verdrängen und Erinnern. Der lange Schatten der spanischen Zensur", in: Jacob, Daniel / Krefeld, Thomas / Oesterreicher, Wulf (Hgg.): *Sprache, Bewußtsein, Stil. Theoretische und historische Perspektiven,* Tübingen: Gunter Narr, 305-318.

Nora, Pierre (Hg.) (1984-1992): *Les lieux de mémoire*, 7 Bde., Paris: Gallimard.

Olick, Jeffrey K. / Joyce Robbins (1998): „Social Memory Studies: From ‚Collective Memory' to the Historical Sociology of Mnemonic Practices", in: *Annual Review of Sociology* 24, 105-140.

Oppler, Ellen C. (Hg.) (1988): *Picasso's Guernica. Illustrations, Introductory Essay, Documents, Poetry, Criticism, Analysis*, New York u.a.: Norton.

Pablo, Santiago de (2002): „El bombardeo de Gernika en el cine de ficción: silencio, esperpento, símbolo e historia", in: Gernika-Lumoko-Udala (Hg.): *Gernika eta zinea. Gernika y el cine*, Gernika-Lumo: Gernika-Lumoko Udala, 26-52.

Robertson, Roland (1997): „Social theory, cultural relativity and the problem of globality", in: King, Anthony (Hg.): *Culture, globalization, and the world-system: Contemporary conditions for the representation of identity*, Minneapolis Minnesota: University of Minnesota Press, 69-90.

Robertson, Roland (1998): „Glokalisierung: Homogenität und Heterogenität in Raum und Zeit", in: Beck, Ulrich (Hg.): *Perspektiven der Weltgesellschaft*, Frankfurt a.M.: Suhrkamp, 192-220.

Rodríguez Fouz, Marta (2004): *Los retos de la identidad. Jürgen Habermas y la memoria del Guernica*, Madrid: Centro de Investigaciones Sociológicas / Siglo Veintiuno de España Editores.

Schmolling, Regine (1990): *Literatur der Sieger. Der spanische Bürgerkriegsroman im gesellschaftlichen Kontext des frühen Franquismus (1939-1943)*, Frankfurt a.M.: Vervuert.

Torres Monreal, Francisco (2001): „Guernica y después", in: ders.: *Baudelaire maldito y otras obras*, Madrid: Editorial Fundamentos.

Tusell, Javier (2007): *La dictadura franquista. La tentación fascista y la supervivencia (1939-1951). Los años del consenso: El apogeo del régimen (1951-1965). Desarrollo económico, apertura y tardofranquismo (1966-1975)*, Madrid: El País.

Ullmann, Ludwig (1993): *Picasso und der Krieg*, Bielefeld: Kerber.

Wittschier, Heinz Willi (1993): *Die spanische Literatur. Einführung und Studienführer – Von den Anfängen bis zur Gegenwart*, Tübingen: Max Niemeyer.

Zahareas, Anthony N. / Moix, Ana María (1999): „Ana María Matute“, in: Sanz Villanueva, Santos (Hg.): *Historia y crítica de la literatura española. 8/2. Época contemporánea: 1939-1975. Primer Suplemento*, Barcelona: Crítica, 469-474.

Der Herbst als Motiv kubanischer Dichtung in Paris: Textwissen oder Lebenswissen?

Andrea Gremels (Frankfurt)

El artículo investiga el tema literario del otoño en los poemas de Nivaria Tejera y Gina Pellón, dos autoras cubanas que viven exiliadas en París desde los años sesenta. Muchos poetas europeos se han servido de la imagen de las hojas muertas para expresar la fugacidad de la vida en su corta duración. Mediante el análisis intertextual se observa que las autoras se apropian de este tópico a la vez que lo amplían para dar voz a la situación específica de su exilio, que viene acompañada de una pérdida de identidad. Para el análisis del otoño en los poemas cubano-parisinos, hay que diferenciar dos formas del saber que destacan en los poemas analizados: una, el saber sobre (otros) textos y otra, el saber sobre la vida, es decir, el saber adquirido por medio de la experiencia personal. Ambos saberes se entrelazan en la representación poética.

Bei der Beschäftigung mit der Anthologie *Ínsulas al Pairo. Poesía cubana contemporánea en París* (2007),[1] die die Gedichte von zwölf zeitgenössischen kubanischen Autoren und Autorinnen in Paris enthält, fällt die Verwendung der Herbstmotivik bei zwei kubanischen Autorinnen, Nivaria Tejera und Gina Pellón, ins Auge. Beide noch lebenden Autorinnen haben sich in den 60er Jahren von der kubanischen Revolution abgewendet und leben seither im Exil in Paris.

Der Herbst taucht in vielen Gedichten als Vergänglichkeitstopos auf. Dem Wissen um die ephemere Lebensspanne des menschlichen Seins wird oftmals mittels der Metapher herabfallender Blätter Ausdruck verliehen. Spätestens seit Rilkes Gedicht „Herbst" (1902)[2] dürfte uns diese Bildersprache vertraut sein:

Herbst

Die Blätter fallen, fallen wie von weit,
als welkten in den Himmeln ferne Gärten;

[1] Dieser Band wird von William Navarrete herausgegeben und wird im Folgenden mit IP abgekürzt.

[2] Vgl. auch „Herbsttag" mit der bekannten letzten Strophe: „Wer jetzt kein Haus hat, baut sich keines mehr. / Wer jetzt allein ist, wird es lange bleiben, / wird wachsen, lesen, lange Briefe schreiben / und wird in den Alleen hin und her / unruhig wandern, wenn die Blätter treiben" (Rilke 2000, 38).

sie fallen mit verneinender Gebärde.

Und in den Nächten fällt die schwere Erde
aus allen Sternen in die Einsamkeit.

Wir alle fallen. Diese Hand da fällt.
Und sieh dir andre an: es ist in allen.

Und doch ist Einer, welcher dieses Fallen
unendlich sanft in seinen Händen hält. (Rilke 2000, 40)

Das Bild der fallenden Blätter im Zusammenhang mit dem nahenden Tod findet sich auch bei der kubanischen Dichterin Nivaria Tejera. Im letzten Abschnitt ihres Gedichts „¿Dónde están...?“ heißt es:

Sólo veo el Otoño
El Otoño, las hojas muertas
Que me dan golpecitos en la espalda, en los ojos
A que las siga. (IP, 39)

Auch hier dient das Bild der abgestorbenen Blätter als Verweis auf die Vergänglichkeit des Lebens und den nahenden Tod und dürfte daher einen in der nördlichen Hemisphäre lebenden Leser nicht weiter irritieren. Sollte es aber: Denn in der Karibik gibt es den Herbst in dieser Form nicht. Die von Nebel, Regen und kaltem Wind bestimmte Jahreszeit ist dem kubanischen Klima fremd. Daher möchte ich Herbstgedichte von Nivaria Tejera und Gina Pellón im Folgenden etwas näher in den Blick nehmen mit der Frage: Wie kommt es, dass das Motiv des Herbstes in der kubanischen Lyrik verwendet wird und was bedeutet der Rückgriff auf dieses Motiv in Bezug auf die spezifische Exilsituation der Autorinnen?

Im Hinblick auf das Thema „Repräsentationsformen von Wissen“ unterscheide ich zwischen zwei ineinander greifenden Wissensformen, die sich an den Gedichten der Autorinnen festmachen lassen: Einerseits das Wissen um andere Texte, das produktionsästhetisch in jedes Schaffen hineinspielt. Ich greife zur Bestimmung dieses Wissens auf die Methode der Intertextualitätsanalyse zurück, die wiederum dazu dient, das spezifisch eigene Wissen hervorzuheben, das die kubanische Herbstlyrik repräsentiert. Der verwendete Intertextualitätsbegriff lehnt sich an Karlheinz Stierle an, der die Bezogenheit eines literarischen Textes zu einem anderen nicht als Form der Dezentrierung betrachtet. Vielmehr hilft die intertextuelle Gegenüberstellung bei der Situierung eines Textes (vgl.

Stierle 1996, 258f) und im Falle der hier vorliegenden Analyse zu dessen Kontextualisierung.[3]

Andererseits gilt es, das subjektive Lebens- und Erfahrungswissen der Autorinnen einzubeziehen. Hierbei lässt sich Ottmar Ettes *ÜberLebenswissen* (2004) für die Analyse fruchtbar machen. Ihm geht es grundsätzlich um die Frage, wie Literatur (Er)Lebens- und Erfahrungswissen verdichtet und damit ein spezifisches Wissen über das Leben als ÜberLebenswissen zum Ausdruck bringt (vgl. Ette 2004, 20). Das Konzept des ÜberLebenswissens spielt besonders in Bezug auf Diasporaliteraturen eine entscheidende Rolle. Gerade in diesen „Literaturen ohne festen Wohnsitz" (Ette 2005, 15) nimmt das Schreiben die Funktion ein, „transkulturelles, verschiedene und verschiedensprachige Kulturen umfassendes Wissen begreifbar und sagbar zu machen" (Ette 2004, 249f). An diese Einsicht schließt sich meine Fragestellung an, denn das Schreiben im Exil und die damit einhergehende Poetisierung von Lebenswissen ermöglicht den Autorinnen die Aneignung einer Kultur, die ursprünglich nicht die ihre ist.

Um das Spannungsfeld zwischen dem Vergänglichkeitstopos des Herbstes als Ort eines allgemein geteilten Wissens und dessen spezifischer Rekonfiguration in der kubanischen Exillyrik zu ermitteln, ist mein Beitrag in zwei Teile untergliedert: Im ersten Teil – „Die Wiederholung des immer Gleichen?" – erfolgt eine intertextuelle Gegenüberstellung von Nivaria Tejeras „Champ de Mars" und Paul Verlaines „Chanson d'automne". Im zweiten Teil – „Die Situierung des immer Fremden" – werden die Gedichte „¿Dónde están...?" von Nivaria Tejera und Gina Pellóns „La noche de los hombres solos" in Bezug auf ihre gemeinsame Bildersprache und ihre Semantik hin untersucht. Bei der Gedichtanalyse wird je nach Argumentationsschwerpunkt die Herangehensweise Rainer Warnings einbezogen, der vorschlägt, Lyrik nicht nur im Hinblick auf Syntagmatik und Semantik zu interpretieren, sondern auch die Pragmatik miteinzubeziehen. Die Pragmatik dient dazu, die Perspektive bzw. die

[3] Die „hermeneutisch-deskriptive" Auffassung Genettes und Stierles steht der „texttheoretisch-kulturkritischen" Position von Julia Kristeva gegenüber, in der die Identität eines Textes im steten Transpositionsprozess von Zeichensystemen hinter einem „unendlichen Verweisungszusammenhang" verschwindet (vgl. Stiegler 1996, 330f).

Artikulationsebenen der Sprechsituation zu ermitteln (vgl. Warning 1997, 20f).

1. Die Wiederholung des immer Gleichen?

Eine Gegenüberstellung von Paul Verlaines „Chanson d'automne" (1866), das auf beinahe stereotype Weise den Vergänglichkeitstopos des Herbstes aufgreift, und Tejeras „Champ de Mars" (IP, 40-41) soll im Folgenden die den beiden Gedichten gemeinsame Bildersprache verdeutlichen und zeigen, wie die dichterische Stimme Tejeras „vom Rauschen der Intertextualität" (Stierle 1996, 354) begleitet ist.

Chanson d'automne

Les sanglots longs
Des violons
    De l'automne
Blessent mon cœur
D'une langueur
    Monotone.

Tout suffocant
Et blême, quand
    Sonne l'heure,
Je me souviens
Des jours anciens
    Et je pleure;

Et je m'en vais
Au vent mauvais
    Qui m'emporte
Deçà, delà,
Pareil à la
    Feuille morte. (Verlaine 1962, 72-73)

In der ersten Strophe des Gedichts wird eine Atmosphäre von Tristesse und Monotonie geschaffen, was sich in den dunklen Vokalen, in der Lexik („sanglots", „blessent"), im gleichmäßigen Reimschema – zwei Paarreime, von denen der zweite von einem umarmenden Reim umfasst wird – und im gleichmäßigen Rhythmus ohne Zäsuren widerspiegelt. In der zweiten Strophe beschwört das lyrische Ich schmerzerfüllt die Erinnerungen an die vergangenen Tage herauf. Dass die evozierten Erinnerungen mit der Vergänglichkeit des Lebens und dem nahenden Tod zusammenhängen, wird in der letzten Strophe deutlich, in der sich das lyrische Ich mit einem vom Wind hinfort getragenen toten Herbstblatt vergleicht – „pareil à la / feuille morte" (V. 17f). Graphisch hervorgehoben wird dies durch die eingerückten Verse, die außerdem auf das nostalgische Hin- und Herschweifen – „deçà, delà" (V. 18) – zwischen trister Gegenwart und schöner Vergangenheit verweisen.

Das verletzte Herz, die Tränen oder die beweinten Erinnerungen, all dies findet sich in Tejeras „Champ de Mars" (IP, 40f) nicht wieder. Stattdessen befindet sich der Leser in einer bedrückenden Gegenwart, die jeglicher Nostalgie entbehrt. An einen konkreten Ort in Paris versetzt, auf das Marsfeld, überquert das lyrische Ich die Ödnis einer urbanen Herbstlandschaft, „un páramo Champ de Mars" (V. 26). Die hohe Dichte an Verben, wie „erro" (V. 21), „busco", „indago" (V. 24), vermittelt semantisch eine Suchbewegung, die schließlich in der brutalen Metapher einer blutigen Umarmung mit dem Skelett des Eiffelturms aufgeht: „Es el instante en que la torre Eiffel se acuesta / en mis brazos / Una hemorragia su esqueleto de sal" (V. 27-34).

Betrachtet man nun die Versanordnung, so fällt darin graphisch, wie bei Verlaine, die Einrückung der Verse auf, die semantisch mit dem Herabfallen der Blätter einhergehen, so z.B. in Vers zwei:

Las primeras hojas otoñales caen penetran en
    mis ojos cerrados

Durch die Unregelmäßigkeit der Einrückungen einzelner Verse in den jeweiligen Strophen wirkt das Gesamtbild des Gedichts unregelmäßig. Lediglich die dritte Strophe enthält regelmäßig eingerückte Verse, allerdings von unterschiedlicher Länge. Die äußere Form und der tendenziell zur Auflösung gebrachte Satzbau spiegeln die innere Orientierungslosigkeit und Verlorenheit des lyrischen Ichs wider:

Un cuerpo atraviesa Champ de Mars reniega
    la gravitación y cae
Reaparece al fondo de la avenida colgado entre
    dos balcones
Ya no pienso en la vida ni en la muerte erro
    hacia abajo (V. 16-21)

Das Zitat enthält zwei *contre-rejets*, in denen jeweils das Verb von der syntaktischen Einheit des folgenden Verses getrennt wird: „reniega / la gravitación y cae", „erro / hacia abajo" (V. 16f; 20f). Diese *Enjambements* zerschneiden die syntaktische Einheit der Verse drastisch. Gleichzeitig meint man, durch diese syntaktischen Brüche liefen die Verse ins Offene bzw. ins Leere, was auf semantischer Ebene die umherirrende Bewegung unterstützt. Während in der ersten Strophe wie in Verlaines Gedicht die Herbstblätter abfallen (vgl. V. 3), ist es in dieser Strophe ein Körper, der sich von der Gravitation lossagt, fällt und am Ende der Avenue zwischen zwei Balkonen hängen bleibt. Dieser Körper, die Herbstblätter und das lyrische Ich bilden eine Einheit. Sie folgen der gleichen fallenden Bewegung (vgl. V. 20f). Der nahende Tod hat in diesem Abschnitt nichts Beängstigendes mehr, was sich an den Versen „Ya no pienso en la vida ni en la muerte erro / hacia abajo" (V. 20f) erkennen lässt.

Das Fallen des Körpers drückt nicht den baldigen Tod aus, sondern den gegenwärtigen. Vom Motiv des Fallens und des gegenwärtigen Todes lässt sich eine Brücke zur Exilproblematik schlagen, denn das Exil gleicht insofern einer Todeserfahrung, als das endgültige Verlassen der Heimat mit einem Identitäts- und Vergangenheitsverlust einhergeht (vgl. Grinberg 1990, 190). Julia Kristeva zufolge ist der Exilant durch die Ausgrenzung aus seiner Heimat ein Verworfener (vgl. Kristeva 1980, 15), der in einen Seinszustand des ‚Dazwischen' geraten ist. Seine Heimat- und Ortlosigkeit geht mit einer konstanten, ziellosen Suchbewegung einher, die das Scheitern, sich selbst (wieder) zu erkennen, in sich birgt.[4] Tejera selbst spricht im Zusammenhang mit dem Verworfensein von einer „*girovagancia* existencial" (Tejera zit. nach Chávez Rivera 2009, 539). Das existentielle Umherirren wird hier durch die Wortneuschöpfung der Autorin ausgedrückt, die die Verben „girar" (sich im Kreise drehen) und „vagar" (umherirren) in das Substantiv „girovagancia" zusammenfügt. Die existentielle Verlusterfahrung des Verworfenen im Sinne Kristevas wird in „Champ de Mars" anhand eines umherirrenden und im Untergang begriffenen Subjekts erfahrbar.

Tejera zeichnet ein Paris „duro y desierto" (Nadeau 2005, 14), einen entleerten Ort im Spiegel der substantiellen Leere des Exils. Tejeras Biographie ist durchgängig von der Flucht vor Diktaturen und dem Exil gekennzeichnet. Ihre Kindheit verbringt sie auf Teneriffa, wo ihr Vater in

---

[4] Das Verworfensein des Exilierten nimmt Kristeva in *Pouvoirs de l'horreur. Essai sur l'abjection* auf. Dort heißt es über den Verworfenen: „Celui par lequel l'abject existe est donc un *jeté* qui (se) place, (se) sépare, (se) situe et donc *erre*, au lieu de se reconnaître [...]. Au lieu de s'interroger sur son ‚être', il s'interroge sur sa place: ‚Où suis-je?' plutôt que ‚Qui suis-je?'" (Kristeva 1980, 15).

politische Gefangenschaft des Francoregimes gerät. Zurück auf Kuba, flieht die Familie 1954 vor der Diktatur Batistas ins Pariser Exil. Tejera kehrt 1959 noch einmal zurück, gelockt von den Versprechungen der Revolution und der Hoffnung auf ein neues Kuba. Sie bricht jedoch 1965 mit der Ideologie Fidel Castros und kehrt endgültig nach Paris zurück, wo sie seitdem lebt (vgl. Serrano 2005, 14). Die Verdichtung der existentiellen Grenzerfahrung des Exils stellt das Hauptmerkmal ihrer poetischen Schreibweise dar (vgl. Chávez Rivera 2009, 543).

Legt man Verlaines „Chanson d'automne" und Tejeras „Champ de Mars" im Sinne Gérard Genettes palimpsestartig übereinander,[5] so lassen sich einige Gemeinsamkeiten feststellen, etwa die niederdrückende Atmosphäre oder die eingerückten Verse, die das Fallen von Herbstblättern graphisch demonstrieren. Dennoch herrscht eine unterschiedliche Semantisierung der Herbstmotive vor. Tejera eignet sich den Vergänglichkeitstopos an, aber sie erweitert ihn, sodass der Herbst als Metapher des Exils und des damit einhergehenden Identitätsverlusts dient, der sich im ziellosen Umherirren des Verworfenen in der Fremde äußert. Hierbei fällt ins Auge, dass Textwissen (als Wissen von anderen Texten) und verdichtetes Lebens- und Erfahrungswissen in Form von *Über-Lebenswissen* (vgl. Ette 2004, 13) von der Dichterin miteinander verschränkt werden. Die Besetzung des europäischen Herbstmotivs mit dem Lebenswissen der Exilantin repräsentiert folglich transkulturelles Wissen.

2. Die Situierung des immer Fremden

Das Sterben der Natur im Herbst zu erleben, weckt vielfach melancholische Empfindungen und ruft Erinnerungen an die eigene Vergänglichkeit wach. Beispielhaft wurde dies anhand von Verlaines „Chanson d'automne" gezeigt. Der Herbst dürfte für jemanden, der mit den karibischen Jahreszeiten aufgewachsen ist, in denen der Regen, die Tristesse, die Kälte und der graue Himmel des europäischen Herbstes nicht existieren, zu einer verstärkten Melancholieerfahrung führen. Das intensive Erleben der Vergänglichkeit im Herbst löst bei den kubanischen Autorinnen darüber hinaus Erinnerungen an die verlorene Heimat aus und

[5] Vgl. zum Palimpsestbegriff Genette 1982.

vergegenwärtigt zugleich die Entfremdung von der eigenen Herkunft sowie die Fremdheitserfahrung im Exil.

Der Herbst als literarisches Motiv dient daher, außer als Vergänglichkeitstopos, der Inszenierung dieser Entfremdungs- bzw. Fremdheitserfahrung, was im Folgenden anhand der Gegenüberstellung der ersten Verse von Nivaria Tejeras „Dónde están...?“ (IP, 39) und Gina Pellóns „La noche de los hombres sólos“ (IP, 20) gezeigt werden soll. Hierbei bietet es sich an, die Gedichte zeilenweise nebeneinander zu legen, um die bemerkenswerte Ähnlichkeit der verwendeten Bilder und ihrer Semantik miteinander zu vergleichen. Bei diesem intertextuellen Vergleich muss jedoch hervorgehoben werden, dass es sich, obwohl die Autorinnen Zeitgenossinnen sind, um eine Form der „Rezeptionsintertextualität“[6] handelt, also eine von mir als Leserin vorgenommene Gegenüberstellung, da nicht davon auszugehen ist, dass die Autorinnen einander kannten und ihre Texte gegenseitig zur Kenntnis nahmen. Dies ist insofern nicht verwunderlich, da Gina Pellón mehr als Malerin denn als Dichterin bekannt ist. Während Nivaria Tejera bereits 1961 erste Gedichte in Paris veröffentlichte, erschien Pellóns erste Anthologie in Zusammenarbeit mit William Navarrete in dem spanischen Verlag Aduana Vieja im Jahre 2005.[7]

Pellón: La noche de los hombres sólos	Tejera: ¿Dónde están...?
Gente en los pasillos	¿Dónde están las calles de París.
Pasillos estrechos envueltos de humo	Sus gentes silenciosas, su hambre?
Pasar las fronteras bajo los abrigos	Desde mi ventana miro pasar los hombres
Repartiendo siempre papeles mojados	Todos marchan tan solos que apenas existen.
Trenes que se unen buscando el	Existen como un escaparate un tren o

[6] Vgl. hierzu Renate Lachmann, die begrifflich eine Unterscheidung zwischen der vom Leser identifizierten „Rezeptionsintertextualität“ und der vom Autor intendierten „Produktionsintertextualität“ vornimmt (Lachmann 1984, 134).

[7] Tejeras Gedichte erschienen auf Französisch in der Maurice Nadeau herausgegebenen Zeitschrift *Les lettres nouvelles* 16 (1961), S. 87-89. Die Ausgabe trägt den Titel *Nouveaux écrivains d'Amérique latine*. Die Anthologie Gina Pellóns erschien unter dem Titel *Vendeur d'oublis* (2005). Einen guten Überblick über das Gesamtkunstwerk der Malerin Pellón erhält man in Zilioto 1999.

olvido	un periódico
	Que vuela solitário en el viento de la
Ciudades sin pelos (IP, 20, V. 1-6)	noche. (IP, 39, V. 1-6)

Schaut man sich die Gedichtauszüge genau an, so lässt sich eine Vielzahl intertextueller Bezüge feststellen. In beiden Fällen wird mittels der Lexik auf die Urbanität verwiesen („pasillos", „ciudades", „calles"). Bei Pellón kann die Personifikation „ciudades sin pelos" (V. 6) mit den kahlen Städten im Herbst in Verbindung gebracht werden. Einen weiteren intertextuellen Bezug stellt die Personifizierung des Zuges dar (vgl. jeweils V. 5).[8] Diese weckt die Assoziation einer Menschenmasse, die im Nebel des Herbstes wie seelenleere Schatten durch die Straßen ziehen: Bei Pellón fahren die personifizierten Züge in Richtung Vergessen (vgl. V. 5), während die verdinglichten Menschen bei Tejera wie eine Zeitung durch den Wind fortgeweht werden. Daran wird eine ähnliche Aussage erkennbar: Die Menschen bewegen sich auf das Nichts zu. Die Verwendung des Wortes „humo" (V. 2) fügt sich im Sinne von Nebelschwaden ebenfalls in die Semantik des Herbstes ein.[9] Der Nebel kann hier als Sinnbild für ein blindes Suchen und für Undurchdringlichkeit verstanden werden (vgl. Daemmrich 1995). Eine solche Undurchdringlichkeit vermittelt auch das Motiv der Grenze, das im dritten Vers beider Gedichte auftaucht: Bei Tejera bildet das Fenster die Grenze zur Außenwelt („desde mi ventana", V. 3), bei Pellón werden die Grenzen überschritten, aber unbemerkt und versteckt – „pasar las fronteras bajo los abrigos". Wieder wird hier durch das Bild des Mantels und das des Fensters, hinter dem man zu kalter Jahreszeit sitzt, der Herbst evoziert.

8 In Bezug auf das Motiv des abfahrenden Zuges ließe sich weiterführend auch das Gedicht „El otoño tiene los cabellos largos como la ausencia" der kubanischen Dichterin Eyda Machín, die ebenfalls in Paris lebt, in den intertextuellen Vergleich mit einbeziehen. Darin heißt es: „Recuerdos interminables / y largos como la espera... / Comtemplar el tren que parte / hacia lejanas fronteras / expresando en su gemido, / desesperado y latente, / la angustia que yace oculta / en lo profundo de la mente" (Machín 2008, 74).

9 Der Nebel wird in der zweiten Strophe von Tejeras „¿Donde están...?" explizit genannt. Dort heißt es: „Todo París desaparece / No bajo la niebla sino bajo los hombres" (IP, 39, V. 13).

Auf pragmatischer Ebene ist bei Pellón die Abwesenheit eines lyrischen Ichs zu beobachten.[10] Die Leerstelle, die durch das Fehlen eines sich äußernden Ichs produziert wird, verstärkt den Eindruck der äußeren wie inneren Leere und Unbeteiligtheit des lyrischen Ichs auf semantischer Ebene. Beim zeilenweisen Vergleich der Gedichte fällt zudem graphisch auf, dass genau dort, wo in Tejeras „¿Donde están...?" eine Ich-Instanz spricht (vgl. V. 3), bei Pellón eine Leerzeile eingefügt ist.

Durch die Andeutung einer urbanen Herbstszenerie schaffen die Dichterinnen eine Atmosphäre von Einsamkeit und großstädtischer Anonymität. Das Außen spiegelt wiederum die innere Befindlichkeit des lyrischen Subjekts, dem es in seiner einsamen Isoliertheit unmöglich ist, einen Kontakt zu den Menschen herzustellen und zu ihnen vorzudringen. Auch hier verweist die semantische Bildfläche der Herbstszenerie, die von den Motiven Einsamkeit, Stille, Vergessen und Vergänglichkeit bestimmt ist, auf die Fremdheitserfahrung und die Identitätskonflikte im Exil. Die Gegenüberstellung der beiden Gedichte verdeutlicht die Aneignung der Herbstmotivik zur Vermittlung eines spezifisch eigenen, subjektiven Wissens: Der Herbst dient nicht vorrangig als Vergänglichkeitstopos, sondern repräsentiert motivisch die Einsamkeits- und Fremdheitserfahrung im Exil.

3. Ergebnis

Die exemplarische Gegenüberstellung von Tejeras „Champ de Mars" und Verlaines „Chanson d'automne" hat gezeigt, wie die beiden Gedichte sich zueinander verhalten. In der Differenz zu Verlaines Verwendung des Vergänglichkeitstopos lässt sich Tejeras Herbstgedicht in seiner spezifischen Eigenschaft als Exillyrik abgrenzen, da darin die Bildsprache von herabfallenden Blättern und nahendem Tod semantisch auf die existentielle Bedrohung im Exil Verworfenen verweisen. Nicht nur bei Nivaria Tejera, sondern auch bei der Dichterin Gina Pellón ließ sich diese Semantik feststellen, was durch das Nebeneinanderlegen von Tejeras „Donde estan...?" und Pellóns „La noche de los hombres sólos" veranschaulicht werden konnte.

[10] Dies ist eine Charakteristik der Lyrik Pellóns, so auch in „Vendedor de arena" (IP, 26) und „Ser Solo" (IP, 25).

Grundsätzlich bezeichnet ein Topos ein vorgeprägtes literarisches Bild, das gemeinhin in einer bestimmten Kultur bekannt ist (vgl. Stierle 1996, 353). Das Wissen um ein solches kulturspezifisch geprägtes Bild ist nicht für jeden Leser selbstverständlich: In Bezug auf den Vergänglichkeitstopos des Herbstes kann man bei den kubanischen Dichterinnen in Paris davon ausgehen, dass sie sich eine andere literarische Kultur durch ein Wissen über Texte angeeignet haben, um in einem Prozess der produktiven Wissensrekonfiguration ihr spezifisches (Er)Lebenswissen zu verdichten bzw. zu poetisieren. Textwissen und Erfahrungswissen treffen also textintern und textextern aufeinander,[11] was zu einer Umdeutung und einer bemerkenswerten Bedeutungserweiterung des Herbstmotivs auf die Exilerfahrung führt.

Die Intertextualitätsanalyse hat zudem dazu verholfen, die Korrelation zwischen kultureller Identität und „textueller Gestaltung" für die Gattung der Lyrik in den Blick zu bringen[12] und damit die Exilsituation der Dichterinnen als einen Zustand des kulturellen ‚Dazwischens' zu verdeutlichen. Die untersuchten Gedichte selbst repräsentieren dieses ‚Dazwischen', handelt es sich doch um die Besetzung eines Motivs aus dem europäischen Toposbestand in Gedichten, die auf kubanischem Spanisch in Paris verfasst und in Spanien veröffentlicht worden sind. Somit lässt sich auch anhand der untersuchten lyrischen Texte feststellen, wie, um noch einmal die Worte Ettes aufzugreifen, „transkulturelles, verschiedene und verschiedensprachige Kulturen umfassendes Wissen" (Ette 2004, 249f.) sagbar und so begreifbar gemacht wird.

---

[11] Aus rezeptionsästhetischer Perspektive ließe sich die Frage nach der Grenzziehung zwischen Textwissen und Erfahrungswissen noch weiter ausführen. Nach Wolfgang Iser konstituiert der Akt des Lesens den Text als Wirklichkeit. Die Tatsache, dass der Text durch den Leseprozess den Charakter eines erfahrbaren Ereignisses erhält, würde sowohl die Unterscheidung zwischen „textintern" und „textextern" als auch die Unterscheidung zwischen Textwissen einerseits und Erfahrungswissen andererseits aufheben (vgl. hierzu Iser 1976, 112-121).

[12] In Anlehnung an den Entwurf einer „postkolonialen Erzähltheorie" von Hanne Birk und Birgit Neumann, die die kontextuell ausgerichtete postkoloniale Literaturtheorie mit dem formal orientierten Ansatz der Erzähltheorie verbinden und dabei die Intertextualitätsforschung als formale Analysekategorie für die kontextbewusste Untersuchung postkolonialer bzw. diasporischer Literaturen und deren Identitätsdiskurse einbeziehen (Birk / Neumann 2002, 142).

Bibliographie

Birk, Hanne / Neumann, Birgit (2002): „*Go-between*: Postkoloniale Erzähltheorie", in: Nünning, Ansgar / Nünning, Vera (Hgg.): *Neue Ansätze in der Erzähltheorie*, Trier: WVT, 115-152.

Chávez Rivera, Armando (2009): „Nivaria Tejera. Derivas del escritor" (entrevista), in: ders.: *Cuba per se. Cartas de la diáspora*, Miami: Ediciones Universal, 535-548.

Daemmrich, Horst / Daemmrich, Ingrid (²1995): *Themen und Motive in der Literatur*, Tübingen / Basel: Francke.

Ette, Ottmar (2004): *ÜberLebenswissen. Die Aufgabe der Philologien*, Berlin: Kulturverlag Kadmos.

Ette, Ottmar (2005): *ZwischenWeltenSchreiben*. Berlin: Kulturverlag Kadmos.

Genette, Gérard (1982): *Palimpsestes. La littérature au second degré*, Paris: Seuil.

Grinberg, Léon / Grinberg, Rebeca (1990): *Psychoanalyse der Migration und des Exils*, München / Wien: Verlag Internationale Psychoanalyse.

Iser, Wolfgang (1976): *Der Akt des Lesens*, München: Wilhelm Fink.

Kristeva, Julia (1980): *Pouvoirs de l'horreur. Essai sur l'abjection*, Paris: Seuil.

Lachmann, Renate (1984): „Ebenen des Intertextualitätsbegriffs", in: Stierle, Karlheinz / Warning, Rainer (Hgg.): *Das Gespräch*, München: Wilhelm Fink, 133-138.

Machín, Eyda (2008): „El otoño tiene los cabellos largos como la ausencia", in: dies.: *En la voz del silencio*, Lille: TheBookEdition, 74.

Nadeau, Maurice (2005): „París Scarabée", in: *Encuentro de la cultura cubana* 39 (2005-2006), 43.

Navarrete, William (Hg.) (2007): *Ínsulas al pairo. Poesía contemporánea en París,* Valencia: Aduana Vieja.

„Nouveaux écrivains d'Amérique latine. Sélection de poèmes", *Les Lettres Nouvelles* 16, Numéro spécial. Hg. v. Maurice Nadeau. Paris 1961.

Pellón, Gina (2007): „La noche de los hombres solos", in: Navarrete, William (Hg.): *Ínsulas al pairo. Poesía contemporánea en París*, Valencia: Aduana Vieja, 20.

Pellón, Gina (2005): *Vendeur d'oublis.* Édition bilingue. Aus dem kubanischen Spanisch übersetzt von William Navarrete. Valencia: Aduana Vieja.

Rilke, Rainer Maria (2000): *Das Buch der Bilder*, Frankfurt: Insel Verlag.

Serrano, Pío (2005): „Nivaria Tejera. Entrevista", in: *Encuentro de la cultura cubana* 39 (2005-2006), 14-27.

Stiegler, Bernd (1996): „Intertextualität. Einleitung", in: Kimmich, Dorothee / Renner, Rolf Günther / Stiegler, Bernd (Hgg.): *Texte zur Literaturtheorie der Gegenwart*, Stuttgart: Reclam, 327-333.

Stierle, Karlheinz (1996): „Werk und Intertextualität", in: Kimmich, Dorothee / Renner Rolf Günther / Stiegler, Bernd (Hgg.): *Texte zur Literaturtheorie der Gegenwart*, Stuttgart: Reclam, 349-359.

Tejera, Nivaria (2007): „¿Dónde están?...", in: Navarrete, William (Hg.): *Ínsulas al pairo. Poesía contemporánea en París,* Valencia: Aduana Vieja, 39.

Tejera, Nivaria (2007): „Champ de Mars", in: Navarrete, William (Hg.): *Ínsulas al pairo. Poesía contemporánea en París,* Valencia: Aduana Vieja, 40.

Verlaine, Paul (1962 [1866]): „Chanson d'automne", in ders.: *Œuvres poétiques complètes.* Hg. v. Jacques Borel. Paris: Gallimard, 72-73.
Warning, Rainer (1997): *Lektüren romanischer Lyrik. Von den Troubadours zum Surrealismus*, Freiburg: Rombach.
Zilioto, Anna (1999): *Gina Pellón*, Verona: Edizioni A dell'aurora.

Wer weiß was? Über das Wissen und Nichtwissen in sogenannten ‚Mindfuck'-Filmen am Beispiel von Alejandro Amenábars *Abre los ojos*

Indra Runge (Bremen)

Desde hace algunos años, observamos que llegan a los cines cada vez más películas que intentan manipularnos, filmes que molestan, engañan y juegan con los espectadores. Estas películas (y sus directores) utilizan trampas, trucos, e invierten repentinamente la historia al final de la película para llegar a su contrario – es lo que se denomina un plot twist. En esta categoría, podemos citar por ejemplo Abre los ojos, Fight Club *o* Memento, *tres filmes que tienen otros elementos característicos de este fenómeno, como un protagonista que ya no sabe quién es y lo que es real o irreal y que padece un trastorno psíquico. Para este tipo de películas proponemos aquí una nueva categoría llamada* ‚mindfuck'. *Dado que, en estos filmes en cuestión, la información facilitada al espectador frecuentemente es poco clara, su saber permanece siempre muy vacilante y poco fiable, de modo que en todo momento cabe preguntarse:* ¿Quién sabe qué?.

1. Eine Beobachtung

> Information ist der Rohstoff für die Bildung von Wissen. […] Damit aus Information Wissen wird, muß der Mensch auswählen, vergleichen, bewerten, Konsequenzen ziehen, verknüpfen, aushandeln und sich mit anderen austauschen,

so definiert das Lexikon der Neurowissenschaften ‚Wissen' (LN 2001, *Wissen*). Auch die Protagonisten einer Gruppe von Filmen, die seit rund 20 Jahren weltweit in den Kinos für verunsicherte und irritierte Zuschauer sorgen, müssen sich dieser mentalen Leistung stellen. In diesen Filmen, die hier als ‚Mindfuck'-Filme bezeichnet werden[1], kommt erschwerend hinzu, dass es innerhalb der Filmhandlung immer wieder Ambivalenzen und Inkonsistenzen gibt, die dazu führen, dass das Wissen unzuverlässig und fragwürdig erscheint. „Alles, was Sie wissen, ist eine Lüge!" sagt Henri, der Protagonist aus *Stay* (USA 2005, Marc Forster) zu seinem Psychiater Sam und richtet sich damit gleichsam an den Zuschauer. Denn auf der Leinwand wird nicht die Wirklichkeit gezeigt, sondern lediglich die Repräsentation einer Repräsentation. So heißt es auch in einer Szene in *Mulholland Drive* (USA 2002, David Lynch): „Il n'y

[1] Die Definition der ‚Mindfuck'-Filme orientiert sich an den wissenschaftlichen Aufsätzen von Eig (2003) und Geimer (2006). Mehr dazu in Unterkapitel 3.

a pas d'orchestra. It is all an illusion." Mit dieser Illusionshaftigkeit des Mediums Film wird in der Filmhandlung gespielt. Das vermeintliche Wissen basiert auf Informationen, aus denen der Held und der Zuschauer Hypothesen konstruieren müssen, die sich schlussendlich als falsch herausstellen: Was ist nun wahr und was ist falsch? Und wer weiß überhaupt was?

Diese spezielle Art von Filmen ist seit Mitte der 1990er Jahre immer häufiger in den Kinos zu sehen: Filme wie *Abre los ojos* (Spanien 1997, Alejandro Amenábar), *Fight Club* (USA 1999, David Fincher) oder *Memento* (USA 2000, Christopher Nolan) brechen die lineare Erzählweise auf, funktionieren wie ein Puzzle, zeigen mehrere Handlungsvarianten oder bieten dem Zuschauer überhaupt keine zufriedenstellende Lösung mehr an. Das Spiel mit der Wahrnehmung, mit der Reihenfolge von Ursache und Wirkung, mit Anfang und Ende, Fiktion und Realität, sonst eher aus Kunst- und Avantgarde-Filmen bekannt, ist mittlerweile auch im Mainstream angekommen – es ist massentauglich geworden. Diese Filme erfordern eine aktive Teilnahme des Rezipienten, da sie nicht nur einen reinen Unterhaltungszweck verfolgen, sondern enträtselt werden wollen.[2] Ohne die aktive Partizipation des Zuschauers gibt es auch keinen (‚Mindfuck'-)Film.

‚Mindfuck'-Filme spielen mit dem Wissen der Zuschauer, das schließlich immer ein Nichtwissen ist. Der Begriff des ‚Mindfuck' stammt aus der populären Praxis, ist dort bekannt und gebräuchlich. Er stellt auch im filmwissenschaftlichen Kontext eine gute Möglichkeit dar, neben Fragen nach filmnarratologischen und filmtechnischen Mitteln, die Seite der Rezipienten – zumal gerade die Rezipienten diesen Begriff geprägt haben und ihn benutzen – in den Blick zu nehmen und zu untersuchen, aus welchen Gründen sich diese mit Lust und Freude den verwirrenden und manipulierenden Filmen aussetzt. Insgesamt spielen Wissen und Nichtwissen – sowohl für die Protagonisten als auch für die Rezipienten – in den betreffenden Filmen eine große Rolle.

---

2 David Bordwell (1985) spricht von einem aktiven Zuschauer, durch dessen Beteiligung die *fabula*, also die chronologische und kausale Geschichte, konstruiert wird. Gerade ‚Mindfuck'-Filme erfordern einen aktiven Zuschauer, der die Handlung entschlüsselt. Obwohl Bordwell von anderen Filmen ausgeht, so ist sein Konzept auch für die Analyse der ‚Mindfuck'-Filme bedeutsam.

Generell sind im Film drei Positionen zu benennen, die wissen bzw. nicht wissen: der Rezipient, der Protagonist und der Regisseur, der hier stellvertretend für das gesamte Produktionsteam (inklusive der Kamera, die die Bilder aufnimmt) steht. Aus dieser Konstellation unterschiedlicher Standpunkte und Perspektiven ergeben sich in den ‚Mindfuck'-Filmen unterschiedliche Wissensebenen: Niemand verfügt über den gleichen Wissensstand wie die andere(n) Position(en). Mitunter entpuppt sich das Wissen des Protagonisten und des Rezipienten sogar als Nichtwissen. Die Frage ist nun, wie die ‚Mindfuck'-Filme mit diesem (Nicht)-Wissen umgehen und wie das (Nicht-)Wissen präsentiert wird. Mit welchen Mitteln und Methoden wird sicheres Wissen unmöglich gemacht, bzw. wie wird die Täuschung erreicht und wie wird in einem zweiten Schritt die Auflösung herbeigeführt und das vermeintliche Wissen in seiner Falschheit entlarvt? Ist das Spiel mit dem (Nicht-)Wissen grundsätzlich ein elementarer Bestandteil von ‚Mind-fuck'-Filmen? Können diese Filme nur funktionieren und existieren, wenn zwar Wissen als real und wahr dargestellt wird, doch letztendlich immer nur ein Trugschluss bleibt?

2. Von den Vorläufern zum gegenwärtigen Kino

Eine erste skizzenhafte Beschreibung des ‚Mindfuck'-Films lautet wie folgt: ‚Mindfuck'-Filme haben es auf Manipulation und Täuschung des Rezipienten abgesehen, auf die Vermischung von Realität und Fiktion innerhalb der diegetischen Handlung. Typisch sind nicht-lineare Erzählweisen, unzuverlässige Standpunkte und unerwartete Handlungswendungen.

Erzählstrategien wie diese sind allerdings bekannt und auch in anderen Kontexten neben dem filmischen Erzählen anzutreffen: In der Literatur spielen Autoren immer wieder so lange mit unterschiedlichen Realitäts- und Fiktionsebenen, bis der Leser zusehends irritiert ist und bald nicht mehr sagen kann, was wahr und was falsch ist. Auch die Bildende Kunst oder das relativ junge Genre des Computerspiels warten mit solchen Verwirr- und Vexierspielen auf. ‚Mindfuck' scheint also nicht nur ein relevanter Aspekt im Kino der Jahrtausendwende, sondern generell ein transmediales ästhetisches Phänomen unserer Zeit zu sein, das sich in eine Traditionslinie der absichtlichen Täuschung und Manipulation des Rezipienten durch das jeweilige Medium einordnen lässt.

Blickt man zurück, so lassen sich auch in der Filmgeschichte Beispiele finden, die schon vor vielen Jahren mit dem (Nicht-)Wissen der Zuschauer spielten. Im deutschen Expressionismus etwa kann man Vorläufer des ‚Mindfuck'-Films erkennen: In *Das Cabinet des Dr. Caligari* (Deutschland 1920, Robert Wiene) wird dem Zuschauer eine Geschichte erzählt, die sich am Ende als Imagination eines psychisch Kranken herausstellt. In den 1940er Jahren sind die *film noir*-Filme (z.B. *Double Indemnity*, USA 1944, Billy Wilder) äußerst populär, in denen meist ein Privatdetektiv oder Versicherungs-angestellter, ein *hardboiled* Typ, rückblickend berichtet, wie er in seine aussichtslose Lage – häufig liegt er im Sterben – geraten ist. Seine subjektive Sicht muss dabei nicht zwangsläufig den dargestellten Tatsachen der Filmhandlung entsprechen und kann unzuverlässig sein. Weitere zwanzig Jahre später erzählt Antonioni in *Blow Up* (GB 1966, Michelangelo Antonioni) die Geschichte eines Modefotografen, der einen vermeintlichen Mord fotografisch festgehalten zu haben scheint: Es entspinnt sich ein Spiel um Bild und Abbild, um Sein und Schein. Seit den 1980er Jahren stellen schließlich sogenannte *surprise*-Filme wie *Brazil* (USA 1995, Terry Gilliam), *Jacob's Ladder* (USA 1990, Adrian Lyne) und *The Usual Suspects* (USA 1995, Bryan Singer) neue Anforderungen an den Zuschauer, indem die Rezeption durch zahlreiche Tricks und geschickte Finten erschwert und die Geschichte schließlich als Vision, Traum oder Lüge entlarvt wird.

Die Unterschiede zwischen diesen früheren Filmformen und dem Phänomen des ‚Mindfuck'-Films zeigen sich auf der Wissensebene: Zunächst ist allen Filmen insgesamt gemein, dass sie dem Zuschauer ein Wissen der Handlung und Zusammenhänge vermitteln, das sich zu einem gegebenen Zeitpunkt als Täuschung entpuppt und somit zu Nichtwissen wird. Dabei gilt für die älteren Beispiele, dass entweder der Protagonist oder der Zuschauer einen Wissensvorsprung gegenüber der jeweils anderen Position hatte: So versucht der Protagonist beispielsweise durch das Verschweigen von wichtigen Informationen, seine eigene Schuld zu rechtfertigen oder zu vertuschen oder der Rezipient weiß von vornherein um die Schuldigkeit des Protagonisten, der erst im Laufe der Filmhandlung sein eigenes Verbrechen aufdeckt. In den ‚Mindfuck'-Filmen hingegen entfällt dieser Wissensvorsprung, denn Protagonist und Rezipient verfügen immer über den gleichen Wissensstand. Daraus ergibt sich, dass nicht der Protagonist, zumindest nicht bewusst, wie in den Vorläufern, lügt, sondern dass die Lüge durch die Bilder der Kamera und die Montage dieser Bilder erzeugt wird. Die Verteilung und Orchestrierung von Wissen lässt sich daher als relevantes Merkmal für eine engere Definition des ‚Mindfuck'-Films bestimmen.

3. Über das (Nicht-)Wissen im ‚Mindfuck'-Film

In der aktuellen filmwissenschaftlichen Forschung existieren zwei Aufsätze, die sich mit dem Begriff ‚Mindfuck' auseinandersetzen: Der US-amerikanische Filmwissenschaftler Jonathan Eig grenzt in „A beautiful mind(fuck): Hollywood structures of identity" das Phänomen auf spezifische Hollywoodfilme der Jahre 1999 bis 2001 ein und bezeichnet ‚Mindfuck' zunächst als „label" und „trendy name" (vgl. Eig 2003). An fünf Filmbeispielen erläutert er die Funktionsweise des ‚Mindfuck' und führt als ersten Film *The Sixth Sense* (USA 1999, M. Night Shyamalan) an. Dieser Film weckte mit seiner ungewöhnlichen Erzählweise, bzw. seiner finalen Auflösung, das Interesse des Publikums und auch das Interesse Hollywoods für diese narratologisch innovative Art, Filme und Geschichten zu erzählen. Außerdem war der Film ein wirtschaftlicher Erfolg, was wiederum das Entstehen weiterer Filme in diesem Modus begünstigte. Eig erkennt in den Filmen, die er als ‚Mindfuck' bezeichnet, narrative Überraschungen über die Identität des Protagonisten: Es sind keine ‚normalen' Helden mehr, sondern Protagonisten, die selbst nicht mehr wissen, wer sie sind. In gleicher Weise rätselt der Rezipient, wer und was dieser Protagonist ist. Der zweite Aufsatz stammt von dem deutschen Soziologen Alexander Geimer. In „Der mindfuck als postmodernes Spielfilmgenre. Ästhetisches Irritationspotential und dessen subjektive Aneignung untersucht anhand des Films *The Others*" (2006) verfolgt Geimer einen rezeptionsorientierten Ansatz und führt Eigs Gedanken weiter. Schließlich kommt er zu folgender Feststellung:

> Neu bzw. anders im mindfuck-Film ist hingegen, dass der Zuschauer der Täuschung bis zum ‚ent-täuschenden' Ende aufsitzen muss, da die Erzählstruktur die Identität des Helden und dessen Perspektive auf den Gegenstand der Erzählung nicht oder kaum infrage stellt und erst am Schluss unvermittelt Aufschluss gibt. [...] Ent-täuschend ist am Ende auch, dass zwar das bisher Gesehene als eigentlich ganz anders dargestellt wird, zumeist nicht jedoch eindeutig aufgelöst wird, was ‚wirklich wirklich' ist, und was also den Helden letztendlich zu seiner inadäquaten Wahrnehmung, welcher der Zuschauer aufgesessen ist, veranlasst hat. (Geimer 2006)

Geimer verortet den ‚Mindfuck'-Film zunächst mit Hinweis auf den US-amerikanischen Filmwissenschaftler David Bordwell in der Postmoderne und führt an, dass in den ‚Mindfuck'-Filmen grundsätzlich ein „krasses Missverhältnis" zwischen *sujet* und *fabula*, einhergehend mit einer Störung der Kausalität, zu verzeichnen ist.

Wurde der ‚Mindfuck'-Film eingangs zunächst als manipulierende und täuschende Inszenierung skizziert, die Realität und Fiktion so lange vermischt, bis der Rezipient die Orientierung innerhalb der diegetischen Handlung verliert, so lassen sich die Ergebnisse von Eig und Geimer aufgreifen und in eine konkretere Definition des ‚Mindfuck'-Films überführen: In den ‚Mindfuck'-Filmen zweifelt ein größtenteils männlicher Protagonist[3] stets an seiner Identität und der Realität, die ihn umgibt. Ebenso ratlos findet sich der Rezipient in der Filmhandlung wieder und versucht durch Hypothesenbildung, die Handlung für sich zu erschließen. In einem überraschenden *plot twist* zum Ende des Films stellt sich schließlich die bisherige Geschichte als falsch, unwahr oder irreal heraus, so dass das gesamte Wissen, das sich Protagonist und Rezipient während des Filmes erarbeitet und zusammengesammelt haben, ungültig wird. Und damit noch nicht genug: Viele ‚Mindfuck'-Filme bleiben auch nach dem *plot twist* weiterhin offen, und lassen damit ganz unterschiedliche Interpretationen zu.

Ein wichtiges, wenn nicht das wichtigste Kennzeichen der ‚Mindfuck'-Filme sind die Identitäts- und Realitätszweifel der Protagonisten. Sie ergeben sich, so auch Eig und Geimer, aus ihren ganz individuellen Krisen, die in den Filmen unterschiedlicher Natur sind und somit zu unterschiedlichen ‚Mindfuck'-Varianten führen. So kann der Protagonist psychisch erkrankt sein und unter einem Trauma, einer Neurose, unter Schlaflosigkeit, Schizophrenie oder Halluzinationen leiden. Oder aber der Held ist bereits tot, ohne sich dessen bewusst zu sein.[4] In anderen Filmen versucht der Protagonist ein Verbrechen oder ein Komplott aufzudecken, welches er jedoch selber begangen hat. Oder er imaginiert eine alternative Geschichte (eine Parallelwelt), um das eigentliche Geschehen zu verdrängen. Eine dieser Varianten oder auch eine Kombination bildet schließlich die Basis eines jeden ‚Mindfuck'-Films.

3 Es gibt nur wenige Ausnahmen mit einer weiblichen Protagonistin, z.B. in *Mulholland Drive* oder *The Others*.

4 Vgl. Elsaesser 2003.

Analog zu den Schwierigkeiten, die der Protagonist hat, sich in seiner Realität, also der Filmrealität zu verorten, bleibt auch der Rezipient über die Geschehnisse im Ungewissen und konstruiert die Zusammenhänge aus dem, was ihm filmisch präsentiert wird und dem, was er als Film- und Weltwissen mitbringt.[5] Der Zuschauer bringt aus seiner Filmerfahrung und Mediensozialisation bereits ein gewisses Arsenal an Wissen mit, Strategien, die er in jedem Film anwendet: Steigt der Protagonist zum Beispiel an Ort A in ein Auto und verlässt das gleiche Auto in der nächsten Szene an einem Ort B, so schließt der Rezipient daraus, dass der Protagonist die Distanz AB in zeitlicher Linearität zurückgelegt haben muss. Dieses Wissen, nämlich dass ein Ortswechsel Zeit braucht, wendet er auf den Film an, ohne dass es für ihn nötig ist, diesen Zeitablauf zu sehen. Sein Alltagswissen ist ausreichend, um die Lücke in der Handlung zu schließen und nicht als irritierend zu werten. Allerdings, so geschieht es in den ‚Mindfuck'-Filmen, bergen ebensolche Szenen und Zeitsprünge in der Handlung häufig Tücken.

Was nun schlussendlich in den ‚Mindfuck'-Filmen wahr und unwahr ist, muss jeder Rezipient für sich allein klären. Oftmals verlässt er den Kinosaal mit vielen Fragen und Ungereimtheiten und wird sich den „medienbewussten Film", wie Markus Kuhn ihn nennt (Kuhn 2009, 142), gegebenenfalls später noch einmal (und noch einmal) anschauen (müssen), um des Rätsels Lösung zu entdecken. Da jedoch Kern vieler ‚Mindfuck'-Filme ist, dass sie das Uneindeutige, Offene und Verwirrende geradezu zelebrieren, entlassen sie den Zuschauer zurück in die eigene Verunsicherung: In den ‚Mindfuck'-Filmen gibt es kein eindeutiges Wahr und Falsch mehr, ein Umstand, der eben auch zur polarisierenden Rezeption dieser Filme beiträgt: Was für die einen eben jenen besonderen Reiz ausmacht, vermag die anderen zu verschrecken.

4. Unzuverlässiges Erzählen und ‚Mindfuck'

Als Folge des *cultural turns*[6] werden seit Mitte der 1980er Jahre narratologische Theorien, Konzepte und Methoden aus einem literaturwissen-

[5] Damit sind eingeübte rezeptive Strategien des Zuschauers, sowie dessen Wissen über die Welt, kausal-logische Zusammenhänge etc. gemeint, die ihn zur Hypothesenbildung der Geschichte anregen und veranlassen.

[6] Vgl. dazu Bachmann-Medick (2010).

schaftlichen auf einen filmischen Kontext übertragen. Dieser Trend setzt sich seit den 2000er Jahren verstärkt fort.[7] Eines dieser Konzepte ist das unzuverlässige Erzählen, das der Literaturwissenschaftler Wayne C. Booth bereits 1961 zur Beschreibung literarischer Texte einführte. Im Zentrum steht dabei ein unzuverlässiger Ich-Erzähler, der sich dieses Umstandes in der Regel nicht bewusst ist oder der diesen Umstand verschleiert. Eine Variante ist das unzuverlässige auktoriale Erzählen, das erst im Fortschreiten der Handlung für den Rezipienten (und mitunter auch für den Protagonisten) enttarnt wird. Für die Analyse des ‚Mindfuck'-Films bietet sich das ‚unzuverlässige Erzählen' als sinnvolle Methode an, die ein geeignetes Vokabular bereithält, um die Mechanismen, Mittel und Tricks zu entschlüsseln, die die Ambivalenz, Ambiguität und Inkonsistenz in den ‚Mindfuck'-Filmen erzeugen.

Was genau ‚unzuverlässiges Erzählen' im Film ist und wie dieses narratologische Konzept auf den Film angewendet werden kann, darüber wurde in den vergangenen Jahren viel geschrieben und diskutiert.[8] Einigkeit besteht allerdings bezüglich einer elementaren Unterscheidung, die die Narratologie betrifft und die auch im filmischen Kontext sinnvoll ist, nämlich zwischen faktischer und normativer Unzuverlässigkeit: Bei der faktischen Unzuverlässigkeit wird ein Sachverhalt falsch dargestellt, bei der normativen Unzuverlässigkeit weichen die Aussagen des Erzählers von den moralischen Normen der Diegese ab. Ausgehend von dieser Unterscheidung – wie gezeigt werden wird, handelt es sich bei den ‚Mindfuck'-Filmen um faktische Unzuverlässigkeit – erfolgt im Folgenden eine Filmanalyse von *Abre los ojos*, die die vielfältigen Mittel und Tricks des ‚unzuverlässiges Erzählens' im Film aufspürt und die Strategie der Täuschung und Manipulation enthüllt.

---

7 Vgl. zum Beispiel die Veröffentlichungen von Schlickers (1997), Nünning (2002), Helbig (2006), Ferenz (2008), Laass (2008) u.a.

8 Exemplarisch sollen hier kurz einige aktuelle(re) Veranstaltungen genannt werden: ZeitSprünge – Wie Filme Geschichte(n) erzählen. 8. Bremer Symposium zum Film (2003); Unzuverlässiges Erzählen in Literatur und Film, an der Universität Mainz (2003); Ambivalenz und Kohärenz. Untersuchungen zur narrativen Sinnbildung, Symposium veranstaltet vom Zentrum für Erzählforschung in Wuppertal (2007); „Filmnarratologie": Tagung im Bielefelder Zentrum für interdisziplinäre Forschung (ZiF) (2008).

5. Alejandro Amenábars *Abre los ojos*

Kern der ‚Mindfuck'-Filme ist die fragwürdige Identität und Erinnerung des Protagonisten, die mit einer Täuschung und Irritation des Rezipienten einhergeht. Plötzlich und unerwartet muss der Zuschauer entdecken, dass dem Protagonisten nicht unbesehen zu trauen ist und letztlich zu keinem Zeitpunkt der Filmhandlung zu trauen war. Zeitgleich mit dem Rezipienten erkennt der Protagonist seine eigene Täuschung und Manipulation. Dies gilt auch für den Film *Abre los ojos* von Alejandro Amenábar aus dem Jahr 1997. Der junge, gutaussehende und reiche Held César (Eduardo Noriega), beschreibt sein Leben wie folgt: „Nada que usted no sepa: que iba a cumplir 25 años y que me gustaba comer, dormir y hacer el amor, como a todo el mundo." (0:03:25)[9] Die Frauen liegen ihm zu Füßen, beruflich gibt es keine Probleme und sein bester Freund Pelayo (Fele Martínez) ist ihm stets zur Seite. Doch eines Tages bricht er seine Maxime, niemals öfter als einmal mit der gleichen Frau zu schlafen, und trifft sich häufiger mit Nuria (Najwa Nimri). Seine Versuche, sie daraufhin loszuwerden, schlagen fehl. Auf seiner Geburtstagsfeier lernt er Sofía (Penélope Cruz) kennen, die in Begleitung Pelayos erscheint, und verliebt sich auf der Stelle in sie. César fährt Sofía an diesem Abend schließlich nach Hause, wo sie sich bis in die Morgenstunden in Gespräche vertiefen. Als César frühmorgens ihre Wohnung verlässt, wartet Nuria schon vor dem Haus und überredet ihn, zu ihr ins Auto zu steigen – die Fahrt endet mit einem Unfall, der Nuria das Leben und César sein gutes Aussehen kostet. Fortan muss er mit einem entstellten Gesicht versuchen, seinen Alltag wieder aufzunehmen, denn die Ärzte können ihm nicht mehr helfen und überreichen ihm eine groteske Gesichtsprothese: eine Maske, mit der er lernen soll, sein neues Aussehen zu akzeptieren (vgl. auch Peña Ardid 2004).

Die Geschichte ist jedoch nicht so einfach, wie sie sich hier liest. Denn die Situation, in der sich César zu Beginn der filmischen Erzählung befindet, ist folgende: Er ist in einer Strafanstalt inhaftiert, da er des Mordes an Sofía beschuldigt wird. Ihm wurde der Psychiater Antonio (Chete Lera) zugeteilt, der für die Gerichtsverhandlung ein Gutachten über Césars Schuldfähigkeit erstellen soll. In einem fortlaufenden Dialog, der

[9] Die Angaben beziehen sich auf die DVD-Fassung von *Abre los ojos* von 2003.

sich zunächst im *voice-over* andeutet und schließlich auch in der Filmhandlung aufgegriffen wird, versucht sich César, angetrieben durch Antonios Fragen, an die zurückliegenden Ereignisse zu erinnern. Nach und nach berichtet er ihm (und damit gleichsam dem Zuschauer) von seinem Leben und den darin angelegten Verwicklungen. In seinen Erzählungen vermischen sich immer wieder Geschehnisse, die in der Filmhandlung als real dargestellt werden und zahlreiche (Alb-)Träume, die aus Césars Unterbewusstsein an die Oberfläche drängen. So ist beispielsweise in seinem Traum das Wiedersehen mit Sofía nach dem Unfall eine schöne Erinnerung bei strahlendem Sonnenschein – und kurz muss sich der Zuschauer sogar fragen, ob nicht der Unfall nur ein böser Albtraum war (vgl. Peña Ardid 2004, 138). In einer späteren Szene jedoch, die durch die Wahrnehmung Césars und Antonios als filmische Realität ausgewiesen wird, regnet es bei der Wiederbegegnung nach dem Unfall und Sofía bleibt sehr zurückhaltend. Es folgt ein Discobesuch mit Sofía und Pelayo, der für César betrunken und allein auf einem Bürgersteig liegend und sich nach dem Tode sehnend endet. In der Anschlussszene weckt Sofía den auf der Straße schlafenden César, entschuldigt sich bei ihm und sagt, dass sie ihn liebt. Innerhalb einer Woche, suggeriert César im *voice-over*, habe sich sein Leben zum Guten gewendet:

> En menos de una semana, mi vida había dado un giro de 180°. Una noche me quedo tirado en el suelo, borracho, deseando morirme, y a la mañana siguiente mis deseos empiezan a cumplirse, como en las películas: Sofía me quiere y los médicos dan con la fórmula milagrosa. No sé, es lógico que desconfíe. (0:58:57)

Sowohl sein Gesicht als auch seine Freundschaft zu Pelayo sind wie durch ein Wunder wieder intakt. Glücklich kann César nun in seine Zukunft aufbrechen, als sei der schlimme Unfall nie passiert – dies wollen zumindest die Filmbilder den Protagonisten und damit auch den Rezipienten glauben lassen. Jedoch ist das vermeintliche Glück von kurzer Dauer: Denn das wiederholte Auftauchen der tot geglaubten Nuria sorgt bei César und dem Zuschauer für Verwirrung. Traum, Einbildung oder doch filmische Realität? In Césars Erinnerungen an die zurückliegenden Geschehnisse tauschen die Frauenfiguren wiederholt ihre Identität – und diese Identitätsverschiebungen werden über die filmischen Bilder gleichsam zur Realität. Wem kann der Zuschauer nun trauen? Césars Aussagen, die in einer Klinik retrospektiv erinnert werden? Den eigenen Augen, obwohl sich viele filmische Bilder in Anschlussszenen schon vermehrt als (Alb-)Traum entpuppt haben? Dennoch schlägt sich der

Rezipient vermutlich auf Césars Seite und erlebt einen letzten Rollenwechsel der Frauen, der tödlich endet: Im Wahn erstickt César während des Beischlafes Nuria / Sofía mit einem Kissen.

Die Umstände des Mordes bleiben für César, eingesperrt in der Strafanstalt, und den Zuschauer zunächst vage und werden erst sukzessive im Fortschreiten des Films enthüllt. Doch selbst die wiederentdeckte Erinnerung an den Tathergang und die (vermeintliche) Schuldigkeit Césars sollen noch nicht die ersehnte Aufklärung für den Zuschauer bringen: Sein Psychiater rät ihm zu einer Hypnose, um den vergangenen Ereignissen auf die Spur zu kommen, wobei sich weitere, bisher unerwähnte und ungezeigte Details in Césars Bewusstsein drängen, die wiederum neues Verwirrungspotential enthalten. Der hypnotisierte César sieht ein Büro und eine Vertragsunterzeichnung – Erinnerungen, die zunächst weder er noch Antonio einordnen und erklären können. Auch der Rezipient rätselt zu diesem Zeitpunkt über die Bedeutung der Bilder, die verschleiert und verzerrt wiedergegeben werden. Als César in der Strafanstalt – die dem Zuschauer hier als vermeintliche Filmrealität präsentiert wird – nebenbei einen Werbefilm im Fernsehen sieht, erlebt er ein Déjà-vu und erkennt die Hypnose-Erinnerung wieder. Mit seinem Psychiater fährt er schließlich zu dem Unternehmen aus dem Werbespot, das sich *Life Extension* nennt. Hier sollen sich für César und den Zuschauer die Zusammenhänge aufklären.

6. Auf Spurensuche im ‚Mindfuck'-Film

Eine erste Möglichkeit, um dem ‚unzuverlässigen Erzählen' auf die Spur zu kommen, ist das Aufspüren der Hinweise in der Filmhandlung, die in den ‚Mindfuck'-Filmen gestreut werden. Sie deuten auf die Unzuverlässigkeit der Gegebenheiten oder Aussagen und damit auf die ‚eigentlichen' Zusammenhänge hinter den gezeigten Bildern und Aussagen, die jedoch vom Rezipienten entweder irritiert hingenommen, übersehen oder gar negiert (= neutralisiert) werden. Ein gutes Beispiel hierfür ist die Anfangssequenz von *Abre los ojos*: Das Bild ist zunächst Schwarz. Dann ertönt eine Frauenstimme aus dem Off, die mehrfach „Abre los ojos" – „Öffne die Augen" – sagt. Als der Zuschauer César beim Aufwachen in seinem Bett sieht, kann er die Stimme als Stimme des Weckers identifizieren. Nun steht César auf, geht ins Bad, duscht und schaut sich im Spiegel an. Ausführlich begutachtet er sein Gesicht. Schließlich zieht er sich an, macht sich fertig und verlässt sein Apartment. Er fährt mit seinem Auto aus dem Parkhaus und findet sich auf den leeren, verlassenen Straßen Madrids wieder. Was ist hier los? Wo sind die Menschen? Traum? Realität? Albtraum? Fragen, die sich sowohl der Protagonist als auch der Rezipient stellen. Allerdings bleiben sie an dieser Stelle der Filmhandlung ohne Antwort und Erklärung.

Weitere Hinweise auf die Subjektivität und Inkonsistenz der Erinnerung werden durch eine geschickte Schnitt- und Montagetechnik erzeugt, wie in der soeben beschriebenen Anfangssequenz, als ein Wechsel von einer „subjektiven" Kamera – der Protagonist César begutachtet sich im Spiegel – auf eine Kameraperspektive erfolgt, die César durch die Wohnung und dann auf die leeren Straßen Madrids folgt. Die Kamera zeigt einen limitierten Blickwinkel, der nur bestimmte Ausschnitte zu sehen gibt, und für eine subjektiv gefärbte Darstellung der Gegebenheiten stehen und damit auf eine verzerrte Perspektive – die des Helden – hinweisen kann. Durch den Perspektivwechsel wird schließlich eine erweiterte Sicht möglich, die objektiver zu sein scheint und dem Rezipienten einen breiteren Blickwinkel gestattet. Solche Perspektivwechsel deuten auf filmtechnischer Ebene die Zwei- und Doppeldeutigkeiten an, mit denen *Abre los ojos* im gesamten Film über spielen und die Frage nach der Verteilung des Wissens vorantreiben wird.

‚Mindfuck'-Filme verzichten vielfach auf konventionelle Markierungen, die z.B. üblicherweise einen Traum durch eine Einschlafsequenz oder durch Signale auf der Tonspur markieren.[10] Auch in *Abre los ojos* spielen Schlafen, Träumen und Aufwachen eine wichtige Rolle. Die bereits beschriebene Anfangssequenz wiederholt sich direkt im Anschluss. Im zweiten Durchlauf liegt jedoch eine Frau, nämlich Nuria, in Césars Bett, und er bittet sie, sich nicht wieder bei ihm zu melden. Er verlässt ‚erneut' das Apartment: Die Straßen Madrids sind nun belebt. Durch diese Wiederholung wird die erste Sequenz zum Albtraum. Auch die Szene, in der César betrunken auf dem Bürgersteig einschläft und morgens von Sofía geweckt wird, ist nichts weiter als ein (Wunsch-)Traum.

Das Filmende offenbart schließlich, was César verdrängt hat und dem Zuschauer damit bisher vorenthalten wurde und er folglich auch nicht

[10] Dies wird in *Memento* mehrfach durchgespielt. Der Zuschauer sieht den Protagonisten wiederholt aufwachen, aber das Einschlafen wird nicht gezeigt, bzw. gewissermaßen nachgeliefert, da *Memento* vom Ende her erzählt wird.

wissen konnte: César hatte Sofía nach dem Discobesuch nie wiedergesehen und auch sein Gesicht blieb entstellt. Er verkroch sich in seiner Wohnung und setzte seinem Leben schließlich mit Tabletten ein Ende. Zuvor hatte er allerdings mit *Life Extension* einen Vertrag abgeschlossen: Nach seinem Tode sollte er durch Kälte konserviert werden und fortan in einem für ihn simulierten und technisch erzeugten Traum weiterleben. Doch, wie sich am Ende des Films herausstellt, gab es bei seiner Traumprogrammierung einen Fehler: Nuria und Sofía wurden verwechselt, was die Albträume begünstigte.

In dieser Form der Wirklichkeitsmodellierung hat der Mord nur im Traum, also in der virtuellen Realität, stattgefunden und César hat genau genommen gar kein Verbrechen begangen. In der Schlusssequenz wird César von einem Vertreter von *Life Extension* vor die Wahl gestellt: Den Traum nun als den schönst möglichen mit Sofía an seiner Seite weiterzuträumen oder zu erwachen und sein Leben in der „Realität" weiterzuleben. Seit Césars Selbstmord und der Erkenntnis, schon tot zu sein, sind jedoch 150 Jahre vergangen. Er könnte, so bietet man ihm an, sich aus der Kältekonservierung erwecken lassen und ein reales Leben im Jahr 2140 weiterleben. César entscheidet sich für die Beendigung seines (Alb-) Traums: Erneut muss er seinem Leben ein Ende setzen und springt von dem Hochhaus, auf dem er sich in der letzten Sequenz des Films befindet.[11] „Tranquilo, tranquilo, abre los ojos" (1:50:10) ertönt es nun wieder, kurz bevor César auf dem Boden aufschlägt und das Bild wieder ins Schwarze taucht.

Diese zirkuläre Struktur von *Abre los ojos*, ein weiteres Kennzeichen der ‚Mindfuck'-Filme, lässt auch hier mehrere Interpretationen zu: War die gesamte Filmhandlung nur ein Traum (im Traum im Traum), aus dem der Protagonist erst jetzt erwacht? Oder erwacht er nach dem Autounfall mit Nuria aus einem Koma? Handelt es sich vielleicht um die Stimme einer Krankenschwester des Jahres 2140, die César aus der Kälte befreit (vgl. Peña Ardid 2004, 140)?

Derartige Dekonstruktionen der Chronologie (Rahmenhandlung Psychiatrie, Vergangenheit und *flash backs*, Erzählung von Träumen, Erinnerungen unter Hypnose), wie sie in *Abre los ojos* zu finden sind, erzeugen

[11] Der erste Tod war der reale Selbstmord mit Tabletten, der zu einer Auferstehung in einer virtuellen Welt führte. Der zweite Tod ist ein symbolischer, der wiederum zu einer Auferstehung in der realen Welt in der Zukunft führt.

Unzuverlässigkeit, da jeglicher Zeitsprung dem Zuschauer immer Informationen vorenthält, obwohl dieser kompetent genug ist, solche Lücken aus seiner Erfahrung zu schließen. ‚Mindfuck'-Filme zeichnen sich also durch eine Auslassung von Information in der Handlung (*underreporting*) aus. In *Abre los ojos* wird lange Zeit verschwiegen, dass sich César das Leben genommen hat. Andererseits werden bewusst falsche Informationen („*misreporting*", vgl. Fludernik 2005, 43f.) gestreut: *Abre los ojos* gibt vor, dass Césars Leben nach dem Unfall doch in geordnete Bahnen zurückfindet und all seine Träume in Erfüllung gehen. Dies führt in beiden Fällen zu kausal-falschen Hypothesen beim Rezipienten. Weitere filmtechnische Mittel zur Erzeugung von Ambivalenz und Heterogenität sind subjektive *flash backs*, subliminale Bilder,[12] *jump cuts*, Parallelmontagen, *voice-over* oder zeitliche Nicht-Linearität. Hans J. Wulff spricht hier von „falschen Fährten" (2005, 147f.), Britta Hartmann von „irreführender Absicht" (2005, 165). Somit handelt es sich beim ‚Mindfuck'-Film um faktische Unzuverlässigkeit, also um eine falsche Darstellung des Sachverhalts. Dies führt dazu, dass Wissen in einem konkreten Augenblick immer auf den jeweils gezeigten Ereignissen beruht, das sich dennoch im zeitlichen Fortschreiten der Handlung als falsches Wissen, also Nichtwissen, enthüllt.

Ein anderes Merkmal der filmischen Unzuverlässigkeit ist die Multiperspektivität, die die Filmdarstellung und -handlung kennzeichnet, und bei der die Perspektiven immer wieder wechseln können. Nicht immer gibt es einen eindeutig zu benennenden Erzähler, der beispielsweise aus der Ich-Perspektive mittels eines *voice-over* das Geschehen präsentiert und gleichsam Teil der Filmhandlung ist, wie es in *Abre los ojos* der Fall ist, wo César seinem Psychiater Antonio zunächst im *voice-over* von seinem Leben erzählt. Gibt es eine solche intradiegetische Figur, so kann konkret nach der Zuverlässigkeit / Unzuverlässigkeit dieser Instanz gefragt werden, da hier eine subjektiv geprägte Perspektive eingenommen wird. Dennoch wird in kaum einem Film – das liegt in der Natur der Sache –

---

[12] Subliminale Bilder sind ganz kurze Sequenzen oder Einblendungen, die meist unter der Wahrnehmungsgrenze des Zuschauers liegen und daher häufig nicht bewusst wahrgenommen werden. Besonders der Film *Fight Club* macht davon viel Gebrauch.

eine subjektive Sicht durchgehalten.[13] Immer wieder kommt es zu Verschiebungen der Perspektive wie beispielsweise durch den Wechsel von einer Nahaufnahme zu einer Totalen, die eine größere Sicht auf das Geschehen zulässt: In *Abre los ojos* läuft der Protagonist anfänglich verzweifelt durch die leeren Straßen Madrids. Die Kamera fährt langsam von ihm weg, überlässt ihn seinem Schicksal. Wer *sieht* hier, könnte sich der Zuschauer verwirrt fragen.

Neben der Multiperspektivität bietet sich in der filmischen Analyse auch der Begriff der Fokalisierung des französischen Literaturwissenschaftlers Gérard Genette an. Während die Frage nach der narrativen Instanz, also der Perspektive, lautet: Wer spricht? Wer teilt mit? Wer ist die Quelle des Erzählens?, ist die Frage nach der Fokalisierung anders akzentuiert: Wer sieht? Wer erlebt? Das Erleben welcher Figur wird durch eine narrative Instanz repräsentiert? (vgl. Schweinitz 2005, 101). Die Fokalisierung beschreibt also den Blickwinkel, der für eine filmische Perspektive maßgebend ist – handelt es sich doch beim Film um ein audiovisuelles Medium. Dies kann irgendeine Filmfigur, also auch der Protagonist sein, der gerade etwas erlebt oder erzählt, aber auch ein Erzähler, der nicht Teil der Diegese ist oder eine neutrale Position, die möglicherweise nur sieht und beobachtet.

Weitere Hinweise auf die Unzuverlässigkeit einer filmischen Narration kann die Analyse des *voice-over* (soweit vorhanden) geben oder auch die Analyse der Filmhandlung mittels der *possible world theory*, die, von alternativen Welten ausgeht, die parallel zu der dargestellten Referenzwelt existieren. Für den Film bedeutet dies, dass neben der dargestellten Filmwirklichkeit noch andere (Traum-)Welten oder Paralleluniversen existieren, in denen ebenfalls Teile der Handlung stattfinden können. In *Abre los ojos* erfahren Protagonist und Rezipient in der abschließenden Offenbarungsszene, dass César physisch tot und in Kälte konserviert sein Leben virtuell weiterträumt – er ‚lebt' also ‚eigentlich' in einer Parallelwelt – sofern man sich auf diese filmische Erklärung einlassen will. Parallelwelten kennzeichnen ebenfalls die Unzuverlässigkeit des Protagonisten oder

[13] Wie anstrengend es sein kann, eine subjektive Sicht zu etablieren, hat jüngst Gaspar Noé mit *Enter the Void* (Frankreich 2009) gezeigt: Anfangs ist die Kamera identisch mit dem Blick des Protagonisten, der unter Drogeneinfluss durch ein nächtliches Tokio zieht, von der Polizei erschossen wird und schließlich als Geist durch die Stadt streift.

der Geschichte, weil es lediglich imaginierte, fiktive Welten innerhalb der ohnehin schon fiktiven Filmhandlung sind. Eine solche Herangehensweise ist für *Abre los ojos* durchaus schlüssig. Die permanente und leitmotivisch verwendete (Ver-)Doppelung verstärkt somit die parallele Struktur: Traum – filmische Realität, Nuria – Sofía, César mit – und ohne entstelltem Gesicht oder Maske, Antonio – Leiter von *Life Extension*, der zweifache Tod usw. (vgl. dazu auch Peña Ardid 2004 und Kuhn 2009).

Auffällig in den ‚Mindfuck'-Filmen ist die Wiederkehr bestimmter Motive, vor allem solcher, die auf die individuellen (Identitäts-)Krisen der Protagonisten deuten, wie z.B. das Motiv des Spiegels und das des Doppelgängers. Auch César schaut in *Abre los ojos* wiederholt in den Spiegel, die seit jeher ein bekanntes visuelles Motiv für das Erkennen sind. Sich-Erkennen und Sich-Spiegeln sind Momente, die in den ‚Mindfuck'-Filmen jedoch immer wieder unterlaufen werden: Weder der Protagonist noch der Zuschauer wissen, wer da eigentlich aus dem Spiegel zurückblickt. Die Identität wird dadurch einmal mehr unklar und ungewiss, die Filmwelt ist derart verwirrend und unerklärlich, dass Nichtwissen und Nichtverstehen überwiegen. Auch Doppelgänger *in persona* sind in ‚Mindfuck'-Filmen ein viel verwendetes Motiv: In *Abre los ojos* wird in der Wiederholung der Anfangssequenz im Park ein Harlekin gezeigt, was zum einen als direkter Hinweis auf das Spiel des Verwandelns und des Verdoppelns und zum anderen als Verweis und Vorausdeutung auf die Maske, die César später im Film tragen wird, zu interpretieren ist. In der Discoszene wird diese Doppelung auch in einem konkreten Bild ausgedrückt: César trägt seine Maske, die eigentlich sein entstelltes und monströses Gesicht verbergen soll, auf dem Hinterkopf – er ist zugleich er selbst und sein Doppelgänger.

Das Verstecken und Doppeln – und somit der Spielmodus von *Abre los ojos* – werden für den Zuschauer gleich zu Beginn des Films eingeführt und angekündigt. Zusammen mit den anderen Hinweisen der Unzuverlässigkeit vermag sich ein jeder Rezipient schlussendlich seinen Reim auf die Logik von *Abre los ojos* zu machen.

7. Die Lust am Spiel und das Spiel mit der Lust

Wissen ist nicht immer eindeutig. Gerade filmisches Wissen beruht auf Hypothesen, die sich in ‚Mindfuck'-Filmen wie *Abre los ojos* immer als kausal falsch herausstellen werden. ‚Mindfuck'-Filme täuschen, manipulieren, lügen – Wissen ist zugleich auch immer Nichtwissen. Dabei finden sich der Protagonist und der Rezipient auf einer Ebene: beide wissen stets, was der andere weiß oder eben nicht weiß. Einzig die ordnende Instanz weiß mehr: Schnitt und Montage fügen das filmische Material, das die Kamera aufgenommen hat, zu einem Ganzen, dem fertigen Film, zusammen. Dass diese Ordnung eine trügerische ist, stellt sich erst im Nachhinein heraus.

Ein solches Spiel mit dem Wissen und Nichtwissen der Rezipienten, die sich auf Augenhöhe mit dem Protagonisten befinden, birgt ein großes Potential: Es gibt Rätsel auf und versteckt geschickt die Lösung (wenn es überhaupt eine gibt). Erneutes Sehen des ‚Mindfuck'-Films offeriert womöglich die endgültige Erkenntnis – oder sorgt für noch mehr Verwirrung. Damit bleiben derartige Filme spannend und fordern eine wiederholte Rezeption geradezu heraus. Denn für den heutigen Film gilt, dass er schon lange nicht mehr nur im Kino oder im Fernsehen zu sehen ist, sondern auf unterschiedlichen Wegen wie DVD, Video und Internet nach Hause geholt werden kann. Mit dieser Veränderung geht einher, dass heutige Zuschauer aufgrund ihrer Mediensozialisation und des vermehrten Filmkonsums über ein sehr breites Filmwissen verfügen, was einerseits dazu führt, dass sie Bezüge erkennen und einordnen können, was wiederum den Filmgenuss verstärkt. Andererseits verlangt das Publikum nach immer neuen Einfällen und Reizen. So sind ‚Mindfuck'-Filme darauf angelegt, mehrfach gesehen zu werden[14] – sie müssen sogar mehrfach gesehen werden, damit sich die *fabula* möglicherweise bei einem erneuten Sehen erschließen kann:[15] Ist *Abre los ojos* nun ein Traum im Traum oder hat die Endsequenz alle offenen Fragen abschließend erklärt? Fragen, die jeder Rezipient für sich beantworten muss, da auch *Abre los ojos* ein letztes Quäntchen Ungewissheit lässt.

Der Begriff ‚Mindfuck' beschreibt genau den Kern, nämlich das Element der Gedankenmanipulation, das diese Filme ausmacht: Hier wird der Verstand so lange getäuscht und manipuliert, bis ihm die Orientierung in der filmischen Welt verlorengeht. Es wird ein Spiel gespielt, dem

[14] Auf den darin enthaltenen finanziellen Aspekt für Produzenten, Verleih und Vertrieb etc. sei hier nur am Rande verwiesen.

[15] Im Umkehrschluss bedeutet dies wiederum, dass ‚Mindfuck'-Filme auch so konzipiert sein müssen, dass sie einer erneuten Rezeption standhalten und die doppelte Sehweise zu jeder Zeit und an jeder Stelle zulassen und ermöglichen.

sich die Zuschauer in der Regel bewusst aussetzen und genau darin ihren Spaß und Gefallen finden. Wissen, so proklamieren diese Filme, ist zugleich Nichtwissen. Obwohl Filme schon immer mit dem Wissen der Zuschauer um filmische Konventionen, wie Genre-Merkmale und Filmgeschichte, mit deren eingeübten rezeptiven Strategien, die beispielsweise das Erkennen und Ergänzen bei filmischen Zeitsprüngen ermöglichen und mit ihrem allgemeinen Weltwissen um kausal-logische Zusammenhänge kalkuliert und gespielt haben, sprechen ‚Mindfuck'-Filme die Rezipienten auf eine neue Art und Weise an. ‚Mindfuck'-Filme geben Rätsel auf, die es zu lösen gilt: Träumt César? Was geht da vor? Warum ist er in der Psychiatrie? Die Zuschauer konstruieren Hypothesen über des Rätsels Lösung, die jedoch immer wieder gebrochen und hintergangen werden. Letztendlich wissen der Protagonist und der Rezipient immer nur so viel, wie der Regisseur sie wissen lassen will – „Abre los ojos"!

Bibliographie

Filme

Abre los ojos (Spanien / Frankreich / Italien 1997, Alejandro Amenábar).
Blow Up (GB / Italien 1966, Michelangelo Antonioni).
Brazil (UK 1985, Terry Gilliam).
Das Cabinet des Dr. Caligari (Deutschland 1920, Robert Wiene).
Double Indemnity (USA 1944, Billy Wilder).
Enter the Void (Frankreich / Deutschland / Italien 2009, Gaspar Noé).
Fight Club (USA / Deutschland 1999, David Fincher).
Jacob's Ladder (USA 1990, Adrian Lyne).
Memento (USA 2000, Christopher Nolan).
Mulholland Drive (USA / Frankreich 2001, David Lynch).
The Others (USA / Spanien / Frankreich / Italien 2001, Alejandro Amenábar).
The Sixth Sense (USA 1999, M. Night Shyamalan).
The Usual Suspects (USA / Deutschland 1995, Bryan Singer).
Stay (USA 2005, Marc Forster).

Literatur

Bachmann-Medick, Doris (2010): *Cultural Turns. Neuorientierungen in den Kulturwissenschaften*, Reinbek: Rowohlt.
Booth, Wayne C. (1961): *The Rhetoric of Fiction*, Chicago / London: University of Chicago Press.

Bordwell, David (1985): *Narration in the Fiction Film*, Madison: University of Wisconsin Press.

Eig, Jonathan (2003): *„A beautiful mind(fuck): Hollywood structures of identity*", in: Jump Cut. A Review of Contemporary Media 46, www.ejumpcut.org/archive/jc46.2003/eig.mindfilms/text.html [Stand:19.10.2009].

Elsaesser, Thomas (2004): „Was wäre, wenn du schon tot bist? Vom ‚postmodernen' zum ‚post-mortem' Kino am Beispiel von Christopher Nolans MEMENTO", in: Rüffert, Christine / Schenk, Irmbert (Hgg.): *ZeitSprünge. Wie Filme Geschichte(n) erzählen*, Berlin: Bertz Verlag, 115-125.

Ferenz, Volker (2006): *Don't believe his lies. The unreliable narrator in contemporary American cinema*, Trier: Wissenschaftlicher Verlag Trier.

Fludernik, Monika (2005): „Unreliability vs. Discordance. Kritische Betrachtungen zum literaturwissenschaftlichen Konzept erzählerischer Unzuverlässigkeit", in: Liptay, Fabienne / Wolf, Yvonne (Hgg.): *Was stimmt denn jetzt? Unzuverlässiges Erzählen in Literatur und Film*, München: Richard Boorberg Verlag, 39-59.

Geimer, Alexander (2006): „Der mindfuck als postmodernes Spielfilm-Genre. Ästhetisches Irritationspotential und dessen subjektive Aneignung untersucht anhand des Films THE OTHERS", in: Jump Cut Magazon. Kritiken und Analysen zum Film, www.jump-cut.de/mindfuck1.html [Stand: 20.06.2009].

Hartmann, Britta (2005): „Von der Macht erster Eindrücke. Falsche Fährten als textpragmatisches Krisenexperiment", in: Liptay, Fabienne / Wolf, Yvonne (Hgg.): *Was stimmt denn jetzt? Unzuverlässiges Erzählen in Literatur und Film*, München: Richard Boorberg Verlag, 154-174.

Helbig, Jörg (Hg.) (2006): *Camera doesn't lie. Spielarten erzählerischer Unzuverlässigkeit im Film*, Tier: Wissenschaftlicher Verlag Trier.

Kuhn, Markus (2009): „Ambivalenz und Kohärenz im populären Spielfilm: Die offene Werkstruktur als Resultat divergierender narrativer Erklärungs- und Darstellungsmuster am Beispiel von Alejandro Amenábars ABRE LOS OJOS", in: Abel, Julia / Blödorn, Andreas / Scheffel, Michael (Hgg.): *Ambivalenz und Kohärenz. Untersuchungen zur narrativen Sinnbildung*, Trier: Wissenschaftlicher Verlag Trier, 141-158.

Laass, Eva (2008): *Broken Taboos, Subjective Truths: Forms and Functions of Unreliable Narration in Contemporary American Cinema – A Contribution to Film Narratology*, Trier: WVT Wissenschaftlicher Verlag Trier.

[LN] *Lexikon der Neurowissenschaft* (2001), hg. v. Hartwig Hanser, Heidelberg: Spektrum Akademischer Verlag.

Nünning, Angar / Nünning, Vera (Hgg.) (2002): *Erzähltheorie transgenerisch, intermedial, interdiszoplinär*, Trier: Wissenschaftlicher Verlag Trier.

Peña Ardid, Carmen (2004): „Zeit und Identität. Die postrealistische Ästhetik von Alejandro Amenábar", in: Rüffert, Christine / Schenk, Irmbert (Hgg.): *ZeitSprünge. Wie Filme Geschichte(n) erzählen*, Berlin: Bertz Verlag, 126-140.

Schlickers, Sabine (1997): *Verfilmtes Erzählen. Narratologisch-komparative Untersuchung zu „El beso de la mujer araña" (Manuel Puig / Héctor Babenco) und „Crónica de una muerte anunciada" (Gabriel García Márquez / Francesco Rosi)*, Frankfurt a.M.: Vervuert.

Schweinitz, Jörg (2005): „Die Ambivalenz des Augenscheins am Ende einer Affäre. Über Unzuverlässiges Erzählen, doppelte Fokalisierung und die Kopräsenz narrativer Instanzen im Film", in: Liptay, Fabienne / Wolf, Yvonne (Hgg.): *Was stimmt denn jetzt? Unzuverlässiges Erzählen in Literatur und Film*, München: Richard Boorberg Verlag, 89-106.

Wulff, Hans J. (2005): „‚Hast du mich vergessen?' Falsche Fährten als Spiel mit dem Zuschauer", in: Liptay, Fabienne / Wolf, Yvonne (Hgg.): *Was stimmt denn jetzt? Unzuverlässiges Erzählen in Literatur und Film*, München: Richard Boorberg Verlag, 147-153.

VI. Sprache und sprachliches Wissen im Web 2.0

Darstellungsformen von Sprachwissen: Deutsch-italienisches *code-switching* im Weblog

Sabrina Braukmeier (Leipzig)

Il contributo tratta della trasposizione della conoscenza di due sistemi linguistici, tedesco ed italiano, nell'uso concreto, cioè sul piano della parole*, e della sua rappresentazione in un blog. Il* code-switching (CS) *nei blog, finora, non è stato sufficientemente analizzato, al contrario del* CS *in altri tipi di CMC (comunicazione mediata tramite computer).*
Esistono schemi secondo cui il CS *viene impiegato in un blog? Questa è la questione principale, a cui il saggio cerca di dare una risposta. Vengono inoltre brevemente presentate le funzioni del* CS. *Dopo una sintesi dei problemi di terminologia e dello stato attuale della ricerca sul* CS, *vengono descritti sia il blog come mezzo di comunicazione con le sue specificità sia un esempio di blog. Segue la parte fondamentale del contributo costituita dall'analisi del blog esaminato, dei suoi risultati e della loro categorizzazione.*

1. Einleitung

Ein Kommunikationsmittel, welchem im Kontext der virtuellen Mehrsprachigkeit bisher wenig Beachtung geschenkt worden ist, ist das Weblog. Das mag offensichtlich erscheinen, da das Blog, wenn man von der optionalen Kommentarfunktion absieht, weder Dialoge aufweist noch zu den synchronen Medien zählt, in welchen spontan kommuniziert wird. Trotzdem existieren mehrsprachige Blogs. Diese können in zwei verschiedene Arten unterteilt werden. Einerseits werden in Weblogs Einträge in mehreren Sprachversionen veröffentlicht, andererseits werden Einträge in Mischformen durch *code-switching* (*CS*) verfasst. Ein derart gestaltetes Weblog grenzt Teile der Internetgemeinschaft aus. Es wird vorausgesetzt, dass der Leserkreis ein gemeinsames Wissen mit dem Blogger oder der Bloggerin teilt, und zwar das Wissen von mindestens zwei Einzelsprachen, zweier Sprachsysteme.

Der Titel dieses Aufsatzes, „Darstellungsformen von Sprachwissen", bezieht sich nicht nur auf die Art des in diesem Zusammenhang noch wenig erforschten Mediums, sondern auch, und dies vorrangig, auf Muster im Sprachgebrauch. Im Fokus dieses Beitrags wird daher die Umsetzung von Sprachwissen – die *parole* – stehen. Es soll exemplarisch anhand eines deutsch-italienischen Weblogs der Frage nachgegangen werden, wie bilinguales Wissen in Form von Kodewechseln[1], welche in einer asynchronen, monologhaften Kommunikationssituation auftreten, eingesetzt wird, d.h. ob der Repräsentation dieses Wissens ein bestimmtes Muster unterliegt. Die Funktionen von *CS* werden nicht näher untersucht. Da die Analyse von Mustern aber nicht völlig unabhängig von den Funktionen betrachtet werden kann, werden diese kurz theoretisch behandelt. Dem vorangestellt sind zwei Abschnitte, die darauf abzielen, einen Überblick über *CS* (Kap. 2) sowie über das Medium Weblog und das Beispielweblog (Kap. 3) zu geben. Danach folgt ein Kapitel (Kap. 4), in welchem, auf das Wesentlichste beschränkt, die Besonderheiten von *CS* in unidirektionalen, asynchronen Kommunikationsformen hervorgehoben werden. Anschließend werden die Untersuchung des exemplarischen Weblogs und ihre Ergebnisse vorgestellt (Kap. 5).

2. *Code-switching*: Terminologie[2] und Forschungsstand

Mit *CS* wird nach dem *Lexikon der Sprachwissenschaft* der „Wechsel zwischen verschiedenen Sprachvarietäten bei bilingualen bzw. multilingualen Sprechern [...]“ (Bußmann 1990, s.v.) beschrieben. Bei näherer Betrachtung fällt jedoch auf, dass für *CS* eine Vielfalt von Definitionen existiert. Bestätigt wird diese Beobachtung durch Peter Auer (2006, 1), der feststellt, dass sich die Forschenden im Beschreiben und in den Theorien dieses Phänomens nicht einig sind. Im Folgenden soll deshalb die Uneinigkeit anhand einer Auswahl von Definitionen von *CS* kurz dargelegt, eine Arbeitsdefinition vorgestellt sowie die Forschungsgeschichte von Sprachwechsel skizziert werden.

CS wird in der Forschungsliteratur nicht überall gleich definiert. Oft wird *CS* als Überbegriff für alle Sprachwechselphänomene verwendet, wie z.B. bei John J. Gumperz (1995, 60). Häufig wird zwischen *intra-* und *intersentential CS* unterschieden, also *CS* innerhalb eines Satzes oder zwi-

---

[1] Kodewechsel bzw. Sprachwechsel wird hier als Synonym von *CS* verwendet.

[2] Es handelt sich lediglich um eine terminologische Auswahl, da hier nicht alle Definitionen von Sprachwechselphänomenen aufgeführt werden können. Die Auswahl wurde danach getroffen, welche Forschenden im Folgenden in die Argumentation einbezogen werden und welche Begrifflichkeit in diesem Beitrag übernommen werden soll.

schen Sätzen, wobei *intrasentential CS* als *code-mixing* (*CM*), *intersentential CS* hingegen als *CS* bezeichnet wird (vgl. Berruto 2002, 261). Demnach wird *CS* sowohl als Überbegriff als auch als Bezeichnung für *intersentential CS* verwendet. Peter Auer (1995, 116) bevorzugt den Terminus *code-alternation*, welchen er als Hyperonym für *CS* und *transfer* betrachtet.

In diesem Beitrag wird *CS*, außer bei der Präsentation der Ergebnisse der Untersuchung in Kap. 5.2, sowohl für Sprachwechsel innerhalb von Sätzen als auch für Sprachwechsel zwischen Sätzen verwendet. Bei der Analyse des Weblogs wurde jedoch zwischen *CM* und *CS* unterschieden, da Gaetano Berruto der Ansicht ist, dass die Funktionen von *CM*, verglichen mit denen des *CS*s, oft schwerer nachgewiesen werden können (vgl. Berruto 2002, 261). Diese Aussage soll bei einer künftigen Funktionsanalyse berücksichtigt werden. Als *CS* wird also in Kap. 5.2 der Sprachwechsel zwischen Sätzen bzw. abgeschlossenen Einheiten bezeichnet. Für *CM* übernehme ich die Definition von Berruto:

> Si ha propriamente enunciazione mistilingue quando il passaggio avviene all'interno di un singolo atto linguistico e una singola frase, e consiste nella formulazione di uno o più costituenti della frase in una lingua diversa da quella in cui la frase è stata iniziata [...]. (Berruto 2002, 261)

Ergänzend soll hier aber auch die Integration einzelner Wörter als *CM* gelten.

Obwohl schon vorher vereinzelt zu *CS* geforscht wurde,[3] gewann dieses Themengebiet im Zusammenhang mit der Entstehung der Soziolinguistik als eigenem Forschungsbereich ab den 70er Jahren des 20. Jh. an Aktualität (vgl. Gardner-Chloros 2009, 97). Kodewechsel werden entweder aus einer kognitiven, psycholinguistischen, grammatikalischen, soziolinguistischen oder pragmatischen Perspektive untersucht, wobei die beiden Letzteren sich laut Gardner-Chloros (2008, 68) in ihren Zielen ähnlich sind bzw. die Makro- und Mikroziele einer *CS*-Analyse vertreten. Die Mehrsprachigkeitsforschung ist sich einig, dass *CS* weder chaotisch noch wahllos stattfindet (vgl. Berruto 2002, 258). Forschungsarbeiten zu *CS* bezogen sich in der Vergangenheit hauptsächlich auf gesprochene, spontane und unbewusst verwendete Sprache, seltener auf geschriebene (vgl. Dorleijn / Nortier 2009, 127; Montes-Alcalá 2001, 195).

[3] Ein vielzitiertes Werk, das vor der „Blütezeit" der *CS*-Forschung entstand, ist Uriel Weinreichs *Languages in Contact. Findings and Problems* (1953).

CS in computervermittelter Kommunikation existiert noch nicht lange als Forschungsgebiet[4] (vgl. Dorleijn / Nortier 2009, 133; Montes-Alcalá 2007, 162) und wird eher mit Hilfe von pragmatischen-konversationellen und interaktionalen-soziolinguistischen als mit strukturellen Ansätzen analysiert (vgl. Dorleijn / Nortier 2009, 140; Androutsopoulos 2007, 340). Diese *CS*-Untersuchungen bezogen sich bisher hauptsächlich auf bidirektionale Kommunikationsformen, sowohl synchrone, wie Chats, als auch asynchrone, wie Foren oder E-Mails. Publikationen, die Kodewechsel im Weblog behandeln, sind rar. In letzter Zeit wird, Trends der Soziolinguistik folgend, vor allem bewusstes *CS* in Bezug auf Stil und Identität untersucht (vgl. Dorleijn / Nortier 2009, 127, die sich mit dieser Aussage auf Ramptons Artikel „Styling the Other: Introduction" (1999) beziehen). Dieser Trend gilt auch für Sprachwechsel im Internet (vgl. Dorleijn / Nortier 2009, 127).

3. Das Weblog

Das Darstellungsmedium des bilingualen Wissens in dieser Untersuchung ist das Weblog. Worum handelt es sich dabei genau? Eine Definition liefert Torsten Siever:

> Ein *Weblog* oder kurz *Blog* ist medial in erster Linie ein Textmedium, in das multicodale Inhalte wie Filme [...], Musik [...], Bilder / Fotos [...] oder Ähnliches

---

[4] Brenda Danet und Susan C. Herring machten 2003 in der Sonderausgabe *The Multilingual Internet* des *Journal of Computer-Mediated Communication* auf den prekären Forschungsstand aufmerksam: „To date, the research literature in English on computer-mediated communication has focused almost exclusively on emergent practices in English, neglecting developments within populations communicating online in other languages. Some notable exceptions are studies of code-switching among expatriate South Asians on Usenet (Paolillo, 1996); language choice among young Egyptian professionals using various forms of CMC (Warschauer, El Said & Zohry, 2002); self-presentation in email in Greek (Georgakopoulou, 1997); the negotiation of identity and power in a Japanese asynchronous discussion forum (Matsuda, 2002); and the linguistic properties of Swedish chat and text messaging (SMS) on mobile phones (Hård af Segerstad, 2002, forthcoming). However, such studies have been relatively infrequent, and their findings have never been brought together and compared" (Danet / Herring 2003). Im Jahr 2010 mangelt es vor allem an Forschungsarbeiten zu *CS* in eher monodirektional ausgerichteten Kommunikationsformen des Web 2.0.

> implementiert werden können [...]. Technisch handelt es sich um eine dynamische, aber wenig komplexe Website, die automatisch und mehr oder weniger periodisch neue Einträge entlang einer Zeitachse enthält. Neue Einträge stehen an oberster Stelle, ältere folgen in umgekehrt chronologischer Reihenfolge; alte werden in der Regel über ein Kalender- oder Monatsarchiv zugänglich gemacht. (Siever 2006)

Das bzw. der Weblog[5] wurde Ende des 20. Jh. in den USA erschaffen (vgl. Moraldo 2005, 132). Blogs werden in der ca. 40-jährigen Geschichte des Internets zur zweiten Entwicklungsstufe gezählt, dem sogenannten Web 2.0, welches auch als Social Web bezeichnet wird. Nach Jens Runkehl (2010) ist dieses geprägt durch eine Vermischung von Massen- und Individualkommunikation im Gegensatz zum Web 1.0. Während das Web 1.0 vorwiegend passiv und als Informationsquelle verwendet wurde, entscheiden im Web 2.0 die Nutzenden aktiv über die Inhalte mit. Auch waren für das Publizieren im Web 1.0 Programmierkenntnisse nötig (vgl. ebd.). So konnten ausschließlich Personen mit HTML-Kenntnissen auf ihren Websites bloggen (vgl. Moraldo 2005, 132). Mit dem Web 2.0 wurde das Veröffentlichen von Inhalten auf einem eigenen Blog erheblich vereinfacht.

Weblogs dienen unterschiedlichen Zwecken. Es existieren demnach verschiedene Typen von Blogs, z.B. Blogs zur Kriegsberichtserstattung, Politiker-Blogs, oder medienbeobachtende Blogs (vgl. Fraas / Barczok 2006, 138f.). Folglich können sie auch sprachlich sehr unterschiedlich gestaltet sein. In Weblogs wird asynchron kommuniziert. Im Unterschied zu anderen Kommunikationsformen im Internet, wie z.B. dem Chat als synchronem, bidirektionalem Medium oder dem Forum, als asynchronem, bidirektionalem Medium, ist das Blog entweder unidirektional, nämlich bei Abschalten der Kommentarfunktion, oder überwiegend unidirektional ausgerichtet; das heißt, dass Kommentare als Mittel zur Interaktion zugelassen sind, diese aber optional sind. Es bleibt der Leserschaft überlassen, ob ein Austausch stattfindet. Eine weitere Interaktionsmöglichkeit besteht durch Trackbacks (vgl. Schlobinski / Siever 2005, 73). Dabei handelt es sich um Verweise auf Beiträge anderer Blogs.

[5] Beide Artikel werden verwendet.

Beim Beispielweblog[6] handelt es sich um ein Tagebuch-Blog.[7] Die Partizipationsstruktur des Weblogs kann als *one-to-many* bezeichnet werden. Die Kommentarfunktion erlaubt weitere Strukturen, und zwar *one-to-many*, *many-to-one* oder *one-to-one*.

Die Inhalte des Weblogs waren zum Zeitpunkt der Korpuserstellung öffentlich. Die Autorin ist im realen Leben wahrscheinlich 44 Jahre alt[8] und hat 11 Jahre in Italien, wo sie 14 Jahre gelebt hat, als Flugbegleiterin bei Alitalia gearbeitet. Im Oktober 2007 ist sie nach München gezogen und hat im April 2009 bei Alitalia gekündigt. Sie arbeitete danach kurzzeitig in einem Schokoladengeschäft und hat seit Januar 2010 wieder eine Anstellung als Flugbegleiterin in der Schweiz. Zum Zeitpunkt der Korpuserstellung arbeitete die Bloggerin noch bei Alitalia.

Deutsch, die Basissprache, und Italienisch sind die am häufigsten verwendeten Codes im Blog. Der Leserkreis setzt sich nach den Kommentaren zu urteilen aus Personen zusammen, die beider Sprachen mächtig sind oder mindestens Teilkenntnisse besitzen und vermutlich mit beiden Kulturen vertraut sind. Das Weblog fordert vom Lesenden eine zumindest passive Beherrschung der deutschen und italienischen Sprache sowie ein Grundverständnis beider Kulturen und ist damit nur für eine exklusive Wissensgemeinschaft in vollem Umfang verständlich.

Die Themen des Blogs variieren, je nachdem, was die Autorin aus ihrem Leben preisgibt. Mal handelt es sich um Einträge, die sich mit ihrem Arbeitsleben befassen, mal sind es Einträge zur Freizeitgestaltung. Der Sprachstil ist informell und häufig humorvoll.

---

[6] Der Inhalt des Blogs ist öffentlich zugänglich. Daher könnte man annehmen, dass die Bloggerin keine Einwände gegen die Verwendung ihrer Daten hat. Da mir aber keine Zustimmung ihrerseits vorliegt und keine eindeutigen ethischen Forschungsrichtlinien für Internetrecherchen existieren, habe ich entschieden, weder den Nickname der Bloggerin noch die URL des Weblogs publik zu machen. Ich danke Cornelius Puschmann für diesen Vorschlag.

[7] Die folgenden Angaben orientieren sich an den situationsgebundenen /sozialen Faktoren des Klassifikationsschemas für computervermittelten Diskurs von Susan C. Herring (2007).

[8] Der Nickname der Bloggerin deutet darauf hin.

4. *Code-switching* im Weblog

Warum findet *CS* im Weblog statt, welches als asynchrones Medium die Option offenhält, Sprache geplant und überlegt zu verwenden, so dass es prinzipiell möglich wäre, sich auf eine Sprache zu beschränken? *CS* in unidirektionalen Kommunikationsformen ist mit Weblogs nicht erfunden worden. Auch in Reden, Gedichten, Liedern oder Romanen lassen sich Sprachwechselphänomene finden, wie z.B. in Tolstois *Krieg und Frieden* (vgl. Gardner-Chloros 2009, 113; Nortier 2008, 49). Da das Blog medial schriftlich und asynchron ist, wird *CS* geplant und bewusst eingesetzt (vgl. Dorleijn / Nortier 2009, 127; Hinrichs 2006, 4). Warum Blogger und Bloggerinnen Sprachen mischen, beantwortet Cecilia Montes-Alcalá in „Blogging in Two Languages. Code-Switching in Bilingual Blogs": „The answer to why they do it seems straightforward: because they can. In fact, code-switching emerges as a valid strategy to communicate in writing" (Montes-Alcalá 2007, 169). Voraussetzung für *CS* ist ein informeller Sprachstil (vgl. Dorleijn / Nortier 2009, 130). Montes-Alcalá nimmt an, dass Weblogs durch einen derartigen Stil gekennzeichnet seien: „Generally speaking, the language used in blogs is more informal and thus blogs are a quite democratic form of expression" (Montes-Alcalá 2007, 163). Ob eine Verallgemeinerung sinnvoll ist, bleibt dahingestellt. Auf das hier beschriebene Tagebuch-Weblog trifft diese Aussage aber zu.

5. Untersuchung des Weblogs

Ausgangspunkt für die Fallstudie waren die Fragen: Wie wird *CS* in einem Weblog eingesetzt? Treten Muster beim Sprachwechsel auf? Ich habe ein Testkorpus erstellt, welches die Einträge von Oktober 2008 bis März 2009 des oben erwähnten deutsch-italienischen Weblogs umfasst, und die in diesem Zeitraum entstandenen 67 Einträge mit 11767 Tokens ausgewertet.[9] Die Stellen, an denen ein Sprachwechsel stattfindet, wurden mit *tags* versehen. Die Suche nach Mustern erfolgte mit Hilfe von

[9] Die *tokens* beziehen sich auf die Einträge. ‚Technische' Angaben unter jedem Blogeintrag, wie z.B. „139x gelesen" oder „Kommentar verfassen", der Titel des Blogs, Kommentare sowie andere, an den Rändern des Blogs platzierte, permanente sprachliche Elemente wurden nicht berücksichtigt.

zwei Analyseansätzen, die im Folgenden kurz vorgestellt werden. Im Anschluss werden die Ergebnisse der Untersuchung präsentiert.

5.1 Vorüberlegungen

Die Mehrsprachigkeitsforschung ist sich darin einig, dass die Wahl einer Sprache von den Kriterien „Thema“, „Ort“ und „Partizipanten“ abhängig ist (vgl. Androutsopoulos 2007, 349, der dabei Bezug auf Auer 1998, McClure 2001, Fasold 1984 und Fishman 1972 nimmt[10]).

Jannis Androutsopoulos (2007) untersuchte die Verbindung zwischen Thema und Sprachwahl in einem iranischen Diaspora-Forum. Er konzentrierte sich auf das Thema als zu analysierende Variable, da die Anzahl der Partizipierenden im Forum zu hoch ist (vgl. Androutsopoulos 2007, 350). In Bezug auf das Weblog könnte es vorteilhaft sein, statt Themen und Sprachwahl, Themen und *CS* auf eine mögliche Relation zu untersuchen. Da der Ort, wie auch bei den von Androutsopoulos untersuchten Foren, und die Autorin im Weblog feststehen, scheiden sie als Variablen aus.

Einige Themen können vermehrt vorkommen. Deswegen ist eine hohe Anzahl von *CS* ohne proportionale Relation zur Häufigkeit eines Themas nichtssagend. Dies wurde in der Analyse beachtet. Die Themenbereiche der Einträge wurden im Korpus manuell annotiert.

Eine verbreitete Herangehensweise in der *CS*-Forschung ist es, Listen aufzustellen, die indizieren, an welchen Stellen *CS* in einer Konversation auftaucht. Als Beispiel sei hier die Aufstellung von John J. Gumperz angeführt, der sie gleichermaßen als eine Auflistung von Konversationsfunktionen von *CS* betrachtet:[11]

- „Quotations“
- „Addressee specification“

[10] Auer (1998): „Introduction. Bilingual Conversation Revisited“; McClure (2001): „Oral and Written Assyrian-English Codeswitching“; Fasold (1984): *The Sociolinguistics of Society*; Fishman (1972): „Domains and the Relationship between Micro- and Macro-Sociolinguistics“; Vgl. auch Gardner-Chloros (2009, 98f.), welche ähnliche Faktoren beschreibt.

[11] Hinrichs (2006, 61-63) beschäftigt sich mit der Aufstellung von Gumperz und der Kritik Auers an dieser Vorgehensweise in seiner Dissertation und liefert detailliertere Ausführungen zu dieser Thematik.

- „Interjections“
- „Reiteration“
- „Message qualification“
- „Personalization vs. Objectivization“

(Gumperz 1995, 75-80)

Kritik an dieser Herangehensweise äußert Peter Auer, der darauf hinweist, dass derartige Listen mit Beispielen nicht aussagekräftig seien, da eine weiterführende Analyse nötig sei, welche die Bedeutung der einzelnen Kategorien genau beschreibe. Außerdem seien, so Auer, diese Listen nicht eindeutig, da Konversationsstrukturen, *CS*-Funktionen und sprachliche Formen oftmals vermischt würden. Ein Beispiel, das er nennt, sind die Kategorien „Emphase“ und „Wiederholung“, wobei Ersteres eine Funktion darstellt, Letzteres jedoch eine Konversationsstruktur (vgl. Auer 1995, 120). Auer (ebd., 121) gesteht jedoch ein, dass eine derartige Liste ein erster Anhaltspunkt für weitere Überlegungen sein könne. Die Kategorienlisten von Gumperz (1995, 75-80) und Auer (1995, 120, Zusammenfassung von Listen anderer Forschender) fungieren als Orientierungspunkte für die hier beschriebene Untersuchung, um abzugleichen, ob ähnliche Vorkommen im Beispielweblog existieren, und um in einem zweiten Schritt eine dem Weblog angepasste Tabelle (vgl. 5.2) zu erstellen. Die Übertragung dieser ursprünglich auf Konversation angewandten Kategorienlisten auf schriftliches *CS* übernehme ich von Montes-Alcalá (2007), die jedoch bei der Analyse deutsch-spanischer Weblogs auf *CS* die Kritikpunkte Auers nicht berücksichtigt hat. Dies wird aus der undifferenzierten Liste deutlich, die sie in ihrem Beitrag präsentiert.

Wofür also eine weitere Untersuchung durchführen, wenn die Orte, an denen Sprachwechsel stattfindet, bereits erforscht worden sind? Es kann nicht automatisch davon ausgegangen werden, dass Montes-Alcalás Ergebnisse auf ein deutsch-italienisches Weblog übertragbar sind, denn unterschiedliche Sprachkombinationen könnten verschiedene Musterbereiche aufweisen. Dies lässt sich jedenfalls aus einer Studie zu marokkanisch-niederländischen und türkisch-niederländischen Foren ableiten. Dorleijn und Nortier stellten fest, dass die Kombination Marokkanisch-Niederländisch sich besser für Analysen zu Stil und Identitätskonstruktion, Türkisch-Niederländisch sich dagegen für Analysen zu strukturellen, grammatikalischen Aspekten eignete. Grund dafür seien nicht typologische, sondern soziolinguistische Unterschiede (vgl. Dorleijn / Nortier 2009, 140).

5.2 Auswertung und Ergebnisse

Das Weblog enthält 158 Stellen, an denen *CM* stattfindet, *CS* tritt mit 69 Vorkommen seltener auf. Deutsch ist bei diesen Sprachwechseln die Basissprache, Italienisch die eingebettete Sprache. *CS* (10x) und *CM* (8x) vom Italienischen ins Deutsche kommen hingegen selten vor.[12] Dabei handelt es sich beim *CS* ausschließlich um Einträge, bei denen die Titel auf Italienisch verfasst wurden, z.B. „...a proposito di napoli..." und anschließend zum Deutschen gewechselt wird. *CM* vom Italienischen zum Deutschen findet hauptsächlich in Form von Einschüben statt, die sich bis auf eine Aufnahme auf einen einzigen Blogeintrag beschränken. Ein Ausschnitt daraus:

(1) ...*natale a gogo*!... trompetenspieler hier...saengerknaben da...*e la moda di quest' inverno?* ‚weihnachtsmarkt-hopping' ...*una specie di incontro dopo-lavoro con degli amici, per fare un giro sui diversi mercati di natale*...[13]

Die folgende Auswertung bezieht sich nur auf den Sprachwechsel vom Deutschen ins Italienische.

Ein erstes Muster lässt sich bereits bei der oberflächlichen Betrachtung des Blogs erkennen und ist gleichermaßen eine Bestätigung dafür, dass Sprachwechsel im Weblog geplant und bewusst stattfinden. *CS* und *CM* werden durch die kursive Schrift der italienischen Sprachanteile indirekt graphisch hervorgehoben:

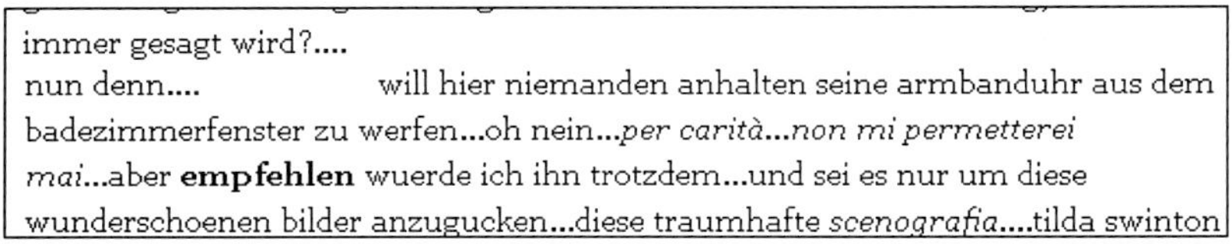
immer gesagt wird?....
nun denn.... will hier niemanden anhalten seine armbanduhr aus dem badezimmerfenster zu werfen...oh nein...*per carità...non mi permetterei mai*...aber **empfehlen** wuerde ich ihn trotzdem...und sei es nur um diese wunderschoenen bilder anzugucken...diese traumhafte *scenografia*....tilda swinton

Abb.: Graphisches Muster im Weblog

---

[12] Einträge, die gänzlich auf Italienisch verfasst worden sind, wurden nicht berücksichtigt, weil sie als abgeschlossene Einheiten betrachtet werden, in denen kein CS oder CM stattfindet. Diese Blogeinträge kommen lediglich zweimal vor, wobei der eine aus einem Titel und einem Bild besteht, der andere wenige Sätze und ein Video enthält, welches italienischsprachigen Inhalts ist.

[13] Die Hervorhebungen durch Kursivierung in diesem und allen folgenden Beispielen stammen aus dem Korpus.

Ein zweites Muster tritt bei den Themen auf. Am häufigsten sind die folgenden Themenbereiche im Weblog vertreten: 1. Freizeit, 2. Jahreszeiten / Wetter, 3. Arbeit bei Alitalia. Die Vermutung, dass *CS* und *CM* im Weblog themenabhängig sein könnten, hat sich bestätigt. *CS* wird am häufigsten im Themenfeld ‚Arbeit bei Alitalia' eingesetzt, am zweithäufigsten beim Thema ‚Lebensmittel'. Bei den *CM*-Themen steht ‚Italien' an erster Stelle; mit wenig Abstand folgt der Themenbereich ‚Lebensmittel'[14]. *CM* beim Thema ‚Lebensmittel' wird beispielsweise auf diese Weise realisiert:

(2) ...sechs wunderbare arbeitstage in bella italia liegen hinter mir...sechs tage lang *un caffè leggermente macchiato e un cornetto* zum fruehstueck...

Ein drittes Muster lässt sich schließlich beim Vorkommen von *CS* und *CM* ausmachen. Nach Sichtung des Korpus hat sich herausgestellt, dass einige der bei Gumperz (1995) und Auer (1995) aufgeführten Stellen für Sprachwechsel übertragbar sind. Dabei handelt es sich um die Kategorien direkte Rede (Gumperz 1995, 75-76), Wiederholungen (Gumperz 1995, 77; Auer 1995, 120) und Interjektionen (Gumperz 1995, 77). Kategorien, die sich auf Funktionen beziehen, werden hier erst einmal außer Acht gelassen. In der folgenden Tabelle sind unter *Sprachliche Form* und *Diskursstrukturierende Elemente* Sprachwechselstellen aufgelistet, welche im Korpus mindestens fünfmal auftreten, also wegen ihres erhöhten Vorkommens auffällig sind.

CS	*CM*
Sprachliche Form / Struktur (in sich abgeschlossene Einheiten, Sätze): Sprichwörter, idiomatische Wendungen (8x)	*Sprachliche Form / Struktur* (einzelne Wörter oder Satzkonstituenten): Diskursmarker mit interaktionaler Funktion (Interjektionen (11x), Allokutive (5x), *niente* (2x) und *perfetto* (2x)[15])

[14] Gerade beim Thema ‚Lebensmittel' muss zwischen wirklichem *CM* und Lehn- bzw. Fremdwörtern unterschieden werden. So wurde z.B. *pizza* nicht zum *CM*-Vorkommen gezählt, im Gegensatz zu *pizza a taglio*.

[15] Auch *niente* und *perfetto* werden als interaktionale Diskursmarker verwendet. Dabei scheint es so, als ob *niente* Fragen beantworten soll, die gar nicht gestellt wurden,

	Übersetzung, Wiederholung (6x)
Diskursstrukturierende Elemente: Direkte Rede (31x) (auch Gedanken 4x), Zitate (6x) Frage-Antwort-Sequenzen (5x)	Diskursstrukturierende Elemente: Diskursmarker mit metatextueller Funktion (9x)

Tabelle: Kategorisierung des Vorkommens

Wie zu erkennen ist, werden *CS* und *CM* als eigene Kategorien aufgefasst. Auers Kritik berücksichtigend, werden das Vorkommen an sich, d.h. als sprachliche Form, Sprachwechsel, der mit einer Diskursstruktur einhergeht, und Funktionen unterschieden, so dass jedes *CS* / *CM* auf drei Ebenen betrachtet werden kann, wobei hier sprachliche Form und Diskursstruktur betrachtet werden. Die Ebene der diskursstrukturierenden Elemente wird nicht von allen Sprachwechseln ausgefüllt. Außerdem können *CS* und *CM* auf der Ebene der sprachlichen Form musterlos sein. Beispielsweise muss ein italienischer Satz, der von der Basissprache Deutsch abweicht, nicht zwingend durch eine idiomatische Wendung oder ein Sprichwort in Erscheinung treten.

Im Folgenden werden Beispiele für die oben genannten *CS*- / *CM*-Kategorien angeführt. Auf der Ebene der Sprachstruktur kommt *CS* bei idiomatischen Wendungen und Sprichwörtern vor:

(3) ...oder ist die frage eher: *ma la vogliono far funzionare 'sta azienda? si o no?*...nun ja... ***...se sono rose...fioriranno****...intanto la buona notizia*: [...]

Sprachwechsel, die auf der Ebene der Diskursstruktur markiert sind, lassen sich überwiegend bei der Wiedergabe direkter oder indirekter Rede sowie bei Zitaten finden:

(4) ...der captain erzaehlte von seinem leben im **chianti**...*,non faccio mai la fila alla posta'*...

in diesem Kontext aber von einem Gesprächspartner gestellt werden könnten. Mit *perfetto* wird auf das vorher Geschriebene eingegangen. Vor allem am folgenden Beispiel wird deutlich, wie Interaktion hergestellt werden kann: „** ,is' immer so mit den provisorien...die halten ein leben lang.' hoer' ich die blogleserschaft abwinken*...perfetto...ein paar schubladen fuer die struempfe...das macht sich gut...*"

Auch bei Frage-Antwort-Sequenzen findet ein Sprachwechsel statt. Dabei geschieht der Sprachwechsel entweder vor der Frage, so dass die Frage auf Italienisch verfasst ist und eine Antwort auf Italienisch oder Deutsch folgt, oder die Frage wird auf Deutsch gestellt und die Antwort auf Italienisch formuliert:

(5) ...sofagammeln?...*non se ne parla nemmeno...* ...roma...mailand & paris rufen...

Wie schon erwähnt, kommt *CM* im Korpus öfter vor als *CS*. Auffällig ist dabei das Vorkommen von Diskursmarkern und Übersetzungen bzw. Wiederholungen. *CM* tritt auf der Ebene der Sprachstrukturen in Form von interaktionalen Diskursmarkern auf, z.B. als Allokution:

(6) ...drum...*ragazze & ragazzi*...***lasst's krachen!!!***

Allokutive kommen einschließlich des Beispiels fünfmal im Korpus vor („aho ragazzi!!!", „oh ragazzi", „ragazze und ragazzi", „caro F"). Interjektionen treten 11x („Mamma mia" 2x, „Dio mio" 2x, „Per carità", „Was für eine cazzata", „eh si" 2x, „eh pazienza", „figurati") auf.

Auf der Ebene der Diskursstruktur kommt *CM* in Verbindung mit metatextuellen Diskursmarkern vor:

(7) *allora*...neu in der stadt kannte ich noch wenig leute...

In der Kategorie der metatextuellen Diskursmarker fällt besonders das künstliche Konstrukt „dunque...comunque...allora...insomma" auf, welches viermal auftritt, „allora" alleinstehend dreimal. „Invece" wird zweimal gebraucht.

Auch für Übersetzungen bzw. Wiederholungen wird *CM* verwendet:

(8) [...] dass da jemand seelenruhig...*con la pace dei sensi...*

Bei einigen Übersetzungen findet eine Ergänzung statt, so dass sie nicht zu dieser Kategorie dazu gezählt worden sind:

(9) [...] wie hier auf dem foto von gerade eben...von *due minuti fa...*

CS und *CM* treten also häufig in Verbindung mit bestimmten Strukturen in Erscheinung, so dass sich ein Muster beim Einsatz der beiden Sprachen ergibt. Häufig sind aber auch Sprachwechsel, die keinem Muster zugeordnet werden können. Manchmal werden z.B. einzelne Wörter auf Italienisch eingefügt. Einige sind von ihrer Funktion her nicht nachvollziehbar:

(10) ...es ist ein wildes wetter hier in germania...kein wunder, dass im radio alle zwei minuten irgendeine prognose zum besten gegeben wird...

Dies könnte eine Bestätigung für die Aussage Berrutos (2002, 261) sein, dass *CM* schwerer nachweisbar sei als *CS* (vgl. ebd. Kap. 2). An anderen Stellen im Text geschieht dies aus einer gewissen Notwendigkeit heraus, und zwar dann, wenn es sich um den Ausdruck von kulturspezifischen Begebenheiten handelt:

(11) ...zum glueck immer wieder das, von mir so geliebte, italienische *sdrammatizzare*...den kollegen, den man am kaffeeautomaten trifft...ewig nicht gesehen hat und der ganz ploetzlich mit deutschen weihnachtsliedern aufwartet...es ploetzlich *‚oh tannenbaum'* durch den raum schallt und man selbst mit der feststellung *‚...wie gruen sind deine blaetter...'* in den singsang einfaellt...

Auf der Ebene der sprachlichen Form handelt es sich um einen Infinitiv, welcher keiner der herausgearbeiteten Kategorien zugeordnet werden kann. Die Ebene der Diskursstruktur wird von „sdrammatizzare" nicht ausgefüllt. Die Funktion des *CMs* besteht in diesem Beispiel darin, ein kulturspezifisches Konzept prägnant und authentisch zu vermitteln.

Es ist anzunehmen, dass die Muster, d.h. Sprach- und Diskursstrukturen, die in der Tabelle aufgelistet sind, jeweils an bestimmte Funktionen gekoppelt sind, während an den Stellen, an denen der Sprachwechsel unmarkiert stattfindet, also ohne durch eine im Korpus immer wiederkehrende Struktur gekennzeichnet zu sein, die zugrundeliegenden Funktionen variieren können.

Auch wenn die Funktionen von *CS* im Korpus (noch) nicht im Einzelnen untersucht worden sind, soll diese Ebene und ihre Komplexität im Folgenden trotzdem theoretisch erfasst werden. Die Analyse von Funktionen des *CS* im Blog stellt eine Herausforderung dar, da die Voraussetzungen verglichen mit spontanen Gesprächen andere sind. *CS* im Weblog wird geplant und bewusst eingesetzt (vgl. Dorleijn / Nortier 2009, 127; Hinrichs 2006, 4). Deswegen eignet es sich vor allem für Untersuchungen zu Stil und Identität (vgl. Dorleijn / Nortier 2009, 127). Dadurch, dass keine Interaktion stattfindet, kann *CS* in *turns*, also in aufeinanderfolgenden Redeeinheiten, und seine Bedeutung nicht untersucht werden. Damit fällt eine oft verwendete methodische Vorgehensweise, nämlich die des sequentiellen Ansatzes, genauer gesagt der Konversationsanalyse, aus der Methodenvielfalt für die *CS*-Analyse in Blogs heraus.[16]

[16] Informationen zum sequentiellen Ansatz und weiteren Methoden in der Mehrsprachigkeitsforschung sind in Wei / Moyer (2008) zu finden.

Die nicht vorhandene Interaktion und nur wenige soziale Hintergrundinformationen im Internet erschweren eine Funktionsanalyse aus soziolinguistischer Perspektive (vgl. Nortier 2008, 50).

Welche Funktionen verbergen sich hinter dem Wechsel von einer Sprache zur anderen? Laut Gumperz (1995, 82) fungiert *CS* als Kontextualisierungshinweis. Damit ist gemeint, dass *CS* Kontextinformationen anzeigt, die in einsprachiger Kommunikation durch syntaktische, lexikalische oder prosodische Prozesse vermittelt werden. Durch diese Kontextualisierungshinweise wird angezeigt, wie der Inhalt einer Aussage verstanden werden sollte (vgl. Gumperz 1995, 98). Ähnliche Erklärungen liefern Montes-Alcalá (2007, 169), Dorleijn / Nortier (2009, 138) und Hinrichs (2006, 4), die in ihren Studien zu *CS* in computervermittelter Kommunikation festgestellt haben, dass Bilingualismus als Ressource dient, als erweitertes Repertoire, um kommunikative, rhetorische Funktionen zu erfüllen. Eine erste Sichtung der Beispiele macht deutlich, dass dieser Funktionsbereich im Korpus abgedeckt wird. Gleichermaßen ist die Zwei- oder Mehrsprachigkeit auch eine Quelle für das soziale Ausdruckspotential von Sprache:

> Monolingual individuals exploit various registers, accents, sociolects, word choices, etc. for the omnipresent tasks of positioning themselves and others within social categories and the larger social world. Members of bilingual communities typically have an expanded set of linguistic resources for these ongoing social negotiations and often a broader range of relevant social categories to enact or contest. (Bailey 2007, 257)

In diesen Funktionsbereich fällt auch der Einsatz von *CS* zur Konstruktion und zum Aushandeln von Identität.[17]

6. Schluss

Aus der Untersuchung geht hervor, dass *CS* im Beispielweblog Muster aufweist, nämlich in Form von graphischer Hervorhebung, themenbezogen und gekoppelt an bestimmte Sprach- und / oder Diskursstrukturen. Dies trifft jedoch nicht immer zu; viele Orte sind lediglich durch den Sprachwechsel selbst gekennzeichnet und können nicht kategorisiert

[17] Darüber, ob und inwiefern Sprachwechsel in diesem Korpus Identität stiften, soll eine weitere Analyse in meiner Dissertation „Mehrsprachigkeit in digitalen Räumen“ (Arbeitstitel) Aufschluss geben.

werden. Vermutlich sind die Funktionen dieser Vorkommen variabler, da diese keinem Muster unterliegen. Zudem hat sich herausgestellt, dass einige der Stellen, an denen laut Gumperz (1995, 75-80) und Auer (1995, 120) *CS* auftrete, auch auf dieses Weblog übertragbar sind. Die graphische Hervorhebung verdeutlicht, dass *CS* ganz bewusst eingesetzt wird.

Die Funktionen von Sprachwechseln können grob betrachtet in zwei Bereiche aufgeteilt werden. Zum einen wird *CS* eingesetzt, um rhetorische Funktionen zu erfüllen. Zum anderen kann *CS* sozialen Zwecken dienen, wobei besonders das Aushandeln oder Konstruieren von Identitäten eine Rolle spielt. In beiden Fällen kann es als erweitertes Spektrum der kommunikativen Möglichkeiten bezeichnet werden. Es wurde bereits deutlich, dass im analysierten Weblog *CS* stilistische Aufgaben innehat.

Bibliographie

Androutsopoulos, Jannis (2007): „Language Choice and Code Switching in German-Based Diasporic Web Forums", in: Danet, Brenda / Herring, Susan C. (Hgg.): *The Multilingual Internet. Language, Culture, and Communication Online*, Oxford: Oxford University Press, 340-361.

Auer, Peter (1995): „The Pragmatics of Code-switching. A Sequential Approach", in: Milroy, Lesley / Muysken, Pieter (Hgg.): *One Speaker, Two Languages. Cross-disciplinary Perspectives on Code-switching*, Cambridge: Cambridge University Press, 115-135.

Auer, Peter (2006): „Bilinguales Sprechen: (*immer noch*) eine Herausforderung für die Linguistik", in: *Sociolinguistica* 20, 1-21.

Bailey, Benjamin (2007): „Heteroglossia and Boundaries", in: Heller, Monica (Hg.): *Bilingualism. A Social Approach*, Basingstoke: Palgrave Macmillan, 257-274.

Berruto, Gaetano ([8]2002): *Fondamenti di sociolinguistica*, Roma: Laterza.

[Bußmann] *Lexikon der Sprachwissenschaft* ([2]1990), Bußmann, Hadumod (Hg.), Stuttgart: Kröner.

Danet, Brenda / Herring, Susan C. (2003): „Introduction: The Multilingual Internet", in *JCMC* 9, http://jcmc.indiana.edu/vol9/issue1/intro.html [Stand: 04.07.10].

Dorleijn, Margreet / Nortier, Jacomine (2009): „Code-switching and the Internet", in: Bullock, Barbara E. / Toribio, Almeida Jacqueline (Hgg.): *The Cambridge Handbook of Linguistic Code-switching*, Cambridge: Cambridge Univ. Press, 127-141.

Fraas, Claudia / Barczok, Achim (2006): „Intermedialität – Transmedialität: Weblogs im öffentlichen Diskurs", in: Androutsopoulos, Jannis K. / Runkehl, Jens / Peter, Schlobinski / Siever, Torsten (Hgg.): *Neuere Entwicklungen in der linguistischen Internetforschung*, Hildesheim: Olms, 132-160.

Gardner-Chloros, Penelope (2008): „Bilingual Speech Data. Criteria for Classification", in: Wei, Li / Moyer, Melissa G. (Hgg.): *The Blackwell Guide to Research Methods in Bilingualism and Multilingualism*, Malden / Oxford / Carlton: Blackwell Publishing, 53-72.

Gardner-Chloros, Penelope (2009): „Sociolinguistic Factors in Code-switching“, in: Bullock, Barbara E. / Toribio, Almeida Jacqueline (Hgg.): *The Cambridge Handbook of Linguistic Code-switching*, Cambridge: Cambridge Univ. Press, 97-113.

Gumperz, John J. (1995 [1982]): *Discourse Strategies*, Cambridge: Cambridge University Press.

Herring, Susan C. (2007): „A Faceted Classification Scheme for Computer-mediated Discourse“, in: *Language@Internet* 4, 1-37.

Hinrichs, Lars (2006): *Codeswitching on the Web. English and Jamaican Creole in E-mail Communication*, Amsterdam [u.a.]: Benjamins.

Montes-Alcalá, Cecilia (2001): „Written Codeswitching. Powerful Bilingual Images“, in: Jacobson, Rodolfo (Hg.): *Codeswitching Worldwide II*, Berlin: Mouton de Gruyter, 193–219.

Montes-Alcalá, Cecilia (2007): „Blogging in Two Languages. Code-switching in Bilingual Blogs“, in: Holmquist, Jonathan / Lorenzino, Augusto / Sahayi, Lotfi (Hgg.): *Selected Proceedings of the Third Workshop on Spanish Sociolinguistics*, Somerville, Massachusetts: Cascadilla Proceedings Project, 162-170.

Moraldo, Sandro M. (2005): „Sprachliche und textuelle Aspekte in italienischen Weblogs“, in: *Networx* 46, 131-164.

Nortier, Jacomine (2008): „Types and Sources of Bilingual Data“, in: Wei, Li / Moyer, Melissa G. (Hgg.): *The Blackwell Guide to Research Methods in Bilingualism and Multilingualism*, Malden / Oxford / Carlton: Blackwell Publishing, 35-52.

Rampton, Ben (1999): „Styling the Other: Introduction“, in: *Journal of Sociolinguistics* 3 / 4, 421-427.

Runkehl, Jens (2010): „Eröffnungsvortrag. Web 2.0. Schlagwort, Konzepte, Zukunft“, *III. Hannoverscher Workshop zur Internetforschung*, Hannover 26.3.2010.

Schlobinski, Peter / Siever, Torsten (2005): „Sprachliche und textuelle Aspekte in deutschen Weblogs“, in: *Networx* 46, 52-85.

Siever, Torsten (2006): „Weblogs: kurz und bündig“, in Siever, Torsten / Schlobinski, Peter / Runkehl, Jens (Hgg.): *mediensprache*, http://www.mediensprache.net/de/-websprache/weblog/info/ [Stand: 21.10.09].

Wei, Li / Moyer, Melissa G. (Hgg.) (2008): *The Blackwell Guide to Research Methods in Bilingualism and Multilingualism*, Malden / Oxford / Carlton: Blackwell Publishing.

Weinreich, Uriel (1953): *Languages in Contact. Findings and Problems*, New York: Linguistic Circle of New York.

Neografie als gruppenspezifische Repräsentationsform

Daniel Kallweit (Bochum)

La aparición del Internet llevó a nuevas formas de comunicarse que se distinguen de las ‚tradicionales' en cuanto a su concepción. En estas nuevas formas comunicativas es posible observar la combinación de una concepción oral con la escritura, combinación mucho menos habitual en los tiempos precedentes a Internet. En el trabajo presente se examinará la forma comunicativa del chat, *ya que constituye una interesante mezcla de oralidad (el lenguaje que se utiliza en los* chats *muestra diversas características de la lengua hablada, muchas veces coloquial) y escrituralidad (obviamente, los chats son discursos escritos). Esta combinación da lugar a cambios en la ortografía oficial del español que se considerarán como ‚neografías'.El siguiente texto busca explicar dos rasgos neográficos del español utilizados en los chats: la <k>, tan frecuente como la letra <x> representando el sonido [tʃ], como construcciones típicas de ciertos grupos o movimientos sociales, basándose en ejemplos encontrados en un corpus de protocolos de* chat.

1. Einleitung

Seit dem Aufkommen der Neuen Medien – vor allem des Internets – ist es zu diversen Veränderungen gekommen, die die Kommunikation, wie wir sie vorher kannten, betreffen. Vor der Erfindung des Internets ließen sich die verschiedenen Kommunikationsformen nach einem recht simplen, jedoch effizienten Schema einteilen: Die Kommunikation war entweder medial mündlich oder medial schriftlich realisiert. Der Normalfall war also, dass ein Kommunikationsakt entweder mittels der gesprochenen Sprache, d.h. mittels des phonischen Codes, oder mittels der Schrift, d.h. mittels des grafischen Codes, stattfand.

Die Neuen Medien brachten die Möglichkeit mit sich, diese beiden Codes miteinander zu kombinieren: Man denke nur an die Beispiele der verschiedenen *messenger*, die man dazu nutzen kann, Nachrichten zu schreiben und sich wie in einem Chat zu unterhalten, aber auch – und das teilweise innerhalb ein und derselben Unterhaltung –, um ein Mikrofon an den Computer anzuschließen und ein Telefongespräch über das Internet zu führen. Doch hier enden die Möglichkeiten dieser Software nicht: Die Nutzer können außerdem eine Webcam anschließen und eine Videokonferenz führen, wodurch sie non- und paraverbale Informationen, wie Gestik und Mimik übermitteln. An diesen Beispielen wird bereits erkennbar, dass die vorher bestehenden Grenzen zwischen mündlichem und schriftlichem Code mit dem Erscheinen des Internets zu verschwinden begannen.

Eine Art, im Internet zu kommunizieren, die man heutzutage schon als klassisch bezeichnen kann, ist der Chat. Im Chat wird das, was Koch und Oesterreicher die „gesprochene Konzeption" (Koch / Oesterreicher 1985, 17) nennen, mit der Schrift kombiniert, weswegen der Chat eine recht interessante Kommunikationsform darstellt. Neben dem Verwischen der Grenzen der beiden Codes lässt sich also auch eine Verschiebung der Kombinationen Medialität / Konzeption im Sinne Kochs / Oesterreichers erkennen. Im Chat drücken die Nutzer mithilfe der Schrift ihre Gedanken und Gefühle aus, tun dies aber auf eine Weise, als handele es sich um ein Gespräch von Angesicht zu Angesicht, um eine *face-to-face*-Kommunikation, d.h. als seien sie tatsächlich Gesprächspartner, die sich einen realen Kommunikationsraum teilen.

Dieser Umstand brachte auch verschiedene Änderungen der Grafie mit sich, d.h. Änderungen der Schreibweisen bestimmter Wörter im Chat, aber auch in anderen computervermittelten Kommunikationsformen, wie der (informellen) E-Mail oder der SMS. Aufgrund der technischen Bedingungen etablierten sich neue Schreibweisen, von denen einige mittlerweile in gewisser Weise schon zu neuen Konventionen geworden, d.h. von einer Vielzahl von Chattern übernommen und weiterverbreitet worden sind. Der vorliegende Beitrag will diese neuen Schreibweisen – die nach Anis (2007) als „Neografien" bezeichnet werden – dahingehend untersuchen, ob sie eine gruppenspezifische Art der Repräsentation darstellen, also zur (Selbst-) Identifikation als Mitglied der Internet- bzw. Cybergesellschaft gebraucht werden; dazu wird ein Korpus von Mitschnitten diverser Kanäle der Chatplattform www.irc-hispano.es untersucht.

2. Repräsentationsbegriff

Wenn im vorliegenden Beitrag von Repräsentation die Rede ist, so kann dieser Begriff in zweierlei Hinsicht verstanden werden: Erstens wird er synonym zum Begriff der ‚Abbildung' verwendet und bezieht sich in diesem Zusammenhang stets auf die abbildende Funktion, die Grafeme hinsichtlich Phonen haben. Hier leitet sich also die Bedeutung des Wortes *repräsentieren* von der semantischen Nuance *vertreten* des lateinischen[1] und auch des deutschen Verbes ab, da die Grafeme als Stellvertreter der Laute im Medium der Schrift fungieren und diese abbilden. Die zweite Bedeutung, die Repräsentation in diesem Beitrag haben kann, bezieht sich auf die Funktion gewisser Grafeme als soziale Marker. Hier bilden Grafeme nicht nur ab und dienen als Stellvertreter für bestimmte Laute; in gewissen Kontexten repräsentieren sie nämlich eine bestimmte ideologische Einstellung des Schreibers, lassen diese offenbar werden. In diesen Fällen ist die semantische Nuance *zeigen* des lateinischen Verbs *repraesentare* die dominantere, auch wenn sich die im ersten Fall erwähnte Stellvertreterschaft trotzdem abermals mit einbeziehen lässt: Der jeweilige Schreiber fungiert nämlich als Stellvertreter einer bestimmten sozialen Gruppe oder Strömung, deren Individualität er mithilfe der Schrift bzw. der Schreibungen zum Ausdruck bringt. So kann also jetzt bereits festgestellt werden, dass Grafeme im Kontext der computervermittelten Kommunikation des Spanischen oftmals zwei Funktionen gleichzeitig erfüllen, wobei ihre natürliche Funktion eben in bestimmten Situationen von der Signalisierung persönlicher Einstellungen des Schreibenden überlagert wird.

3. Was ist der Chat?

Wie eingangs schon erwähnt, nehmen die User den Chat als ein Gespräch wahr, d.h. sie sehen viele Ähnlichkeiten zwischen der Kommunikation in einem Chatroom und einem *face-to-face*-Gespräch. Von einem linguistischen Standpunkt aus lässt sich der Chat jedoch nicht ganz so einfach als Gespräch klassifizieren,[2] wie Bittner (2003, 193-265) auf recht ausführliche und überzeugende Weise zeigt. Der Chat entwickelt sich nämlich – im Gegensatz zum Gespräch – keineswegs synchron, auch wenn man dies annehmen mag und die Mehrheit der Chatter diese Tatsache nicht einmal bemerken (vgl. ebd., 195): Aus technischen Gründen kommt es stets zu geringen Verzögerungen zwischen dem Abschicken einer Nachricht durch den Sender und dem Empfangen derselben Nach-

---

1 Laut Klotz (1862, s.v.) kann *repraesentare* im übertragenen Sinne mit der Bedeutung ‚eine Stelle vertreten' gebraucht werden.

2 Die Bezeichnung des Chats als ‚getipptes Gespräch' findet sich bei mehreren Autoren, die sich mit deutschen Chats beschäftigen (vgl. beispielsweise Storrer 2001).

richt durch den Adressaten.[3] Des Weiteren haben die Chatter keinerlei Möglichkeit der gegenseitigen Einflussnahme auf den Kommunikationsprozess, da die Nachrichten erst in dem Moment auf dem Bildschirm erscheinen, in dem der Absender sie losschickt; dies bedeutet, dass die Chatnutzer lediglich das Produkt des kommunikativen Aktes sehen (vgl. ebd., 194). In Bezug auf die im Chat stattfindende Kommunikation bedeutet das aber auch, dass die Kommunikationspartner nie wissen, ob ihr Gegenüber gerade damit beschäftigt ist, eine Äußerung zu produzieren, oder ob es sich vielleicht gar nicht mehr an der Tastatur befindet: Ein *back channel behavior* ist im Chat schließlich ausgeschlossen (vgl. ebd., 198). Da dies einen weiteren Unterschied im Vergleich zum Gespräch darstellt, scheint es sinnvoll, den Begriff ‚Diskurs' dem des ‚Gesprächs' vorzuziehen, wenn man sich auf den Chat als Kommunikationsform bezieht (vgl. ebd., 194-198). Als ‚Diskurs' wird hier – im Gegensatz zum ‚Text' – eine situationsgebundene Kommunikation verstanden, die wechselseitig vonstattengeht (vgl. Dürscheid 2003, 41). Der Begriff des ‚Diskurses' hat darüber hinaus den Vorteil, dass er den im Chat herrschenden Kommunikationsbedingungen Rechnung trägt und eine linguistisch genaue Abgrenzung der Kommunikationsform Chat – beispielsweise vom Gespräch – ermöglicht.[4]

Verglichen mit anderen – klassischeren, d.h. traditionelleren – Kommunikationsformen (wie z.B. einem Brief, einem Telefongespräch oder einem *face-to-face*-Gespräch) stellt der Chat eine Besonderheit dar, die vor allem in Bezug auf deutsche Chats vielfach in sprachwissenschaftlichen Arbeiten thematisiert worden ist: Im Chat vermischen sich nämlich Eigenschaften der mündlichen (Umgangs-) Sprache mit der Realisierungsform der Schrift. Anders gesagt, wird im Chat Nähesprache im Medium der geschriebenen Sprache *per se* ausgedrückt. Laut der Theorie von Koch und Oesterreicher muss die Konzeption einer Nachricht – d.h. all die Aspekte, die die sprachliche Gestaltung einer Äußerung betreffen,

[3] Zu diesem Aspekt sowie zum Begriff der Quasi-Synchronität vgl. Dürscheid 2004, 150-153.

[4] Auch in Bezug auf die Definition von Kommunikationsformen folge ich Dürscheid (2003), so dass Gespräch und Chat zwar beide als Kommunikationsformen bzw. Diskurse eingeordnet werden können, diese jedoch aufgrund ihrer externen Merkmale zu unterscheiden sind, also verschiedene Diskursarten darstellen (vgl. ebd., 40-42).

wie z.B. syntaktische Planung, textliche Kohärenz, eingesetzte Varietäten – vom Medium – dem phonischen bzw. grafischen Code – unterschieden werden, in dem diese Nachricht realisiert wird.[5] Während die Relation der beiden Codes eine strikte Dichotomie darstellt, kann die Relation der beiden entgegengesetzten Konzeptionen als Kontinuum beschrieben und dargestellt werden (vgl. Abb. 1), in dem sich jegliche Form von Äußerungen unter Berücksichtigung der jeweiligen Kommunikationsbedingungen (vgl. Koch / Oesterreicher 1985, 19-21) und Versprachlichungsstrategien (vgl. ebd., 21-23) zwischen den Polen der „kommunikativen Nähe" und der „kommunikativen Distanz" einordnen lässt.

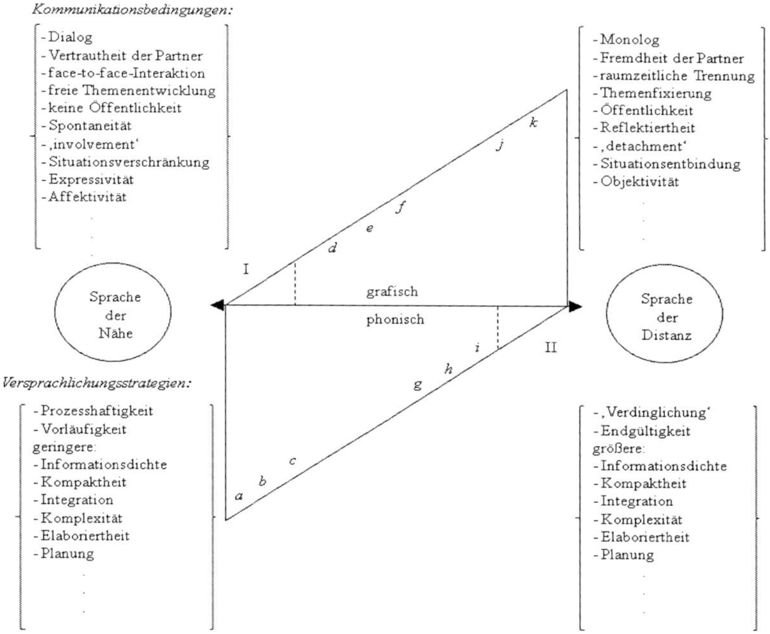

Abb. 1: Nähe- und Distanzkontinuum nach Koch / Oesterreicher (1985, 23).

5 Für eine ausführlichere Darstellung auch in Bezug auf das Spanische vgl. Koch / Oesterreicher 2007.

Wenn man nun den Chat im Kontinuum von Koch / Oesterreicher verorten möchte,[6] müsste er sich im oberen Teil des Kontinuums befinden (dort, wo die grafisch realisierten Kommunikationsformen zu finden sind), jedoch sehr nah am Pol der kommunikativen Nähe, d.h. fast ganz am linken Rand von Abb.1.[7] Diese Position, d.h. die kleinen Dreiecke an beiden Seiten des Kontinuums, sind laut Koch / Oesterreicher den Äußerungsarten vorbehalten, die nur in medialen Transpositionen bestehen, wie z.B. die Abschrift eines familiären Gesprächs (a') oder das Verlesen eines juristischen Textes (k') (vgl. ebd., 23; 18). Offensichtlich bildete diese Art von Äußerungen einen recht geringen Teil aller Äußerungen (und tut dies auch heute noch), so dass sie mit Recht als Ausnahmeerscheinung angesehen werden kann. Im Fall des Chats lässt sich jedoch nicht mehr von einer kommunikativen Ausnahmeerscheinung sprechen, da der Chat laut diverser Studien (z.B. Mayans i Planells 2000) eine der beliebtesten und meist genutzten Kommunikationsformen im Internet ist und somit für viele seiner Nutzer keineswegs eine Ausnahmeform, sondern vielmehr eine kommunikative Routine darstellt.

Die Tatsache, dass die Nutzer den Chat zum Gespräch in Beziehung setzen und ihn auf dieses beziehen – auch wenn dies aus kommunikationstheoretischer Sicht nicht gerechtfertigt ist (vgl. Bittner 2003, 198) –, führt dazu, dass sie die augenscheinliche Illusion akzeptieren, die Person, mit der sie kommunizieren, säße ihnen gegenüber, wodurch sie auch akzeptieren, „que la persona con la que hablan mediante el teclado está hablando con ellos oralmente“ (Cabedo Nebot 2009, 14f.). Um eine mehr oder weniger ausgeglichene Beziehung zu dieser Person aufrechtzuerhalten und um sicherzustellen, dass der Diskurs auf schnelle und effektive Weise abläuft (vgl. ebd.), passt der betreffende Chatter seine eigene Ausdrucksweise sowohl an die technischen Gegebenheiten des

---

[6] Hierzu ist anzuführen, dass der Chat als solcher nicht verortet werden kann, da es sich um eine Kommunikationsform handelt (vgl. Dürscheid 2003, 42); fasst man Chat aber als Synonym zu ‚Plauderchat' (was gemeinhin oft getan wird und auch in diesem Beitrag der Einfachheit halber getan werden soll), so handelt es sich um eine Diskursart, die sich sehr wohl im Kontinuum von Koch / Oesterreicher einordnen lässt (vgl. Dürscheid 2003, 43).

[7] Für eine ausführliche Diskussion der computervermittelten Kommunikation bezüglich ihrer Ausdifferenzierung und der Verortung der jeweiligen Textsorten bzw. Diskursarten im Nähe-Distanz-Kontinuum siehe Kattenbusch 2002, 194.

Chats als auch an sein Gegenüber an. Es kommt also zu einem medial schriftlichen Ausdruck konzeptioneller Mündlichkeit (vgl. Koch / Oesterreicher 1985, 17), welcher als „texto escrito oralizado" (Yus 2001, 139) bzw. „lenguaje escrito oralizado" (Cabedo Nebot 2009, 15) bezeichnet werden kann. Dies wirkt sich auch auf die Schreibung aus, welche verändert und angepasst wird, was im folgenden Abschnitt erläutert wird.

4. Neografie

In einem Chatroom stehen die Nutzer stets unter dem Druck, ihre Äußerungen möglichst schnell zu produzieren. Dies rührt von der technischen Funktionsweise der Chatprogramme, genauer gesagt von der Tatsache, dass die neuesten sprachlichen Beiträge am unteren Bildschirmrand erscheinen und die vorangegangenen nach oben verschieben. Diesen Umstand nennt man den *scroll*-Faktor (vgl. Yus 2001, 96; Mayans i Planells 2000, 3), welcher zur Folge hat, dass der Chatter dem, was im Chatroom, d.h. auf dem Bildschirm, passiert, hohe Aufmerksamkeit beimessen muss, während er zur gleichen Zeit seinen eigenen Beitrag produziert.[8] Bei dieser Produktion ist er außerdem den Beschränkungen unterworfen, die das Tippen seiner Gedanken mit sich bringt, da diese Tätigkeit – auch bei erfahrenen Chattern – mehr Anstrengung und somit auch mehr Zeit als die mündliche bzw. verbale Produktion des gleichen Inhalts erfordert. Um den Diskursen zu folgen, die man in einem Chatroom führen möchte (es kann mehr als einer zur selben Zeit geführt werden), muss man daher sehr schnell schreiben können. Aus diesem Grund haben die Chatnutzer grafematische Varianten oder anders gesagt, neue Schreibungen erfunden, die in Bezug auf den Schreib- bzw. Tippaufwand ökonomischer sind. Diese neuen Schreibweisen können, der Argumentation Jacques Anis' folgend, als „Neografien" (vgl. Anis 2007) bezeichnet werden. Ausgehend von der Sprache, die französische Jugendliche zum Verfassen von Kurzmitteilungen (SMS) gebrauchen, erklärt Anis, dass die Absender sich verschiedener Strategien bedienen,

---

[8] Je mehr Chatter sich im jeweiligen Kanal befinden, umso höher muss natürlich die zu erbringende Aufmerksamkeit sein. Hier wird von dem idealtypischen Fall ausgegangen, dass alle im Kanal befindlichen Chatter auch tatsächlich am Chatgeschehen teilnehmen und nicht nur stumme Beobachter sind.

um ein Maximum an Information in dem auf 160 Zeichen begrenzten Raum einer SMS zu transportieren. Dabei ist klar, dass sie dies aus ökonomischen Gründen tun: Da man für jede versendete SMS bezahlen muss, versuchen die Jugendlichen, sich auf eine einzige SMS zu beschränken; und da die Eingabe der Nachricht mittels der Handytastatur einen hohen Aufwand bedeutet – jeder Knopf der Tastatur muss mehrere Male gedrückt werden, um zum gewünschten Buchstaben zu gelangen –, suchen sie die einfachste Lösung, d.h. diejenige, die den geringsten Aufwand für sie bedeutet (vgl. Anis 2007, 91-94).[9] Hierbei muss bedacht werden, dass jeder Nutzer zu seiner *eigenen Lösung* gelangen kann, weswegen man die Neografie nicht als Standard verstehen kann:

> I propose that neography is a dynamic phenomenon based on local combinations of general mechanisms, which are also in evidence in other languages and in other modes of computer-mediated communication (CMC). At the same time, neography is not a standard, but a set of procedures writers use in particular communication situations, while writing a specific message, and under pressure from various constraints. (Anis 2007, 88)

Bezüglich der Charakteristiken der Neografie lässt sich feststellen, dass die Neografie versucht, die mündliche Sprache, d.h. die gesprochene Alltagssprache mit ihren (nicht nur phonetischen) Eigenheiten grafisch darzustellen. Daher handelt es sich auch um eine im hohen Maße an der Mündlichkeit orientierte Schreibung, die teils fast phonetisch ist, erkennbar z.B. an phonetischen Reduktionen, Elisionen, welche für gewisse spanische Dialekte typisch sind – hier ist es vor allem das Andalusische, das großen Einfluss auf die Neografie zu haben scheint (vgl. hierzu auch Llisterri 2002 und Mayans i Planells 2000, 7), wie beispielsweise die Elision von intervokalischem <d> (besonders bei Partizipien) oder der *seseo* –, sowie Ausdrücken und Formulierungen der Umgangssprache.

[9] In der heutigen Zeit, in der SMS-*flatrates* und automatische Wortvervollständigung beim Schreiben von Kurzmitteilungen zum Standard gehören, wären die von Anis angeführten Gründe sicherlich zu überprüfen. Gleiches gilt allerdings auch für den tatsächlichen Einsatz der eben genannten Phänomene, d.h. wie viele Jugendliche wirklich über ein unbegrenztes Kontingent von *kostenlosen* Kurzmitteilungen verfügen, und ob die vorinstallierte Wortvervollständigungssoftware überhaupt zur Anwendung kommt.

5. Das Korpus

Im Rahmen meiner Doktorarbeit habe ich ein Korpus von Chatprotokollen aus diversen Chatkanälen der Plattform www.irc-hispano.es zusammengestellt (die Funktionsweise der IRC-Systeme wird im nächsten Abschnitt erläutert). Dieses Korpus umfasst 3.154.388 Zeichen, was ungefähr 409.700 grafischen Wörtern entspricht, die während fünf Sitzungen am 24. Februar 2009, 30. Mai 2009, 25. Juni 2009, 25. Juni 2009 und 23. Januar 2010 aufgezeichnet wurden. Die Datenerhebung fand zu verschiedenen Tageszeiten statt: In einem Fall wurde sie morgens durchgeführt und in jeweils zwei Fällen mittags und abends, da anzunehmen ist, dass sich die Personengruppen, die den Chat morgens nutzen, von denen unterscheiden, die mittags oder abends chatten. Die Chatkanäle, die untersucht wurden, waren ausschließlich Kanäle, die über geografische Aspekte bestimmt waren, d.h. Kanäle, die die Namen von spanischen Städten trugen. Bezüglich der Auswahl dieser Städte wurde auf eine gewisse Streuung geachtet, d.h. es wurden Städte aus praktisch allen Teilen Spaniens ausgewählt, was auch bedeutet, dass Städte aus allen bilingualen Regionen Spaniens im Korpus vertreten sind. So soll die sprachliche Realität des Landes bestmöglich abgebildet werden und außerdem sollen Hinweise auf den Ursprung bzw. die Ausdehnung gewisser Neografien erlangt werden. Die untersuchten Kanäle sind die folgenden: #alicante, #barcelona, #bilbao, #coruña, #granada, #madrid, #sevilla und #valencia; darüber hinaus wurde der offizielle Kanal des Servernetzwerks #irc-hispano untersucht, um über einen Referenzkanal zu verfügen, der nicht über die Herkunft seiner Nutzer prädeterminiert ist. Hierdurch sollen Informationen zur Verwendung der Neografie sowohl auf regionaler als auch auf überregionaler Ebene gewonnen werden, um herauszufinden, ob es Neografien gibt, die nur in bestimmten Regionen Spaniens gebraucht werden und die somit von bestimmten diatopischen Varietäten abhängig sein könnten; oder ob es neografische Formen von allgemeinem Gebrauch gibt, die also unabhängig von der Herkunft des Chatters sind.

In Bezug auf die Metadaten zu den Chattern muss angemerkt werden, dass es sehr schwierig ist, Informationen zu erlangen, die nicht aus dem Chat selbst stammen. Daher lässt sich auch nichts Repräsentatives über den Durchschnittschatter sagen, da die Möglichkeit, ein Profil auf der Plattform www.irc-hispano.es zu erstellen, von so gut wie keinem Nutzer in Anspruch genommen wird; und in den wenigen Fällen, in denen ein Profil vorhanden ist, sind die von den Nutzern selbst eingegebenen Information keineswegs verlässlich, was eine schon seit Längerem bekannte Problematik darstellt.[10] Im Internet besteht immer die Möglichkeit, mit der eigenen Identität zu spielen, d.h. eine andere Person zu erschaffen, indem man Daten angibt, die nichts mit der realen Person zu tun haben, welche vor dem Bildschirm sitzt. Gleiches gilt für die Informationen, die während eines Chatdiskurses gegeben werden, da es sehr wahrscheinlich ist, dass jemand, der sich ein virtuelles *Alter Ego* erschafft, dieses um jeden Preis aufrecht erhalten will. Selbst die Anwesenheit und die Teilnahme einer Person in einem geografisch vorbestimmten Chatkanal – wie es der Fall bei den hier untersuchten Kanälen ist – kann keinerlei gesicherte Information über den betreffenden Chatter geben. Da man auf das Internet und somit auch auf die Chats von jedem denkbaren Ort der Welt zugreifen kann, muss eine Person, die gerade im Kanal #granada chattet, nicht zwangsläufig auch in Granada sein und auch nicht in Andalusien, ja nicht einmal an irgendeinem Ort Spaniens, sondern kann sich in Deutschland, Australien oder China aufhalten, um nur ein paar der Möglichkeiten zu nennen (vgl. hierzu auch Gerstenberg 2004, 314).

6. Der IRC

Wie schon der Name der hier untersuchten Plattform www.irc-hispano.es andeutet, handelt es sich bei ihr um einen so genannten *Internet Relay Chat* (IRC), die die ersten Chats waren, welche Ende der 1980er-Jahre aufkamen, entwickelt vom Finnen Jarkko Oikarinen (vgl. z.B. Pano 2008, 80). Diese Systeme sind in Servernetzwerken organisiert, welche untereinander vernetzt sind. Um sich mit einem IRC verbinden zu können, benötigt man ein spezielles auf dem betreffenden Computer installiertes Programm, welches dann die Verbindung zum Server ermöglicht (vgl. ebd.). Auf jedem der Server befinden sich mehrere Chatkanäle, die nach Thema, Alter oder geografischer Lage eingeteilt sind, um nur einige der Kategorien zu nennen. Beim Eintreten in den gewünschten Kanal zeigt sich dem Nutzer ein viergeteilter Bildschirm (vgl. Abb. 2): Am lin-

[10] Für mehr Information zu diesem – vor allem aus einer psychologischen und sozialwissenschaftlichen Perspektive – interessanten Phänomen vgl. z.B. Mayans i Planells 2002, 191-221, sowie Döring 2003.

ken Bildrand befindet sich eine Liste mit allen vom Nutzer geöffneten Kanälen; auf der rechten Seite sind in einer weiteren Liste die Nicknames aller Chatter aufgeführt, die zurzeit mit dem jeweiligen Kanal verbunden sind. Der größte Bereich befindet sich in der Mitte des Bildschirms, dort wo die Chatdiskurse verlaufen und welcher seinerseits nochmals zweigeteilt ist: Der größere, oben befindliche Teil enthält die Beiträge aller Nutzer, die aktiv am Diskurs teilnehmen, d.h. das Ergebnis desselben, während der kleinere untere Teil dazu dient, die eigenen Beiträge einzugeben. Demnach verfügt der Chatter über einen großen Bereich des Bildschirms, in dem die Mitteilungen seiner Mitchatter in verschiedenen Farben erscheinen (jeder Nutzer kann das Chatprogramm nach seinem persönlichen Geschmack konfigurieren) und der sich direkt über der Zeile befindet, in die er eingibt, was er mitteilen möchte.

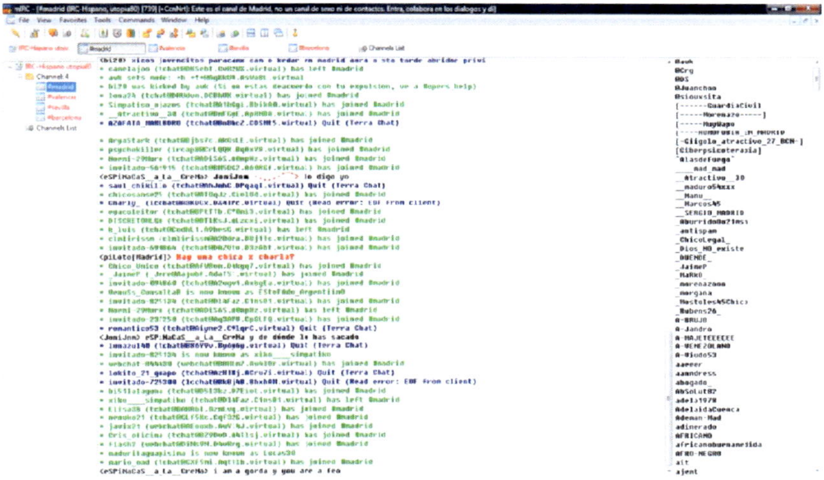

Abb. 2: *Screenshot* eines Chatdiskurses.

7. Beispiele für Neografie aus dem Korpus

Um die Mechanismen, auf denen die spanische Neografie basiert, zu veranschaulichen, werden im Folgenden einige Beispiele angeführt, die dem zuvor beschriebenen Korpus entnommen wurden.[11] Hierbei soll auch gezeigt werden, wie die neografischen Formen als gruppenspezifische Repräsentationen fungieren.

7.1 La <k> kerida

Obwohl im gegenwärtigen Spanisch nicht viele Wörter mit <k> geschrieben werden[12] – das <k> wird nämlich lediglich in Lehnwörtern gebraucht, deren ursprüngliche Schreibweise beibehalten wird (vgl. Real Academia Española 2006, 384) –, lassen sich im Korpus viele Wörter finden, in denen dieses Grafem gebraucht wird. Tatsächlich ist es mit einer Quote von 420 Vorkommnissen in den Protokollen der ersten beiden Sitzungen (24.02.2009 und 30.05.2009), welche insgesamt 49.412 grafische Wörter enthalten,[13] die häufigste Neografie.

In vielen Fällen wird das <k> gebraucht, um Zeit zu sparen, indem man die normale Grafie <qu> durch <k> ersetzt, so dass man nur noch eine Taste anstatt zweier drücken muss. Dies stellt einen typischen Fall von Neografie dar, wie Anis sie beschrieben hat, d.h. durch Zeitdruck motiviert, welcher den Wunsch hervorruft, möglichst viel mit möglichst geringem Aufwand auszudrücken.

(1) <Chatter 1> no veas lo mal ke le sento ke se lo kitaraaaaa

(2) <Chatter 2> aki a la ke maslejos lekeda es ami...xDxD

In diesen beiden Beispielen ist die Beschleunigung und Ökonomisierung des Tipp-Prozesses die logischste und offensichtlichste Erklärung. Doch lassen sich auch Beispiele finden, in denen das <k> nur ein Grafem, nämlich das <c> (mit Lautwert [k]), ersetzt:

(3) <Chatter 3> avisa cuando salgas de kasa ehh

---

[11] Alle Beispiele wurden anonymisiert, um die Identität der Chatter zu wahren.

[12] Im Wörterbuch der Real Academia Española aus dem Jahre 2001 finden sich lediglich 101 Lemmata, die mit dem Buchstaben <k> beginnen, viele davon Zusammensetzungen mit dem Präfix <kilo> (vgl. Real Academia Española 2001, 1335-1337).

[13] In dieser Ziffer sind allerdings noch die Systemmeldungen beinhaltet, die fast immer den größten Teil eines Chatprotokolls ausmachen. Aufgrund ihres Umfangs ist es daher wünschenswert, die vom System erstellten Nachrichten aus dem Korpus zu eliminieren, was aufgrund eines fehlenden adäquaten Programms leider noch nicht erreicht werden konnte.

(4) <Chatter 4> cada vez podemos hacer menos kosas kon el coxe

Hier bedeutet das Drücken der <k>-Taste keinen geringeren Aufwand als das Betätigen der <c>-Taste. Es muss demnach neben der eben erläuterten Ökonomisierung einen anderen Grund bzw. eine andere Erklärung geben. So wie es scheint, sind es nicht rein sprachliche, sondern vielmehr symbolische Gründe, aus denen das <k> in gewissen Kontexten zum Einsatz kommt. Wie Salvador / Lodares (2001, 164f.) erklären, hat das <k> im Spanischen stets eine internationale, fremdländische und gar exotische Nuance. Für Spanien hat dieses Grafem darüber hinaus einen symbolischen Wert, der mit Revolution und Rebellion in Verbindung gebracht wird, schlichtweg weil es an Wörter erinnert, die im Zusammenhang mit der sowjetischen Revolution von 1917 stehen (vgl. ebd., 167) und weil das <k> als typisch baskisch angesehen wird (vgl. ebd., 168). Daher ist das <k> zur „letra preferida de quienes viven a contracorriente“ (ebd., 169) geworden, d.h. zum Symbol für diverse Subkulturen, die sich der eben beschriebenen Andersartigkeit und des speziellen Charakters dieses Grafems bedienen (vgl. Sebba 2003, 159), seine Exotik bzw. Internationalität nutzen und es gezielt zur Verfremdung einsetzen. In diesem Zusammenhang müssen die *okupas* (in der Regel linksgerichtete Hausbesetzer), die *bakalaeros* (Anhänger der bakalao-Musik in den 1980er und 1990er Jahren) oder die *ákratas* (Anarchisten) genannt werden (vgl. ebd.), die das <k> bereits in den Bezeichnungen ihrer jeweiligen Gruppierung gebrauchen. In diesen Kontexten bedeutet – und zeigt – das <k> eine rebellische Haltung, die dem entgegengesetzt wird, was als Norm anzusehen ist; dies rührt daher, dass der Gebrauch von <k> anstelle des orthografisch korrekten <c> bzw. <qu> die einfachste und offensichtlichste Art darstellt, Auflehnung gegen die sprachlichen – und in Erweiterung vielleicht auch gesellschaftlichen – Konventionen und Normen zum Ausdruck zu bringen.

Im Kontext des Chats kann das <k> ebenfalls diese symbolische Funktion übernehmen und zum Ausdruck bringen, dass der Chatter sich auf gewisse Weise den Regeln, die ihm die erwachsene Gesellschaft auferlegt, widersetzen möchte. Hierbei muss berücksichtigt werden, dass die Mehrzahl der Chatnutzer Jugendliche sind und somit zu einer sozialen Gruppen gehören, der es traditionellerweise gefällt, Normen und Regeln in Frage zu stellen (vgl. Mayans i Planells 2002, 89f.). Das <k> anstelle der *korrekten* Grafien zu verwenden, bedeutet daher auch, sich als Mitglied der Internet- und, genauer noch, der Chattergemeinschaft zu identifizieren, so dass das <k> einen Marker sozialer Identität im Kontext des Cyberspace darstellt. Es kann also als eine Repräsentationsform angesehen werden, die gruppenspezifisch ist, wobei natürlich nicht der Fehler begangen werden darf, sie als eigene *Chatsprache* anzusehen bzw. mit einer solchen gleichzusetzen.[14]

7.2 Muxas <x>

Ein weiteres neografisches Mittel, das mehrmals im Korpus zu finden ist (52 Vorkommnisse in den Protokollen der ersten beiden Sitzungen), ist der Gebrauch des <x> als grafematische Repräsentation des Lautes [tʃ]. Da ein <x> im gegenwärtigen Spanisch niemals den phonetischen Wert dieses Lautes besitzt, sondern stets die Lautkombinationen [ks] oder [gs] repräsentiert – vor einem Konsonanten wird es für gewöhnlich auf den Laut [s] reduziert –, kann sich dieser Gebrauch nicht am heutzutage gesprochenen Spanisch orientieren.[15] Die Regional- bzw. Minderheitensprachen Spaniens gebrauchen die Grafie <x> hingegen, um einen ähnlichen Laut, nämlich [ʃ] zu repräsentieren; daher wurde in einigen älteren Untersuchungen die Hypothese aufgestellt, dass dieses neografische Phänomen seinen Ursprung im Bilinguismus einiger aus Katalonien stammender Chatter habe (vgl. beispielsweise Morala 2001). Wie jüngere Studien jedoch gezeigt haben (vgl. Myslín / Gries 2010, 8), lässt sich das <x> als grafematische Repräsentation des Lautes [tʃ] auch problemlos bei lateinamerikanischen Chattern finden, so dass eine Interferenz mit dem Katalanischen keine haltbare Erklärung zu sein scheint.

In jedem Fall muss der Nutzer nur eine anstatt zweier Tasten seiner Tastatur betätigen, so dass er seine Nachrichten schneller verfassen kann.

(5) <Chatter 5> uno mio mas xulo ke tenia y eso era simple pero en fin xdd

(6) <Chatter 6> no no xD joer el xiko a dixo una verdad cm un puño xD

[14] Zur Diskussion, ob die Sprachvarianten bzw. Sprechweisen, die im Internet ihren Ausdruck finden, als *eigene Sprachen* eingestuft werden können, vgl. beispielsweise Crystal (2006) und den von ihm geprägten Ausdruck des netspeak oder Dürscheid (2004) für eine gegenteilige Position.

[15] Wie Salvador / Lodares erklären, hatte das <x> früher einmal den phonetischen Wert [tʃ], welcher sich aus der Aussprache des griechischen <x> (dem *Ji*) ergab (2001, 334-339). Zum Lautwert des Grafems <x> im Altspanischen vgl. Meisenburg 1996, 209.

In diesen beiden Beispielen ist es offensichtlich, dass die Chatter das <x> verwenden, um einen Diskurs zu führen, der beinahe in Echtzeit abläuft, d.h. um schnellstmöglich auf ihre Mitchatter zu reagieren.[16] Des Weiteren scheint der Gebrauch dieser Neografie mit bestimmten pragmatischen Funktionen verbunden zu sein: So werden die meisten mit <x> statt <ch> geschriebenen Wörter im Korpus von Myslín und Gries (2010) dazu gebraucht, um andere Chatter auf vertraute Art und Weise anzusprechen, um sich zu verabschieden oder um Zuneigung auszudrücken (vgl. ebd., 11). Darüber hinaus gibt man sich durch die Verwendung eines <x> anstelle des – orthografisch korrekten – <ch> als aktives und erfahrenes Mitglied der Netzgemeinschaft zu erkennen, was auch diese Neografie zu einem gruppenspezifischen sozialen Marker werden lässt.

Bezüglich des Ursprungs dieser Neografie ist jedoch noch zu erforschen, ob sie eventuell auf den Einfluss anderer (Minderheiten-) Sprachen zurückgeht oder ob sie aus bestimmten Bewegungen innerhalb der spanischen Gesellschaft stammt.

8. Schlussfolgerung

Wie im Verlauf dieses Beitrags erkennbar geworden ist, haben sich unter dem Einfluss der Neuen Medien neue Schreibweisen entwickelt. Diese sind die Folge einer (Neu-)Anpassung der normalen Schreibung, d.h. der Orthografie, an die Bedingungen der computervermittelten Kommunikation (Quasi-Synchronität, d.h. wahrgenommene Direktheit, fehlende nonverbale und parasprachliche Information, hohe erforderliche Aufmerksamkeit, etc.). Aber es sind nicht immer ökonomische Gründe, die zu den hier dargelegten Veränderungen führen; oftmals stammen die Einflüsse aus anderen Gebieten: Dialekte, andere Sprachen, Sprachen bestimmter gesellschaftlicher Gruppen (Jargons) etc. In Bezug auf diese Tatsache gibt es noch diverse Aspekte, die es zu erforschen gilt.

---

[16] Hierbei ist zu beachten, dass die von Chatter 6 wiederholt eingesetzte Kombination <xD> keine Neografie darstellt, sondern dass es sich hierbei um ein Emoticon bzw. Smiley handelt (<x> = zusammengekniffene Augen, <D> = zum Lachen geöffneter Mund). Gleiches gilt für die Kombination <xdd> in Beispiel (5), die eine Variante des eben beschriebenen Emoticons darstellt.

Leider konnten im Rahmen dieses Beitrags nur einige wenige Aspekte der spanischen Neografie erläutert werden, welche – mit Ausnahme des beschriebenen <k> – noch nicht einmal die häufigsten im Korpus sind. Phänomene wie die Iteration von Vokalen und Konsonanten, um fehlende Prosodie, d.h. paraverbale Information zu kompensieren – die zweithäufigste Neografie im untersuchten Korpus – oder der Wegfall des intervokalischen <d> – sehr häufiges neografisches Mittel, das im klaren Zusammenhang mit dem gesprochenen Spanisch steht[17] – konnten aus Platzgründen keine Beachtung finden. Sie sind jedoch ebenfalls Anzeichen dafür, dass sich die mündliche Sprache, d.h. das gesprochene Spanisch, in wahrnehmbarer Form darauf auswirkt, wie im Internet geschrieben wird.

Hierbei wird bewusst *wie im Internet geschrieben wird* und nicht *wie in Chats geschrieben wird* gesagt, da die Neografie keineswegs ein Phänomen ist, das sich auf Chats beschränkt – nicht einmal auf das Internet.[18] Sie lässt sich in E-Mails beobachten (die in einem weniger offiziellen Rahmen verschickt werden), in Diskussionsforen und in sozialen Netzwerken wie z.B. *Facebook* (auf den sogenannten ‚Pinnwänden'). All diese Verwendungsbereiche haben gemeinsam, dass es sich um Kommunikationssituationen mit einem niedrigen Grad an Offizialität handelt, in denen sich die Kommunikationspartner kennen oder sogar sehr gut kennen, d.h. miteinander befreundet sind. Daher möchten sie sich mittels einer dieser Kommunikationssituation angemessenen Sprache ausdrücken und diese finden sie in der Umgangssprache. Um diese umgangssprachlichen Elemente hervorzuheben, bedienen sie sich alternativer Schreibweisen für bestimmte Wörter. Dieser Argumentation folgend lässt sich die Neografie als grafematisches Äquivalent zur Mündlichkeit, Kolloquialität und Familiarität der Sprache eines jeden Internetnutzers verstehen, der sie

[17] Für detailliertere Informationen zu diesem Aspekt vgl. Myslín / Gries 2010, 4-8.

[18] Man denke nur an die Schreibweisen, die zum Schreiben von Kurzmitteilungen gebraucht werden und die viele neografische Charakteristika aufweisen, die sich auch im Internet finden lassen (vgl. z.B. Betti 2003 und 2006, sowie Paredes 2008). Hinsichtlich der Einflussrichtung – d.h. ob es nun der Chat war, der die Schreibweisen der Kurzmitteilungen beeinflusste oder umgekehrt – lässt sich keine klare Aussage treffen, da die SMS und der Chat zwei Kommunikationsformen sind, die mehr oder weniger gleichzeitig aufkamen. Daher wären Arbeiten, die sich mit diesem interessanten Punkt befassen, durchaus wünschenswert.

gebraucht. Und so wie Varietäten und Variationen in der gesprochenen Umgangssprache bestehen, bestehen sie auch in der Neografie – sowohl auf globaler Ebene (d.h. zwei Chatter müssen nicht zwangsläufig dieselbe neografische Form verwenden), als auch auf individueller Ebene (es treten sogar in den Nachrichten bei ein und derselben Person Variationen auf).

Trotz der soeben konstatierten Variationen lässt sich die Neografie jedoch als gruppenspezifische Repräsentationsform bezeichnen, da sie einerseits von den Nutzern dazu gebraucht wird, ihren Diskurs innerhalb des Chats (bzw. der E-Mail, SMS oder des Diskussionsforums) zu ökonomisieren, andererseits aber auch dazu eingesetzt werden kann, die jeweiligen Nutzer als aktive und erfahrene Mitglieder der Cybergesellschaft auszuweisen.[19] So dient sie im ersten Fall der erleichterten Abbildung dessen, was kommuniziert werden soll, während sie im zweiten als Kennzeichen einer sozialen Rolle – die sich die Chatter zweifelsohne selbst zuschreiben – fungiert. Diese beiden Aspekte der Neografie zu untersuchen stellt – nicht nur für die Sprachwissenschaft – ein neues und spannendes Forschungsfeld dar, das innerhalb der nächsten Jahre sicherlich Stück für Stück erschlossen wird.

Bibliographie

Anis, Jacques (2007): „Neography. Unconventional Spelling in French SMS Text Messages", in: Danet, Brenda / Herring, Susan C. (Hgg.): *The multilingual internet. Language, culture, and communication online*, New York: Oxford University Press, 87-116.

Betti, Silvia (2003): „‚He escrito te quiero en la pequeña pantalla (del móvil)'. Los mensajes cortos (SMS) son una fuente de creatividad e innovación en el lenguaje, sobre todo juvenil", in: *Cuadernos Cervantes de la Lengua Española* 44, 70-75.

Betti, Silvia (2006): „La jerga juvenil de los SMS :-)", in: *Cuadernos del Lazarillo* 31, 68-76.

Bittner, Johannes (2003): *Digitalität, Sprache, Kommunikation. Eine Untersuchung zur Medialität von digitalen Kommunikationsformen und Textsorten und deren varietätenlinguistischer Modellierung*, Berlin: Schmidt.

Cabedo Nebot, Adrián (2009): „Consideraciones gráficas y lingüísticas del lenguaje cibernético. El chat y el messenger", in: *Tonos. Revista electrónica de estudios filológicos*

[19] In dieser identitätsstiftenden Funktion lassen sich klare Parallelen zur sogenannten Jugendsprache bzw. anderen Gruppensprachen ziehen.

18, http://www.tonosdigital.com/ojs/index.php/tonos/article/viewFile/341/240 [Stand: 01.08.2010].

Crystal, David (²2006): *Language and the Internet*, Cambridge: Cambridge University Press.

Döring, Nicola (²2003): *Sozialpsychologie des Internet. Die Bedeutung des Internet für Kommunikationsprozesse, Identitäten, soziale Beziehungen und Gruppen*, Göttingen: Hogrefe.

Dürscheid, Christa (2003): „Medienkommunikation im Kontinuum von Mündlichkeit und Schriftlichkeit. Theoretische und empirische Probleme“, in: *Zeitschrift für Angewandte Linguistik* 38, 37-56.

Dürscheid, Christa (2004): „Netzsprache – ein neuer Mythos“, in: Beißwenger, Michael / Hoffmann, Ludger / Storrer, Angelika (Hgg.): *Osnabrücker Beiträge zur Sprachtheorie 68: Internetbasierte Kommunikation*, 141-157.

Gerstenberg, Annette (2004): „Digitare in piazza: zur Sprache im italienischen Chat“, in: Dahmen, Wolfgang (Hg.): *Romanistik und neue Medien. Romanistisches Kolloquium XVI*, Tübingen: Narr, 309-326.

Kattenbusch, Dieter (2002): „Computervermittelte Kommunikation in der Romania im Spannungsfeld zwischen Mündlichkeit und Schriftlichkeit“, in: Heinemann, Sabine / Bernhard, Gerald / Kattenbusch, Dieter (Hgg.): *Roma et Romania. Festschrift für Gerhard Ernst zum 65. Geburtstag*, Tübingen: Max Niemeyer Verlag, 183-199.

[Klotz] *Handwörterbuch der lateinischen Sprache* (³1862), Klotz, Reinhold, Braunschweig: Westermann.

Koch, Peter / Oesterreicher, Wulf (1985): „Sprache der Nähe – Sprache der Distanz. Mündlichkeit und Schriftlichkeit im Spannungsfeld von Sprachtheorie und Sprachgeschichte“, in: *Romanistisches Jahrbuch* 36, 15-43.

Koch, Peter / Oesterreicher, Wulf (2007): *Lengua hablada en la Romania: español, francés, italiano*, Madrid: Gredos.

Llisterri, Joaquim (2002): „Marcas fonéticas de la oralidad en la lengua de los chats: elisiones y epéntesis consonánticas“, in: *Revista de Investigación Lingüística* 2, 61-100.

Mayans i Planells, Joan (2000): „Género confuso: género chat”, in: *Revista TEXTOS de la CiberSociedad* 1, http://www.cibersociedad.net/textos/articulo.php?art=22 [Stand: 01.08.2010].

Mayans i Planells, Joan (2002): *Género chat. O cómo la etnografía puso un pie en el ciberespacio*, Barcelona: Gedisa.

Meisenburg, Trudel (1996): *Romanische Schriftsysteme im Vergleich. Eine diachrone Studie*, Tübingen: Gunter Narr.

Morala, José R. (2001): „Entre arrobas, eñes y emoticones”, http://congresosdelalengua.es/valladolid/ponencias/nuevas_fronteras_del_espanol/4_lengua_y_escritura/morala_j.htm [Stand: 01.08.2010].

Myslín, Mark / Gries, Stefan Th. (2010): „k dixez? A corpus study of Spanish Internet orthography“, in: *Literary and Linguistic Advance Access*, http://llc.oxfordjournals.org/cgi/content/full/fqp037 [Stand: 01.08.2010].

Pano, Ana (2008): *Dialogar en la Red. La lengua española en chats, e-mails, foros y blogs*, Bern: Peter Lang.

Paredes, Coralie (o.J.): „La escritura SMS: una forma rebelde de adaptación a las nuevos medios de comunicación", http://cle.ens-lsh.fr/36674439/0/fiche___pagelibre [Stand: 01.08.2010].

[DRAE] *Diccionario de la lengua española* (²²2001), Real Academia Española (Hg.), Madrid: Espasa Calpe.

[DPD] *Diccionario panhispánico de dudas* (2006), Real Academia Española (Hg.), Madrid: Santillana.

Salvador, Gregorio / Lodares, Juan R. (2001): *Historia de las letras*, Madrid: Espasa Calpe.

Sebba, Mark (2003): „Spelling rebellion", in: Androutsopoulos, Jannis K. (Hg.): *Discourse constructions of youth identities*, Amsterdam: John Benjamins, 151-172.

Storrer, Angelika (2001): „Getippte Gespräche oder dialogische Texte? Zur kommunikationstheoretischen Einordnung der Chat-Kommunikation", in: Lehr, Andrea / Kammerer, Matthias u.a. (Hgg.): *Sprache im Alltag. Beiträge zu neuen Perspektiven in der Linguistik. Herbert Ernst Wiegand zum 65. Geburtstag gewidmet*, Berlin u.a.: de Gruyter, 439-465.

Yus, Francisco (2001): *Ciberpragmática. El uso del lenguaje en internet*, Barcelona: Ed. Ariel.

VII. Körperwissen

Transfer medizinischen Wissens zwischen Orient und Okzident: die hebräische Übersetzung des *Zad al-musafir wa-qut al-hadir* mit altokzitanischen medizinischen Fachtermini

Julia Zwink (Berlin)

La tradition de l'œuvre Zad al-musafir wa-qut al-hadir *du médecin arabe ibn al-Jazzar de Kairouan (Xe) illustre de manière saisissante le transfert du savoir médical entre l'orient et l'occident. Ce manuel de pathologie de sources remontant à l'Antiquité gréco-latine fut ensuite traduit au cours des siècles suivants en plusieurs langues, dont le latin et l'hébreu. Pendant que les universités en Europe jouissent de la traduction latine effectuée par Constantin l'Africain jusqu'à l'Epoque moderne, la version hébraïque de Moses ibn Tibbon (1259) contribue à la recherche sur la terminologie médicale hébraïque, ainsi que celle de l'ancien occitan: ibn Tibbon, vivant à Montpellier, utilisa dans sa traduction des termes occitans ou latins de la* materia medica, *faute d'une terminologie hébraïque adéquate. Après avoir retracé la tradition du Zad dans les différentes civilisations, cet article exposera quelques termes médicaux occitans, dont l'identification et l'analyse apporteront une contribution importante à la recherche de la terminologie médicale de l'ancien occitan.*

1. Einführung

Das Wissen um die Heilung von Krankheiten ist ein fundamentales Anliegen der Menschheit, dessen Ursprünge bis weit in die prähistorische Zeit zurückgehen, ja, das so alt sein dürfte wie das Selbstbewusstsein des Menschen überhaupt (vgl. Eckart 2000, 3). Die Bewahrung und Weitergabe medizinischen Wissens ist eine elementare Aufgabe in der Geschichte der Menschheit, die dazu dient, die Effizienz lebensverlängernden und -erhaltenden Eingreifens zu erhöhen. Welch bedeutende Rolle die Tradition, also die Weitergabe von Wissen, in der Heilkunde spielt, zeigt sich daran, dass unsere moderne Medizin ohne die Errungenschaften der antiken griechisch-römischen undenkbar wäre: Zwei ihrer größten Verdienste sind einerseits die Abkehr von der theurgischen Medizin, die der Vorstellung nachging, Krankheit und Gesundheit lägen in *göttlicher* Hand, und die Hinwendung zur Medizin als einer empirisch-rationalen Wissenschaft, die bereits physiologisch-experimentell arbeitet und davon überzeugt ist, dass jede Krankheit eine *natürliche* Ursache hat (vgl. Krug 1985, 51; Eckart 2000, 43-77).

Andererseits ist es die Methode der Repräsentation von Wissen, nämlich das *Aufschreiben* von Wissen – im Gegensatz zur vorherigen *mündlichen* Überlieferung –, die wir dem Urvater moderner Medizin Hippokrates von Kos (460 - ca. 375 v. Chr.) verdanken. Die weitreichende Bedeutung der Verschriftlichung in diesem Gebiet unterstreicht Krug:

> Die Auswirkung dieses Schrittes auf den weiteren Gang der Heilkunst kann gar nicht überschätzt werden. Seit der Zeit des Hippokrates ist die Medizin eine schreibende Wissenschaft, die ihren Stoff festhalten, sammeln und vergleichen kann. (Krug, 1985, 43)

Und weiter noch: Verschriftlichtes Wissen kann nicht nur in der eigenen Gesellschaft von einer Generation in die nächste tradiert und gleichzeitig erweitert und verbessert werden, sondern kann auch in Form von Übersetzungen in andere Sprach- und Kulturgemeinschaften transferiert werden. Verschriftlichtes Wissen ist damit die Voraussetzung für einen fruchtbaren interkulturellen Austausch, der dem medizinischen Fortschritt in hohem Maße dient.

Exemplarisch für den interkulturellen Transfer von medizinischem Wissen in Form von Übersetzungen soll in diesem Artikel ein Text vorgestellt werden, der Gegenstand eines derzeit an der Universität zu Köln und der Freien Universität Berlin durchgeführten und von der DFG geförderten interdisziplinären Projekts ist.[1] Es handelt sich um einen Ausschnitt aus dem arabischen *Zad al-musafir wa-qut al-hadir* von ibn al-Jazzar (10. Jh.), dessen Tradition und Rezeption gleich vier Kulturen miteinander verbindet – nämlich die griechisch-römisch antike, die mittelalterliche arabische, die jüdische und die okzitanische. Diese Abhandlung der Pathologie wurde durch Moses ibn Tibbon (13. Jh.) ins Hebräische übersetzt, wobei die Übersetzung für die romanistische Forschung von besonderem Interesse ist: Zahlreiche Fachbegriffe der *materia medica* werden nicht ins Hebräische, sondern ins Altokzitanische, der Volkssprache und Muttersprache des in Montpellier lebenden ibn Tibbon, übertragen. Der *Zad al-musafir* und seine Tradition lassen vor allem zweierlei erkennen: Zum Einen wird anhand eines umfangreichen und bis in die späte Nachwelt bedeutenden Texts deutlich, inwieweit antike Medizin im isla-

[1] Projektleiter sind Gerrit Bos (Köln) und Guido Mensching (Berlin), denen ich an dieser Stelle für wertvolle Hinweise und Ratschläge zu diesem Artikel herzlich danken möchte.

mischen Mittelalter durch die Rezeption insbesondere von Hippokrates und Galen fortlebt. Zum Anderen offenbart ibn Tibbons Übersetzung die Adäquatheit des Altokzitanischen – neben dem (Mittel-)Lateinischen – zur Wiedergabe medizinischer Fachtermini, das an vielen Stellen das Hebräische offensichtlich übertrifft. Die Forschungsergebnisse des Projekts, das neben der Edition des arabischen und hebräischen Texts auch eine Übersetzung ins Englische anstrebt, leistet so auch einen wichtigen Beitrag zur Schließung von Forschungslücken auf dem Gebiet altokzitanischer medizinischer Fachsprachlichkeit.

2. Der *Zad al-musafir wa-qut al-hadir*: Tradition, Rezeption und aktuelle Forschungslage

2.1 Die Entstehung des *Zad* im Kontext der arabischen Medizintradition

Die arabische – oder besser: orientalische[2] – Medizin ist weitgehend die der griechisch-römischen Antike.[3] In ihrer Blütezeit vom 10. bis 12. Jh. trat sie vor allem durch rege Übersetzertätigkeit der griechischen Werke, in erster Linie die des Hippokrates und des Galenos von Pergamon (130-200 n. Chr.), hervor. Das Arabische etablierte sich als Kultur- und Verkehrssprache innerhalb des gesamten islamischen Herrschaftsbereichs, und zwar auch unter jüdischen und christlich-orientalischen Ärzten (vgl. Pormann / Savage-Smith 2007, 35; Jankrift 2003, 18). Es entstanden zahlreiche medizinische Ausbildungs- und Übersetzungszentren; so auch im zentraltunesischen Kairouan, Heimatstadt des Arztes Abu Ja'far Ahmad ibn Ibrahim ibn Abi Khalid al-Jazzar (gest. 1004), der als Verfasser einer Vielzahl medizinischer Werke in arabischer Sprache hervortrat (vgl. Ullmann 1970, 147; LexMA 5, 850). Der *Zad al-musafir wa-qut al-hadir* (wörtl. ‚Verpflegung für den Reisenden und Nahrung für den Sesshaften') ist sein einflussreichstes Werk, das sowohl im Orient als auch im Okzident weite Verbreitung finden sollte (vgl. weiter unten) und als systematisches Handbuch der Medizin in sieben Büchern die Krankheiten

[2] Vgl. zur Zurückweisung des „Mythos der ‚arabischen Medizin'" und dem Plädoyer für eine „arabischsprachige oder orientalische Medizin" Jankrift (2003, 18); weiter Sournia (1992, 72).

[3] Vgl. ausführlich zu diesem Thema Porman / Savage-Smith (2007, 24-35).

und deren Therapien gemäß antiker Tradition *a capite ad calcem*, d.h. von Kopf bis Fuß, bespricht.[4] Der *Zad* beruft sich explizit auf antike (Hippokrates, Galen), aber auch arabische (Qusṭa ibn Lūqā) und byzantinische (Paulos von Aegina) Quellen.

Bereits unmittelbar nach seinem Erscheinen traf die Schrift auf großes Interesse unter den Gelehrten. Den Grund hierfür, der auch Ziel der Abfassung war, nennt al-Jazzar selbst in der Einleitung zu einem anderen, später veröffentlichten Werk (*Tibb al-fuqara' wa-l-masakin,* ‚Medizin für die Armen'):

> Ich habe gesehen, wie viele große und ausgezeichnete Ärzte Bücher über die Behandlung der Krankheiten, die jedes der Glieder [des Körpers] befallen können, verfasst haben in der Absicht, ein Werk zu verfassen, das sich für die regelmäßige Konsultation eignet. Einige dieser Werke sind jedoch länger und detaillierter als notwendig, während andere kürzer als notwendig sind. Das wissend habe ich ein Werk über die Behandlung der Krankheiten, die jedes der Glieder des Körpers befallen können, verfasst und es ‚Zad al-musafir wa-qut al-hadir' genannt. Ich habe alles ausgelassen, was es verderben könnte, indem es es zu beschwerlich, zu lang, zu kompliziert und zu gründlich macht. Die Kenntnis davon breitete sich in den Ländern aus, und es wurde gut von den Ärzten aufgenommen. (al-Jazzar zit. nach Bos 1998, 369)

Der durchschlagende Erfolg des Werkes wird durch zeitnahe Übersetzungen in mehrere Sprachen offenkundig: Schon zu Beginn des 11. Jhs. wurde es ins Mittelgriechische übertragen (vgl. Ullmann 1970, 148). Weitreichende Folgen hatte die lateinische Übersetzung aus dem späten 11. Jh. durch Constantinus Africanus[5] unter dem Titel *Viaticum peregrinantis*: Das *Viaticum* wurde in die so genannte *Articella* oder *Ars medicinae*

---

4 1. Buch: Krankheiten des *Kopfes*; 2. Buch: Krankheiten der *Gesichtshälften*; 3. Buch: Krankheiten der *Atemorgane*; 4. Buch: Krankheiten des *Magens* und der *Eingeweide*; 5. Buch: Krankheiten der *Leber* und der *Nieren*; 6. Buch: Krankheiten der *Geschlechtsorgane*; 7. Buch: *Hautkrankheiten*.

5 Der muslimische Kräuterhändler Constantinus Africanus (1020-1087) stammte aus Karthago in Nordafrika und floh aufgrund des Vorwurfs der Zauberei in den 1070er Jahren aus seiner Heimat nach Süditalien, wo er bis zu seinem Tod alle ihm wichtig erscheinenden arabischen Schriften – darunter also auch den *Zad* des al-Jazzar – für die westliche Medizinerschule in Salerno zusammentrug und ins Lateinische übersetzte. Constantinus Africanus gilt zusammen mit Gerhard von Cremona als der bedeutendste hochmittelalterliche Übermittler orientalischer (und damit griechisch-römischer antiker) Medizin in den Westen (vgl. LexMA 3, 171; Jankrift 2003, 19).

aufgenommen, ein Kompendium von medizinischen Lehrbüchern, das in Handschriften schon im 12. Jh., in Frühdrucken seit etwa 1476 kursierte und immer weiter ergänzt wurde.[6] Die *Articella* wurde in europäischen medizinischen Lehranstalten (Salerno, Montpellier) und vor allem in den Universitäten Bologna und Paris rezipiert und avancierte damit zum ersten universitären Lehrbuch der traditionellen Pathologie. Der *Zad al-musafir wa-qut al-hadir* entwickelte sich so indirekt zu einem der einflussreichsten medizinischen Handbücher in Westeuropa, dessen Verbreitung sich bis weit in die Frühe Neuzeit erstreckte (vgl. LexMA 1, 1070).

Weiterhin sind drei Versionen ins Hebräische bekannt, wovon zwei auf der Grundlage der lateinischen Constantin-Übersetzung entstanden sind (*Ya'ir Nativ*, anonym und *Zedah la-Orehim* durch Abraham ben Isaak, beide 12. Jh.; vgl. Pormann / Savage-Smith 2007, 165). Die für uns relevante Übersetzung mit altokzitanischen Termini fertigte Moses ibn Tibbon 1259 in Montpellier direkt aus dem Arabischen an (vgl. Kap. 2.2).

Es ist umso erstaunlicher, dass der arabische Text dieses medizingeschichtlich so bedeutsamen Werkes erst in jüngster Zeit vollständig durch Suwaysi / al-Jazi (1986-1999) ediert wurde – jedoch unkritisch und in weiten Teilen fehlerhaft. Eine kritische und kommentierte Edition mit englischer Übersetzung von Buch 6 erfolgte 1997, von Buch 7 (Kap. 1-6) im Jahre 2000, jeweils durch Bos.[7] Die Neuedition der übrigen Bücher stellt ein wichtiges Desideratum dar, dem durch die Bearbeitung von Buch 7, Kap. 7-30, in o.g. Projekt ansatzweise entsprochen wird.[8] Der edierte Text wird außerdem erstmals ins Englische übersetzt.

[6] Vgl. für die Zusammensetzung der *Articella* LexMA (1, 1069-1070).

[7] Eine Faksimile-Ausgabe des *Zad* (Mss Izmir und Dresden) ist durch Sezgin (1996) zugänglich.

[8] Die berücksichtigten Handschriften sind fünf Manuskripte aus dem 14.-17. Jh.: Oxford Bodleian Huntington 302; Berlin, Staatsbibliothek Preußischer Kulturbesitz 252; Izmir, Milli Kütüphanesi 50 / 470; Teheran, Malik 4486; Dresden, Sächsische Landesbibliothek 209.

2.2 Die hebräische Übersetzung durch Moses ibn Tibbon

Bis ins 11. / 12. Jh. war das Arabische unangefochten wissenschaftliche *lingua franca* der muslimischen Welt, die sich im Mittelalter vom heutigen Pakistan über den Nahen Osten und Nordafrika bis hin nach Spanien (*al-Andalus*) erstreckte:

> Arabic developed into a powerful linguistic tool, able to express the most subtle and complicated philosophical, medical, and scientific ideas. For centuries, the scientific discourse in the Muslim world [...] took place in Arabic. (Pormann / Savage-Smith 2007, 33-35)

Auch die in der Diaspora lebenden Juden nahmen in muslimischen Ländern das Arabische als Verkehrs- und Umgangssprache an, während das Hebräische religiösen Inhalten vorbehalten blieb.[9] Diese Tradition erfuhr ab dem 11. Jh. eine scharfe Wende, die der Eroberung von al-Andalus durch zwei aufeinander folgende, streng orthodoxe Berber-Dynastien geschuldet ist. Der relativen Freiheit von Juden und Christen bei der Ausübung weltlicher Wissenschaften wurde ein Ende gesetzt, und mehr noch, sie wurden gezwungen, zum Islam überzutreten. In der Folge flohen die meisten Juden und Christen aus dem muslimischen in das christliche Spanien oder verließen gar die iberische Halbinsel, um nach Südfrankreich, Italien oder in den Orient zu emigrieren. Im Allgemeinen verlief die Integration der Juden in ihre neue Heimat schnell; das Arabische wurde nach nur einer Generation als Verkehrssprache zugunsten der ansässigen Volkssprache verdrängt (vgl. Barkai 1998, 13-14).[10]

---

[9] Der berühmte jüdische Gelehrte Moses Maimonides (1135 Córdoba - 1204 Kairo) beispielsweise schrieb seine philosophischen und medizinischen Werke auf Arabisch; für seine religiösen Texte fand die Sprache der Bibel und der Mischna Anwendung (vgl. Barkai 1998, 9).

[10] Das Prinzip der Annahme der fremden Sprache kennzeichnet die in der Diaspora lebenden Juden schon seit ihrer Vertreibung aus Palästina nach der Zerstörung des 2. Tempels (70 n. Chr.); vgl. Steinschneider (1893, XV): „ [...] der frühzeitige mündliche Gebrauch der Landessprache unterliegt keinem Zweifel. Die Juden unter den Arabern [...] reden arabisch, unter den Griechen griechisch, unter den Romanen vernaculär [...], unter den Deutschen deutsch, unter den Türken türkisch [...], und so alles Andere." In diesem Sinne wird auch sowohl von der Autorin als auch von den Antragsstellern des DFG-Projekts die These der Existenz genuin judaeo-romanischer Sprachen – mit Ausnahme des Judenspanischen (vgl. Fn. 17) – abgelehnt, derzufolge diese sich aus dem Judaeo-Lateinischen entwickelt

Zur Abfassung wissenschaftlicher Texte hingegen fand das Hebräische Anwendung, das als Sprache der Bibel in der Schule gelernt und oft auch in der Familie gesprochen wurde, und das Juden als *lingua franca* in Orient und Okzident gleichermaßen beherrschten. Mit ein Beweggrund für die Verwendung des Hebräischen ist dabei auch eine gewisse „nationale Ehrenrettung, z.B. christlichem Spott gegenüber wegen Unwissenheit und Schriftenmangels" (Steinschneider 1893, XVI; vgl. auch Barkai 1998, 19). Der Verlust des Arabischen als Verkehrssprache führte zwischen dem 11. und 16. Jh. gleichsam zu einer Übersetzungsflut: In dieser Zeit wurden durch knapp 200 Gelehrte weit über 1000 wissenschaftliche Texte aus dem Arabischen ins Hebräische übersetzt (vgl. Steinschneider 1893, Index; Barkai 1998, 16), was trotz der oben genannten Motive erstaunen mag: Das Hebräische war in erster Linie Literatursprache, und zwar die der Bibel und die der rabbinischen und talmudischen Kommentare; als Wissenschaftssprache aber war sie eigentlich aufgrund fehlender Fachterminologie völlig ungeeignet. So sagt Jehuda ben Saul ibn Tibbon, Arzt und der „‚Vater' der Übersetzer" (Steinschneider 1893, XVI): „[…] For what has remained of the Hebrew language is not more than the Biblical books, and these are not sufficient to our needs" (zit. nach Barkai, 1998, 16). Die Methode zur Schließung der Lücken im Lexikon beschreibt Steinschneider (1893, XIX): „In Ermangelung eines gleichwertigen hebräischen Wortes wird auch das arabische oder lateinische selbst beibehalten […], namentlich in *medicinischen* Schriften."

Untrennbar verbunden mit arabisch-hebräischer Übersetzungstradition steht der Name der Tibboniden, eine mindestens vier Generation umfassende Übersetzerfamilie, der auch Moses ben Samuel ibn Tibbon (ca. 1200 Marseille - 1283 Montpellier) entstammt. Er übertrug im Jahre 1259 den *Zad al-musafir wa-qut al-hadir* unter dem Titel *Zedat ha-Derakhim* (wörtl. ‚Verpflegung für die Wege') direkt aus dem Arabischen, und zwar in Kenntnis der ihm vorangegangenen Übersetzungen auf Grundlage der Constantin-Version (vgl. oben). In seiner Vorrede erläutert ibn Tibbon sein Motiv für eine erneute Translation. Seine Kritik gilt in erster Linie Constantin, nicht den vorangehenden Übersetzern: Jener habe „an vielen

hätten, eine eigene Varietät des Lateinischen, die nur von Juden verwendet worden sei (so bspw. Blondheim 1925). Mit Banitt (1963) sollte hinlänglich bewiesen sein, dass sich die Sprache der Juden, evtl. abgesehen von einzelnen Lexien, nicht von der ihrer nicht-jüdischen Nachbarn unterschied.

Stellen gekürzt, das Deutliche verdunkelt, […], die Dinge und Vorschriften verwechselt, […]“, (Steinschneider 1866, 369, u.a.), so dass eine Neuübersetzung unerlässlich schien. Die kritische Edition (Buch 7, Kap. 7-30) derselben ist Gegenstand des o.g. Forschungsprojekts.[11]

Im romanistischen Kontext ist die Tibbon-Übersetzung von besonderem Interesse: Über 200 verschiedene Termini, zumeist Bezeichnungen der *materia medica*, erscheinen in dem berücksichtigten Abschnitt in romanischer – genauer: altokzitanischer – oder lateinischer Sprache. Mit dem Ziel bestmöglichen Verständnisses auf Seiten der Leser, die größtenteils aus derselben Region stammten und damit ebenfalls okzitanischsprachig waren (vgl. oben), gibt ibn Tibbon die Namen der Heilmittel nicht nur arabisch, sondern oftmals in der Volkssprache wieder. Der *Zedat ha-Derakhim* dient also sicher nicht in erster Linie der Beweiserbringung des Potentials des Hebräischen, sondern ist ganz konkret Transfer medizinischen Wissens in die hebräischsprachige Welt in dem pragmatischen Bestreben, das Original und die damit verbundene Effizienz der Therapie wiederzugeben. Wissensrepräsentation geschieht also hier in Form von multilingualer Translation.

Die romanischen und lateinischen Termini werden in besagtem Forschungsprojekt gesondert erfasst und analysiert, wodurch ein wichtiger Beitrag zur medizinisch-botanischen Fachsprachenforschung des Altokzitanischen geleistet wird, die noch große Lücken aufweist (vgl. Kap. 3.2).

3. Transfer medizinischen Wissens Orient – Okzident

3.1 Übersetzungstechniken des ibn Tibbon

Moses ibn Tibbons Anliegen einer im südfranzösischen Kulturkreis möglichst verständlichen Wiedergabe des arabischen Texts durch das Hebräische wird durch spezielle Translationstechniken deutlich. Zunächst sind ausführliche Erklärungen zu nennen, die er manchmal, wohl aus Sorge um eine Verwechslung oder um sich abzusichern, dem ins Hebräische übersetzten Terminus hinzufügt, wie in (1):

---

[11] Textgrundlage der Edition sind fünf Manuskripte aus dem 14.-16. Jh. (Parma, Biblioteca Palatina 3041; Berlin, Staatsbibliothek Preußischer Kulturbesitz Qu 835; München, Bayrische Staatsbibliothek Cod. hebr. 295; Oxford, Bodleian Ms. Poc. 353; München, Bayrische Staatsbibliothek Cod. hebr. 19).

(1) (25.6): arab.: مغاذ (*mughadh*), ‚Wurzel des Clossostemon Bruguieri D.C.'
hebr.: ומעאד הוא שרשי אילן הרמונים ויש אומרים שהוא שורש הפלפל ועושין ממנו דבק
(‚*M'D*,[12] d.h. die Wurzel des Granatapfelbaums, und nach einigen ist es die Wurzel von Pfeffer[sträuchern], aus der Leim hergestellt wird')

Das im Arabischen stehende *mughadh* wird also zunächst mit der hebräischen Entsprechung *M'D* wiedergegeben, die dann noch um eine Erläuterung ergänzt wird.

In einem Großteil der Fälle wird jedoch die Bezeichnung eines Heilmittels in altokzitanischer oder lateinischer Sprache wiedergegeben. Dabei sind diese Begriffe ohne besondere Kennzeichnung in den übrigen Text eingefügt und bleiben in der Graphie hebräisch. Ibn Tibbon bedient sich also noch einer anderen als der oben durch Steinschneider beschriebenen Übersetzungstechnik (Beibehaltung des originalen arabischen Wortes in dem Fall, dass das Hebräische über den entsprechenden Terminus nicht verfügt, wenn auch dies bei ibn Tibbon ebenso vorkommt) und unterscheidet sich damit von anderen zeitgenössischen Übersetzern wie etwa Nathan ha-Me'ati und Zerahyah ben Isaac ben She'altiel Hen, die beide in Rom tätig waren, oder Shem Tov ben Isaac, zur selben Zeit in Marseille aktiv (vgl. weiter unten).[13] Ein Textausschnitt (Buch 7, Beginn des Kap. 18.4; über *baraṣ*, eine Hautkrankheit, evtl. Sklerodermia circumscripta oder Psoriasis vulgata) aus der Edition durch Bos (ohne kritischen Apparat) mag das Vorgehen verdeutlichen. Hebräische medizinische Fachtermini sind unterstrichen; romanische und lateinische sind unterstrichen und nummeriert (eventuelle hebräische Klitika wie Präpositionen oder Konjunktionen bleiben von der Hervorhebung ausgenommen):[14]

---

[12] Zur Transkription von hebräischen Wörtern vgl. weiter unten.

[13] Shem Tov übersetzte bspw. 1254 den arabischen *Kitab at-taṣrif* des andalusischen Arztes Abu l-Qasim (Abulcasis) unter dem Titel *Sefer ha-Shimmush* ins Hebräische; hier finden sich im Anhang sog. Synonymenlisten, die die Namen der *materia medica* identifizieren, und zwar aufgelistet nach dem hebräischen Wort, das durch arabische und volkssprachliche und / oder lateinische Übersetzungen (*Synonyme*) übersetzt wird. Die kommentierte Edition dieser Synonymenlisten von Bos, Hussein, Mensching und Savelsberg befindet sich derzeit im Druck.

[14] N.B.: die Leserichtung geht von oben nach unten, aber von rechts nach links, so dass die Nr. rechts des betreffenden Wortes steht.

והנה אמר גליאה שתתרפא הבהרת אחר נקיון הגוף בשיטוח המקום בסיד ויושם עליו אחר זה טיחה נעשית (2) באנאקירד הוא בלאדור (3) וקבשיא (4) ואלואי (5) ואקסייא (6) וליטרגום וחומץ. או בטיחה מגפרית כרכומי (7) וליברוס לבן. והנה יטוח גם כן באגוז לח. ואמר גליאה כי כשיושמו על הבהרת אחר הנקיון והוצאת העפוש (8) קנטרידש ושמן יועילהו. והנה יודק שורש (9) אשקריולא מדברית ויולש בדבש ויעשה עוגות ויצניעם ויקח עוגה אחר עוגה ויתיכה במים (10) ושלניטרי ויטוח אותה על הבהק וינקה אותו. וזכרו קצת הרופאים כי כרפס מדברי כשיטוח אותו על הגרב והבהק הלבן ינקהו וכאשר יטוח הבהק בחלב תאנים ירפאהו. וכשיכתוש כרוב במים ויערב בו מעט (11) ויטריאולה הסופרים ומעט מן כלף והעמיד אותו כמו (12) מלושקלי ואחר כך טח בו בהרת או גרב יועילהו. [...]

Es folgt die englische Übersetzung (transl. Bos) des arabischen Textes desselben Abschnittes, wobei diejenigen medizinischen Fachbegriffe, die im hebräischen Text durch romanische oder lateinische Termini bezeichnet sind, unterstrichen und entsprechend nummeriert sind:

> Galen has ordered to treat baraṣ once the body has been cleansed by smearing quicklime on the spot. Then one should apply a liniment that has been prepared from (2) marsh-nut, (3) pepperwort, (4) aloe, (5) acacia, (6) litharge and vinegar. Or a liniment prepared from yellow sulphur and the (7) white hellebore. One may also rub [the spot] with fresh walnuts. Galen stated that if one puts (8) cantharides and olive oil on [a spot affected by] baraṣ after the cleansing and the extraction of the putrefied matter, it is beneficial against it. One may also pound (9) wild endive root, knead it with honey, make pastilles of it, store them, and take one pastille at a time, dissolve it in water and (10) natron and rub it on the [spot affected by] bahaq and it will make it clean. Some physicians said that maceron cleanses scabies and white bahaq, if it is rubbed on it. If one rubs the [spot of] the bahaq with milk of figs, it cures it. If one pounds cabbage in water and mixes some (11) iron vitriol and (12) marshmallow with it and rubs it on [the spot affected by] baraṣ or mange, it is beneficial against it. [...]

Die Dichte der romanischen und lateinischen Termini ist in dem gewählten hebräischen Abschnitt relativ hoch und weist einige besondere Fälle auf, die im Folgenden selektiv besprochen werden sollen. Dazu werden die Termini in hebräischer Graphie aufgeführt und mit lateinischen Buchstaben bzw. Schriftzeichen transkribiert, d.h. jedem hebräischen Buchstaben wird genau ein lateinischer zugeordnet, so dass auch für diejenigen, die nicht hebräisch lesen können, eine nachvollziehbare Variante entsteht.[15]

[15] Die Transkription erfolgt nach den Prinzipien, die für die Edition des *Sefer ha-Shimmush* entwickelt wurden und die auch in den anderen einschlägigen Editions-

(2) אנאקירד הוא בלאדור - *'N'QYRD* oder *BL'DWR* (laut al-Jazzar ‚Cashewnuss')

Das erste romanische Wort in diesem Abschnitt ist אנאקירד (*'N'QYRD*), das *anacard* zu lesen ist. *Anacard* finden wir im Altkatalanischen, das sehr eng mit dem Altokzitanischen verwandt ist; oftmals sind die Wortformen identisch, v.a. bei fachsprachlichen Neologien, die aus dem Griechischen oder Lateinischen entlehnt wurden. Laut Beleglage ist in diesem Fall lediglich altkatalanisch *anacard* mit der Bedeutung ‚Kaschu (Cashew, Anacardium occidentale L.)' (DCVB 1, 650b; DECLC 1, 292b) nachgewiesen. Der Terminus ist für das Altokzitanische nicht dokumentiert; es kann jedoch relativ wahrscheinlich davon ausgegangen werden, dass er auch dort existiert hat. An dieser Stelle kann eine weitere erwähnenswerte Übersetzungstechnik des ibn Tibbon beobachtet werden: *'N'QYRD* wird durch die Erklärung הוא בלאדור, d.h. ‚oder *BL'DWR*' ergänzt, wobei *BL'DWR* das arabische Wort *baladur* für ‚Cashewnuss' (Löw 1, 202-203) ist.[16] Ibn Tibbon identifiziert also den volkssprachlichen Ausdruck *anacard* mit dem arabischen *baladur*, den er von al-Jazzar übernommen hat.

Lateinisch oder romanisch könnten

(4) אלואי -*'LW'Y* (laut al-Jazzar ‚Aloe') und

(5) אקסייא -*'QSYY'* (laut al-Jazzar ‚acacia', d.h. ‚Gummiarabikum')

sein. *'LW'Y* in (4) repräsentiert also entweder Lateinisch *aloe*, ‚Aloe (Aloe vera Burm.)' (MLWB 1, 498; NPRA 11); oder das altokzitanische oder altkatalanische Wort, das in derselben Form als Lehnwort gebräuchlich war, wie einschlägige Wörterbücher belegen (vgl. DAO 1076; FEW 24, 345b; LR 1, 57b; DECLC 1, 223a). Dasselbe gilt für *'QSYY'* in (5), das entweder lateinisches *acacia* mit den möglichen Bedeutungen 1. ‚Arten der Mimosa' 2. ‚Acacia galatica', 3. ‚Saft der Acacia' und analog ‚Saft anderer Früchte' (NPRA 2; vgl. auch MLWB 1, 71; DuC 1, 39a: ‚succus prunellarum agrestium') oder das altokzitanische Lehnwort *acassia / acacia*, das laut DAO (725) in erster Linie die Bedeutung ‚suc de prunelles vertes' hatte. *Acassia / acacia* ist für das Altkatalanische nicht belegt.

Eindeutig romanisch sind hingegen die Termini

projekten der Arbeitsbereiche Bos und Mensching verwendet werden. Vgl. für Details z.B. Zwink (2006, 253).

[16] *Belador* gab es auch als Lehnwort im Spätlateinischen (Sin. 225a); vgl. auch altspanisch *albalador* (l.c.).

(10) שלניטרי - *ŠLNYṬRY* (laut al-Jazzar ‚Natron') und

(12) מלושקלי - *MLWŠQLY* (laut al-Jazzar ‚Eibisch'),

die in (10) altokzitanisch oder -katalanisch *salnitre* für ‚Natron' (DAO 340; CB 304; DECLC 7, 610a; DCVB 9, 694a) bzw. in (12) altokzitanisch *malviscle* für ‚Eibisch' (Althaea officinalis L.) (DAO 1107; CB 239 und 376) repräsentieren. *Malviscle* ist im Katalanischen nicht belegt.

Eine dritte Besonderheit in der Übersetzungsmethode, die ibn Tibbon häufig anwendet und die sich auch in diesem Abschnitt beobachten lässt, ist die Verwendung eines romanischen oder lateinischen Terminus, der durch ein hebräisches Epithet spezifiziert wird, so in

(9) אשקריולא מדברית - *'ŠQRYWL' MDBRYT* (laut al-Jazzar ‚wilder Chicorée') und

(11) ויטריאולה הסופרים - *WYṬRY'WLH HSWPRYM* (laut al-Jazzar ‚Vitriol der Schuhmacher', d.h. ‚Eisenvitriol').

Das erste Wort in (9), *'ŠQRYWL'*, stellt lateinisch oder altkatalanisch *escariola* für ‚Chicorée (Cichorium intybus L.)' oder ‚Gartensalat (Lactuca sativa L.)' (NPRA 99; MLWB 3, 1386; DCVB 5, 228b und 232a-b; DECLC 3, 495b) dar; das zweite Wort in (9), *MDBRYT*, ist hebräisch und bedeutet ‚wild' (HED 1, 1197). Entsprechendes gilt für (11): *WYṬRY'WLH* transkribiert wahrscheinlich den Plural von mittellateinisch *vitriolum*, ‚Vitriol' (LLMA 963b), also **vitriola*; *HSWPRYM* ist hebräisch (Pl.) für ‚Schreiber' (HED 2, 1744), wörtlich also ‚Vitriol der Schreiber', d.h. ‚Eisenvitriol', das sowohl zur Herstellung von Tinte als auch beim Färben von Leder verwendet wurde (vgl. EB 6, 387c und 11, 546b). Diese Translationstechnik der Verbindung von volkssprachlichem Terminus mit hebräischem Epithet ist nach bisherigem Forschungsstand einzigartig und unterscheidet ibn Tibbon von allen anderen arabisch-hebräisch / volkssprachlichen Übersetzern.

3.2 Romanische Medizinfachsprache in hebräischer Graphie

Das Phänomen der (romanischen) Volkssprache in hebräischer Graphie an sich ist hingegen relativ häufig. Insbesondere aus dem spanischsprachigen Raum sind zahlreiche sog. judenspanische Texte überliefert, wohingegen Texte in anderen romanischen Sprachen wiederum seltener anzutreffen sind (vgl. Sala 1998, 372-374).[17] Der älteste französische Text in hebräischer Graphie etwa entstammt dem religiösen Bereich: Es handelt sich um die Talmudglossen von Raschi (11. Jh., ed. Darmesteter / Blondheim 1929); der längste ist die noch nicht vollständig edierte medizinische Abhandlung *Fevres* (Anf. 14. Jh.).[18] Es ist jedoch auffällig, dass gerade medizinisch-botanische Werke aus dem okzitanisch-katalanischen Raum wiederum häufiger anzutreffen sind, von denen jedoch nur wenige bisher ediert wurden.[19] Für die prominente Rolle des Okzitanischen im medizinischen Bereich mag vor allem die berühmte weltliche Medizinschule in Montpellier verantwortlich gewesen sein, die im 13. Jh. ihre Blütezeit als Übersetzer- und Ausbildungsstätte erlebte (vgl. Eckart 2000, 109f.), und der auch Moses ibn Tibbon angehörte.

Entgegen der daraus resultierenden Erwartung einer weitläufig erschlossenen altokzitanischen Medizinfachsprache ist medizinisch-botanisches Vokabular bisher nur unzureichend in die Lexikographie eingeflossen. Die altokzitanische Übersetzung der Chirurgie des Abu l-Qasim al-Zahrawi aus dem 14. Jh. gehörte zwar zu den Quellen Raynouards (LR) (vgl. Pfister 1988, 387-389), blieb jedoch lange das hauptsächliche Zeugnis der heilkundlichen Fachsprache des Altokzitanischen.[20]

---

[17] Judenspanische Texte heben sich von Schriftzeugnissen der anderen romanischen Sprachen in hebräischer Graphie insofern ab, als das Judenspanische als eigenständige Varietät bzw. sogar Sprache gelten kann, die sich linguistisch vom Standardspanischen unterscheidet, und zwar in ihren beiden Varietäten Djudezmo und Ladino (vgl. Sala 1998, 375). Das Judenspanische nimmt damit eine Sonderstellung innerhalb der jüdisch-romanischen Varietäten ein, für die sonst keine relevanten phonologischen, morphologischen und syntaktischen und nur geringe lexikalische Abweichungen (etwa im religiösen Bereich) von den Sprachen und Dialekten der nicht-jüdischen Bevölkerung ausgemacht werden können.

[18] Teileditionen wurden und werden durchgeführt durch Katzenellenbogen 1933; Kiwitt 2001. *Fevres* ist gegenwärtig Editionsgegenstand der Dissertationsprojekte Zaun und Zwink (vgl. Zaun 2002; Zwink 2006).

[19] In hebräischer Schrift überliefertes altokzitanisches Wortgut aus dem medizinisch-botanischen Bereich ist erst in jüngster Zeit in DFG-geförderten Projekten erschlossen worden; vgl. u.a. Bos & Mensching (2000, 2001, 2005).

[20] Ein weiteres Werk, die *Chirurgie* des Anric de Mondavilla (14. Jh.), kam erst in den siebziger Jahren des 20. Jh. hinzu, während eine größere Anzahl von pharmakologischen Texten (Rezepte und Herbarien) erst in jüngster Zeit bspw. von Corradini

Entsprechend des Mangels an edierten Zeugnissen ist die Fachsprache und Fachterminologie aus diesem Bereich bisher unzureichend erforscht und beschränkt sich auf wenige Aufsätze.[21] Angesichts dieser Situation mag es auf den ersten Blick erstaunen, dass zahlreiche, seit den Arbeiten Steinschneiders Ende des 19. Jh. bekannte hebräische Medizintexte mit okzitanischen Elementen von der Romanistik nicht beachtet wurden. Allerdings war es bis vor kurzem völlig unbekannt, dass das Romanische in diesen Texten dem Okzitanischen zuzuordnen ist: Meistens wurden die romanischen Elemente in mittelhebräischen Medizintexten pauschal und weitestgehend unreflektiert dem Französischen, Spanischen oder Italienischen zugeordnet. Dass dies in den meisten Fällen unzutreffend ist und vielmehr okzitanisches Wortgut vorliegt, wurde erst durch die genannten Editionen, insbesondere des *Sefer ha-Shimmush*, von Bos und Mensching dargelegt. Zahlreiche altokzitanische Wörter und Termini aus dem medizinisch-botanischen Bereich (zum Teil Erstbelege) konnten dabei extrahiert und ausführlich besprochen werden. Da nach wie vor ein gewisser Anteil an Lexemen besteht, die noch nicht eindeutig zugeordnet werden konnten, ist zu erwarten, dass die entsprechenden Lücken durch die Beschäftigung mit weiteren Texten dieser Art, wie etwa der Übersetzung des ibn Tibbon, geschlossen werden können.

4. Fazit

Heilkundliches Wissen der griechisch-römischen Antike erfährt über die Jahrhunderte einen mannigfaltigen Transfer. In Form von Übersetzungen erreicht es zunächst den Orient. Das Arabische kristallisiert sich alsbald als *lingua franca* medizinfachsprachlicher Texte heraus und wird ganz selbstverständlich auch von Juden, die in muslimisch besetzten Ländern in der Diaspora leben und sowieso muttersprachlich arabisch sind, aufgrund ihres hohen Potentials zu differenzierter Ausdrucksweise als die adäquate Sprache angenommen. Nach der Emigration der Juden aus al-Andalus, dem florierendsten Land heilkundlicher Textproduktion, verlagert sich ihre Wirkungsstätte u.a. nach Südfrankreich, wobei das Arabische bereits nach nur einer Generation seine Funktion als Umgangs- und

Bozzi (1997) ediert wurden; allerdings stammen diese überwiegend aus noch späterer Zeit (15. Jh.).

[21] Vgl. etwa Rotwell (1983).

Verkehrssprache verliert. Die Volkssprache, in unserem Fall das Altokzitanische, wird als Umgangssprache angenommen, während das als Literatursprache schon immer gepflegte Hebräisch sich als *lingua franca* auch im Bereich fachsprachlicher Texte etabliert. Zahlreiche Übersetzungen arabischer medizinischer Texte ins Hebräische werden ab dem 11. Jh. vorgenommen. Oftmals fehlen in dieser Literatursprache aber geeignete fachsprachliche Termini der *materia medica*. In diesen Fällen behalten die Übersetzer entweder das arabische Lexem bei oder ersetzen es durch volkssprachliche oder lateinische Termini.

Beispielhaft für den Transfer medizinischen Wissens in Form von Übersetzungen von der Antike bis in die frühe Neuzeit ist die lange Tradition und Übersetzungsgeschichte des sich aus antiken Quellen speisenden arabischen *Zad al-musafir wa-qut al-hadir* von ibn al-Jazzar (10. Jh.), der im 13. Jh. duch Moses ibn Tibbon ins Hebräische übertragen wurde. Bei seiner Übersetzung wendet der in Montpellier lebende ibn Tibbon spezielle Techniken an, die ihn von seinen zeitgenössischen Kollegen unterscheiden: In Anbetracht unzureichenden Fachwortschatzes des Hebräischen geht er dazu über, bestimmte Termini der *materia medica* lateinisch oder volkssprachlich – hier altokzitanisch – wiederzugeben. Dabei sind diese Lexeme ohne besondere Kennzeichnung in den hebräischen Text eingebunden und bleiben in der Graphie hebräisch.

Die Identifizierung und Analyse altokzitanischer medizinisch-botanischer Fachtermini leistet einen wertvollen Beitrag zur Erweiterung und Vervollständigung altokzitanischer Lexika, von dem die Lexikographie unmittelbar profitieren wird. In vielen Fällen können Erst- oder gar Einzelbelege festgestellt werden. Aufgrund des Mangels an bisher erfassbaren Zeugnissen aus diesem Bereich ist die Edition und Besprechung zusätzlicher fachsprachlicher Termini ein Forschungsdesideratum, zu dessen Entsprechung das beschriebene Projekt wesentlich beitragen kann.

Bibliographie

Banitt, Menahem (1963): „Une langue fantôme: le judéo-français", in: *Revue de Linguistique Romane* 27, 245-294.

Barkai, Ron (1998): *A History of Jewish Gynecological Texts in the Middle Ages*, Leiden / Boston / Köln: Brill.

Blondheim, David Simon (1925): *Les parlers judéo-romans et la* Vetus Latina. *Etude sur les rapports entre les traductions bibliques en langue romane des Juifs au Moyen âge et les anciennes versions*, Paris: Champion.

Bos, Gerrit / Hussein, Martina / Mensching, Guido / Savelsberg, Frank (Hgg.) (im Druck): *Medical Synonym Lists from Medieval Provence: Shem Tov Ben Isaac, Sefer ha-Shimmush, Book Twenty-nine. Part I: List One (Hebrew, Arabic, Romance). Critical Edition, Translation and annotation*, Leiden / Boston / Köln: Brill.

Bos, Gerrit / Mensching, Guido (2005): „The Literature of Hebrew Medical Synonyms: Romance and Latin Terms and their Identification", in: *Aleph: Historical Studies in Science and Judaism* 5, 169-211.

Bos, Gerrit / Mensching, Guido (2001): „Shem Tov Ben Isaac, Glossary of Botanical Terms, Nos. 1-18", in: *The Jewish Quarterly Review* 92.1-2, 21-40.

Bos, Gerrit / Mensching, Guido (2000): „Macer Floridus: A Middle Hebrew Fragment with Romance Elements", in: *The Jewish Quarterly Review* 91.1-2, 17-51.

Bos, Gerrit (2000): *Ibn al-Jazzar on Fevers. A Critical Edition of Zad al-musafir wa-qut al-hadir (Provisions for the Travaller and Nourishment for the Sedentary), Book 7, chapters 1-6. The original Arabic Text with an English Translation, Introduction and Commentary*, London: Kegan Paul.

Bos, Gerrit (1998): „Ibn al-Jazzâr on Medicine for the Poor and the Destitute", in: *Journal of the American Oriental Society* 18.3, 365-375.

Bos, Gerrit (1997): *Ibn al-Jazzar on Sexual Diseases and their Treatment. A Critical Edition of Zad al-musafir wa-qut al-hadir (Provisions for the Traveller and the Nourishment of the Settled), Book 6. The Original Arabic Text, with an English Translation, Introduction and Commentary*, London: Kegan Paul.

[CB] *Ricettari Medico-Farmaceutici Medievali nella Francia Meridionale* (1997), Corradini Bozzi, Maria Sofia, Florenz: Olschki.

[DAO] *Dictionnaire onomasiologique de l'ancien occitan* (1975-), Baldinger, Kurt (Hg.), 10-Bde., Tübingen: Niemeyer.

Darmesteter, Arsène / Blondheim, David S. (1929): *Les Gloses françaises dans les commentaires talmudiques de Raschi*, 2. Bde., Paris: Champion.

[DCVB] *Diccionari català-valencià-balear* (²1980-1985), Alcover, Anna María / Borja Moll, Francesc de, 10 Bde., Palma de Mallorca: Moll.

[DECLC] *Diccionari etimològic i complementari de la llengua catalana* (1980-1991), Coromines, Joan, 10 Bde., Barcelona: Curial.

[DuC] *Glossarium mediae et infimae latinitatis* (1883-1887), Du Cange, Charles du Fresne Sieur:, 10 Bde. (1678, überarbeitet von Kloster St. Maur 1733-1736), editio nova, besorgt von Léopold Favre, Paris: Favre [Nachdr. Graz: Akad. Druck- u. Verlagsanstalt 1954].

[EB] *The New Encyclopaedia Britannica. Micropaedia Ready References* ([15]2002), Safra, Jacob E. (Hg.), 12 Bde., Chicago u.a.: Encyclopaedia Britannica.

Eckart, Wolfgang U. ([4]2000): *Geschichte der Medizin*, Berlin u.a.: Springer.

[FEW] *Französisches Etymologisches Wörterbuch. Eine Darstellung des galloromanischen Sprachschatzes* (1922-), Wartburg, Walter von (Hg.), 25 Bde., Bonn / Heidelberg / Leipzig / Basel: (verschiedene Verlage).

Halkin, Abraham Solomon (1973): „Tibbon, ibn (Tibbonids)“, in: Roth, Cecil (Hg.): *Encyclopaedia Judaica*, Bd. 15., Jerusalem: Encyclopaedia Judaica, 1129-1130.

[HED] *The Complete Hebrew-English Dictionary* (2000), Alqalay, Reuven:, 2 Bde., Tel Aviv: Chemed Books.

Katzenellenbogen, Lucie (1933): *Eine altfranzösische Abhandlung über Fieber*, Würzburg: Triltsch.

Kiwitt, Marc (2001): *Der altfranzösische Fiebertraktat Fevres. Teiledition und sprachwissenschaftliche Untersuchung*, Würzburg: Königshausen und Neumann.

Krug, Antje (1985): *Heilkunst und Heilkult. Medizin in der Antike*, München: Beck.

Löw, Immanuel (1928-1934): *Die Flora der Juden*, 4 Bde., Wien / Leipzig: Löwit [Nachdr. Hildesheim: Olms 1967].

[LexMA] *Lexikon des Mittelalters* (1977-1999), Bautier, Robert-Henri (Hg.), 10 Bde., München: Artemis.

[LLMA] *Lexicon Latinitatis medii aevi: praesertim ad res ecclesiasticas investigandas pertinens = Dictionnaire latin-français des auteurs du moyen-age* (1975), Blaise, Albert, Turnhout: Brepols.

[LR] *Lexique roman ou dictionnaire de la langue des troubadours* (1838-1844), Raynouard, François Just-Marie, 6 Bde., Paris: Silvestre.

[MLWB] *Mittellateinisches Wörterbuch bis zum ausgehenden 13. Jahrhundert* (1959-), Lehmann, Paul (Begr.), 4 Bde., München: Beck.

[NPRA] *Les noms des plantes dans la Rome antique* (1985), André, Jacques, Paris: Les Belles Lettres.

Pormann, Peter E. / Savage-Smith, Emilie (2007): *Medieval Islamic Medicine,* Washington: Georgetown University Press.

Rothwell, William (1983): „Medical and Botanical Vocabulary in Old Provençal: Some Considerations“, in: Jorba, Manuel (Hg.): *Estudis de llengua i literatura catalanes oferts a R. Aramon i Serra en el seu setantè aniversari 3*, Barcelona: Curial, 489-502.

Sala, Marius (1998): „Die romanischen Judensprachen“, in: Holtus, Günther / Metzeltin, Michael / Schmitt, Christian (Hgg.): *Lexikon der Romanistischen Linguistik*, Bd. 7, Tübingen: Niemeyer, 372-395.

Sezgin, Fuat (1996): *Provisions for the Traveller and Sustenance for the Resident. Zād al-musāfir wa-qūt al-ḥāḍir.* Reproduced from the Izmir manuscript, Frankfurt a.M.: Ma'had Tarih.

Sin = Mensching, Guido (1994): *La sinonima delos nonbres delas medeçinas griegos e latynos e arauigos. Estudio y edición crítica*, Madrid: Arco Libros.

Sournia, Jean-Charles (1992): *Histoire de la médecine*, Paris: Editions de la découverte.

Steinschneider, Moritz (1893): *Die hebraeischen Übersetzungen des Mittelalters und die Juden als Dolmetscher*, Berlin: Kommissionsverlag [unveränd. Nachdr. Graz: Akademische Druck- u. Verlagsanstalt 1956].

Steinschneider, Moritz (1866): „Constantinus Africanus und seine arabischen Quellen", in: *Virchows Archiv* 37.2, 351-410.

Suwaysī, Muḥammad & al-Rāḍī al-Jāzī (Hgg.) (1986-1999): *Zād al-musāfir wa-qūt al-ḥādir (bks. 1-7)*, 2 Bde., Tunis: al-Dār al-'Arabīya li-l-Kitāb.

Ullmann, Manfred (1970): *Die Medizin im Islam* (= *Handbuch der Orientalistik*, 1. Abteilung, Ergänzungsband VI, 1. Abschnitt), Leiden / Köln: Brill.

Zaun, Stefanie (2002): „Fieberbehandlung im Mittelalter: Edition und Analyse eines altfranzösischen Texts in hebräischer Graphie", in: Schleicher, Regina / Wilske, Almut (Hgg.): *Konzepte der Nation: Eingrenzung, Ausgrenzung, Entgrenzung*, Bonn: Romanistischer Verlag, 273-291.

Zwink, Julia (2006): „Étude lexicographique du traité anonyme Fevres: Une compilation médicale en ancien français, écrite en caractères hébraïques", in: *Panace@* 24, 250-60.

Körperklänge, Körperbilder. Auditive und visuelle Erkenntnisweisen in der Geschichte der Lungentuberkulose

Axel Volmar (Siegen)

Si les représentations textuelles et visuelles des savoirs scientifiques font l'objet de nombreuses études, la production de connaissances par l'ouïe est jusqu'à présent encore rarement abordée. Cette lacune est d'autant plus étonnante que la formation des savoirs médicaux modernes passe autant par la pratique de l'auscultation stéthoscopique que par l'utilisation de la radiographie. En comparant les supports auditifs et visuels de la médecine, la contribution suivante établit deux conjonctures historiques de la vue et de l'ouïe en tant qu'outils scientifiques et montre les différences et convergences spécifiques relatives aux savoirs médicaux.

In der Wissenschaftsgeschichte und verwandten Fächern sind in den vergangenen Jahren viele Arbeiten zu den Repräsentationsmedien Bild und Schrift entstanden.[1] Formen auditiver Erkenntnisproduktion wurden dagegen bisher nur selten behandelt. Diese scheinen nicht in das ‚Bild' vieler Autoren zu passen, die Inskriptionsprozessen (vgl. Lenoir 1998; Latour 2006) und Visualisierungsverfahren (vgl. Galison 1997, Daston / Galison 2007) einen maßgeblichen Anteil an der Herstellung, Stabilisierung und Zirkulierung von Wissen zuschreiben. Dieser Umstand ist insofern verwunderlich, als es zahlreiche historische Beispiele für die akustische Hervorbringung und Darstellung von Wissen gibt. So ist etwa die Herausbildung des modernen medizinischen Wissens ohne das ‚wissenschaftliche Ohr' – gestützt auf die um 1816 in Paris entwickelte Praxis der Auskultation mithilfe eines Stethoskops – gar nicht denkbar. Es drängt sich somit der Verdacht auf, dass die Welt der Klänge inklusive ihrer Erkenntniszugänge, Technologien und Darstellungsweisen einen blinden Fleck innerhalb der Forschung zu den Repräsentationsformen von Wissen bildet.

Vergleicht man die historische Einbindung unterschiedlicher Sinnesmodalitäten in den Prozess der Wissensgenese, anstatt sich beispielsweise allein auf die Geschichte des wissenschaftlichen Sehens (Daston / Galison 2007, 18) zu konzentrieren, zeichnen sich mitunter verschiedene

---

[1] Für einen Überblick in den Bildwissenschaften vgl. Heßler / Mersch 2009.

Stränge repräsentativer Praxis ab. Diese können in unterschiedlichen „Instrumententraditionen" (Galison 2004, 355) bestehen, die sich über lange Zeiträume hinweg parallel entwickeln, oder aber auch zeitweilig auftretende und zueinander verschobene Konjunkturen ausbilden. Diese Konjunkturen verschiedener Repräsentationsformen von Wissen und der Diskurse über sie sind Ausdruck von Neuordnungen unterschiedlichster Beziehungen: zwischen Menschen, zwischen Menschen und Maschinen, zwischen Sinnen und Repräsentationen sowie zwischen Repräsentationen, Wissensobjekten und der Welt. Ziel des folgenden Artikels ist der Aufweis, dass der Erfolg einer Repräsentationsform nicht primär davon abhängig ist, welcher Sinn dabei angesprochen wird, sondern davon, ob sich stabile Verbindungen zwischen Menschen, Methoden, Technologien, Repräsentationen und Objekten ausprägen. Oder anders gesagt: ob diese in ein Netzwerk epistemischer Praktiken integriert werden können oder nicht.

Exemplarisch werden solche Neuordnungen und ihre Auswirkungen auf die Bildung historischer Konjunkturen von Darstellungsweisen hier anhand der auditiven und visuellen Erkenntnismedien der Medizin aufgezeigt. Speziell geht es um die ‚Körperklänge' und ‚Körperbilder', die bei der Definition, Repräsentation und Diagnostik der Lungentuberkulose Verwendung fanden. Der Beitrag stützt sich dabei weitgehend auf medizinhistorische Studien (v.a. Reiser 1978, Foucault 2000, Pasveer 1992, Lachmund 1997, Duffin 1998).

1. Körperklänge

Bereits 1963 hat Michel Foucault in seinem Buch *Naissance de la clinique. Une archéologie du regard médical*[2] eingehend die Repräsentationsformen des medizinischen Wissens an der Schwelle zum 19. Jahrhundert untersucht. Seinen Ausführungen zufolge waren der medizinische Diskurs und seine Praktiken von etwa 1790 bis 1830 durch fundamentale Umwälzungen geprägt, die zur Anwendung von Sinnestechnologien im Allgemeinen und auditiven Diagnosetechniken im Besonderen geführt haben. Die Nosologie, das alte System zur Klassifizierung von Krankheiten, und die

[2] Im vorliegenden Beitrag wird die 6. Ausgabe (Paris: Quadrige / Presses Universitaires de France, 2000) zitiert.

mit ihr verbundenen Diagnosemethoden wurden nach der französischen Revolution zunehmend in Frage gestellt (vgl. Foucault 2000, 21-36). Diese hatten sich vor allem auf das Krankenexamen – die ausführliche mündliche Befragung des Patienten – und dessen Niederschrift zur sog. Krankengeschichte als primäre Informationsquelle gestützt. Zusätzlich zu dieser Erzählung registrierte der praktizierende Arzt Zeichen für die Anwesenheit von Krankheit, z.B. Fieber, Husten, Gesichtsverfärbungen, Schweißausbrüche etc. Das Ziel des Arztes bestand darin, die *Wesenheit* der Krankheit zu bestimmen, indem er die erhaltenen Informationen in ein komplexes Klassifikationssystem einordnete. Eine physische Examination des Patienten zur Lokalisation von Beschwerden im Körper, wie wir sie heute kennen und erwarten, fand nicht statt, denn innerhalb des nosologischen Systems hätte diese schlicht keinen Sinn ergeben (ebd., 1-19). Im Namen der Wissenschaft und der Volksgesundheit wurden im postrevolutionären Paris diesbezüglich heftige Kämpfe um Theorien, Lehrstühle und Spitalsposten ausgefochten.

In diesem rauhen Diskursklima tritt im Jahre 1801 der junge Militärarzt René Théophile Hyacinthe Laënnec (1781-1826) in die Pariser *Ecole de Santé* ein, um seinen medizinischen Doktorgrad zu erwerben. Der Student lernt dort vor allem die neue Lehre der pathologischen Anatomie kennen, die in Frankreich insbesondere von Marie François Xavier Bichat (1771-1802) entwickelt wurde. Ihre wesentliche Neuerung bestand darin, Krankheiten auf organische Schäden des Körpers, d.h. Läsionen, zurückzuführen, die man mittels Obduktionen fand. Leichenöffnungen selbst waren zwar bereits im 18. Jahrhundert verbreitet, hatten allerdings noch keine Auswirkungen auf die Konstruktion von Krankheitsbildern. Die pathologische Anatomie Bichats wurde daher von Laënnec und seinen Kommilitonen als eine „vollkommen neue Wissenschaft" (Duffin 1998, 28) betrachtet. Laënnecs medizinisches Verständnis wurde insbesondere von der Dissertation seines Kommilitonen Gaspard Laurent Bayle (1774-1816) geprägt. Der werdende Pathologe vertrat dort die Ansicht, dass Krankheiten nur durch konstante Symptome und organische Läsionen bestimmt werden sollten. Krankheiten seien keine vom Körper unabhängig existierenden ‚Wesen', wie die Ärzteschaft zuvor angenommen hatte, weswegen diese auch nicht mit den Methoden der Botanik oder Zoologie klassifiziert werden könnten. Bei Krankheiten handele es sich vielmehr um Verletzungen bzw. Funktionsstörungen des Körpers, die der Arzt ausfindig zu machen und zu lokalisieren habe (vgl. Duffin 1998, 29).

Aufgrund ihrer Überzeugungskraft fand die pathologische Anatomie schnell begeisterte Anhänger. Da sie jedoch explizit auf Obduktionsbefunden basierte, hatte sie den gravierenden Nachteil, dass Diagnosen erst *nach* dem Ableben der Patienten gestellt werden konnten. Die pathologische Anatomie ermöglichte auf diese Weise zwar die Gewinnung neuer medizinischer Erkenntnisse – für Patienten kam jedoch buchstäblich jede Hilfe zu spät. Daher forderte Jean-Nicolas Corvisart (1755-1821), ein Lehrer Laënnecs und seines Zeichens Leibarzt Napoleon Bonapartes, die Ausprägung eines medizinischen „Blicks" (*regard*) und einer forschenden „Taktilität" (*tact*), mit denen der Zustand lebendiger Patienten beurteilt werden sollte. Die physische Untersuchung des Körpers sollte dem Arzt Hinweise auf die Existenz organischer Läsionen liefern. Sie konzentrierte sich daher auf die Identifizierung von Zeichen, die nicht mehr selbst Ausdruck von Krankheit (wie Fieber, Kurzatmigkeit oder Husten) waren, sondern durch innere Schäden hervorgerufen wurden. Der Arzt sollte zu diesem Zwecke alle seine Sinne schulen, um sich ein mentales Bild vom Inneren des Körpers und möglichen pathologischen Veränderungen machen zu können:

> Qu'est-ce donc que „le coup d'œil du médecin qui l'emporte si souvent sur la plus vaste érudition et sur la plus solide instruction, sinon le résultat du fréquent, méthodique et juste exercice des sens, d'où dérivent cette facilité dans l'application, cette prestesse dans le rapport, cette sûreté si rapide quelquefois dans le jugement que tous les actes semblent simultanés et dont on comprend l'ensemble sous le nom de tact?" (Corvisart 1808, X; zit. nach Foucault 2000, 122)

Dieser multimodale „Blick" („coup d'œil") oder „Takt" („tact") sollte den Arzt nach Corvisarts eigenen Worten dazu befähigen, „mit einem besseren Auge zu sehen" (Corvisart; zit. nach Duffin 1998, 33). Es ist dieser Begriff eines spähenden, horchenden und tastenden Blicks, den Foucault später aufgegriffen und zum zentralen Aspekt seiner Archäologie des medizinischen Wissens gemacht hat.[3] Zum Aufspüren innerer

[3] Eine Überlegung wert scheint der Umstand zu sein, dass die Untertitel der französischen Erstausgabe sowie der deutschen Ausgabe (*Eine Archäologie des ärztlichen Blicks*) explizit einen Schwerpunkt auf den Sehsinn legen, während der englische

Läsionen nutzte und lehrte Corvisart beispielsweise die *palpation*, das äußere Abtasten der inneren Organe, sowie die *percussion*[4], das Abklopfen der Körperoberfläche. Beide Methoden dienten dazu, Patientenkörper mit den Sinnen zu ‚befragen' und abnormale Phänomene zu registrieren. Corvisart zufolge sollten die faktischen ‚Äußerungen' des Körpers an die Stelle der subjektiven Selbstzeugnisse des Patienten treten, um dem untersuchenden Arzt mithilfe seiner geschärften und geschulten Sinne einen virtuellen Blick in den geöffneten Leib zu ermöglichen. Mit seinem Blick und seinem ‚Fingerspitzengefühl' gelang es Corvisart auf diese Weise, seine Studenten in vielen Fällen mit korrekten Voraussagen über zu erwartende Obduktionsfunde zu verblüffen. Der Körper bildete so den Ort und die Quelle eines alternativen Diskurses über die Krankheit, der allein den Regeln der pathologischen Anatomie gehorchte. Es zeigt sich also, dass gerade die Hinwendung zu einer gleichsam kriminalistischen Empirie und die Ablehnung des rein theoretischen Klassifikationssystems das Entstehen einer objektiven, d.h. von der Rede des Patienten unabhängigen Medizin beförderte.

Laënnec war also zunächst Kind seiner Zeit: Durch Bichat und Bayle lernte er die Vorzüge der pathologischen Anatomie schätzen und durch Corvisart den Einsatz von Sinnestechnologien bei der physischen Examination zu nutzen. Dies ist der epistemologische Boden, auf dem sich Laënnecs Entdeckung ereignet, der diese erst ermöglicht. Die Umstände dieser Entdeckung beschreibt Laënnec wie folgt:

> Je fus consulté, en 1816, pour une jeune personne qui présentait des symptômes généraux de maladie du cœur, et chez laquelle l'application de la main et la percussion donnaient peu de résultat, à raison de l'embonpoint. L'âge et le sexe de la malade m'interdisant l'espèce d'examen dont je viens de parler, je vins à me rappeler un phénomène d'acoustique fort connu: si l'on applique l'oreille à l'extrémité d'une poutre, on entend très-distinctement un coup d'épingle donné à l'autre bout. J'imaginai que l'on pouvait peut-être tirer parti, dans le cas dont il s'agissait, de cette propriété des corps. (Laënnec 1819, 7f.)

Untertitel *An Archeology of Medical Perception* auf das gesamte Spektrum sinnlicher Wahrnehmung verweist.

4 Der Wiener Arzt Joseph Leopold von Auenbrugger (1722-1809) hatte die *percussion* im Jahre 1761 vorgestellt (Auenbrugger 1761). Corvisart veröffentlichte Auenbruggers Abhandlung im Jahre 1808 in einer französischen Übersetzung (Corvisart 1808).

Laënnec habe daraufhin kurzerhand zu ein paar herumliegenden Schreibheften gegriffen und diese durch Zusammenrollen in ein Medium verwandelt, das ein Minimum an physischer Distanz versprach.[5] Dieses provisorische Hörrohr setzt er an die Brust seiner beleibten Patientin und hört *und* spürt daraufhin klar und deutlich die dumpfen Schläge ihres Herzens. Laënnec führte damit fort, was die Generation seiner Lehrer angestoßen hatte – die Anpassung von Diagnoseverfahren an die Theorie der pathologischen Anatomie auf der Grundlage eines multisensuellen Blicks:

> Le stéthoscope, distance solidifiée, transmet des événements profonds et invisibles le long d'un axe mi-tactile, mi-auditif. [...] l'interdiction d'un contact physique permet de fixer l'image virtuelle de ce qui se passe loin en dessous de la plage visible. [...] le regard medical est doué désormais d'une structure plurisensorielle. Regard qui touche, entend et, de surcroît, non par essence ou nécessité, voit. (Foucault 2000, 167f.)

Damit allerdings das „virtuelle Bild von dem, was sich tief unter der Körperoberfläche abspielt" (Foucault 1981, 177), vor dem inneren Auge des Arztes Gestalt annehmen konnte, musste Laënnec zunächst relevante Klänge identifizieren und deren Klangeigenschaften sinnvoll beschreiben. Laënnec beschloss, die akustische Welt des Körpers systematisch zu untersuchen und unterzog daraufhin alle ihm anvertrauten Patienten – im Hôpital Necker immerhin etwa einhundert Personen – während der täglichen Visite einer eingehenden Abhorchung. Sein erstes Hörrohr bestand dabei aus einem Holzstab mit einer schmalen Luftröhre entlang der Mittelachse, das er erst später *stéthoscope* nannte (griech. = ‚Brustbeobachter'). Ab Ende 1816 studierte er mit diesem Instrument die Lungen- und Herzgeräusche seiner Patienten und hielt seine Beobachtungen in den Krankenakten fest. Wann immer sich die Möglichkeit bot, versuchte Laënnec anhand von Obduktionsbefunden die Ursachen für ungewöhnliche akustische Phänomene zu ergründen. So gelang es ihm, mehrere Geräuschtypen zu isolieren, die auf bestimmte pathologische Zustände oder Läsionen hindeuteten. Einige von ihnen bezeichnete La-

[5] Zum Einfluss moralischer und sozialer Faktoren wie Ekel oder Scham auf die Genese des Stethoskops vgl. Lachmund (1997, 77) und Sterne (2003, 99ff.).

ënnec sogar als pathognomonische Zeichen (vgl. Duffin 1998, 138).[6] Die vormals üblichen Symptome für Lungenkrankheiten, vor allem Husten, Kurzatmigkeit und Auswurf, erschienen ihm dagegen als wenig aussagekräftig: „Laënnec declared them totally unreliable symptoms by which to discriminate illness. They could differ in character in the same disease, and were often similar in different diseases“ (Reiser 1978, 26).

Laënnec publizierte seine Forschung 1819 unter dem Titel *De l'auscultation médiate ou traité du diagnostic des maladies des poumons et du cœur.* Die Veröffentlichung wurde schnell und breit rezipiert, insbesondere weil Laënnec dort diagnostische Zeichen vorstellte, für die es zuvor kein anderes sicheres Zeichen gegeben hatte, so etwa „la ‚pectoriloquie' [die sog. ‚Bruststimme', AV] comme seul signe pathognomonique certain de la phtisie pulmonaire, et ‚l'égophonie', comme signe de l'épanchement pleurétique“ (Foucault 2000, 163). Innerhalb weniger Jahre wurde der *Traité* ins Deutsche, Englische und einige weitere Sprachen übersetzt: Ärzte in aller Welt begannen, ihre Ohren zu spitzen. Durch Laënnecs auditive Examination wurden Krankheiten allerdings nicht allein *besser* diagnostizierbar, sondern veränderten vor dem Hintergrund der Auskultation mitunter völlig ihre Gestalt. Denn Laënnec klassifizierte die Welt der pathologischen Körpergeräusche nicht nur, sondern wählte diese auch als Basis für eine weitreichende Neudefinition von Krankheitsbildern. So werden in seinem *Traité* bestimmte akustische Phänomene (z.B. die *pectoriloquie* oder die sog. *bronchophonie*) oft synonym für die Krankheit selbst verwendet.

Obwohl durchaus Kritik an der Auskultation laut wurde, zeigten sich viele Ärzte dennoch tief beeindruckt von den diagnostischen Möglichkeiten und dem Maß an Sicherheit, mit der sich Obduktionsfunde voraussagen ließen. Genau dieser zeitliche Wissensvorsprung macht den wesentlichen Erfolg der Auskultation aus, denn er gab Aufschluss über Krankheitsverläufe, ermöglichte eine gezieltere Behandlung und legitimierte nicht zuletzt auch die pathologische Anatomie und die auf ihr basierenden Krankheitsbilder. Am Stethoskop führte fortan kaum mehr ein Weg vorbei – selbst Ärzte, die nichts von der Methode hielten, sahen sich gezwungen, sie dennoch anzuwenden, um nicht in den Verdacht der

[6] Als pathognomonisch oder auch pathognostisch werden Symptome bezeichnet, die für eine Krankheit derart charakteristisch sind, dass ihr Auftreten bereits eine sichere Diagnose ermöglicht.

Scharlatanerie zu geraten oder einfach nur als unzeitgemäß zu gelten. ‚Körperklänge' bildeten so ein knappes Jahrhundert lang die dominierende Repräsentationsform medizinischer Diagnostik.

Das Dispositiv des zweifachen „klinischen Blicks" („regard médical", Foucault 2000, 168), das sich einerseits auf die geschärften Sinne und andererseits auf die anatomische Vorstellungskraft des Arztes stützte, wurde also wesentlich durch Laënnecs Methode auditiver Wissensproduktion ermöglicht. Die Hand und vor allem das Ohr nehmen daher einen zentralen Platz in der medizinischen Diagnostik des frühen 19. Jahrhunderts ein.

2. Körperbilder

Am Nachmittag des 8. November 1895 entdeckt der Würzburger Physikprofessor Wilhelm Conrad Röntgen (1845-1923) bei Versuchen mit Kathodenstrahlen eine unbekannte Strahlenform, die die Eigenschaft besitzt, Materie – je nach Beschaffenheit – mehr oder weniger gut durchdringen zu können. Da er die Strahlung zwar nachweisen, aber nicht erklären kann, nennt er sie in seinem Ende 1895 veröffentlichten Artikel *Über eine neue Art von Strahlen* (Röntgen 1895) kurzerhand „X-Strahlen". Kopien des Textes versendet Röntgen an Kollegen im In- und Ausland, denen er zur Veranschaulichung u.a. eine Strahlenfotografie beifügt, die die durchleuchtete und beringte Hand seiner Frau Berta zeigt. Wie sich herausstellen sollte, war es vor allem dieses Bild, das auch jenseits wissenschaftlicher Kreise für Aufsehen sorgte und nach kurzer Zeit in den Fachzeitschriften und Zeitungen Europas und der USA zirkulierte. X-Strahlenfotografien von Objekten und Menschen wurden schnell populär, da sie relativ einfach hergestellt werden konnten. Familienmitgliedern oder Freunden eine Röntgenfotografie der eigenen Hand zu schenken, entwickelte sich in kurzer Zeit zum Massenphänomen.

Das Bild von Berta Röntgens Hand gab auch den Ausschlag für die Heraufkunft einer neuen Konjunktur anatomischer Repräsentation, versprachen die X-Strahlenfotografien doch – ebenso wie die Auskultation und andere Methoden der physischen Examination – einen Einblick in den lebenden Körper (vgl. Reiser 1978, 45; 58f.). Anders als bei den Vorgängertechnologien schien die Radiologie sogar den posthumen Blick der Autopsie mit der diagnostischen Praxis, ein virtuelles Bild von diesem zu antizipieren, unmittelbar kurzzuschließen. Die Verheißung eines Röntgenblicks, der eine scheinbar unmittelbare Evidenz erzeugt, war von Anfang an mit den Röntgenbildern verbunden und stellte die Vorrangstellung des auditiven Erkenntniszugangs zunehmend in Frage:

> The X-ray [...] challenged the stethoscope and diagnoses based upon sound. Earlier physicians had been required to conjure up mental pictures of anatomical defects from sounds that came through the stethoscope; now, with the X-ray, they could produce an actual image of the lesion and thus greatly advance the frontier of diagnosis. (Reiser 1978, 64f.)[7]

In den ersten Jahren ihrer Verwendung gaben die Strahlenfotografien allerdings nur wenig Aufschlussreiches zu sehen. Insbesondere Abbildungen von Geweben und Organen erwiesen sich – im Gegensatz etwa zu denen des Knochengerüsts – als schwer zu interpretieren. Das Anfertigen wissenschaftlicher Röntgenaufnahmen stellte eine technische Herausforderung dar, die nur mithilfe eines praktischen Wissens gemeistert werden konnte, das erst in mühevoller Arbeit entwickelt werden musste (vgl. Pasveer 1992, 165). Die Pioniere der neuen Visualisierungstechnologie standen daher zunächst vor ähnlichen Problemen wie Laënnec siebzig Jahre zuvor: Während sich dieser mit einer unbekannten akustischen Welt von Körpergeräuschen konfrontiert sah, aus der er für die Diagnose nutzbare Geräusche isolieren musste, kommt mit der X-Strahlen-Technologie eine Welt der ‚Schattenbilder' in die Medizin, die zwar erstmals direkte Innenansichten lebender Körper zu sehen gaben, dabei aber nicht erklärten, *was* genau zu sehen war und *wie* diese Sichtbarkeiten diagnostisch zu deuten waren. Bevor überhaupt gelernt und vermittelt werden konnte, wie ein Röntgenbild zu ‚lesen' war, mussten diagnostische Zeichen in Schattenform erst einmal entwickelt werden.

Die frühen Artikel zur Röntgenfotografie in der Medizin kreisten daher zunächst um die Frage, durch welche Faktoren sich brauchbare Abbildungen überhaupt auszeichnen und wie diese erstellt werden können, während es in den Veröffentlichungen nach 1900 zunehmend darum ging, Schattenphänomene auf normale, abnormale oder pathologische Ursachen zurückzuführen und entsprechend zu klassifizieren. Der Fokus verschob sich von der Produktion zur Deutung der Bilder, wobei es allerdings zunächst weder Zeichen noch Bedeutungen gab:

[7] Vgl. auch Leonard 1897, 1157-1158.

> [I]t is important here to note that in order to make a diagnostic picture at all, there were machines *and* hands *and* eyes to be disciplined, and it was to be *determined* what combination of them would produce a readable x-ray picture. (Ebd., 16)

Die holländische Wissenschaftshistorikerin Bernike Pasveer hat bei ihrer Quellensichtung drei Strategien ausfindig gemacht, mit deren Hilfe Verbindungen zwischen Krankheiten und röntgenografischen Repräsentationen des Körpers geknüpft wurden: Erstens durch den Abgleich der Aufnahmen mit Obduktionsfunden, zweitens durch den Abgleich mit den Resultaten existierender Diagnosemethoden (v.a. Perkussion und Auskultation) und drittens durch den Vergleich von mehreren Röntgenbildern. Um 1900 wurden allerdings weit weniger Obduktionen vorgenommen als noch zum Beginn des 19. Jahrhunderts. Daher waren es vor allem die Auskultationsbefunde, die im Fall von Lungenkrankheiten zur Deutung auffälliger Schatten herangezogen wurden. Evidenz und Aussagekraft der Schatten speisten sich also zunächst aus dem Wissen der Geräusche. Erst nachdem dieses Wissen auf die visuellen Phänomene übertragen worden war, konnte der Vergleich von Bildern mit Bildern zur Option werden und zusätzliche Differenzierungen eröffnen.

Die Geschichte medizinischer Zeichenproduktion wiederholt sich, allerdings handelte es sich nun um ein kollektives Unternehmen: Allein im Jahr 1896 wurden über eintausend Artikel und mehr als fünfzig Bücher über X-Strahlenfotografie veröffentlicht (vgl. ebd., 10). Während die Radiografie an sich als wissenschaftlicher Fortschritt gefeiert wurde, stieß die Forderung, sie als Diagnoseinstrument in die klinische Praxis einzubinden, auf einigen Widerstand seitens der praktizierenden Ärzteschaft – nicht, weil diese deren Potential nicht erkannt hätten, sondern insbesondere deshalb, weil sie um den Wert ihrer mühsam erworbenen sinnlichen Fähigkeiten und der daraus resultierenden Urteilskraft fürchteten: „They could percuss like no one else, and they could see from observing a person's posture whether she was tuberculous or not. X-ray technology threatened to devalue these skills" (ebd., 52). Darüber hinaus wurden schon früh Zweifel an der Aussagekraft der Bilder laut, insbesondere nachdem ein Richter im Jahre 1896 erstmals Röntgenbilder als Beweismaterial zugelassen hatte und damit nicht zuletzt eine drastische Zunahme von Klagen bewirkte, in denen versucht wurde, Ärzten anhand von Röntgenaufnahmen Behandlungsfehler nachzuweisen und auf diesem Wege Entschädigungszahlungen zu erwirken (vgl. Reiser 1978, 66).

Nichtsdestotrotz modifizierte die Faszination, die von den Schattenbildern ausging, die medizinische Ökonomie der Sinne entscheidend: „Sight is a much more satisfactory agent of information than hearing or touch“ (zit. nach Reiser 1978, 65), fasste ein englischer Arzt die Meinung vieler seiner Kollegen zusammen (Jones 1897, 947). Aber aus welchem Grund? Lag es an einer universellen, quasi ‚ontologischen‘ Überlegenheit visueller Darstellungen oder gab es konkrete Ursachen für die veränderte Einschätzung sinnlicher Erkenntnisweisen? Als zentraler Vorteil der Röntgenbilder stellte sich zunächst die Möglichkeit ihrer Zirkulierbarkeit und Speicherbarkeit heraus, die sowohl die Stellung wie auch die Überprüfung der Diagnose von der Anwesenheit, d.h. vom Körper des Patienten trennte. So konnten röntgenologische Diagnosen auch zu einem späteren Zeitpunkt oder von mehreren Beobachtern gestellt werden. Mit den Jahren entstand ein rasant wachsendes radiologisches Archiv, auf das immer wieder zurückgegriffen und das wissenschaftlich verwertet werden konnte. Viele Ärzte nutzten Röntgenaufnahmen darüber hinaus, um sich gegen potentielle Klagen abzusichern. Während jeder Medizinstudent die Auskultation bis heute am Krankenbett erlernen muss, lassen sich Röntgenbilder zu Atlanten mit aufschlussreichen Fällen zusammenstellen, anhand derer die grundlegenden Lesekompetenzen vermittelt werden können.[8]

Im Röntgenbild trifft, wie bereits erwähnt, die medizinische Diagnose zudem auf das Ideal der „mechanischen Objektivität“, das sich insbesondere in der zweiten Hälfte des 19. Jahrhunderts in den Naturwissenschaften zu einer epistemischen Leittugend entwickelt hatte (vgl. Daston und Galison 2007, 18f.). Durch die bildgebende Apparatur konnten die Zeichen der Krankheit scheinbar von den Sinnen und damit von der subjektiven Beurteilung des Arztes getrennt und buchstäblich objektiv – im Sinne autonomer ästhetischer Objekte – werden (vgl. Pasveer 1992, 61). Die Kommunizierbarkeit der Bilder, durch die sich Praxen kollektiven Betrachtens ausbilden konnten, gab so einen wichtigen Ausschlag, sie den auditiven Erkenntnismethoden vorzuziehen.

[8] Beiden Techniken, der auditiven wie der visuellen Hermeneutik, ist jedoch gemeinsam, dass sie auf einem Wissen basieren, das in langwierigen Prozessen der Verknüpfung und Zuordnung zwischen Repräsentationen und physischen Läsionen erst konstruiert werden musste.

Als ein weiterer Vorteil stellte sich die Repräsentation des Krankheitsverlaufs heraus. So konnte etwa die Lungentuberkulose mittels der Röntgenfotografie bereits diagnostiziert werden, bevor verdächtige Geräusche entstanden. Einer der früheren Hauptvorteile von Perkussion und Auskultation wurde damit hinfällig. Darüber hinaus konnten die Schattenbilder die Krankheit in ihren verschiedenen Stadien repräsentieren, was dazu führte, dass viele Krankheitsbilder zunehmend röntgenologisch beurteilt und diesbezüglich umdefiniert wurden. Diese Anpassung des medizinischen Wissens an die visuelle Repräsentationsform war ein wesentlicher Grund dafür, dass die auditiv-taktilen Diagnosemethoden Anfang des 20. Jahrhunderts zunehmend als antiquiert und der visuellen Darstellung unterlegen angesehen wurden. Diese Tendenz setzte sich über einen Zeitraum von mehr als zwanzig Jahren fort:

> X-ray images […] added aspects to a clinical investigation that came to be considered as indispensible, confirming what the other methods revealed, and adding important information. They presented a different tuberculosis, partly related and partly new, for the diagnosis of which an x-ray picture was constitutive. (Ebd., 88)

So verschieben sich die Gewichte: Im 19. Jahrhundert stellte die auditive Repräsentation der Lungentuberkulose das Nonplusultra der medizinischen Diagnostik dar. Die Semiologie der Brustgeräusche diente ebenfalls als sicherer epistemischer Boden, von dem aus die frühe Röntgendiagnostik überhaupt erst entwickelt wurde. Erst die Herstellung solider Verbindungen zwischen Geräuschen und Schatten ermöglichte eine routinierte Deutung der Röntgenbilder und führte zu der Erkenntnis, dass diese zusätzliche Informationen bereithielten, die mit anderen Methoden nicht zu erbringen waren. Dennoch war weniger die niedrigere Auflösung der auditiven Repräsentation, sondern die fortschreitende Radiologisierung der Krankheitsbilder für die Ausprägung einer visuellen Konjunktur medizinischer Repräsentation verantwortlich, die bis heute andauert. Nur dadurch wurde das Röntgenbild schließlich zu dem, was das Stethoskop im 19. Jahrhundert verkörperte: zum Symbol der modernen Medizin.

3. Thomas Manns Roman *Der Zauberberg* (1924) als Bühne für die Medien der Medizin

In kaum einem anderen literarischen Werk fällt den vielfältigen Repräsentationsformen medizinischen Wissens eine ähnlich zentrale Rolle zu wie in Thomas Manns Roman *Der Zauberberg.* In dessen Verlauf wird das Leben im eidgenössischen Lungensanatorium Berghof, mit seinen medizinischen Untersuchungen, Fieberkurven, Röntgenfotografien und Patientengesprächen, minutiös geschildert. Die wundersame Transformation menschlicher Körper in Wissenskörper der Medizin bildet dabei einen stets wiederkehrenden Topos. In der Thomas-Mann-Forschung ist das medizinische Wissen oft thematisiert worden, allerdings nur selten hinsichtlich seiner Darstellungsformen. Gerade in Bezug auf das Verhältnis zwischen auditiver und visueller Erkenntnisproduktion stellt der Roman jedoch nicht nur eine literarische, sondern auch eine aufschlussreiche historische Quelle dar, in die sich der medizinische Diskurs des beginnenden 20. Jahrhunderts eingeschrieben hat.

Dafür muss man zunächst wissen, dass der Berghof als Lungensanatorium einen besonderen Wissensraum der Neuordnung medizinischer Erkenntnisgewinnung um 1900 verkörpert. Lungenkrankheiten wurden gegen Ende des 19. Jahrhunderts aus den allgemeinen Krankenhäusern ausgegliedert und in spezialisierten Kliniken zusammengeführt, in denen sie erforscht und therapiert wurden (vgl. Pasveer 1992, 29). Die Ärzte führten dort neben der physischen Examination auch radiologische Untersuchungen durch. Die übliche Arbeitsteilung zwischen behandelnden Ärzten und Radiologen, die bereits zu einem frühen Zeitpunkt entstanden war, existierte nicht – und ebendiese Personalunion repräsentiert Manns Hofrat Behrens. Die Geschichte selbst gleicht einer Wiederaufführung der Mediengeschichte der Medizin. So wird der Protagonist Hans Castorp zunächst Zeuge einer Untersuchung auf dem Stand des 19. Jahrhunderts, der sich sein Cousin Joachim Ziemßen unterziehen muss:

> Und die Auskultation begann. Hofrat Behrens, breitbeinig und rückwärts geneigt, den Hörer unter dem Arme, klopfte zuerst ganz oben an Joachims rechter Schulter, klopfte aus dem Handgelenk, indem er sich des gewaltigen Mittelfingers seiner Rechten als Hammer bediente und die Linke zur Stütze gebrauchte. [...] Als er aber sattsam geklopft hatte, ging er zum Horchen über, indem er sein Hörrohr, das Ohr an der Muschel, auf Joachims Brust und Rücken setzte, überallhin, wo er vorhin geklopft hatte. [...] Hofrat Behrens aber meldete alles, was er dort innen

> hörte, dem Assistenten in kurzen feststehenden Worten zum Schreibtisch hinüber, derart daß Hans Castorp nicht umhinkonnte, an den Vorgang beim Schneider zu denken, wenn der wohlgekleidete Herr einem zu einem Anzuge das Maß nimmt [...] und dem gebückt sitzenden Gehilfen die gewonnenen Ziffern in die Feder diktiert. „Kurz", „verkürzt", diktierte Hofrat Behrens. „Vesikulär", sagte er, und abermals: „Vesikulär" (das war gut, offenbar). „Rauh", sagte er und schnitt ein Gesicht. „Sehr rauh." „Geräusch." Und Dr. Krokowski trug alles ein, wie der Angestellte die Ziffern des Zuschneiders. (Mann 1991, 245f.)

Die Untersuchung, eine Kombination aus Tasten, Klopfen, Horchen und Schreiben, präsentiert sich als eine eingespielte und standardisierte Routinetätigkeit; als ein akustisches Vermessen des Körpers vermittels eines Netzes von ‚Datenpunkten', die den Protagonisten nicht zufällig an die Arbeit eines „Zuschneiders" erinnern. Durch das Erleiden einer Fieberkrankheit kommt Castorp wenige Seiten später selbst in den Genuss dieser auditiven Diagnostik, über deren allerdings schleppenden Fortgang er seinen Konversationspartner Settembrini unterrichtet:

> „Mein eigener Fall liegt übrigens noch ganz im Ungewissen. Der Hofrat will ja eine Kleinigkeit bei mir gefunden haben, – die alten Stellen, wo ich früher schon krank war, ohne es zu wissen, habe ich selbst beim Klopfen gehört, und nun soll auch eine frische hier irgendwo zu hören sein [...]. Aber bis jetzt handelt es sich ja nur um akustische Wahrnehmungen, und die rechte diagnostische Sicherheit werden wir erst haben, wenn ich wieder auf bin und die Durchleuchtung und photographische Aufnahme stattgefunden hat. Dann werden wir positiv Bescheid wissen." (Mann 1991, 270)

Die geringe Wertschätzung, die der medizinische Laie und werdende Patient den „akustische[n] Wahrnehmungen" entgegenbringt, ist offensichtlich durch ein Misstrauen gegenüber den Erkenntnissen geprägt, die mittels vermeintlich subjektiver Sinnestechnologien erbracht wurden und „hier irgendwo zu hören sein" *sollen.* Ein positives Wissen der Krankheit scheint dagegen allein die nun als objektiv anerkannte Durchleuchtung zu versprechen, die einerseits Abbilder zu sehen gibt und andererseits mechanisch vermittels moderner Technik erfolgt, ohne durch menschliche Sinne getrübt zu sein (vgl. Daston / Galison 2007, 28-37).

Die treuherzige Überzeugung des norddeutschen Ingenieurs trifft damit ziemlich genau die im frühen 20. Jahrhundert propagierten Ansichten über die Medien und Erkenntnisweisen der Medizin samt ihrer Euphorie bezüglich der Röntgenfotografie: „It comes to this: that what we can see with our eyes is often at variance with what in fancy we hear with our ears. In most cases our eyes are the safer guide" (Cunnington 1905,

1319; zit. nach Pasveer 1992, 25), schreibt der Radiologe Cunnington bereits 1905. Thomas Mann zeigt sich so auch in Bezug auf die Medien der Medizin als ‚Seismograph' bürgerlichen Denkens. Die fiktive Szene, die sich im Jahre 1907 zuträgt, verdeutlicht zudem, wie wenig die öffentliche Meinung den langwierigen Prozess der Herstellung von Aussagekraft in den Röntgenbildern zur Kenntnis genommen hat und stattdessen von einer unmittelbaren Beziehung zwischen Technologie, Bild und Wissen ausgeht. Die Wirklichkeit sah zu dieser Zeit allerdings noch ganz anders aus:

> „At present", as Stanley Green, a British x-ray worker wrote in 1904, „it is impossible to say from examination by the screen and plate what pathological condition in the lungs is represented in the different shadows produced on the sensitive plate, and this knowledge can only be arrived at by carefully following up the cases, comparing the shadows with the physical signs, and, where death occurs, by an examination of the lungs and comparing their condition with the prints." (Green 1904, 146; zit. nach Pasveer 1992, 43f.)

Bei lebenden Patienten bürgten gerade nicht die sichtbaren Schatten, sondern die „physical signs", die – abgesehen von Temperaturmessungen und Bluttests – vorwiegend durch Perkussion und Auskultation gewonnen wurden. Röntgenaufnahmen wurden in Lungensanatorien zwar verwendet und insbesondere zur gezielten Lokalisierung von Kavitäten und Tuberkeln genutzt. Dennoch galten sie in den Augen vieler Ärzte noch keinesfalls als zuverlässige Datenträger (vgl. Pasveer 1992, 85). Röntgenbilder bildeten zu dieser Zeit weniger das Mittel als vielmehr den Gegenstand medizinischer Erkenntnisproduktion. Erst in den 1920er Jahren wird die Röntgenfotografie als sicheres und überlegenes Diagnosewerkzeug allgemein anerkannt. So schreibt etwa ein Radiologe 1927: „By means of an X-ray examination we have the most certain, the most definite, and the earliest available means whereby an accurate and complete diagnosis may be arrived at" (Melville 1927, 63; zit. nach Pasveer 1992, 86). Dieses Missverhältnis zwischen öffentlicher Meinung und klinischer Realität zu thematisieren, hat Thomas Mann der Figur des italienischen Humanisten Settembrini zugedacht:

> „[...] Wissen Sie, daß die photographische Platte oft Flecke zeigt, die man für Kavernen hält, während sie bloß Schatten sind, und daß sie da, wo etwas ist, zuweilen keine Flecken zeigt? Madonna, die photographische Platte! Hier war ein junger Numismatiker, der fieberte; und da er fieberte, sah man deutlich Kavernen auf der photographischen Platte. Man wollte sie sogar gehört haben! Er wurde auf Phthisis behandelt, und darüber starb er. Die Obduktion lehrte, daß seiner

Lunge nichts fehlte, und daß er an irgendwelchen Kokken gestorben war." (Mann 1991, 270f.)

Trotz der epistemischen Unsicherheit, die der frühen Radiologie aufgrund ihrer noch niedrigen Auflösung, der fehlenden Standardisierung und der noch nicht abgeschlossenen Klassifizierung von Schatten anhaftet, war das Potential der Bilder dennoch nicht von der Hand zu weisen.

Die Faszination, die den Röntgenbildern eignet, schildert Mann durch einen Wiederaufruf der Ursprungsszene radiologischer Bildgebung. Hans Castorp – alias Berta Röntgen – betrachtet seine durchleuchtete Hand auf dem Schirm eines Fluoroskops[9] und gelangt angesichts dieser unverhofften Teilhabe an medizinischer Repräsentation zu einer ganz anders gearteten Erkenntnis:

> [Der Hofrat] war dann noch so freundlich, zu erlauben, daß der Patient seine eigene Hand durch den Leuchtschirm betrachtete, da er dringend darum gebeten hatte. Und Hans Castorp sah, was zu sehen er hatte erwarten müssen, was aber eigentlich dem Menschen zu sehen nicht bestimmt ist, und wovon auch er niemals gedacht hatte, daß ihm bestimmt sein könnte, es zu sehen: er sah in sein eigenes Grab. Das spätere Geschäft der Verwesung sah er vorweggenommen durch die Kraft des Lichtes, das Fleisch, worin er wandelte, zersetzt, vertilgt, zu nichtigem Nebel gelöst, und darin das ziemlich kleinlich gedrechselte Skelett seiner rechten Hand, um deren oberes Ringfingerglied sein Siegelring, vom Großvater her ihm vermacht, schwarz und lose schwebte: ein hartes Ding dieser Erde, womit der Mensch seinen Leib schmückt, der bestimmt ist, darunter wegzuschmelzen, so daß es frei wird und weiter geht an ein Fleisch, das es eine Weile wieder tragen kann. Mit den Augen jener Tienappel'schen *Vorfahrin* blickte er einen vertrauten Teil seines Körpers, durchschauenden, voraussehenden Augen, und zum erstenmal in seinem Leben verstand er, *daß er sterben werde.* (Mann 1991, 302; Hervorhebung AV)

Hans Castorp gibt sich hier zunächst als Zeitungsleser zu erkennen, denn es waren ja gerade die Aufnahmen von Händen, die den Ruhm Wilhelm Röntgens begründeten. Zugleich macht er die Erfahrung eines selbstreflexiven Röntgenblicks, der als klinischer Blick buchstäblich die Aussicht „in sein eigenes Grab" eröffnet und eine posthume Öffnung des Kör-

[9] Beim Fluoroskop wurden die Röntgenstrahlen nicht auf eine fotografische Platte, sondern auf einen fluoreszierenden Schirm projiziert. Die auf diese Weise erzeugten Bilder konnten zwar nicht gespeichert werden, boten dem Röntgenologen jedoch die Möglichkeit, Bewegungen zu verfolgen oder den Patienten aus verschiedenen Blickwinkeln zu betrachten.

pers antizipiert. Während die Zeitgenossen also bereits von blinder Euphorie und metaphysischer Übersteigerung hinsichtlich der Technisierung der Medizin erfüllt sind, sollte es noch rund zwei Jahrzehnte dauern, bis die klinische Forschung das Röntgenbild so weit informiert und mit hinreichender diagnostischer Bedeutung gefüllt hatte, um diesem Anspruch überhaupt gerecht werden zu können.

Auditive Repräsentationen medizinischen Wissens wurden in der diagnostischen Praxis also mitnichten schlagartig von der neuen Technologie der Röntgenfotografie abgelöst. Die öffentliche Meinung hatte die Körperklänge als Symptome der Krankheit jedoch bereits verabschiedet, bevor die Körperbilder den Status als Quellen sicheren Wissens überhaupt erlangten. Dieses Auseinanderfallen von öffentlicher Meinung und klinischer Praxis lehrt vor allem eines: Die Vorstellung, dass sich positives Wissen am ehesten dem Sehsinn offenbaren würde, während das Hören lediglich subjektive Wahrnehmungen produziere, denen prinzipiell misstraut werden müsse, erweist sich bei näherer Betrachtung allzu oft als bloßes Vorurteil. Anstatt eine Überlegenheit bildlicher gegenüber akustischer Repräsentation schlicht vorauszusetzen, richtete sich der Blick dieses Artikels auf die historischen Konjunkturen verschiedener Sinnesmodalitäten der Repräsentationsformen von Wissen. Dabei zeigte sich, dass das Wissen der medizinischen Bilder im frühen 20. Jahrhundert wesentlich durch den Abgleich mit den seit dem 19. Jahrhundert bekannten akustischen Zeichen entstanden ist.

Es erscheint daher lohnenswert, Formen auditiver Erkenntnisproduktion auch zukünftig eingehender zu erforschen.

Bibliographie

Auenbrugger, Leopold (1761): *Inventum novum ex percussione thoracis humani ut signo abstrusos interni pectoris morbos detegendi*, Wien: Trattner.

Corvisart, Jean-Nicolas (1808): *Nouvelle méthode pour reconnaître les maladies internes de la poitrine par la percussion de cette cavité, par Auenbrugger*, Paris: Migneret.

Cunnington, C. Willett (1905): „The early diagnosis of pulmonary tuberculosis by the Röntgen rays", in: *British Medical Journal* 2, 1319.

Daston, Lorraine / Galison, Peter (2007): *Objektivität*, Frankfurt a.M: Suhrkamp.

Duffin, Jacalyn (1998): *To see with a better eye. A life of R.T.H. Laënnec*, Princeton: Princeton University Press.

Foucault, Michel (1981): *Die Geburt der Klinik. Eine Archäologie des ärztlichen Blicks*, Frankfurt a.M. [u.a.]: Ullstein.

Foucault, Michel ([6]2000): *Naissance de la clinique*, Paris: Quadrige / Presses Universitaires de France.

Galison, Peter (1997): *Image and logic. A material culture of microphysics*, Chicago: University of Chicago Press.

Galison, Peter (2004): „Abbild und Logik. Zur apparativen Kultur der Teilchenphysik", in: Schröter, Jens (Hg.): *Analog / Digital – Opposition oder Kontinuum? Zur Theorie und Geschichte einer Unterscheidung*, Bielefeld: transcript, 355-372.

Green, A. Stanley (1904): „The value of the Roentgen rays in the diagnosis of pulmonary tuberculosis", in: *Archives of the Roentgen Ray* 8.9, 144-149.

Heßler, Martina / Mersch, Dieter (Hgg.) (2009): *Logik des Bildlichen. Zur Kritik der ikonischen Vernunft*, Bielefeld: transcript.

Jones, Philip Mills (1897): „X-Rays and X-Ray Diagnosis", in: *Journal of the American Medical Association* 29, 947.

Lachmund, Jens (1997): *Der abgehorchte Körper. Zur historischen Soziologie der medizinischen Untersuchung*, Opladen: Westdeutscher Verlag.

Laënnec, René-Théophile-Hyacinthe (1819): *De l'auscultation médiate ou traité du diagnostic des maladies des poumons et du cœur*, Paris: Brosson et Chaudé.

Latour, Bruno (2006): „Drawing Things Together: Die Macht der unveränderlich mobilen Elemente", in: Belliger, Andréa / Krieger, David J. (Hgg.): *ANThology. Ein einführendes Handbuch zur Akteur-Netzwerk-Theorie*, Bielefeld: transcript, 259-307.

Lenoir, Timothy (Hg.) (1998): *Inscribing science. Scientific texts and the materiality of communication*, Stanford / California: Stanford University Press.

Leonard, Charles Lester (1897): „The Application of the Roentgen Rays to Medical Diagnosis", in: *Journal of the American Medical Association* 29, 1157-1158.

Mann, Thomas (1991): *Der Zauberberg*, Frankfurt a.M.: Fischer Taschenbuch Verlag.

Melville, Stanley (1927): „The value of X-rays in the diagnosis and management of cases of intrathoracic tuberculosis", in: *British Journal of Tuberculosis* 21.2, 63.

Pasveer, Bernike (1992): *Shadows of knowledge: Making a representing practice in medicine. X-ray pictures and pulmonary tuberculosis, 1895-1930*, Amsterdam: Universiteit van Amsterdam.

Röntgen, Wilhelm Conrad (1895): „Über eine neue Art von Strahlen (vorläufige Mittheilung)", in: *Sitzungsberichte der physikalisch-medicinischen Gesellschaft zu Würzburg* 9, 132-141.

Reiser, Stanley Joel (1978): *Medicine and the Reign of Technology*, Cambridge: Cambridge University Press.

Sterne, Jonathan (2003): *The audible past. Cultural origins of sound reproduction*, Durham: Duke University Press.

Warum es mit Repräsentationsformen nicht getan sein kann: Sieben Thesen zum *Enactive Criticism*

Esther Schomacher (Bochum) *&* *Jan Söffner* (Berlin)

L'article, d'orientation théorique, présente sept thèses sur une forme du savoir que les sciences culturelles et littéraires ont jusque-là peu abordée: le savoir non-représentionnel, compris ici, au sens de Francisco Varela, comme un „savoir enactif". A partir des résultats des recherches dans le domaine des sciences cognitives, de la philosophie phénoménologique et de la sociologie, les auteurs esquissent les conséquences du statut épistémique de ce savoir „en dehors de la représentation" pour les sciences littéraires et pour l'analyse des textes de fiction. Ce faisant, ils plaident pour l'intégration systématique et pour l'entraînement conscient des savoirs enactifs en se fondant sur les méthodes des sciences culturelles – et par là pour le développement et l'élaboration d'un „criticisme enactif".

Philologie abseits der Repräsentation (Einleitung)

Repräsentationen sind etwas, das man sich von etwas oder über etwas macht. Mit Hilfe von Repräsentationen kommuniziert man über Gegenstände oder man referiert auf sie. In Bezug auf den Spezialfall sprachlicher bzw. textueller Repräsentation, wie sie in den Literaturwissenschaften im Zentrum steht, stellt sich die bereits von der Dekonstruktion diskutierte Frage, ob Texte überhaupt auf etwas außerhalb ihrer selbst referieren können, ob es ein *hors-texte* gibt – oder ob dieses Außerhalb nicht gewissermaßen im Referieren schon stecken bleibt, ob es stets aufgeschoben wird und ob die Prozessualität dieses Aufschubs nicht an die Stelle des Referierens auf und der Aussage über Gegenstände tritt. Sollte das der Fall sein, dann stünde bei Texten nicht die Repräsentation, sondern das Repräsentieren im Vordergrund, es ginge um die „Spuren" ihrer „differanziell" aufgeschobenen Repräsentationen. Für diejenigen, die sich berufsmäßig mit Texten auseinandersetzen, ergeben sich damit zwei Alternativen, nämlich entweder davon auszugehen, dass Texte, *über* die Welt reden (d.h. sie repräsentieren), oder dass sie Welten in einem prozessual-unabschließbaren Verweisen hervorbringen (d.h. dass sie ‚nichts' repräsentieren außer ihrer selbst und ihres eigenen ‚Funktionierens' als Aufschub).

In diesem Aufsatz werden wir als Ergänzung dieser Alternative eine dritte Möglichkeit vorschlagen: nämlich diejenige, versuchsweise davon auszugehen, dass Texte *in* der Welt wirken, d.h. dass sie die Welt nicht ausschließlich repräsentieren und auch nicht (als aufgeschobenes *hors-texte*) konstituieren. Dieses Wirken, dieses In-der-Welt von Texten manifestiert sich nun darin, dass wir, wenn wir lesen, nicht allein den Bau mentaler Modelle oder die Konstruktion einer textuell vermittelten Wirklichkeit im Sinn haben, dass wir mitnichten ausschließlich damit beschäftigt sind, zu entschlüsseln, worauf sich ein Text bezieht oder verweist, aber auch nicht damit, die Wirklichkeitskonstruktionen zu dekonstruieren oder den differanziellen Aufschub spielen zu lassen. Wenn wir lesen, sind auch wir gleichzeitig immer *mit den Texten in der Welt*, haben an ihnen genauso sehr Teil wie an ihr, lassen die Texte sogar zu einem Teil unserer Umwelt werden.

Wenn dem *nicht* so wäre, würden wir *immer* unter den erschwerenden Umständen lesen, uns entweder alles genau vorstellen zu müssen, was ein Text sagt – oder sein Signifikat aufzuschieben und somit auf keinen Punkt zu kommen. Diese Alternative entspricht aber nicht unserer Erfahrung. Wir können etwa, und dies gar nicht einmal so selten, einem Roman folgen, *ohne* nachher den Grundriss eines Hauses aufzeichnen zu können, das uns kapitelweise haarklein beschrieben wurde – und dennoch etwas anderes genossen haben als den Aufschub dieser Vorstellung. Wer *Die Brüder Karamasov* liest, kann etwa so sehr davon gefangen werden, dass man davon sprechen kann, er bewohne diesen Roman wie er sein Haus bewohnt, oder verkörpere diesen Roman so, wie er seine Kultur verkörpert. Die ganze Haltung zur Welt und auch der Umgang mit ihr wird sich (wenn auch minimal) ändern; er oder sie wird eine andere Stimmung bekommen, mit einer anderen Körperhaltung durch die Welt gehen, mit einer anderen Tonlage sprechen usw.

Bei dieser Teilhabe und diesem Mit-Texten-in-der-Welt-Sein handelt es sich dennoch – und darum soll es uns auf den folgenden Seiten gehen – um eine Art, Texte zu ‚verstehen'. Allerdings ist dies ein Verstehen, das anders funktioniert, als dasjenige, was dekodiert, entschlüsselt, analysiert, Modelle baut und als ein Wissens*gegenstand* gewonnen oder vermittelt werden kann. Es besteht in sensomotorischer und emotionaler Erfahrung und in einem körperlichen Verstehen.

Die *cognitive sciences* und die enaktivistisch ausgerichtete phänomenologische Philosophie, auf deren Forschungsergebnisse wir uns im Folgenden des Öfteren beziehen werden, fassen es (und das bereits seit einiger

Zeit) als *nicht-repräsentationales* oder als *enaktives*[1] Wissen: Als ein Wissen also, das gerade kein ‚Wissen über etwas' ist (sprich: kein Wissen, das in einer mentalen Repräsentation oder einem Modell von etwas anderem besteht), sondern ein Wissen, das in der Partizipation (einem Mitgehen oder Mitmachen), in einer physischen, emotionalen Aktivität (sprich: in der Enaktion) besteht. Und wir danken den Herausgeberinnen, dass sie uns erlauben, uns ausgerechnet in einem Beitrag zu diesem Band über die „Repräsentationsformen des Wissens" mit diesem Wissen *abseits* der Repräsentation zu befassen und in sieben Thesen einige Gedanken dazu vorzustellen, wieso dieses Wissen auch für eine vermeintlich so sehr auf Verweisstrukturen, Inszenierungen und Darstellungen angelegte Kulturform wie die Literatur sehr entscheidend ist.

Dazu wird es nötig sein, einige grundsätzliche Annahmen und Kategorien der Literaturwissenschaften aus einem anderen Blickwinkel zu betrachten – wie zum Beispiel Konzepte der Imagination oder das Verhältnis zwischen Leser und Text. Es sei aber an dieser Stelle bereits versichert, dass wir uns auch darum bemühen werden, zu zeigen, wie dieses nicht-repräsentationale Wissen mit demjenigen Wissen zusammenhängt oder zumindest interferiert, das repräsentiert werden kann, oder das in der Prozessualität des Repräsentierens aufgeschoben bleibt. Wir möchten auch nicht leugnen, dass ein Text sprachlich verfasst und insofern eine Art Referenz- oder Repräsentationssystem ist – aber wir möchten zu bedenken geben, dass er das nicht *ausschließlich* ist.

Abschließend werden wir skizzieren, wie dieses Wissen in den Literaturwissenschaften Berücksichtigung finden könnte: Nämlich mit der Entwicklung eines *Enactive Criticism*. Damit bezeichnen wir das Projekt einer Wissenschaft, die dieses enaktive, verkörperte Wissen der Teilhabe in ihre kritischen (unterscheidenden) Forschungsmethoden integriert.[2]

---

[1] Zum Begriff der ‚Enaktion' und des ‚enaktiven Wissens' vgl. Varela / Thompson / Rosch 1991. Zur Theorie des Embodiment und der Embeddedness vgl. Robbins, Philip / Aydede (Hgg.) 2010; Gallagher 2005; Menary, Richard 2006. Zur damit verbundenen Ästhetik des verkörperten Sinns vgl. Johnson 2007.

[2] Der *Enactive Criticism* ist bislang entstanden, um dem *Bedürfnis* in der Literaturwissenschaft, den Erkenntnissen des Enaktivismus Rechnung zu tragen, einen Namen zu geben. Von einer feststehenden ‚Methode' kann derzeit noch keine Rede sein, vielmehr verstehen wir den Begriff als Aufhänger für eine Diskussion verschiedener Disziplinen. Die hier vorgestellten ‚Ansätze zu einem Ansatz' sind das

Erste These: Leser, der Text, das ist dein Lesen und sonst nichts.[3]

Wir möchten der Dimension des Lesens, die wir oben als „In-der-Welt-Sein von Texten" und als „verkörpertes Verstehen" bezeichnet haben, nun nachgehen, indem wir zunächst einen Blick darauf werfen, auf welche Weise unsere Auffassungen über Texte und über das Lesen in die Welt kommen. Dies geschieht in den allermeisten Fällen durch die Verwendung von Metaphern. Uns kommt es dabei insbesondere auf die Unterschiede an, die sich feststellen lassen zwischen denjenigen Metaphern, die wir im wissenschaftlichen Umgang mit Texten benutzen, und denjenigen, die zwar alltagssprachlich verwendet werden, die aber aus der Per-

Ergebnis einer intensiven Zusammenarbeit zwischen uns, den Autoren dieses Aufsatzes, und der Kunsthistorikerin Tanja Klemm. Im Fokus steht die Zweiseitigkeit und auch Vermitteltheit von Enaktion und ‚unterscheidendem', analytisch-kritischen Denken (gr. *krinein*). Entscheidend ist es dabei, dieses Gefüge nicht allein als Forschungs*gegenstand* ernst zu nehmen, sondern auch auf der Ebene (kultur-)wissenschaftlicher *Methoden*. In Arbeit sind verschiedene Publikationen, die diesem Ansatz enaktivistisch ausgerichteter Kulturwissenschaft nachgehen bzw. ihn weiter entwickeln – vgl. Jan Söffner: *Im Gleichnis Sein* (erscheint 2011); Jan Söffner, Esther Schomacher, Tanja Klemm: „Enactive Criticism. Embodied Knowledge as Research", erscheint in: *RES*, 2011, sowie die Webseite *enactive-criticism.org*. Dabei bauen unsere Ideen und Fragen auf den Arbeiten vieler Wissenschaftler und Wissenschaftlerinnen auf, deren Verdienste in einem so kurzen Aufsatz nicht alle ausreichend gewürdigt werden können. Neben den in den Fußnoten dieses Beitrags genannten Forschungen ließen sich vor allem noch Hans Ulrich Gumbrechts Arbeiten zur „Produktion von Präsenz" (Gumbrecht 2004) und sein *Lob des Sports* (2005), Shaun Gallaghers Ansatz zu einer Theorie der Verkörperung (Gallagher 2005), Hubert Dreyfus' provokant-pragmatische Heidegger-lektüren (Dreyfus 1991; 1992), verschiedene, v.a. spätere Schriften Pierre Bourdieus (v.a. *Méditations pascaliennes* (1997), *Rede und Antwort* (1992)), sowie Loïc Wacquants Arbeiten über das Boxen (auf die wir später noch eingehen werden) hervorheben. Unendlich hilfreich war und ist daneben der Austausch mit Prof. Harold Fromm (Arizona) und Prof. Ellen Dissanayake (Washington), die unsere Gedanken in vielerlei Hinsicht, unter anderem in Bezug auf musik- und evolutionstheoretische Fragen, schärften; für ihre Ermutigung und Unterstützung, ihre kritischen Fragen und ihre Anregungen sei ihnen hiermit von Herzen gedankt!

[3] Frei nach Antonio Machado, bei dem es hieß: „Caminante, son tus huellas / el camino, y nada más" (Machado 1995, 66).

spektive der Literaturwissenschaften als so ‚unstimmig' erscheinen, dass man sie den Studierenden der entsprechenden Fächer abtrainiert.

Die in der Literaturwissenschaft gebräuchlichsten Metaphern möchten wir der Übersichtlichkeit halber grob in vier Gruppen einteilen: Zum ersten beschreiben LiteraturwissenschaftlerInnen Texte oft und gerne als ‚Inszenierungen' (eine ähnliche Metapher gibt es auch alltagssprachlich, nämlich das ‚Kino im Kopf'): Texte ‚stellen' etwas ‚dar' oder ‚vor Augen', sie ‚zeigen', lassen ‚zu Tage treten', ‚evozieren', oder ‚setzen in Szene' (bzw. ‚veranstalten eine *mise-en scène*'), sie ‚führen vor'. Texte ‚bringen' etwas ‚hervor', ‚zeichnen nach', ‚illustrieren', oder ‚portraitieren'. In diesen Metaphern ist der Text etwas, das Welten als Inszenierungen hervorbringt, das Weltmodelle baut und diese Modelle entweder *über* die Welt etwas sagen lässt (ihre Möglichkeiten und Unmöglichkeiten auslotet), oder diese Modelle als eigene und autonome Welten behandelt, sodass der Text seine eigene, vom Leser oder der Leserin wahrgenommene ‚Welt' ist, oder sie konstituiert.

Gebräuchlich sind in der Literaturwissenschaft zum zweiten Metaphern, die den Text als seinen eigenen Deuter und die Deutung als die eigentliche Dimension des Textuellen erscheinen lassen – wenn zum Beispiel davon gesprochen wird, dass Texte etwas (oder sich selbst) ‚thematisieren', etwas ‚lesbar' oder ‚ablesbar' machen, ‚deuten', ‚verstehen', ‚interpretieren' oder ‚modellieren' (im Sinne von Modelle der Welt bilden).

Seit Beginn der Postmoderne sind außerdem Metaphern im literaturwissenschaftlichen Umlauf, in denen der Text alle Ordnungen ‚unterläuft', ‚subvertiert', ‚unterminiert', ‚transgrediert', ‚pervertiert' usw. In diesem Metaphernfeld stellt sich die Frage nach der Welt gar nicht erst – der Text referiert hier nicht auf die Welt und stellt sie nicht dar, die Welt erscheint vielmehr als seine andere Seite: Als ein ungeordnetes und magmatisches oder dionysisches *surplus*, entkommt er einer Ordnung, die bereits als eine ihrerseits textuelle vorausgesetzt wird. Metaphern einer vierten Gruppe haben sich mit den Arbeiten Michel Foucaults[4] in der literaturwissenschaftlichen Fachsprache etabliert und stammen aus dem Bildfeld des Archivs. Seither kann es auch sein, dass ein Text ‚anordnet', ‚organisiert', ‚einschließt', ‚ausschließt', ‚figuriert', ‚konstelliert', ‚protokol-

4 In diesem Sinne wirkmächtig waren vor allem Foucault 1974 und 1981.

liert', ,fortschreibt', ,verhandelt' usw. – bzw., dass er sich in eine Tradition ,ein'- oder ,ausschreibt'. Dem Text werden hier vor allem administrative und kategorisierende Aufgaben zuteil, er ist etwas, das die Welt diskursiviert oder sie *als Diskurs* ordnet. Etwas, das sie be-spricht oder sie *als Ordnung* ,generiert' – Textualität erscheint als eine Art Verwaltung.

Gemeinsam ist all diesen gebräuchlichen Metaphern, dass sie implizieren, *der Text tue etwas*, und man selbst beobachte das. Sie implizieren oder ermöglichen damit eine *kognitive* Distanznahme (die Errichtung einer Art von Beobachterverhältnis). Der Text ist ein opaker Anderer, der seine Oberfläche zeigt, anhand derer dann entweder seine Tiefe oder zumindest die Organisation dieser Oberfläche kognitiv zu analysieren ist. Oder er ist ein Schauplatz von Mechanismen, die erschlossen und gelesen werden müssen. Im Gebrauch dieser Metaphern weisen Literaturwissenschaftler und Literaturwissenschaftlerinnen sich selbst die Rolle von möglichst unbeteiligten Beobachtern zu.

Gewiss, so unbeteiligt braucht der Leser, die Leserin nicht zu sein. Wenn der Text ,evoziert' oder ,subvertiert', werden sie ja selbst zum Schauplatz seiner ,Effekte'. Auch hier erscheint der Text als ein Anderer, der agiert – aber der aisthetische Körper des bzw. der Lesenden ist am Verstehensprozess zumindest als das Patiens beteiligt. Allerdings steht ein Wissenschaftler, eine Wissenschaftlerin diesem Prozess im Rahmen einer Beobachtung zweiter Ordnung so gegenüber, als ob er oder sie damit nicht viel zu tun hätte und diesen ganzen Vorgang nur beschreiben müsste.[5]

Auf verschiedene Weise implizieren die Metaphern damit vor allem eines: Eine strikte Trennung und eine gehörige Distanz zwischen Leser oder Leserin und Text. In den meisten Fällen suggerieren sie eine aktive Haltung eines Selbst gegenüber einem Text, und in eher seltenen Fällen eine passive. Entweder *der Text* thematisiert, deutet und macht lesbar, m.a.W. er *repräsentiert* und überlässt *dem Leser-Subjekt* damit den aktiven Part, die Referenz seiner Repräsentationen *auf* die Welt zu erkennen oder herzustellen. *Oder der Leser, die Leserin* wird zum passiven Austragungsort dessen, was *er als seine eigene Welt* hervorbringt. Im Falle wissenschaftli-

[5] Diese Distanznahme würde zwar vor allem von dekonstruktiven Lektürepraktiken unterlaufen, doch haben sich diese *Praktiken* weitaus weniger durchgesetzt als die Theorie – und die Theorie ist ihrerseits eher zu einer Beschreibungsmethode geworden, als dass sie mit dem Text ,gelebt' würde.

cher Auseinandersetzung mit Texten wird das dann wieder aktiv (aus einer Warte der Beobachtung zweiter Ordnung) beschrieben. Phänomenologisch ließe sich die Umgehensweise, die sich in den als wissenschaftlich stimmig empfundenen Metaphern abzeichnet, im Rahmen der Dichotomie von Erster und Dritter Person beschreiben: Entweder ist der Text ein Gegenstand, der von außen betrachtet wird (Dritte Person), oder man beobachtet sich selbst (Erste Person) und die Effekte, die der Gegenstand Text auf diese oder jene Weise evoziert.

Während also Literaturwissenschaftlerinnen und Literaturwissenschaftler alles daran setzen, Texte zu wissenschaftlichen ‚Gegenständen' werden zu lassen, zeigen die wissenschaftlich ‚unstimmigen' Metaphern, dass dies nicht die einzige Art und Weise ist, mit Texten umzugehen: der umgangssprachliche Ausdruck, ein Text sei ‚traurig' beispielsweise, oder Metaphern, die beschreiben, wie sich ein Text ‚anfühlt' (z.B. ‚rund', ‚hölzern', ‚warm', ‚kalt', ‚sperrig', ‚holprig', ‚dicht' usw.), was man *mit* einem Text zusammen ‚erlebt' oder ‚tut' (wie in ihm ‚versinken' oder in ihn ‚eintauchen', ihn ‚verschlingen', mit ihm ‚ringen', usw.). Was diese Metaphern zeigen, ist damit genau die Dimension des Lesens, um die es uns geht: Sie zeigen, dass es eine Dimension des Lesens gibt, in der weder der Text noch der Leser oder die Leserin eine Welt ‚hervorbringen', in der beide auch auf keine Welt referieren oder sie beschreiben, sondern in der der Text ein Teil der Welt ist. Oder besser: in der er etwas ist, *mit dem man die Welt bewohnt* – und in der umgekehrt *Texte die Welt des Lesers ‚mitbewohnen'*,[6] in der der Text als Körperumwelt erlebt und als solche enaktiv verstanden wird.

[6] Die Metapher des ‚Bewohnens' (engl. *dwelling* oder *inhabiting*), wie wir sie hier benutzen, entstammt unter anderem der philosophisch-phänomenologischen Diskussion von verkörpertem Wissen. Michael Polanyi beschreibt in dieser Metapher beispielsweise den Gebrauch von Werkzeugen (*tools*), die *im Gebrauch* nicht als ‚Objekte' erscheinen: „While we rely on a tool or probe, these are not handled as external objects. [...] They remain on our side [...] forming part of ourselves, [...]. We pour ourselves out into them and assimilate them as parts of our existence. We accept them existentially by dwelling in them" (Polanyi 1958, 59). Wir übertragen diese Metapher hier auf das Lesen, weil sie uns wunderbar geeignet erscheint, zu vermitteln, dass Texte für das teilhabende Lesen in dem selben Sinne ‚Werkzeuge' sind – so wunderbar geeignet übrigens, dass wir sie uns selbst ausgedacht hätten, wenn es sie nicht schon gäbe: Leser sind sich ihrer Texte *nicht* als ‚Objekte' bewusst, sie werden Teil ihrer Körperumwelt und ihres Handelns in der

Was diese Metaphern gemeinsam haben, ist, dass sie das an den wissenschaftlichen Metaphern zu beobachtende Verhältnis des vorgängigen Gegenüberstehens und der Distanznahme nicht voraussetzen, dass sie den Text nicht als einen opaken Anderen oder als etwas behandeln, das entweder durch die Hervorbringung eigener Welten oder durch die Referenz auf die bestehende Welt ‚außerhalb' der Welt – in einem Verhältnis der Mittelbarkeit zu ihr – stünde. Kurz: Sie setzen nicht eine primordiale Vermitteltheit im Lesen und eine unhintergehbare Referentialität des Textes voraus. Im Unterschied zu den oben beschriebenen wissenschaftlichen Metaphern setzen diese keine Grenze zwischen Leser oder Leserin und Text bzw. scheinen der Erfahrung gemäß zu sein, dass beim Lesen kein ‚Selbst' (Subjekt) mehr einem ‚Text' (Objekt) gegenübersteht, sondern dass beides aneinander partizipiert (wenn beispielsweise das eine im anderen ‚versinkt', oder ‚eintaucht'). Auch die Unterscheidung zwischen ‚aktivem' und ‚passivem' Part lässt sich an diesen Metaphern schlicht nicht vollziehen: Die Frage, ob es tatsächlich der Text ist, der traurig ist, oder man selbst beim Lesen traurig wird, ob der oder die Lesende ‚holpert' oder der Text, stellt sich in den Metaphern nicht: Die Traurigkeit und das Holprige werden von Text und Leser bzw. Leserin *geteilt.*

Phänomenologisch gesprochen heißt das, dass beim Lesen auch eine Art Interaktion beteiligt ist, die man als „second person interaction" (vgl. Gallagher 2004) oder als „participatory sense-making" (vgl. De Jaegher / Di Paolo 2007) beschreiben kann. Mit diesen Begriffen werden partizipative Formen der zwischenmenschlichen Interaktion beschrieben, deren Fokus *zwischen* den Körpern, in einem *geteilten Raum* liegt.[7] Daher erfolgt Interaktion nicht als Austausch zweier einander opaker Subjekte, die von einander auf eine unsichtbare Innerlichkeit hin ergründet werden, sondern deren Sinn im gemeinsamen Handeln, im Umgang miteinander liegt. Der Sinn, auch der kulturelle Sinn, wohnt dieser Phänomenologie

Welt. Das damit einhergehende *Verstehen* von Texten ließe sich also auch beschreiben als ein ‚Zurechtfinden' in ihnen und mit ihnen – wie man sich in einer Wohnung zurechtfindet, der man sich auch nicht als Objekt bewusst ist, wenn man sich in ihr bewegt: Man muss die Treppenstufen nicht zählen, um eine Treppe herab laufen zu können, man holt eine Tasse aus dem Schrank und drückt auf den Knopf der Kaffeemaschine, ohne auch nur Hinzuschauen.

[7] Das Konzept des geteilten ‚Raumes' (*shared space*) ist vor allem in der Gestenforschung gängig, zu seiner Veranschaulichung sei hier verwiesen auf Ratcliffe 2010.

der geteilten Interaktion selbst inne. Kommunikation ist hier nicht die Interaktion eines Selbst (Erste Person) mit einem Anderen (Dritte Person), und auch nicht ein theoretisches Sich-Eindenken oder ein simulierendes Sich-Einfühlen (Erste Person), sondern ein sympathisches Mit-Fühlen, ein Verstehen-Mit, ein Verstehen-als-Relation.

Wir gehen hier davon aus, dass für unser Verstehen von Texten eine Art doppelter Phänomenologie zu veranschlagen ist – eine solche, für die die Literaturwissenschaft gute Metaphern bereitstellt, und eine solche, für die sie diese noch zu entwickeln hat. Und der Grund, *warum* die Literaturwissenschaften auch dieser Phänomenologie der ‚Zweiten Person' Rechnung tragen müssen, *warum* sie reflektieren müssen, dass wir auch mit Texten ‚Räume teilen', und sie körperlich, enaktiv verstehen, sie bewohnen und mit ihnen die Welt bewohnen, ist:

Zweite These: Ohne ein Mitgehen mit dem Text, ohne ein Bewohnen verstehen wir gar keine Texte.

An einem Beispiel möchten wir veranschaulichen, inwiefern gerade die Phänomenologie des geteilten Raumes für das Lesen unabdingbar ist: Oliver Sacks (1995) berichtet von Temple Grandin, einer der wenigen Frauen, die so weit aus ihrem Autismus herausgefunden haben, dass sie ihr Erleben mitteilen können (sie lehrt inzwischen an der Colorado State University). Sie war nach eigenen Aussagen sehr von *Romeo and Juliet* verwirrt: „I never knew what they were up to" (Sacks 1995, 259). Sacks schreibt weiter: „Though she ascribed these problems to ‚sequencing difficulties', they seemed to arise from her failure to empathize with the characters, to follow the intricate play of motive and intention" (Sacks 1995, 259). Im Unterschied zu Sacks möchten wir hier davon ausgehen, dass Temple Grandin mit ihrer Selbsteinschätzung recht hatte – dass sie also tatsächlich eher Schwierigkeiten „mit dem Sequenzieren" hatte, als mit der Empathie. Dafür gibt es verschiedene Gründe: Zum Einen scheint ihre Fähigkeit, sich bewusst in Charaktere ‚hineinzuversetzen' und kognitive *Modelle* von dem zu bilden, was *in* den Charakteren eines Dramas geschieht, ja so gut zu funktionieren, dass sie nicht nur an einer Universität unterrichten kann – Grandin konnte aus ihrer eigenen Haltung zur Welt und zur Literatur als einer Suche nach den *systems of belief* sogar eine *theory of mind* entwickeln. Durch das Fehlen einer empathischen *first person interaction* kann ihr Unverständnis für *Romeo and Juliet* also nicht verursacht worden sein. Zum Anderen scheint das, was ihr durch ihren Autismus fehlt, eher eine besondere Form der Zeitlichkeit zu sein – die Zeitlichkeit nämlich, in der nicht-autistische Leserinnen und Leser an den Sequenzen der Handlung teilhaben und die im *Mitgehen* mit dem Stück (und eben nicht im Erschließen der Innerlichkeit seiner Charaktere) besteht: Nehmen wir die vielleicht berühmteste Szene dieses Dramas als Beispiel – die Frage der Liebenden nach der Lerche oder der Nachtigall.[8] Als Leser (und natürlich auch als Zuschauer) kann man gleichzeitig schon wissen, dass es die Lerche ist, die da singt, und doch noch hoffen, es sei die Nachtigall. Es geht nicht allein um Informationen und deren Vergabe.

Phänomenologisch ist hier vor allem ein entscheidender Unterschied zu machen zwischen Erwartungen im engeren Sinne, d.h. auf einen Gegenstand gerichtete Erwartungen (ich erwarte, *dass* dies oder das eintritt) und Protentionen, wie Edmund Husserl sie definiert hat (Husserl 1985). Anders als bewusste Erwartungen *von etwas* (wie etwa des Schlamassels, in das Romeo und Juliet nach dem Gesang der Lerche hineingeraten), sind Protentionen vor allem Teil sensomotorischen und emotionalen Erlebens. Doch anders als Reflexe, die bloß *re*agieren, entwerfen sie eine gedehnte Gegenwart. Sie spielen dabei mit ihrem Äquivalent, den Retentionen zusammen, die ihrerseits nicht Erinnerungen, sondern genauso Teil einer gedehnten Gegenwart sind. Ein Tänzer, eine Tänzerin etwa folgt einem Rhythmus nicht einfach, indem er oder sie auf die Töne reagiert oder einzelne Töne erwartet. Vielmehr hält er oder sie die vergangenen Takte auch sensomotorisch als Retentionen präsent (bzw. macht sie zum Teil einer gedehnten Gegenwart), so dass eine körperliche Gerichtetheit auf die kommenden Takte gehalten werden kann. Gegenwart ist im Rhythmus nicht einfach ein Punkt. Sie umfasst einen dynamischen Zeitraum, der mit Gerichtetheiten arbeitet, nicht aber mit Inhalten oder (erwarteten bzw. unerwarteten) *Gegenständen, auf die* dieses verkörpernde Erleben gerichtet wäre – diese Gerichtetheiten sind also nicht-repräsentational. Bei ‚nicht-autistischen' Lesern oder Leserinnen ist offenbar eine solche nicht-repräsentationale Gerichtetheit, eine körperlich-emotionale Spannung auch am Werk des Verstehens von Texten betei-

[8] Die Rede ist hier natürlich von William Shakespeares *The Most Excellent and Lamentable Tragedy of Romeo and Juliet*, entstanden ca. 1594, Act III, 5. Zu finden beispielsweise in Shakespeare 1988, 355f.

ligt: Romeos und Juliets Glück ist noch präsent, wenn Romeo längst nach Mantua verbannt ist, ihre Hoffnung, dass es die Nachtigall gewesen ist, die sang (und dass dieses Glück also weiter bestehen bleibt), ist auch dann noch als unterschwellige Anspannung gegenwärtig, wenn Gift und Dolch dabei sind, in Akt V ihre jeweiligen Aufgaben zu erfüllen. Damit ergibt sich ein *mitgehendes* Sequenzieren aus der physisch-emotionalen Dynamik zwischen ‚Retention' vergangenen Glücks, der ‚Protention' einer Hoffnung auf zukünftiges – das ‚Spiel von Motiven und Intentionen' empfinden wir nicht empathisch *nach*, sondern *sym-pathisch mit.*

Dieses Mitgehen bezeichnen Entwicklungspsychologen und kognitionswissenschaftlich-phänomenologische Forschungen zum *embodied mind* als *flow* (Csikszentmihalyi 1990, vgl. auch Johnson 2007): Es handelt sich um diejenige Wahrnehmungs- oder Verstehensform, in der wir nicht bewusst ‚Gegenstände' in unserer Umwelt konstruieren, und ihre Funktionen, Relationen oder Bedeutungen analysieren, sondern in der wir ‚an unserer Umwelt mitmachen'. In der mitgehenden, teilhabenden Dimension des Lesens sind nun auch die Figuren eines Dramas nicht als Gegenstände, sondern als Teil dieses emotionalen *flows* gegeben. Es handelt sich damit nicht um eine Gerichtetheit in der dritten Person (was man denken würde, das Juliet nun fühlt oder denkt) und auch nicht in der ersten Person (wie man sich mit Juliet identifiziert und ihr Erleben simuliert), es geht um den gemeinsam geteilten Zusammenhang und also eine Phänomenologie der zweiten Person. Grandin hatte also offenbar im Umgang mit Romeo und Juliet die gleichen Probleme, wie in ihrem Umgang mit ‚wirklichen' Menschen: So, wie es im Zwischenmenschlichen das ‚Bewohnen' gemeinsam geteilter Situationen ist, was in ihrem Autismus behindert ist, so wie Grandin beobachtet, statt mitgehen zu können (und sich ihren eigenen Worten nach vorkommt wie „an anthropologist on Mars"), fehlte ihr auch in Bezug auf Romeo und Juliet die Fähigkeit, *mit* den Charakteren *in der Handlung* zu sein, die Situationen des Stückes im *flow* zu ‚bewohnen'. Wir hingegen (sofern wir nicht-autistische Leser sind) besitzen die Fähigkeit, am Text teilzuhaben und mit ihm die Welt zu teilen, und sind deshalb am Ende von *Romeo and Juliet* jedes Mal aufs Neue in einem gewissem Maße traurig und geschockt, wenn den beiden Liebenden (und uns als ihren Mit-Leidenden) ein dauerhaftes Glück *schon wieder nicht* vergönnt ist – obwohl wir natürlich auf der repräsentationalen Ebene unseres ‚Bewusstseins' sowohl *wussten*, dass Shakespeare seine „star-crossed lovers" am Ende tragisch sterben lässt, als auch, dass es sich bei dem ganzen Schlamassel ‚nur' um ein Stück handelt. Aber verstanden „what they were up to" haben wir im Bewohnen des *Flows* durch emotionale und damit körperliche, nicht-repräsentationale Gerichtetheiten – und zwar sehr genau.

Blendet man das Protentionale, die Gerichtetheit im Sinne eines *flows* oder einer Spannung aus, und beschränkt sich also darauf, in *Modellen von der dargestellten Welt etwas zu erwarten* (sprich: sich zu denken, dass diese oder jene Figur aus diesem oder jenem Grund plant, dies oder das zu tun) dann gerät man allerdings tatsächlich in *sequencing difficulties*: Man gerät in die Verlegenheit, die Sequenzen überhaupt erst bewusst *herstellen* zu müssen, und damit (zum Beispiel) eine unmögliche Entscheidung darüber fällen zu müssen, wo Glück und Hoffnung aufhören, und Verzweiflung und Trauer anfangen, die Handlung zu bestimmen. Vielleicht hätte Sacks also dem Wissen seines Studienobjekts besser vertrauen sollen. Und wir sollten unserem verkörperten Wissen besser vertrauen. Denn:

Dritte These: Wir können wissen, ohne zu wissen, was wir wissen – wir können denken, ohne Gegenstände des Denkens zu bilden. Und wir tun dies auch dann, wenn wir mit „Repräsentationsformen" konfrontiert sind – wie zum Beispiel mit einem narrativen Text.

Der Fall Grandins zeigt, dass die Beschränkung auf ein distanziertes, ein mittelbares und ein aus zweiter Ordnung beobachtendes Lesen enorme (und vermutlich sogar unlösbare) Probleme mit sich bringt, dass das Lesen also auch ein Verstehen ohne ein ‚Worüber', und damit ein nicht-repräsentationales Verstehen notwendig ist.

Nun ist eine Kritik an der nach wie vor üblichen Beschränkung auf das, was sich repräsentieren lässt, in der Literaturwissenschaft nicht neu. Vor allem aus dekonstruktiver Warte ist sie häufig geäußert worden. Doch würden dekonstruktive Theorien davon ausgehen, dass diese nicht-repräsentationale Dimension ein Effekt des Spiels und der Prozessualität von Zeichen ist. Dem braucht man nicht zu widersprechen – doch was ist damit schon *über die Phänomenologie* gesagt? Belässt man es bei den Zeichenprozessen, wird es schwierig, die Aufmerksamkeit auf den situierten und enaktiven Körper zu richten, der schließlich niemals ganz in der Zeichenhaftigkeit eines Textes aufgeht. Zu leicht spielt man also Körperphänomene und -praktiken herunter, die den Verstehensprozess ausmachen.

Die Kognitionswissenschaften, die Emotionsforschung, die Psychologie, die phänomenologische Philosophie, die Evolutionsforschung oder die Soziologie widmen sich solchen Phänomenen von präzisem, flexiblem körperlichen Wissen und Verstehen seit längerer Zeit gewissenhafter.[9] Sie beschreiben sie z.B. als *tacit know-how* oder *tacit knowledge* (Polanyi 1958), *embodied skills*, *embodied coping* (Dreyfus 1992), *procedural memory*, oder *kinaesthetic memory* (Sutton 2007, 765) – und damit als Formen eines Wissens, das in seiner Ausführung besteht; als Wissen, das uns erlaubt, gelernte Fertigkeiten auszuüben, ohne jedes Mal bewusst darüber nachzudenken, ‚wie es geht'; das uns erlaubt, schnell eine Treppe herunter zu rennen, ohne zuvor ein mentales Modell der Treppe zu erstellen – und das uns erlaubt, die Emotionalität einer Situation nachweislich schneller wahrzunehmen als ihre Gegenstände, oder bei Stimmungen in einem Handlungsraum präziser mitzumachen, als es uns selbst manchmal (im reflexiven Nachhinein) lieb ist. Dieses Wissen ist „at once both familiar and yet quintessentially tailored kinetically to the particular situation at hand" (Sheets-Johnstone 2003, 71). Es besteht in sensomotorischer und emotionaler Teilhabe. Der kommunikative *Sinn* konstituiert sich ohne Referenzialität *auf* die Welt, er liegt in der Welt selbst. Er ergibt sich durch ein Mitgehen und nicht nur durch ein Deuten von Inhalten, als ein Verstehen ohne referentiellen Gegenstand und ohne Beobachter dieses Gegenstands. Wenn ein Cricket-Spieler etwa bei einem Wettkampf noch reflexiv werden muss (sich seiner Bewegungen als Gegenstand seines Denkens gewahr sein), dann wird er nicht gut spielen können. Worauf es stattdessen ankommt, ist eine höhere Form der Konzentration im *flow* zu finden, eine Aufmerksamkeit, die gewissermaßen in den Gliedern und in der Welt, nicht aber ‚im Kopf' ist – und entsprechend ist es Ehrensache, dass gute Sportler die schlechtesten Interviews über ihr Können geben (vgl. Sutton 2007).

---

[9] Die phänomenologische und kognitionswissenschaftliche aber auch die (evolutions-)psychologische und soziologische Forschung zu diesem verkörperten Wissen umfasst mittlerweile eine große Menge an Publikationen. Diejenigen, die uns bei der Entwicklung der hier vorgestellten Ideen am meisten geholfen haben, sind: Polanyi 1958, Lakoff / Johnson 1999, Dreyfus 1991, Ratcliffe 2007 und Wacquant 2001.

Nicht allein das Beispiel Temple Grandins zeigt, dass dieses, für gewöhnlich allein für körperliche Handlungen in Anschlag gebrachte Wissen auch beim Lesen eine Rolle spielt: Texte sind damit ebenfalls als Körperumwelt anzusehen – und im Zusammenspiel mit den betreffenden Körperpraktiken zu untersuchen. Die Frage, die sich uns nun stellt, ist, wie beim Lesen Körperpraktiken mit Zeichenpraktiken synchronisiert werden – wie das nicht-repräsentationale, körperliche Wirken von Texten mit ihrer Zeichenhaftigkeit vermittelt ist. All dies bloß als Diskurseffekt fassen zu wollen, würde alles viel zu kompliziert machen. Und gerade deshalb wäre es zu einfach.

Vierte These: Natürlich denken wir mit unseren Gehirnen – aber wir denken immer auch als Körper.

Dass wir enaktiv verstehen, „what Romeo and Juliet were up to", hängt nämlich sehr wahrscheinlich mit einer Eigenart kognitiver Akte zusammen, die ebenfalls in den *cognitive sciences* diskutiert wird: Was wir als Denken bezeichnen und als inneren, bloß ‚mentalen' Vorgang (miss)verstehen, scheint erst durch unterschwellige, verkörperte Bewegungen möglich. Nicht nur gibt es ein Wissen des Körpers, eine *muscle memory* – auch die Imaginationskraft und abstraktes Denken beruhen, so ließe sich etwas verschärft sagen, im Prinzip auf sensomotorischer und emotionaler Aktivität. Ein Indiz für diese Verkörperung unseres Denkens ist das so genannte *metaphorical reasoning*: Zumindest gemäß der These von George Lakoff und Mark Johnson impliziert jedes noch so ‚theoretische' Denken ein Körperdenken, das mit ihm metaphorisch vermittelt ist und sich teilweise an Metaphern ablesen lässt.[10]

Auch in den Literaturwissenschaften lässt sich mit ihrer Theorie eine Reihe von Metaphern ganz neu erschließen, die wir so oft benutzen, dass wir sie gar nicht mehr als Metaphern wahrnehmen – wie zum Beispiel die eingangs erwähnten Metaphern der ‚Inszenierung', der ‚Welthervorbringung' und der ‚Verwaltungsarbeit' des Textes. Folgt man den Theorien der kognitiven Wissenschaften, dann zeigt sich an diesen Metaphern

[10] Vorgestellt haben sie diese These in verschiedenen Publikationen, vor allem aber in ihrem zum Klassiker avancierten Buch *Metaphors We Live By* (Lakoff / Johnson 1980); vgl. dazu aber auch das von Raymond W. Gibbs herausgegebene *Cambridge Handbook of Metaphor and Thought* (Gibbs 2008).

absurderweise, dass LiteraturwissenschaftlerInnen ihr unterschwelliges verkörpert-metaphorisches Denken ausgerechnet dazu benutzen, die Beteiligung des Körpers beim Lesen zu verschweigen. Ein physisch-emotionales Mitgehen mit dem Text wird nicht nur eingeklammert – die Körperlichkeit wird gerade durch Körperarbeit zum Verschwinden gebracht, wenn sie mit Hilfe von Metaphern in einen Zustand der distanzierten Beobachtung (was selbst natürlich eine enaktive Haltung zur Welt ist) umgebaut wird. Und gerade daran, wie viele dieser Metaphern im Umlauf sind, wird ersichtlich, wie mühsam dieses Errichten einer Beobachtungshaltung ist. Ein anderes, geradezu alltägliches Beispiel ist die Metapher des Begreifens – das immer auch ein körperliches Greifen ist, denn bei beiden feuern die gleichen Neurone (zumindest mit dem englischen *grasp* ist dies offenbar so, vgl. Arbib 2005). Und wer Geisteswissenschaftlern beim Gestikulieren während einer fachlichen Diskussion zugesehen hat, kann aus eigener Anschauung bestätigen, dass abstrakte Probleme und schwierige ‚Gegenstände' (auch dies so eine Metapher) tatsächlich oft wörtlich ‚in den Händen gehalten' und gestisch geformt werden (vgl. Müller 2008). Wir denken – zumindest unterschwellig – als situierter Körper, wir denken, *indem wir körperlich die Welt bewohnen.* Und auch das sprachliche Denken entkommt dieser Verkörperung niemals ganz.

Und diese unterschwellige Verkörperung unseres (sprachlichen, abstrakten) Denkens schlägt sich umgekehrt nieder in etwas, das man grob als die ‚Unempfindlichkeit' des Körpers für sprachliche Repräsentationalität bezeichnen könnte – oder als seine Empfindlichkeit für imaginative Simulation. Denn:

Fünfte These: Als Körper kennen wir keinen Unterschied zwischen ‚Als-Ob' und ‚Nicht Als-Ob', und keinen Unterschied zwischen ‚Wie' und ‚Als'.

Kurz und salopp gesagt – Körpern ist es bis zu einem gewissen Grad egal, ob etwas ‚nur' eine Darstellung oder autonome Hervorbringung ist, oder ‚real' und in der Welt gegeben. Beispiele dafür gibt es mehr als genug, und jeder hat Situationen erlebt, in denen das deutlich wird: Wir weinen zum Beispiel im Kino und umklammern krampfhaft die Sessellehne, wenn es spannend wird; auch wenn wir uns noch so oft ‚sagen' – und auch eigentlich ‚wissen' – dass es ‚nur ein Film' ist.

Dass diese Gleichzeitigkeit von Als-Ob und Nicht-Als-Ob nun in Bezug auf Sprache wirksam ist, die wir gewohnt sind, als Repräsentation zu verstehen, wird zum Beispiel in der empraktischen Sprache beim sportlichen Training anschaulich. So rät der ehemalige Box-Weltmeister Joe Frazier in seinem wundervollen Buch *Box Like the Pros* (Frazier 2005) seinen Lesern: „Don't punch *at* your opponent. Punch *through* him" (ebd., 89). In Wirklichkeit geht ein Boxhandschuh natürlich nicht durch den Gegner hindurch. Würde man diese Metapher hermeneutisch dechiffrieren, käme man daher zu dem Ergebnis, Frazier verweise hier auf ein Als-Ob: Schlag so, *als ob* Du durch den Gegner hindurch schlagen würdest. Geht man aber von der kinästhetischen Praxis und von der phänomenalen Wahrnehmung des Schlags aus, dann geht es darum, wie er sich anfühlt. Wird der Satz *als* motorische Koordination verstanden, dann besteht kein Unterschied zwischen tatsächlichem und bloß ‚gespieltem' Durchschlagen, zwischen Nicht-Als-Ob und Als-Ob, zwischen So-schlagen-dass und So-schlagen-Als-Ob (würde der Körper diesen Unterschied machen, dann käme dabei ein gefühlt gehemmter Schlag heraus und also gerade ein „punch *at* the opponent").

Gerade für Fragen nach dem Funktionieren fiktionaler Spiele, des ‚Konjunktivs' oder der Imagination ist das eine erstaunlich provokante Beobachtung. Denn es heißt: Die Ordnung des Als-Ob – und damit desjenigen, was sich als fiktional bezeichnen lässt – gilt für die Errichtung eines Modells, einer *Repräsentation* von der Wirklichkeit. Es liegt in der Referentialität, dem ‚Etwas', auf das sich eine Aussage bezieht (man kann schlagen, als ob der Gegner Luft wäre). Aber es gilt nicht für die Phänomenalität der Motorik, und damit auch nicht für das Ästhetische (der Gegner kann nicht Luft sein und man kann ihn nicht ‚als ob' schlagen). Nimmt man aber die aisthetische (und also verkörperte) Dimension der Ästhetik ernst, dann lässt sich das Ästhetische gerade nicht als eine Form der Distanznahme vom Faktischen, Lebensweltlichen beschreiben, sondern muss immer auch als deren Teil gehandelt werden.

Tatsächlich weist die Ästhetik von Literatur entsprechend einige Parallelen zu empraktischen Trainingsmetaphern auf (also solchen, die ein Körper, nicht ein Geist verstehen soll). Auch sie zielen ja auf Verkörperung, für die es kein Als-Ob gibt, und auch sie verwirklichen dies in einem Wechselspiel mit den Modellen, mit dem Als-Ob: Tränen etwa sind nicht als ob anwesend, auch wenn man den Tod des als ob wirklichen Winnetou betrauert. In dieser ‚mitgehenden', teilhabenden Dimension des Lesens, in der man am Tod Winnetous Anteil nimmt, in der die semiotische Differenz von Darstellendem und Dargestelltem nicht zählt, kennen auch die bewohnten Texte und die sie bewohnenden Leser und Leserinnen kein Als-Ob.

Was wir hiermit meinen, lässt sich am Beispiel von nicht-luziden (also nicht über den eigenen Traumstatus bewussten) Träumen veranschaulichen, die ebenfalls kein Als-Ob kennen. Im Traum selbst ist das, was uns passiert, real. Genauer: Die Frage nach seiner Realität stellt sich gar nicht. Erst in der Erinnerung oder der Deutung kann man sagen, man habe nur *geträumt,* ein Huhn gewesen zu sein – sei es aber nicht *wirklich* gewesen. Und wie es keine Unterscheidung zwischen Als-Ob und Nicht-Als-Ob gibt, gibt es auch keine Unterscheidung zwischen Wie und Als: Erst in der Deutung eines Traums, in dem man ein Huhn war, wird man sagen, es sei darum gegangen, dass man ein Leben *wie* ein Huhn im Stall lebt – nicht dass man *als* Huhn im Stall lebt. Im Traum ist das nicht unterschieden.

Und doch ‚konsolidieren' Träume sehr wahrscheinlich menschliches Wissen. Evolutionstheoretiker gehen davon aus, dass eine der Hauptfunktionen des Schlafes eine Art Umgang mit Erlerntem ist – und zwar vor allem dann, wenn es mit starkem und vor allem angstbesetztem Erleben einherging.[11] Offenbar gestaltet sich dieser Prozess in einer Art latentem körperlichem Ausagieren, das nur deshalb nicht nach außen hin ‚sichtbar' ist, weil im traumaktiven REM-Schlaf Gehirnareale die Muskeltätigkeit lähmen (Schlafwandler wandeln im Tiefschlaf – und zwar vor allem dann, wenn sich ihre Körper in einer ungewohnten Umgebung befinden und diese also ‚konsolidieren' müssen). Gleichzeitig wird selbst der Tiefschlaf als eine Art Denken erlebt (vgl. etwa Nielsen 2000, 793-1121) – weckt man Schlafende aus dieser Phase, haben sie meist keinen Traum zu berichten, wohl aber werden sie sagen, dass sie ‚nachgedacht' haben und vielleicht auch ein Thema nennen können. Einige Forscher halten Träume und den Schlaf entsprechend inzwischen für einen Weg, dem verkörperten Denken (oder der Körperlichkeit des Denkens) auf die Spur zu kommen (vgl. etwa Griffin / Tyrell 2006).

Mit den heute gängigen Theorien literarischer Imaginationskraft allerdings lässt sich weder diese Bildwelt ohne Als-Ob, die man in (nicht-

[11] Für einen Überblick vgl. Walker 2009, 168-197.

luziden) Träumen täglich erleben kann, noch das Erleben der Trauer um Winnetous Tod oder der dem besseren Wissen trotzenden Hoffnung auf Romeos und Juliets Rettung (ebenfalls ohne Als-Ob) auch nur annähernd erklären – Imagination scheint mehr zu sein als eine fiktionale Erstellung von Welten oder Modellierung von Möglichkeiten. Um diese Seite des Textuellen zu beschreiben, müsste ein anderer, ein verkörperter Begriff des Imaginären in Anschlag gebracht werden, wie ihn Evan Thompson (2007) im Rückgriff vor allem auf Alva Noë (2004) entwickelte: Er argumentiert, dass eine Vorstellung eben nicht die Produktion mentaler Bilder ‚im Kopf' sei, sondern die Simulation der körperlichen Umstände, etwas zu sehen. Man stellt sich also nicht eine Welt oder auch nur ein Objekt vor, sondern man simuliert, körperlich in dieser Welt zu sein oder dieses Objekt zu sehen, zu hören, zu schmecken etc. – mit anderen Worten, sich ‚körperlich' zu ihm zu verhalten. Ihr Teil zu sein – wie beim protentionalen Verstehen der Lerche Romeos und Juliets.

Dieser Simulation läge immer ein unterschwelliges (faktisches) körperliches Ausagieren zugrunde. Es wäre nicht eine bloße mentale und nicht einmal eine aufgeführte Repräsentation (mit Als-Ob), sondern immer auch eine Enaktion (ohne Als-Ob). Ein solches Nicht-Als-Ob, ein *online*-Sein des vermeintlich bloßen Imaginären ist Teil einer alltäglichen Erfahrung. Wenn man etwa beim Lesen am Strand von einem Freund oder einer Freundin aus der ‚Versenkung' geholt wird, muss man aufpassen, dass man nicht aus dem *flow* eines Romans heraus fühlt, und handelt, als würde man mit einem Ork sprechen. Mit anderen Worten: Die Vorstellung betrifft den ganzen Körper und sie ist bei weitem nicht so sehr vom Handeln und Fühlen in der Gegenwart getrennt, wie man es manchmal gerne hätte.

Sechste These: Die Körper müssen forschen, nicht nur die Geister.

Dass der Text in der Literaturwissenschaft etwas Repräsentierendes oder Welthervorbringendes ist (wie die oben skizzierten Leitmetaphern und viele Theorien es nahe legen), liegt also nicht ‚in der Natur' von Texten. Mittelalterliche Textexegeten etwa beschrieben das, was sie mit Texten tun und was Texte ‚sind', beispielsweise in den Metaphern der Wein-Lese – Lesen war ein Aufsammeln (*leggere*) oder Ernten und eine Arbeit „im Weinberg des Textes" (Illich 1991). Der Text war etwas, worin und womit man arbeitet – und wer schon einmal eine Weinlese mitgemacht hat, weiß, dass dieses Lesen oder ‚*leggere*' etwas anderes ist als die Darstellung oder Hervorbringung einer Welt. Oder der Text war ein Schiff, also etwas, mit dem man segeln sollte. Entsprechend ‚wanderte' man von Zeile zu Zeile. Der Text war also die Umwelt einer Wanderung – bzw. er war das Wandern selbst. Er war Teil einer Ernte oder einer Reise. Die Philologie war noch *Liebe* zu den *logoi*, den Worten; also nicht Literatur-Wissenschaft (die sich korrekterweise Logologie nennen müsste). Und diese Liebe war im Mittelalter noch nicht so voyeuristisch, wie die Inszenierungsmetapher es nahe legt – und musste dafür dennoch nicht notwendig ‚subversiv' sein. In ihrer unglaublich nuancierten enaktiven Ordnung, der gegenüber sich diejenige eines Textes als Zeichensystem erstaunlich primitiv ausnimmt, ist diese Liebe sogar nicht einmal ‚dionysisch' und fragmentiert – sie ist, wenn schon, ‚apollinisch' und insofern harmonisch, dass sie einer ungeheuren Abgestimmtheit bedarf.

Ist der situierte Körper, der Körper in der Welt – und zwar auch dessen nicht-repräsentationale, enaktive Seite – an unserem Verstehen der Literatur beteiligt, dann ergibt sich aber auch ein Problem für die Theorie und die Praxis der Literaturwissenschaft: Denn wie adäquat ist unser Verstehen, das offenbar zum Teil auf unseren sensomotorisch-emotionalen Fertigkeiten beruht, wenn unsere Körper ganz anders habitualisiert sind als diejenigen der Menschen, für die die Texte geschrieben wurden, zu denen wir arbeiten – und wenn der Alltag eines Wissenschaftlers sich vorwiegend im Sitzen in klimatisierten Räumen ereignet? Wenn wir das körperliche Verstehen und Ausagieren von Texten nicht trainieren und es auf dem Stand belassen, den wir in unserer Kindheit erreicht haben (Kinder verstehen Texte ja durch Ausagieren, nicht durch Analysieren, und sie unterscheiden auch nicht die Welt des Textes von der eigenen Welt) – laufen wir dann nicht Gefahr, die *Princesse de Clèves* mit einem Prinzessin-Lilifee-Körper verstehen zu wollen? Texte liefern uns oft sehr gut die diskursiven Formationen anderer Kulturen. Aber sie haben Probleme, die entsprechend habitualisierten Körper mitzuliefern – diejenigen, die ihre Ästhetik überhaupt richtig verstehen und das heißt: mit ihr mitgehen können.

Gewiss gibt es Korrekturen: Das Lesen, dieses Mal das wache Lesen, kennt hier eine Kontrolle. Und sicherlich werden Träume auch das Gefühl einer Prinzessin korrigieren können. Andererseits gibt es auch grundlegende perzeptive, sensomotorische und emotionale Fertigkeiten in den Literaturen anderer Länder, Zeiten, sozialer Schichten und Subkulturen, die unsere Körper schlicht nicht gemacht haben. Und es bleibt fraglich, wie weit wir uns hier auf die Evokations- und Inszenierungstechniken von Texten verlassen können. Wer weiß, wie schwierig (oder unmöglich) es ist, Tai Chi oder Boxen aus (noch so guten) Büchern zu erlernen, kann in etwa erahnen, wie schwierig (oder unmöglich) es ist, ein angemessenes ästhetisches Vermögen durch bloßes Lesen zu erlernen. Zu leicht fällt man in die Falle, z.B. im Anfang der *Divina Commedia* – wo der Autor behauptet, sich auf seinem Lebensweg nachts im Wald verlaufen zu haben – in allegorische Bedeutungen aufzulösen. So richtig diese auch sein mögen: Wer die Erfahrung, nachts im Wald allein zu sein und sich dort verlaufen zu haben, nicht wenigstens teilweise gemacht hat, wer den unsicheren Boden nicht gespürt, die hellen Sterne einer noch nicht nachts erleuchteten Welt nicht gesehen, wer die stets überraschenden Geräusche irgendwelcher Tiere und des Windes im Wald nicht als beängstigend erfahren hat, kurz: Wem eine im Mittelalter jedem lebenden Wesen äußerst präsente Erfahrung sich (bestenfalls) durch seine Rezeption des *Blair Witch Project* erschließen muss, wird mit der nicht-repräsentationalen Dimension dieses Textes kaum angemessen mitgehen können – und damit wird auch fraglich, ob sich das Gefühl von Stimmigkeit seiner oder ihrer Dantelektüre jemals auf adäquate Weise einstellen kann.

Auch in unserer Disziplin ist es daher nötig, wie der Soziologe Loïc Wacquant es formuliert, Habitus (also körperliche Fertigkeiten, emotionales und sensomotorisches, und damit post-reflexives, sozusagen nicht-mehr-bewusstes Wissen) nicht nur als „topic" unserer Forschung anzusehen, sondern auch als „tool", als Werkzeug (Wacquant 2009). Dass es prinzipiell möglich ist, ein solches Wissen auch über das unmittelbar Erlebte hinaus auszubauen, zeigen Methoden des Method-Acting[12] – doch

[12] Unter dem Begriff Method-Acting (oder auch *The Method*) wird heute ein Konglomerat aus verschiedenen Techniken und Ansätzen des Schauspielunterrichts subsumiert, die im Kern auf die schauspieldidaktischen Grundsätze Konstantin Stanislavskijs zurückgehen, und die in den 1930er Jahren durch Lee Strasberg und das *Group Theatre* in New York weiter entwickelt und bekannt gemacht wurden. ‚Naturalistisches' oder ‚realistisches' Spiel wird durch das Method-Acting erreicht, indem der Schauspieler lernt, gezielt auf eigene körperlichen Erfahrungen zurückzugreifen, und sie ‚erneut zu durchleben', anstatt sie lediglich durch Gesichtsausdruck und Gestik zu ‚repräsentieren'. Trainiert werden dabei insbesondere *sense*

vergleicht man sie etwa mit den wenigen Techniken der Einfühlung oder Erlebbarmachung, die in unseren Wissenschaften überhaupt zum Thema werden, zeigen sie in ihrer Elaboriertheit und Komplexität auch, auf welch einer basalen Stufe wir hier bislang stehen, weil wir uns bisher darauf verlassen haben, dass sich alles aus dem Deuten und Erschließen ableiten ließe.

Was es zu entwickeln gilt, ist ein *Enactive Criticism*, eine Kulturwissenschaft, die den Sinn im körperlichen Handeln genauso ernst nimmt, wie den kritischen und distanzierten Geist – und das heißt, eine Kulturwissenschaft, die es Wissenschaftlern und Wissenschaftlerinnen, aber auch Studenten und Studentinnen ermöglicht, ihr verkörpertes Verstehen von Texten zu *üben* – auch wenn dies hieße, lieb gewordene akademische Traditionen und Praktiken einer kritischen Prüfung zu unterziehen und die klimatisierten Büros bisweilen verlassen zu müssen, um an Bedeutung teilzuhaben, mitzumachen, zu partizipieren: Nicht allein, dass wir – zum Beispiel – einmal ohne Taschenlampe im Dunkeln in den Wald gehen sollten, oder uns zumindest einmal bei Morgendämmerung den Gesang von Lerche und Nachtigall im Vergleich anhören müssten, wir müssten auch trainieren, diejenigen Dimensionen verkörperten Sinns wahrzunehmen, die durch die unterschiedliche Materialität von Literatur, durch die Handhabung und ihr physisches Erfahren ermöglicht werden – müssten die *Divina Commedia* also nicht nur in kritischer Ausgabe lesen, sondern auch auf Pergament, und sie auswendig lernen und rezitieren üben, müssten *Romeo and Juliet* unter freiem Himmel aufgeführt sehen, ohne uns dabei auf bequeme Theatersessel zu setzen.[13] Und wir müssten

memory (die körperliche Erinnerung von Sinneseindrücken) und *affective memory* (die körperliche Erinnerung von Emotionen), aber auch die Fähigkeit, sich in der Szene ‚zu verlieren' – d.h. das Als-Ob einer Szene zu vergessen und sie gerade nicht zu ‚spielen'. Bis heute wird Method-Acting in den verschiedenen Filialen des *Actors' Studio* in New York und Los Angeles gelehrt und trainiert; berühmte *Method actors* waren bzw. sind Marlon Brando, Robert De Niro, Al Pacino uvm. Eingehende Beschreibungen finden sich z.B. in Stanislavskij 1961 und 1955; Strasberg 1988 und 1987.

13 Auch die in der Literaturwissenschaft so beliebte Frage nach der *Medialität* der Schrift stellt sich einem enaktiven Ansatz deshalb nicht auf die gleiche Weise: Sie wird üblicherweise als Opposition zwischen medialer *Transparenz* (d.h. ein Medium ‚verschwindet' hinter dem, was es transportiert – hinter seiner ‚Nachricht', sozusagen) oder *Opazität* (d.h. das Medium tritt als es selbst in Erscheinung) ver-

schließlich Möglichkeiten und Wege finden, dieses Erleben über die Simulation zu trainieren, vielleicht ähnlich, wie Schauspieler trainieren, Dinge simulativ zu erleben, um sie darstellen zu können. Gerade in dieser Hinsicht bedarf *Enactive Criticism* noch der Ausarbeitung und – des Trainings. Das *active* in En*active* ist jedoch durchaus ernst gemeint – denn vielleicht wäre es ohne eine entsprechende, unterschwellig sowieso gegebene und bloß nicht immer wirklich passende Aktivität unmöglich zu wissen, „what Romeo and Juliet were up to“. Dies ist vielleicht sogar eine schwierigere, herausforderndere Frage als diejenige nach den Liebesdiskursen zur Zeit Shakespeares; und sie kann nicht allein in einer Beschreibung dieser Diskurse bestimmt werden. Eine solche Beschreibung muss – soll sie Sinn ergeben und nicht nur Bedeutungen – im Zusammenspiel mit einer Entwicklung enaktiver Fertigkeiten einhergehen.

Damit kommen wir zu unserer siebten These – und also dem Schluss unseres Aufsatzes:

Siebte These: Das Wissen muss in die Körper, nicht in die Bibliotheksregale. Aufsätze und Bücher sind wichtig, aber überschätzt. Wir müssen körperlich zusammenarbeiten.

handelt. Alternativ zu dieser Opposition geht *Enactive Criticism* nicht von der referentiellen Funktion des Mediums aus, sondern stellt die Handlung mit ihm in den Vordergrund: Die Schrift wird damit nicht primär über ihre Eigenschaft des Verweisens definiert, sondern das Verweisen wäre nur *eine* der möglichen Sinn-Formen, die aus dem ‚Hantieren mit ihr‘ emergieren können. Im enaktiven Verstehen ist Schrift kein Medium, insofern das Geschriebene auf etwas (nämlich den zu lesenden Text) hin *transparent* wird, sondern sie ist ‚Werkzeug‘ insofern sie in einem Handeln (dem Text *als* Lesen) aufgeht (wie der Hammer im Hämmern und der Schlüssel im Schließen). Deshalb betrifft der *flow*, mit anderen Worten, nicht allein die Signifikat-Seite des Textes, sondern auch die Signifikantenseite, oder, um es genauer zu sagen: Er betrifft eine Handlung, die diesen Unterschied (d.h. den Unterschied zwischen Wahrnehmungshandeln und mentalem Handeln) gar nicht erst macht. Im Zentrum des Interesses steht damit nicht die „Medialität“ der Schrift, sondern ihre *affordances* im Sinne Gibsons (1977): Es geht dann vornehmlich um die Frage, mit welchem spezifischen Handeln das Medium einhergeht, welche Handlungen ihm angemessen sind (gerade so wie das Hämmern dem Hammer, das Aufschließen dem Schlüssel angemessen wäre).

Bibliographie

Arbib, Michael A. (2005): „From Monkey-like Action Recognition to Human Language: An Evolutionary Framework for Neurolinguistics“, in: *Behavioural and Brain Sciences* 28, 105-124.

Bourdieu, Pierre (1992): *Rede und Antwort*, Frankfurt a.M.: Suhrkamp.

Bourdieu, Pierre (1997): *Méditations pascaliennes*, Paris: Éditions du Seuil.

Csikszentmihalyi, Mihalyi (1990): *Flow: The Psychology of Optimal Experience*, New York u.a.: Harper and Row.

De Jaegher, Hanneke / Di Paolo, Ezequiel (2007): „Participatory Sense-Making: An Enactive Approach to Social Cognition“, in: *Phenomenology and the Cognitive Sciences* 6, 485–507.

Dreyfus, Hubert (1991): *Being-in-the-World. A Commentary on Heidegger's ‚Being and Time', division I,* Cambridge, Massachusetts / London: The MIT Press.

Dreyfus, Hubert (1992): *What Computers Still Can't Do. A Critique of Artificial Reason,* Cambridge, Massachusetts / London: The MIT Press.

Foucault, Michel (1974): *Die Ordnung der Dinge: Eine Archäologie der Humanwissenschaften,* Frankfurt a.M: Suhrkamp.

Foucault, Michel (1981): *Die Archäologie des Wissens*, Frankfurt a.M.: Suhrkamp.

Frazier, Joe (2005): *Box like the Pros*, New York u.a.: Harper Collins.

Gallagher, Shaun (2004): „Understanding Interpersonal Problems in Autism: Interaction Theory as An Alternative to Theory of Mind“, in: *Philosophy, Psychiatry, & Psychology* 11.3, 199-217.

Gallagher, Shaun (2005): *How the Body Shapes the Mind*, Oxford: Oxford University Press.

Gibbs, Raymond W. (Hg.) (2008): *The Cambridge Handbook of Metaphor and Thought*, Cambridge u.a.: Cambridge University Press.

Gibsons, James Jerome (1977): „The Theory of Affordances“, in: Shaw, Robert / Bransford, John (Hgg.): *Perceiving, Acting, and Knowing: Toward an Ecological Psychology*, Hillsdale (N.J.): Erlbaum, 67-82.

Griffin, Joe / Tyrell, Ivan (2006): *Dreaming Reality – How Dreaming Keeps Us Sane or Can Drive Us Mad*, East Sussex: HG Publishing.

Gumbrecht, Hans Ulrich (2004): *Production of Presence – What Meaning Cannot Convey*, Stanford, California: Stanford University Press.

Gumbrecht, Hans Ulrich (2005): *Lob des Sports*, Frankfurt a.M.: Suhrkamp.

Husserl, Edmund (1985): *Zur Phänomenologie des inneren Zeitbewusstseins [1893-1917]*, hg. von Rudolf Bernet, Hamburg: Meiner.

Illich, Ivan (1991): *Im Weinberg des Textes. Als das Schriftbild der Moderne entstand. Ein Kommentar zu Hugos „Didascalicon“*, Frankfurt a.M.: Luchterhand Literaturverlag.

Johnson, Mark (2007): *The Meaning of the Body. Aesthetics of Human Understanding*, Chicago: University of Chicago Press.

Lakoff, George / Johnson, Mark (1980): *Metaphors We Live By*, Chicago: University of Chicago Press.

Lakoff, George / Johnson, Mark (1999): *Philosophy in the Flesh. The Embodied Mind and its Challenge to Western Thought*, New York: Basic Books.

Machado, Antonio (1995): *Poesías Completas de Antonio Machado*, hg. von Alvar, Manuel, Madrid: Espasa-Calpe.

Menary, Richard (2006): *Radical Enactivism – Intentionality, Phenomenology, and Narrative. Focus on the Philosophy of Daniel D. Hutto*, Amsterdam: Benjamins.

Müller, Cornelia (2008): *Metaphors, Dead and Alive, Sleeping and Waking. A Dynamic View*, Chicago: University of Chicago Press.

Nielsen, Tore A. (2000): „A review of mentation in REM and NREM sleep: ‚Covert' REM sleep as a possible reconciliation of two opposing models", in: *Behavioral and Brain Sciences* 23, 793–1121.

Noë, Alva (2004): *Action in Perception*, Cambridge, Massachusetts: The MIT Press.

Polanyi, Michael (1958): *Personal Knowledge – Towards a Post-Critical Philosophy*, London: Routledge.

Ratcliffe, Matthew (2007): *Feelings of Being – Phenomenology, Psychiatry and the Sense of Reality*, Oxford: Oxford University Press 2007.

Ratcliffe, Matthew (2010): *The Structure of Interpersonal Experience*, http://www.eip-conference2010.unitt.de/382/eip/doc/Presentation_Matthew_Ratcliffe.pdf [Stand 23.02.2011].

Robbins, Philip / Aydede, Murat (Hgg.) (2010): *The Cambridge Handbook of Situated Cognition,* Cambridge: Cambridge University Press.

Sacks, Oliver (1995): *An Anthropologist on Mars*, New York: Alfred A. Knopf.

Shakespeare, William: „The Most Excellent and Lamentable Tragedy of Romeo and Juliet", in: ders. (1988): *William Shakespeare – The Complete Works*, hg. von Wells, Stanley / Taylor, Gary, Oxford: Oxford University Press, S. 335-366.

Sheets-Johnstone, Maxine (2003): „Kinesthetic Memory", in: *Theoria et Historia Scientiarum,* 7.1, 69-92.

Stanislavskij, Konstantin (1955): *Die Arbeit des Schauspielers an der Rolle: Fragmente eines Buches*, Berlin: Henschelverlag.

Stanislavskij, Konstantin (1961): *Die Arbeit des Schauspielers an sich selbst: Tagebuch eines Schülers*, 2 Bde., Berlin: Henschelverlag.

Strasberg, Lee (1987): *A Dream of Passion. The Development of the Method*, Boston: Little, Brown.

Strasberg, Lee (1988): *Schauspielen und das Training des Schauspielers. Beiträge zur „Method"*, Berlin: Alexander.

Sutton, John (2007): „Batting, Habit, Memory: The Embodied Mind and the Nature of Skill", in: *Sport in Society* 10.5, 763-786.

Thompson, Evan (2007): *Mind in Life. Biology, Phenomenology and the Sciences of Mind*, Cambridge, Massachusetts u.a.: The Belknap Press.

Varela, Francisco J. / Thompson, Evan / Rosch, Eleanor (1991): *The Embodied Mind – Cognitive Science and Human Experience*, Cambridge, Massachusetts: The MIT Press.

Wacquant, Loïc (2001): *Corps et âme. Carnets ethnographiques d'un apprenti boxeur*, Marseille: Éditions Agone.

Wacquant, Loïc (2009): „Habitus as Topic and Tool“, in: Shaffir, William / Puddephatt, Antony / Kleinknecht, Steven (Hgg.): *Ethnographies Revisited. Constructing Theory in the Field*, London: Routledge, 137-151, http://cue.berkeley.edu/loic3.pdf [Stand 23.02.2011].

Walker, Matthew P. (2009): „The Role of Sleep in Cognition and Emotion“, in: *The Year in Cognitive Neuroscience*, 168-197.

Zu den Autorinnen und Autoren

Simone Adam, Wissenschaftliche Mitarbeiterin für französische und spanische Literaturwissenschaft an der Universität Duisburg-Essen; Studium der Romanistik (Französisch und Spanisch) und Erziehungswissenschaften; Lehr- und Forschungsbereiche: französische und spanische Gegenwartsliteratur, Literatur der französischen Aufklärung und des spanischen Siglo de Oro; Dissertationsprojekt zum Stadtraum im französischen Gegenwartstheater.

Sabrina Braukmeier hat in Hannover, Bristol und Salerno Italianistik und Anglistik studiert und ihr Magisterstudium im Oktober 2007 an der Leibniz Universität Hannover abgeschlossen. Seit März 2008 ist sie Doktorandin und wissenschaftliche Mitarbeiterin für französische, frankophone und italienische Sprachwissenschaft am Lehrstuhl von Prof. Elisabeth Burr an der Universität Leipzig. Der Arbeitstitel ihres Dissertationsprojektes lautet „Mehrsprachigkeit in digitalen Räumen".

Fabio D'Agostini, geboren 1980, 1999-2006 Studium an der Università degli Studi di Udine und an der Otto-Friedrich-Universität Bamberg (2004). Magisterarbeit bei Prof. Roberto Gusmani über Anglizismen in der deutschen Sprache. Derzeit Doktoratsstudium im *LIPP – Linguistisches Internationales Promotions-Programm* (LMU München) und an der Università degli Studi di Udine zum Thema „Anglizismen im Italienischen und Deutschen. Eine korpuslinguistische und kontrastive Studie". Forschungsschwerpunkte Kontaktlinguistik und Korpuslinguistik. Seit 2009 Pflege des Italienisch-Deutsch Online-Wörterbuchs LEO (dict.leo.org).

Andrea Gremels, Studium der romanischen Philologie, Amerikanistik und Soziologie an der Johann Wolfgang Goethe-Universität Frankfurt. Seit Oktober 2008 wissenschaftliche Mitarbeiterin am Institut für Romanische Sprachen und Literaturen der Goethe-Universität Frankfurt mit den Forschungsschwerpunkten Frankophonie- und Lateinamerikastudien, postkoloniale Literaturtheorie, Literaturen der Karibik. Mitorganisatorin des internationalen Kongresses *Cuba cincuenta años después – La revolución revis(it)ada* (19-21.11.2009 in Frankfurt a.M.). Dissertationsthema: „Kubanische Gegenwartsliteratur in Paris: Selbstpositionierung und kulturelles Selbstverständnis zwischen Grenzziehungs- und Entgrenzungsprozessen".

Marina Ortrud M. Hertrampf, Studium der Romanistik, Anglistik und Germanistik in Regensburg und Pau. Wissenschaftliche Assistentin am Institut für Romanistik der Universität Regensburg. Seit 2007 zweite stellvertretende Vorsitzende des DRV e.V.. Dissertation zum Verhältnis von Photographie und Literatur in der französischen Gegenwartsliteratur. Publikationen: „Ricœur und die Theorie der Photographie: Literarische und photographische Zeitdarstellung in Christian Garcins *J'ai grandi* (2006)", in: Türschmann / Aichinger (Hgg.) (2009): *Das Ricœur-Experiment. Mimesis der Zeit in Literatur und Film*, Tübingen; „Pour une écriture photographique: Formen und Funktionen photographischer Schreibverfahren bei Alain Robbe-Grillet und Patrick Deville", in: Mecke (Hg.) (2010): *Medientechniken von Literatur und Sprache*, Bielefeld.

Benjamin Inal studierte von 2003 bis 2009 Hispanistik, Sportwissenschaft und Lehramtspädagogik in Bremen, Córdoba / Spanien und Marburg. Im Sommer 2009 absolvierte er einen 3-monatigen Praktikumsaufenthalt am Friedensforschungszentrum *Gernika Gogoratuz* in Gernika / Baskenland / Spanien. Seit April 2010 ist er Promotionsstipendiat mit dem Thema „Die Bombardierung von Gernika. Literarische Repräsentationen eines kosmoplitischen Erinnerungsortes" am DFG-Graduiertenkolleg „Transnationale Medienereignisse von der Frühen Neuzeit bis zur Gegenwart" an der Justus-Liebig-Universität Gießen.

Daniel Kallweit geboren 1980 in Duisburg. Von 2001 bis 2006 B.A.-Studium an der Ruhr-Universität Bochum, zunächst in Anglistik / Romanische Philologie (Spanisch), dann in Medienwissenschaft / Romanische Philologie (Spanisch). Bachelorarbeit 2006 zum Thema *Spanische und katalanische Lexikografie im Vergleich*. Von 2006 bis 2008 Masterstudium in den Fächern Medienwissenschaft und Romanische Philologie (Spanisch) mit der Masterarbeit zum Thema Memorias de Salamina – *Gedächtnis und Erinnerung in Javier Cercas' Roman und David Truebas Film* Soldados de Salamina. Seit 2008 arbeitet er am Romanischen Seminar der Ruhr-Universität Bochum und promoviert zum Thema *Neografie in computervermittelter Kommunikation des Spanischen*. (Im Druck): „Neografía en la comunicación mediada por ordenador del español", in: *Interlingüística*, XXI.

Corinna Koch (geb. 1985) studierte Englisch, Französisch und Spanisch an der Ruhr-Universität Bochum. Seit ihrem Ersten Staatsexamen für das Lehramt an Gymnasien und Gesamtschulen im Oktober 2009 ist sie dort als Lehrkraft für besondere Aufgaben in der romanischen Sprach- und Literaturdidaktik tätig. In ihrer sprachübergreifenden Dissertation erforscht sie das Potenzial von Metaphern beim Englisch-, Französisch- und Spanischlernen.

Johanna Koehn hat in Erlangen und Rom Galloromanische Philologie, Theater- und Medienwissenschaften sowie Neuere Deutsche Literaturgeschichte studiert. 2008 schloss sie das Studium mit einer Magisterarbeit zum Thema *Weltwahrnehmung und Selbstwahrnehmung. Die fünf Sinne und deren Verlust in Samuel Becketts Romantrilogie* ab. Anschließend war sie ein Semester als Lehrbeauftragte am Institut für Romanistik der FAU Erlangen-Nürnberg tätig. Seit Oktober 2008 ist sie Stipendiatin an der *Doktorandenschule Laboratorium Aufklärung* der FSU Jena, wo sie an ihrem Dissertationsprojekt mit dem Arbeitstitel *Aufklärung erzählen – Raconter les Lumières. Akteure des langen 18. Jahrhunderts im deutsch- und französischsprachigen Roman der Gegenwart* sowie an mehreren Editionsprojekten arbeitet.

Christine Konecny, geb. 1977, Lehramtsstudium Latein / Italienisch an der Universität Innsbruck; Promotion 2008 mit der Dissertation (2010): *Kollokationen. Versuch einer semantisch-begrifflichen Annäherung und Klassifizierung anhand italienischer Beispiele*, München: Martin Meidenbauer; derzeit Habilitationsprojekt mit dem Arbeitstitel: *Die Apposition – ihre syntaktischen und semantischen Besonderheiten, aufgezeigt anhand des Italienischen*; im Schuljahr 2008 / 09 Unterrichtspraktikantin an zwei Innsbrucker Gymnasien für die Fächer Latein und Italienisch; von 2002-2009 wissenschaftliche Mitarbeiterin an der Universität Innsbruck; seit Sep. 2009 Universitätsassistentin im Rahmen einer Postdoc-Stelle; Forschungssschwerpunkte: Semantik, Lexikologie, kognitive Linguistik, kontrastive Linguistik, Phraseologie / Kollokationen, Syntax, Didaktik des Sprachunterrichts.

Corina Leithner (geb. 1983 in Bamberg) studierte Italoromanische Philologie, Galloromanische Philologie und Klassische Archäologie an der Friedrich-Alexander-Universität Erlangen-Nürnberg und promoviert dort seit April 2008 in Italoromanischer Philologie. Ihr Dissertationsprojekt untersucht die Begriffsgeschichte von *Barbarismus* und *Solözismus* mit besonderem Fokus auf den Grammatiken, Wörterbüchern und metasprachlichen Texten des frühneuzeitlichen Italien (2010): „Der »Wanderbegriff« *Barbar(ei)* zwischen Fremdheit und Entfremdung oder Wie der Fremde zum Täter wurde", in: *Schau Ins Blau* 10.1, http://www.schauinsblau.de.

Luca Melchior, geboren 1976; 1996-2001 Studium an der Università degli Studi di Udine, an der Universitate de Vest Timişoara (1997, 1998) und an der Universität Rostock (2000). 2002-2004 Masterlehrgang *ITALS* an der Università Ca' Foscari (Venedig); 2004-2008 Promotion im *LIPP – Linguistisches Internationales Promotions-Programm* (LMU München) und an der Università degli Studi di Udine. 2007-2009 Aufbau und Pflege des Italienisch-Deutsch-Wörterbuchs LEO (dict.leo.org). Seit April 2009 Universitätsassistent an der Universität Graz. Publikationen: (2009a) *Sù pes Gjermaniis*, Frankfurt a.M.; (2009b) „‚Frocio', ‚checca', ‚morosa' e... un problema lessicografico", in: *Italienisch*, 62, 67-88; (2008) „Kommunikationsräume und kommunikative Routinen friaulischer Migranten in Bayern zwischen Dissoziation und Integration", in: *OBST* 75: 87-104.

Stephanie Müller, Studium der Romanistik, Germanistik und Philosophie in Freiburg und Paris. 2003 Magister; 2004-2006 Deutschlektorin an der Université de Franche-Comté in Besançon; 2006-2010 wissenschaftliche Mitarbeiterin am Institut für Romanistik der Universität Kassel; seit 2010 kommissarische Geschäftsführerin des Frankreich-Zentrums der Universität Freiburg. Arbeit an einer Dissertation zum Thema „Jacques Roubauds *Le Grand incendie de Londres* als mnemotechnischer Selbstversuch. Ein Parcours durch den Raum der Erinnerungsbilder". Publikationen: „Erinnerung, Raum und Karte in Jacques Roubauds *Grand incendie de Londres*", in: Baumgärtner / Klumbies / Sick (Hgg.): *Raumkonzepte. Disziplinäre Zugänge*. Göttingen, 2009, 233-253; [zusammen mit W. Orlich] Artikel „Jacques Roubaud", in: *KLfG*.

Beatrice Nickel, 2000 bis 2005 Studium der Allgemeinen und Vergleichenden Literaturwissenschaft und der Philosophie. Seit 2006 Wissenschaftliche Mitarbeiterin am Institut für Romanische Literaturen I – Galloromanistik der Universität Stuttgart. 2006 bis 2008 Dissertation zum Thema *Weltwissen und die Thematik des romanischen Sonetts in der Frühen Neu-*

zeit mit Ausblicken auf die deutsche und englische Sonettistik. Seit 2009 Habilitation zum Thema *Intermedialität in der Lyrik seit 1945.* Seit 2010 Akademische Rätin am Institut für Romanische Literaturen I – Galloromanistik der Universität Stuttgart. Publikationen: *Weltwissen und Sonettistik. Frankreich, Spanien, England und Deutschland.* Berlin: eca 2008 (kulturEN; Bd. 3); *Studien zum Sonett von der Renaissance bis zur Konkreten Poesie,* Berlin: eca 2009 (kulturEN; Bd. 7); mehrere Aufsätze zum Sonett und zur Literatur der Avant-Garde.

Julia Richter, Studium der Französischen Sprachwissenschaft, Betriebswirtschaftslehre und der Französischen Kulturwissenschaft und Interkulturellen Kommunikation an der Universität des Saarlandes, Abschluss zur Magistra Artium. Seit 2009 wissenschaftliche Mitarbeiterin am Lehrstuhl von Prof. Dr. Dietmar Osthus an der Universität Duisburg-Essen, Dissertationsprojekt zu diskursiven Strategien der Verbreitung und des Signalisierens von gruppenrelevantem Wissen. Mitarbeit am Projekt Dictionnaire Étymologique Roman unter der Leitung von Éva Buchi und Wolfgang Schweickard (Publikation mit Jan Reinhardt: (2008-2010): */'laur-u/, In: Buchi, Éva und Schweickard, Wolfgang (Hgg., 2008-): Dictionnaire Étymologique Roman (DÉRom), Nancy, ATILF, Internetseite [http://www.atilf.fr/DERom]).

Concepción Rico Albert, geb. 1972 in Offenbach a. M. Studium der Englischen Philologie an der Universität Alicante. Übersetzerstudium in den Sprachen Spanisch, Deutsch, Englisch und Italienisch an der Universität Mainz. Seit 2005 Promotionsstudium mit Schwerpunkt Spanische Sprachwissenschaft in Germersheim, FB 06 der Universität Mainz. Seit Februar 2010 Masterstudium in Fachdidaktik Spanisch als Fremdsprache an der Universität Alcalá de Henares. Von 2001 bis 2005 Lehrbeauftragte für Fachübersetzung in Germersheim. Von 2008 bis 2010 Lehrkraft für bes. Aufgaben an der FH Mainz in Wirtschaftsspanisch. Forschungsschwerpunkte: Kognitive Semantik, Angewandte Phraseologieforschung, Fremdsprachenerwerb im Erwachsenenalter, Fachdidaktik Spanisch als Fremdsprache, Wirtschaftsspanisch, Übersetzungswissenschaft.

Indra Runge, geb. 1978, studierte Kulturwissenschaft mit Schwerpunkt Film und Medien, Romanistik (Französisch) und Germanistik an der

Universität Bremen und der Université de la Sorbonne Nouvelle in Paris. Im Sommer 2007 schloss sie ihr Studium ab und arbeitete in verschiedenen kulturellen Projekten. Seit 2008 arbeitet sie als Online-Redakteurin. Ebenfalls 2008 hat Indra Runge ihre Magisterarbeit unter dem Titel „Zeit im Rückwärtsschritt. Über das Stilmittel der chronologischen Inversion *Memento*, *Irréversible* und *5x2*“ beim ibidem-Verlag veröffentlicht. Mit ihrem Dissertationsprojekt über das Phänomen sogenannter ‚Mindfuck ‘-Filme ist sie assoziiertes Mitglied im Bremer Doktorandenkolleg „Textualität des Films“.

Felix Kurt Ernst Schmelzer studierte von 1999 bis 2003 in Düsseldorf Philosophie und Germanistik, anschließend in Münster Romanistik und Anglistik, wo er 2008 seine Magisterarbeit in spanischer Philologie zum Thema „Physis und Poiesis: Zur Rezeption moderner Physik im Werk von Clara Janés“ verfasste. Seit Oktober 2009 Mitglied der Graduate School Practices of Literature, promoviert er zurzeit in spanischer Philologie zu einem wissenschaftshistorischen Thema mit dem Titel „Las divinas matemáticas: Darstellungsformen der Mathematik in den Künsten und Wissenschaften des Siglo de Oro“. Gleichzeitig arbeitet er als Lehrbeauftragter am Zentrum für Wissenschaftstheorie (ZfW) in Münster. Seit Februar 2010 ist er Stipendiat der Universität von Navarra.

Esther Schomacher ist Doktorandin am Romanischen Seminar der Ruhr-Universität Bochum, bis 2008 arbeitete sie dort als wissenschaftliche Mitarbeiterin an einem Forschungsprojekt zur italienischen Renaissancekomödie. Ihre Dissertation behandelt die Thematik von Schrift und Geld in den Werken Italo Svevos; aktuelle Forschung bezieht sich überdies auf das Verhältnis von Embodiment und enaktivistischem Verstehen und Fragen kultureller ‚Darstellung‘ oder Bedeutungsproduktion insbesondere am Beispiel der Sportart Boxen.

Lena Seauve, 1981 geboren in Heidelberg; 2000-2008 Studium der Romanistik (Französisch), Neueren deutschen Literatur und Kulturwissenschaften an der Humboldt-Universität zu Berlin und an der Universität Zürich (Schweiz); 2007 Magisterarbeit *La danse de Gengis Cohn – Komisierende Darstellung der Shoah bei Romain Gary*, betreut von Prof. Dr. Helmut Pfeiffer (Institut für Romanistik, HU Berlin). Seit Oktober 2008 Wissenschaftliche Mitarbeiterin am Lehrstuhl von Prof. Dr. Helmut Pfeiffer;

Seminare zur Literatur des 18. und 19. Jh. in Frankreich; Arbeit an einer Dissertation mit dem Arbeitstitel Erzähltes Wissen am Übergang zwischen Aufklärung und Romantik: Jean Potockis *Manuscrit trouvé à Saragosse.*

Jan Söffner ist Fellow am Internationalen Kolleg Morphomata in Köln. Seine gegenwärtige komparatistische Forschung bezieht sich auf Emotionen und Stimmungen, Enaktivismus und Mimesis. Er studierte Germanistik und Italianistik in Köln, wo er bis 2007 am Romanischen Seminar arbeitete. Von 2008-2010 war er als Wissenschaftlicher Mitarbeiter am Zentrum für Literatur- und Kulturforschung Berlin tätig. 2005 erschien seine Dissertation *Das Decameron und seine Rahmen des Unlesbaren.*

Teresa Staudacher, geboren 1981 in Innsbruck, 1999 bis 2004 Studium Vergleichende Literaturwissenschaft und Italienisch an der Leopold-Franzens-Universität Innsbruck (Diplomarbeit: *Intermedialität – Identität – Alterität. Grenzüberschreitungen in Alessandro Bariccos literarischen Welten*). Seit 2004 (mit unterschiedlicher Intensität) Arbeit an einem Dissertationsprojekt zur Torquato Tasso (zuerst in Innsbruck und seit März 2008 an der Universität Wien). 2005 gemeinsame Publikation mit Gerhard Moser und Arthur Staudacher: *Unsichtbares Innsbruck. Ein literarischer Stadtführer.* Ab Herbst 2010 Lektorat im Bereich italienische Literaturgeschichte an der Universität Innsbruck.

Axel Volmar ist wissenschaftlicher Mitarbeiter im Fachgebiet Medienwissenschaft an der Universität Siegen und Mitarbeiter im Forschungsprojekt „Kulturgeschichte der Sonifikation“ der Hochschule der Künste Bern. Volmar hat Kulturwissenschaft, Theaterwissenschaft und Kommunikationswissenschaft studiert und erarbeitet zur Zeit im Rahmen seines Dissertationsprojekts eine medien- und wissenschaftshistorische Darstellung wissenschaftlicher Hörkulturen. Diverse Artikel zur Geschichte der Akustik und der akustischen Medien, darunter: „Auditiver Raum aus der Dose. Raumakustik, Tonstudiobau und Hallgeräte im 20. Jahrhundert“, in: Gethmann, Daniel (Hg.): *Klangmaschinen zwischen Experiment und Medientechnik*, Bielefeld 2010. Zuletzt erschienen: Volmar, Axel (Hg.): *Zeitkritische Medien*, Berlin 2009.

Julia Zwink studierte Französisch und Latein an der Freien Universität Berlin und der Université de Paris IV – Sorbonne und schloss 2006 mit der Ersten Staatsprüfung ab. Seitdem ist sie wiss. Mitarbeiterin für französische Sprachwissenschaft an der FU Berlin und war in mehreren DFG-Forschungsprojekten zu romanischen mittelalterlichen Medizintexten in hebräischer Graphie tätig. Promotion derzeit mit einer Edition und fachsprachlichen Analyse des altfranzösischen Fiebertraktats *Fevres*. Letzte Publikationen: Mit G. Bos & G. Mensching (2009): „A late Medieval Hebrew-French Glossary of Biblical Animal Names“, in: *Romance Philology* 63, 71-94; mit G. Bos (2010): *Berakhyah Ben Natronai ha-Nakdan, Sefer Ko'ach ha-Avanim (On the Virtue of the Stones). Hebrew Text and English Translation. With a Lexicological Analysis of the Romance Terminology and Source Study*, Leiden: Brill.

INDEX NOMINUM

Index Rerum